Franz Gruber
Diskurs und Konsens
im Prozeß theologischer Wahrheit

Innsbrucker theologische Studien

in Verbindung mit den Professoren der Theologischen Fakultät
herausgegeben von

Emerich Coreth · Walter Kern · Hans Rotter

Band 40

Franz Gruber

Diskurs und Konsens im Prozeß theologischer Wahrheit

1993
Tyrolia-Verlag · Innsbruck-Wien

Mitglied der Verlagsgruppe „engagement“

Die Deutsche Bibliothek – CIP-Einheitsaufnahme

Gruber, Franz:
Diskurs und Konsens im Prozess theologischer Wahrheit /
Franz Gruber. - Innsbruck ; Wien : Tyrolia-Verl., 1993
(Innsbrucker theologische Studien ; Bd. 40)
ISBN 3-7022-1881-5
NE: GT

Gedruckt mit Unterstützung von:
Fonds zur Förderung der wissenschaftlichen Forschung, Wien

Gesamtherstellung: Athesia-Tyrolia Druck
Gesellschaft m.b.H., Innsbruck

Vorwort

Die vorliegende Arbeit widmet sich dem Problem und Sinngehalt theologischer Wahrheit. Sie wurde im Sommersemester 1991 an der Katholisch-Theologischen Hochschule Linz / Theologische Fakultät als Dissertation zur Erlangung des Doktorgrades angenommen.

An dieser Stelle danke ich zwei 'Begleitern' meines Arbeitsprojektes besonders herzlich für ihre Kommunikationsfähigkeit und ihr Verständnis. Zum einen Prof. DDr. Walter Raberger, der diese Arbeit einerseits mit viel Vertrauensvorschuß gerade in schwierigen Phasen der Erarbeitung begleitet und andererseits mit hilfreicher philologischer Gründlichkeit gelesen hat. Ohne seine großzügige Unterstützung, auch was die Arbeitszeit im Rahmen der Institutsverpflichtungen anlangte, wäre die Behandlung einer solchen Materie ungleich mühsamer gewesen. Nicht zuletzt verdanke ich ihm den Zugang zu einem theologischen Denken, das von der anspruchsvollen Faszination kommunikativer Rationalität in Theorie und Praxis lebt. Ebenso wichtig aber war mir in diesen Jahren das Verständnis meiner Frau Brigitte. Meine langjährige Beschäftigung mit der Dissertation hat von ihr so manchen Verzicht auf ein miteinander geteiltes Leben in der außerberuflichen Zeit abverlangt. Unsere Beziehung war gerade in diesen Jahren als Quelle gelebter Kommunikation eine wahre Hilfe. Deshalb danke ich ihr ganz besonders von Herzen.

Herzlich gedankt sei auch Prof. Dr. Florian Uhl, der sich der Aufgabe der Zweitbegutachtung mit Interesse angenommen hat.

Besonderer Dank gilt Prof. DDr. Walter Kern SJ, der nicht nur für die Aufnahme dieser Arbeit in die "Innsbrucker theologischen Studien" verantwortlich zeichnet, sondern mir auch für die Drucklegung wertvolle redaktionelle und inhaltliche Unterstützung zukommen ließ. Mein Dank gilt gleichfalls meinem Freund Mag. Rudolf Habringer, der mir mit dem Blick des Schriftstellers wichtige stilistische Hinweise gegeben hat. Herrn Josef Gratzer danke ich für seine uneigennützige Hilfe bei der Erstellung des EDV-Manuskripts.

Linz, im Jänner 1993

Franz Gruber

Inhaltsverzeichnis

1 Einleitung: Das Wahrheitsproblem der Theologie

1.1 "Wahrheit" - Die Krise eines Begriffs

1.1.1 Die Erschütterung des Grundes von Erkenntnis und Wissen

Wer sich auf die Wahrheitsfrage einläßt, erfährt möglicherweise das wissenschaftliche Gespräch als ein Gelände einer offenen Baustelle. Zwar läßt diese von außen erkennen, was hier errichtet werden soll, doch vermittelt sie insgesamt nichts als Ahnungen, wie die einzelnen Bauteile zusammengehören. Trügerisch wird die Beobachtung aber erst dort, wo sie noch immer auf das Zutrauen der cartesischen Metaphorik eines möglichen fundamentum inconcussum setzt - wird doch hierbei unter-stellt und voraus-gesetzt, daß das zu Konstruierende auf einem solchen Grunde steht, daß alles darauf gründen kann.

Wenn es noch immer Aufgabe und Norm von Wissenschaft ist, begründet darüber Auskunft zu geben, was wir wissen können, genauer, was als wahr erkannt und als richtig getan werden kann und soll, dann soll jene 'Gegen-Metapher' in Erinnerung gerufen werden, die wie keine andere die Grundlagenskepsis vor Augen führt, die die Wissenschaften und das moderne Weltbild insgesamt erfahren mußten. Schon der Schauplatz dieser Metapher ist denn auch konsequenterweise nicht mehr der feste Landboden, sondern das offensichtlich grundlose Gewässer: "Wir haben kein absolutes Fundament, von dem wir ausgehen können... Immer steht die Wissenschaft in all ihren Teilen zur Diskussion. Alles fließt."[1] "Unsere tatsächliche Situation ist so, als wären wir an Bord eines Schiffes auf offener See, und es wäre erforderlich, während der Reise verschiedene Teile des Schiffes auszuwechseln."[2] Folglich ist Wissenschaft auch nicht mehr in der Hausmetaphorik von Fundament und genau aufeinander abgestimmten Teilen zu verstehen. Die Metapher vom fahrenden Schiff, dessen Konstrukteure und Navigatoren es wagen müssen, auf halsbrecherische Weise dieses auf offener See nicht bloß zu reparieren, sondern auch noch umzubauen, ist heutzutage das Bild wissenschaftlichen Selbstverständnisses.

Otto Neuraths Metapher - gegen seine eigene ursprüngliche einheitswissenschaftliche Intention[3] und mit Blumenbergs Deutung[4] gelesen - hat aber wohl kritischen Charakter: Sie richtet sich gegen Carnaps Projekt einer wissenschaftlichen Idealsprache, einer physikalistisch-semanti-

---

1 *Neurath* auf dem IX. Internationalen Kongreß für Philosophie in Paris 1937, zit.n. *Blumenberg*, Sorge 107.

2 Ebd. 127.

3 Vgl. *Neurath*, Soziologie; *ders.*, Physikalismus.

4 *Blumenberg*, Sorge 106f und 126-129.

schen Rekonstruktion von Erkenntnis vom Nullpunkt aus - ein Unterfangen, welches das modernste Gegenstück zur cartesischen Selbstvergewisserung sein sollte. Für Neurath wird es zunehmend Fiktion, daß die Wissenschaft jemals ihre Ausgangssituation rekonstruieren könnte. Sobald das Schiff auf See ist, ist ihm jede Rückkehr verwehrt. Neurath hat den Traum der metaphysischen Voraussetzungslosigkeit ausgeträumt und verwirft Carnaps Theorie der Protokollsätze gerade deshalb als metaphysisch. Metaphorisch mit Neurath gesprochen: Es ist unmöglich, auf hoher See das Schiff neu zu bauen. Ein allenfalls notwendiger Schiffsumbau - und Wissenschaft ist essentiell darauf angewiesen - dient zunächst einmal nur einer Schadensbegrenzung, nämlich der Ausbesserung der metaphysischen Defekte. Was Neurath allerdings mit Carnap und dem Wiener Kreis, ja noch mit Wittgensteins "Tractatus" verbindet, ist die Vision von der Möglichkeit eines radikalen Umbaus von Wissenschaft: "So kann das Schiff mit Hilfe der alten Balken und angetriebener Holzstücke vollständig neu gestaltet werden - aber nur durch allmählichen Umbau."[5] Woher kommt diese Zuversicht, diese den Widrigkeiten der See trotzende Utopie von einem neuen Schiff, das aus dem alten mitten auf Fahrt entsteht? Was verleitet Neurath zu einem solchen nicht minder kühnen Traum?

Die Frage kann offen bleiben. Aber ein Zusammenhang soll nicht unerwähnt bleiben, der sich aus der pragmatischen wissenschaftstheoretischen Diskussion aufdrängt: Verschafft sich nicht in der Vision von der nova scientia die verborgene Erinnerung an die Herkunft von Wissenschaft ihr Lebensrecht? Ist nicht der schwankende Grund der Wissenschaft zumindest von einem vorwissenschaftlichen Horizont von Plausibilitäten umschlossen? Schließlich hängt die Seetüchtigkeit des Schiffes sehr wohl von Gewißheiten ab: von der Funktionalität und Stabilität des Fahrzeugs, vom Alltagswissen, daß gutes Holz als Baumaterial nie untergehen wird und das 'Grundlose' selbst zum tragenden Grund hat. Daß prinzipiell die Konstruktion hält, ist doch ein 'lebensweltliches Apriori' jedes Wissenschaftlers, der ansonsten rein instinktiv niemals an Bord gehen würde. Gehört zur unendlichen Seefahrt nicht auch das berechtigte Wissen um ein fernes Land, zum offenen Meer die scheinbar, für einen Augenblick wenigstens, feste Grenze des Horizonts, die eine Ortsangabe ermöglicht?

Auch wenn Neuraths Bild noch so viele Assoziationen auslöst, evident ist nun allerdings auch die in diesem Bild ausgesprochene Wende der Zielsetzung szientifischer Erkenntnisgewinnung gegenüber der klassischen Wissenschaftsidee. Wissen ist in der Metaphorik des Schiffes auf hoher See eine Bewährungsprobe: daß das Gebälk des Rumpfes dem Druck der gestaltlosen und chaotischen Umwelt standhält, daß der Schiffsboden wenigstens - wenn auch schwankenden - Grund gibt und wasserfrei bleibt. Wissenschaftstheoretisch gesprochen: daß sich Hypo-

---

5 Zit. n. *Blumenberg*, Sorge 126.

thesen über eine nur schwer ergründbare Wirklichkeit als brauchbar erweisen.

Die Folgen dieser epochalen 'Grund-Erfahrung', angemessener gesagt 'Ungrundserfahrung', für die Wahrheits- und Erkenntnisfrage sind damit jedoch im gleichen Maße klar zu benennen: "Wahrheit als Ziel höchsten Ranges, als absolutes und in unserer Tradition letztinstanzlich mit der Gottheit identisches Gut ist als Argument tot."[6] Tot darum, weil sich der metaphysisch abgestützte Wirklichkeitsraum angesichts der Bedingtheiten, der Relativität und Partikularität unseres Erkenntnis- und Wahrheitsvermögens als nicht mehr tragbar und begründbar ausweisen lasse. Blumenberg knüpft mit dieser Feststellung an Friedrich Nietzsche an, der wie kein Philosoph zuvor den Zusammenhang vom Tod der Wahrheitsargumentation mit dem "Tod Gottes" in so drastischer Weise proklamiert hat.[7] Dessen Wahrheitsreflexion geht von einer Realität als Chaos und Fiktion aus und zerstört jede Möglichkeit, in der Vernunft noch ein Wahrheitsvermögen zu sehen. Die Nachfolgewirkungen dieser Wirklichkeitserfahrung zeigen zumindest dreierlei Formen, die sich als problematisch erweisen:

Der *Positivismus* des 20. Jahrhunderts kann insofern auf die Wahrheits- und Erkenntnisfrage verzichten, als für ihn diese Frage auf die empirische Protokollierbarkeit und formale Richtigkeit von Aussagen apodiktisch reduziert wird. Das fundamentum inconcussum des logischen Positivismus konstituiert sich selbst erst durch einen Rundumschlag gegen die Vielgestaltigkeit von Sprache und entzieht sich - wie die Folgediskussion zeigte - somit den eigenen Boden.

Der *Postmodernismus* desselben ausgehenden Jahrhunderts setzt sich überhaupt zum Ziel, die Wahrheitsfrage von der Erkenntnis- und Lebensfrage abzukoppeln, weil die Universalität von Wahrheitsansprüchen nicht einlösbar sei ohne Rückgriff auf Legitimationssysteme, die selbst wiederum Ausdruck eines Begründungskonzeptes sind, das auf Gewalt und Vereinheitlichung der unhintergehbaren Unterschiede der Sprachspiele setzt. Darum könne nicht der Konsens dialogischer Wahrheitsfin-

---

6 Ebd. 73.

7 Vgl. auch *Fleischer*, Wahrheit 132-190: "Das Wertverhältnis von Wahrem und Schein ist nicht ein Gegensatz der Werte. Wer das Wahre als gut, wertvoll, den Schein dagegen als schlecht, wertlos auffaßt, täuscht sich über den Wert des Scheins für das Leben, ja über den Wert des Scheins für das Wahre selbst. Der Aphorismus ('Bei allem Werthe, der dem Wahren...zukommen mag: es wäre möglich, daß dem Scheine, dem Willen zu Täuschung...ein für alles Leben höherer und grundsätzlicherer Werth zugeschrieben werden müßte. Es wäre sogar noch möglich, daß, was den Werth jener guten und verehrten Dinge ausmacht, gerade darin bestünde, mit jenen schlimmen, scheinbar entgegengesetzten Dingen auf verfängliche Weise verwandt, verknüpft, verhäkelt, vielleicht gar wesensgleich zu sein. Vielleicht!' [*F. Nietzsche*, Jenseits von Gut und Böse, in: Sämtliche Werke (Ed. Colli/Montinari), München-Berlin 1980, 2/VI 2, 10f, zit. n. *Fleischer* 151f]) deutet schon an, daß das Durchdenken der Wertfrage am Ende auf eine Verwandtschaft, ja Wesensgleichheit der Wahrheit mit Irrtum, Täuschung, Schein führen könnte" (ebd. 152).

dung Ziel wissenschaftlichen Bemühens sein, ist er doch selbst nochmals radikaler Schein und Zwang. Lyotards Konsequenz beispielsweise besteht darin, daß "nunmehr die Betonung auf den Dissens gelegt werden [muß]"[8]. In brillanter Weise bringt Umberto Eco dasselbe Unbehagen an der Wahrheitsinsistenz in seinem Bestseller-Roman "Der Name der Rose" zum Ausdruck, wenn die Hauptfigur William von Baskerville am Schluß der dramatischen Ereignisse, die sich innerhalb einer Woche in einer Benediktiner-Abtei an den Hängen des Apennin zugetragen haben, über die teuflisch-hintertriebene Person des Jorge von Burgos sinniert:

> "Fürchte die Wahrheitspropheten, Adson, und fürchte vor allem jene, die bereit sind, für die Wahrheit zu sterben: Gewöhnlich lassen sie viele andere mit sich sterben, oft bereits vor sich, manchmal für sich. Jorge hat ein teuflisches Werk vollbracht, weil er seine Wahrheit so blindwütig liebte, daß er alles wagte, um die Lüge zu vernichten. Jorge fürchtete jenes zweite Buch des Aristoteles, weil es vielleicht wirklich lehrte, das Antlitz jeder Wahrheit zu entstellen, damit wir nicht zu Sklaven unserer Einbildungen werden. Vielleicht gibt es am Ende nur eins zu tun, wenn man die Menschen liebt: sie über die Wahrheit zum Lachen bringen, die Wahrheit zum Lachen bringen, denn die einzige Wahrheit heißt: lernen, sich von der krankhaften Leidenschaft für die Wahrheit zu befreien."[9]

Mit dieser Antwort Ecos auf die Wahrheitsfrage ist aber ein fundamentales, ein immer praktisch und politisch mächtiges Grundproblem angesprochen, das schon jede Frage über Wahrheit im Keim erstickt: der weltanschauliche Regreß in den *Fundamentalismus*. Die Auflösung von Traditionen und Grundprämissen des Denkens und Handelns durch die Modernisierung ruft heute all jene auf den Plan, die für undiskutierbare Grundsätze in Religion und Politik eintreten. Treffend charakterisiert Thomas Meyer darum den Fundamentalismus als "Fluchtbewegung" aus der Moderne. Er erweist sich "nach dem Verblassen ihrer letzten großen Mythen in unserer Zeit als die eigentliche Dialektik der Aufklärung"[10]. Mehr als die beiden anderen Verabschiedungen von einer radikalen Wahrheitsdiskussion ist diese Strömung insofern gefährlich, als sie auch bereit ist, die humanitären und verfassungsmäßigen Gehalte der Aufklärung preiszugeben. Schließlich will sie mit teilweise militanten Mitteln und Methoden die Schienen für eine neue geschlossene Gesellschaft legen. Bedeutet diese dritte Reaktionsform aber nicht auch eine unmittelbare Bedrohung der Theologie selbst, die vor nicht all zu langer Zeit schon einmal Opfer einer antimodernistischen Reaktion kirchlicher Herrschaftspraxis geworden ist? Der Verdacht läßt sich allerdings nicht aus der Welt schaffen, daß das Opfer immer wieder auch selbst zum Täter wurde, weil es mitunter sogar ganz kräftig zupackte, um einer fundamentalistischen Praxis theoretisch zuzuarbeiten.

---

8 *J.-F. Lyotard*, Das postmoderne Wissen. Ein Bericht. Hg. P. Engelmann, Graz 1986, 176f.

9 *U. Eco*, Der Name der Rose, München 1982, 624.

10 *Th. Meyer*, Fundamentalismus, in: *ders. (Hg.)*, Fundamentalismus in der modernen Welt. Die Internationale der Unvernunft, Frankfurt/M. 1989, 17.

1.1.2 Die Krise theologischer Wahrheit

Diese allgemeinen, sehr verkürzt und grob gezeichneten Rahmenbedingungen, von denen die gegenwärtige Wahrheitsproblematik geprägt ist, betreffen nun tatsächlich *unmittelbar* die Theologie. Wie dramatisch die veränderte Begründungsproblematik - ausgelöst durch die Aufklärung und den Siegeszug der modernen Wissenschaften - die theologischen und religiösen Kernbereiche erschütterte, soll im Urteil zweier wohl unterschiedlicher Theologen zur Sprache gebracht werden.

In einem kurzen Aufsatz beschäftigt sich J.B. Metz mit der Krise der Geisteswissenschaften und ortet eine Parallele zur Krise des Christentums. Letztere bestimmt er als "Krise intakter, will sagen *wahrheitsfähiger* und *lebensbestimmender* Traditionen"[11]. Beide Krisen aber hätten ihre eigentliche Ursache in einer vorzeitig abgebrochenen Vernunftkonzeption. Für Metz liegt der Ausweg nur in einer anamnetischen Rationalität, die das Andenken der jüdisch-christlichen Tradition als Eingedenken an die Opfergeschichten zu integrieren vermag. Erst recht - so Metz - müßte eine solche Dimension innerhalb eines kommunikativ-diskursiven Vernunftbegriffs erfaßt werden, weil nur so Aufklärung fähig wird, sich über sich selbst nochmals aufzuklären.

Dieselbe Problematik konstatiert auch W. Kasper. Die Auflösung des vorneuzeitlichen metaphysischen Wahrheitsverständnisses und dessen Ersetzung durch ein positivistisches bzw. geschichtliches Wahrheitsverständnis verhindern prinzipiell, eine "an-sich-seiende Wahrheit, die - wie in der Theorie der antiken Philosophie - vernommen oder - wie im Christentum - als geoffenbarte und verkündete im Glauben ergriffen wird"[12], zu denken. Die theologische Auswirkung wird von Kasper in prägnanter und vielleicht übereilter Weise vor Augen geführt: "Diese Krise des Wahrheitsbegriffs und Wahrheitsverständnisses ist die Grundkrise gegenwärtiger Theologie."[13] In dieser Krise zeige sich die "ganze Hilflosigkeit"[14], adäquat mit der Wahrheitsproblematik umzugehen. Noch schlimmer sei aber, daß "nirgends ein theologischer Wahrheits*begriff* entwickelt"[15] werde. Die "Wahrheitsvergessenheit"[16] systematischer Theologie räche sich als Theologievergessenheit der Moderne selbst, konkret geworden in der historischen Bibelkritik und den modernen Naturwissenschaften. Wie Metz appelliert auch Kasper an die unersetzbare Funktion von Philosophie in der Theologie, allerdings nicht so sehr im Rahmen kommunikativ-diskursiver Rationalität, sondern wieder in einer verstärkt ontologischen Option: "Ohne Reflexion auf die ontologische

---

11 *Metz*, Vernunft 733, Hervorhebung F.G.

12 *Kasper*, Wahrheitsverständnis 175.

13 Ebd.

14 Ebd. 170.

15 Ebd.

16 Ebd. 171.

Dimension des Wahrheitsverständnisses fehlt dem theologischen Wahrheitsverständnis die Grundlage, ja löst es sich auf."[17]

Mit dieser Diagnose von seiten der Theologie sind zwei Grundaussagen gemacht: Zum einen kann es kein theologisches Wahrheitsverständnis geben, das sich von der philosophischen Reflexion auf Rationalität und Wahrheit dispensiert. Wie die Geschichte der Theologie zeigt, hat sie sich dort, wo sie einen Wahrheits*begriff* entwickeln mußte, um den in religiösen Aussagen erhobenen Wahrheits*anspruch* begründet ausweisen zu können, an philosophischen Reflexionen orientiert, hat diese rezipiert und selbständig weiterentwickelt (Augustinus, Anselm von Canterbury, Thomas von Aquin). Zum anderen hat Theologie allerdings selbst ein genuines Wahrheitsverständnis zu entwickeln, weil nur so die Differenz religiöser und theologischer Aussagen zu anderen Aussagekategorien gewahrt bleibt. Ein solches, auf theologische Problemstellungen hin adaptiertes Wahrheitskonzept fordert aber eine Revision bisheriger Wahrheitsvorstellungen: In den Begriff der Wahrheit hat die Vielheit und Partikularität von Wirklichkeitserfahrungen einzugehen. Gerade dieser Umstand macht aber alle ontologischen Wahrheitskonzepte verdächtig, weil sie auf den Universalitätsanspruch von Wahrheitsbehauptungen abzielen und diesen nur in einer ontologischen Abstraktion von Wirklichkeitserfahrungen und mit ihnen korrespondierenden Aussagesystemen erreichen können. Mit dem Zusammenbruch einer metaphysischen Vernunftkonzeption scheint ein Verlust der Einheitlichkeit des Wahrheitsbegriffes einherzugehen[18], was die Diskussion des Wahrheitsverständnisses in der Philosophie des 20. Jahrhunderts und die Allergie der Wissenschaften gegenüber dem Wahrheitsbegriff auf markante Weise bestätigen. Ein knapper Überblick zur wahrheitstheoretischen Diskussion mag dies veranschaulichen.

1.1.3 Grundmodelle philosophischer Wahrheitstheorien

Die traditionsreichste Wahrheitsbestimmung war die seit Aristoteles überkommene und mit Thomas von Aquin auf die klassische Formulierung gebrachte *Korrespondenz*auffassung[19]: Wahrheit ist die Übereinstimmung, die Angleichung, die Entsprechung von Sache und Verstand, von Sein und Denken, von Wirklichkeit und Sprache. Man wird nicht fehlgehen in der Vermutung, daß die alltägliche Auffassung von Wahrheit der Korrespondenzidee noch immer am weitgehendsten entspricht. Ist diese Korrespondenztheorie auch ursprünglich in einem ontologisch-metaphy-

---

17 Ebd. 175. Vgl. auch: *Kasper*, Zustimmung 269: "Theologie ohne Metaphysik wird sprach- und kommunikationslos, Metaphysik ohne Theologie wird letztlich grundlos und löst sich auf."

18 Vgl. *Krings*, Wahrheit?

19 Zur Korrespondenztheorie der Wahrheit siehe: *Puntel*, Wahrheitstheorien 26-40; *Franzen*, Bedeutung 35-83; *Heckmann*, Wahrheit? 99-129.

sischen Kontext zur Entfaltung gekommen, und ging es dieser Denktradition darum, den ontologischen Zusammenhang von der Erkenntnis des *Seienden* und dem *Erkenntnisvermögen* des Subjekts anhand der Urteilsanalyse und der kopulativen ('ist-sagenden') Verstandestätigkeit zu ergründen, so taucht diese Wahrheitsbestimmung bemerkenswerterweise auch in der radikal metaphysikkritischen Philosophie Wittgensteins und Freges auf. In diesem Sinne dient "Korrespondenz" als logische Kennzeichnung einer Sprachauffassung, die darin besteht, daß Sprache Wirklichkeit aufgrund ihrer strukturellen Homologie abbilden kann.

Nun wurde die klassische Wahrheitsauffassung seit der Mitte des 19. Jahrhunderts einer zunehmenden Kritik unterzogen. Maßgeblich ausgelöst haben diese Kritik der amerikanische Pragmatismus (W. James) und die ersten Konzeptionen einer Kohärenztheorie von Wahrheit (T.H. Bradley, B. Bosanquet, J. Royce). Allerdings ist diese Kritik keineswegs voraussetzungslos: Vorangegangen war schon die seit dem mittelalterlichen Nominalismus einsetzende Horizontverschiebung[20] hinsichtlich der Einschätzung der Erkenntnisfähigkeit des Menschen, womit die spekulative Einheit von Sein und Denken ins Wanken geriet, zumal menschliches Erkennen nicht ausreicht, das Wesen der Dinge adäquat zu erfassen. Der neue Denkhorizont dieser einsetzenden Kritik ist der konstitutive Zusammenhang von Sprache und Wahrheit. Das Wahrheitsproblem ist somit zuallererst ein *sprachlich* klärungsbedürftiges Phänomen. Nur von daher ist dann auch eine *sachliche* Lösung zu erwarten.

Eben solche sprachkritischen Überlegungen führten in der Analytischen Philosophie zur *systematischen* Kritik der Korrespondenztheorie. Strittig wurden die möglichen "Wahrheitsträger", das Korrelat der Übereinstimmung und die Entsprechungs- oder Übereinstimmungsrelation.[21] So ist das heute meist vorgebrachte Argument gegen die Korrespondenztheorie ihre ungeklärte Intention, mit einer sprachlichen Behauptung einen nichtsprachlichen Sachverhalt in Übereinstimmung zu bringen. Denn die Relation von Sprache (Denken) und Welt ist "im großen und ganzen nicht ikonisch, sondern symbolisch"[22]. In der Folge konzentriert sich darum die Analyse auf die Bedeutung des Wortes "Wahrheit" und "wahr" bzw. auf die Frage, wovon denn ausgesagt wird, daß es wahr sei.

Dieses Problem will die sogenannte *semantische Theorie der Wahrheit* des polnischen Mathematikers und Logikers Alfred Tarski beheben. Sein Anliegen, den Wahrheitsbegriff in eine "sachlich angemessene und formal richtige"[23] Definition zu bringen, konzentriert sich auf eine formalsemantische Bestimmung des Terms "wahr". "Wahr" ist nach Tarski das Prädikat einer Aussage. Um den Begriff ohne Widersprüchlichkeiten verwenden zu können, führt er die bahnbrechende Unterscheidung von "Objektsprache" und "Metasprache" ein, wodurch die Verwirrung, das Prädi-

---

20 *Baumgartner*, Philosophie.
21 Vgl. *Franzen*, Bedeutung 49-83.
22 Ebd. 71.
23 *Tarski*, Konzeption 141.

kat "wahr" könne auf einen nichtsprachlichen Gegenstand bezogen werden, behoben ist. Weiters gibt er das Wahrheitskriterium mittels einer Äquivalenzformel an, die ein allgemeines Schema darstellt, mittels dessen die Wahrheitsbeziehung einer Aussage zu einer anderen ausgedrückt wird. Diese Formel lautet: "X ist wahr genau dann, wenn p."[24] Dabei steht die Variable X für den Namen einer Aussage, p für die Aussage, die einen Wahrheitsanspruch stellt.

Die entscheidende Pointe der Überlegungen von Tarski sind die exakten Festlegungen des Begriffes "wahr". Darum spricht er auch von einer sogenannten "Wahrheitskonvention". Diese wird auf einer metametasprachlichen Ebene festgelegt, so daß das Verhältnis von objektsprachlicher und metasprachlicher Aussageform genau umschrieben werden kann. Allerdings ergibt sich daraus eine höchst folgenreiche Konsequenz: Angemessen kann der Term "wahr" nur in exakt formalisierten Sprachen (Mathematik, Logik) verwendet werden, jedoch nicht in natürlichen Sprachen. In ihnen lassen sich Widersprüchlichkeiten, wie es die bekannten Antinomien von Russel oder Eubulides bzw. Epimenides (Antinomie des Lügners) demonstrieren, nicht vermeiden. Neben dieser Reduktion des "Wahrheits"-Gebrauches, neben der ungeklärten Problematik des Verhältnisses von Wissenschaft und natürlicher Sprache wurden auch vielfach interne Gründe geltend gemacht, welche die später von Stegmüller und Popper favorisierte Wahrheitstheorie ins Schwanken bringen: Etwa die Kritik, daß Tarski keine Definition des Wahrheitsbegriffs vorgelegt hat (Puntel)[25]; daß somit auch keine Wahrheitstheorie vorliege, sondern nur Wahrheitsbedingungen angeführt sind (Franzen)[26]; daß für philosophische Ansprüche die Kriteriologie Tarskis nicht ausreiche (Black)[27]. Trotz dieser negativen Beurteilung gewinnt K. Füssel einen auch für die theologische Fragestellung bemerkenswerten Aspekt, insofern eine wissenschaftstheoretische Grundlegung der Wahrheitsdefinition auf die Umgangssprache als letzte Basis von Wissenschaftssprache angewiesen ist. Somit ist impliziert, daß die Wahrheitsfrage unabschließbar ist - was eine prinzipielle Analogie "zu einer [einer] anderen Theorietradition gehörenden Einsicht von der Unentscheidbarkeit der Wahrheitsfrage vor dem absoluten Ende der Geschichte (eschatologischer Vorbehalt!)"[28] ermöglicht.

Eine Weiterentwicklung der Wahrheitsfrage suchen die nach Puntel kategorisierten *sprachanalytischen Wahrheitstheorien*. Die *Redundanztheorie der Wahrheit* (F.P. Ramsey; A.J. Ayer) sieht in der Wahrheitsproblematik überhaupt kein Problem, sondern eine bloße sprachliche Verwirrung. Demgemäß drückt der Term "wahr" nichts Zusätzliches zu einer Aussage p aus, so daß er letztlich überflüssig ist. Dagegen wird jedoch zu Recht eingewandt, daß der Sinn der Äquivalenz "daß p, ist wahr $\equiv$ p" über-

---

24 Ebd. 145.
25 *Puntel*, Wahrheitstheorien 68f.
26 *Franzen*, Wahrheitstheorie.
27 Siehe *Puntel*, Wahrheitstheorien 64f.
28 *Füssel*, Diskussion 223.

haupt nicht erfaßt wurde. Der Fehler dieser Theorie besteht darin, "daß sie die Äquivalenzformel nur in der einen Richtung liest, nämlich in der Richtung, in der das Wort "wahr" beim Endpunkt, nämlich bei 'p', nicht mehr erscheint"[29]. Der Sinn der Äquivalenz liegt aber in der beidseitigen Leseweise! Die Formel kann nicht nur, sondern muß von beiden Seiten her gelesen werden, womit sich die Wahrheitsfrage nicht erübrigt, sondern erst aufgeworfen wird.

Bedeutende Überlegungen hat E. Tugendhat im Rahmen seiner sprachanalytischen Fragestellung "was es heißt, einen Satz zu verstehen"[30] angestellt, insofern er als Verstehenskriterium die Wahrheitsfrage selbst in den Mittelpunkt stellt. Dabei kommt der intersubjektiven Rolle von Sprache eine vorrangige Stellung zu, womit eine gegenstandstheoretische Sprachauffassung schon von vornherein zurückgewiesen wird. In Anlehnung an Austin und Searle ist der Handlungssinn eines assertorischen Satzes nicht dessen Mitteilungscharakter, sondern die Behauptung. Der entscheidende Gedanke Tugendhats ist, daß derjenige, der mittels eines assertorischen Satzes 'p' einen Sachverhalt 'daß p' behauptet, die Garantie dem Hörer gibt, daß die Behauptung wahr und auch verifizierbar ist. Wer also etwas behauptet, der garantiert, daß eine Nein-Entscheidung des Hörers sich in der Befolgung der Verifikationsregel als unhaltbar herausstellt. Somit legt Tugendhat eine kriteriologische Analyse der Wahrheitsfrage vor: "die Angabe der Wahrheitsbedingung einer Behauptung [besteht] in der Vorführung ihrer Verifikationsregel, oder einfacher formuliert: darin, daß gezeigt wird, wie sie verifiziert wird."[31] Tugendhat sieht selbst, daß er, ausgehend von der Wittgensteinschen These, einen Satz verstehen heiße wissen, wie er verwendet werde, der Forderung des logischen Positivismus entspricht, wonach das Verstehen eines Satzes vom Wissen um die Verifikationsbedingungen abhängig ist. (Im übrigen liegt darin auch Tugendhats erklärtes Ziel, nämlich beide Ansätze miteinander zu verbinden.) Wie Puntel aber in kritischer Analyse gezeigt hat, bleibt gerade die entscheidende Frage nach dem Status der Verifikation höchst unbefriedigend und vermag zur Klärung des Terms "wahr" nichts beizutragen.[32]

Schon Tugendhat hat in seiner Analyse des Zutreffens von singulären Termini auf Gegenstände kohärenztheoretische Überlegungen angestellt. So ist denn auch die *Kohärenztheorie der Wahrheit* gegenwärtig eine vor allem von N. Rescher[33] und L.B. Puntel[34] vertretene bzw. favorisierte

---

29 *Puntel*, Wahrheitstheorien 103.

30 *Tugendhat*, Vorlesungen 161.

31 Ebd. 259.

32 Vgl. *Puntel*, Wahrheitstheorien 121-129.

33 *Rescher*, Theory; *ders.*, Wahrheit.

34 *Puntel*, Wahrheitstheorien 205-216. Aufschlußreich wäre eine Analyse der Kontinuität und Diskontinuität von Puntels Wahrheitsverständnis. Puntel definiert in seinem Artikel "Wahrheit", in: HphG 6 (1974) 1649-1668, 1658: "Wahrheit meint die sich im Modus (= in der Dimension) eines diskursiv-einlösbaren Geltungsanspruchs artikulierende Offenbarkeit der Sache selbst." Die Weiterentwicklung dieser Definition im Rahmen der Kohärenztheorie zeigt folgende Definition an: "1)

Wahrheitskonzeption. Geschichtlich reicht der Ansatz in seiner idealistischen Form bis ins 19. Jahrhundert zurück, erhält mit O. Neuraths Kritik an Schlicks und Carnaps These der Protokollierbarkeit von Tatsachen eine geistreiche Vertiefung[35] bzw. mit B. Blanshards "The Nature of Thought"[36] eine eindrucksvolle Fassung und wird derzeit am intensivsten von N. Rescher[37] weiterentwickelt. Als kriteriologische und definitionale Wahrheitstheorie sucht sie sowohl das Problem der Feststellbarkeit der Wahrheit von Aussagen und der Bedeutung von Wahrheit selbst anhand der Kohärenzidee festzumachen. Kohärenz geht dabei weit über den Gesichtspunkt der logischen Konsistenz hinaus, die ja auch von allen anderen Wahrheitstheorien als notwendiges Kriterium postuliert wird. "Kohärenz" fungiert als Kriterium für die Wahrheitsfeststellung einer als Wahrheitskandidat aussichtsreichen Aussage (Datum) im Rahmen eines Aussage*systems*. Rescher will die Verknüpfung von Einzelaussage - System nicht im Sinn einer deduktiven Verknüpfung verstanden wissen, sondern als kontextuale. Eigenschaften der Kohärenz sind dabei die "Umfassendheit", die "Konsistenz" und die "Zusammengefügtheit". Gegen eine starke Variante des Kohärenzkriteriums (Blanshard), die in der Kohärenz eine unbedingte Wahrheitsgarantie sieht, will Rescher eine schwache Theorieversion vertreten, derzufolge Kohärenz als eine pragmatisch-rationale Rechtfertigung verstanden werden soll. Dabei liegt es im Interesse der Vertreter dieser Theorie, Tatsachenaussagen mit dem Anliegen der Korrespondenztheorie der Wahrheit in Einklang zu bringen.

Dieser Theorieansatz wurde theologischerseits besonders von W. Pannenberg rezipiert, weil seine universalhermeneutische Konzeption am leichtesten mit dieser Wahrheitstheorie in Korrelation gebracht werden kann.[38]

Einen weiteren, in der wahrheitstheoretischen Diskussion höchst aktuellen Theorietyp stellen die sogenannten *Intersubjektivitätstheorien der Wahrheit* dar. Ihr historischer Ausgangspunkt liegt in der pragmatischen Sprachphilosophie von Charles S. Peirce[39], dessen Konzept einer universalen Semiotik die Idee einer unbegrenzten Forschergemeinschaft entwickelt. Sie ist der letzte Horizont, auf den hin Wahrheitsansprüche einzulösen sind, so wie umgekehrt wissenschaftliche Forschung "in the long

---

Eine Aussage x ist wahr = df der mit der Aussage x erhobene Geltungsanspruch ist als Eingliederbarkeit dieser Aussage in einen Kohärenzrahmen diskursiv einlösbar. 2-1) Wahrheit = df die sich im Modus eines diskursiv einlösbaren Geltungsanspruches artikulierende Kohärenz der Sache selbst. 2-2) Wahrheit = df der die Kohärenz der Sache selbst artikulierende diskursiv einlösbare Geltungsanspruch" (Wahrheitstheorien 216f). Vgl. auch die Rezension von Puntels erstem Buch über Wahrheitstheorien (Darmstadt 1978) von *H. Kraml*, Konvergenz.

35 *Neurath*, Soziologie; *ders.*, Protokollsätze.

36 *B. Blanshard*, The Nature of Thought, 2 Bde., London 1939.

37 Vgl. dazu: *Puntel*, Wahrheitstheorien 182-204.

38 Vgl. unten 2.2.1.6.

39 *Peirce*, Papers; *ders.*, Schriften. Eine Einführung in das Denken von Peirce bietet: *Apel*, Denkweg.

run" auf kommunikative Wahrheitsfindung ausgerichtet ist. Typologisch lassen sich gegenwärtig zwei Theoriestränge unterscheiden, einerseits die konsenstheoretische bzw. universal/transzendentalpragmatische Linie von J. Habermas und K.O. Apel, andererseits die dialogisch-konstruktivistische Linie der Erlanger-Schule (W. Kamlah und P. Lorenzen). Im folgenden wird nur der erste Theorietyp erörtert.

Peirces dreidimensional angesetzte Semiotik ließ sich auf einfache Weise mit den sprachpragmatischen Reflexionen des späten Wittgenstein und der Sprechakttheorie verbinden. Letztere versucht eine semantisch eingeengte Bedeutungstheorie von Sprache zugunsten einer pragmatischen, den Handlungszusammenhang von einer Sprecher und Zeichenverwendung (Sprechakt) berücksichtigenden Sprachtheorie zu überholen. Austin und Searle behaupten, daß ausschließlich mit konstativen Sprechakten Wahrheitsansprüche erhoben werden. Diese sprachtheoretischen Grundlagen nimmt J. Habermas[40] in seinem Theorieentwurf auf und beschreibt Wahrheit als einen "Geltungsanspruch, den wir mit *Aussagen* verbinden, indem wir sie behaupten. Behauptungen gehören zur Klasse konstatierender Sprechakte. Indem ich etwas behaupte, erhebe ich den Anspruch, daß die Aussage, die ich behaupte, wahr ist."[41] Somit ist für Habermas zunächst geklärt, wer als Wahrheitsträger in einer Behauptung in Frage kommen kann. Eine weitere Differenzierung ergibt sich aus der Unterscheidung von nichtproblematisierten und problematisierten Geltungsansprüchen. Nichtproblematisierte Geltungsansprüche haben ihren Ort im kommunikativen Handlungszusammenhang, wo es darum geht, Information auszutauschen, Verständigung problemlos zu erzielen. Dabei werden Geltungsansprüche, die implizit mit Sprechakten erhoben werden, anerkannt und nicht in Frage gestellt. Entstehen für einen Hörer Verstehensprobleme, so wird der propositionale Gehalt einer Aussage *gedeutet*. Erst dort aber, wo der Geltungsanspruch einer Behauptung in Frage gestellt ist und somit der Wahrheitsanspruch faktisch außer Kraft gesetzt wird, ist auch ein Wechsel des Kommunikationsmodus erforderlich, der als "Diskurs" gekennzeichnet wird: In ihm werden nicht Informationen ausgetauscht, "sondern Argumente, die der Begründung (oder Abweisung) problematisierter Geltungsansprüche dienen."[42] Eine zusätzliche Charakteristik von Diskursen ist ihre Entlastung von Handlungs- und Erfahrungszusammenhängen und ihre Konzentration auf das einzig erlaubte Kommunikationsmotiv, nämlich die kooperative Suche nach Verständigung und Konsens. Weiters beziehen sich Wahrheitsfragen nicht auf innerweltliche Gegenstände, sondern auf sprachlich fixierte Tatsachen. Wohl stützen sich Tatsachen auf Gegenstände, aber nicht die Gegenstandserfahrung ist Inhalt der Wahrheitsproblematik, sondern die sprachliche Behauptung eines existierenden Sachverhaltes. Deshalb be-

---

40 Der wahrheitstheoretische Ansatz von *J. Habermas* kommt in 4.1 und 4.2 dieser Arbeit noch ausführlich zur Sprache. An dieser Stelle sollen nur einige Grundzüge erwähnt werden.

41 *Habermas*, Wahrheitstheorien 129. Hervorhebung F.G.

42 Ebd. 131.

tont Habermas: "Erfahrungen *stützen* den Wahrheitsanspruch von Behauptungen; an ihm pflegen wir, solange keine dissonanten Erfahrungen auftreten, festzuhalten. Aber *einlösen* läßt sich ein Wahrheitsanspruch nur durch Argumentation. Ein in Erfahrung *fundierter* Anspruch ist noch keineswegs ein *begründeter* Anspruch."[43]

Somit stellt sich die Frage, wie Wahrheitsansprüche eingelöst, wie sie begründet werden können. Als Wahrheitsbedingung führt Habermas die "potentielle Zustimmung aller anderen"[44] an. Ein Wahrheitsanspruch ist dann eingelöst, wenn jeder mögliche Diskursteilnehmer einem Gegenstand x das Prädikat p zusprechen müßte. Damit dies möglich ist, müssen Diskursbedingungen gegeben sein, die selbst nicht nochmals konsensabhängig sind. Diese Bedingungen erhebt Habermas aus einer Analyse des Argumentationsvorganges. Sie sollen hinreichend sein, einen begründeten Konsens, der als Wahrheitskriterium fungiert, von einem scheinbaren Konsens zu unterscheiden. Die Diskurslogik schreitet in vier Stufen voran. Die erste zeigt die Infragestellung eines Wahrheitsanspruchs an, die zweite Stufe hat die Begründungsleistung für eine Behauptung einzubringen, die dritte soll eine substantielle Sprachkritik ermöglichen, ob nämlich die Begründungssprache überhaupt angemessen erscheint, so daß dann auf der vierten Stufe eine Selbstreflexion als Erkenntniskritik eintreten kann, in der die Konsequenzen aus einer revidierten Begründungssprache, welche die Grundbegriffe für Aussagen zur Verfügung stellt, gezogen werden.[45] Nur von solcher Argumentationslogik erhofft sich Habermas die Bereitstellung jenes besseren Argumentes, das als triftiges jenen paradoxen Zwang auslösen kann, dem alle kraft rationaler Motivation zustimmen müssen. Damit sich ein solcher begründeter Konsens, der aus dem ständigen Hin- und Hergehen zwischen den Diskursebenen hervorgeht, einstellen kann, nennt Habermas eine letzte Bedingung, nämlich die Erfüllung der "Eigenschaften einer idealen Sprechsituation", welche die "Freizügigkeit zwischen den Diskursebenen"[46] sichert. Eine ideale Sprechsituation zeichnet sich durch Chancengleichheit aller potentiellen Gesprächsteilnehmer aus, alle möglichen Sprechakte (Diskurseröffnung, Infragestellungen, Deutungen, Behauptungen, Einstellungen, Befehle usw.) im Diskurs anwenden zu können. Oberstes Kriterium dabei ist die Gewährleistung der vollständigen Reziprozität intersubjektiv-kommunikativer Handlungen. Allerdings muß diese ideale Sprechsituation (kontrafaktisch) in Diskursen *unterstellt* werden im Sinne einer wirksamen Antizipation. Nur dieser Vorgriff gewährleistet die notwendige Unterscheidung und mögliche Identifizierung zwischen einem faktisch erzielten und einem begründeten Konsens. Die Bedingungen einer idealen Sprechsituation werden damit nach Habermas zum letzten Maßstab von Wahrheit. Insofern bleibt jeder Konsens

---

43 Ebd. 135.
44 Ebd. 137.
45 Vgl. ebd. 159-174.
46 Ebd. 177.

nochmals einer möglicherweise notwendigen Revision ausgesetzt, wenn im *nachhinein* erkannt wird, daß ein Konsens sich als bloß *faktischer* erweist und seine *Begründungskraft* verloren hat. Auch Habermas' Wahrheitstheorie blieb nicht ohne Kritik. Puntel[47] und Beckermann[48] weisen auf die unangemessenen Aussagen zum Gegenstandsproblem hin, das in der Konsenstheorie keinen konstitutiven Rang mehr einnimmt, obwohl Habermas implizit immer wieder realistische Voraussetzungen annehmen muß, wenn ein behaupteter Sachverhalt als existierender begründet werden soll. Daß Habermas das Grundanliegen einer Korrespondenztheorie zu glatt vom Tisch schiebt, wird zum Begründungsproblem seines eigenen Ansatzes. O. Höffes[49] Kritik zielt auf den Anspruch der Konsenstheorie, eine umfassende Wahrheitstheorie zu sein. Entgegengehalten wird, daß das Wahrheitsverständnis unsachgemäß auf Aussagenwahrheit eingeschränkt bleibt, daß Konstitutionsfragen von Erkenntnis ausgeklammert und ausschließlich Geltungsfragen in den Mittelpunkt gestellt werden, sowie daß Habermas stets auf Kohärenz- und Korrespondenzkriterien zurückgreifen muß, was eine Inkonsistenz des Ansatzes nach sich zieht.

Dieser äußerst kursorische Blick in die wahrheitstheoretische Diskussion des 20. Jahrhunderts zeigt nun sehr deutlich den Verlust eines gemeinsamen Wahrheitsbegriffes und zugleich die immensen Anstrengungen, diesen fundamentalen wissenschaftlichen Grundbegriff nicht sich selbst zu überlassen. Deutlich ersichtlich ist, daß es keine Einigung darüber gibt, was der "Sinn", die "Bedeutung", die "Bedingung", das "Kriterium" von Wahrheit ist. Weiters konnte sich keine Theorie der Wahrheit als ausformulierte "Theorie" behaupten, sondern es blieb bei Auffassungen, Ansätzen, Überlegungen, so daß diese lebhafte Diskussion erst den Anfang einer Klärung der Wahrheitsfrage in der Gegenwartsphilosophie anzeigt. Allerdings konstatierte Lorenz Bruno Puntel in einer neu erschienenen Studie zur Wahrheitsproblematik, daß die oben nachskizzierten Diskussionen "das Stadium einer eindeutigen Stagnation erreicht haben. Es ist sicher nicht übertrieben zu sagen, daß die wahrheitstheoretischen Diskussionen nichts mehr 'bewegen'."[50] So weist die Hartnäckigkeit des Wahrheitsproblems wieder zurück auf die in der Diskussion oft außer acht gelassene *Verwobenheit* mit erkenntnistheoretischen, ontologischen, sprachphilosophischen und logischen Dimensionen. Für Puntel ist darum die Wahrheitsfrage das Paradigma *interdisziplinärer* Zusammenarbeit, die erst wieder neu eingeübt werden muß.

---

47 *Puntel*, Wahrheitstheorien 157-164.

48 *Beckermann*, Voraussetzungen. Diese Kritik bezieht sich nur auf Habermas' erste wahrheitstheoretische Überlegungen. Sein systematischer Aufsatz zur Wahrheitstheorie erschien erst 1973.

49 *Höffe*, Überlegungen.

50 *Puntel*, Grundlagen 2.

1.2 Theologische Bemühungen um ein adäquates Verständnis von Wahrheit

Ist "Wahrheit" ein Grundbegriff jeder Wissenschaft, mehr noch: eine Grundfrage menschlichen Lebens, die "einem ursprünglichen Interesse an verläßlicher Lebensorientierung"[51] entspringt und somit alle Lebensdimensionen durchdringt, so kann theologischerseits trotz der von Kasper konstatierten Wahrheitsvergessenheit von Theologie eine zweifache Theoriediskussion festgestellt werden. Eine Diskussion findet vor allem auf exegetischem und bibeltheologischem Gebiet statt, die andere im fundamentaltheologisch-dogmatischen[52] Bereich.

1.2.1 "Wahrheit" in bibeltheologischer Hinsicht

Die von der liberalen Theologie vor allem durch A. von Harnack auf die Spitze getriebene Hellenisierungsdebatte führte zunächst zu verstärkten Abgrenzungspositionen eines hebräisch-biblischen von einem griechischen-philosophischen Wahrheitsbegriff.[53] A. Schlatter[54] und H. von Soden[55] betonen massiv die personalen Konnotationen des Wortes "'ämet" im hebräischen Sprachgebrauch, das in der Septuaginta vornehmlich mit "alétheia" übersetzt wird. 'Ämet ist Treue und Verläßlichkeit, Festigkeit und Beständigkeit. In der biblischen Rede von Gott ist dieser selbst 'ämet, weil er allein treu und verläßlich ist. Im anthropologischen Sinnkontext hat 'ämet die Funktion einer Beziehungskategorie, die die Verläßlichkeit von Menschen untereinander aussagt. Diese Verläßlichkeit und Unverbrüchlichkeit kann aber ebenso von Aussagen prädiziert werden, wenn sie wahr, 'ämet, sind. 'Ämet hat zudem wesentlich praxeologischen Sinn: Es geht darum, daß Wahrheit getan wird. Darüber hinaus muß 'ämet sogar als Geschichtskategorie verstanden werden: "Wahrheit ist das, was sich in der Zukunft herausstellen wird."[56]

Von diesem Wahrheitsverständnis hebt sich kontrastreich die griechische Auffassung von Wahrheit ab. Wie K. Koch[57] in seinem Aufsatz hervorhebt, sei der griechische Wahrheitsbegriff weder eine geschichtlich-futurische Kategorie noch eine personale Kategorie des intersubjektiven Vertrauens. Die griechische alétheia ziele auf kritische, zeitlos gültige Erkenntnis und finde sich vor allem als höchste Wahrheit in den ontologischen Seinsstrukturen. Dieser Wahrheitsbegriff sei nun, so Koch, durch

---

51 *Baumgartner*, Philosophie 13.
52 Vgl. dazu: *Pfeiffer*, Offenbarung 91-117; *Arens*, Struktur.
53 Systematische Relevanz hat diese Position etwa bei *Pannenberg*, Wahrheit.
54 *A. Schlatter*, Der Glaube im Neuen Testament, Stuttgart ^{4}1927.
55 *Soden*, Wahrheit.
56 Ebd. 10.
57 *Koch* Klaus, Wahrheitsbegriff.

die Septuaginta in das hebräische Verständnis eingedrungen und habe es ontologisiert.

Der Auffassung Kochs widerspricht D. Michel[58], der den Schluß zieht, daß in allen untersuchten Aussagen der Wortsinn von "Stimmen" und "Übereinstimmen" mitlaufe. Nach ihm ist die strikte Verschiedenheit von hebräischem und griechischem Wahrheitsverständnis nicht aufrechtzuerhalten.

Der neutestamentliche Wahrheitsbegriff ist demgemäß charakterisiert durch die jüdische *und* griechische Wortbedeutung. J. Gnilka[59] stellt den alttestamentlichen Wortsinn heraus, der mit alétheia gekoppelt wird, ohne also die 'ontologischen' Dimensionen zu vernachlässigen, die einen wirklichen Sachverhalt kennzeichnen wollen (Röm 2,2; 1 Joh 3,18). Herausragende Beachtung hat vor allem der johanneische Wahrheitsbegriff gefunden, insofern in den johanneischen Schriften alétheia ein Zentralbegriff ist. In ihm kommt auch die spezifisch christliche 'Korrektur' am alttestamentlichen und griechischen Wahrheitsbegriff zum Vorschein: "Die johanneische 'alétheia ist dadurch wesentlich bestimmt, daß sie nicht getrennt werden kann von der Person Jesu, des Offenbarers."[60] I. de la Potterie[61] hat eindrücklich nachgewiesen, daß (gegen Bultmann[62]) Wahrheit mit Person und Wesen Jesu zusammenfällt. Wahrheit wird nach Johannes niemals mit Gott selbst identifiziert, sondern sie ist die in Jesus Christus gekommene. Er ist die Wahrheit und der Offenbarer von Wahrheit.

Die vielfältigen Studien zum johanneischen Wahrheitsbegriff hat E. Arens im Hinblick auf die wesentlichsten Grundzüge wie folgt zusammengefaßt:[63]

1) Wahrheit ist das, wovon Jesus Zeugnis ablegt. Dieses Zeugnis hat propositionalen Gehalt, deckt sich aber nicht mit dem Sinn propositionaler Wahrheit.

2) Die in Jesu Verkündigung und Handeln offenbare Wahrheit ist eine kritische: Sie unterscheidet die Lüge von der Wahrheit und befreit von der Sklaverei der Lüge.

3) Wahrheit bleibt durch die Geistsendung bei den Jüngern. Der Geist ist die Zusage, weiter in die Wahrheit geführt zu werden. Darin drückt sich am meisten das eschatologische Verständnis von Wahrheit aus.

4) Das johanneische Wahrheitsverständnis ist praktisch. Es zielt auf die Lebenspraxis, nur die getane Wahrheit ist die geglaubte und bezeugte Wahrheit.

Somit ergibt sich aus dieser bibeltheologischen Bemühung um ein adäquates Wahrheitsverständnis, daß sehr wohl eine deutliche Akzentverschiebung zwischen einem biblischen und einem griechisch-metaphy-

---

58 *Michel*, 'Ämät.
59 *Gnilka*, Wahrheit.
60 Ebd. 799.
61 *Potterie*, Vérité.
62 *Bultmann*, alétheia.
63 *Arens*, Struktur 11f.

sischen Wahrheitsbegriff festgestellt werden muß. Zu Recht ist aber eine strikte Polarisierung zurückgewiesen worden, weil schon "rein formal...beiden Verständnisweisen von Wahrheit die gemeinsame Frage nach dem, was Bestand hat und worauf Verlaß ist, zugrunde [liegt]"[64]. Eben diese formale Gemeinsamkeit ermöglichte eine kreative Verbindung von auf Aussagenwahrheit orientierten und von personal-geschichtlich konzentrierten Wahrheitsvorstellungen. Weil diese Synthese schon in den spätjüdischen (Weisheitsliteratur) und in den neutestamentlichen Schriften vollzogen ist, konnte die theologische Tradition der frühen Kirche und der Patristik daran anknüpfen. Allerdings darf nicht vergessen werden, daß die Ontologisierung der biblischen Grundgehalte das dynamisch-geschichtliche, auf Zukunft und Verheißung ausgerichtete Wahrheitskonzept verdrängt und alles Gewicht auf die dem Wesen nach unveränderlich bleibende Wahrheit der Glaubenssätze gelegt hat.

1.2.2 "Wahrheit" in fundamentaltheologisch-dogmatischer Perspektive

Die fundamentaltheologisch-dogmatischen Bemühungen um einen adäquaten theologischen Wahrheitsbegriff zielten in Auseinandersetzung mit verschiedensten wahrheitstheoretischen Ansätzen entweder auf eine Restituierung der Adäquationstheorie oder - durch Rezeption von gegenwartsphilosophischen Positionen - auf Versuche einer Neuformulierung der Wahrheitsproblematik überhaupt. Wesentlichen Anteil an dieser Diskussion hatte dabei das Theorie-Praxis-Problem. Vor allem in der Neuen Politischen Theologie und in der Befreiungstheologie erhielt die *Praxis* als Wahrheitskriterium einen zentralen Stellenwert. Die Relevanz gesellschaftlich-geschichtlicher Bedingungen für Theorieartikulationen ermöglichte schließlich Rezeptionsversuche von sprach- und kommunikationstheoretischen Theoriemodellen, auf deren Hintergrund der Typus der *Intersubjektivitätstheorien der Wahrheit* entstanden ist. Die sprachanalytische Diskussion hat ebenso Einflüsse auf die theologische Wahrheitsproblematik ausgeübt wie kohärenztheoretische und 'integralistische' (Wahrheit als summativer Begriff der Kriterien: Korrespondenz/Kohärenz/Konsens/Evidenz) Positionen. Aus dem breiten Spektrum theologischer Rezeptionen sollen darum im folgenden *typologisch* einige Theorieversuche skizziert werden, womit weder beansprucht wird, alle Auseinandersetzungen umfassend abzudecken noch jede einzelne eingehend zu analysieren. Wie schon in der Philosophie so noch mehr in der Theologie ist der Begriff "Wahrheitstheorie" sehr weit zu fassen und beansprucht kein umfassend konzipiertes, streng analytisch auf den Zusammenhang von Begriff und Kriterium bedachtes Reflexionsmodell.

---

64 *Kasper*, Wahrheitsverständnis 177.

1.2.2.1 Korrespondenztheorie als Rahmen theologischer Wahrheitsauffassung

Einer der neuesten Versuche, der von Thomas von Aquin prägnant formulierten Korrespondenztheorie der Wahrheit wieder Geltung zu verschaffen, ist die Untersuchung von H. Pfeiffer (1982).[65] Er trifft seine Option für eine ontologische Wahrheitstheorie im Konzept einer personal-geschichtlich ergangenen Offenbarungswahrheit, wie diese ausdrücklich auf dem 2. Vatikanischen Konzil thematisiert wurde. Seine unproblematisierte Haltung zur metaphysischen Tradition christlicher Philosophie und Theologie drückt sich in dem Postulat aus, daß die "Wahrheitsproblematik in der Theologie neu zu fassen [ist] in einer alten, ja 'antiken' Denkweise"[66]. Zwar begrüßt er die Konfrontation der Theologie mit der neuzeitlichen Wende zu Sprache und Wissenschaft, wie sie H. Peukert unternommen hat, aber er sieht in ihr eine modische Zeitströmung, welcher die Theologie aus eigener Kraft zu trotzen habe.[67] Insofern habe eine Erörterung der Wahrheitstheorien der gegenwärtigen Philosophie[68] keinen systematisch-konstruktiven Stellenwert, sondern stelle gewissermaßen die Kontrastvorlage mißlungener wahrheitstheoretischer Ansätze dar. Einzig die Korrespondenz- und die Evidenztheorie der Wahrheit seien die "ertragreichsten und angemessensten, damit also die philosophischen Theorien"[69]. Das ausschlaggebende Argument für eine Adäquationstheorie liege in ihrem starken Wahrheitskriterium, nämlich in der "Evidenz eines erkannten Sachverhalts. Die Evidenz ist vorgängig zu jedem diskursiv gewonnenen bzw. einlösbaren Anspruch."[70] Hierin sieht Pfeiffer zunächst durchaus richtig: Der Wahrheitsanspruch erhebt sich schon vor der Einlösung durch Argumentation. Aber modernen Wahrheitstheorien geht es ja gerade darum, wie eine mit Wahrheitsanspruch auftretende Behauptung *überprüfbar* als wahr anerkannt werden kann. Es geht gerade um die Ausweisbarkeit einer erkannten Evidenz. Insofern hilft Pfeiffers definitorische Verknüpfung von Evidenz- und Adäquationstheorie nicht viel weiter: "Wahrheit [ist] dann und nur dann, wenn dem Geist der Sachverhalt unbezweifelbar einsichtig geworden ist, nachdem die Sache selbst dem Geist in ihrer inneren Struktur offenkundig geworden ist."[71] Daß ein Sachverhalt immer nur sprachlich und vorgängig durch ein kommunikativ geteiltes Sprachsystem *als* Sachverhalt erkennbar ist, ist ja gerade die philosophische Grunderkenntnis des 20. Jahrhunderts. Insofern redet Pfeiffer schlichtweg am eigentlichen Problem vorbei. Die Rezeption der thomanischen Erkenntnistheorie hat dann im letzten Sinne Platzhalterfunktion: Sie steht für ein ontologisch vermitteltes,

---

65 *Pfeiffer*, Offenbarung.
66 Ebd. 89.
67 Vgl. ebd. 65.
68 Vgl. ebd. 27-68.
69 Ebd. 67.
70 Ebd. 88.
71 Ebd. 89.

erkenntnisrealistisches Theoriekonzept, in dem es noch möglich war, "das Erreichen des Seienden, wie es an sich ist, soweit es erreicht und erkannt werden kann"[72] - ein erkenntnisskeptisches Zugeständnis? -, denken zu können. Nicht nur die erkenntnistheoretischen Schwierigkeiten, sondern die Erfahrung von Geschichte und Kontextualität von Erkenntnis- und Wahrheitsbehauptungen haben dieser Theorie ihre Plausibilität geraubt. In dieser Hinsicht ist es nur konsequent, wenn Pfeiffer seine Wahrheitsauffassung radikal von jedem Zeitindex freihält: "Die Erkenntniswahrheit ist nicht Zeitwahrheit, sondern Seinswahrheit."[73] "Zu jeder Wahrheit gehört eine Wahrheitsaussage, also eine objektive Wahrheit, und diese ist als solche eine unvergängliche Wahrheit. Tiefster Grund ist, daß das Unvergänglichsein als solches gehalten ist vom Sein."[74] Nicht nur wird hier "Wahrheit" in unerklärlicher Weise von der Aussagbarkeit von Wahrheit abgesetzt (und dann darauf bezogen), sondern zudem noch mit "Objektivität" gleichgesetzt und in den transzendenten Rang der "Unvergänglichkeit" gehoben, womit die Reformulierung des parmenideischen Wahrheitsverständnisses perfekt nachvollzogen ist. Selbst Thomas von Aquin hätte es nicht gewagt, Wahrheit mit dem Prädikat "unvergänglich" im Kontext menschlicher Erkenntnisbedingungen zu versehen.[75] Die philosophischen Grundlagen dieses Theoriemodells werden sodann auf die theologische Problematik appliziert. Offenbarungswahrheit ist nun "eine durch Offenbarung selbst vermittelte Aussagewahrheit, die unveränderlich bleibt durch alle Zeiten und die in einem Satz zum Ausdruck gebracht wird"[76]. Zwar berücksichtigt Pfeiffer, daß solche Wahrheit eschatologisch betrachtet werden müsse, daß mithin unter geschichtlich-endlichen Bedingungen dem Menschen im Hinblick auf Offenbarung nicht das Kriterium der Evidenz zur Verfügung stehe und dieses Kriterium durch das Kriterium der Offenbarung selbst [!] ersetzt werden müsse[77], doch wird diese Konsequenz in christologischer Hinsicht wieder zurückgenommen: Die Worte Jesu "sind...von letzter Gewißheit"[78], weil sie mit dem Lebensgrund Jesu Christi, mit Gott, *übereinstimmen*.

Diese extreme Position, die schlichtweg die neuzeitliche transzendentalphilosophische Grundlagenproblematik von Erkenntnis und Wahrheit nicht zur Kenntnis nimmt, steht jedoch singulär in der theologischen Wahrheitsdiskussion. Insofern muß Walter Kasper zugestimmt werden, wenn er meint, daß Karl Rahners Vermittlung von Metaphysik und Transzendentalphilosophie noch immer am angemessensten ist und jede Erörterung der Wahrheitsfrage an diesem Entwurf nicht vorbeigehen kann.[79] Weil die Adäquationstheorie der Wahrheit natürlich auch bei

---

72 Ebd. 88.
73 Ebd. 147.
74 Ebd. 148.
75 Vgl. 3.1.2.1.
76 *Pfeiffer*, Offenbarung 194.
77 Ebd. 200.
78 Ebd. 238.
79 Vgl. *Kasper*, Wahrheitsverständnis 185-187.

Rahner *Ausgangspunkt* seiner wahrheitstheoretischen Überlegungen ist, soll sein Werk einer eingehenden Erörterung unterzogen werden. Rahners Theoriekonzept soll hier zunächst nur als Beispiel für einen - transzendentalontologisch vermittelten - Versuch der Reformulierung der Korrespondenztheorie erwähnt sein.[80]

Sosehr die Relevanz der ontologischen Fragestellung heute wieder mit Nachdruck betont wird[81], meist in Übergehung der grundlegenden Erkenntnisse der Sprachphilosophie, muß ebenso darauf verwiesen werden, daß es andere, sehr kreative Problematisierungen der Wahrheitsfrage gibt, die nicht das metaphysische Erkenntnis- und Sprachmodell zum Ausgangspunkt haben, um den Wahrheitssinn von Glaubensaussagen explizit zu machen.[82]

1.2.2.2 Der Einfluß sprachanalytischer und religionsphilosophischer Theorien auf die theologische Wahrheitsfrage

Aus der Vielzahl religions- und sprachphilosophischer Beiträge von seiten der Theologie hebt sich das Theoriekonzept von Ingolf U. Dalferth[83] von allen anderen als besonders signifikant und vielversprechend ab. Die sprachanalytische Kritik an religiösen Aussagen zielte ja darauf, nicht bloß den Wahrheitsgehalt von religiösen Äußerungen in Frage zu stellen, sondern sprachanalytisch die Wahrheits*unfähigkeit* solcher Sprechhandlungen hervorzuheben. Nun besteht Dalferths Arbeit nicht in der Vorlage einer wahrheitstheoretischen Untersuchung, sondern darin, den sinnvollen Wahrheits*anspruch* von Glaubensäußerungen durch eine seinerseits geführte sprachanalytische Kritik an diesen (vor allem im angloamerikanischen Raum verbreiteten) Positionen herauszuarbeiten. Somit ist sein sprachanalytischer Untersuchungsgegenstand der empirische Sachverhalt der "religiösen Rede von Gott". Sprachanalyse hat für Dalferth darum einen unverzichtbaren Vorzug und unersetzbaren Stellenwert für theologische Reflexion, weil jede wissenschaftliche Reflexion sich auf Gegenstände bezieht, die schon "als Zeichen fungieren, indem sie bezeichnet und in ein Zeichensystem verwoben sind. Es gibt daher für uns nur, was zeichenhaft ist: das Universum der Zeichen ist unsere Welt."[84] In dieser angesprochenen Vorordung einer Klärung der Sprach-

---

80 Vgl. Teil 3 dieser Arbeit.

81 *Pannenberg*, Metaphysik; *Kasper*, Zustimmung; *Schaeffler*, Neubegründung.

82 Kaspers offene Frage, ob "sich auf der Ebene der Reflexion metaphysische Aussagen als notwendige Voraussetzungen der Glaubensaussagen ergeben" (Wahrheitsverständnis 180), wird von solchen Theorieentwürfen teilweise zu bejahen sein. Teilweise deshalb, weil Dalferths ontologie-freier Versuch einer Reflexion auf den Bedeutungsgehalt religiöser Rede von Gott (vgl. 4.4.2) nicht ontologie-los ist, wie seine nachfolgenden Veröffentlichungen zeigen. Vgl. dazu *Dalferth*, Existenz.

83 *Dalferth*, Rede.

84 Ebd. 152.

problematik vor der Sachproblematik liegt allerdings ebenso eine bedeutende wahrheitstheoretische Implikation: Die Bedeutungsproblematik geht der Wahrheitsproblematik logisch voraus, weil eben nur das wahr sein kann, was sprachlich sinnvoll als wahr oder falsch gesagt werden kann.[85] Nach dem Aufweis, daß religiöse Äußerungen *Sprechhandlungen* sind, die einen *propositionalen* Gehalt aussagen, also assertorischen Charakter haben, präzisiert Dalferth in pragmatischer Hinsicht diesen Sachverhalt christlicher Glaubensaussagen. Pragmatisch hat eine religionsphilosophische Analyse religiöser Äußerungen insofern zu sein, als der wesentliche Ausgangspunkt christlich-religiöser Struktur die *Erfahrung Jesu als Anrede Gottes* ist. Anrede ist dabei "das Paradigma situationskonstituierender Rede"[86]. Als kommunikative Handlung stellt sie intersubjektiv zwischen Sprecher und Hörer eine Beziehung her, in welcher der Redende einen Anspruch mitteilt und der Hörende zur Antwort eingeladen und herausgefordert wird. Religiöse Erfahrung wird grundlegend als Begegnungserfahrung interpretiert und nach deren Maßgabe auch analysiert, womit Dalferth die hermeneutische Komponente christlichen Glaubens hervorhebt und zugleich eine erkenntnistheoretisch unzureichende Dialogphilosophie und -theologie als Theoriemodell theologischen Wahrheitssinnes zurückweist.

Entscheidend in der Struktur der Anredeerfahrung ist nicht die empirische Identifizierbarkeit der Sprecher-Hörer-Subjekte, sondern die *Behauptung* einer reziproken Beziehung zwischen einem Anredesubjekt und einem Angesprochenen. Nun stellt aber gerade diese Anredeerfahrung *Gottes* in der historisch verifizierbaren Person Jesu die Hauptschwierigkeit in der sprachanalytischen Religionskritik dar. Denn der sinnvolle Gebrauch des Designators "Gott" setzt dessen Identifizierbarkeit und Prädizierbarkeit voraus. Für Dalferth ist weder der rationalistische Regreß auf angeborene Ideen (Herbert of Cherbury) noch der ontologische Rekurs auf die Evidenz der letzten Prinzipienerkenntnis der natürlichen Vernunft oder die postulatorische Denknotwendigkeit Gottes im Sinne Kants ein mögliches Modell, die Gegebenheitsweise Gottes zu denken. 'Gegeben' ist Gott allein dadurch, insofern von ihm 'geredet' wird: "Gottes Gegebenheitsweise ist unhintergehbar sprachlicher Natur."[87]

Die wesentliche Argumentationsstrategie Dalferths baut auf prinzipielle Unterscheidungen auf: Differenziert wird zwischen dem *Wissen von Wahrheit* und der *Erkenntnis von Wahrheit*. Der propositionale Gehalt einer Glaubensaussage erhebt einen Wahrheitsanspruch. Wer eine solche Aussage macht, hält sie für wahr, näherhin: *weiß* aus seinem Glauben, daß sie wahr *ist*. Strikt zu unterscheiden ist, ob dieser Anspruch epistemisch *begründet* werden kann, insofern er zur *Erkenntnis* führt, daß dieser Anspruch auch zu Recht besteht. Die Wahrheitsbegründung christlichen Glaubens wäre somit jene Handlung, die *gesicherte Erkenntnis* davon gibt,

---

85 Ebd. 314.
86 Ebd. 399.
87 Ebd. 19.

ob die prinzipiellen Glaubensaussagen wahr oder falsch sind. Kann nun über solche Aussagen keine epistemische Sicherheit erlangt werden, so bedeutet das keinesfalls, daß sie falsch sind. Eine weitere Unterscheidung betrifft die *Verifizierung* von Wahrheitsbehauptungen und die *Legitimierung* der Sinnhaftigkeit und Möglichkeit von Wahrheitsansprüchen. Was ergibt sich aus diesen Unterscheidungen? Welche Wahrheitsbedingungen müssen erfüllt sein, damit christliche Rede zu Recht einen Wahrheitsanspruch stellen kann? Dalferth formuliert dazu folgende Wahrheits*kriterien* für die christliche Grundbehauptung, die die Entscheidbarkeit über die *Erkenntnis* der Wahrheit gewährleisten sollen:

> "Die Behauptung, Jesus als die Anrede Gottes erfahren zu haben, ist also wahr dann und nur dann, wenn
> 1) es eine (oder mehrere) Person(en) A gibt, die diese Behauptung aufstellt (aufstellen);
> (2) es die Person Jesus gibt;
> (3) es Gott gibt;
> (4) A Jesus kennt;
> (5) A erfährt, daß Jesus die Anrede Gottes an ihn ist;
> (6) Jesus die Anrede Gottes an A ist."[88]

Wie sich zeigt, sind (3) und (6) die entscheidenden Teilkriterien. Sie hinterfragen die sog. Existenzpräsuppositionen, die in der christlichen Glaubensaussage getroffen werden. Ist mit deren Nichteinlösbarkeit jeder Sinngehalt christlicher Rede verloren? Demgegenüber zeigt Dalferth auf, daß die Existenzfrage und Identifizierbarkeitsforderung eines Referenten, auf den ein Begriff bezogen wird, zu trennen sind, mithin die Wahrheitsfrage von der ontologischen Problematik der Seinswirklichkeit getrennt erörtert werden kann. Das bedeutet: Sinnvoll kann von Gott auch dann geredet werden, wenn eine Gruppe von Menschen um jene Regeln weiß, die den Gebrauch des Designators "Gott" so strukturieren, daß damit Kommunikation hergestellt werden kann. So hängt also der Aussagestatus christlicher Rede von Gott nicht am Nachweis der Existenz Gottes, sondern an seiner Identifizierbarkeit. Identifizierbar wird "Gott" aber nicht durch sprachlogische Analysen des Wortes "Gott" und seiner Verwendungsweisen, sondern nur durch Rekurs auf eine *Erfahrung*: Diese ist historisch dort situiert, wo Menschen in der kommunikativen Begegnung mit Jesus von Nazaret genötigt worden sind, im Begegnungskontext mit ihm zugleich von Gott zu reden. Diese Erfahrungssituation legt zum einen den Referenten fest, auf den Christen den Ausdruck "Gott" beziehen, nämlich: Jesus; zum anderen die Spezifizierung des Referenten, wie nämlich von Gott geredet werden soll. "Die Referenz christlicher Rede von Gott läßt sich in diesem Sinn bestimmen als das *Subjekt der in Jesus erfahrenen Anrede*"[89]. Dabei ist die semantische Bedeutung von "Gott" nicht endgültig festgeschrieben, weil Erfahrungssubjekte samt ihren Erfahrungshorizonten offene Größen sind. Daß von Gott konsistent und kohärent geredet werden kann, dafür hat Theologie stets zu

---

88 Ebd. 480.
89 Ebd. 596.

sorgen. Kann nun Theologie den legitimen Wahrheitsanspruch aber auch einlösen, also begründen? Darauf gibt Dalferth eine klare Antwort: Theologie kann die *Legitimität der Behauptung*, daß Jesus die Anrede Gottes ist, durch den Aufweis der Identifizierbarkeit Gottes *rechtfertigen*, nicht aber läßt sich die *Wahrheit* der Behauptung *begründen*:

> "Christliche Aussagen über Gott erheben dann einen echten Wahrheitsanspruch, wenn die Identifizierbarkeit Gottes gewährleistet ist. Es ist aber nicht notwendig, daß dieser Wahrheitsanspruch hier und jetzt verifiziert werden kann, denn solange er nicht falsifiziert ist, kann man zwar keine Erkenntnis, wohl aber ein wahres Wissen Gottes behaupten. Christlicher Glaube ist in diesem Sinn ein Wissen, das als Wahrheitsanspruch vorgetragen wird und im Vertrauen, nicht falsifiziert werden zu können, darauf hofft, Erkenntnis zu werden, wenn dieser Anspruch eschatologisch als wahr erwiesen ist."[90]

Damit ist es Gott selbst, der die Verifikationsleistung zu erbringen hat. Unbetroffen davon bleibt die Legitimität des christlichen Wahrheitsanspruches, weil er durch nichts gemindert wird. Letztendlich ist der Glaube selbst schon ein eschatologischer Vorgang und nicht erst dessen Verifikation.

Mit dieser Feststellung zum Wahrheitsstatus von Glaubensaussagen ist aber für Dalferth der Status der christlichen Einzelbehauptung nicht unbestimmt oder beliebig und hinsichtlich ihres Wahrheitsgehaltes offen. Glaubensaussagen sind ja prädikative Aussagen darüber, wer Gott ist. *Christliche* Glaubensaussagen vermitteln sich darüberhinaus durch die christologische Grunderfahrung. Die Frage nach der Prädizierbarkeit Gottes läßt sich infolgedessen nicht mehr nach dem Analogie-Modell lösen, sondern hat die pragmatische Situation christlichen Redens einzubeziehen und das bedeutet die Stimmigkeit einer Aussage mit dem narrativ zu erzählenden Ereigniskontext, der die Grundaussage christlichen Glaubens ausmacht. Prädikation hat nämlich wesentlich perspektivischen Charakter sowie narrative und parabolische Funktion[91]. Anders gesagt: Jede Glaubensaussage ist eine Kurzformel über jene Geschichte, deren Sachverhalt nicht von außen in distanzierter Beobachterrolle erkannt, sondern nur von der Perspektive der betroffenen Personen erfaßt wird. Diesen Sachverhalt kennzeichnet Dalferth als das *soteriologische* Geschehen zwischen Jesus, Mensch und Welt[92], das eine offene und je neu zu erzählende Geschichte ist, so daß die Anredeerfahrung Jesu zu jeder Zeit gemacht werden kann.

Mit diesen Überlegungen hat Dalferth bedeutsame Klärungen zur Wahrheitsproblematik geliefert. Gewiß, er bleibt in dieser einmaligen Grundformulierung, was Rede über Gott ist, der protestantischen Tradition treu: Gott ist zugleich der in Jesus geoffenbarte und verborgene. Der Glaubende harrt auf die Verifikation seines hoffenden Bekenntnisses. Daß zur Narrativität allerdings ebensosehr die Glaubenspraxis gehört, die nicht nur Kommunikationssituationen erschließt und von der Sache

---

90 Ebd. 482.

91 Ebd. 648.

92 Vgl. ebd. 658f.

Gottes erzählt, das ist die Forderung einer anderen Wahrheitsreflexion, deren Verifikationskriterium der Glaubenswahrheit nicht die Übereinstimmung von Verstand und Sache ist, sondern die getane Liebe.

1.2.2.3 *Praxis als Kriterium der Glaubenswahrheit*

Daß "Praxis" ein Kriterium für den christlichen Glauben sein soll, daß sich Glaube zu bewahrheiten hat, und zwar nicht in der Theorie, sondern eben in der "Praxis" - was immer dieser Begriff meinen mag -, ist eine Forderung, die nur angemessen verstanden und beurteilt werden kann, wenn sie aus dem Grundanliegen jener theologischen Richtungen, die dieses Kriterium formulieren, interpretiert wird. Praxis als Wahrheitskriterium ist die Forderung einer Politischen Theologie und der Befreiungstheologie, die das Entscheidende des christlichen Glaubens in seinem kirchlich-gesellschaftlichen Tun sehen. Grundlegend für diese Theologien ist das Weltverhältnis des Christentums, das radikal *zukunfts*orientiert sein muß: dieses "ist deshalb nicht rein kontemplativ, sondern betont operativ ausgerichtet"[93]. Zukunft und Weltgestaltung sind die Kennzeichen der Moderne, der gegenüber Theologie die Hoffnung des Glaubens zu verantworten hat. Allerdings ist der theologische Zukunftsbegriff nicht immanent, sondern eschatologisch zu fassen: Zukunft ist Gott selbst als der Kommende und der die Zukunft des Menschen - ohne Ausschluß des menschlichen Engagements - Heraufführende.[94] Die fundamentaltheologische Konsequenz drückte auf klassische Weise J. Moltmann aus: "Das Christentum ist ganz und gar und nicht nur im Anhang Eschatologie, ist Hoffnung, Aussicht und Ausrichtung nach vorne, darum auch Aufbruch und Wandlung der Gegenwart."[95] Eschatologie ist nicht ein Aspekt am Christentum, sondern die 'Grammatik' des Glaubens, der hoffend und widerstehend die Welt verändert. Ist Eschatologie "Form *aller* theologischen Aussagen"[96], dann hat Theologie eine Theorie von Geschichte und gesellschaftlich-kritischer Praxis zu sein. Damit knüpft diese Theologie konsequent an der kritisch-materialistischen Philosophie des 19. Jahrhunderts und einer Theorie der Gegenwart an und lehnt alle idealistischen und metaphysischen Vermittlungen der Glaubensgehalte ab. Unmittelbar wird dabei allerdings die Wahrheitsfrage tangiert, wurde doch die Wahrheit des Glaubens in der klassischen Theologie der Welt gegenüber mittels metaphysischer Reflexion verantwortet. Wahrheit kann in der Folge nicht mehr substantiell als eine an sich - von der Vernunft - erkennbare Größe erkannt werden, sondern hat zuerst hergestellt zu werden: Weil die gegenwärtige Welt eben noch die unfertige, problemati-

93 *Metz*, Theologie der Welt 77.
94 Vgl. *E. Schillebeeckx*, Gott - die Zukunft des Menschen, Mainz 1969.
95 *J. Moltmann*, Theologie der Hoffnung, München [11]1980 (1964), 12.
96 *Metz*, Theologie der Welt 83.

sche, dem Reich Gottes entgegengesetzte Wirklichkeit ist, "ist also die jeweils gegenwärtig bestehende Welt gar nicht die ausreichende Basis für das Verständnis dieser Wahrheit, dann kann vielmehr nur eine 'Überwindung' der Gegenwart u. ihrer Verstehensbedingungen einen Zugang zur künftigen Wahrheit der Gottheit Gottes eröffnen"[97]. Die Orthodoxie des Glaubens kann nicht theoretisch eingelöst werden, sondern hat sich in der Orthopraxie des eschatologisch ausgerichteten Handelns zu 'bewahrheiten' - "denn die verheißene Wahrheit ist eine Wahrheit, die 'getan' werden muß"[98]. *Orthopraxie* als Bewahrheitungsvollzug des Glaubens ist *Kritik* an einem lehrhaft verengten Verständnis christlichen Glaubens und *Postulat* zugleich: "Nur wenn wir diese Wahrheit praktizieren, wird sich, wörtlich gesprochen, unser Glaube be-wahr-heiten."[99]

Die eschatologische Grundinterpretation des Christentums trifft sich somit in der fundamentalen, von der protestantischen Bibelkritik wiederentdeckten Reich-Gottes-Dimension der Jesusbewegung und der Anfänge der Kirche, welche die Ontologisierung der Glaubensgehalte problematisiert. Glaube und Rechtgläubigkeit können somit per se niemals rein theoretisch verifiziert werden, sondern sind ein "*eschatologisches* Geschehen"[100], denn der Grund des Glaubens, Jesu Auferstehung, ist selbst noch in Zukunft ausstehende Verheißung an uns. Sowenig 'Zukunft' auf den Begriff gebracht werden kann, so maßgeblich ist das "Tun, die Orthopraxie...[als] inneres Moment des Verifikationsprinzips"[101], denn Christentum ist nicht Hermeneutik, noch reine Theorie, sondern gläubiges Handeln.

Die erkenntnistheoretischen Konsequenzen einer solchen Forderung sind folgenreich und unklar zugleich: Folgenreich, weil die an der aristotelischen Philosophie orientierte Zuordnung von Theorie und Praxis nun völlig neu gesehen werden muß: Praxis ist fortan nicht mehr die untergeordnete Handlungswirklichkeit gegenüber der reinen theoretischen Schau der Welt der unveränderlichen und reinen Ideen, sondern erkenntnisleitender Ort, an dem sich Theorie abzuarbeiten hat. Theorie hat nicht mehr praxislose Interpretationsleistungen zur Verfügung zu stellen, sondern operatives Veränderungswissen für die Gestaltung einer humaneren Welt. In dieser Hinsicht sind Theorie und Praxis dialektisch vermittelt, die Praxis allerdings hat den Primat über die Theorie, weil sie vorgibt, was erkannt werden *soll*. Insofern ist Praxis selbst *intelligibel*, theoriegeladen. Unklar bleibt jedoch, wie Praxis einen *Wahrheits*anspruch, der sich in Glaubensaussagen äußert, einlösen kann.[102] Wie kann Handeln jene Gründe liefern, die eine Behauptung als wahr erweisen? Gehört nicht das Handeln einer analytisch unabdingbar zu unterscheidenden,

---

97 *Metz*, Theologie 54. Vgl. ebenso: *Schillebeeckx*, Glaubensinterpretation 71.

98 *Metz*, Theologie der Welt 86.

99 *G. Gutiérrez*, Theologie der Befreiung, München-Mainz ^{6}1982 (1973), 15.

100 *Schillebeeckx*, Glaubensinterpretation 63.

101 Ebd.

102 Zur Kritik an diesem sog. "Wahrheitskriterium" siehe: *Wiedenhofer*, Theologie; *Berdesinski*, Praxis; *Boff*, Theologie 307-323.

anderen Wirklichkeitsdimension an, die nicht auf der Ebene der Tatsachen, sondern der Normen und Prinzipien liegt? Schließlich: Kann gelebtes Glaubenszeugnis die Wahrheit einer Verheißung tragen, oder stehen nicht beide vor demselben Dilemma, daß keine menschlichen Gründe und Rechtfertigungen ausreichen, die Wahrheit der Glaubenssätze und die Richtigkeit der aus dem Glauben folgenden Handlungen zu erweisen?

Damit die Praxis wenigstens als indirektes Kriterium[103] von Glaube und theologischer Theoriebildung gelten kann, muß der Praxis-Begriff einer genauen Bestimmung unterzogen werden. Gerade dies haben handlungs- und kommunikationstheoretische Reflexionen von *J. Habermas* und *K.O. Apel* zu leisten versucht. Die in diesem Kontext zentrale Rolle der Wahrheitsfrage zeigt die richtige Intention der Praxis-Theologien an. Die Stärke der kritischen Theoriekonzepte besteht aber genau darin, daß sie sprachanalytische, argumentationstheoretische und handlungsnormierende Anforderungen an ein angemessenes Wahrheitsverständnis zu knüpfen wissen, womit ein neues Rezeptionsmodell für theologische Theoriebildung gegeben zu sein scheint.

1.2.2.4 Konsenstheorie als Prinzip theologischer Wahrheitsfindung

Wie selbstverständlich dieses Reflexions- und Theoriemodell als formale Interpretationskategorie für genuin theologische Theoriebildungskonzepte schon geworden ist und wie unmittelbar ein solches - durch minimale semantische Uminterpretation - theologisch verwertet wird, zeigt ein junger Text M. Secklers, dessen geistige Herkunft von J. Habermas nicht einmal mehr ausgewiesen wird(!):

> "Der glaubenswissenschaftliche *Diskurs* hat die Funktion, die *Verständigung* der Glaubensgemeinschaft über die Sache ihres Glaubens nach Maßgabe seiner Möglichkeiten zu tragen und voranzubringen. Die für ihn konstitutiven Regeln, gemäß denen nur das *bessere Argument* und die *stärkere Begründung* letztlich zählen dürfen, zielen auf eine *ideale Dialogsituation* von unendlicher Dynamik. Der glaubenswissenschaftliche Diskurs hat deshalb die Funktion, den grundsätzlich *unabschließbaren, dialogisch verfaßten Verständigungsprozeß* der Glaubensgemeinschaft regelrecht zu *institutionalisieren*. Das *dialogische Suchen der Wahrheit*, die hermeneutische Interaktion, das disziplinierte Forschen erfahren hier eine Fassung und Verfassung, durch die die Entfaltung *kommunikativer Kompetenz* zugleich gezügelt und gefördert wird, das letztere deshalb, weil das jeweils *bessere Argument*, durch das weniger gute überwunden wird, sozusagen einen institutionellen Anspruch darauf hat, gehört und aufgenommen zu werden."[104]

Theologie konstituiert sich *wissenschaftslogisch* nach Seckler als Diskursverfahren, das prinzipiell unabgeschlossen, argumentationslogisch und nach nichts anderem als nach dem besseren Argument strukturiert

---

103 Vgl. *Boff*, Theologie 315.

104 *Seckler*, Glaubenswissenschaft 202. Hervorhebungen F.G.

und motiviert ist. Die Diskursbedingungen unterliegen idealen Unterstellungen und sind orientiert am kommunikativen Handeln einer Gemeinschaft. Prinzipiell ist damit Verbundenheit und Differenz mit der klassischen Wissenschaftsidee der Theologie zum Ausdruck gebracht. Gemeinsamkeit besteht in der Auffassung der *Rationalität* des Argumentationsverfahrens theologischer Vernunft, die Gründe für ihre Behauptungen auszuweisen hat und wissenschaftspraktisch in der scholastischen Methode versucht worden ist. Unterschiedenheit liegt allerdings in der Auffassung, daß der *gemeinsame Dialog* selbst das erkenntnis*konstituierende* Moment an der Wahrheitsfindung ist und nicht mehr die Dichotomie einer in spekulativer Einsamkeit geschauten Wahrheit durch den Theologen und der rezeptiv-gehorsamen Übernahme durch eine 'hörende Glaubensgemeinschaft'. In dieser Hinsicht stimmt übrigens auch W. Kasper zu, wenn er anerkennt, daß "Voraussetzung der theologischen Wahrheitserkenntnis...die Sprach- und Kommunikationsgemeinschaft Kirche [ist]"[105], "daß alle Wahrheitserkenntnis in und durch Sprache geschieht"[106].

Mit dem Begriff *Glaubens*wissenschaft aber versucht Seckler das Unterscheidende der Theologie von allen anderen Wissenschaften zu markieren und insofern auch eine geänderte Stellung der Wahrheitsproblematik. Glaubende und Theologen streben nicht nur gemeinsam nach Wahrheit, sondern situieren sich in einer gemeinsamen Wahrheit, die jedem Erkenntnisbeginn schon zuvorläuft und sich so "als überindividuelle Erkenntnis darstellt. Das setzt ein Wahrheitsverständnis voraus, gemäß dem die Wahrheit des Wortes Gottes sich in den argumentativ vermittelten Konsens hinein objektivieren und als *konsensfähige Objektivation von hermeneutischem Sachwissen* darstellen kann."[107] Die Wahrheit des Wortes Gottes, an dessen Auslegung Theologie zu arbeiten hat, kann aber nicht mehr nach dem Modell doktrinaler Erkenntnisermittlung gelingen. Ist hier Glaubenswissenschaft (scientia fidei) rational-gläubiger Reflex eines in sich stehenden göttlichen Wissens (scientia dei), so ist in dem von Seckler anvisierten Modell die zu jeder Zeit neu zu leistende *Auslegungstätigkeit* eines wahren Wortes Gottes, das nur im Rahmen kontingent-geschichtlicher Daseinsbedingungen objektivierbar ist, Aufgabe der Theologie. Damit ist der neuscholastischen Theologie die Illusion genommen, als könne Theologie eine immer reinere und exaktere Erkenntnis und Sprache vom geoffenbarten Wissen Gottes erlangen.

Ist nun mit diesem transzendentalpragmatischen Theoriemodell die theologische Wahrheitsfrage gelöst? Kann so selbstverständlich diese nichttheologische, genauer: sogar theologiekritische Fundamentaltheorie als neue Basistheorie für ein wissenschafts- und wahrheitstheoretisches Selbstverständnis der Theologie übernommen werden? Wird damit nicht zu schnell die nach wie vor bestehende Grundlagenkrise von Theologie

---

105 *Kasper*, Wissenschaftspraxis 249f.
106 Ebd. 249.
107 *Seckler*, Glaubenswissenschaft 202.

übersprungen und die neuerdings favorisierte Renaissance ontologischer Konzeptionen übersehen? Diese Vermutung ist berechtigt, blickt man auf die gegenwärtig neu aufgebrochene Metaphysikdebatte. Solange nicht geklärt ist, worin die erkenntnis*begründende* Struktur von Kommunikation liegt, solange wird es möglich sein, eine nichtkommunikative, das heißt die Wirklichkeit als *sprach- und kommunikationslos* auffassende Vernunftidee als fundamentaltheologisches Vermittlungsmodell von Rationalität und Glaube weitertreiben zu können. Noch viel mehr hat geklärt zu werden, inwiefern theologische Wahrheit, sei es in der Gestalt von Glaubens- und Bekenntnisaussagen oder in der Form metatheoretischer Reflexionsaussagen von seiten der Theologie, in einem *Konsens* gründen kann. Welchen Stellenwert hat der Konsens als argumentative Einlösung eines Wahrheitsanspruchs, wenn oben zu Recht gesagt wurde, daß der letzte Verifikator unseres Glaubens nur Gott selbst ist? Kann ein Nicht-Glaubender von den Argumenten der Theologie motiviert werden, die Kraft ihres besseren Argumentes anzuerkennen? Kann heute nach dem Aufbrechen der scholastischen Zementierung der Theologie die Glaubwürdigkeit und Wahrheit der Glaubensgehalte nochmals argumentationstheoretisch eingelöst werden? Die Krise dieser schon im Vaticanum I auf den Begriff gebrachten Problematik einer rationalistischen oder fideistischen Glaubens*(be)gründung* dauert wohl auch heute an und hat ihre kirchensoziologischen Auswirkungen in fundamentalistischen wie fideistischen Strömungen gefunden. Daß solche Fragen im Rahmen dieser Arbeit nicht annähernd geklärt werden können, bedarf keiner sonderlichen Rechtfertigung. Trotzdem soll ihr Stellenwert nicht aus dem Auge verloren werden.

Was jedenfalls bisherige fundamentaltheologische Versuche der Rezeption handlungs- und kommunikationstheoretischer Konzepte geleistet haben, steckt - ohne deren Leistung schmälern zu wollen - noch immer in den Kinderschuhen. So überrascht auch die Diskrepanz nicht, daß sich die Selbstverständlichkeit solcher Rezeptionen an der Spärlichkeit von Detailstudien zu diesen mehr programmatisch aufgestellten als analytisch eingelösten Behauptungen bricht.[108]

Von den wenigen Untersuchungen sei die J. Wohlmuths erwähnt, der in seinem theologischen Klärungsversuch[109] die Einlösbarkeit des Anspruchs der Botschaft Jesu streng an Jahwes Heilshandeln in der Auferstehung Jesu zurückbindet. Die *argumentative* Nichteinlösbarkeit des Auferstehungskerygmas unter Juden und Christen führte schließlich zur Kanonbildung, worin Wohlmuth einen " 'Grundkonsens' mit verfassungsähnlicher Relevanz für die gesamte Christenheit"[110] erblickt. Konstitutiv für Kirche ist nun eben die ständige Aufrechterhaltung derjenigen Ursprungserfahrung an Jesus, daß in ihm die Wahrheit Gottes ist, womit

108 Diese Behauptung beschränkt sich natürlich auf die Thematik der Wahrheitsproblematik und nicht auf das sehr wohl breite Rezeptionsgeschehen der Transzendental- und Universalpragmatik. Vgl. dazu *Arens*, Theologie; *Soosten*, Rezeption.

109 *Wohlmuth*, Konsens.

110 Ebd. 312.

implizit auch die christliche Ursprungsbehauptung gegenwärtig bleibt. Von daher gewinnt er einen Bestimmungsort für Theologie: "Theologische Argumentationsverfahren erweisen sich somit als sekundäre Prozesse der Aufrechterhaltung der Ursprungsbehauptung, nicht als deren Einlösung."[111] Kirchliche, auch theologisch begründete Wahrheit ist und bleibt sekundäre Wahrheit. Höchst aufschlußreich und in ihren Konsequenzen noch lange nicht ausgeschöpft, geschweige denn in der Praxis umgesetzt, sind Wohlmuths Überlegungen zu Konturen einer theologischen Diskurstheorie. Sie beschränken sich zwar auf die formalen Eigenschaften synodaler Kommunikation, also auf jene Kommunikationshandlungen, die aufbauend auf dem "Grundkonsens" alle weiteren konstitutiven christlichen Wahrheitsbehauptungen generieren, bestätigen aber eindrucksvoll die kirchlich-theologischen Anknüpfungspunkte für eine kommunikationstheoretische Wahrheitskonzeption. Denn für die wahrheitsgemäße Interpretation und Hermeneutik der Bekenntnisaussagen ist zunächst die Glaubensgemeinschaft selbst konstitutiv, auch wenn die konkreten konziliaren oder synodalen Diskursteilnehmer Repräsentativfunktion der Gesamtkirche haben. Wichtiger ist aber doch das implizit wachsende Bewußtsein, daß die Kommunikationsform, mithin die *gegenseitige Verständigung* ausschlaggebendes Kriterium für die gültige Formulierung einer dogmatischen Aussage ist. Das Idealbild der brüderlichen Diskurs-Gemeinde (Apg 15) ist eine bleibende Norm des konziliaren Geschehens. Somit ist die Rede vom Konsens nicht eine gegenwärtige theologische Modeerscheinung, sondern hat beste Tradition hinter sich. Wahrheit und/als Konsens ist eine lang erkannte Relation, wie ein Beleg bei Severian von Gabala bezeugt.[112]

Zu einem gewissen Höhepunkt ist die Erkenntnis synodaler Diskursbedingungen im Konzil von Basel (1431-1449) mit der Diskussion über eine Einführung einer Geschäftsordnung gekommen, wo freie Meinungsäußerung als Garantiebedingung für den Wahrheitsspruch fungierte.[113] Schließlich verweist Wohlmuth auf weitere Elemente einer Diskurstheorie, wie sie Habermas vorgelegt hat. Wie erwähnt, ist die Einlösung eines Wahrheitsanspruchs bedingt durch Diskursbedingungen und -logik. Zu diesen gehört die kritische Vergewisserung der Begründungssprache. Die Geschichte der Konzilien kann nun zeigen, daß dieses höchst sensible und strittige Diskursmoment immer wieder gewagt worden ist. Wohlmuth nennt als Beispiel die Aufnahme des neuen Wortes "homoousios". Insgesamt darf wohl die Herausbildung des Trinitätsdogmas überhaupt als klassisches Beispiel einer ständigen Revisionsarbeit am Begründungsmodell gewertet werden, wie beispielsweise die verschiedenen Modelle der Alexandriner und Antiochener demonstrieren. Kohärenzlogische Argumente spielen dann im je größeren historischen Abstand zur Ursprungserfahrung eine immer bedeutendere Rolle, so daß

---

111 Ebd. 313.

112 "Ubi namque veritas sese prodit, omnia consentiunt" (PG 59, 699).

113 Siehe dazu: *Wohlmuth*, Verständigung; *Krämer*, Konsens.

nach Wohlmuth einem wahrheitstheoretischen Einwand zur Konsenstheorie, sie artikuliere zu mangelhaft Kohärenzkriterien der Wahrheit, entsprochen werden kann.

Vor einer romantischen Verklärung der Consensus-Idee warnt G. Sauter, der kritisch-konstruktiv die Konsenstheorie für theologische Problemlösungen fruchtbar machen will. Er streicht den Verhältnischarakter von Einheit und Konsens hervor und betont normativ, daß kirchliche Einheit, daß Konsens nur aus der Wahrheit selbst folgen könne und nicht umgekehrt: "Konsensdruck läßt die Wahrheitsfrage verkümmern. Die Stimmen zählen, nicht mehr die Argumente."[114] So berechtigt der historische Verweis auf die Relevanz von Konsensbildungsprozessen auf Konzilien sei, so sehr müsse bedacht werden, daß der (faktische) Konsens zum Hemmschuh für anstehende Probleme werden kann und von sich aus noch kein theologisches Argument sein müsse. Darin liegt die unvertretbare Funktion der Theologie, "die Wahrheitsfrage gegenüber jeder Glaubensinstitution, die ihre eigenen empirischen Grenzen mit den Grenzen der Wahrheit zur Deckung bringen will"[115], zu vertreten. Theologie hat weiters jene Bedingungen anzugeben, innerhalb deren das Glaubensgespräch stattfindet. Dabei stößt Sauter auf die Unhintergehbarkeit von Sprache als "Medium von Überlieferung"[116]. Aber Tradition könne nie zum hinreichenden Kriterium für das Gelingen eines Consensus werden, sondern bleibe nur notwendige Bedingung. Von daher meldet er Vorbehalte an, das hermeneutische Prinzip derart zu überspannen, die 'Ursprungserfahrung' (Wohlmuth) aufrechterhalten zu können. Weil Theologie nie vom Nullpunkt, sondern von einer Glaubensvorgabe ausgeht, darum ist die Rückfrage nach dem letzten Grund eines Konsenses müßig, ja selbstwidersprüchlich: "Eine von Grund auf konstruierte (oder rekonstruierte) Wahrheit nämlich kann zwar alles mögliche sein, aber nicht mehr die Wahrheit *Gottes*... Dieser pragmatische Selbstwiderspruch...ist das entscheidende Argument gegen jede Letztbegründung theologischer Aussagen."[117] Hinter Konsensformulierungen kann nicht zurückgegangen werden; dennoch gilt: Grundsätze des Glaubens sind als "Consensus" zu verstehen, mit ihrer Hilfe findet die Glaubensgemeinschaft zu neuen Sätzen, weil sie wahrheitsentdeckende und den Gesamtzusammenhang des Glaubens kohärentiell erschließende Funktion haben (sollen).

Damit hat Sauter den Wahrheitsbegriff vor einer platten Identifikation mit dem Konsensbegriff in Schutz genommen. Die Übereinstimmung unter Menschen ist ein Indiz für Wahrheitserkenntnis. Wahrheitstheoretisch gesagt: Konsens ist ein notwendiges, aber kein hinreichendes Kriterium für die Wahrheit des Glaubens. Theologische Konsensformulierungen bleiben gebunden an die Kriterien der Übereinstimmung mit dem

---

114 *Sauter*, Wahrheit 62.
115 Ebd. 74.
116 Ebd. 75.
117 Ebd. 76.

Wort der Schrift und den Grundsätzen des Glaubens. So ist es möglich, daß um der Wahrheit willen auch die kirchliche Einheit aufs Spiel gesetzt wird. Aber von nichts anderem spricht ja auch die Konsenstheorie, deren letzter Horizont die ideale Dialogsituation (Habermas) bzw. die universale Kommunikationsgemeinschaft (Apel) zu allen Zeiten und Orten ist. Wahrheit geht nicht im Konsens auf, aber Wahrheit zielt nichtsdestoweniger auf Konsens. Allerdings - so ist bei dieser kurzen Besprechung theologischer Rezeptionen deutlich geworden - hat Wahrheit für die Glaubensgemeinschaft Kirche und für Theologie einen Namen: "Gott".

Mit diesem Überblick zur Wahrheitsthematik gegenwärtiger Theologie sollte gezeigt werden, daß es eine Fülle von Versuchen gibt, Antwort darauf zu geben, wie die Wahrheit von Offenbarung begriffen werden kann. Von hier aus soll nun nochmals auf den Kernpunkt des gegenwärtigen Wahrheitsproblems reflektiert werden, wie es anfangs schon angeklungen ist.

Mit dem Namen "Gott" als letztem Wahrheitsgrund und Sinn von Wahrheit in der Theologie wird jene deutliche Linie gezogen, die die Aufhebung theologischer Reflexivität in die Rationalität philosophisch begründbarer oder naturwissenschaftlich nachweisbarer Erkenntnis verhindert. Dieser Umstand bewirkte sogar in der Hochscholastik die funktionalistische Verwendung des Konzeptes "Gott" für wissenschaftssystematisierende Ordnungen (vgl. Thomas von Aquin). Die Brüchigkeit dieser historischen Hierarchisierung und Differenzierung von Wissenschaften trat erst in der Neuzeit zutage. Was den Theologen heute aber tiefer ins Mark geht, ist die von Blumenberg oben schon erwähnte Feststellung, daß "Wahrheit...als absolutes und in unserer Tradition letztinstanzlich mit der Gottheit identisches Gut als Argument tot [ist]"[118]. Bedeutet das nun in letzter Konsequenz auch den 'Tod der Theologie'? Oder wenn schon nicht den 'Tod', dann doch wohl einen faktischen Schwund der theoretischen und gesellschaftlichen Relevanz? Oder soll eine Konsequenz dahingehend gezogen werden, daß theologische Reflexionsfähigkeit selbst radikal die Skepsis über ihre eigene Denkleistung auf sich nimmt, um mit P. Eicher zu sagen: "Der Theologie kann man sowenig wie irgendeiner Wissenschaft trauen oder glauben, man kann sie nur prüfen, erproben und verbessern: aber dem, was die Theologien als Offenbarung zur Sprache bringen, kann man nur trauen und glauben oder aber gründlich mißtrauen und ablehnend gegenübertreten."[119] Damit ist nicht die *Wahrheitsfähigkeit* der Theologie, sondern das Zutrauen auf die diskursive *Einlösbarkeit* des Wahrheitsgehaltes von Offenbarung zurückgewiesen. Weder Theologie noch Praxis christlichen Glaubens sind die Instanzen der Bewahrheitung ihrer Gewißheit. Das hat auch die wahrheitstheoretische Bemühung der gegenwärtigen Theologie gezeigt (und das ist im Grunde in der theologischen Tradition auch nie vergessen wor-

118 *Blumenberg*, Sorge 73.
119 *Eicher*, Theologie 174f.

den). Wenn es stimmt, daß der Wahrheit der Offenbarung letztlich nicht durch rationale Sicherung, sondern durch Glaube allein (sola fide) entsprochen werden kann und deshalb jede theologische Erkenntnis *Glaubens*erkenntnis bleibt, so darf Vernunft aber auch nicht als das schlechthin Andere des Glaubens prädiziert werden, wie dieses Zitat von Eicher in kurzschlüssiger Lektüre vermuten lassen könnte. Wenn Offenbarung und die in ihr zu Wort gekommene Sache "Gott" nicht begründet werden können und ihre Bewahrheitung nur in Gottes absoluter Zukunft erfolgt, für den Glaubenden aber schon Gewißheit aufgrund der christologischen Anredeerfahrung ist, dann kommt alles darauf an, wie sich die *Wahrheit* Gottes in dieser Welt *vermittelt* und als Lebensorientierung *verstanden* werden kann. Die Form ihrer Vermittlung hat dann auch der Maßstab des *theologischen Begriffs* von Gottes Wahrheit zu sein. Ist diese Vermittlung *doktrinale Instruktion* als pneumatische Information an einen Offenbarungsträger, so wird Theologie problemlos einen Begriff von Wahrheit bilden können, der das kommunikative Geschehen der Ankunft der christlichen Botschaft im Adressaten radikal ausblendet und auf der unwidersprechlichen Sachwahrheit des Glaubens beharrt. Die leidvolle und opferreiche Geschichte um Orthodoxie, Heterodoxie und Häresie gibt Zeugnis dafür. Die langfristig wirkende Gefahr besteht aber darin, daß biblische Offenbarung im Sinne eines Informationsmodells als mitgeteilte *Erkenntnis* mißverstanden wird. Dabei wird Offenbarung als menschlicher Vernunft radikal entzogen aufgefaßt, aber zugleich so gehandhabt, als sei sie eine quasi-empirische 'Tatsache'. Weil Religion kognitive Weltbildfunktion hat, setzt sie sich dem Risiko aus, daß sie gnadenlos konkurriert wird, wo andere Möglichkeiten der Erkenntnisgewinnung eingeschlagen werden. Wenn sie aber auch noch darauf besteht, daß ihre Wahrheit die Funktion von Erfahrungswissen haben soll (wie der Fall Galilei und Darwin bezeugen), dann wird sie über kurz oder lang ihren Wahrheitsanspruch überhaupt nicht mehr aufrechterhalten können, weil sie einen falschen Erkenntnisbegriff verteidigt hat. Daß dies größtenteils tatsächlich geschehen ist und erst im 20. Jahrhundert von Theologie und Kirche akzeptiert wurde, ist eine heilsame Erfahrung.

Wenn allerdings der Wahrheitsgehalt der Offenbarung in der von Gott dem Menschen zugesprochenen und ermöglichten *Freiheit* und in deren personalen wie politisch-strukturellen Verwirklichungen liegt; wenn die Wahrheit jene eschatologische Hoffnung ist, in der Gott alles in allem sein wird und der Mensch aus jeder Unfreiheit und Versklavung befreit wird; und wenn dies konstitutiv für einen christlichen Wahrheitsbegriff ist, dann muß Offenbarungswahrheit theologisch so gedacht werden, daß in ihr solche Momente herrschaftsfreier und reziproker Kommunikation zum Tragen kommen, deren Erfüllung der Sinngehalt einer Rede vom Eschaton auszudrücken vermag. Ein Rückgriff auf jene gegenwärtigen Wahrheitstheorien, die diese Aspekte in den Vordergrund rücken, wird dann durchaus sinnvoll und legitim sein. Wurde Offenbarung von der neuzeitlichen Theologie nicht als phänomenologische Gegebenheit, sondern als transzendentaler Möglichkeitsgrund, sich jener Hoffnung zu überantworten, gefaßt[120], so steht heute Theologie vor jener Aufgabe, ihren Offenbarungs- und Wahrheitsbegriff so zu revidieren, daß er *freiheitsermöglichend* ist, damit der Wahrheit entsprochen wird.[121]

Es ist eine Tatsache, daß die Freiheit von Menschen dort verzweckt und funktionalisiert wird, wo Wahrheit kein Argument mehr ist. Mit dem 'Tod der Wahrheit' geht dann auch der 'Tod der Freiheit' einher. Gerade deshalb muß Theologie in vorbehaltloser Selbstkritik und Selbstbescheidung darauf reflektieren, inwiefern kirchliches Handeln, das Freiheit und Wahrheit verhinderte, selbst zum Anstoß für das Nichtankommen der Botschaft geworden ist. Nur ein freiheits-ermöglichendes Zeugnis der Wahrheit Gottes wird als wahr anerkannt werden können - allerdings nur von jenen, die um der Freiheit der Unfreien willen ihr Leben einsetzen. Die Wahrheit der Offenbarung bleibt ein abzulehnender Skandal für all jene, für die Wahrheit mit wissenschaftlicher Rationalität oder Zweckrationalität identisch ist oder für welche Wahrheit die funktionale Chiffre für Systemstabilität und soziale Integration bedeutet. Daß letzteres Wahrheitsverständnis in der Gegenwart hohe politische, aber auch kirchliche Relevanz genießt, erkennt man an der Rhetorik staatlicher und kirchlicher Wahrheits-Verwaltung. Das gespannte Verhältnis von Theologie und Lehramt ist ein weiteres Indiz für die unausgestandene Frage nach der Wahrheit in der Theologie. Ebenso unausgestanden und unaufgearbeitet sind die Beziehungen zwischen Wahrheit und demokratischer Lebensform und die Strukturierung bürokratischer Vollzüge der Kirche[122], die nicht unbedingt von Dialog- und Kommunikationsfähigkeit zeugen.

Daß die Wahrheit von Gottes Selbstmitteilung von Menschen nur anerkannt und nicht deduktiv oder transzendental abgeleitet werden kann, ist der Graben, den religiöse Sprechakte und sakramentale Sprechhandlungen je neu ziehen. Daß diese Anerkenntnis jedoch nicht eingeklagt, sondern immer nur diskursiv angeboten werden kann, setzt jene Praxis voraus, in der allererst solches ermöglicht wird. Dann wird allerdings eine Reflexion auf den Wahrheitsbegriff vonnöten, weil die Vermutung nicht unbegründet ist, daß Wahrheit noch immer so gedacht wird, daß nicht Kommunikation ermöglicht, sondern verhindert wird.

1.3 Zur Fragestellung dieser Arbeit

Von dieser bisher skizzierten, höchst komplexen und weitverzweigten Problemstellung hat eine zielführende Fragestellung auszugehen. Ebenso

---

120 Vgl. *ders.*, Offenbarung.

121 In philosophischer Hinsicht hat *Simon*, Wahrheit, den Zusammenhang von Wahrheit und Freiheit im neuzeitlichen Kontext reflektiert.

122 Vgl. dazu *H. Czuma*, Macht gegen Dialog. Zum Widerspruch zwischen kirchlicher Metaphysik und demokratischem Diskurs, Freiburg/Schweiz 1979.

muß sie sich aber auch einschränken. Ausgangspunkt ist das Wahrheitsproblem der Theologie im Kontext philosophischer Bemühungen um eine adäquate Wahrheitstheorie. Eine fundamentaltheologische Erörterung hat dabei methodologisch mehrere Möglichkeiten: Sie kann sich unmittelbar in theologisch-philosophischer Reflexion auf den Wahrheits*begriff* und auf eine jeweilige komplementäre Wahrheits*theorie* konzentrieren, um eine "theologische Wahrheitstheorie" zu entwickeln. Die genannten Bemühungen von seiten der Theologie beziehen sich mehr oder weniger auf diesen Bereich. Vorrangig dabei ist immer eine Option für ein bestimmtes Wahrheitsmodell. Je nach Diskussionspartner variiert auch die theologische Rezeption. Untrennbar verwoben bleiben solche Versuche allerdings mit dem jeweiligen theologischen Ansatz eines Autors, sei er nun erkenntnismetaphysisch, transzendental-ontologisch, universalhermeneutisch, sprachanalytisch oder transzendental-pragmatisch. Jedem Ansatz entspricht dann auch ein Wahrheitsbegriff. Ein anderer methodischer Weg eröffnet sich in einer Grundlagenreflexion auf theologische Erkenntnis- und Theoriebildung. Aus ihr kann dann ein angemessenes Verständnis von Wahrheit entwickelt werden.

Bei der folgenden Untersuchung wird zunächst weder der eine noch der andere Weg eingeschlagen, denn die Dringlichkeit der Wahrheitsfrage stellt nicht bloß ein systematisches Problem dar, sondern ist noch viel mehr ein *krisengeschichtliches* Phänomen. Wenn der Wahrheitsanspruch der christlichen Offenbarung in eine Krise geraten ist, dann nicht bloß aufgrund der theoretisch und praktisch veränderten Randbedingungen, sondern auch aufgrund von mangelnden innertheologischen Lösungskapazitäten. Dann muß zunächst paradigmatisch *rekonstruiert* werden, wodurch die Grundlagenkrisen heutiger Theologie ausgelöst worden sind und wie ihnen begegnet wurde. Dieser Aufgabe widmet sich der 1. Teil. Insofern der Wahrheitsbegriff ein Grundlagenbegriff jeder Wissenschaft ist, müßte sich zeigen, daß in den krisenauslösenden Themen der Wahrheitsbegriff indirekt mitbetroffen ist. Deshalb werden im ersten Teil drei theologiegeschichtlich brisante Phasen herausgegriffen, die mehr oder weniger heftige Diskussionen ausgelöst haben. Um noch eine überschaubare Zeitphase gewährleistet zu sehen, bleiben die sogenannten Fallstudien auf das 20. Jahrhundert beschränkt. Analysiert wird die Modernismuskrise, die durch das Problem von Dogma und Geschichte ausgelöst wurde und schreckliche kirchenpolitische Reaktionen zur Folge hatte. Ruhiger und vom Lehramt beinahe unberücksichtigt blieb die wissenschaftstheoretische Grundlagenkrise, die bis heute von vielen Theologen noch nicht konstruktiv genug in ihre Theoriebildungen eingegangen ist.[123] Schließlich soll ein spezifisch für die katholische Kirche brisanter Konfliktfall erörtert werden, der die institutionelle Regelung von Wahrheitsfindung und Wahrheitsfeststellung von Glaubensaussagen betrifft,

123 Wie schon die Modernismuskrise Exkommunikationen und Entziehungen der Lehrbefungnis nach sich zog, so kostete der wissenschaftstheoretische Neuansatz in der Theologie *F. Schupps* dessen Lehrstuhl an der Jesuitenfakultät in Innsbruck.

und zwar die Frage nach dem Verhältnis von Glaubensgemeinschaft, Theologie, Lehramt und Unfehlbarkeit. Aus einer Analyse dieser Fälle müßte dann gefragt werden, welche Rolle dabei die Wahrheitsfrage selbst eingenommen hat. Oben wurde festgehalten, daß der Wahrheitsbegriff vom Kontext kommunikativen Handelns und Sprechens nicht zu trennen ist. Wenn aber Voraussetzung kommunikativen Handelns die reziproke Anerkenntnis der Gesprächspartner, also die Realisierung von Freiheit ist, und wenn Wahrheitsansprüche nur über kommunikative Handlungen mittels Sprechakte transportiert und erhoben werden können, dann stellt sich die Frage, ob dieser Zusammenhang von Wahrheit-Kommunikation-Freiheit in den genannten drei Dissenssituationen entdeckt worden ist. Sollte sich diese Vermutung bestätigen, ist weiter zu fragen, wie er systematisch in die Diskussion einbezogen worden ist. Weil kommunikatives Handeln Gegenstand praktischer Vernunft ist, wird dieses in einer fundamentaltheologischen Grundlagenkrise dort eine Rolle spielen, wo es um die Praxisrelevanz dogmatischer Aussagen geht. Daß diese Vermutung tatsächlich zutrifft, zeigen die Problemlösungsversuche aller je verschiedenen Diskursteilnehmer.

Damit ist aber für eine theologische Theoriebildung eine bedeutsame Entwicklung festzustellen: Für die Rezeption eines Wahrheitsbegriffs, der sich systematisch um den Zusammenhang von Wahrheit und Kommunikation bemüht, ergibt sich dann nicht nur eine sachliche Rechtfertigung einer solchen Übernahme aufgrund der konstitutiven Bezogenheit der Theologie auf Philosophie, sondern ebensosehr eine zutreffende Rechtfertigung, weil dieser Zusammenhang für die theologische Krisengeschichte selbst konstitutiv ist.

Karl Rahners Theologie steht insofern im katholischen Bereich einzigartig da, weil sie nicht nur ein außergewöhnlich konsistenter und umfassender Entwurf ist, sondern wie kaum eine andere mithalf, den Wahrheitsanspruch christlicher Botschaft für heute verstehbar und argumentativ ausweisbar zu machen. Eine Auseinandersetzung mit Rahner im Hinblick auf die Wahrheitsfrage müßte darum eine fruchtbare und interessante Angelegenheit sein. Um so bemerkenswerter war es, feststellen zu müssen, daß diese Frage in der Rahnerforschung einen kläglichen Stellenwert hat. Diese Lücke kann natürlich hier nicht geschlossen werden. In diesem Rahmen kann an Rahner nur die Frage gestellt werden, welchen Wahrheitsbegriff er selbst implizit in seiner Theologie anwendet, bzw. explizit reflektiert, vor allem aber, welche Antworten seine Theologie auf die Problembereiche Geschichte - Vernunft - Glaube, Theologie - Lehramt/Unfehlbarkeit, Dialog-Wahrheit bereitstellt. Ließe sich auch an seiner Theologie feststellen, daß ein an der Metaphysik orientierter Wahrheitsbegriff zu eng ist, um die Intersubjektivitätsdimension von Wahrheit adäquat zu vermitteln, ja würde dieses Problem von ihm selbst bei kritischen Vermittlungsaufgaben etwa von Theorie-Praxis, christlicher Weltanschauung-Dialog mit anderen Weltanschauungen und Religionen, nicht zuletzt von theologischer Wahrheitsfindung und lehramtlicher Festschreibung, angesprochen werden, dann bedeutet dies, daß auch ein transzendentaltheologisches Wahrheitskonzept nochmals weiterentwickelt werden müßte und die Wahrheitsfrage nicht bei dem Modell Rahners stehen bleiben darf. In dieser Hinsicht rechtfertigt sich also der 2. Teil.

Teil 3 stellt sich zur Aufgabe, wie eine Konsenstheorie der Wahrheit von ihren Grundprinzipien ausgehend für theologische Fragestellungen fruchtbar eingebracht werden könnte. Dazu wird vorerst der philosophiegeschichtliche, sprach- wie kommunikationstheoretische Ort dieser Wahrheitstheorie entfaltet. Daran anschließend wird über die in dieser Einleitung schon erörterte Grundstruktur einer Diskurstheorie hinausgehend nochmals die Idee einer Konsenswahrheit in ihren Einzelmomenten entfaltet. Soll eine Rezeption reflektiert vollzogen werden, dann müssen hermeneutische Überlegungen Möglichkeiten und Problembereiche erschließen, inwiefern von philosophischer und theologischer Seite her ein nichttheologischer Theorieentwurf zur Anwendung kommen kann. Schließlich gilt es, Strukturmomente eines theologischen Wahrheitsverständnisses aufzuzeigen, das sich am Leitfaden einer Diskurstheorie orientiert. Dabei werden Grunderkenntnisse der Sprechakttheorie hinsichtlich religiöser Sprechhandlungen aufgenommen. Weiters ist zu klären, worin die Grunderfahrung christlicher Glaubensrede liegt. Die wohl schwierigsten Fragen stellen sich im Zusammenhang von Wesen und Struktur der Rationalität und Diskursivität von Theologie, nicht zuletzt hinsichtlich der Möglichkeit einer Begründung und Einlösung von Wahrheitsansprüchen, die in Glaubensaussagen erhoben werden. Daß dieser dritte Teil nicht eine theologische Theorie von Wahrheit vorlegen wird, ergibt sich aus der Fragestellung der Arbeit insgesamt: Es soll gezeigt werden, daß die kommunikative Handlungstheorie auch in der so komplizierten wie heiklen Frage der Wahrheit theologischer Aussagen ein brauchbares Theoriekonzept darstellt, das wert ist, weiterentwickelt zu werden.

2 Die Krise des theologischen Wahrheitsanspruchs im 20. Jahrhundert

2.1 Der Modernismusstreit: Geschichte versus Dogma

2.1.1 Modernismus als theologie- und kirchengeschichtliches Krisenphänomen

Das derzeit steigende Interesse an der Erforschung einer höchst dramatischen und aufschlußreichen Phase jüngerer Theologie- und Kirchengeschichte geht weit über historiographische Beweggründe hinaus[1]. Der Modernismusstreit ist Gegenstand einer Konfliktforschung geworden, die immer mehr theologisch-systematischen Rang eingenommen hat.[2] Seine Kennzeichnung als "jener angestrengte Akkulturations- und Akkomodationsprozeß der Kirche an die Moderne"[3], als "theologische Äußerungsform einer historischen Bewußtseinseinstellung"[4] bündelt theologische Grundlagenprobleme von solcher Tragweite, daß es berechtigt erscheint, selbst die gegenwärtige Krise von Kirche und Theologie als "reduplizierte Modernismuskrise"[5] zu bezeichnen. Haben schon B. Welte von einer "Dissoziation zwischen Theologie und Geschichte" und E. Troeltsch vom Bruch zwischen "historischer und dogmatischer Methode" im Zusammenhang mit der Modernismuskrise gesprochen, so charakterisiert sie neuerdings G. Larcher als Dissoziation "zwischen dogmatischem Systemanspruch, Kritik und realer Geschichtserfahrung"[6]; insofern gehört diese Phase zu jenen unzähligen Konfliktfällen, die sich in den christlichen Kirchen - in je unterschiedlicher konfessioneller, intentionaler und zeitlicher Auswirkung - in der Konfrontation mit dem neuzeitlichen Welt- und Selbstverständnis ereigneten. Aber nicht die von den Kontrahenten des Konflikts versuchten Antworten und Lösungen, schon gar nicht der

---

1 Vgl. *König*, Was ist ein Dogma 498f: Die Erforschung der Kontroversen des Modernismusstreits läßt glauben, "daß sie mit unserer heutigen theologischen wie kirchlichen Situation in einem engen wirkungsgeschichtlichen Zusammenhang stehen". Im selben Sinne äußerte sich auch *Haight*, Theory 171: "Rather, many are convinced that the leaders of this movement confronted the problems of modernity with both authenticity and a certain depth of thought. Thus their writings contain a constructive power which, once retrieved, may contribute to theological reflection today."

2 Einen Überblick zur Modernismusproblematik bieten: *R. Aubert*, Die modernistische Krise, in: HKG VI/2 (1972) 435-499; *G. Daly*, Dissens in der Theologie. Die Modernismuskrise, in: Conc 19 (1982) 569-573; *P. Neuner*, Modernismus und kirchliches Lehramt. Bedeutung und Folgen der Modernismus-Enzyklika Pius' X., in: StZ 190 (1972) 249-262; *ders.*, Modernismus und Antimodernismus, in: HK 31 (1977) 36-42; *H. Poulat*, Histoire, dogme et critique dans la crise moderniste, Tournai 1962; *Schaeffler*, Modernismusstreit.

3 *König*, Dogma 1.

4 *Larcher*, Modernismus 23.

5 *Theobald*, Blondel 336.

6 *Larcher*, Modernismus 23.

lehramtliche Schlag gegen die Modernisten sind von bleibender Bedeutung, sondern der Modernismus als solcher "signalisiert das Bedeutungsgewicht von Fragen...um die damals im Bewußtsein ihrer Bedeutung für das Leben und Überleben der Kirche gerungen wurde, und deren Erörterung heute nicht hinter den schon einmal erreichten Grad des Problembewußtseins zurückfallen darf"[7]. Mit dem Modernismus wird darum heute zunehmend eine Epoche[8] skizziert, die eine dramatische Bruchsituation aufgrund unvereinbarer Weltauffassungen manifestiert. In ihr geraten jahrhundertelang konsensuell eingespielte und alle Wissens- und Lebensordnungen koordinierende Grundüberzeugungen aus dem Gleichgewicht. Zwar ist einsichtig, daß sich der Konflikt am Verhältnis von Dogma und Geschichte, genauer: zwischen einem überzeitlichen und autoritär verfügten Wahrheitsverständnis der Glaubenssubstanz und einer ebenso universalkritischen wie rigoros sich selbst begründenden wissenschaftlichen Vernunft entzündete. Die Krise kann aber darauf keineswegs eingeschränkt werden. Wenn die "immer wiederkehrende Grundfrage im Modernismus ... die [war], wie der übernatürliche Charakter der Offenbarung und der Kirche mit ihren geschichtlichen Erscheinungsformen in Übereinstimmung gebracht werden sollten"[9], dann ist auch die Frage nach der Krisenkausalität des Modernismus prinzipieller, als O. König meint, daß nämlich bloß die *mangelnde* methodologische und erkenntnistheoretische Abklärung in der Rezeption moderner wissenschaftlicher Prinzipien und Methoden letztlich die Krise hervorrief.[10] Denn dagegen kann mit R. Schaeffler eingewendet werden, daß der neuzeitliche Katholizismus, der seine wesentliche theologische Gestalt in der Neuscholastik gefunden hat, eine eminent ablehnende Position gegenüber der Philosophie der Aufklärung und deren Religionsverständnis eingenommen hatte.[11] Aus dieser Verweigerungshaltung heraus galt schon jeder längst überfällige Versuch einer Vermittlung zwischen Vernunft und Offenbarung, zwischen induktiv-experimenteller Naturwissenschaft und deduktiver Theologie, zwischen historisch kontin-

---

7 *Schaeffler*, Modernismusstreit 534.

8 *Theobald*, Blondel 17-20, markiert den Wandel des Begriffsverständnisses im Gefolge der kirchlichen und theologischen Veränderungen durch das II. Vatikanum. Nach einer Phase der Rehabilitation der vom Lehramt inkriminierten Personen "versteht man den Begriff des Modernismus heute im Sinne einer *Epochenbezeichnung*" (ebd. 18).

9 *Scherer*, Modernismus.

10 Vgl. *König*, Was ist ein Dogma? 504, Anm. 35.

11 *Schaeffler*, Modernismusstreit 515: Der "Kampf gegen den Modernismus [wurde] von den Vertretern des katholischen Lehramtes in dem Bewußtsein geführt, das Recht der Vernunft zu vertreten, die auch in Glaubensaussagen ein Urteil haben muß, und die Pflicht einzuschärfen, auch die Glaubensentscheidung rational zu rechtfertigen. Bei diesem Kampf für das Recht der Vernunft galt als unmittelbarer Gegner stets der Irrationalismus einer bloßen 'Gefühlsreligion', als die verborgene Wurzel des Übels aber der 'Phänomenalismus' Kants, der die Verstandeserkenntnis auf bloße Erscheinungen eingeschränkt und damit das Verhältnis Gottes zum Menschen und zur Welt aus dem Themenfeld philosophisch-rationalen Nachdenkens ausgeschlossen habe."

gentem Faktum und transzendenter Wahrheit, zwischen Glaubensobjektivität und subjektiver Erfahrung als verdächtig. Nicht zuletzt gipfelte der Streit in der methodisch einsehbaren Bestimmung des *Wahrheitsanspruchs* christlichen Glaubens aufgrund einer eminenten Kluft zwischen Glaubens- und theoretisch-praktischer Rationalität. Die Verhältnisbestimmung dieser beiden Größen in der theologischen Denkbemühung macht die Dramatik der Modernismuskrise aus.

Für die folgende Skizzierung der Grundlagenprobleme müssen wir uns auf die zuweilen schon plakativ anmutenden Verhältnisbestimmungen von Glaube und Vernunft, Dogma und Geschichte, Wahrheit und Erfahrung beschränken. Die notwendige argumentationsstrategische Polarisierung dient somit einer sachlich orientierten Zielrichtung: Die umfassende Krise, die im Katholizismus am Beginn des 20. Jahrhunderts als Ende der alteuropäischen Gesellschaft und Wissensform wahrgenommen wurde, hat ein bislang apologetisch verteidigtes theologisches Wahrheitsverständnis radikal in Bedrängnis gebracht. Dabei sahen sich die Betroffenen der Modernismuskrise mit fundamentalen Fragen konfrontiert, deren adäquate Beantwortung bis heute Aufgabe theologischer Reflexion geblieben ist. Der Zugang zur Wahrheitsproblematik soll darum 'krisengeschichtlich' erhellt und an drei wichtigen Positionen aufgezeigt werden.

2.1.2 *Alfred Loisy: Die mißlungene Vermittlung von Faktum und Glaube*

2.1.2.1 Das Anliegen Alfred Loisys

Die Brisanz des theologischen Anliegens und seiner Vermittlungsvorschläge, mit historisch-kritischer Methode die biblischen Schriften einerseits zu rekonstruieren, andererseits dennoch den bleibenden Wahrheitsanspruch einer geschichtlichen Religion aufrechtzuerhalten, machten Alfred Loisy zum meist diskutierten Theologen des ersten Jahrzehnts dieses Jahrhunderts[12]. Heute selbst beinahe völlig vergessen, bleiben seine Fragen und kühnen Vorschläge trotz der inzwischen lehramtlich nachgeholten Rehabilitierung der kritischen Methode in der katholischen Theologie bedenkenswert. Es bleibt sein Verdienst, die hermeneutische Frage mit aller Deutlichkeit und Vehemenz verfochten zu haben. Wie kein anderer sah er die tiefen Diskontinuitäten eines biblischen, scholasti-

---

12 Von *A. Loisy* wird nach 200 Jahren Verbannung der historisch-kritischen Methode aus der katholischen Theologie, und zwar seit *R. Simons* (1638-1712) ersten bedeutenden Pionierleistungen, ein zweites Mal der Versuch unternommen, historische Kritik und apologetische Verteidigung der Glaubensgehalte miteinander zu vermitteln. Sowohl Loisy als auch Simon betrieben die historisch-kritische Methode aus apologetischem Erkenntnisinteresse heraus zum Erweis der Unverzichtbarkeit der Tradition (vgl. *Eicher*, Theologien 214, und *Schaeffler*, Glaubensreflexion 78-81).

schen und modernen Weltbildes, die es theologisch zu lösen galt, um pastoral neue Identifikationsmöglichkeiten den Menschen anbieten zu können[13].

Von den Antworten der Neuscholastik enttäuscht, findet Loisy in der historisch-kritischen Forschung einen Weg, den kontextbezogenen und kontingenten Gang der Heilsgeschichte gleichermaßen zu würdigen wie das darin verbürgte Wahrheitszeugnis, das im Glauben angenommen und vom Lehramt der Kirche geschützt wird. So war es auch nicht vorerst das Ziel Loisys, die Tradition der Kirche, deren Lehramt und die Autorität der Bibel mit historischer Kritik völlig zu relativieren. Die historisch-kritische Methode sollte als neue (letztlich apologetische!) Möglichkeit der Aufrechterhaltung des kirchlichen Anspruchs als der wahren Institution, die von der Sendung und Botschaft Jesu Zeugnis gibt, aufgewiesen werden.

Die dadurch vollzogene Bevorzugung der historisch-kritischen Methode gegenüber der traditionellen Auslegung der Schrift wurde allerdings zur Quelle eines schier unlösbaren Konflikts. Denn Loisy schränkte die kritische Methode einzig auf den historisch erforschbaren Gegenstand ein, was ihm erlaubte, sie "von vornherein aus dem Geltungsbereich kirchlicher Entscheidungen auszuschließen. ...in dem Vertrauen, das Loisy in sie setzt, ist vielleicht sein grundlegender Irrtum zu sehen"[14].

Im Bemühen um ein neues Verständnis der Inspiration und der Irrtumslosigkeit der Schrift[15], das sich gegen eine ungeschichtlich-neuscholastische Wahrheitsbehauptung von Offenbarung absetzt, ist Loisy der Auffassung, daß sich die absolute Wahrheit der Offenbarung immer nur in kontingenten, historisch bedingten Verstehenshorizonten ausdrückt. Die Unterscheidung und Erhebung des eigentlichen Aussagekerns der biblischen Schriften vom jeweils zeitbedingten Wissenshorizont und Darstellungsstil kann aber nur die historisch-kritische Methode gewährleisten. Sie hilft dabei, die Zuordnung zeitbedingter Aussagen zur göttlichen Wahrheit rechtmäßig zu vollziehen. Ja diese kulturelle Kontextualität ist sogar notwendig, damit Offenbarung verstehbar ergehen kann: "So wie für die Offenbarung Gottes schließlich seine Menschwer-

---

13 "Christus ist Gott für den Glauben, aber die Leute fragen uns heute danach, wie wir Gott und Christus erklären, da unsere Definitionen in einer anderen Sprache als ihrer eigenen verfaßt sind. Eine Übersetzung wird notwendig. So verstanden ist das christologische Problem noch aktuell. Wenn wir über dieses wichtige Thema schweigen oder uns darauf beschränken, die traditionellen Formeln zu wiederholen, dann überlassen wir viele Seelen dem Zweifel und dem Unglauben, wissen sie doch nicht einmal, daß sie das Recht haben, mit der Kirche und mit uns sich darum zu bemühen, das Evangelium besser zu verstehen" (*Loisy*, Livre 155f, zit. n. *Theobald*, Blondel 300).

14 *Bader*, Weg 36.

15 Schon in seiner Doktorarbeit (De divina scripturarum inspiratione) widmete sich Loisy diesem Problem; sie wurde allerdings auf Intervention des Rektors hin nicht veröffentlicht, weil sie das Institut kompromittiert hätte. Die Studie über die Geschichte des alttestamentlichen Kanons wurde schließlich als Dissertation anerkannt. Siehe: *Raffelt*, Wesen.

dung geschehen mußte und diese endgültige Offenbarung darstellt, so waren die zeitbedingten Aussagen von Menschen für die Mitteilung seiner ewigen Wahrheit notwendig und sind es genauso für ihre Überlieferung."[16]

Diese Leistungsfähigkeit der Kritik macht nach Loisy die traditionelle Methode, gültige Aussagen über den *historischen* Tatbestand zu treffen, bedeutungslos. Kritische Erkenntnis erhellt den Glauben dadurch, daß sie eine sichere Kenntnis der biblischen Schriften, Einsicht in die Entstehungsbedingungen und die rechte Hermeneutik für Entwicklung und Geschichte des ursprünglichen Schriftsinns bietet. Nur die kritische Methode bietet *Objektivität,* weil sie durch ihren methodischen Gang, durch die neutrale Haltung des Historikers, schließlich durch die radikale Begrenzung des Forschungsgegenstandes als *Tatsache* (fait) die einzig wissenschaftlich legitime Weise der Erforschung der Schrift ist. Damit aber hat Loisy auch das Wahrheitsverständnis festgelegt und kehrt das Verhältnis von Wahrheit und Methode so um, daß die Wahrheit des Glaubensgegenstandes mittels einer als unwidersprochen gültig vorausgesetzten Methode erwiesen wird[17]. So gerät die historisch-kritische Methode in Konfrontation mit dem lehramtlichen Anspruch, die Wahrheit über die Heilige Schrift sachgerecht kommentieren zu können. Die traditionelle Schriftinterpretation war überzeugt, daß die Schrift nicht ohne die lehramtlich kontrollierte kirchliche Tradition verstanden werden könne, die Kirche also selbst normierende Interpretin des Glaubens sei. Mit der Loisyschen Differenzierung von historischer Tatsache und kritischem Verstehen entsteht aber notgedrungen der Streit um das wahre Verstehen. An diesem Streitpunkt entzündete sich nun die konfliktreiche Geschichte um das sogenannte "rote Büchlein" Loisys.

2.1.2.2 "L'Évangile et l'Église" (1902)

Das Grundproblem, dem sich Loisys Studie[18] widmet, ist die Frage nach dem Verhältnis zwischen der kirchlich-dogmatischen Lehrtradition und dem eschatologischen Selbstverständnis der jesuanischen Botschaft vom Reich Gottes. Wir können nicht auf die nähere Entstehungsgeschichte des Buches eingehen.[19] Aber die Theorie der Dogmenentwicklung Newmans ist für Loisy von höchster Bedeutung.[20] Durch sie sah Loisy sich instand-

---

16 *Bader,* Weg 56.

17 Vgl. ebd. 31f.

18 Das aufsehenerregende Buch, mit dem Loisy weit über die Grenzen hinaus bekannt wurde, erschien unter dem Originaltitel: L'Évangile et l'Église, Paris 1902. Im folgenden wird das Buch nach der deutschen Übersetzung der zweiten Auflage (Evangelium und Kirche, München 1904), abgek. EuK, zitiert.

19 Siehe dazu: *Bader,* Weg 67-76; *Raffelt,* Wesen 174f.

20 Die Auseinandersetzung mit Newman dokumentierte Loisy in einem anonymen Aufsatz: Le développement chrétien d'après le Cardinal Newman, in: RCF (17)

gesetzt, eine Gesamttheorie der Geschichte des Katholizismus auszubilden, welche die Spannung von Dogma und Geschichte bzw. Evangelium und Kirche ausgleicht und "zugleich eine Apologie und das diskrete Programm von Reformen sein sollte"[21]. Den unmittelbaren Anlaß gab Harnacks Veröffentlichung seiner Vorlesungen von 1899/1900 unter dem Titel "Das Wesen des Christentums"[22]. Diese reduzieren - in den Augen Loisys - den Zentralgehalt des Christentums in die einmalige vertrauende Beziehung Jesu zu seinem barmherzigen Vater (vgl. EuK 11). Harnack verschob aber dadurch das Problem vom unveränderlichen Wesen und der geschichtlichen Erscheinungsform der christlichen Botschaft in den Bereich der Innerlichkeit und des Gefühls. Zugleich wird damit eine massive Abwertung der zeitbedingten Ausformungen der Glaubenstradition[23] vorgenommen und erst recht die dogmatische Aneignung des Offenbarungsgehaltes als kirchlich-katholische Fehlleistung interpretiert. Demgegenüber verteidigt Loisy die Legitimität der katholischen Tradition, gerät aber zwischen die konfessionellen Streitpositionen, weil er den Begriff der Tradition einer entscheidenden Uminterpretation unterwirft. Loisy greift die vitalistischen Erklärungsmodelle des - in der seinerzeitigen historischen Forschung - gängigen Evolutionsdenkens auf. Er behauptet, die Geschichte des Christentums sei ein legitimer, organischer Entfaltungsprozeß einer keimhaft angelegten und im Lauf der Geschichte ausreifenden Urform des Christentums. Denn das Wesen des Christentums könne auch in der geschichtlichen Fülle und Totalität liegen und nicht bloß in seiner unwiederbringlichen Ursprungssitua-

---

1898/99, 5-20. Zur Dogmentheorie Newmans: *Gauthier*, Newman et Blondel 25-206.

21 *Neuner*, Loisy 225. Eine Apologetik aus historischer Sicht ("La crise de la foi dans le temps présent. Essais d'histoire et de philosophie religieuse") entwarf Loisy bereits in seinem "Exil" in Neuilly (1897-1899); sie wurde allerdings nie veröffentlicht. Das teilweise pseudonym publizierte Werk (*A. Firmin* [=*A. Loisy*], Le développement chrétien d'après le Cardinal Newman, in: RCF 17 (1898) 5-20; La théorie individualiste de la Religion, in: RCF 17 (1898-99) 202-215; La définition de la religion, in: RCF 18 (1899) 193-209; L'idée de la révélation, in: RCF 21 (1899-1900) 250-271; Les preuves et l'économie de la révélation, in: RCF 22 (1900) 126-153; *Loisy*, La religion d'Israel, Paris 1901; L'Évangile et l'Église, Paris 1902; Autour d'un petit livre, Paris 1903) ermöglicht mit zwei zusammenfassenden Kapiteln in den Memoiren (Mémoires I 419-477) eine relativ vollständige Rekonstruktion der Loisyschen Apologetik. Vgl dazu: *Theobald*, Blondel 409-420.

22 *A.v. Harnack*, Das Wesen des Christentums, Berlin 1900. Die Differenz zwischen von Harnack und Loisy manifestiert sich an der Auslegung von Mt 11,27, worauf Harnack gerade seine Christologie gründete (vgl. ebd. 81), während Loisy diese Stelle nicht für authentisch hält und sie als dogmatische Formulierung der Tradition, die mit johanneischen Selbstaussagen verglichen werden könne, betrachtet. Siehe auch *Hoffmann-Axthelm*, Évangile 297.

23 Schon in den Beiträgen "La théorie individualiste de la religion" und "La définition de la religion", die unter dem Pseudonym *Firmin* veröffentlicht wurden, attackierte Loisy massiv Sabatiers individualistische Religionsauffassung. "Diese Kritik am liberal-protestantischen Innerlichkeits- und Individualitätsgedanken hält sich bei Loisy als Konstante eigentlich über sein ganzes Lebenswerk hinweg durch" (*Larcher*, Modernismus 41f).

tion.[24] Loisy setzt damit zwar die kirchliche Tradition in ihr Recht, allerdings nicht mehr wie in der traditionellen Weise als von Christus ermöglichte und legitimierte, sondern als notwendiges Ergebnis eines ebenso historisch notwendigen Assimilationsprozesses. Die Legitimität des Christentums beruht also auf einer historisch-evolutiven Gesetzmäßigkeit, nämlich der Erhaltung der Glaubensidentität bei ständiger Anpassung an die Lebenswelt und Denkweise jeweiliger Zeit und Kultur. So ist die Dogmengeschichte der ersten Jahrhunderte schon ein Prozeß der aktiven Auseinandersetzung mit ursprünglich fremden Lebenswelten und Verstehenshorizonten. Nicht von sich aus drängte sie zur Veränderung der Glaubensrede, sondern damit der "Glaube der Welt erhalten wird, war ein Anpassungsprozeß erforderlich und wird immer erforderlich sein. Daß die katholische Kirche den Glauben angepaßt hat, daß sie sich selbst den Bedürfnissen der neuen Zeit anpaßt, beweist nicht, daß sie das Evangelium vergißt oder ihre eigene Tradition geringschätzt, sondern daß sie beides gelten lassen will und dabei das Gefühl von ihrer Biegsamkeit und ihrer beständigen Vervollkommnungsfähigkeit hat" (EuK 121).

Die originäre, aber sachlich problematische These Loisys besteht nun darin, daß die fremdartig anmutende eschatologische Reich-Gottes-Botschaft Jesu und der sich evolutiv entfaltende Tradierungsprozeß sich wechselseitig vermitteln.[25] Mußte Harnack, um das Einmalige an Jesus zu bewahren, die weitere kirchliche Interpretation als Verfallsgeschichte bezeichnen[26], so versöhnt Loisy die anpassungsresistente Botschaft Jesu vom Reich (EuK 41) mit der kirchlich-dogmatischen Wirkungsgeschichte. In diesem Sinn spricht sein bekanntgewordenes, aber immer wieder aus dem Zusammenhang gerissenes - und damit falsch verstandenes - Wort: "Jesus hatte das Reich Gottes angekündigt, und dafür ist die Kirche ge-

---

24 Loisy in einem Brief an Blondel: "Mein Buch enthält nur eine These: Die Kirche ist das fortgesetzte Evangelium; die Entwicklung des Christentums [le développement chrétien] ist dem Evangelium weder äußerlich noch fremd" (*Raffelt*, Wesen 182). Vgl. EuK 12: "Warum das Wesen des Christentums nicht in der Fülle und Totalität seines Lebens erblicken, das zwar schon als Leben an und für sich Bewegung und Wechsel ist, aber, insofern es von einem überaus mächtigen Prinzip herrührt, bei jedem neuen Entwicklungsstadium das Gesetz seiner ursprünglichen Kraft zum Ausdruck gebracht hat, dieser Kraft, die man sein physisches Wesen nennen könnte und die sich in allen seinen Äußerungen geoffenbart hat?"

25 "Gottesreich und Kirche werden nicht identifiziert, aber sachlich eng aufeinander bezogen. Genauer: der Bezug findet nicht zwischen von einander unabhängigen Größen statt, sondern ist eine geschichtlich zerdehnte Identität, die Abfolge von - dem Zeitwechsel entsprechenden - Zuständen. Das dem Gottesreich gegenüber Veränderte der Kirche wird als Angleichung ausgelegt und aus der Notwendigkeit des geschichtlichen Fortgangs legitimiert" (*Hoffmann-Axthelm*, Évangile 296).

26 Zur Frühkatholizismusthese siehe: *H.J. Schmitz*, Frühkatholizismus bei A. von Harnack, R. Sohm und E. Käsemann, Düsseldof 1977; *F. Hahn*, Das Problem des Frühkatholizismus, in: EvTh 38 (1967) 340-357; *K.H. Neufeld*, "Frühkatholizismus". Idee und Begriff, in: ZKTh 94 (1972) 3-28; *G. Kretschmar*, Frühkatholizismus. Die Beurteilung theologischer Entwicklungen im späten ersten und zweiten Jahrhundert nach Christus, in: Unterwegs zur Einheit. Fs. H. Stirnimann. Hg. J. Brantschen und P. Selvatico, Freiburg/Schweiz 1980, 573-587

kommen. Sie kam und erweiterte die Form des Evangeliums, die unmöglich erhalten werden konnte, wie sie war, seitdem Jesu Aufgabe mit dem Leiden abgeschlossen war" (EuK 112). Ausschließlich von dieser Funktion her definiert Loisy auch die Existenz der Kirche. Sie "hat keine andere Daseinsberechtigung als die Erhaltung und Fortpflanzung der Religion in der Welt" (EuK 118). Dazu muß Kirche eine sozial sichtbare und strukturierte Institution sein. Diese institutionelle Legitimität ist für Loisy schon im Evangelium gegeben: "Durch sein [Jesu] Leben und seine Dauer ist das Evangelium zu einem immerwährenden Prinzip religiöser und moralischer Erziehung und zu einer geistigen Gesellschaft geworden, die dieses Prinzip anwendet. Es kann aber weder das Prinzip ohne die Gesellschaft noch die Gesellschaft ohne das Prinzip bestehen" (EuK 120). Eben diese Aufgabe hat nach Loisys Ansicht die katholische Kirche seit ihrem apostolischen Anfang erfüllt.[27]

Diese "funktionalistische" Sicht und das Wahrheitsverständnis, das sich in den ersten Aufsätzen zu Inspiration, Irrtumslosigkeit der Schrift und zur historisch-kritischen Methode bereits zeigte, sind auch der Hintergrund für Loisys geschichtlich-symbolische Dogmeninterpretation. Auch hier bleibt Loisy zunächst in dem von Harnack vorgelegten Problembereich: Ist für diesen das Dogma Ausdruck einer Hellenisierung des Christentums, das im Evangelium selbst keine Grundlage hat, so besteht für jenen eine notwendige und nachweisbare Kontinuität von Evangelium und Dogma: "Die Entwicklung der kirchlichen Lehre war demnach unvermeidlich, folglich im Prinzip berechtigt; im ganzen hat sie der Sache des Evangeliums gedient, weil dieses als reines Wesen nicht bestehen konnte" (EuK 144). Anlaß dieser Entwicklung war das Bedürfnis der Selbstläuterung des Glaubens aufgrund des neuen, dem biblischen Denken fremden Weltverständnisses des hellenistischen Kulturraumes, so daß sich "die griechische Auffassung des christlichen Messianismus Bahn gebrochen (hat), zugleich mit der Lehre, daß Christus, der Gottes und Menschensohn, der prädestinierte Heiland, zum Fleisch gewordenen Worte, zum Offenbarer Gottes für die Menschheit geworden ist" (EuK 130). Theologie und Dogmenentwicklung sind nach Loisy Kirche und Glauben am Leben erhaltende Äußerungen, weil dadurch ermöglicht wurde, die kirchliche "Tradition mit der Wissenschaft der Zeit zu verschmelzen, die eine durch die andere zu kräftigen und beide in eine gelehrte Theologie umzugestalten, welche menschliches und göttliches Wissen umfassen wollte" (EuK 129). Mit dieser Sichtweise ergibt sich aber ein folgenschweres Problem: Denn mit historischen Methoden kann das

27 "Das Problem von 'L'Évanglile et l'Église' besteht darin, daß das Buch eine Polemik gegen Harnacks 'Wesen des Christentums' sein und zugleich eine katholische Theorie der Geschichtlichkeit der Tradition eröffnen will" (*Hoffmann-Axthelm*, Évangile 296). "Indem der Hiatus von Evangelium und Kirche zum Merkmal historischer Abfolge herabsank, wurde gleichzeitig das kritische Miteinander von Geschichte und Dogma zum Regelfall der religiösen Entwicklung" (ebd. 298).

"göttliche Moment" am Dogma nicht erfaßt werden.[28] Folglich muß das Dogma als Dualität zweier Wirklichkeiten (historische und transzendente) gesehen werden: In ihrem Ursprung und Wesen ist es göttlich, in "Bau und Zusammensetzung menschlich" (EuK 143). Denn die in Dogmen ausgesagten Überzeugungen "sind keine vom Himmel gefallenen Wahrheiten" (EuK 142). Wie alles Menschliche haben auch Dogmen eine *Entwicklungsgeschichte*, die selbst nochmals Gegenstand dogmatischer Definition werden sollte, weil die Kirche noch "nicht zum Bewußtsein dieser Entwicklung gekommen ist und keine offizielle Theorie über die Philosophie ihrer eigenen Geschichte besitzt" (EuK 144). Eine solche Definition ist dann "Ausdruck des Fortschrittsgesetzes" (EuK 145), das der christlichen Geschichte immer schon zugrunde lag und sie bestimmte. So ist es für Loisy nur folgerichtig, wenn der Entwicklungsbegriff, ohne daß man ihn neu schaffen müßte, explizit gefaßt wird.

Diese Interpretation mußte allerdings das Wahrheitsverständnis der kirchlichen Tradition aufs äußerste herausfordern. Denn offensichtlich relativierte Loisy den Wahrheitsgehalt der Dogmen. Wie kann dann noch eine bleibende Wahrheitsbehauptung aufgestellt werden, wenn Dogmen geschichtlich-kontingente Sätze sind? Tatsächlich sind für Loisy Dogmen Aussagen, die dem jeweiligen Wissensstand der Menschheit angepaßt sind, ohne daß damit ein unlösbarer Konflikt zwischen Dogma und Wissenschaft ausgelöst werden müßte. Denn Dogmen sind in ihrem Wahrheitsgehalt *relativ* und *erneuerungsbedürftig*[29], verlieren darum aber nicht ihre grundsätzliche Identität mit der in der Tradition gegebenen Evangeliumsgemäßheit.[30] Schließlich haben sie eine unersetzbare *pädagogische*

---

28 "Ce que le savant perçoit n'est qu'un infini d'apparences, une manifestation de forces; mais la grande force cachée derrière tous les phénomènes ne se laisse pas toucher directement par l'expérience. Dieu...n'est pas plus un personnage de l'historien qu'il n'est un élément du monde physique" (*Loisy*, Livre 10). Auf die erkenntnistheoretische Konsequenz im Verhältnis von Wahrheit und Geschichte weist *Larcher*, Traditionsverständnis 29, hin: "Eine Überprüfung des Verhältnisses dieser seiner wissenschaftlich-kritischen Erkenntnishaltung zu seinem Wahrheitsbegriff erbringt dann konsequenterweise ein letztes, eigentümlich unvermitteltes Nebeneinander von Wahrheit und Geschichte (in der doppelten Bedeutung der 'res gestae' und historia rerum gestarum), von An-sich und 'Für-uns', von Glaube und wissenschaftlicher Kritik." Diese scheinbare Vermittlung im Offenbarungsverständnis wird aber im Dogmenbegriff wieder zurückgenommen. "Hier sieht es wieder so aus, als würden Wesen/Ding-an-sich und Erscheinung letztlich doch nicht vermittelt" (ebd.).

29 EuK 146: "Und daß die Symbole und dogmatischen Definitionen mit dem allgemeinen Stande der menschlichen Kenntnisse in der Zeit und im Milieu ihrer Entstehung in Zusammenhang stehen, ist ebenso natürlich. Daraus ergibt sich, daß ein bedeutender Wechsel in dem Stande der Wissenschaft eine neue Auffassung der alten Formeln nötig machen kann, die in einer anderen geistigen Atmosphäre abgefaßt, das Notwendige entweder nicht mehr oder nicht in der richtigen Form ausdrücken."

30 Loisy unterscheidet im Dogma den "materiellen Sinn" von der "eigentlich religiösen und christlichen Bedeutung" (EuK 146), welche den Konnex zum Evangelium aufrecht erhält: "Genau so wie das christologische Dogma, ist das Dogma von der Gnade eine Interpretation der messianischen Erlösung und der Lehre vom Him-

Funktion, wodurch sie, von der Autorität der Kirche vorgelegt, dem persönlichen Glauben des einzelnen Christen zur Hilfe werden:

> "Die Kirche fordert nicht den Glauben an ihre Formeln, als seien sie der volle Ausdruck der absoluten Wahrheit, sondern sie stellt diese Formeln als den wenigst unvollkommenen Ausdruck der Wahrheit dar, der relativ möglich ist, sie verlangt, daß man sie in ihrer Eigenschaft als Formel beachtet, in ihnen den Glauben sucht und sich ihrer bedient, um ihn mitzuteilen; das kirchliche Formular ist das Hilfsmittel des Glaubens, die Richtschnur des religiösen Denkens, der vollständige Gegenstand dieses Denkens kann es nicht sein, da dieser Gott selbst, Christus und sein Werk ist, jeder eignet sich ihn mit Hilfe der Formeln so gut an, als er kann" (EuK 152).

Eben darin erweisen Dogmen ihre *Einheitsfunktion* für die Glaubensidentität der Kirche, die genau gesehen eine Bekenntniseinheit "von unendlicher Verschiedenheit" darstellt aufgrund der Verschiedenheiten "aller Seelen und aller Intelligenzen untereinander" (ebd.).

Die historische Methode, die sich in der Entdeckung der "wahren Geschichte des Christentums" bewährt, führt Loisy somit zu einer Unterscheidung zwischen Tatsache und Interpretation, Formel und Wahrheit, derzufolge Wahrheit in sich unveränderlich und für uns unerkennbar, allerdings durch Bild und Wort mitteilbar und geschichtlich variabel ist: "Die Wahrheit allein ist unveränderlich, aber nicht ihr Bild in unserem Geiste. An diese unveränderliche Wahrheit wendet sich der Glaube durch Vermittlung der Formel, die notwendigerweise unvollständig, verbesserungs- und daher auch wandlungsfähig ist" (EuK 147). Der Versuch, dem historischen Bewußtsein seiner Zeit mit einer dynamischen Theorie der Dogmen zu begegnen, führt Loisy sogar soweit, die Rationalität der christlichen Tradition als solche preiszugeben: "Mehr oder weniger bewußt hat sich die christliche Tradition geweigert, die wirkliche Welt der religiösen Dinge in der Vernunftwelt unserer Vorstellungen einzuschließen" (EuK 133). Trotzdem entwickeln sich Wissenschaft und Glaube zu einer höheren Denkbemühung[31] weiter. Dieser Prozeß ist für Loisy ein Index für den kulturell-evolutiven Fortschritt der Menschheit überhaupt.

---

melreich gewesen, und auch diese Interpretation wurde notwendigerweise durch die Verhältnisse, in denen das Evangelium sich fortpflanzte, sowie durch die Probleme hervorgerufen, welche die Bekehrung der Heiden aufstellte, und die mehr im Geiste Jesu, als nach seinen ausdrücklichen Erklärungen gelöst werden mußten" (EuK, 141). Dadurch grenzt er sich von Harnack ab, der die Entstehung des Trinitäts- und Inkarnationsdogma aus dem griechischen Erlösungsbegriff erklärt: Vgl. *Raffelt*, Wesen 189.

31 EuK 150: "Die Kunstgriffe der Interpretation dienen dazu, die Bedeutung der Symbole immerfort zu erweitern und zu vergeistigen, die Entwicklung und das Verständnis der Religion durch die stets erneuerte Wahrnehmung höherer Analogien, die ihres geheimnisvollen Gegenstandes würdiger sind, zu fördern... Wenn das Evangelium eine philosophische These gewesen wäre, so wäre diese These sehr schlecht aufgebaut und entwickelt. Da aber das Evangelium eine lebendige Religion war, so bezeugt das theologische Werk der christlichen Jahrhunderte, daß diese Religion wirklich gelebt hat: eine unendlich mächtige Bewegung..."

2.1.2.3 Die unbefriedigende Lösung: Glaubensgeschichte als Evolutionsprozeß und Wahrheitsdualismus

Die innere Diskrepanz im Werk Loisys ist nicht übersehbar. Als Exeget bleibt sein Verdienst, das historisch-hermeneutische Problem des Glaubens für die katholische Theologie unnachgiebig artikuliert zu haben. Seine exegetische Arbeit erschütterte die neuscholastische Interpretation der Bibel und der Dogmengeschichte. Seine apologetische Verteidigung einer legitimen dogmatischen Entfaltung des Glaubens blieb jedoch sehr unzureichend. Denn es gelang ihm nicht, die Geschichtlichkeit und Kontextualität der biblischen Schriften mit dem theologischen Anspruch der Offenbarungswahrheit angemessen zu vermitteln. Denn die rationale Methodik historischer Kritik verweist die Glaubensgestalt zwar in ihre Historizität, legitimiert den Wahrheitsgehalt aber durch den Verweis auf die theologische Methodik, der es um die Geoffenbartheit eines Mysteriums und dessen Anerkennung geht, auch wenn die so geoffenbarte Wahrheit nicht mit der menschlichen Erkenntnisfähigkeit in Einklang gebracht werden kann.

Ein Grund dieser Spannung von historischer und theologischer Methode ist in Loisys erkenntnistheoretischem Modell von Geschichte selbst zu finden. Geschichtliche Tatsachen (faits) sind seinem Verständnis nach "Phänomene", die nicht nach ihren zugrunde liegenden Ursachen, sondern in ihrer begrenzten äußerlichen Form erkannt werden. Eine Literarkritik mit dem Anspruch rational-wissenschaftlicher Rekonstruktion garantiert aber dennoch den adäquaten Zugang zum Gegenstand[32], ohne die Glaubenswahrheit zu tangieren. Historische und theologische Interpretation der Texte können nicht in Konflikt geraten, weil sie gänzlich verschiedene Gegenstandsbereiche anzielen[33]: "Alle diese historischen Untersuchungen können zu keinem einzigen Dogma in Gegensatz treten, genau deshalb nicht, weil sie Tatsachen sind. Die Dogmen aber sind repräsentative Ideen des Glaubens, welcher nicht das wißbare Menschliche zum Gegenstand hat, sondern das unerfaßbar Göttliche."[34]

---

32 *Loisy*, Livre 115f: "Puisqu'il [l'historien] raconte, ne lui demandons pas d'exposer autre chose que les faits dont il parle. La vérité de sa description phénoménale ne peut être incompatible avec la vérité intime et profonde de la foi."

33 Nach *Hoffmann-Axthelm*, Évangile 304f, liegt darin der eigentliche Streitpunkt: "Wenn es um Geschichte gehen sollte im Sinne historischer Tatsächlichkeit, d.h. im Sinne der vollen historischen Verifizierbarkeit des Geschehens, so galt ihm ein direkter theologischer Bezug ausgeschlossen; die protestantische Wirklichkeitsbeziehung erschien folglich als illegitime Ausweitung des historisch-kritischen Standpunktes. Indem die Kritik die einzige Unmittelbarkeit zur Schrift darstellt, gerät die Theologie notwendig auf die Seite der Tradition."

34 *Loisy*, Livre 51.: "Toutes ces recherches historiques ne peuvent être en contradiction avec aucun dogme, précisement parce qu'ils sont des faits, et que les dogmes sont des idées représentatives de la foi, laquelle n'a pas pour objet le connaissable humain, mais l'incompréhensible divin."

Mit dieser Trennung von Geschichte (als Tatsache) und Glaube (als Antwort-Symbol einer absoluten Idee), die Loisy durch die Rezeption der deutschen Literarkritik übernommen hatte, hat er es aufgegeben, zwischen beiden Ebenen eine sachgerechte Vermittlung zu suchen.[35] Der sachlichen Trennung entspricht die methodologische. Historisch-kritische und theologische Interpretation werden dann koexistieren können, wenn sie einander das Betätigungsfeld nicht mehr streitig machen.[36]

Die Entkoppelung von historischer Kritik und theologischer Interpretation des Glaubensgehaltes hat allerdings äußerst fatale Folgen, die Loisy nicht mehr bedenkt. Kritik legitimiert ihre Erkenntnis ohne einen in und durch die Tradition der Kirche immer schon vorgegebenen und artikulierten Glauben, allein nach den Regeln einer rationalen Methodik. Glaube seinerseits bedarf keiner kritischen Aufgeklärtheit mehr, er ist als kirchlicher Glaube religiöse Äußerungsform einer nach evolutiven Prinzipien ablaufenden Geschichte. Loisys geschichtlicher Gegenstand wird in seiner bloßen Faktizität aufgefaßt, als sei er jederzeit rekonstruierbar und ohne Reflexion auf den im subjektiven Erkenntnisakt mitbeteiligten Historiker objektiv erkennbar; Loisy spricht sogar von einer Analogie der geschichtlichen Ereignisse mit den "Wirklichkeiten der Natur"[37] und gerät somit in den Bannkreis positivistischer Erkenntnistheorie. Daß der Wirklichkeitsbereich der Geschichte allerdings mit freien Entscheidungssituationen, mit der Erklärungs- und Interpretationsbedürftigkeit komplexer Sinn- und Handlungsstrukturen, mit Sinn-Offenheit und jeweiliger historisch-kultureller Eingeschränktheit zu tun hat und seine kritische Rekonstruktion nicht unabhängig von der Betrachtungsweise des Historikers ist, entgeht Loisy aufgrund seines evolutionistischen Denkmodells. Demgegenüber versucht heutige Historiographie geschichtliche Erfahrung als sprachlich vermitteltes Kommunikationsgeschehen zu sehen, so daß "die historische Rede vielmehr als Ergebnis einer *Produktion*" erscheint, "die bestimmten Regeln gehorcht und auf jeden Fall in der auch in ihr wirksamen Modellbildung auf die ökonomischen, politischen und kulturellen Bedingungen des Historikers selbst verweist"[38].

Eine weitere Folge des Loisyschen Geschichtsverständnis ist der Verlust des im Zuge der historisch-kritischen Forschung wiederentdeckten eschatologischen Charakters der Verkündigung Jesu. Dieser kann keine kritische Rolle im evolutionären Fortschrittsprozeß der kirchlichen Tradition mehr spielen, die religionsgeschichtliche Bedeutung des Christentums wird nur mehr in ihrer Humanisierung der Kultur gesehen.[39]

---

35 *Hoffmann-Axthelm*, Évangile 308, sieht in Renan die Ursache für diese radikale Trennung von Historie und Kritik.

36 Vgl. *Bader*, Weg 187.

37 *Loisy*, Livre 9.

38 *Theobald*, Blondel 308f.

39 Vgl. *Loisy*, Livre 145: "Tout mon livre tend, au contraire, à prouver que le principe évangélique non obstant les limitations inévitables de sa manifestation initiale, est une source inépuisable de progrès humain, par sa puissance indéfinie d'adaptation aux conditions variables de l'humanité."

Die intellektuelle und moralische Entwicklung der Menschheit wird idealistisch mit der unklaren Formel einer "expérience surnaturelle" gekennzeichnet. Der "Glaube an die Offenbarung in Christus ist für Loisy die Explikation und die 'Applikation' eines 'ewigen Prinzips', nämlich 'der Transparenz des Göttlichen im Menschen' "[40]. Die Verflachung des in Jesus eschatologisch angebrochenen Neuen zu einem Moment der Geschichte disqualifiziert die Offenbarung selbst zu einem Epiphänomen der Menschenheitsgeschichte. Deren Fortschrittskriterien sieht Loisy in der evolutiven Notwendigkeit von Anpassung (Zeitgemäßheit der Kirche) und Ursprungskontinuität (Traditionsgemäßheit): "Der Evolution des Glaubens fehlte nicht die Koordinierung mit der geistigen und moralischen Evolution des Menschen..."[41] In diesem Geschichtsmodell droht aber die Gültigkeit des Christlichen mit seiner historischen Selbstbehauptungsfähigkeit identifiziert und die Geschichte der religiösen Ideen unter den Maßstab der Geschichte des Geistes subsumiert zu werden.[42]

Die erkenntnistheoretischen und geschichtshermeneutischen Positionen Loisys ergeben aber auch eminente Schwierigkeiten für den christlichen Wahrheitsanspruch. Die Zerteilung der Wahrheitsgeltung eines Dogmas in eine historisch greifbare und wandelbare Formel und eine transzendente Bedeutsamkeit führt zu einem wahrheitstheoretischen Dualismus. Denn mit nichts anderem als mit der Glaubens*aussage* selbst wird ein Wahrheitsanspruch gestellt, bzw. andere Aussagen in ihrer Wahrheitsgeltung kritisiert oder zurückgewiesen. Ist nun allein das historisch variable Sprachkleid des Glaubens wissenschaftlich objektivierbar, ist der Wahrheitsgehalt aber selbst nicht mehr reflektierbar, so wird die theologische Reflexion des Glaubens obsolet. Daraus folgt aber erst recht eine Subjektivierung des Glaubens[43] - eine Konsequenz, die Loisy auf paradoxe Weise in die Nähe der von ihm bekämpften Position Harnacks führte. Loisy hat richtig gesehen, daß der Glaube sich nur in sozialen und traditionsbildenden Kontexten entfalten und sein Anspruch nicht auf eine private Zone der Subjektivität reduziert werden kann, aber er hat den Erweis des Wahrheitsgehaltes eines traditionsbildenden Glaubens auf seine kulturelle Durchsetzungskraft und die Anschlußfähigkeit an jeweilige Denkhorizonte verschoben. Trotzdem ist der Vorwurf, Loisys Position sei historistisch und relativistisch, nicht ganz gerechtfertigt,

---

40 *Hulshof*, Wahrheit 114.

41 "l'évolution de la foi ne pouvant manquer d'être coordonnée à l'evolution intellectuelle et morale de l'homme" (*Loisy*, Livre 195).

42 Vgl. die scharf gezeichnete Kritik in *Schaeffler*, Modernismusstreit 520: "Die Wahrheit einer Lehre, die Verbindlichkeit einer moralischen oder rechtlichen Norm, die Heilsbedeutung einer gottesdienstlichen Handlung reduzierten sich darauf, Akte eines Lebens zu sein, das sich wandelt, um zu überleben. Das so verstandene Wahre, Gute und Rechte, Heilsnotwendige oder doch Heilsvermittelnde kann dem Prozeß des gesellschaftlichen Lebens, in diesem Fall dem Prozeß kirchlich-gemeinschaftlichen Lebens, nicht mehr als kritische Instanz gegenübertreten, sondern wird zu seiner Funktion. Normativität wird so zur Ideologie, d.h. zum Mittel im Durchsetzungskampf ums Überleben."

43 *Hulshof*, Wahrheit 130.

denn Loisy hat versucht, die Wahrheit der Idee des Christentums festzuhalten, daß nämlich Gott sich dem Menschen offenbare und mit ihm in eine Gemeinschaft trete. Weil er aber die Wahrheit des Christentums als eine transzendente und darum dem Historiker selbst unzugängliche Idee auffaßt und zugleich ihre absolute Gültigkeit erwiesen werden sollte, erhält die Geschichte der Kirche die Beweislast dieser Geltung. Kirchliche Tradition ist die historische Gestalt dieser Idee, welche der syllogistischen Logik entbehren kann, weil sie die Kraft der organischen Entfaltung in sich trägt. In derselben Sichtweise wird das Dogma interpretiert, nicht als Glaubensbekenntnis, sondern als Abbildformel einer unerkennbaren Wirklichkeit. Seine symbolistische Dogmentheorie aber ist vermeidbar,

> "wenn das Dogma unter dem Aspekt der Praxis gesehen und als Ausdruck einer im Leben erprobten Wirklichkeit verstanden wird, der es zugleich gelingt, seinen kognitiven Gehalt zur Geltung bringen zu können. Dann ist es der 'volle Ausdruck' der absoluten Wahrheit, weil es keine Formel von ihr ist, die sie erfassen will, sondern ein Bekenntnis zu ihrer im Handeln, 'im tätigen Gehorsam der Liebe', erfahrbaren Wirklichkeit."[44]

Edouard Le Roy, einer der vielfach vergessenen Stimmen in der Modernismuskrise, hat diesen von Bader vorgeschlagenen Interpretationsweg verfolgt. Darum ist auch auf dem Hintergrund heutiger Praxistheologien seine Deutung zu verfolgen, weil sie aufzeigen kann, in welche Schwierigkeiten eine pragmatische Dogmeninterpretation gerät, wenn sie weder einen adäquat beschriebenen Theorie-Praxis-Zirkel noch einen umfassenden Sprachbegriff aufweisen kann.

2.1.3 *Edouard Le Roy: Aufhebung des Dogmas in Praxis*

Loisys Veröffentlichungen haben in Frankreich eine äußerst kontroverselle Diskussion ausgelöst. Die Krise, die sich um seine Schriften zuspitzt, erreicht ihren Höhepunkt, als der Pariser Mathematiker und Wissenschaftstheoretiker Edouard Le Roy (1870-1954) in einem denkerisch kühnen Artikel über die Dogmenfrage 1905 eine "praktisch-moralische" Interpretation vorschlägt.[45] Le Roy ist von H. Bergson tief beeindruckt[46], folgt ihm auch 1921 auf seinen Lehrstuhl am Collège de France und ist in

---

44 *Bader*, Weg 154

45 *Le Roy* hat bereits 1902 versucht, eine pragmatische Interpretation im Rahmen der Société française de philosophie zu entwerfen, die er dann 1905 in der Zeitschrift "La Quinzaine" vom 16.4., 495-526, veröffentlichte und mit der er einen Sturm der Entrüstung auslöste. Der Aufsatz wurde von Le Roy mit Rezensionen und Entgegnungen wieder veröffentlicht in: Dogme et critique, Paris 1907. Ich zitiere nach "Dogme et critique" (abgek. DC).

46 Zum Einfluß Bergsons auf Le Roy siehe die gute Aufarbeitung des Denkens von Le Roy und des Konflikts um seine Dogmeninterpretation: *Mansini*, Dogma.

späteren Jahren mit Teilhard de Chardin eng befreundet.[47] Le Roy gehört zu jenen dem katholischen Glauben verbundenen Wissenschaftern, die bemüht sind, den tiefen Riß zwischen modernem (naturwissenschaftlichem) Denken und einer sich in thomistischer Begrifflichkeit artikulierenden Theologie zu überwinden. Ohne näher seine philosophische und wissenschaftstheoretische Position auszubreiten[48], sollen einige Grundzüge angeführt werden, um einen besseren Zugang zu seiner Dogmentheorie zu gewährleisten.

2.1.3.1 Der philosophische Kontext

Le Roys Philosophie[49], die vor allem gegen den französischen Positivismus und den intellektualistisch verkürzten Idealismus gerichtet ist[50], nimmt die Position eines "Idealismus" ein, weil sie einen unmittelbaren Realismus rigoros ablehnt und jede Gegenstandserkenntnis nur von den geistigen Erkenntnisbedingungen des Subjekts her als möglich erachtet. Seine Philosophie, die er auch als "neue Philosophie", als "Neo-Positivismus" und "Pragmatismus" kennzeichnet, stellt allerdings eine komplex verwobene Synthese eines von Leibniz, Descartes und Kant inspirierten Rationalismus bzw. Idealismus dar, wobei das eigentliche Schwergewicht im Bergsonschen Denken zu finden ist. Von hier her entwickelt er auch seine Schlüsselbegriffe "Intuition" und den unübersetzbaren Begriff "Pensée-Action".[51] Intuition ist für Le Roy jener grundlegendste Erkenntnis-

---

47 Für Teilhard de Chardin ist Le Roy sogar ein "Typ" eines heiligen Laien. Vgl. *König*, Was ist ein Dogma? 505, Anm. 48.

48 *Leclère*, Le Roy; *Maire*, Philosophie; *Gillet*, Philosophie; *Haight*, Theory.

49 Die wichtigsten Aufsätze und Werke sind: Science et philosophie. I: Les données du sens commun; II: L'Organisation scientifique; III: L'Intuition philosophique, in: Revue de métaphysique et de morale 7 (1899) 375-425, 503-562, 708-731; 8 (1900) 37-72; Un positivisme nouveau, in: Revue de métaphysique et de morale 9 (1901) 138-153; Sur la logique de l'invention, in: Revue de métaphysique et de morale 13 (1905) 193-223; Une philosophie nouvelle: Henri Bergson, Paris 1912; L'Exigence idéaliste et le fait de l'évolution, Paris 1927; Les origines humaines et l'évolution de l'intelligence, Paris 1928; La pensée intuitive. I: Au-delà du discours. II: Invention et vérification, Paris 1929 und 1930; Le problème de Dieu, Paris 1930; Essai d'une philosophie première, 2 Bde., Paris 1956-1958.

50 Vgl. *Haight*, Theory 173; *Mansini*, Dogma 118.

51 "Pour moi, l'idée source et mère a été celle de la vie spirituelle au sens où l'entendent les mystiques. Tout a procédé de là: intuition de l'exigence idéaliste, discipline de pensée, metaphysique. Au principe, une motion créatrice, un appel. Au cours du progrès, une aspiration et un effort. De cet exercice, la durée bergsonienne est la forme, la critique pragmatisante, la règle de discernement. Mais l'action même est amour" (*Le Roy*, Essai d' une philosophie première II 861, Anm., zit. n. *Leclère*, Le Roy 443). Näheres zum Intuitionsbegriff siehe: *Mansini*, Dogma 133-140. Mansini nimmt Le Roy gegen einen nominalistischen Intuitionismus insofern in Schutz, als er in Le Roys Philosophie verschiedene Intuitionsarten freilegt (Intuition als reine Wahrnehmung, als wissenschaftliche Intuition, als philosophische Intuition), allerdings die zentrale Schwierigkeit zugibt: "The fact is,

akt, in dem eine vorbegriffliche Realität unmittelbar erfaßt wird. Das Sein wird in seiner Individualität und lebendigen Dynamik angeschaut, ohne daß es in singuläre Einzelerkenntnis und Begrifflichkeit (morçelage) zerfällt. Der der Realität zugrunde liegende "élan vital" ermöglicht eine holistische Wirklichkeitsbetrachtung, deren letzter Grund "Geist", "Gott" ist. Intuition ist die eigentliche Quelle wissenschaftlicher Entdeckung und philosophischer Reflexion. Von daher ist menschliches Denken als Grundakt des kreativen Lebens qualifiziert, das tätige, dynamische, bewußte Bewegung ist und im Begriff "pensée-action" zusammengefaßt wird: "He is called 'thought' because this act of being is conscious or has the power to become luminous to itself and tends there. It is called 'action' because thought is action, and as the fundamental reality it must be considered in its dynamism and not only in its cristalized products or results or concepts. Thought-action is the movement of consciousness itself that is the ground of all knowing."[52]

Le Roys Wissenschaftstheorie, die maßgeblich vom französischen Konventionalismus (H. Poincaré, P. Duhem, G. Milhaud) und Pragmatismus beeinflußt wurde[53], versteht wissenschaftlichen Diskurs als künstlich-rationale Erkenntnisgewinnung, deren fundamentaler Grundbegriff die "wissenschaftliche Tatsache" ist, die nicht unmittelbar gegeben, sondern experimentell-diskursiv konstituiert wird.[54] Wissenschaftliche Erkenntnis ist immer nur partiell und bruchstückhaft, darum auch immer korrigierbar und auf eine vollständige, progressive Erfassung des "Real-Rationalen"[55] ausgerichtet, als perfekte rationale Darstellung des Wirklichen. Faktum, Gesetz und Theorie bilden die untrennbar zusammengehörigen Bausteine der Wissenschaft, die keine andere Funktion hat "als dieses anfänglich Gegebene für die Erfordernisse des Verstandes zugänglich zu machen"[56]. Dementsprechend begreift Le Roy Wahrheit auch nicht als Korrespondenz zwischen intellectus und res, sondern als einen ständigen "Verifikationsdynamismus", der retrospektiv Theorieentwürfe stets neuen Erkenntnissen anpaßt und prospektiv im Sinne eines "Entdek-

---

it is very difficult to put together a completley satisfactory account of what Le Roy says about intuition, and about its relation to intelligence" (138). Le Roy scheint den cartesianischen, kantschen und bergsonschen Sinn von Intuition zu synthetisieren. "In the end, we must be content with seeing that 'intuition' describes a sliding scale for Le Roy - it runs from pure perception of images, to ordinary perception (a debased form of intuition, really), to intellectuell insight, to knowledge by connaturality (heart), to religious and mystical experience" (139, Anm. 163).

52 *Haight*, Theory 176.

53 Vgl. *König*, Was ist ein Dogma? 502; *ders.*, Dogma 242-249.

54 Ein bekannter Ausspruch Le Roys war: "Le savant crée le fait" (vgl. *König*, Was ist ein Dogma? 504). Zur Verankerung des Konventionalismus im pragmatischen Denken vgl. auch: *L. Schäfer*, Der Konventionalismus des beginnenden 20. Jahrhunderts: Entstehungsbedingungen, Einsichten, Probleme, in: Handbuch pragmatischen Denkens. Hg. H. Stachowiak, Bd. 2, Hamburg 1987, 59-82.

55 Vgl. *Mansini*, Dogma 147.

56 "que de rendre ce donné initial perméable aux exigences de l'intelligence" (*Maire*, Philosophie 204).

kungszusammenhanges" neue Erkenntnis ermöglicht.[57] Erkenntnis hat sich allerdings immer im Lichte des Realen auszuweisen, Prinzipien und Begriffe sind stets daraufhin zu reinigen. Le Roy wehrt sich selbst gegen Vorwürfe eines Pragmatismus und eines Nominalismus[58] und versteht letztlich Wahrheit im Kontext bergsonscher Erkenntnistheorie als Intuition, als das Reale selbst; sie ist pensée-action, "der heterogene Fluß von Bildern ist Denken, ist Gottes Handeln in uns, ist Gott"[59]. Wahrheit in diesem Sinne fällt zusammen mit einem Lebensvollzug, der selbst nur Partizipation eines letzten und umfassenden Ganzen ist. Erkenntnis hat sich darum nur als Tathandlung zu begreifen, als ständige Bewegung, die in keine begriffliche Fixierung gefaßt werden kann[60]: "Das letzte Kriterium von Wahrheit ist das Leben selbst."[61]

2.1.3.2 Le Roys pragmatische Dogmeninterpretation

Le Roys Anfrage an die Theologie[62], wie eine scholastische Dogmeninterpretation mit dem modernen Denken kompatibel ist, hat wie schon bei Loisy ein praktisch-reformierendes Interesse: Die dogmatische Wahrheit soll in Konzepte modernen Denkens übersetzt werden, um dem christlichen Glauben jene umfassende Funktion zurückzugeben, die er etwa in

---

57 In der Verifizierung wissenschaftlicher Aussagen sieht Le Roy einen der entscheidendsten Akte wissenschaftlicher Erkenntnisgewinnung. So hat sich eine Entdeckung einerseits gegen das Widerspruchsprinzip zu behaupten, andererseits als permanentes Ereignis (durée) auszuweisen. Der Verifikationsakt wird als Fortsetzung der Entdeckung begriffen durch das wesentliche Kriterium, daß sich eine neue wissenschaftliche Tatsache resistent gegen kritische Infragestellung zeigt. Letztendlich hat Le Roy keinen neuen Wahrheitsbegriff eingeführt, sondern nur einige Wahrheitskriterien angegeben, die vom Theoriemodell her auf ein holistisches Wahrheitsverständnis hinauslaufen. Wahrheit erweist sich im Ganzen, im permanenten Prozeß, im Nicht-Diskursiven. Vgl. *Mansini*, Dogma 158-174.

58 Vgl. *Le Roy*, La Pensée intuitive II 220f; *Mansini*, Dogma 169.

59 *Mansini*, Dogma 169.

60 "L'établissement de formules fixes, semblables aux dogmes du théologien, qui n'enferment pas adéquatement en leur stabilité morte l'originalité concrète et fuyant du réel, mais qui sont comme des fenêtres ouvertes aux contours rigides, tellement alignées l'une à la suite de l'autre qu'il suffise de se placer devant elles pour apercevoir au loin comme une limite, dans la direction qu' elles déterminent, la lumière de la réalité vivante" (*Le Roy*, Science et philosophie II 552-553).

61 *Haight*, Theory 179.

62 Le Roys theologische Aufsätze sind: Qu'est-ce qu'un dogme?, in: La Quinzaine 63 (1905) 495-526; Qu'est-ce qu'un dogme. Réponse à M. de Grandmaison, in: Bulletin de littérature ecclésiastique 8 (1906) 3-20; Sur la notion de dogme. Réponse à M. l'abbé Wehrlé, in: Revue biblique 3 (1906) 7-38; Essai sur la notion du miracle, in: Annales de philosophie chrétienne 153 (1907) 5-33; Comment se pose le problème de Dieu, in: Revue de métaphysique et de morale 15 (1907) 129-170 u. 470-513; Dogme et critique, Paris 1907 (abgek. DC); - Am wichtigsten sind: Dogme et vérité, in: Revue du clergé français 52 (1905) 495-526, und Le problème de Dieu, Paris 1930.

der Theologie eines Thomas von Aquin hatte. So besteht für Le Roy die eigentliche Diskrepanz im Wahrheitsbegriff selbst: "Ihre [Wahrheit] ist *statisch*: sie stellen sich Wahrheit wie eine Sache vor; sie fügen ihr ganz natürlich die Beiwörter *ewig* und *unwandelbar* an. Wir glauben im Gegenteil, daß die Wahrheit *Leben*, also *Bewegung* ist; vielmehr *Wachstum* als *Grenze*; vielmehr Merkmal gewisser *Fortschritte* als gewisser *Ergebnisse*" (DC 355) [63]. Eine Analyse der Gründe, das Dogma "von vornherein und global" abzulehnen, ergibt vier Punkte[64]:

1. Das Dogma ist eine Behauptung, die weder bewiesen noch beweisbar ist und angesichts des methodischen, transzendentalen Erkenntnisweges keine Plausibilität gewinnt.
2. Erkenntnis im neuzeitlichen Kontext muß direkt aufgewiesen werden - demgegenüber kann die Wahrheit der Dogmen nur indirekt und als radikal dem menschlichen Erkennen heterogen behauptet werden, was dem Immanenzprinzip widerspricht.
3. Dogmatische Formeln sind ein Amalgam von Glaubensinhalten und vergangenen partikularen philosophischen Systemen, die keine Gültigkeit mehr beanspruchen können und deren wörtliches Verstehen unvermeidlich Anthropomorphismus zur Folge hat.
4. Dogmen sind mit der Gesamtheit positiven Wissens infolge ihrer formalen Unveränderbarkeit, ihrer Transzendenz und ihres Inhaltes unvereinbar.

Diesen vier nach Le Roy legitimen Einwänden[65] setzt er nun eine erstaunliche These entgegen, um den Sinn des dogmatischen Wahrheitsanspruchs aufrechtzuerhalten: "Unsere einzige wahre Hilfe besteht darin, folgendes zu behaupten: daß der Begriff des vom modernen Denken verabscheuten und verworfenen Dogmas nicht der katholische Begriff vom Dogma ist..."[66] Denn das herkömmliche Dogmenverständnis ist eine intellektualistische Konzeption, die den eigentlichen "praktischen und moralischen Sinn des Dogmas" unterbewertet. Die Aporie eines intellektualistischen Dogmenverständnisses besteht nach Le Roy im unvermeidlich antinomischen Dilemma, eine Wirklichkeit auszusagen und darzustellen, die *per definitionem* transzendent ist und in sich durch Vernunftaufweis unerkennbar ist. Ausweg aus einem anthropomorphistischen Mißverständnis und einer agnostischen Nichterkennbarkeitsbehauptung ist eine *pragmatische Interpretation*, die das Dogma als gläubige Reflexion, als Echo religiöser Transzendenzerfahrung, versteht: "Das Dogma hat vor allem

---

63 "La leur est *statique*: ils se représentent la vérité comme une chose, ils lui accolent tout naturellement les épithètes *éternelle* et *immuable*. Nous croyons, au contraire, que la vérité est *vie*, donc *mouvement*; *croissance* plutôt que *terme*; caractère de certains *progrès* plutôt que de certains *résultats*"(DC 355).

64 Siehe DC 6-12.

65 "Et, *parlant en philosophe*, je me déclare incapable de penser autrement que nos adversaires sur les points rappelés ci-dessus" (DC 14).

66 "Notre seule vraie ressource est donc d'établir que la notion de dogme condamnée et reprouvée par la pensée moderne n'est pas la notion catholique du dogme" (DC 13).

einen *praktischen* Sinn. Es drückt vor allem eine *Vorschrift praktischer Ordnung* aus. Es ist mehr als alles andere die Formel einer *Regel des praktischen Verhaltens.* Das ist sein grundsätzlicher Wert, darin liegt seine positive Bedeutung."[67] Damit greift Le Roy eine Verstehensmöglichkeit auf, die er von R.P. Laberthonnière und M. Blondel übernimmt[68], bestreitet aber die positive Repräsentationsfunktion des Dogmas: "Ein Dogma hat zunächst, wenn ich mich nicht irre, einen *negativen* Sinn. Es verurteilt und schließt gewisse Fehler viel mehr aus, als es auf positive Weise die Wahrheit bestimmt"[69]. Diesen negativen und prohibitiven Charakter weist Le Roy an drei Beispielen auf (DC 16-19) und verleiht ihnen einen positiv-*praktischen* Sinn. So bedeutet etwa das "Dogma der Personalität Gottes": "Verhalte dich in deinen Beziehungen zu Gott so wie in den Beziehungen zu menschlichen Personen"[70], das "Dogma von der Auferstehung Jesu": "Sei in deinem Verhältnis zu Ihm so, wie du vor seinem Tod gewesen wärest, so wie du gegenüber einem Zeitgenossen wärest" [71], und das "Dogma von der Realpräsenz": "... daß angesichts der geweihten Hostie ein Verhalten nötig ist, das identisch ist mit jenem angesichts des sichtbar gewordenen Jesus"[72].

Nichtsdestoweniger hat der präzeptive Charakter dogmatischer Behauptungen eine genau einsehbare und rational begründbare Bedeutung. Le Roy weist zumindest vier Kriterien für die Fruchtbarkeit eines praktischen Dogmenverständnisses auf:

1. Praktische Wahrheiten haben einen anderen Begründungsstatus als spekulative: ihre Rationalität kollidiert nicht mit metaphysischer Intelligibilität.[73]
2. Der Widerspruch eines positiven Erkenntnisinhaltes mit dem dogmatisch definierten Geheimnis des Wesens Gottes kann positiv im Sinne praktischer Anweisungen behoben werden.[74]
3. Der grundsätzlich frei geforderte Glaubensassens gegenüber letzten nicht beweisbaren transzendenten Wahrheiten wird der Willkür, kritiklos

---

67 "Un dogme a surtout un sens pratique. Il énonce avant tout une prescription d'ordre pratique. Il est plus que tout la formule d'une *règle de conduite pratique.* Là est sa principale valeur, là sa signification positive" (ebd. 25).

68 Vgl. *Laberthonnière,* Essais de philosophie religieuse, Paris 1903, 272. Die Rezeption von Blondels Hauptwerk "L'Action" wird von *Mansini,* Dogma 69, Anm. 83, sehr kritisch beurteilt; er wirft Le Roy vor, er habe "misread L'Action as did many others, and understood Blondel as an idealist".

69 "Un dogme a d'abord, si je ne me trompe, un sens *negatif.* Il exclut et condamne certains erreurs plutôt qu'il ne détermine positivement la vérité" (DC 19).

70 "comportez vous dans vos relations avec Dieu comme dans vos relations avec personne humaine" (ebd. 25; 148).

71 "soyez par rapport à Lui comme vous auriez été avant sa mort, comme vous êtes vis-à-vis d'un contemporain" (ebd. 26, 255).

72 "qu'il faut avoir en face de l'hostie consacrée une attitude identique à celle qu'un aurait en face de Jesus devenu visible" (ebd. 26, 258).

73 Ebd. 27.

74 Ebd.

glauben zu müssen, enthoben, wenn das Verhältnis Vernunft-Glaube pragmatisch und nicht intellektualistisch begriffen wird.[75]
4. Dogmen behalten ihr formales Kriterium der Unveränderbarkeit, weil sich ihr praktischer Sinn jenseits der begrifflich kontingenten und stets revidierbaren intellektuellen Interpretationen gleich bleibt.[76]

Damit entsteht nicht Willkür im Dogmenverständnis, sondern die Wahl-Freiheit des Christen, jene Theorie intellektueller Vorstellung, die das Dogma anbietet, zu nehmen, die am besten zusagt; sie muß allerdings vor dem Kriterium der "vom Dogma verordneten praktischen Vorschriften"[77] Rechenschaft ablegen.

Auch wenn Le Roy später[78] eine Differenzierung bezüglich des Signifikations- und Repräsentationswertes vornimmt[79], bleibt sein Hauptakzent auf dem pragmatischen Aspekt des Dogmas. Le Roys pragmatische Wissenschaftstheorie insgesamt wird zum umfassenden Rahmen nicht nur der Dogmeninterpretation[80], sondern auch des Christentums, das kein spekulatives System darstellt, sondern "eine Quelle und Regel des Lebens, eine Lehre der moralischen und religiösen Tat, kurz: eine Summe aus praktischen Mitteln zur Erlangung des Heils"[81]. Weil Diskursivität nicht gleichursprünglich mit intuitiver (sei es religiöser, moralischer oder praktischer) Erfahrung gegeben ist, ist eine einmal sprachlich definierte Formel Repräsentation einer gültigen und andauernden Tat, welche der Formel ihre Berechtigung und Verifikationsmöglichkeit gibt.[82] Dogmatische Wahrheit kann somit nur asymptotische Wahrheit sein, deren Aussagegehalt im Kontext intellektueller Vorstellung stets revidiert werden muß. Eigentlich intuitive Erfassung von Wirklichkeit (das gilt auch für den religiösen Erfahrungshorizont) bleibt unsagbar. Ihre Wahrheit ist die einer Glaubenserkenntnis, deren Möglichkeitsbedingung die

---

75 Ebd. 27.

76 Ebd. 32.

77 "prescriptions pratiques édictées par le dogme"(ebd.).

78 Siehe: Dogme et vérité 210-221.

79 Vgl. ebd. 19: "La formule notifie d'abord l'existence d'une réalité objective, qu'elle détermine par l'attitude et la conduite que nous devons prendre et suivre pour nous orienter vers l'objet en cause, pour entrer avec lui en rapport conforme à sa vraie nature; en un mot la formule est *révélatrice* ou, comme dit M. Tyrell, *prophétique*: voilà sa valeur de signification... Quant à la valeur de représentation, concernant ce que la réalité est en soi *ontologiquement*, je ne la nie pas non plus." Allerdings wird diese Position wieder darauf eingeschränkt, daß "la valeur de représentation un véhicule pour la valeur de signification" (219) ist. Der Repräsentationswert wird der Theologie, der Signifikationswert aber dem Glauben zugewiesen. Mit dieser Zuweisung löst aber Le Roy nicht das Problem, sondern verschärft es. Vgl. *König*, Dogma 263-267.

80 Vgl. die Analyse *Mansinis*, Dogma 191f, die die Le Roysche Bedeutungstheorie des Dogmas analog zum Begriff der "wissenschaflichen Tatsache" sieht.

81 "une source et une règle de vie, une discipline d'action morale et religieuse, bref un ensemble de moyens pratiques pour obtenir le salut" (DC 26).

82 "What is represented in both common and scientific discourse is, in the end, our action, where action includes everything from cutting cloth to the logical operations of mathematician" (*Mansini*, Dogma 226).

immanente Tätigkeit des göttlichen Geistes in der Welt ist, so daß Natur und Gnade in der Grundbewegung vitaler Lebensdynamik übereinkommen.[83]

Die verständliche, aber in ihrer Schärfe unangemessene Reaktion gegen den Artikel Le Roys[84] und die Verurteilung des "praktischen Sinns" der Dogmen[85] dürfen nicht übersehen lassen, daß Le Roys Hermeneutik aus heutiger Sicht wichtige Erkenntnisse aufgegriffen hat, die für die weitere Dogmendiskussion bedeutend waren, auch wenn der Name von Le Roy (wie später auch von Loisy) in Vergessenheit geriet. Einige Aspekte seien genannt:

- Gegen eine rein intellektualistische Reduktion des Dogmas verankert Le Roy den Sinn der Dogmen in einer relationalen Glaubenserfahrung und in ethisch-personalen Handlungsorientierungen des Menschen durch die transzendente Wirklichkeit Gottes. Der praktische Sinn hebt *von sich aus*

---

83 "La *nature* et la *grâce* - qu'il faut concevoir dynamiquement, non pas comme des *choses*, mais comme des *progrès* - se pénètrent si intimement et sont si continuement solidaire qu'en fait, soit au point de vue de la psychologie, soit au point de vue de l'histoire, on ne saurait poser à leur sujet un problème d'antériorité chronologique. Tout ce que l'on peut dire, c'est que la grâce et la nature dans l'ordre religieus sont ce que dans un autre plan l'âme est au corps: le principe du mouvement vital" (DC 307). Vgl. auch *Haight*, Theory 181 und *Mansini*, Dogma 331, der darum in theologischer Hinsicht Le Roys Dogmentheorie als "a pneumatological account of dogma" bezeichnet.

84 Vgl. die Einleitung zu DC V-XVII. La Quinzaine nahm in der Folge die Diskussion um den Aufsatz auf. Wie Blondel an Bremond am 26.7.1905 (BrB II 22) schrieb, hagelte es nur so von Erwiderungen. A.-G. Sertillanges' differenzierte Würdigung hätte ihn beinahe um den Lehrstuhl am Institut Catholique gebracht (vgl. *König*, Dogma 267-270). Im allgemeinen sah sich Le Roy mit bösen Vorwürfen konfrontiert, so etwa mit der Unterstellung, er verunsichere den Glauben der einfachen Leute (DC XI). Allerdings schien nach dem Urteil *Königs*, Dogma 267, Le Roy insgesamt vom Tumult nicht sehr getroffen zu sein; "vielmehr wunderte er sich, 'daß man die ganze römische Maschine für einen 30seitigen Artikel in Bewegung setzt' " (Le Roy in einem Brief an Laberthonnière vom 29.8.1905: Laberthonnière et ses amis 53).

85 Der Aufsatz wurde mit "Dogme et critique" zusammen am 26. Juli 1907 indiziert. Im Dekret "Lamentabili" vom 3. Juli 1907 gibt es mehrere - ohne ausdrückliche Nennung Le Roys (der Kommentar zum Dekret nennt folgende Verurteilte: A. Loisy, G. Tyrrell, E. Le Roy, E. Dimnet, A. Houtin: siehe *Denzinger-Schönmetzer*, Enchiridion Symbolorum 696) - Anspielungen auf dessen Dogmeninterpretation. Entschieden weist Le Roy in "Dogme et vérité" (216) Vorwürfe zurück, sein Dogmenverständnis sei nur eine "émanation ou expression de la conscience collective", "un produit ou résultat de l'expérience traditionelle", was in den Ziffern 20 und 22 als modernistische Irrtümer gebrandmarkt wurde. Deutlich spielt Nr. 26 gegen Le Roy an: "Dogmata fidei retinenda sunt tantummodo iuxta sensum practicum, id est tamquam norma praeceptiva agendi, non vero tamquam norma credendi" (DS 3426). In seiner Beurteilung dieses Satzes meint er, daß er sehr genau die mißverstandene Bedeutung des Pragmatismus ausdrücke. "Tout à l'inverse, le vrai pragmatisme - d'accord avec le Saint-Office comme avec le bon sens - soutient que le *dogme est règle de foi*, mais explique de quelle façon la foi - par suite le dogme qui la formule - porte sur *des faits et des données*, non sur des *théories* ou des *spéculations*, fussent-elles rudimentaires" (Dogme et vérité 218). Vgl. auch *Mansini*, Dogma 213-221.

den Realitätsgehalt des Dogmas nicht auf. Le Roy nähert sich später sogar der Position an, ein Dogma könne Transzendenz repräsentativ aussagen.
- Er anerkennt den fundamentalen operationalen Charakter von Glaubenssätzen und hofft dadurch eine neue Möglichkeit der Verständigung mit der nicht-glaubenden Welt und ihrer Wissenschaft zu öffnen.
- Seine dynamische Sicht von Wirklichkeit und Wahrheit bricht mit einer unfruchtbar gewordenen scholastischen Ontologie, die ihre Wirksamkeit nur mehr durch autoritäre Aufrechterhaltung des thomistischen Denkmodells gewährleistet sieht.

Dennoch wirft Le Roys Vorschlag auch tiefe erkenntnistheoretische und theologische Probleme auf. Die ontologische Entleerung des dogmatischen Inhalts hebt den Anspruch des Dogmas auf, göttliche Wirklichkeit als von Gott selbst geoffenbart und den Menschen anrufend auszusagen. Diese Position kommt noetisch nicht über einen Symbolismus hinaus, der gerade eine agnostische Haltung provoziert. Dogmen im Umfeld naturwissenschaftlicher Wissenschaftstheorie zu erläutern ist für den 'Laientheologen' Le Roy verständlich, zeigt aber gerade die bedauernswerte Ausblendung einer sachgemäßen Erfassung der hermeneutisch-historischen Dimension dogmatischer Behauptungen. Die Verwobenheit und Differenz von unterschiedlichen Erfahrungs- und Diskursebenen (diskursive Erfahrung im Kontext praktischer, moralisch-religiöser und wissenschaftlicher Handlungsvollzüge) konnte Le Roy mit dem philosophischen Instrumentarium Bergsons nicht adäquat erfassen. Dessen Denkrahmen und Begrifflichkeit verbleibt selbst in einer spekulativ-holistischen Theoriekonzeption.

Die ungelösten Verhältnisbestimmungen von Erfahrung und Vernunft, Glaube und Wissen, Immanenz und Transzendenz belassen Le Roy in einer beträchtlichen Ambivalenz, so daß der Anspruch einer Vermittlung von menschlicher Autonomie und göttlicher Offenbarungsheteronomie nicht wirklich durch seine Überlegungen zum Dogmenbegriff gelöst werden konnten.[86] Sie nämlich hätten eine Reflexion auf die Möglichkeit theologischer Sprachgestalt nötig gemacht, die allerdings nur von einer allgemeinen philosophischen Theorie der Sprache geleistet werden kann, die zur Zeit Le Roys jedoch noch nicht zur Verfügung stand.

---

86 *Gardeils* und *Garrigou-Lagranges* neuscholastische Dogmentheorien verstehen sich als Antwort auf die modernistischen Herausforderungen, insbesondere auf den Vorschlag Le Roys. Sie bauen auf einer Lehre des "sens commun" auf und begreifen diesen als impliziten Ausdruck eines Seinsverstehens; sie vertreten somit einen ontologischen Realismus, der wiederum die spekulative Wahrheit als eine in sich bestehende massiv betont. *Mansini*, Dogma 333, hebt in einem Vergleich zwischen Le Roy und Gardeil/Garrigou-Lagrange neun fundamentale Unterschiede hervor, die aber nicht radikal unversöhnlich einander gegenübergestellt bleiben müssen: "... the controversy, at thus level is one between on the one side a theology of the interior, on the other a theology of the exterior word. It is a conflict between a theology of the Holy Spirit...and a theology a key text of which would be 'you have one teacher, the Christ' (Mt 23,10)". Zur Dogmenentwicklung bei Gardeil und Garrigou-Lagrange siehe: *Hammans*, Erklärungen 96-98; zum Problem des Offenbarungsansatzes bei Garrigou-Lagrange siehe: *Eicher*, Offenbarung 151-162.

Sie hätte geholfen, die unglückliche Verlagerung des kognitiven Gehaltes zugunsten der praktischen Normativität einer Bekenntnisformel zu vermeiden.

Umsomehr verdient der Lösungsversuch eines weiteren christlich engagierten Philosophen Beachtung, steht doch hinter seinem Konzept der entschlossene Wille, die zerbrochene Einheit von "Geist und Buchstabe" durch eine transzendentale Theorie der Aktion wiederherzustellen, mehr noch: philosophisch die Modernität mit dem Christentum auszusöhnen.[87]

2.1.4 Maurice Blondel: Tradition als Synthese von Dogma und Geschichte

Loisys und Le Roys Vermittlungsversuche, das kirchliche Dogma mit einer wissenschaftlich und historisch sich entfaltenden Vernunft auszusöhnen, endeten zum einen in einer Aufspaltung dogmatischer Aussagen in Symbole und nur historisch erfaßbare Fakten (Loisy), zum andern überhaupt im Verzicht auf einen auch der (gläubigen) Vernunft begreifbaren kognitiven Glaubensgehalt (Le Roy). Nicht zuletzt deshalb scheiterten die Rehabilitierungsversuche des kognitiven Bestandes des christlichen Glaubens gegenüber der neuzeitlichen Lebenswelt, weil wichtige methodische, religions- und sprachphilosophische Klärungen fehlten.

Einer der bedeutendsten Beiträge zur Überwindung eines bloß apologetischen Christentums wurde von Maurice Blondel geliefert[88]. Seine theologiegeschichtliche Leistung besteht wohl im Versuch, daß er die Angewiesenheit des Menschen auf Transzendenz methodologisch nicht von vornherein durch eine Ontologie aufweist, sondern die Transzendentalität der Sinnfrage im menschlichen Handlungsvollzug freilegt. Diese Bedeutung Blondels scheint nun auch vermehrt im deutschen Sprachraum anerkannt zu werden, bietet doch sein Hauptwerk "L'Action" (1893) lange vor der wissenschaftstheoretischen Diskussion und der Begründung von Erkenntnis aus der Sicht des Kritischen Rationalismus bzw. der Transzen-

---

87 Vgl. *Theobald*, Blondel.

88 Wie viele Studien zur modernen Theologie nachweisen, hat Blondel einen wichtigen, wenn auch nicht immer expliziten Einfluß ausgeübt. Nachhaltig wirkte er auf Rousselot, Maréchal, de Lubac, Bouillard, Mouroux und somit Rahner und von Balthasar. Vgl. *Verweyen*, Einleitung 7-100; *Eicher*, Offenbarung 501. Blondels "Immanenzapologetik" erwies sich als neues fundamentaltheologisches Modell, "das auf Grund einer konkreten, jedem Extrinsezismus abholden Artikulation von Natur und Gnade bzw. zwischen der Schöpfungs- und der Erlösungsordnung und infolge einer entprechenden Zuordnung von Anthropologie und Theologie die berechtigten Ansprüche neuzeitlicher Subjektphilosophie zu integrieren vermag" (*Theobald*, Blondel 16f). Zu Blondel siehe: *Bouillard*, Blondel; *Henrici*, Transzendentalphilosophie; *ders.*, Quellen; *ders.*, Blondel; *Gauthier*, Newman; *Hommes*, Transzendenz; *König*, Dogma; *Larcher*, Modernismus; *ders.*, Traditionsverständnis; *Raffelt*, Spiritualität; *Scannone*, Sein; *Theobald*, Blondel; *Vigoulay*, Blondel; *Verweyen*, Einleitung; *ders.*, Logik.

dentalpragmatik Ansätze einer positivismuskritischen und transzendentalpragmatischen Fundierung neuzeitlicher Wissenschaft[89]. Aufgrund seiner religionsphilosophischen Positionen sah er sich schließlich gezwungen, sich am Höhepunkt der Modernismuskrise öffentlich zu Wort zu melden. Darum sollen wichtige Grundzüge seines Denkens im folgenden kurz skizziert werden.

2.1.4.1 Blondels philosophisches Frühwerk: "L'Action" (1893)[90]

Blondels Frühwerk ist ein philosophischer Entwurf, der "jenseits vom Objektivismus des Descartesschen Idealismus oder des wissenschaftlichen Positivismus auf der einen Seite wie vom Subjektivismus Kants, des Deutschen Idealismus oder der neueren Lebensphilosophie auf der anderen Seite"[91] einzuordnen ist. Es untersucht in phänomenologischer und transzendentalphilosophischer Methodik die Problematik der vorwissenschaftlichen und lebensweltlich relevanten Sinnfrage, die durch Reflexion auf intentionale Handlungsvollzüge analysiert werden kann. Zugleich

---

89 Larchers Studie über Blondel versucht aufzuweisen, daß L'Action "insgesamt als eine umfassende Wissenschafts- und Positivismuskritik verstanden werden kann" (Modernismus 166). Er interpretiert damit sehr fruchtbringend den Beitrag Blondels von den auch heute noch bestimmenden erkenntnistheoretischen Grundlagenproblemen her, während die klassische Blondelinterpretation im Rahmen religionsphilosophischer Kategorien verbleibt. Vgl. *Bouillard*, Blondel 13: "Blondels Originalität liegt darin, daß er die Verbindungen wiederherstellen wollte...durch eine Philosophie, deren innere Folgerichtigkeit unausweichlich das Problem des Christlichen stellte, ohne den Glauben aufzunötigen." Einen anderen - von der Existenzialphilosophie und Phänomenologie geprägten - Denkrahmen versucht U. Hommes in seiner Studie "Transzendenz" auf Blondel anzuwenden; er grenzt Blondel überhaupt von der neuzeitlichen Philosophie ab: "die Philosophie der Action steht selbst wesentlich gegen Descartes und Kant und gegen das von ihnen grundgelegte Denken der Neuzeit überhaupt" (ebd. 62). Allerdings steht diese Auffassung singulär im Raum der Interpretationen Blondels, auch wenn seine "gegengesellschaftliche Position" zutrifft und er insofern auch zur Neuzeit kritisch eingestellt bleibt. Dieses grundsätzliche Problem des Verhältnisses der Modernismuskrise zur Modernität hat eine weitere höchst originelle Interpretation von Ch. Theobald erörtert, der auf dem Hintergrund einer sprachpragmatischen Lektüre zum einen die These, daß der Modernismus eine fundamentale Kommunikationskrise sei, nachweisen und zum anderen die epistemologischen Widersprüche der 'modernistischen' Protagonisten freilegen will, um sie nach einer Transformation für die Standortbestimmung heutiger Fundamentaltheologie fruchtbar zu machen.

90 Zitate dieses Werkes werden nach der deutschen Übersetzung: *Blondel*, Die Aktion (1893), im Haupttext unter dem Sigel "A" ausgewiesen. Zur Interpretation von L'Action siehe neben der schon angeführten Literatur: *C. Bruaire*, Dialectique de l'action et preuve ontologique, in: RevPhil 111 (1986) 425-433; *J.L. Marion*, La conversion de la volonté selon L' Action, in: RevPhil 112 (1987) 33-46; *G. Planty-Bonjour*, Les implications théologiques de L' Action, in: RevPhil 111 (1986) 435-448; *Scherer*, Nachwort; *X. Tilliette*, L'insertion du surnaturel dans la trame de L' Action, in: RevPhil 111 (1986) 449-465.

91 *Scherer*, Nachwort 520.

will Blondel aber rigoros menschlicher Existenz eine transzendente Bestimmung auf dialektisch-phänomenologische Weise[92] abringen. Mit dem Zentralbegriff "Action" soll menschliches Dasein ohne traditionelle Differenzierung in theoretische und praktische Vernunft charakterisiert werden[93], und zwar als ein "praktisches Tun" (A 10), das mehr ist als bloße Tätigkeit. Als umfassende Daseinsverwirklichung (Scherer) ist der Begriff "Aktion" "Totalität menschlichen Seins". Im Tun "vollzieht sich ... alle Wahrheit und Wirklichkeit überhaupt. Wahrheit und Wirklichkeit sind somit in ihrem tiefsten Verständnis ein *Geschehen*.[94]" Darüber hinaus aber signalisiert der Begriff "Aktion" einen alternativen Rationalitätstypus, der die klassisch-metaphysische Einheit von Sein und Denken als intellektualistische Reduktion zurückweist. Deshalb erfährt auch der metaphysisch vermittelte Vernunftbegriff des Abendlandes eine sehr negative Beurteilung in der Blondelschen Interpretation: Metaphysische Vernunft trage aufgrund ihrer offenbarungstheologischen Unabhängigkeit die Grundstruktur einer quasi-göttlichen Autarkie[95] an sich, womit sich die Frage nach dem gnadenhaften Geschenk des Heils erübrige.[96] Die Autarkie philosophischer Vernunft muß aufgebrochen werden auf eine unverzichtbare Heteronomie hin, wie sie das Christentum mit der Rede einer göttlichen Offenbarung einbringt. Aber, so stellt sich hier die Frage, ist damit nicht erst recht der Bruch zur Neuzeit hervorgehoben und dem extrinsezistischen Denken, wie es in der neuscholastischen Theologie üblich war, Tür und Tor geöffnet? Wie soll eine solche Vermittlungstheorie zwischen einem autonomen Dasein und einem heteronomen Erlösungsangebot

---

92 Nach *Henrici*, Blondel 550, darf Blondels phänomenologisches Vorgehen nicht mit einer phänomenologischen Philosophie im heutigen Sinne verwechselt werden: "es befaßt sich nicht mit der Beschreibung und Herausarbeitung von Wesensgestalten; es will vielmehr im Faktum, das sich zeigt, dessen Notwendigkeit (lies: Unausweichlichkeit) und das, was über dieses Faktum hinaus verweist, erkennen. So steht Blondels 'immanente Kritik' der aristotelischen Retorsion, der Transzendentalphilosophie und der Dialektik näher als der Phänomenologie." Darum übt Henrici auch berechtigte Kritik an den phänomenologischen Blondelinterpretationen von H. Duméry und U. Hommes.

93 Vgl. *Larcher*, Modernismus 67.

94 *König*, Dogma 101.

95 Diese Stellung zum Begriff der abendländischen Vernunft präzisiert Blondel in seiner apologetischen Phase der Verteidigung seines Entwurfes (vgl. dazu *Blondel*, Lettre; neu aufgelegt in: Les premiers écrits de Maurice Blondel, dt. Übersetzung: Zur Methode der Religionsphilosophie): "Aufgrund ihrer Methode und ihres ganzen Strebens tendierte diese frühe Philosophie nun aber darauf hin, die gesamte Ordnung des Denkens und der Wirklichkeit zu umgreifen, um sich über die Wahrheit der Dinge jeglicher Art mit absolutem Anspruch zu äußern, um die Theorie vor die Praxis oder an ihre Stelle zu setzen und um in sich, mit dem ersten und letzten Wort über die Dinge, eine Art göttlicher Selbstgenügsamkeit zu finden. Ja, ihr stillschweigendes Postulat ist die Göttlichkeit der Vernunft, nicht bloß in dem Sinn, daß Gott der Logos oder das Wort Gott ist, sondern in dem Sinn, daß unser spekulatives Wissen die Vollmacht in sich schließt und von sich aus in uns das göttliche Werk vollendet" (Methode 164).

96 Vgl. *Theobald*, Blondel 107-110.

weiterhelfen, wenn sie schon von Anfang an den Autonomiegedanken abweist?
Blondel setzt beim Immanenzprinzip philosophischer Reflexion an, wenn auch nicht in der Erkenntnis-, sondern in der Sinnproblematik. Diese Sinndimension erschließt sich aber nicht der theoretischen erkennenden Vernunft. Sie ist Gegenstand praktischer Vernunft, denn die Sinnstruktur reguliert vorgängig alle Handlungsdimensionen menschlicher Existenz. Im Handeln sieht Blondel eine ursprüngliche Autonomie am Werk, die alles Tun, somit alles menschliche Sein durchwaltet. Soll die Autonomie-Heteronomie-Frage sinnvoll vermittelt werden, dann müssen autonome Sinn-Handlungen untersucht und kritisch befragt werden, ob diese die Sinnfrage lösen können oder nicht. Wie sich zeigen wird, kann für Blondel die Sinnfrage, deren eigentlicher Kern die Frage nach dem Heil des Menschen ist, erst in einer ontologischen Reflexion beantwortet werden.

Blondel eröffnet sein philosophisches Werk mit der existentiellen Grundfrage: "Hat das Leben einen Sinn oder nicht? Hat der Mensch eine letzte Bestimmung?" (A 9) Diese Grundfrage hat den Charakter eines cartesianischen Ausgangspunktes, denn für ihre Beantwortung ist jede geläufige Sinnoption zunächst einmal außer Kraft zu setzen. Weil diese philosophische Reflexion aber nicht bei der Erkenntnis-, sondern bei der Sinnfrage ansetzt, so ist ihr genuiner Gegenstand das menschliche Handeln. Jeder Handlungsvollzug läuft auf Sinnsetzung hinaus, ja Handeln selbst ist nur verstehbar, wenn es in sich sinnhaft ist. Handeln aber ist für Blondel freie Willenstätigkeit. Darin aber waltet eine unausweichliche Antinomie, die sich an der zwiespältigen Willensdynamik selbst zeigt. Auf jeder Stufe einer Willensstrebung nämlich wird Sinnerfüllung angestrebt und trotzdem nicht gefunden[97]: Im "doppelten Willen" des Menschen will dieser sich verwirklichen und gewinnen. Das Wollen ergreift im alltäglichen Selbstvollzug seine Objekte, ohne in ihnen verweilen zu können. Das "Ur-Wollen" (volonté voulante) treibt das Subjekt immer wieder über jede verwirklichte Sinnrealisierung (volonté voulue) hinaus. Dieses Reflexionsmodell dehnt nun Blondel über die intentionalen Handlungen hinaus auf alle Vollzüge des Menschseins überhaupt aus. Er durchwandert reflexiv alle "Stufen" der Aktionen, von der Anschauung angefangen bis hin zur weltanschaulichen Sinnfindung, denn das Wollen faltet sich in kognitiv-instrumentelle (Stufe I) und intersubjektiv-praktische (Stufe II-V) Momente aus. In all diesen Stufen stellt er dieselbe Zwiespältigkeit fest, die der Willensdynamik zugrunde liegt: Als Endziel des Wollens zeige sich "ein Absolutes, etwas Unabhängiges und Endgül-

---

97 Vgl. A 43f: "Diesen geheimen Widerspruch dessen, was man als die Willensbewegung und als das Gewollte bezeichnen könnte, muß man einen Augenblick betrachten, um die Bedeutung der Taten zu bestimmen, die es ausdrücken. Denn stets sind es die Taten, die entweder den Einklang oder das Auseinanderfallen des doppelten Willens, des Willentlichen und Gewollten zum Ausdruck bringen, der in jeder reflektierten Bewegung, in jeder freien Haltung des Menschen eingeschlossen ist."

tiges, das außerhalb der Verkettung der Erscheinungen, ein Wirkliches außerhalb des Wirklichen..., ein Göttliches" (A 329). Menschliche Sinnrealisierung jedoch beabsichtige zugleich, "dieses Unendliche im Endlichen eines Gegenstandes irgendwie gefangen zu halten" (A 332). In allen Verwirklichungen sieht Blondel eine Vernunftleistung am Werk, die alle heterogen gegebenen Stufen vereinigen will in einer umfassenden Tathandlung und Daseinsrealisierung. In all diesen Verwirklichungen und Vollzügen entdeckt Blondel immer wieder dasselbe Phänomen: "daß der Wille sich mit keinem der Objekte zufriedengibt, die er gewollt hat; im Getanen und Gewollten ist immer weniger als im Tun und Wollen" (A 363). Das ist das Problem des Lebens, und die Frage nach absoluter Sinnerfüllung kommt nur einer Antwort näher, wenn sie sich diesem Problem stellt.

Aus innerer Notwendigkeit steht der Wille in dieser Grenzsituation vor der Frage nach Transzendenz. In der Offenheit auf Transzendenz liegt für Blondel - nachdem alle Stufen durchschritten sind und der Wille keine endgültige Befriedigung erfahren hat - "das einzig Notwendige" (unique nécessaire), das dem Menschen eine letzte Entscheidung abringt. Das aber bringt den Willen in ein unlösbares Dilemma, denn er muß *sich selbst* wollen, um autonom bleiben zu können, ist sich selbst aber offensichtlich "weder Ursprung noch Regel, noch Ziel" (A 350). Eingespannt in die Paradoxie seines Dynamismus hat der Mensch die Wahl, sich dieser notwendigen Idee des Heterogenen und Transzendenten auszuliefern oder sich ihm zu versagen, wodurch er aber seines Daseinssinns selbst verlustig geht. Für Blondel ergibt sich aus dieser Reflexion eine einzig adäquate Bestimmung des Transzendenten: "Absolut unmöglich und absolut notwendig für den Menschen: das ist genau der Begriff des Übernatürlichen; das Tun des Menschen reicht über den Menschen hinaus" (A 412).

Auf dieser Stufe des religionsphilosophischen Aufweises von Transzendenz zeigt Blondels indirekte Methode eine für jede transzendentalphilosophische Reflexion typische Argumentationskraft. Denn im Kern der Willensdynamik und in der Bejahung des Willens und seiner Intentionen vollzieht sich eine "ontologische Affirmation", die "wesentlich das ursprünglich Praktische ist"[98]. Das von Blondel beabsichtigte "Transponieren der alten Ontologie"[99] gelingt, wenn die Sinnfrage vom intersubjektiven und geschichtlichen Lebenszusammenhang bis hin zur höchsten Stufe der Aktionsanalyse verfolgt wird, wo die "Idee einer Offenbarung" (A 413) notwendig aufbricht.

Diese "Idee der Offenbarung" wird von Blondel im 5. Kapitel in einem streng philosophisch gehaltenen Reflexionsrahmen entfaltet. Dieser aus der "inneren Initiative" (A 422) des Subjekts entspringende Begriff soll keineswegs bloß christlich determiniert werden, sondern es soll die Möglichkeit und Sinnhaftigkeit eines göttlichen Handelns im Kontext

---

98 *Hommes*, Transzendenz 234.
99 *Bouillard*, Blondel 162.

geschichtlicher und kontingenter Zeichen *philosophisch* für sinnorientiertes Dasein einsehbar gemacht werden.[100] Nun geht es Blondel tatsächlich in "L'Action" wesentlich um eine Überwindung einer extrinsezistischen Offenbarungstheologie! "Wenn man denken müßte, die Offenbarung selbst komme als eine völlig empirische Gegebenheit ganz von außen, dann wäre der bloße Begriff eines Dogmas oder eines geoffenbarten Gebotes völlig uneinsichtig. Denn hypothetisch wie der Definition nach gebraucht die Offenbarung sinnenfällige und natürliche Vermittler nur als Vehikel für das Übernatürliche, über das die Sinne und die Wissenschaft nicht zu richten vermögen" (A 420). Das philosophische Werk "L'Action" versteht sich also gerade auch als Versuch, die zeitgenössische offenbarungspositivistische Apologetik zu überwinden, die den Hiatus von Natur-Gnade, Glaube-Geschichte und den damit auch noch viele Jahre weiterbestehenden Extrinsezismus nicht zu überwinden vermochte. (Das ist im wesentlichen auch der Grund für die Auseinandersetzung mit Loisy und Le Roy, weil Blondel bei beiden unausgereifte Vermittlungsmodelle erblickte.)

Die Aktion, die der Mensch selbst ist, vollendet sich erst dann, wenn die Offenbarung frei und bedingungslos angenommen wird. Allerdings: die mit der Sinnfrage angehobene Untersuchung kann sich solchen letzten Sinnes reflexiv nicht bemächtigen, auch wenn das Menschsein notwendig danach verlangt. Offenbarung bleibt allein göttlichen Ursprungs, und die Möglichkeit des Vernehmens setzt einen "Akt der Unterwerfung" (A 424) voraus. Dieser Akt und mit ihm "der innere Antrieb des Fragens nach Gott [muß] zutiefst ein Geschenk sein" (A 426). Gelingen kann eine Vermittlung von menschlicher Sinnsuche und transzendenter Sinnerfüllung durch Offenbarung aber nur, wenn es einen Erlöser (A 425) gibt. Solche Offenbarung muß schließlich auch universal an alle Menschen ergehen. "Wenn es eine Offenbarung gibt, muß sie, um echt zu sein, sich in der Prophetie an all die wenden, die vor ihr gelebt haben, und im Symbol und im Verborgenen an all die, die nichts von ihr erkennen konnten; sie

---

100 Blondels These vom "Surnaturel" hat eine Kontroverse um die Bestimmung dieses Begriffs ausgelöst: wie kann nämlich der absolute Geschenkcharakter des Übernatürlichen mit seiner Notwendigkeit für den Menschen gedacht werden? So schlug etwa Duméry (siehe *Henrici*, Duméry 409f) vor, Blondel spreche hier vom geschichtlich konkreten Handeln des Menschen; das Übernatürliche sei keine absolute, sondern eine hypothetische Notwendigkeit. Anders Bouillard: Der Gedanke des "Übernatürlichen" "tritt in zwei Phasen auf: In der ersten ist die Notwendigkeit absolut, das Übernatürliche jedoch undeterminiert. In der zweiten gibt sich die Notwendigkeit als Hypothese, aber diese Hypothese bildet die christliche Ordnung des Übernatürlichen" (Blondel 112). Neuerdings hat *Henrici*, Blondel 561, hervorgehoben, daß es Blondel nicht um eine philosophische Spekulation über Möglichkeit und Notwendigkeit des Übernatürlichen gegangen ist, sondern um eine Analyse des natürlichen Menschen in seiner Offenheit auf das Übernatürliche. "Wenn es einen theologischen Hintergedanken in Blondels Untersuchungen gab, dann war das nur die paulinische Aussage von der möglichen Verdammnis eines Menschen, der nie ausdrücklich mit der christlichen Offenbarung konfrontiert worden ist." Zu dieser Diskussion vgl. weiters: *König*, Dogma 148f; *Hommes*, Transzendenz 294f; *Henrici*, Hegel; *ders*., Duméry.

muß unabhängig sein von Ort und Zeit, wirklich universal und dauernd wirksam, und das nicht als Verewigung von etwas Zukünftigem oder Vergangenem, sondern als ewig Gegenwärtiges, in ihrem Wirksamwerden vielfältig und geschichtlich und doch in ihrem Ursprung eines und unveränderlich" (A 425).

Das Christentum ist nun eine solche Botschaft letzter Sinnverheißung. Seine Offenbarung ist die Gottes und dessen Heiles selbst für die Menschen. Die letztgültige Entgegennahme eines Handelns Gottes macht den menschlichen Tatvollzug zum Medium eines kooperativen Zusammenwirkens von Gott und Mensch[101]. Weil sich der Sinn von Offenbarung erst in der konsequenten Nachfolge und Überantwortung an den Buchstaben des Gebotes, der sich in den religiösen Vollzügen und im Dogma zur Geltung bringt, manifestiert, darum fordert Blondel eine Theorie der "buchstäblichen Treue" (A 431) gegenüber dem Wort des Dogmas, was der christlichen Gehorsamshaltung entspricht. Glaube und Werk vermitteln sich gegenseitig in innigster Verbindung (A 440). In dieser Treue fallen menschliches und göttliches Tun zusammen; die Realität dieses Handelns muß für Blondel evident sein, weil der "religiöse Akt kein Symbol" (A 443) und das Maß menschlichen Handelns nicht Maßstab für göttliches Tun sein kann. Menschliches Tun ist "absolute Nichtigkeit" (A 441) und kann trotzdem von Gott her qualifiziert werden: "Die unendliche Größe kann sich unserer unendlichen Kleinheit anpassen" (A 444). Offenbarung bleibt ein der Vernunft entzogenes Geheimnis (A 432) und kann sich dennoch in der gegenseitigen Verwiesenheit von Glaubens- und Lebensvollzug verwirklichen: "Was man nicht klar erkennen noch vor allem verstehen kann, das vermag man zu tun und ins Werk zu setzen" (A 434). Somit ist das gläubige Tun der wesentliche und eigentliche Kommentar des Buchstabens, der die dogmatische Glaubenswahrheit faßt. Buchstabe und Geist bedingen einander, beide kommen erst in der Aktion voll zur Geltung. "Die Wahrheit bleibt nicht in der abstrakten und allgemeinen Form des Denkens: Der einzige Kommentar, der sie unangetastet läßt, ist die praktische Ausführung" (A 448).

Die Diastase autonomer Subjektivität und heteronomen Offenbarungsanspruchs wurde von Blondel mit einer eigenwilligen Theorie der Aktion vermittelt. Nicht eine bloße Unruhe des Willens oder eine das Absolute aus sich hinausprojizierende Subjektivität treibt den Menschen vor eine letzte Entscheidung, sondern die ontologisch zu begreifende Möglichkeit von Autonomie und heteronomer Heilszusage überhaupt. Die theoretische Erfassung bleibt gewiß unentwirrbar mit der Blondelschen spirituellen und aszetischen Biographie verbunden[102], aber darüber hinaus geht das Ergebnis, daß nämlich die Beantwortung des "Problems des Lebens" eine praktisch-ethische Aufgabe ist. Blondels "Kritik des Lebens"

---

101 "Denn das 'Dogma als Dogma' wird für Blondel erst voll verstehbar und adäquat beschreibbar, wo es im Rahmen einer Theorie kommunikativen Handelns und kooperativen Verhaltens gedacht wird"(*König*, Dogma VII).

102 Vgl. *Theobald*, Blondel 35-69.

mittels einer "Wissenschaft der Praktik" hat die phänomenologische Analyse subjektiver und intersubjektiver Handlungsintentionalität auf deren Angewiesenheit auf eine letzte Erfüllungswirklichkeit zugespitzt. "Die diversen Systementwürfe enthüllen sich letztlich nur als überholbare Sinnkonstruktionen eines praktischen Erkenntnis- und Existenzinteresses, das sich jenseits aller Einzelinhalte und Erfahrungshorizonte seinem unabgegoltenen Ursprungsimpuls zu stellen hat."[103]

Was aber die Wahrheitsproblematik anlagt, so erscheint sie deutlich modifiziert im Vergleich zu neuscholastischen Konzeptionen. Zwar ist offensichtlich, daß sich Blondel am Korrespondenzmodell ausrichtet. Aber unübersehbar ist, daß Wahrheit letztlich eine praktisch-existentielle Kategorie ist. Sie selbst ist die gelungene Praxis einer Kooperation von autonomem Selbstvollzug und Übereignung an das Heilsangebot. Die Satzwahrheit der Offenbarung, konkret geworden im Dogma der Kirche, wird als solche nur annehmbar, wenn ihr ein willentlicher Daseinsakt folgt. Das menschliche Tun wird so zum eigentlichen Medium der Erfassung und der Einlösung von Offenbarungswahrheit. Man wird durchaus sagen können, daß für Blondel die Kategorie Wahrheit mit der Kategorie Sinn zusammenfällt. Im Sinnzusammenhang christlicher Nachfolge erschließt sich der Wahrheitsgehalt der Offenbarung. Ihren universalen Geltungsanspruch aber erhält christliche Wahrheit insofern, als sie dem Menschen, der ein Suchender nach einem absoluten Sinn ist, eine letzte Antwort und Herausforderung gibt. Dieser Antwort: sprich Offenbarung ist der Mensch allerdings kognitiv nicht gewachsen. Es gibt keine Möglichkeit, die Wahrheit des Glaubens buchstäblich einlösen zu können, wohl aber genügt ihr die Glaubenspraxis. Das bedeutet, daß der Wahrheitsgehalt dogmatischer und religiöser Äußerungen praxisregulative Funktion hat, ja daß in der Praxis allein diese Wahrheit erst ihren Sinn bekommt. Weil es aber keine "buchstabenfreie" Praxis gibt, darum fordert Blondel jene ominöse buchstäbliche Treue, die das jeweilige Verhältnis von Schrift/Dogma und Daseinsvollzug leiten soll. Allerdings hat Blondel nicht auf den *sprachpragmatischen* Zusammenhang von Praxis reflektiert und die christliche Aszese-Haltung selbst universalisiert. Gerade dadurch geht ihm aber wieder verloren, was eine solche Theorie doch eröffnen sollte: nämlich den Dialog mit der Moderne angehen und den Wahrheitsgehalt der Moderne auch würdigen zu können. Exemplarisch vollzieht sich dieses Scheitern am innertheologischen Diskurs selbst.

---

103 *Larcher*, Modernismus 184.

2.1.4.2 Der gescheiterte Dialog mit Loisy: "Histoire et Dogme" (1904)

Blondels Dissertation wurde von der philosophischen und theologischen Fachwelt in sehr unterschiedlicher Weise aufgenommen[104], so daß dieser für einen beträchtlichen Zeitraum seines Schaffens an deren Verteidigung und Explikation gebunden war. Allerdings führte diese Diskussion Blondel in eine immer tiefere theologisch-apologetische Debatte, die schließlich zur Konfrontation mit dem Exegeten A. Loisy, aber auch mit Edouard Le Roy führte.[105]

Die Lektüre von "L'Évangile et l'Église" veranlaßt Blondel, mit Loisy in briefliche Korrespondenz zu treten, die jedoch zu keinem Konsens führt. Ungeklärt bleiben für Blondel das Verhältnis von historischer und theologischer Methode, der evolutionstheoretische Determinismus und das Problem des Selbstbewußtseins Jesu[106], im wesentlichen aber das unangemessene Verhältnis von Geschichte und Dogma. War für Loisy Tradition nur ein je zu überwindender "Entdeckungszusammenhang"[107], so bestand für Blondel die einzige Vermittlungsinstanz von Geschichte und Dogma gerade in der kirchlichen Tradition. So meldet sich Blondel auf Drängen seiner Freunde mit der Schrift "Histoire et Dogme"[108] in der Modernismusfrage öffentlich zu Wort.

"Geschichte und Dogma" thematisiert in der literarischen Form des Briefes die Grundlagenkrise des Katholizismus als "Problem der Beziehungen zwischen Dogma und Geschichte einerseits und zwischen der kritischen Methode und der notwendigen Autorität der formulierten Lehre andererseits" (GuD 2). Genauer gesagt geht es ihm um den schwierigen, aber notwendigen Übergang von den historischen Fakten (Geschichte) zu den Glaubensaussagen (Dogma), der nach Blondel ein "doppelter Schritt", ein "Hin und Her" (GuD 4) ist. Der hermeneutische Zirkel verbietet sowohl eine kurzschlüssige Ineinssetzung als auch eine einseitige Ableitung der Dogmen aus den Geschichtsfakten bzw. umgekehrt. Die fehlende Beachtung dieses Zirkels verursacht somit zwei ex-

---

104 Siehe: *Henrici*, Blondel 565-569; *Bouillard*, Blondel 30-53. Strittig waren besonders das Verhältnis von Vernunft (Autonomie) und Offenbarung (Heteronomie) einerseits, die Zuordnung von Natur und Gnade sowie deren Ungeschuldetheit andererseits.

105 Hier wird nur die Auseinandersetzung mit Loisy dargestellt, weil die Konfrontation mit Le Roy im wesentlichen keine neuen Aspekte mehr erbrachte. Für diese Auseinandersetzung siehe bes. *König* (Was ist ein Dogma?; Dogma).

106 Vgl. *Larcher*, Modernismus 86-97. "Zusammenfassend lassen sich aus der Sicht Blondels die wesentlichsten methodischen Fehlgriffe Loisys in dessen verkürzendem Rekurs auf eine scheinbar objektive Außenansicht (als ob die Dinge nur diesen Aspekt böten) und der damit verbundenen Tendenz zur ausschließlich regressiven Analyse lokalisieren" (93).

107 Ebd. 97.

108 Ich zitiere nach der deutschen Ausgabe von "Geschichte und Dogma", abgek. GuD.

treme Fehlformen der Vermittlung von Geschichte und Dogma[109], die von Blondel wie folgt analysiert werden:

a) Dem "Extrinsezismus" (GuD 8-16) wirft er ein mangelhaftes, am Äußerlichen orientiertes Verhältnis geschichtlich analysierter Zeichen (etwa Wunder Jesu) zu ihrem göttlichen Charakter vor, so daß "historische Fakten nur mehr ein Vehikel sind" (GuD 10):

> "... man hat das beachtet, wodurch ein beliebiges Phänomen als wunderbar oder übernatürlich erscheint, einen Wesenszug, der durch spontane Induktion aus einer sinnlichen Wahrnehmung abstrahiert und zum Begriff erhoben wurde, dessen sich die Vernunft bemächtigt, um ihn nach ihren absoluten Prinzipien auszuarbeiten. Das bedeutet, man hat von den Tatsachen einfach ein Zeichen, ein Etikett abgelöst, um es am Eingang zum dogmatischen Wachtturm zu plakatieren" (GuD 9).

Die Historie fällt dem deduktiven Schließen der Vernunft auf ein dahinterliegendes offenbarendes Handeln Gottes zum Opfer. Das 'Wie' des Ergehens von Offenbarung verschwindet im evidenten 'Daß' dieser "rein intellektuellen Konstruktion" (GuD 11). Die unvermeidliche Folge dieser Position: Das Glaubensdogma bleibt dem Faktum gegenüber völlig äußerlich und autonom.

b) Umgekehrt liegt der Fehlschluß des "Historismus" (GuD 16-64) in seiner positivistischen Qualifizierung des geschichtlichen Faktums zur Wahrheit des Glaubens. Die geschichtliche Tatsache wird zum Maß der Erkenntnis und Wahrheit, ohne daß sich der Historiker ausreichend um die Erkenntnismöglichkeit und den Begriff von Historie kümmert (GuD 20). Den Grund für diese 'unhermeneutische' Haltung sieht Blondel im Wissenschaftsbegriff der Historie, welche die unumgängliche Differenz von "Wirklichkeit-Geschichte" und "Wissenschaft-Geschichte" nicht wahrnimmt und die notwendige Verwiesenheit der Geschichtswissenschaft auf andere Disziplinen und Fragestellungen eines modernen, offenen Wissenschaftsverständnisses nicht anerkennt: "Denn das einzig wirksame Mittel, um in solchen Dingen rechtens auf seinem Gebiet zu bleiben, heißt Fenster und Türen auf andere als die eigenen Horizonte hin öffnen und niemals die wesentliche Wahrheit aus dem Blick verlieren" (GuD 27). Schließlich werden die historischen Tatsachen, die äußerlich durch einen "natürlichen Determinismus" verknüpft sind, in einer Art "dialektischem Evolutionismus" (GuD 29) verankert, womit die eigentlichen Handlungsträger des lebensweltlich komplexen Geschichtsprozesses nicht mehr zur Geltung kommen. Das intentionale Handlungssubjekt wird durch das objektivierte Faktum seiner Tat ersetzt.

Nach dieser Charakterisierung des historizistischen Kurzschlusses greift Blondel drei Bereiche heraus, um Loisys Positionen zu erschüttern:
- Die historisch-kritische Methode kann keine Antwort auf die Kontinuitätsfrage von Evangelium und Kirche geben, weil sie hinter die literarischen Quellen nicht zurückgreifen kann. Nur die aktive gläubige und wirkungsgeschichtliche Verbundenheit der Kirche ermöglicht einen Zu-

---

109 Blondel bezieht sich in GuD nie namentlich auf Loisy. Diesem wirft er 'Historismus' vor, einen anderen Theologen (Gayraud) bezichtigt er des 'Extrinsezismus'. Beide Positionen werden strukturell charakterisiert und als extrem kritisiert.

gang zum Jesusgeschehen und zum "wirklichen Christus" (GuD 36). Trotz aller Bedeutung der historisch-kritischen Methode kann sie das christologische Problem, warum Jesus als inkarniertes Wort Gottes geglaubt wird und warum seine Botschaft weiterwirkte, nicht lösen.

- Die Parusieerwartung als das religionsgeschichtlich Neuartige am Auftreten Jesu kann für Blondel "nur eine erste schöpferische Synthese" (GuD 43) und die messianische Botschaft nur ein Ereignis der Gnade und der Praxis der Umkehr gewesen sein, wenn sich der christliche Glaube mit der Parusieenttäuschung nicht als Irrtum herausstellen sollte. Nicht das institutionelle Weitertragen der Botschaft Jesu macht den Ursprung des Christentums aus, sondern die Frage, "ob am Ausgangspunkt eine besondere Absicht, ein übernatürliches Handeln, ein providentieller Plan steht" (GuD 45).
- Hinsichtlich des Status der kirchlichen Dogmen als bloße Anpassungen gilt, daß ihr Wahrheitsgehalt außerhalb der Formulierungen bliebe, womit aber die Geschichte des Christentums erst recht keine Apologie sein kann; oder in ihnen ist tatsächlich die ursprüngliche Wahrheitsfülle eines möglichen Ereignisses von Offenbarung in kontingenten historischen Tatsachen anzunehmen. Zumindest dieser hypothetischen Annahme kann sich auch der Historiker nicht verweigern.

Aus den Konsequenzen dieser Argumentation folgt, daß der Historiker seinen Phänomenismus aufgeben muß, weil die Kette der historischen Tatsachen ein Ensemble an moralischen, psychologischen, religiösen Problemen aufwirft, schlicht: weil das "menschliche Leben...Metaphysik im Vollzug (en acte) ist" (GuD 25), sich die Seins- und Sinnfrage notwendig stellt und diese adäquat beantwortet werden muß. Auf das christliche Dogma bezogen bliebe dem restriktiven Historiker das "Übernatürliche" in den Tatsachen bloß natürlich, die "richtungsweisende Idee" (GuD 52) im Herzen der Tatsachen bliebe verborgen, so daß ihm nur der Ausweg in einen unvermittelten Fideismus oder in einen religionsgeschichtlichen evolutiven Monismus bliebe.[110] Die Aporie des Historismus, der gegen eine extrinsezistische Vermittlung von Geschichte und Dogma angetreten ist, besteht in der Qualifizierung der geschichtlichen Tatsachen, die dem Dogma "noch seinen Anteil an Heilsgeschichte" (GuD 64) nimmt.

Sturkturanalog zu "L'Action", wo die Action die vermittelnde Synthese zwischen volonté voulante und volonté voulue des des "einzig Notwendigen" bedürfenden Menschen war, wendet Blondel die Frage der Synthese von Geschichte und Dogma nun historisch-hermeneutisch[111]. "Tradition" ist nun jene Vermittlungsfigur, die das Entfaltungsprinzip ei-

---

110 Eben darin sieht Blondel die besondere Gefahr des Historismus, weil ein tatsachenloser und von kritischer Vernunft entkoppelter Glaube nicht mehr erkennt, "woher dieser Glaube seine Grundlage und seine Richtung nehmen soll"; er droht "entweder sich in einen mystischen Symbolismus zu verflüchtigen oder in den Positivismus der Wissenschaften zurückzufallen" (GuD 57).

111 Zu dieser Interpretationsthese Blondels siehe *Larcher*, Modernismus 187-254, bes. 188f.

ner Heilsgeschichte ist und die im Kontext einer Glaubensgemeinschaft das Wort Gottes bewahrt, insofern es in die Tat umgesetzt wird (GuD 79). Die sich praktisch und kommunikativ vollziehende Hermeneutik des Glaubens stellt eine Synthese zwischen einer zukunftseröffnenden Ausrichtung und einer darin wirksam werdenden "memoria Christi" dar. Als Zukunft erschließende und Vergangenheit bewahrende Größe verweist Tradition (wie die "Praxis des buchstäblichen Tuns" in "L'Action") auf ihre innere Intelligibilität und ihr Wahrheitskriterium, weil sie den vorrangigen Ereignischarakter von Offenbarung aufzeigt, der im je aktuierten neuen Glaubensvollzug der Kirche als personales Tun und im formulierenden Denken des Lehramtes[112] gegenwärtig wird. Offenbarung wird so nicht als statische, der Vergangenheit angehörende Satzmitteilung mißverstanden. Als komplexes Gebilde vereinigt die Tradition den lebendigen, nicht determinierten Geschichtslauf mit der intellektuellen Bemühung um die Glaubenswahrheit durch Theologie und Lehramt in dem und durch den Glaubensvollzug kirchlicher Gemeinschaft.

Tradition ist die bleibend lebendige Auslegung der "Worte Christi" (GuD 77) im kommunikativen Glauben einer Gemeinschaft, wodurch den biblischen Texten erst ihre Aussagekraft und ihre bleibende Aktualität verliehen wird. Damit ist gegeben, daß jede gefundene und definierte Formulierung sich weiterentfalten muß: "Das göttliche und menschliche Wort Christi hat sich selbst nicht festgelegt... Man kann also keineswegs sagen, die Idee der "Entwicklung", über die sich so viele Gläubige beunruhigen, sei heterodox; vielmehr ist es gerade der 'Fixismus', der eine virtuelle Häresie darstellt" (GuD 81). Tradition ist also in der Bestimmung Blondels gegen alle seinerzeitigen Ansätze nicht eine "hermeneutisch-rückwärts gewandte Kraft...sondern...eine Kraft der Entwicklung und Expansion" (GuD 82). Gegen die symbolische Dogmeninterpretation Loisys betont Blondel die positiv-darstellende Wahrheitsfunktion der Dogmen so, daß sich in der "Heilsgeschichte (Histoire sainte) und im Dogma das Übernatürliche" (GuD 82) findet, ohne daß ihre notwendigerweise bestehende sprachliche Kontingenz mißachtet wird. Darum ist die Kirche, die an historische Tatsachen, Texte und Lehrformulierungen gebunden ist, auch nur auf deren *Sinn* verpflichtet und "nicht buchstäblich von ihnen abhängig" (GuD 88). Dogma und Faktum bedingen somit einander, weil beide wirkungsgeschichtlich "durch ein Leben in der Gemeinschaft" verklammert sind und nicht eine abstrakte Idee oder endgültig vergangene Faktizität artikulieren. Dogmen sind "Ausdruck einer beständigen und im Leben erprobten Wirklichkeit" (GuD 86) und verweisen auf die Geschichte als Heilsgeschichte.

Mit diesem Begriff von Tradition bringt Blondel eine Sichtweise in die Diskussion ein, welche die konflikthafte Lage unversöhnlicher Ge-

112 "Gott verlangt, daß der Mensch alle Hilfsmittel des Wissens und der Reflexion anwendet, gleichsam als wollte Gott sein regulatives Handeln hinter den natürlichen Mitteln verbergen" (GuD 76). Das versteht Blondel unter der Assistenz des Heiligen Geistes, wenn das Lehramt unfehlbar definiert.

gensätze aufbrechen, wenn auch nicht restlos vermitteln hätte können: "Die wissenschaftstheoretisch-hermeneutische Pionierarbeit bestand vor allem darin, zwischen einem positivistischen Verständnis von Historie und einer praktischen Theorie des Verstehens zu vermitteln."[113]

Blondel hat mit seiner These der Tradition und Glaubenspraxis in der schon bei Lessing und Kierkegaard angesprochenen Geltungsproblematik eines historisch-kontingenten Offenbarungsglaubens einen weiteren Ausweg aufgewiesen: Indem er hinter die Fremdheit eines historischen Ereignisses (Lessing) und hinter die Paradoxie des Verhältnisses von Unendlichem und Endlichem (Kierkegaard) auf die sinn- und geschichtsverstehende Subjektivität des Menschen reflektiert, die in jedem Erkenntnis- und Handlungsvollzug schon eine Synthese eines transzendentalen Sinnhorizontes und eines konkreten Selbstvollzuges darstellt; insofern Geschichte jener Ort einer solchen lebendigen und ontologischen Synthese ist, wird aufgrund dieser "metaphysischen Anthropologie" (Rahner) die Möglichkeit eines letzten Sinnereignisses im raumzeitlichen Dasein einsehbar und ergreifbar.[114]

Blondels Philosophie der Aktion und seine hermeneutisch gewendete Traditionsthese nehmen religionsphilosophisch vorweg, was in der Theologie Rahners zu einem Schlüsselbegriff werden wird: das "übernatürliche Existential". "Die Synthese von Dogma und Tatsachen ereignet sich in der Wissenschaft, weil im gläubigen Leben eine Synthese von Denken und Gnade, eine Verbindung zwischen Mensch und Gott, eine Vergegenwärtigung der Geschichte des Christentums im individuellen Bewußtsein stattgefunden hat" (GuD 99). Die traditionelle scholastische Transponierung von Geschichte und Offenbarung in das statisch-ontologische Natur-Übernatur-Schema wird von Blondels Anthropologie weit hinter sich gelassen. "Diese Ordnung [einer Liebesbeziehung zwischen Gott und Mensch] ist um so mehr in Freiheit mit der Natur verschmolzen, als sie niemals mit ihr vermengt werden kann; denn 'der Stand der Natur' bleibt eine reine Abstraktion, die nicht existiert und niemals existiert hat" (GuD 94). Schließlich bringt er in den historischen und naturwissenschaftlichen Wissenschaftsbegriff die radikale Kritik an einer Praxis ein, die das Wissenschaft treibende Subjekt nicht mehr reflektiert, so daß er jede Erkenntnisgewinnung auch auf sinn- und interessensgeleitete Motive ausdehnt und somit zum Vorreiter einer Positivismuskritik wird.

Die drei exemplarisch vorgestellten Ansätze (Loisy, Le Roy, Blondel) zeigen deutlich, daß jeder Theoretiker von seinem wissenschaftlichen Standpunkt und Instrumentarium aus versucht hat, die neuzeitliche Grundlagenkrise zu bestimmen und sie in ein fruchtbares Ver-

---

113 *Larcher*, Modernismus 264f.

114 Blondel verändert allerdings dazu, wie bereits oben erwähnt, den Begriff des "Metaphysischen", wenn es in seiner Absicht liegt, "den bekannten neuzeitlichen Hiatus erkenntnistheoretisch und ontologisch zu unterlaufen. Sein Anliegen ist es, das Paradox des Metaphysischen als selbst geschichtlich zu denken" (*Larcher*, Modernismus 233).

hältnis zum Christentum zu bringen. Allen dreien ist darin ein persönliches, beinahe sendungsmäßiges Engagement gemeinsam, das bei Loisy und Blondel sogar eine radikale Reformation der "intellektuellen Ordnung der Kirche"[115] beabsichtigte. Um so erstaunlicher und bedauernswerter ist es, daß letztlich der Dialog nicht bloß mit dem kirchlichen Lehramt scheiterte (Loisy, Le Roy), sondern auch unter den Protagonisten selbst wegen scheinbar unüberwindlicher Verstehenshindernisse abgebrochen wurde. Treffend hat Theobald darum die Modernismuskrise als *Krise einer verzerrten Kommunikationssituation*[116] bezeichnet. Auch Blondels Entwurf hat zu dieser Dialogunfähigkeit beigetragen. Denn sein Rationalitätsbegriff schloß nicht an das Wissenschafts- und Erkenntnisverständnis seiner Zeitgenossen an. Er hat sich die Partikularität seines eigenen Denkens und die Pluralität der Vernunftidee nicht vor Augen geführt. Dadurch hat er aber den Universalitätsanspruch von Offenbarung, wie er in "L'Action" zum Ausdruck kommt, eher verfremdet als plausibel gemacht. Die lebensweltlichen Differenzen innerhalb der neuzeitlichen Kulturgestalt verlangten - wie Theobald zu Recht hervorgehoben hat - eine neue Verifikationsmöglichkeit theologaler Erfahrung, die sich fundamental an der Freiheitsermöglichung von Subjektivität und Kommunikation orientiert. So hinterläßt der Modernismusstreit trotz seiner weichenstellenden Lösungsversuche ein Bündel an fundamentaltheologischen Problemen, die weit über die Divergenz "Dogma und Geschichte" hinausgehen. Wie das folgende Kapitel zeigen wird, tauchen die unerledigten Fragen nochmals in massivster Form in den Konzepten neuzeitlicher Rationalität auf, die sowohl Loisys, Le Roys und Blondels Optimismus völlig desillusionieren. Gleichwohl hat die historische Theologie die von Blondel geforderte philosophische Reflexivität wenige Jahrzehnte später nachgeholt (Bultmannschule) bzw. die systematische Theologie zu einem universalgeschichtlichen (Pannenberg) oder einem transzendentaltheologischen Konzept (Rahner) ausgebaut. Gleichzeitig brach aber mit der ernst genommenen faktischen Geschichte die Problematik der Freiheit und Emanzipation sowohl in der Philosophie (Existenzialismus, Kritische Theorie) als auch in der Theologie derart massiv auf, daß jedes Autonomiekonzept durch die Geschichte der (Un-)Freiheitspraxis eingeholt und erschüttert wurde. Die unnachgiebige Aufdringlichkeit der Kantschen Frage nach der Möglichkeit von Erkenntnis und Freiheit hat verschiedenste Lösungen hervorgebracht, die trotz der unversöhnlichen Divergenzen eines gemeinsam zu haben scheinen: den transzendentalen Horizont der Sprache. Auf diesem Terrain spielen sich heute alle Grundlagenfragen ab, erst recht der verloren gegangene Konsens um das Verständnis von Wahrheit.

---

115 Vgl. *Loisy*, Memoires I 465-470, zit.n. *Theobald*, Blondel 411.

116 Zu dieser Bestimmung und methodischen Analyse der Dialogsituation siehe: *Theobald*, Blondel.

2.2 Wissenschaftstheorie und Theologie: Die Wahrheit verifizierbarer/ falsifizierbarer Sätze versus Sinnlosigkeit/Nützlichkeit von Metaphysik und Theologie

Immer schon bestand ein begrifflich und wissenschaftsgeschichtlich offenes Verhältnis zwischen Wissenschafts- und Theologiebegriff[117]. Wissenschaftlich vollzieht sich Theologie dort, wo sie *begründend* und *methodisch* ihren Erkenntnis- und Wahrheitsanspruch *argumentativ-rational* austrägt.[118] Diese Bindung an einen jederzeit ausweisbaren Wissenschaftscharakter zog jedoch weitreichende Konsequenzen nach sich; Theologie mußte sich "methodologisch den Problemen der Erkenntnistheorie und *Erkenntniskritik* stellen"[119], die nicht sie allein formulierte und diskutierte. Folgenreich wirkte sich diese innere Gebundenheit an die Philosophie dort aus, wo diese sich selbst gegen die theologische Vernunft wandte oder gar entthront wurde, wie dies in der wissenschaftstheoretischen Diskussion des 20. Jahrhunderts geschehen ist. Gleich ob sich Theologie aristotelisch-thomistisch oder transzendentalphilosophisch-dialektisch oder historisch-kritisch[120] auswies, mit der 'Exkommunikation' der Metaphysik

117 Eine historisch orientierte Typisierung hat *Schaeffler*, Glaubensreflexion, geboten und auf einen autonomen Status der Theologie gepocht: "Die Theologie bewährt sich als Wissenschaft nicht dadurch, daß sie sich an das Wissenschaftsideal der jeweiligen Epoche anpaßt, sondern dadurch, daß sie fähig ist, wissenschaftskritisch und zugleich wissenschaftsgeschichtlich vorantreibend auf das jeweils gültige Wissenschaftsverständnis einzuwirken" (ebd. 195).

118 Theologiegeschichtlich muß die Entwicklung der Theologie zur Scholastik als jene Zäsur angesehen werden, die die Unterscheidung von einer sapientialen Theologie rechtfertigt. Vgl. *Seckler*, Glaubenswissenschaft 179-241, der Anselm von Canterbury "als Vater der Idee einer vernunftwissenschaftlichen Theologie des christlichen Glaubens" (ebd. 204, Anm. 43) ausweist, insofern die Vernunft "Organ der Wahrheit und Wahrheitsverantwortung" (ebd.) ist. Auf die Bedeutung des Übergangs von der monastischen zur scholastischen Theologie für den gesamten Entwicklungsprozeß der Neuzeit hat *B. Nelson*, Der Ursprung der Moderne. Vergleichende Studien zum Zivilisationsprozeß, Frankfurt/M. 1986, aufmerksam gemacht: "Aus soziologischer Sicht waren das zwölfte und dreizehnte Jahrhundert die Wiege der modernen europäischen Gesellschaft" (ebd. 30). "Das zwölfte Jahrhundert ist das Zeitalter der Herausbildung neuer Bewußtseinsstrukturen; sie wären als rationalisierende - und - rationalisierte Bewußtseinsstrukturen zu beschreiben, die zunehmend die Vorherrschaft gegenüber glaubensförmigen und sakromagischen Bewußtseinsstrukturen gewinnen" (ebd. 37). Kennzeichen dieser Bewußtseinsstrukturen, die sich in wissenschaftlichen Entwürfen niederschlugen waren "Allgemeinheit, Rationalität und Universalität. ... Es ist eine Tatsache, daß alle bedeutenden Theologen der westlichen Welt im zwölften und dreizehnten Jahrhundert Interesse an der natürlichen Welt hatten und sich die Fähigkeit zutrauten, Begriffe zu entwickeln, mit denen sich die natürliche Welt und die natürlichen Bewegungen erforschen, beschreiben und erklären ließen" (ebd. 52).

119 *Seckler*, Glaubenswissenschaft 188.

120 *Sauter*, Ansätze, ordnet neuzeitliche Wissenschaftstypen und deren theologische Rezeption anhand eines wahrheitstheoretischen Pluralismus, demgemäß Wahrheit entweder "expliziert" oder "produziert" (ebd. 27) wird. Die beiden Modi gemeinsame Idee der Allgemeingültigkeit bewirkte in der Theologie eine "Synthese

als Formalobjekt der Begründungsweise der Wissenschaften[121] galten nur mehr empirische und logische Begriffe als wissenschaftsfähig.[122] Der sich dadurch etablierende Szientismus, der in der Identifizierung von Erkenntnis und Wissenschaft[123] besteht, legte vernünftiges Denken auf Beobachtung, methodisch widerspruchsfreie und intersubjektiv prüfbare Theoriebildung und radikale Sprachkritik fest. Wittgensteins Programmformulierung einer auf logische Abbildlichkeit reduzierte Formalsprache in seinem Tractatus und die Bemühungen des Wiener Kreises zur Ausbildung eines einheitswissenschaftlichen Konzepts hatten nicht nur wissenschaftstheoretische Bedeutung und Folgen für jede "logic of science", sondern trafen unmittelbar auch die Theologie.[124] Allerdings wurden die Diskussionen um Sinn und Möglichkeit von Theologie und religiöser Sprache aufgrund der Emigration wichtiger Mitglieder des Wiener Kreises zuerst im angelsächsischen Raum geführt, bevor die Auseinandersetzung in der deutschsprachigen Theologie aufgenommen wurde.[125] Zwar hatte auch diese eine hermeneutische Wende durch die Applikation der Heideggerschen Philosophie[126] vollzogen, jedoch beeinflußte der hi-

---

von Wissenschaftlichkeit und Traditionalität", die ihren methodischen und theologiebegründenden Ausdruck in der historisch-kritischen Methode erreichte: "Die Theologie kann nur mehr vor dem Anspruch der Wissenschaftlichkeit bestehen, denn die Rekonstruktionen der Ursprünge garantiert die gegenwärtige Bedeutung der christlichen Tradition. Damit begründet das historische Verfahren - und es allein - die Theologie selbst" (ebd. 30).

121 Vgl. Heideggers fundamentalontologischen Ansatz in: Sein und Zeit 11: "Wissenschaft überhaupt kann als das Ganze eines Begründungszusammenhanges wahrer Sätze bestimmt werden. ... Wissenschaften haben als Verhaltungen des Menschen die Seinsart dieses Seienden (Mensch)." Darum ist die Ontologie als Phänomenologie jene adäquate Reflexionsweise, die ontologisch das Dasein und dessen Verhaltungen erfassen muß (ebd. 38).

122 *Stegmüller,* Hauptströmungen I 351-362, gibt folgende Gründe für die Entwicklung des logischen Empirismus an: der Fortschrittserfolg der Einzelwissenschaften (Mathematik, empirische Wissenschaften) gegenüber der philosophischen Erkenntnisbemühung; das Scheitern der kantischen Grundlegung der Einzelwissenschaften; das Problem der Mitteilbarkeit metaphysischer Grundbegriffe; der Aufstieg der Grundlagenreflexionen in Mathematik und Naturwissenschaft.

123 *Habermas,* Erkenntnis 13.

124 Siehe dazu: *Holmer,* Wittgenstein 23-32; *Baum,* Wittgenstein 272-299.

125 Vgl. dazu die Textsammlung von *Dalferth (Hg.),* Sprachlogik. Die wichtigsten wissenschaftstheoretischen Monographien aus theologischer Sicht sind: *de Pater,* Sprachlogik; *Sauter (Hg.),* Theologie; *ders.,* Kritik; *Grabner-Haider,* Semiotik; *Pannenberg,* Wissenschaftstheorie; *Gatzemaier,* Theologie; *Martin,* Sprachprüfung; *Schupp,* Weg; *Just,* Sprache; *Peukert,* Wissenschaftstheorie; *Track,* Untersuchungen; *Dalferth,* Rede; *Füssel,* Sprache; *Schaeffler,* Gebet.

126 Vgl. *Schaeffler,* Frömmigkeit; *ders.,* Wechselbeziehungen. Gelang die Rezeption Heideggers in der protestantischen Theologie mit Bultmann und seinen Schülern wirkungsgeschichtlich schneller, wenn auch nicht ohne Widerspruch (vgl. Theologie Barths), so mußte die katholische Heideggerrezeption auf sich warten lassen aufgrund der transzendental- und existentialphilosophischen Interpretation der Ontologie durch Heidegger: "Mit Bezug auf die Gottesfrage (zu der Heidegger sich nicht äußert) implizit atheistisch, mit Bezug auf den Menschen explizit ein Denken der 'selbstgenügsamen Endlichkeit', in erkenntnistheoretischer Hinsicht aber ein radikaler Vertreter des neuzeitlichen Subjektivismus, der 'in das Gefängnis des

storisch bereits entfaltete Dualismus von Natur- und Geisteswissenschaften die verspätete Dialogaufnahme, die zudem durch die universitätsorganisatorische Infragestellung der Theologie als universitäre facultas drängend wurde.

Gewiß: Der Dialog gestaltete sich zunächst als ein einseitiger Lernprozeß innerhalb der Theologie, der vom internen Selbstabklärungsprozeß der Wissenschaftstheorie insofern profitierte, als deren empiristische Naivität und objektivistische Skepsis bedeutend revidiert worden sind. Die Bemühungen um eine fruchtbare Korrelation von Wissenschaftstheorie und Theologie mittels "wechselnder Koalitionen"[127] mit verschiedenen Theorieansätzen (Hermeneutik, Handlungstheorie, Transzendentalphilosophie) darf aber nicht über die Konstitutionsprobleme hinwegtäuschen, die im Gegenstandsbezug der Theologie liegen. Diese Schwierigkeiten werden nun Ausgangspunkt der wissenschaftstheoretischen Fundierung selbst, insofern nicht am Ende, sondern schon am Anfang der "aporetische Charakter der Theologie zur Darstellung"[128] gebracht wird mit der Konsequenz, "daß sie zuletzt an sich selber scheitern muß."[129] Gerade darum wurde die Theologie als "lehrreicher Grenzfall"[130] jenseits einer defensiven oder offensiven Apologetik der Wissenschaftlichkeit für alle Wissenschaften ausgewiesen. Zeigt sich doch an ihrer konstitutiven Aporie eine die Wissenschaftsgeschichte eröffnende Spannungsdimension einer Wahrheit des Gegenstandes, der gegenüber jede wissenschaftliche Erkenntnis in ihre Vorläufigkeit verwiesen wird. Weiters wird an der Theologie die nicht historistisch oder relativistisch auflösbare Verpflichtung durch den Wahrheitsanspruch des Gegenstands und die soziale Relevanz von Wissen für eine je schon verstehende und instrumentell und kommunikativ handelnde Gemeinschaft deutlich.

Die Erörterung der wissenschaftstheoretischen Debatte hat für unsere Themenstellung eine konstitutive, wenn auch auf die Fragestellung zu beschränkende Funktion. Dabei wird deutlich, daß der Wahrheitsaufweis theologischer Aussagen in der dialektischen Verknüpfung einer Grund- und Grenzreflexion ausgefaltet wurde. Pannenbergs und Peukerts Wissenschaftstheorien werden als Klassiker verstanden, die - methodologisch und ansatzmäßig divergierend - an den Aporien des historischen Verstehens bzw. freiheitlich-kommunikativen Handelns die Möglichkeit und Notwendigkeit von Theologie postulieren, durchaus im Sinne einer offen-

---

eigenen Bewußtseins eingeschlossen' bleibt: das ist das Heidegger-Bild, wie es in den katholischen Darstellungen jener Jahre gezeichnet wird" (Frömmigkeit 53). Erst mit M. Müller, K. Rahner, B. Welte, J.B. Lotz und E. Coreth gelang die Überwindung dieser Rezeptionsbarrieren.

127 *Schaeffler*, Wissenschaftstheorie 11.

128 *Sauter*, Kritik 229. Auf katholischer Seite betont *Seckler*, Theologie - Wissenschaft 21, die "konstitutiven Antinomien der Theologie", die einerseits im "Gesellschaftsbezug der Theologie", der das Handikap der Kirchlichkeit bedingt, anderseits im Wissenschaftscharakter, der vielfach von Glauben und Kirche als schädlich empfunden wird, liegen.

129 *Eicher*, Theologie 10.

130 *Schaeffler*, Glaubensreflexion 14-23.

siven Apologetik[131]. Gemeinsam ist beiden der Verzicht in einer sich wissenschaftstheoretisch ausweisenden Theologie[132] darauf, methodologisch unmittelbar beim Gegenstand "Gott" anzusetzen. Von daher ergibt sich auch eine Abgrenzung gegen das thomistisch orientierte Konzept einer Theologie als "Glaubenswissenschaft"[133]. Die Intention dieses Kapitels richtet sich wiederum nach der Darstellung der Ansätze auf die wahrheitstheoretischen Implikationen, die sich aus den positionellen Differenzen ergeben. Dabei zeigt sich, daß auf einer weiteren Ebene der Dualismus von Wahrheit und Geschichte, der die innere Spannung des Modernismus war, als Problem weitergeführt und im universalgeschichtlichen wie wissenschafts- und handlungstheoretischen Kontext zu lösen gesucht wird.

2.2.1 Wolfhart Pannenberg: Wahrheit als universales Sinnverstehen

2.2.1.1 Theologie im Kontext der Aufklärung

Pannenbergs theologischer Entwurf bemüht sich beispielhaft um die Verbindung des neuzeitlichen Selbst- und Weltverständnisses mit der Wahrheit christlicher Glaubenslehre. Sein angestrebtes theologisches Ziel einer "Vereinbarkeit von Christentum und Neuzeit"[134] kann als Kennzeichen eines Denkens begriffen werden, das die angezeigte fundamentale Differenz zu versöhnen[135] sucht und neuzeitliche Aporien um Probleme

---

131 *Ders.*, Wissenschaftstheorie 10-15.

132 Zur Problematik einer ausschließlich am Wissenschaftsbegriff orientierten Konzeption des Theologieverständnisses siehe: *Seckler*, Theologein. Secklers Plädoyer für einen äquivoken Theologiebegriff, der sich im Idealtypus einer kerygmatisch-narrativen, philosophischen und sapientialen Theologie manifestiert, hat sein kritisches Recht, insofern Theologie in der wissenschaftstheoretischen Dauerreflexion selbst zum Szientismus verkommen kann; es weist aber keinen Weg, die unabdingbare Begründungsaufgabe anders als eben wissenschaftlich zu führen. Erst der Verweis auf den pragmatischen Kontext der Gott-Rede, der sich aber auch selbst wissenschaftlich zu reflektieren hat, ermöglicht einen legitim pluralen Theologiebegriff.

133 Diese Linie vertreten z.B. Seckler, Schaeffler und Kasper.

134 *Pannenberg*, Gottesgedanke 6.

135 "...das christliche Recht der Moderne gegenüber älteren Perioden der Christentumsgeschichte theologisch zu begreifen" (Grundfragen I 18). Eben diese Legitimierung der Neuzeit aus der Sichtweise der Theologie bringt Pannenberg in Opposition zur Auffassung H. Blumenbergs; siehe dazu den Aufsatz Pannenbergs: Die christliche Legitimität der Neuzeit. Die Legitimität der Neuzeit besteht nach Pannenberg nicht bloß in ihrem Selbstverständnis autonomer Freiheit, sondern auch in der Subjektivierung von Wahrheit, insofern diese im christlichen Kontext verbleibt: "Das neuzeitliche Verständnis der Wahrheit von der Subjektivität des Menschen her bleibt...an die Voraussetzung Gottes, wie sie der Kusaner zuerst formuliert hat, gebunden. So betrachtet aber ist die Subjektivierung der Wahrheit

der Möglichkeit von Freiheit, Subjektivität und Geschichte durch eine Neufassung des christlichen Gottesverständnisses einer Lösung näherbringen will. Die Möglichkeit eines Dialogs mit dem modernen Selbstverständnis der Neuzeit, das sich im revolutionären Bruch zur Überlieferungsgeschichte, in einer radikalen Autoritätskritik, in der Abweisung eines heteronomen Offenbarungsglaubens[136], fundamental in der Entkoppelung von Welt- und Gottesverständnis äußert, gelingt allerdings nicht "durch Rückkehr zu den autoritären Denk- und Lebensformen...sondern nur dadurch, daß der säkularen Gegenwart ihre eigene Zukunftshoffnung in dem für das Urchristentum grundlegenden Geschehen erkennbar wird, das für jene Zeit den Anbruch der eschatologischen Zukunft von Welt und Menschheit bedeutete"[137].

Dieser noch weiter unten zu bedenkende Sachverhalt hat seinen eigentlichen Grund in der Entdeckung der Freisetzung des Menschen aus dem antiken und mittelalterlichen Kosmos, welcher seinerseits in sich selbst tätig und nicht mehr an eine unmittelbare, stets eingreifende absolute göttliche Macht gebunden ist. Die somit entstandene Entkoppelung von Welt- und Selbstverständnis[138] hatte jedoch entscheidende Auswirkungen auf den *Begründungszusammenhang* der Theologie, der bis heute noch nicht neu gewonnen worden ist: "Auf dem Boden der anthropologischen Argumentation fällt seitdem die erste und grundlegende Entscheidung darüber, ob das Reden von Gott theoretischen Wahrheitsgehalt beanspruchen kann oder als irrationaler Ausdruck anderweitig...zu beurteilen ist."[139] In der Folge "fällt der theologischen Anthropologie heute der Rang einer Fundamentaltheologie zu"[140], die in systematischer Auseinandersetzung mit empirischer Anthropologie, Humanbiologie, Psychologie, Soziologie und vor allem mit der Geschichtswissenschaft[141] die konstitutive Bedeutung religiöser Erfahrung für das Menschsein gegen den religionskritischen Einwand heraushebt. Gleichzeitig hätte Theologie in selbständiger Rezeption der gesamten philosophischen Denkbe-

---

als eine legitime Auswirkung biblischen Verständnisses der Wirklichkeit zu beurteilen" (Grundfragen I 215). Vgl. auch: Christentum 9-31.

136 Vgl. *Eicher*, Offenbarung 427.

137 Grundfragen I 18.

138 Pannenberg führt als Gründe dieser Ablösung Ockhams Kritik an den Gottesbeweisen an sowie deren naturwissenschaftliche Relevanz für die Entdeckung des Trägheitsprinzips bei Descartes und deren Auswirkung auf Kant, der ja ablehnt, daß evidente Gotteserkenntnis aus der Naturordnung zu gewinnen ist. Vgl. *ders.*, Gott 481-500.

139 Vgl. Gottesgedanke 16.

140 Anthropologie 20.

141 Die Historie gilt überhaupt als Fundamentaldisziplin im Pannenbergschen Denken, so daß alle für die Theologie relevanten Disziplinen und diese selbst nur als geschichtlich-hermeneutische Wissenschaften betrieben werden können. Dementsprechend nimmt sie auch für die Anthropologie den ersten Rang ein; sie steht "im Vergleich zu allen anderen anthropologischen Disziplinen der konkreten Wirklichkeit des menschlichen Lebens am nächsten". "Die Historie kann also nicht Grundlage für die übrigen anthropologischen Disziplinen sein, sondern hebt im Gegenteil alle anderen als Teilaspekte in sich auf" (Anthropologie 22).

mühung um die Möglichkeit von Subjektivität als "das unerledigte Thema modernen Denkens"[142] ihre Kompetenz anzumelden, insofern sie in ihrer Überlieferung "den Horizont einer die vorhandene Welt transzendierenden, aber sie in sich aufnehmenden und verwandelnden Bedeutungstotalität des Daseins [erschließt], die die subjektive Freiheit gegenüber der Welt und den jeweiligen gesellschaftlichen Systemen konstituiert"[143]. Im Dialog um die Freiheitsproblematik, wie sie in der neuzeitlichen Philosophie formuliert wurde, hätte christliche Theologie angesichts der Herausforderung des Atheismus den Kern christlicher Wahrheit von Welt und Mensch darzulegen, und zwar im Kontext der Gottrede als Reflexion auf die die menschliche Freiheit und Subjektivität tragende und ermöglichende Transzendenz[144]. Im philosophischen und anthropologischen Diskurs der Moderne kann sich Theologie dann neu gewinnen, wenn in der Beantwortung der Freiheitsfrage unverzichtbar theologische Dimensionen aufbrechen. Nun ist Pannenberg der Auffassung, daß das moderne Welt- und Selbstverständnis und seine "säkulare Beschreibung als eine nur vorläufige Auffassung der Sachverhalte angenommen wird"[145]. Dadurch könne die theologische Dimension an den empirischen und philosophischen Befunden entdeckt und fruchtbar gemacht werden. Insofern ist Pannenbergs theologischer Ansatz eine äußerst anspruchsvolle - angesichts der Fülle und Komplexität wissenschaftlicher Daten, Disziplinen, Methoden und divergierender Meinungen praktisch undurchführbare - Variante einer konkreten Vermittlung von Autonomie und einer diese ermöglichenden transzendenten Wirklichkeit. Sein eigentlicher Impetus liegt nicht bloß in der Verständigung über Welt, Mensch, Geschichte, sondern in der Frage nach Gott und seiner Wirklichkeit: "Denn alle Aussagen der christlichen Lehre haben ihre Wahrheit nur in Gott. Mit seiner Wirklichkeit stehen und fallen sie."[146] In diesem Sinne ist Pannenbergs Theologie durchaus klassische Theologie, die in der Möglichkeit des Gott-Denkens die Sinnhaftigkeit und Möglichkeit der Heilszusage versteht.

Gerade diese Wirklichkeit Gottes ist aber seit der Aufklärung aufs äußerste strittig geworden, nicht zuletzt durch die Betonung der Geschichtlichkeit des Menschen und seiner Lebenswelt. Die radikale Anzweiflung einer universalen Geltung eines kontingenten, raumzeitlich lokalisierbaren Zeugnisses von einer Offenbarung Gottes hat so erst den historischen und hermeneutischen Bruch zwischen Schrift und kritischer Vernunft zu Tage gebracht. Am deutlichsten manifestiert sich aber dieser

---

142 Gottesgedanke 75.

143 Ebd.

144 Ebd. 37.

145 Anthropologie 19.

146 Systematische Theologie I 70 (zit. STh I). Pannenbergs Vermittlungsanspruch im Gefolge der Neuzeit, die Gottesproblematik neu zu bedenken, und zwar als Frage "nach der ursprünglichen Bedeutung dieser Wahrheit in der Geschichtserfahrung selbst" (*Eicher*, Offenbarung 426) macht seine Theologie zur "konsequenten Offenbarungstheologie auf der Basis phänomenal aufweisbarer Gehalte" (ebd. 432).

Bruch in der der Kirche aufgetragenen Vermittlungsverpflichtung einer an gemeinschaftsstiftende Texte gebundenen Offenbarungsautorität mit einem korrespondierenden Entstehungs- und für die Glaubensgemeinschaft je auszulegenden Verständniskontext, was sich theologiegeschichtlich in der Diskrepanz zwischen einer Wort-Gottes-Theologie und der historisch-kritische Forschung betreibenden hermeneutischen Theologie niedergeschlagen hat.

Auf diese Schwierigkeit, für die Pannenbergs Theologie einen Lösungsansatz bieten will, soll noch kurz eingegangen werden.

2.2.1.2 Universalgeschichte - der Schlüssel für die Vermittlung von Offenbarung und Geschichte

Die Reflexion geschichtlichen Verstehens als Bedingung für das Selbst-Verstehen von Subjektivität - ein Erkenntnisvorgang, der erst im Horizont Hegelscher Philosophie Relevanz erhielt - führt Pannenberg zu der an die hermeneutische Tradition Diltheys und Gadamers anschließenden Überzeugung, daß "die hermeneutische Differenz zwischen den überlieferten Texten und unserer Gegenwart...durch einen Entwurf der beide verbindenden Geschichte sowohl bewahrt, als auch aufgehoben werden muß"[147]. Dies ist nur möglich in der Konzeption einer "Universalgeschichte", auf die sowohl jeder historische und zu interpretierende Text als auch jedes einzelne Ereignis bezogen ist. Text und geschichtliche Ereignisse sind nur verstehbar innerhalb eines immer schon antizipierten "Bedeutungs- und Geschehenszusammenhangs", "so daß der Fortgang des Geschehens und der Erfahrung solche Sinnantizipationen zwar klären und korrigieren kann, nicht aber erst die Bedeutung hinzubringt. Durch seine Sinntranszendenz ist jedes einzelne Ereignis immer schon mehr, als es rein von sich aus wäre, und kann zum Gegenstand eines hermeneutischen Prozesses werden, der nicht abschließbar ist, solange die Geschichte fortgeht..."[148] Innerhalb der hermeneutischen Diskussion hat somit Pannenberg zwei wichtige Korrekturen durchgeführt: Gegenüber Dilthey, dessen grundsätzliche Einsicht in das Wechselverhältnis von Teil und Ganzem[149] er übernimmt, bindet er die Möglichkeit des Verstehens von Texten an den geschichtlichen Horizont zurück. Damit kann die pro-

147 Grundfragen I 19.

148 Ebd. 7.

149 *Dilthey*, Schriften VII 233: "Die Kategorie der Bedeutung bezeichnet das Verhältnis von Teilen des Lebens zum Ganzen, das im Wesen des Lebens gegründet ist. ... Man müßte das Ende des Lebenslaufes abwarten und könnte in der Todesstunde erst das Ganze überschauen, von dem aus die Beziehung seiner Teile feststellbar wäre. Man müßte das Ende der Geschichte erst abwarten, um für die Bestimmung ihrer Bedeutung das vollständige Material zu besitzen. Andererseits ist das Ganze doch nur für uns da, sofern es aus den Teilen verständlich wird. Immer schwebt das Verstehen zwischen beiden Betrachtungsweisen."

blematische psychologische Basis des "Erlebens", wie sie in Diltheys früher Philosophie als gemeinsame Brücke zwischen Autor und Interpret gegeben war, verlassen werden. Gegenüber Gadamers Weiterführung der Problematik in einer Theorie der "Horizontverschmelzung"[150] wird der *Aussagecharakter* der Sprache betont, die ihre wesentliche Funktion in der Mitteilung "von etwas" hat und Medium für das Verständnis von Welt ist: "Also ohne Aussage, ohne die in der Aussage immer schon geschehende Objektivierung, kommt es gar nicht zur Verständigung zwischen Menschen über etwas. Ohne Aussagen findet gar keine Sprache statt."[151] Damit konstituiert sich die in den Texten ausgesagte Sache selbst als Fundament für das Verstehen überlieferter Sinndeutungen. Das hermeneutische Problem erweist sich erst dann lösbar, wenn auf das hinter tradierten Texten liegende Geschehen zurückgegangen wird, das aber nur "innerhalb universaler Geschehens- und Bedeutungszusammenhänge sein wahres Gesicht zeigt"[152].

Die Endlichkeit von Erfahrung und Erkenntnis zeigt jedoch, daß die ausgesagte Sache selbst historisch verstanden werden muß, weil jedes Seiende und historische Ereignis noch nicht in seiner endgültigen Wesensbestimmung und Bedeutung offenbar ist, vielmehr selbst noch unterwegs ist zur endgültigen Sinnbestimmung. Diese Erkenntnis verbietet Pannenberg, Universalgeschichte als geschlossenen Horizont (Hegel) zu fassen. Offen bleibt dieser Horizont nur, wenn die konstitutive Bedeutung von Zukunft für jedes Ereignis und jede Sachkenntnis zum Tragen kommt. Im "Erwartungszusammenhang" (Sauter) von Zukunft konvergieren nun allerdings der biblische und der neuzeitliche Horizont, wo-

---

150 Die fruchtbare Weiterführung Gadamers gewährleistet für Pannenberg im Begriff "Horizontverschmelzung" 1. die sachgemäße Wahrung des historischen Abstandes, 2. die Vermittlung der verschiedenen Horizonte von Text und Interpret in einem im Interpretationsvorgang neu entstehenden und beide übergreifenden Horizont und 3. die Vermittlung des Verhältnisses von fragendem Vorverständnis und entwerfendem Vorbegriff im Horizont des Auslegers derart, daß sich beide Grundakte so verändern, daß sie zu neuem Verstehen führen (vgl. Grundfragen I 108).

151 Grundfragen I 115. Pannenberg erhebt diesen Einwand auch in: Wissenschaftstheorie und Theologie (zit: WuT), gegen eine hermeneutische Theologie (Fuchs, Ebeling), die die Aussagefunktion der Sprache auf ihre Mitteilungsdimension reduziert, was "zu einer Einengung der hermeneutischen 'Verstehenshilfe' auf die existenzphilosophisch gedeutete Funktion der 'Mitteilung' im Wort als Eröffnung von Existenz, der die Gegenmöglichkeit des Verschließens von Existenz entspricht" (ebd. 175), führt. Dahinter sieht Pannenberg eine Neuauflage der Schuld-Versöhnung-Dialektik protestantischer Orthodoxie im Gewand existentialphilosophischer Begrifflichkeit (175f). Vgl. auch: Anthropologie 380f, wo Pannenberg Ebelings Ansatz neueren sprachphilosophischen Rezeptionsversuchen in der Theologie für noch immer überlegen hält, "weil bei Ebeling trotz aller Begrenztheit des von ihm entwickelten hermeneutischen Zugangs zum Phänomen der Sprache, der viele der von den neueren Beiträgen mit Recht herangezogenen Aspekte vernachlässigte, jedenfalls die Sache der Theologie den Leitfaden für ein tieferes Verständnis der Sprache bildet und nicht nur eine säkulare Sprachtheorie auf die Theologie appliziert wird" (380).

152 Grundfragen I 93.

durch Pannenberg eine Brücke über die historische Differenz von Text und Interpreten schlagen kann. Das universalgeschichtliche Denken hat nun einerseits seinen Ursprung im biblischen Gottesgedanken[153], andererseits ist "Geschichte...der umfassendste Horizont christlicher Theologie"[154] und darum ist Geschichtstheologie "die legitime Erbin des biblischen Wirklichkeitsverständnisses"[155].

Worin liegt nun dieses biblische Wirklichkeitsverständnis, von dem Pannenberg behauptet, es allein habe das geschichtliche Bewußtsein des Menschen überhaupt geprägt? Er setzt in der fundamentalen und religionsgeschichtlich einmaligen Erfahrung Israels an, daß Gott nicht bloß als "Ursprung der Welt, d.h. Ursprung der normalen, sich immer wiederholenden Vorgänge und Begebenheiten"[156] erfahrbar ist, sondern daß er selbst in dieser Wirklichkeit immer wieder eingreifend Neues schafft und sich im geschichtlichen Wandel zu erkennen gibt. Geschichte wird für Israel der eigentliche Manifestationsort Gottes, so daß "schließlich die gesamte Schöpfung in die Geschichte hineingezogen [wird]. Geschichte ist die Wirklichkeit in ihrer Totalität."[157] Im Jesusereignis kommt die eschatologische Zukunftsorientierung Israels zu ihrem antizipierten Ende, insofern Jesus selbst die Offenbarung Gottes und Geschichte "Medium göttlicher Selbstbekundung"[158] ist. Darin liegt die Relevanz der Eschatologie, weil letztgültig von der Wirklichkeit der Welt und der alles bestimmenden Wirklichkeit Gottes nur gesprochen werden kann, wenn an ihrem Ende das Ganze der Geschichte gegeben ist und Gottes Herrschaft endgültig geworden ist. Allerdings ist die endgültige Sinntotalität geschichtlicher Wirklichkeit in der Auferstehung Jesu *nur* Vorwegnahme, Antizipation, so daß Gottes Offenbarung noch nicht endgültig abgeschlossen ist; die Geschichte Jesu muß darum als "Offenbarung des Gottes der Geschichte, dessen Herrschaft immer noch *im Kommen* ist, immer wieder neu verstanden werden. Im Prozeß der Überlieferung der Offenbarung Gottes in Jesus von Nazareth wird also die Ganzheit der Geschichte je neu konstituiert."[159]

Am Problem der Ganzheit und Einheit der Geschichte zeigt Pannenberg auf, wie biblisches und neuzeitliches Denken von Geschichte korre-

---

153 Ebd. 119.

154 Ebd. 22.

155 Ebd. 35. Pannenberg bestätigt darin die Position von K. Löwith (Weltgeschichte und Heilsgeschehen, Stuttgart 1953) gegen Blumenbergs These der Legitimität der Neuzeit: "Wenn man der Auffassung folgt, daß die Eschatologie als Zukunft der Geschichte zum Verständnis der Wirklichkeit als Geschichte hinzugehört und aus diesem, nämlich aus dem alttestamentlichen, Geschichtsdenken erwachsen ist, dann ist die These Löwiths vom Ursprung des modernen Geschichtsdenkens aus der christlichen Geschichtstheologie sehr viel weniger verwundbar durch Blumenbergs Kritik, als das angesichts der von Löwith übernommenen Anschauung eines Gegensatzes zwischen Eschatologie und Geschichte der Fall ist" (Christentum 14).

156 Grundfragen I 24.

157 Ebd. 127.

158 Grundfragen II 78.

159 Grundfragen I 139.

lieren: Geschichtswissenschaft ist nur möglich als Antizipation von Endzuständen (Habermas), die die letzte Bedeutung jedes geschichtlichen Handlungs- und Geschehenszusammenhangs offenlegen, um die der Historiker bemüht ist, will die Einheit der Geschichte nicht bloß vom Historiker selbst konstituiert sein oder die Kontingenz geschichtlicher Ereignisse in eine evolutionäre und deterministische Konzeption aufgehoben werden. Das veranlaßt ihn zu der Behauptung, daß darum "nur der Gottesgedanke es ermöglicht, die Einheit der Geschichte in Wahrung der Eigenart des Geschichtlichen zu ermöglichen"[160]. Somit ist "die Einheit der Geschichte transzendent begründet"[161] und der Gottesgedanke für den Historiker unverzichtbar. Darin liegt aber auch umgekehrt die Relevanz historischer Forschung für die Theologie selbst. Gegen die Kapitulation der dialektischen Theologie vor dem Problem des Historismus[162] bekräftigt Pannenberg dessen Bedeutung für die Erforschung des Offenbarungsgeschehens, weil dieses zur Geschichte gehört und der "Glaube ganz von jener Geschichte herkommt"[163]. Der bedenklichen Nähe zu einem Geschichtspositivismus entgeht Pannenberg dadurch, daß Glaube und Geschichte immer schon im umfassenden Ereignishorizont der Universalgeschichte stehen, von wo aus das einzelne Ereignis seine Sinnbedeutung erhält. Nicht das Faktum Jesus ist der Beweis der Ankunft Gottes, sondern um Jesus verstehen zu können, muß er von seinem Gottesverhältnis her verstanden werden[164]: "Ist Jesu Botschaft von Gott wahr, so ist seine menschlich-historische Gestalt nur von seinem Gott her, als gänzlich von diesem Gott bestimmt, verstehbar. Und doch gilt auch umgekehrt, daß der Gott Jesu nur durch diesen historischen Menschen zugänglich ist."[165] Das heißt aber, daß Offenbarung nur im Zusammenhang von Universalgeschichte begriffen werden kann und diese Offenbarung immer nur "indirekt", durch "Gottes Geschichtstaten"[166] gegeben ist. Die These der "Indirektheit der Offenbarung" versucht entschieden einem Verständnis von Offenbarung als supranaturalem Einfallen Gottes in die menschliche Geschichte zu entgehen und stellt die Gottesfrage und die Sinnbedeutung geschichtlicher Ereignisse in den umfassenden Zusammenhang der allgemeinen Religionsgeschichte. "Religionsgeschichte [ent-

---

160 Ebd. 75.

161 Ebd. 73.

162 So hebt Barth Offenbarungsgeschichte in "Ur-Geschichte", Gogarten in eine "Über-Geschichte", Bultmann in das "Ende der Geschichte" auf (vgl. ebd. I 60-63).

163 Ebd. 63.

164 Vgl. den wichtigen Aufsatz "Christologie und Theologie", in: Grundfragen II 129-145, in dem sich Pannenberg entschieden gegen eine Auflösung von Theologie in Anthropologie zur Wehr setzt, wie es bei P. van Buren und H. Braun der Fall ist: "die Preisgabe des Gottesgedanken [würde] ein Ende des Christentums überhaupt in greifbare Nähe rücken" (Gottesgedanke 34).

165 Grundfragen II 131.

166 *Pannenberg u.a. (Hg.)*, Offenbarung 91. Die fundamentalen Thesen zum Offenbarungsverständnis formulierte Pannenberg ebenda. Zur Pannenberg-Diskussion siehe: *Eicher*, Offenbarung 433-439.

hält] den Schlüssel zum menschlichen Sinn der Geschichte überhaupt."[167] Insofern greift Pannenberg die Konzeption von E. Troeltsch wieder auf und will auf diesem Weg die Besonderheit christlicher Offenbarung, aber auch ihre Allgemeingültigkeit verstehbar machen. "Offenbarungstheologie bedarf also einer religionsphilosophischen Grundlegung"[168], damit das allgemeine Verständnis von Gott als der alles bestimmenden Wirklichkeit mit anderen, außerchristlichen Erfahrungen in Beziehung gesetzt wird. Theologie als solche reflektierende Rede universaler Gotteserfahrung erhält einen radikal *entkonfessionalisierten* Status und hat sich als Fluchtpunkt jeglicher Wahrheit und Erkenntnis darzulegen; denn verstanden ist nach Pannenberg Offenbarung Gottes erst dann, wenn alles auf die alles bestimmende Wirklichkeit bezogen und in sie aufgenommen ist.

Mit dem Grundaxiom der Universalgeschichte versuchte Pannenberg neuzeitliche, geschichtliche Welterfahrung auf ihren christlichen Ursprung zurückzubeziehen, umgekehrt aber Offenbarung im Überlieferungsgeschehen der Kirche mit dem modernen Geschichtsdenken zu versöhnen. Die dialektische Aufhebung der Gegensätze von "Offenbarung" und "Geschichte" in die Gleichung "Offenbarung als Geschichte"[169] hätte aber nur eine Chance, im säkularen Bewußtsein wieder ohne Protest

---

167 Reich Gottes 27. Fundamentaltheologischen Status erhält die Religionsgeschichte im Werk Pannenbergs sukzessive insofern, als sie die kritische Funktion einer Begründung christlicher Theologie im Gesamtzusammenhang der Religionen als expliziter Konkretionen von religiösen Sinndeutungen erhält und so den positivistischen und konfessionellen Aporien einer positiven Theologie entgehen will. Eine solche "allgemeine Theologie der Religionen...kann nur eine vorläufige Ortsbestimmung des Christentums in der geschichtlichen Welt der Religionen liefern" (WuT 419). In seiner "Systematischen Theologie I" bildet sie nach den erkenntnistheoretischen Kapiteln (1. Kap.: Die Wahrheit der christlichen Lehre als Thema der systematischen Theologie; 2. Kap.: Der Gottesgedanke und die Frage nach seiner Wahrheit) den Ausgangspunkt für eine Rede von Gott in den geschichtlichen Religionen, von dem aus auch die christliche Offenbarung erschlossen wird.

168 Gottesgedanke 53.

169 Pannenberg hat dieses Verhältnis in der Folge noch differenzierter anhand der Trinitätstheologie gefaßt: "Der trinitarische Gott ist in sich selbst ein geschichtlicher Prozeß" (Theologie und Reich Gottes 29), der noch nicht zu seiner vollen Offenbarung gekommen ist, aber als solcher Geschichte begründet durch das Handeln Jesu als Ankündigung einer noch in Zukunft ausstehenden Gegenwart des Reiches Gottes. In der Dialektik von "Anwesenheit und Abwesenheit Gottes in der Welt gründet auch das Leiden seiner Geschöpfe auf dem Weg ihrer Geschichte" (Grundfragen II 127), die keiner rationalen Planung unterworfen werden kann; "darum kann der aus ihrem Verlauf resultierende Zusammenhang des Geschehens zwar als Ausdruck eines göttlichen Handelns, aber nicht als Resultat menschlichen Handelns aufgefaßt werden" (Anthropologie 491). Diese These der Nichtersetzbarkeit des die Geschichtseinheit garantierenden göttlichen Subjekts weder durch "Kollektivsubjekte, noch durch den 'Kollektivsingular' der Geschichte selber" (ebd.) sollte offensichtlich Pannenbergs frühere Identifikationen korrigieren: Vgl. Grundfragen II 144: "In dem Maße wie die Menschen Frieden und Recht und Liebe üben, verwirklicht sich durch ihr Handeln Gott: Die Selbstverwirklichung des Menschen und die Selbstverwirklichung Gottes sind also identisch; sie vollziehen sich in ein und demselben Prozeß."

aufgenommen zu werden, wenn zum einen die "religiöse Erfahrung" konstitutiv für menschliche Freiheitsermöglichung qua Subjektivität ist und sich theoretisch wie praktisch als solche erweisen ließe, zum andern der Wissenschaftscharakter der Theologie begründet werden kann und so christlicher Wahrheit zu ihrem Recht verholfen wird. Neben der rigorosen Ablehnung der Gottesproblematik durch den Atheismus scheint das öffentliche Bewußtsein von der Beliebigkeit einer Rede von Gott heute jedoch zur neuen Herausforderung zu werden, wird doch schon von Grund auf unterstellt, "daß solche Prüfung [des Wahrheitsanspruchs religiöser Gottesrede] zu nichts führen kann, Wahrheitsansprüche von Aussagen über Gott also einer ernsthaften öffentlichen Diskussion gar nicht würdig sind"[170]. Daß solche Indifferenz allerdings ihren geschichtlichen Ort innerhalb eines neuzeitlich-szientistischen Bewußtseins hat und dadurch metaphysische und theologische Rede von letzter Wirklichkeit in ihrer Sinnhaftigkeit radikal bestritten wurde, stellt die Theologie vor die Herausforderung, ihren Wissenschaftsanspruch gegenüber der modernen wissenschaftstheoretischen Debatte neu zu erweisen.

Theologie hat sich seit ihrer universitären Verankerung und Ausgestaltung als *scientia* in der mittelalterlichen Scholastik um eine fundamentale wissenschaftstheoretische Basis bemüht, die im Theologiebegriff Thomas von Aquins eine eindrucksvolle Form erreichte[171]. Nach einer langen Phase erhält die Frage nach Sinn und Möglichkeit von Theologie erst im 19. und 20. Jahrhundert ihre ursprüngliche Schärfe zurück[172], weil nun die universitäre Existenz der Theologie selbst auf dem Spiel steht und

---

170 *Pannenberg*, ST I 74.

171 Thomas von Aquin entwickelte seinen Theologiebegriff in Analogie zur aristotelischen Wissenschaftstheorie. Weil sich nach Aristoteles Wissenschaften aus obersten Prinzipien ableiten, Theologie selbst aber ihrer Prinzipien nicht mächtig ist (vergleichsweise wie etwa die Optik, die ihre Prinzipien aus der Geometrie, die Harmonielehre aus der Arithmetik gewinnt; vgl. *Aristoteles*, Anal.Post. I,7; 75 b) versteht Thomas die sacra doctrina als *scientia subordinata*. Somit entlastete er die articuli fidei von ihrer Evidenzlast, weil sie ja als absolute Glaubensgeheimnisse nur für das Wissen Gottes und der Seligen voll einsehbar sind. Näheres siehe: *Lang*, Prinzipienlehre 156-166.

172 *Overbeck* und *de Lagarde* forderten die Aufhebung der theologischen Fakultäten und deren Umwandlung in religionswissenschaftliche Institute. Ausschlaggebend dafür ist Overbecks skeptische Einschätzung der Vermittlung von Theologie und Moderne (vgl. den posthum erschienen Band aus seinem Nachlaß: Christentum und Kultur. Gedanken und Anmerkungen zur modernen Theologie. Aus dem Nachlaß hg. von Carl Albrecht Bernoulli, Basel 1919 (reprogr. Nachdruck: Darmstadt 1963). Diese Position hatte wesentlichen Anteil an der Entstehung der Dialektischen Theologie Karl Barths, insofern Barth diese Äußerung mißverstehend, aber ebenso korrigierend als Auftrag zu einer Neubegründung der Theologie aufgefaßt hat. Zum Einfluß Overbecks auf Karl Barth siehe: *E. Jüngel*, Barth-Studien, Zürich-Köln 1982, 62-82. Siehe auch *E.-L. Solte*, Theologie an der Universität. Staats- und kirchenrechtliche Probleme der theologischen Fakultäten, München 1971.

sich nicht bloß wissenschaftstheoretisch, sondern auch wissenschaftsorganisatorisch äußert, was der Theologie nicht äußerlich sein kann[173].

Eine Begründung des wissenschaftlichen Status der Theologie ad intra und ad extra will Pannenbergs breite Studie zugleich leisten. Sowohl die allgemeine wissenschaftstheoretische Diskussion und deren Angriff auf den Theoriestatus der Theologie als auch das wissenschaftliche Selbstverständnis der Theologie soll kritisch rekonstruiert und neu gewonnen werden. Die folgende Darstellung beschränkt sich auf die Zielsetzung Pannenbergs, erstens die methodologischen und metatheoretischen Positionen der Wissenschaftstheorie, die nach dem Modell des Logischen Positivismus das Konzept einer Einheitswissenschaft entwickeln will, zurückzuweisen und anhand eines systemtheoretisch und transzendentalhermeneutisch gefaßten Erklärungsbegriffs den Dualismus von Natur- und Geisteswissenschaften aufzuheben, zweitens den vorwissenschaftlichen Grundakt hermeneutischen Sinnverstehens als Grundakt von Wissenschaft überhaupt herauszustellen und drittens Theologie als Wissenschaft eines expliziten universalen Sinnverstehens (Religion) zu etablieren.

2.2.1.3 Zur Problematik der Einheit der Natur- und Geisteswissenschaften

Pannenberg rekonstruiert im ersten Teil seiner Wissenschaftstheorie die dichte und komplexe Entwicklung vom Logischen Positivismus zum Kritischen Rationalismus und verfolgt in dieser Debatte deren Auswirkungen auf den Status der Theologie[174]. Schon hier beabsichtigt Pannenberg, das Falsifikationsprinzip Poppers[175] und die strittige Ausweitung des naturwissenschaftlichen Verfahrens auf Sozial- und Geschichtswissenschaften[176] kritisch zu hinterfragen und zu modifizieren.

Popper brachte das Falsifikationskriterium ein, um den Wissenschaftscharakter naturwissenschaftlicher Sätze und Theorien gegen metaphysische Annahmen und Behauptungen abgrenzen zu können. Die metaphysischen Implikationen des Verifikationsprinzips, die in der Anwendung des Induktionsprinzips liegen, verhindern nämlich Popper zufolge den zuverlässigen wissenschaftlichen Status naturwissenschaftlicher

---

173 "Das Bemühen darum und also die Teilnahme der Theologie an der wissenschaftstheoretischen Diskussion dürfte sich jedoch als lebenswichtig für die Zukunft der Theologie im Zusammenhang der Universität erweisen, die ihre Einheit und innere Gliederung nur aus einer Besinnung auf das Wesen von Wissenschaft und den Kreis ihrer Aufgaben gewinnen kann" (WuT 9).

174 Namentlich setzt sich Pannenberg mit dem Popper-Schüler *W. Barthley* (The Retreat to Commitment, 1961) und *H. Albert* (Traktat über kritische Vernunft) auseinander.

175 Popper entwickelte seine Wissenschaftstheorie gegen das unhaltbare Verifikationsprinzip des logischen Empirismus (Carnap, Neurath) in seinem Buch: Logik der Forschung, 1934, und begründete damit den Kritischen Rationalismus.

176 *Popper*, Elend.

Aussagen. Hingegen biete das Falsifikationskriterium eine klare Methode der Feststellbarkeit wissenschaftlicher Sätze, denn eine einzige Beobachtung (formuliert als singulärer Basissatz) kann gegebenenfalls genügen, um eine allgemeine Gesetzesaussage zu Fall zu bringen.

Wie die weitere Diskussion allerdings zeigte und wie Popper auch eingestanden hat, ist der Status dieser Basissätze, welche die Form singulärer "Es-gibt-Sätze" haben, nicht so problemlos, wie es zunächst scheint. Denn deren Formulierung ist nur möglich unter Bezugnahme auf einen Konsens unter den Forschern hinsichtlich der Begriffswahl. Damit fehlt für Pannenberg ein ersichtlicher Grund, naturwissenschaftliche und metaphysische Sätze mittels des Falsifikationskriteriums zu trennen: "Denn durch die Sprache, derer die Formulierung von Basissätzen bedarf, bleibt die Naturwissenschaft nicht nur in der Psychologie des einzelnen Forschers, sondern auch mit der Logik ihrer Aussagen verwurzelt in Weltansichten letztlich philosophischen und religiösen Charakters" (WuT 57).

Ein weiteres Problem besteht in der Ausdehnung der Methodologie des kritischen Rationalismus auf die nichtnomologischen Verfahren der Sozial- und Geschichtswissenschaften. Poppers Option für die "unity of method" verbietet demnach eine dualistische Trennung der Wissenschaften in Natur- und Geisteswissenschaften. So kennt er zwar die fundamentale Differenz zwischen universale Gesetzesaussagen bildenden Naturwissenschaften und auf die Erkenntnis besonderer Fakten ausgerichteten Sozial- und Geschichtswissenschaften, behauptet jedoch unter Rückgriff auf Hempels These, auch Historiker bedienten sich stillschweigend allgemeiner Gesetze[177], Historie sei eine angewandte Gesetzeswissenschaft. Gerade dies weist Pannenberg entschieden mit W. Dray[178] und A. Danto[179] zurück, weil einmalige historische Ereignisse nicht geklärt werden können, wenn sie unter universale Gesetzeshypothesen subsumiert werden.

Bedeutet das nun, daß Poppers Methodologie nicht geeignet ist, den unglücklichen Dualismus der Wissenschaften zu überwinden? Pannenberg sieht mit zwei bedeutenden Modifikationen eine Chance, den Gedanken der jederzeitigen kritischen Prüfung von wissenschaftlichen Aussagen als Basis für eine allgemeine wissenschaftstheoretische Grundlegung zu retten. Erstens: Die Bewährungsbedingungen hypothetischer Regelsätze dürfen nicht vom Prognosecharakter abhängen; d.h. es genügt, wenn sich Hypothesen über Wirklichkeit gleich welcher Art (ob naturwissenschaftlicher, historischer oder philosophischer) für die Ordnung des Materials als *fruchtbar* erweisen[180]. Zweitens sind nomologische Hy-

---

177 *C.G. Hempel*, The Function of General Laws in History, in: Journal of Philosophy 39 (1942) 35-48.

178 *W. Dray*, Laws and Explanations in History, Oxford 1957.

179 *A.C. Danto*, Analytical Philosophy of History, Cambridge 1965 (dt. Analytische Philosophie der Geschichte, Frankfurt/M. 1974).

180 Pannenberg rekurriert dabei auf die Problematik der Falsifizierbarkeit von universalen Aussagen durch singuläre Es-gibt-Sätze, weil einer falsifizierenden Beobachtung einerseits die Anerkennung versagt werden kann, andererseits nicht bloß ein-

pothesen selbst auf singuläre Ereignisse verwiesen, an denen das Allgemeine repräsentiert wird. Naturwissenschaftliche Theoriebildung ist nämlich nur möglich aufgrund der "Homogenität oder Homogenisierung von Raum und Zeit"[181], wodurch Singularität vernächlässigt wird zugunsten allgemeiner Aussagen. Mit diesen Modifikationsbedingungen versucht Pannenberg den Hypothesenbegriff Poppers als methodologischen Grundbegriff wissenschaftlicher Erkenntnisweise auch auf philosophische und theologische Sätze anzuwenden und allgemeine Überprüfungskriterien anzugeben. Bevor jedoch diese Konsequenz ausgebreitet wird, muß zuvor nochmals auf die Methodendifferenz von Natur- und Geisteswissenschaften eingegangen werden.

Gegen die universalistische Wissenschaftspraxis der Naturwissenschaften hat vor allem W. Dilthey versucht, den nichtnomologischen Gegenstandsbereich menschlicher Erkenntnis, also die vom Menschen selbst hervorgebrachten Kulturrealitäten wissenschaftstheoretisch unter der Sammelbezeichnung "Geisteswissenschaften" zu erfassen und zu begründen.[182] Seine transzendentale Frage nach den Bedingungen der Möglichkeit geisteswissenschaftlicher Erfahrung als Selbstbewußtsein und Freiheit relativierte nun auch Kants Vernunftbegriff, hatte doch dieser die Wissenschaftlichkeit von Philosophie nach dem Vorbild physikalischer Objektivität und Exaktheit entworfen: "Die Vernunft ist keine *reine*, sondern immer nur historische, d.h. endliche, von Zeit und Umständen abhängige menschliche Vernunft, deren Prinzipien und Regeln im Prozeß der gesellschaftlich-geschichtlich und wissenschaftlichen Erfahrung revi-

---

zelne Hypothesen widerlegt werden, sondern die ganze Theorie. Singuläre Beobachtungen sind nun aber selbst theoriebedingt. Kuhn hat diese Schwierigkeit bewogen, Theorienkomplexe als "Paradigmen" zu verstehen, die nicht jederzeit durch das Falsifikationskriterium zu Fall zu bringen sind. Für Kuhn liegt die Gültigkeit der Paradigmen in der "Fähigkeit verschiedener Theorien, das vorhandene Beweismaterial zu erklären" (*Kuhn*, Struktur 192). Die kritische Auseinandersetzung mit Pannenbergs Entwurf trifft auch das von Kuhn übernommene Kriterium der Fruchtbarkeit. Siehe: *J. Werbick*, Theologie als Wissenschaft? Zu Wolfhart Pannenbergs Buch "Wissenschaftstheorie und Theologie", in: StZ 192 (1974) 327-338, 336.

181 *Pannenberg*, Bedeutung 486.

182 Pannenberg lokalisiert den Ausdruck "Geisteswissenschaften" erstmals in der deutschen Übersetzung von John Stuart Mill's Werk "Logik" (dort als Vokabel für Mills Begriff "moral sciences" verwendet). Wie aber *A. Diemer*, Art. Geisteswissenschaften, in: HWP 3 (1974) 211-215, 211, nachgewiesen hat, tauchte dieser Terminus erstmals 1787 in der anonym erschienenen Schrift "Wer sind die Aufklärer?" auf und trägt dort eine pneumatologische Konnotation. Dilthey sah sich angesichts einer epochalen Krisenerfahrung herausgefordert, die Desiderate eines empirisch-technischen Wissenschaftsbegriffs, der die historisch-gesellschaftliche Wirklichkeit in eine "Welt von Antrieben und Gefühlen versenkt, ohne ein Element des Allgemeinen und Vernünftigen in sich" (*H. Mulert (Hg.)*, Das Leben Schleiermachers, Berlin-Leipzig 1922, 91f, zit. n. *M. Riedel*, Einleitung, in: W. Dilthey, Der Aufbau der geschichtlichen Welt in den Geisteswissenschaften, Frankfurt/M. 1981, 14), durch eine Theorie der Geisteswissenschaften zu kompensieren und damit den gesamten Wissenschaftsaufbau zu reorganisieren.

diert, verbessert und ergänzt werden."[183] Konstituierte sich der Gegenstandsbereich historischer Vernunft beim frühen Dilthey zunächst in der psychologischen Lebenseinheit individueller Bewußtseinserfahrung (Erlebniserfahrung), so übernahm beim späten Dilthey die Hermeneutik die Grundlage für die Geisteswissenschaften. Und schließlich erhielt der Gegensatz von *Erklären* als Methodik der Naturwissenschaften und *Verstehen* als Methode der Geisteswissenschaften seine Wirkgeschichte[184]. Eben diese methodische Klassifikation, die bereits den cartesianischen Dualismus zweier verschiedener Objektbereiche von Natur (res extensa) und Geist (res cogitans) hinter sich gelassen hatte und von Windelband[185] und Rickert[186] verwendet wurde, hat aber gerade von den Verfechtern positivistischer bzw. rationalistischer Wissenschaftstheorie (J.v. Kempski, E. Topitsch, H. Albert) scharfe Kritik erfahren, und zwar vor allem das Charakteristikum des Sinnverstehens der Geisteswissenschaften als methodisches Konstitutionskriterium gegenüber nomologischen Methoden.

Pannenberg kritisiert seinerseits den problematischen Status des "deduktiv-nomologischen Erklärungsbegriffs" (DN-Begriff), der auf Mill und Hume zurückgeht und neuerdings von Popper[187], Hempel und Oppenheim[188], am ausführlichsten aber von W. Stegmüller[189] entwickelt wurde. Haupteinwand ist die Beobachtung, daß Erklären auf Verstehen zielt und Verstehen nicht als "Vorstufe" (Gomperz) oder als "heuristisches Verfahren" (Stegmüller) abgewertet werden kann. "Das Verhältnis von Erklären und Verstehen ist eher so zu denken, daß das Erklären seinerseits stets schon ein Verstehen voraussetzt" (WuT 139). Diese an Heideggers Hermeneutik des Verstehens orientierte Behauptung sichert Pannenberg allerdings auch mit Argumenten der pragmatischen Wissenschaftstheorie ab. So hat nämlich St. Toulmin[190] Erklären als "Sinn geben"[191] einer bisher unverstandenen Beobachtung interpretiert. Dieser Sinn wird nicht durch Gesetzeshypothesen, sondern durch Entwerfen von "Idealen der Naturordnung", die als "Erklärungsparadigmen" dienen, hergestellt. Gerade an dieser Schnittstelle eines systemtheoretisch

---

183 *Riedel*, Einleitung 31.

184 Klassisch formuliert in Diltheys Akademieabhandlung: Ideen über eine beschreibende und zergliedernde Psychologie (1896).

185 *W. Windelband* unterschied bereits 1894 in seiner Rektoratsrede "Geschichte und Naturwissenschaft" das *monothetische* Verfahren der Natur- und das *ideographische* Verfahren der historisch-philologischen Wissenschaften.

186 *Rickert*, Grenzen. Rickert selbst verwendet gegen den hegelianisch verdächtigen Begriff der "Geisteswissenschaften" die Bezeichnung "Kulturwissenschaften" (vgl. ders., Kulturwissenschaft).

187 Siehe *Popper*, Logik 31-46.

188 *C.G. Hempel/P. Oppenheim*, Studies in the Logic of Explanation, in: Philosophy of Science 15 (1948) 135-175, und *C.G. Hempel*, Aspects of Scientific Explanation, New York 1965 (dt. Berlin 1977).

189 *Stegmüller*, Wissenschaftliche Erklärung und Begründung, Heidelberg 1969, 72-207.

190 *S. Toulmin*, Voraussicht und Verstehen. Ein Versuch über die Ziele der Wissenschaft, Frankfurt/M. 1968

191 Siehe ebd. 43.

erweiterten Erklärungsbegriffs und eines systemtheoretisch interpretierbaren Verstehensbegriff[192] liegt nach Pannenberg die Aufhebung des üblichen Methodenbewußtseins. Hinzu kommt, daß der Erklärungsbegriff selbst die pragmatischen Bedingungen einer erklärungsbedürftigen und zu beantwortenden Warum-Frage hinzunehmen muß, damit eine DN-Erklärung tatsächlich *reale* Erklärung und nicht bloß logische Subsumtion ist. In E. Scheibes[193] Analyse des "Erklärungsbedürfnisses", das immer dann drängend wird, wenn sich neue unverstandene Sachverhalte bisherigen Erklärungen widersetzen, findet Pannenberg schließlich die gesuchte Basis, den Methodendualismus als unaufhebbare Verschiedenheit der Verfahren mit der in allen Wissenschaften gleichbleibenden Grundintention des Erklärens zu verbinden: "Es ist das die systemtheoretisch zu beschreibende Funktion der Einordnung von Teilen in das Ganze eines Sinnentwurfs" (WuT 154). Somit betrachtet Pannenberg das *Sinnverstehen* als allen Wissenschaften gemeinsamen Grundakt und Diltheys Ansatz im Prinzip als - zwar modifiziert - allgemeingültig. "Die Sinntotalität wird formal zur einenden Einheit der Wissenschaft."[194] Erst auf dieser neu gefundenen Basis kann Pannenberg sein Projekt, Theologie als Wissenschaft wieder im Kreis der anderen Fakultäten salonfähig zu machen, fortführen. Diesem hermeneutischen Universalismus müssen sich allerdings nicht nur die Naturwissenschaften beugen, sondern auch die Gesellschaftswissenschaften.

Die Rezeptionsgeschichte Diltheys hat nicht nur eine kreative Weiterführung in der Fundamentalontologie "Sein und Zeit" (1927) von M. Heidegger gefunden, sondern zuvor schon in den unterschiedlichen Sinnbegriffen der Erkenntnistheorien des Neukantianismus[195] und der handlungstheoretisch orientierten Soziologie M. Webers[196]. Weber begreift die Soziologie als sinnverstehende Wissenschaft, wobei sinnintentionales und rationales Sichverhalten des Menschen zu Objekten Gegenstand der soziologischen Analyse ist. Die für Weber entscheidende Rezeption des Wertbegriffs von Rickert erfährt allerdings eine Eingrenzung

---

192 Bei dieser Interpretation bezieht sich Pannenberg auf *E. Nagel*, Über die Aussage: Das Ganze ist mehr als die Summe seiner Teile, in: Logik der Sozialwissenschaften. Hg. E. Topitsch, Darmstadt 1965, 225-236. Er akzeptiert die Korrektivfunktion der Systemtheorie und Kybernetik für die Sinnproblematik der hermeneutischen Wissenschaften: "Die Einführung des Systembegriffs und damit verbundene kybernetische Betrachtungen können also die isolierte Zuordnung der Sinnproblematik zu den geisteswissenschaftlichen Disziplinen korrigieren und die Bedeutung der hermeneutischen Grundbegriffe von Teil und Ganzem durch Zuordnung zu den Problemen der allgemeinen Systemtheorie klären" (WuT 133).

193 Siehe *E. Scheibe*, Ursache und Erklärung, in: Erkenntnisprobleme der Naturwissenschaften. Hg. L. Krüger, Köln-Berlin 1982, 43-58.

194 *Füssel*, Sprache 136.

195 So verstand etwa *Husserl* "Sinn" als noematischen Inhalt eines subjektiv gegebenen Gegenstands (*E. Husserl*, Ideen zu einer reinen Phänomenologie und phänomenologischen Philosophie I [Husserliana III], Haag 1950, 320-323). *Rickert* verstand "Sinn" als Wertbeziehung erlebter Inhalte. Vgl. *Rickert*, Grenzen.

196 Zu dieser Thematik siehe: *M. Weber*, Gesammelte Aufsätze zur Wissenschaftslehre, Tübingen ^{3}1968 (1922).

auf subjektives Handeln, das nun zweckrational oder aber auch wertrational orientiert sein kann. Die empirisch ausgerichtete Methodologie Webers führte jedoch zur Entwertung des wertrationalen zugunsten des am Mitteleinsatz kontrollierbaren zweckrationalen Handelns, das zum Idealtypus des Handelns stilisiert wurde und demgegenüber wertrationales Handeln in die Nähe eines irrationalen individuellen Verhaltens geriet. Zwar bleibt bei Weber Soziologie noch immer auf die allgemeine Basis der Kulturwissenschaften Rickerts bezogen, doch schon bei Parsons wird die Handlungstheorie die eigentliche Basis der Kulturwissenschaften und beim frühen Habermas erhält sie sogar transzendentalen Status. Diese Verschiebung will Pannenberg aber nicht mitvollziehen, läge doch darin die Konsequenz, daß Handlungstheorie als Grundlage der Geisteswissenschaften etabliert würde. Zur Seite steht ihm jene systemtheoretische Kritik N. Luhmanns gegen Habermas, die in der Sinnerfahrung einen "'Primat des Erlebens'...und dementsprechend für die Soziologie die Überlegenheit des systemtheoretischen über den handlungstheoretischen Gesichtspunkt" (WuT 98) sieht. Und selbst Habermas' vollzogene Wende der Konstitution von Subjektivität und Sinnerleben, das je schon intersubjektiv gegeben ist, von einer kritischen Handlungstheorie hin zu einer sprachanalytisch fundierten Kommunikationstheorie bleibt in den Fängen der Handlungstheorie stecken: "Wenn Habermas behauptet: 'Sinn ist ohne intersubjektive Geltung nicht zu denken...', dann überspringt er die vorgängige Bedingtheit von Intersubjektivität selbst durch die 'immanente Transzendenz' des Erlebens vermöge des in ihm liegenden Momentes von Allgemeinheit. Allerdings ist Habermas insoweit recht zu geben als solches Sinnerleben sich nicht behaupten und artikulieren kann ohne Intersubjektivität in umgangssprachlicher Kommunikation" (WuT 99). Daß also Sinn nicht erst durch Kommunikation herstellbares Produkt, sondern selbst Bedingung von Sprache und Handeln ist, ist der Angelpunkt, auf dem Pannenbergs Argumentationsstrategie aufruht.[197]

197 In seinem Aufsatz "Sinnerfahrung, Religion und Gottesfrage" behauptet Pannenberg diese Position dezidiert im Hinblick auf die Religionsfrage: "Sinn ist durch Sprache zugänglich, aber nicht erst Produkt der Sprache... Dabei kann Sprache die Sinnstruktur des Wirklichen erfassen oder auch verfehlen. Jedenfalls aber wird sie nicht erst durch Sprache geschaffen. Die Reduktion von Sinn auf Sprache ist der erste Schritt auf dem Wege, der damit endet, daß aller Sinn als Schöpfung durch menschliches Handeln hingestellt wird, nämlich als Produkt einer Sinngebung. Damit wird der tatsächliche Sachverhalt verfälscht und geradezu auf den Kopf gestellt. Denn es verhält sich vielmehr umgekehrt so, daß Handeln selber abhängig ist von Sinnwahrnehmungen" (182). Fundamental gilt diese Voraussetzung für den Sinngehalt der Religionen: denn wäre er durch Sprache oder Handeln hergestellter Sinn, wäre Religion "bloße Projektion des Menschen ohne einen das menschliche Bewußtsein übersteigenden Wahrheitsgehalt" (ebd.).

2.2.1.4 Hermeneutik des Sinns

Diltheys Theorie des Sinnverstehens schloß an Schleiermachers texthermeneutische Reflexionen an, dehnte aber den hermeneutischen Verstehensakt auf alle Lebensäußerungen des Menschen und der Gesellschaft aus. Sinn wird dabei verstanden als das Bedeutung konstituierende "Verhältnis von Teilen und Ganzem im Kontext eines Lebens- und Erlebenszusammenhanges" (WuT 157). Erst als Dilthey das individualistische Konzept einer die Geisteswissenschaften begründenden Psychologie hinter sich gelassen hatte, konnte die Hermeneutik zu einer "allgemeinen Theorie des geschichtlichen Bewußtseins" (WuT 163) ausgebaut und die formale Struktur des Verhältnisses von Teil und Ganzem geschichtlich begriffen werden.[198] Allerdings zog Dilthey noch nicht die notwendigen Konsequenzen für den nun geschichtlich offenen und unabgeschlossenen Bedeutungszusammenhang, weil das Ganze ja immer noch aus den Teilen verständlich war. Dem trug erst Heideggers Existential des Verstehens eines Daseins Rechnung, das sich auf eine Zukunft hin entwirft, das Ganze des Lebens also vorgreifend einholt[199]. Und schließlich führte Gadamer[200] die bei Dilthey und Heidegger offen gebliebene Frage nach der "übersubjektiven Wahrheit menschlicher Sinnerfahrung" (WuT 163) und der Geschichtlichkeit des Verstehens weiter. Pannenbergs theologisches Interesse, christliche geschichtskontingente Überlieferung, die mit dem Anspruch universaler Wahrheit auftritt, für heutiges aufgeklärtes Bewußtsein geltend zu machen, findet in der Hermeneutik den Lösungsansatz: geht es doch darum, den Sinn eines historisch singulären Ereignisses (Jesus-Geschehen) und die in ihm ausgesagte Totalität (Gott) zu verstehen. Die Sinnerfülltheit, die in diesem Geschehen zum Ausdruck kommt, hat nun sehr wohl allgemeingültige formale Bedingungen des Sinnverstehens. Pannenberg zeigt sie an der Struktur der Sprache auf: So hat jedes einzelne Wort erst seine bestimmte Bedeutung im Kontext eines Satzes, der selbst wiederum Teil eines Textes, einer Rede ist, die von größeren Kontexten (Textgattung, zeitliche Situiertheit usw.) ihrerseits bestimmt ist. Es ergibt sich ein Komplex "gestufter Totalitäten", so daß jeder in sich schon strukturierte und eine Ganzheit darstellende Teil mit einem schlechthin Ganzen verbunden ist. Wie schon angeführt, ist der Sinn des Satzes Pannenberg zufolge vor allem sein kognitiver Inhalt, also die Behauptung eines von ihm unabhängigen Sachverhaltes. Der darin liegende Wahrheitsanspruch steht

---

198 "Jedes Leben hat einen eigenen Sinn. Er liegt in einem Bedeutungszusammenhang, in welchem jede erinnerbare Gegenwart einen Eigenwert besitzt, doch zugleich im Zusammenhang der Erinnerung eine Beziehung zu einem Sinn des Ganzen hat. Dieser Sinn des individuellen Daseins ist ganz singular, dem Erkennen unauflösbar, und er repräsentiert doch in seiner Art, wie eine Monade von Leibniz, das geschichtliche Universum " (*Dilthey*, Aufbau 246).

199 Vgl. *Heidegger*, Sein.

200 *Gadamer*, Wahrheit.

damit in Beziehung zur Gesamtheit aller wahren Behauptungen: "Der Anspruch jeder Behauptung (als Sachwissen) auf Wahrheit macht die Reflexion auf die Totalität aller wahren Behauptungen und damit auf die Totalität des Seienden selber unvermeidlich, wenn es gilt, daß eine einzelne Behauptung dann und nur dann wahr sein kann, wenn sie übereinstimmt mit allen andern wahren Behauptungen."[201]. Dieses auf einen Kohärenzbegriff der Wahrheit hinauslaufende Verständnis, das unten noch eingehender geklärt werden soll, erweist sich als erkenntnisleitend für die These, daß "in der umfassenden Sinntotalität...Sinn und Wahrheit in eins [fallen]" (WuT 220). Auch wenn sich in der sprachanalytischen Diskussion um den Sinnbegriff ein referentielles (Frege, Russel), intentionales (Husserl) und kontextuelles (Schleiermacher, Dilthey, Wittgenstein) Verständnis herausgebildet haben, ist eine strikte Unterscheidung von Sinn und Bedeutung im Satz nicht mehr möglich, weil implizit jeder höhere Sinnkontext schon im einfachsten Satz mitgegeben ist: "Daraus folgt, daß keine Sinneinheit und keine Sinnerfahrung autonom in sich ruht. Alle speziellen Bedeutungen sind abhängig von einer letztumfassenden Bedeutungstotalität, in der alle Einzelbedeutungen miteinander vermittelt sind in einem umfassenden Sinnganzen" (WuT 216), auch wenn dieses ungesagt und problematisch ist.

Das sprachanalytische Phänomen der "unbestimmten Allgemeinheit von Sprachsymbolen" (WuT 100) hat seine erkenntnisbiologische und -anthropologische Grundlage in der triebentlasteten Konstitution des Menschseins und der darin liegenden Eigenart der Fähigkeit zum objektivierenden Vorstellen[202]. Die Relativität jeder einzelnen Sinnerfahrung und die Geschichtlichkeit erfaßter Bedeutungszusammenhänge hat schließlich zur Konsequenz, daß auch hermeneutisches Sinnverstehen vorläufigen, antizipativen, ja hypothetischen Charakter hat. So konvergieren nach Pannenberg Natur- und Geisteswissenschaften noch einmal in der Unabgeschlossenheit jeder Sinn- und Erkenntnisaussage und sind dennoch ausgerichtet auf die expliziten Sinntotalitäten der Religionen und Philosophien.

---

201 *Pannenberg*, Bedeutung 483f.

202 Pannenberg begründete diese These in seiner Anthropologie mit der philosophischen Anthropologie Schelers und Plessners, die die Sonderstellung des Menschen in seiner "Weltoffenheit" (Scheler, Gehlen) und "exzentrischen Position" (Plessner) zur Geltung bringt und die von Pannenberg theologisch gewendet wird: "Weltoffenheit des Menschen [bedeutet] letztlich eine Offenheit über die Welt hinaus..., so daß der eigentliche Sinn dieser Weltoffenheit richtiger als Gottoffenheit zu charakterisieren wäre, die den Blick auf die Welt im ganzen erst ermöglicht" (Anthropologie 66).

2.2.1.5 Theologie: Hermeneutik der Sinntotalität

Pannenbergs Wissenschaftstheorie beabsichtigt im Gespräch mit modernen Erfahrungswissenschaften und innertheologisch aufzuarbeitender Wissenschaftsgeschichte[203] den Wissenschaftsanspruch der Theologie neu zu begründen. An die protestantische Begriffsbildung seit Calixt und Schleiermacher anschließend versteht er Theologie zunächst als "Wissenschaft vom Christentum" (WuT 254), ohne die praxeologische Begründungsfigur mitzuvollziehen, die den Gegenstandsbereich der Theologie nicht direkt in der Rede von Gott, sondern in der Praxis der Kirche sieht. Gegen die immer wieder aufgetretene Gefahr der Verstrickung der Theologie in kirchliche und ideologische Interessen plädiert er für einen unmittelbaren Ausgangspunkt in der Gottesfrage. Sie ist implizit schon in jeder Einzelerfahrung als der "ungesagte Sinnhorizont" (Gadamer) mitgegeben, denn "der Gedanke einer Totalität der Wirklichkeit [ist] Bedingung aller Erfahrung überhaupt, Bedingung schon der Erfahrung von einzelnen Gegebenheiten" (WuT 312). In den Sinnentwürfen der Religionen wird solche Totalität ausdrücklich. Christentum steht somit im umfassenderen Kontext verschiedener religiöser Sinnentwürfe und kann ihre je eigentümliche Positivität als konkreter, historischer Religionen nur durchbrechen, wenn es sich auch reflexiv in den Rahmen einer "Religionswissenschaft" stellt, "und zwar nicht als Wissenschaft von der Religion überhaupt, sondern von den geschichtlichen Religionen" (WuT 317). Eine solche Religionswissenschaft arbeitet jedoch nicht mit den klassischen Methoden der Religionswissenschaften, sondern steht selbst unter dem sachlichen Horizont der "Selbstbekundung göttlicher Wirklichkeit" (WuT 317) und der in ihr angesagten Wahrheit. Konkreten Religionen geht der anthropologische und hermeneutische Grundakt der Sinnerfahrung schon voraus. Jeder Erlebnisakt ist bedingt durch eine ihn umfassende Totalität, die in der Philosophie thematisch wird (Gegenstand der Philosophie ist nach Pannenberg die Einheit der Wirklichkeit, die aber in ihr nicht als Gottesfrage explizit werden muß)[204]. Die Totalität von Welt wird nun in der Theologie als "Korrelat des Gottesgedankens", Gott selbst als "die einende Einheit der Totalität des Endlichen gedacht"[205].

---

203 Pannenberg führt in seiner Rekonstruktion des Theoriebegriffs der Theologie im wesentlichen drei Grundtypen der Theologie an: den aristotelisch-thomistischen Typus (Theologie als abgeleitete Wissenschaft), den skotistisch-lutherischen Typus (Theologie als praktische Wissenschaft) und den positiven Typus (Theologie als positive Wissenschaft); vgl. WuT 226-298.

204 Siehe WuT 70: "Philosophische Behauptungen betreffen ... immer die Wirklichkeit im ganzen, sei es die Totalität der Aspekte eines einzelnen Phänomens, sei es die Totalität alles Wirklichen als Kontext der Bedeutung jedes einzelnen." Ebd. 306: "An dieser Stelle, nämlich im Hinblick auf die einende Einheit alles Wirklichen, stellt sich für die Philosophie die Gottesfrage, die Frage nach der letztlich alles bestimmenden Wirklichkeit. Aber für die Philosophie ist die Gottesfrage eine letzte Frage."

205 *Pannenberg*, Bedeutung 490.

Allerdings anerkennt Pannenberg die Schwierigkeiten einer Konzeption der Wirklichkeit "sub ratione Dei" und schlägt darum im Anschluß an Poppers Hypothesenbegriff vor, "Gott" als "Problembegriff" (WuT 301) aufzufassen, der sich an der eigenen Implikation, alle Wirklichkeit zu bestimmen, zu bewähren hat (WuT 302). Überprüfbar kann die Wirklichkeit Gottes jedoch nur in seinem indirekten Selbsterweis sein, in der Prüfung der Mitgegebenheit Gottes in allen Gegenständen der Erfahrung, jedoch nicht mehr in der Erfahrung von Welt als solcher, "sondern nur auf dem Umweg über das Selbstverständnis des Menschen und sein *Verhältnis* zur Welt" (WuT 311). Daraus ergibt sich ein wesentlicher Bestimmungsaspekt: So wie alle Totalitätserfahrung nur in einem *Vorgriff* gegeben ist, ist auch die Wirklichkeit Gottes nur in "subjektiven Antizipationen der Totalität der Wirklichkeit, in Entwürfen der in aller einzelnen Erfahrung mitgesetzten Sinntotalität [mitgegeben], die ihrerseits geschichtlich sind, d.h. der Bestätigung oder Erschütterung durch den Fortgang der Erfahrung ausgesetzt bleiben" (WuT 312).[206]

Die Ausgesetztheit ihres Wahrheitsanspruchs macht nun gerade die Notwendigkeit ihrer Bewährung für die Erfahrung des Menschen aus. Pannenberg charakterisiert darum die Selbstbekundung Gottes in den menschlichen Sinnmodellen als ein "Selbstbedingen; ...denn es würde dem Gedanken Gottes als der alles bestimmenden Wirklichkeit widersprechen, wenn er anders als durch sich selbst zugänglich wäre" (WuT 313). Das Kriterium der Bewährung liegt so in der Fähigkeit religiöser Sinnerfassung, die Pluralität gegenwärtiger Erfahrung zu integrieren. Dieses Bewährungskriterium gilt ebenso für die Überlieferungstraditionen religiöser Systeme. Jede Antizipation steht unter einem geschichtlichen Vorbehalt. Sie ist Vorwegnahme noch nicht voll hergestellter Ganzheit. Will Theologie nicht wieder in ihre dogmatische Schuld zurückfallen, so hat nach Pannenberg *Geschichte* zum innersten Thema der Gotteserfahrung zu werden[207] und ihre Hypothesenbildung allgemeinen wissenschaftstheoretischen Forderungen zu genügen.

Im Rückgriff auf die lebhafte Diskussion zwischen H. Scholz[208] und K. Barth[209] will Pannenberg die drei Mindestforderungen von Scholz, nämlich das "Kohärenzpostulat" (Einheitlichkeit des Gegenstands einer

---

206 Trotz der Strittigkeit und Vorausgesetztheit des Gottesgedankens ist "als Problem...die Gottesfrage dem Menschsein des Menschen unveräußerlich" (Anthropologie 70). Eben das sucht seine Anthropologie aufzuweisen.

207 Daß die ursprünglich geschichtliche Thematisierung der Gottesoffenbarung in der religiösen Überlieferung der Kirche vergessen wurde, war vom griechischen Kosmosdenken verursacht. Geschichtlichkeit wurde als göttlicher Selbstbekundung gegenüber nur äußerlich gedacht. Pannenberg sieht aber in der Inhärenz von Gottesgedanken und Geschichte nicht bloß eine sachliche Korrektur, sondern eine wissenschaftsmethodologische Forderung: "Vielmehr ist von jeder Theorie heute zu fordern, daß ihre Selbstreflexion in ihren Begriff eingeht oder doch zumindest mit ihm vereinbar ist" (WuT 297).

208 *Scholz*, Theologie; *ders.*, Aussage (wieder veröffentlicht in: *Sauter*, Theologie 265-278).

209 *Barth*, Christliche Dogmatik 150-156; *ders.*, Kirchliche Dogmatik I, § 1.

Theorie), das "Satzpostulat" (Identität von Behauptung und Sachverhalt; Gültigkeit des Widerspruchprinzips) und das "Kontrollierbarkeitspostulat" (Überprüfungskriterien) für die Theologie wieder geltend machen. Das heißt für das Kohärenzprinzip, daß der Gegenstand der Theologie die "indirekte Selbstbekundung göttlicher Wirklichkeit in den antizipativen Erfahrungen" der Sinntotalität der Wirklichkeit ist, "auf die sich die Glaubensüberlieferungen der historischen Religionen beziehen" (WuT 330). Hinsichtlich des Satzpostulats beharrt Pannenberg auf dem kognitiven Behauptungscharakter theologischer Aussagen und fordert einen von theologischen Äußerungen unabhängigen Zugang zur Wirklichkeit Gottes aufgrund der impliziten Satzbedingung einer Unterscheidung von Sachverhalts und Aussage. An dieser Stelle muß jedoch der Kritik K. Füssels[210] recht gegeben werden, Pannenberg habe sich hierin noch nicht von der Fiktion sprachunabhängiger Wirklichkeit als Wahrheitskriterium gänzlich befreit.

Somit liegt das ganze Gewicht theologischer Aussagen auf dem Kontrollierbarkeitspostulat, das aber das strittigste angesichts der Souveränität Gottes ist. Doch ist diese Situation für Pannenberg nicht unüberwindlich, sind doch Überprüfungen von "Behauptungen...an ihren Implikationen" (WuT 335) oft auch in naturwissenschaftlichen oder historischen Hypothesen die einzigen Prüfungsmöglichkeiten. So gilt für die Theologie: "Behauptungen über göttliche Wirklichkeit und über göttliches Handeln lassen sich überprüfen an ihren Implikationen für das Verständnis der endlichen Wirklichkeit, sofern nämlich Gott als *die alles bestimmende Wirklichkeit* Gegenstand der Behauptung ist" (WuT 335). So sind theologische Aussagen aufgrund der Theorie der "gestuften Totalitäten" Hypothesen dritter Ordnung, insofern sie sich kritisch-reflexiv auf explizite religiöse Sinnentwürfe und deren Überlieferung beziehen, denen selbst Einzelerfahrungen zugrunde liegen, wo Totalität nur zur Bestimmung des einzelnen mitgegeben ist. Der Wahrheitsanspruch theologischer Theorien muß dem von Kuhn angeführten Kriterium der fruchtbaren Ordnung des Gegenstandsbereichs genügen und sich an ihm

---

210 *Füssel*, Diskussion 420. Vgl. dazu auch *Puntel*, Wissenschaftstheorie, der Pannenberg grundsätzlich zustimmt, auf die Einseitigkeit der Formulierung allerdings aufmerksam macht: "Die genannte Unterschiedenheit ist nur die eine Seite eines sehr komplexen 'Vorgangs', dessen andere Seite eben die Identität von Behauptung und Sachverhalt ist" (ebd. 288). In diesem Zusammenhang ist auch eine Anfrage an die These einer "unmittelbaren Erfahrung von Gott" (WuT 303) zu stellen, die Pannenberg der subjektiven Erfahrung zugesteht, indem er allerdings für ihren allgemeinen Gültigkeitsanspruch intersubjektive Überprüfbarkeit beansprucht. Soll das Verhältnis von Glaubensgemeinschaft und einzelnen Offenbarungsträgern nicht autoritär gedacht werden, so muß der hier von Pannenberg verwendete Erfahrungsbegriff entscheidend präzisiert werden, und zwar auf dem Hintergrund seiner eigenen Reflexionen zum Verhältnis religiöser Erfahrung und Offenbarungswahrheit (vgl. Grundfragen I 242: "die Behauptung der Unabhängigkeit religiöser und sittlicher Erfahrung von der theoretischen Vernunft ist äußerst problematisch, weil religiöse und sittliche Gehalte immer durch theoretisches Bewußtsein vermittelt sind").

bewähren. "Überlieferte Aussagen oder gegenwärtige Neuformulierungen bewähren sich dann, wenn sie den Sinnzusammenhang aller Wirklichkeitserfahrung differenzierter und überzeugender erschließen als andere" (WuT 347). Dabei bleibt auch für Pannenberg klar, daß Sinnentwürfe, die Gott selbst zum Thema haben, hinsichtlich ihres universellen Wahrheitsgehaltes logisch nicht erzwingbar sind und immer in Konkurrenz zu anderen "Antizipationen endgültiger Wahrheit" (WuT 347) stehen.

2.2.1.6 Wahrheit als Kohärenz[211]

Für die systematische Theologie ist die Wahrheitsfrage fundamental[212]. Die Überlegungen Pannenbergs zur Wahrheitsproblematik zeigen, daß sein universalgeschichtlich-eschatologisches, wissenschaftstheoretisches und hermeneutisches Denken im Begriff der Wahrheit als Kohärenz einen wichtigen Brennpunkt bildet. Im Rückgriff auf das alttestamentliche Wahrheitsverständnis[213], das prozeßhaft-dynamisch im endgültigen Erweis der in Israels Geschichte sich zeigenden Machttaten Gottes Geschichtlichkeit und eschatologische Zukünftigkeit in sich aufnimmt und somit radikal diametral einem auf zeitlose Sachidentität ausgerichteten griechischen Wahrheitsdenken entgegensteht, will Pannenberg diese beiden für den abendländischen Wahrheitsbegriff konstitutiven Auffassungen im Rahmen des neuzeitlichen Subjektivitätsdenken neu miteinander vermitteln. Denn mit der Neuzeit zerfällt durch die Glaubensspaltung und die Religionskriege die bis dahin unproblematische Plausibilität der Wahrheit des Christentums. So wurde eine fundamentale Krise des Wahrheitsbewußtseins ausgelöst[214]. Ihr begegnet Pannenberg mit einem radikal geschichtlich-antizipatorischen Verständnis von Wahrheit, das die *Zukünftigkeit* und *Vorläufigkeit* jeder Behauptung herausstreicht. Aufgrund der Korrelation des neuzeitlichen Geschichtsbewußtseins und des biblisch-eschatologischen Wirklichkeitsverständnisses will Pannenberg den "Begriff der Wahrheit selbst...wesentlich...als Geschichte...fassen"[215]. Die Geschichtlichkeit der Wahrheit findet ihren theologischen Grund in

---

211 Pannenberg formulierte seine Überlegungen zum Wahrheitsbegriff ausdrücklich in den Aufsätzen: Wahrheit, in: Grundfragen I 202-222; Geschichtlichkeit, in: Begegnung 31-43; Wahrheit, Gewißheit, Glaube, in: Grundfragen II 226-264. Überlegungen zur Wahrheitsproblematik selbst finden sich durchgängig im Werk Pannenbergs.

212 Vgl. WuT 16f; ST I 70: "Indem die christliche Lehre systematisch durch Beziehung all ihrer Einzelthemen zur Wirklichkeit Gottes und so als systematische Theologie zur Darstellung kommt, wird auch die Wahrheit der christlichen Lehre zum Thema. Denn alle Aussagen der christlichen Lehre haben ihre Wahrheit nur in Gott. Mit seiner Wirklichkeit stehen und fallen sie." Vgl. auch ebd. 90.

213 Vgl. Einleitung 1.2.1.

214 *Pannenberg,* Grundfragen II 266.

215 *Ders.,* Grundfragen I 117.

der Vorwegereignung des Eschatons in Jesus Christus - also letztlich im Gottesgedanken selbst - und hat ihre erkenntnistheoretische Bewährung in der Hermeneutik des Verstehens.

Der hypothetische Charakter jeder Aussage hat darin seinen Grund, daß jede Behauptung auf die endgültige Wahrheitsgestalt vorgreift. Solche endgültige Wahrheitsgeltung ist nur deshalb sinnvoll, weil in jedem Erkenntnisakt das Ganze der Wirklichkeit implizit vorweggenommen wird. Pannenbergs "eschatologisch orientierte Ontologie"[216] begreift darum konsequent die Frage nach dem Wesen des Seienden, also die endgültige Wahrheitsbehauptung desselben, "nur im Vorgriff auf seine Zukunft"[217]. Die in einer klassisch gewordenen Korrespondenztheorie der Wahrheit erfaßte Identität von Denken und Sein wird in der Folge eschatologisch gewendet, Wahrheit selbst zum "Thema der Eschatologie"[218]. Dennoch wird der Geltungsanspruch auf Wahrheit einer Aussage nicht in die radikale Skepsis einer Unentscheidbarkeit gehoben, sondern antizipativ-proleptisch[219] festgemacht, als "Vorschein des Endgültigen"[220] gedacht.

Die für das Offenbarungsgeschehen fundamentale Kategorie der Prolepse weist über ihren biblischen Sachverhalt hinaus auf die fundamentale Struktur von Erkennen und Sprache überhaupt. So wie die in der israelitischen Geschichte auf Endgültigkeit hin offenen Konkretisierungen des Heilshandelns Gottes, so ist jede Aussage über Welt, Mensch, Geschichte und Gott in die endgültige Kohärenz des Ganzen allen Erkennens und Geschehens verwiesen.[221]

---

216 *Eicher*, Offenbarung 453.

217 *Pannenberg*, Grundfragen I 147; vgl. auch ebd. 219: "Was eine Sache ist, das entscheidet sich erst an ihrer Zukunft durch das, was aus ihr wird."

218 Ebd.

219 Zum proleptischen Denkstil Pannenbergs vgl. *R.D. Pasquariello*, Pannenberg's Philosophical Foundations, in: JR 56 (1976) 338-347.

220 *Pannenberg*, Grundfragen I 151.

221 Das ist der Wahrheitsgrund für das Geschehen des Wortes Gottes im Glauben an und Verkünden von Jesus Christus, der seine Kraft aus dem bezeugten Ostergeschehen bezieht und das Unterscheidungskriterium von christlicher und mythischer Gottrede ist: "In der Sicht der biblischen Überlieferungen im Unterschied zur mythischen Weltauffassung vollendet sich diese Wahrheit über Mensch und Welt erst in ihrer Zukunft. ... Erst...im Ostergeschehen...wird erkennbar, daß durch Jesus Gott selbst geredet hat, nun aber in solcher Endgültigkeit, daß Wort Gottes fortan nur noch Bericht von dem durch Jesus Geschehenen sein kann. Das aber bedeutet, daß die menschliche Sprache im christlichen Glauben ihre mythische Mächtigkeit verliert. Sie verliert damit nicht ihre religiöse Tiefendimension, wohl aber die unmittelbare, inspirierte Einheit mit der göttlichen Wahrheit" (Anthropologie 384f). So bleibt die Wahrheit jeder Gottrede radikal dem Bewährungsgeschehen solange ausgesetzt, bis die Zukunft Gottes, das Eschaton selbst, angebrochen ist, ohne ihre reale Gegenwartsbedeutung einzubüßen: "Die antizipierte Zukunft ist in ihrer Antizipation schon präsent, immer unter der Voraussetzung des Eintretens der eschatologischen Zukunft der Gottesherrschaft und der Auferstehung der Toten. Tritt diese Zukunft nicht ein, so ist ihre Antizipation nur prophetischer Enthusiasmus gewesen. Die Antizipation ist also immer mehrdeutig, und ihre wahre

Je mehr Pannenberg die wissenschaftstheoretische Diskussion in seinen theologischen Ansatz einarbeitet, umso entschiedener faßt er seinen Wahrheitsbegriff im Kohärenzmodell der Wahrheit[222]. In ihm ist die Wahrheit des Ganzen Kriterium für die Wahrheit singulärer Behauptungen und Legitimation systematischen Denkens[223]. Auch wenn dieses Ganze selbst nur antizipativ gegeben ist, ist es notwendig, um überhaupt den Begriff der Einheit des Wissens sinnvoll verwenden zu können; er ist aber immer schon erkenntnisleitend in jeder methodischen Herausbildung von Wissen. Pannenbergs Aufnahme der Kohärenztheorie bedeutet jedoch nicht, daß die klassische Korrespondenztheorie von Wahrheit und die derzeit gängige Konsenstheorie ausgeschieden, sondern daß sie einander zugeordnet werden. Der Korrespondenzaspekt bleibt für die *Behauptungs*qualität von Aussagen konstitutiv, "ohne dieses Moment läßt sich der Begriff der Behauptung nicht denken und ebenso wenig der der Wissenschaft" (WuT 42f). Strikt lehnt er aber eine Reduktion der Korrespondenztheorie auf eine Konsenstheorie ab, in welcher das Wahrheitskriterium von einem intersubjektiv zustande gebrachten Konsens abhängt. Seine Begründung lautet: eine reine Konsenstheorie sei unfähig, "den Unterschied zwischen dem Wahrheitskonsens und einer herrschenden Konvention zu bezeichnen" (WuT 42f)[224]. Jedoch gehört der

---

Bedeutung hängt ab vom künftigen Ausgang des Erfahrungsprozesses" (Metaphysik 70).

222 Einen Überblick über Wahrheitstheorien bietet: *Puntel*, Wahrheitstheorien; *ders. (Hg.)*, Wahrheitsbegriff. Grundlegend für die Kohärenztheorie ist *Rescher*, Theory. Vgl. auch die Einleitung dieser Arbeit (1.1.3).

223 Vgl. *Pannenberg*, Bedeutung 484.

224 Pannenberg hat gegen die Konsensustheorie der Wahrheit immer wieder denselben, nicht sehr überzeugenden Einwand gebracht, daß diese Theorie unfähig sei, "den Unterschied zwischen dem Wahrheitskonsens und einer herrschenden Konvention zu bezeichnen" (WuT 43). Die von Habermas angeführte Bedingung, daß nur ein unter idealen Diskursbedingungen zustande gekommener Konsens ein wahrer Konsens sei, wird von Pannenberg nicht akzeptiert, weil sie "einen unhistorisch-naturalistischen Begriff von menschlicher Rationalität" voraussetzt, "der einer Projektion ideal gelingender Konvention entspricht, die aber auch im 'herrschaftsfreien Dialog' noch Konvention und hinsichtlich ihrer Sachwahrheit problematisch bliebe" (ebd.). Dieser Einwand vermag insofern nicht zu überzeugen, als Pannenberg die illokutive Struktur jeder Aussage durchgängig unterschätzt, bzw. gegen sie den propositionalen Gehalt von Aussagen aufrechnet, so daß die *Gleichwertigkeit* von *propositionaler* und *illokutionärer* Dimension nicht gewahrt bleibt; allerdings betont Pannenberg diese Ungleichheit gezielt, weil für ihn "das Konstatieren keine Handlung" (Anthropologie 357f) ist; dieser Behauptung liegt Pannenbergs Auffassung zugrunde, die Sprechakttheorie habe die Funktion der Sprache auf "Mitteilung" reduziert, diese aber sei nur durch das "Medium der Darstellung" (ebd. 359) möglich. Daß der sprachliche Vorgang des Behauptens kein Sprechakt sei, sondern performative Handlung wie das Versprechen oder die Taufe, ist nun aber keineswegs einsichtig, denn auch die alltägliche Behauptung, die aussagt, "wie es ist", will gerade eine *wahre* Aussage sein, auch wenn sie nicht in der grammatischen Form "Ich behaupte, daß..." auftritt. Eben deshalb spricht die Diskurstheorie von einem "Hintergrundkonsens": Das alltägliche Konstatieren unterstellt nämlich in den meisten Fällen schon, daß der implizite Wahrheitsanspruch als *eingelöst* betrachtet werden kann, während performative Sprechakte

Konsens- wie der Korrespondenzaspekt zum Wahrheitsbegriff, und beide lassen sich in der "Sinnerfahrung" integrieren.

Der Vorläufigkeit aller Aussagen entspricht schließlich die von Popper hervorgehobene *hypothetische Struktur* aller wissenschaftlich relevanten Behauptungen[225], womit auch von der Wissenschaftstheorie her ein antizipatorisches Wahrheitsverständnis theologisch umgesetzt werden kann: So gilt dann für den Begriff von Offenbarung, daß die in Jesus angesagte endgültige Herrschaft Gottes der geschichtlichen Bewahrheitung ausgeliefert wird, daß darum auch immer der Gottesbegriff strittig bleibt und sich die alle Geschichte bestimmende Macht jeweils durch gelingende Sinnintegration aller Erfahrungen zu bewähren hat. Ebenso gilt diese Bewährungsstruktur und Vorläufigkeit für die im Glauben ausgesagten Bekenntnisse und für die durch Theologie gewonnenen Systematisierungen[226], deren Wahrheitsanspruch in der Erklärungsfunktion (prinzipieller Modellcharakter) erfahrener Realität liegt[227], die Kohärenz der systematischen Entfaltung tatsächlich die Realität von Welt, Mensch und Geschichte darstellt und zwar "in der Funktion antizipierender Darstellung der Wahrheit Gottes"[228].

In diesem Entwurf liegt die *Möglichkeit* des Wahrheitsanspruchs theologischer Aussagen letztlich weder in deren Kohärenz noch Diskursivität als solcher, sondern in deren Herkünftigkeit von Gottes offenbarendem Selbsterweis.

---

auch beim Sprecher explizit den Handlungsaspekt zum Ausdruck bringen müssen (Ich verspreche, daß...), weil der Anspruch erst eingelöst werden muß. Weiters ist fraglich, ob sich angesichts der Sprechakttheorie die These Pannenbergs, Sprechen sei eine "zweckentlastete Tätigkeit" (ebd. 354), aufrechterhalten läßt, zumal das von ihm dargestellte Phänomen der Struktur des Miteinanderredens selbst ein der alltäglichen Kommunikation enthobenes "Ideal" darstellt (vgl. ebd. 350-365). Zudem wird Pannenbergs eigene proleptisch-antizipative Begründungsfigur auf dem Hintergrund eines Projektionsverdachtes in der Habermasschen Position haltlos, ist doch der in die Gegenwart projizierte eschatologische Horizont selbst Bedingung für den Wahrheitsgehalt jeder Aussage. Vgl. zu dieser Problematik auch die Ausführungen unten in 4.1.2 u. 4.2.

225 Neuerdings hat Pannenberg diesen Gesichtspunkt auch auf die Struktur metaphysischer Aussagen ausgedehnt: Vgl. Metaphysik 68: "Metaphysische...Denkform wird...eher die Antizipation als der Begriff im Sinne der klassischen Metaphysik sein. Genauer gesagt: Der philosophische Begriff selbst wird sich als Antizipation darstellen... Auch metaphysische Aussagen sind in diesen Sinne als hypothetisch und antizipativ, nämlich als auf die Wirklichkeit im ganzen bezogene Hypothesen, *world hypotheses* (St. Pepper), dargestellt worden. ... Metaphysische Reflexion wird sich aber vor allem auch auf die Struktur von Antizipationen und ihr Wahrheitsverhältnis richten..."

226 Vgl. Grundfragen I 173-180, und: Wie wahr ist Reden von Gott?

227 Vgl. ST I 71.

228 Ebd.

2.2.2 Helmut Peukert: Wahrheit durch kommunikatives Handeln

H. Peukert[229] ging in seiner wissenschaftstheoretischen Begründung von Theologie sowohl sachlich als auch methodisch einen anderen Weg als Pannenberg. Wiewohl er transzendentalhermeneutisch ansetzt, verbleibt er nicht ihm Rahmen hermeneutischer Grundlagenreflexion. Ihm dient eine kommunikationstheoretisch entworfene Handlungstheorie als fundamentale Theologie, transformiert dabei aber diese Handlungstheorie theologisch, wie schon Pannenberg Hermeneutik und Universalgeschichte als letztlich theologische Kategorien geltend machte. Im folgenden werden die inhaltlichen und methodischen Grundthesen Peukerts sowie sein Begriff von fundamentaler Theologie expliziert.

2.2.2.1 Konvergenz der wissenschaftstheoretischen Diskussion auf eine Theorie des kommunikativen Handelns

Theologie ist dem Urteil Peukerts zufolge mindestens durch zwei grundlegende Herausforderungen des 20. Jahrhunderts angesprochen, ihre wissenschaftstheoretische Grundlage "gleichsam vom Nullpunkt aus"[230] hinsichtlich ihres Gegenstandsbereichs und dessen methodischer Entfaltung zu entwickeln: Zum einen hat die wissenschaftstheoretische Kritik - beginnend mit Wittgensteins Tractatus - einen radikalen Höhepunkt an der Bestreitung der Möglichkeit von Theologie erreicht, zum anderen verbieten die extremen Leid- und Vernichtungserfahrungen, die Bedrohungsdimensionen von Selbstvernichtung und Manipulation, daß Theologie diese Grunderfahrungen aus ihrem Diskurs ausspart[231]. Die Rekonstruktion des wissenschaftstheoretischen Diskussionsprozesses hat dabei systematische Bedeutung für die Theologie, zeigt sie doch eine "gewisse Konvergenz"[232] in Richtung einer Theorie kommunikativen Handelns als Basistheorie wissenschaftlicher Rationalität an.

In "dialektischer Grenzreflexion"[233] wird der innere, sich selbst überbietende und korrigierende Argumentationsverlauf des einheitswissenschaftlichen Programms eines logischen Positivismus nachgezeichnet, um die markanten Bruchlinien der Selbstkorrektur aufgrund der auftretenden Aporien einsehbar zu machen: Diese liegen nach Peukert in folgenden Bereichen:

229 Peukerts Hauptwerk "Wissenschaftstheorie, Handlungstheorie, Fundamentale Theologie" wird nach der Suhrkamp-Ausgabe (Frankfurt/M. 1978) zitiert unter der Sigle WHFTh.

230 WHFTh 79.

231 Vgl. *Peukert*, Fundamentaltheologie 16-25. Vgl. auch *ders.*, Kontingenzerfahrung.

232 WHFTh 17.

233 Ebd.

1) Mit der durch Gödels Untersuchungen zur Widerspruchsfreiheit logischer Systeme[234] ausgelösten Grundlagenkrise der Mathematik und Logik ist es nicht mehr möglich, eine absolut widerspruchsfreie und formal geschlossen zu begründende Logik zu entwickeln; mit der Einführung der Unterscheidung von Objekt- und Metasprache (vgl. Tarski[235]) hebt sich der ständige Rekurs auf Metasprachen selbst auf, so daß "schließlich die gewachsene Alltags- und Umgangssprache als letzte Metasprache verwendet und auf eine bestehende kommunikative Praxis zurückgegangen werden muß"[236].
2) Ebenso zeigen die wissenschaftstheoretischen Untersuchungen zur "Logik der Forschung" und zum Status empirischer Theorien den unhintergehbaren sprachlichen und handlungsrelevanten Horizont[237] an, innerhalb dessen sich Wissenschafter über den Gegenstandsbereich, über Grundbegriffe und Methoden bzw. Verfahren einigen müssen. Das aber ist nicht mehr ein syntaktisch-semantischer Klärungsvorgang zwischen Beobachtungs- und Theoriesprache, sondern stellt einen *pragmatischen Akt* der Forschergemeinschaft dar. Die Nichthaltbarkeit des Verifikationskriteriums, die bleibende Differenz zwischen Empirie und Theorie, schließlich der Rekurs Kuhns auf die Geschichte der Forschungslogik markieren eine Konvergenz mit dem hermeneutischen Grundaxiom "Vorverständnis - Interpretation", mit der konstitutiven Bedeutung *geschichtlicher Offenheit* für den Forschungsfortschritt.
3) Ist die Begründung wissenschaftlicher Theorien aus der Enge logisch-syntaktischer Modelle in die Dimensionen des Gesellschaftlich-Geschichtlichen vorgestoßen, werden Linguistik und Sozialwissenschaften[238] zum Testfall für die Möglichkeit, auf pragmatischer Basis wissenschaftliche Rationalität mittels sprachlich rekonstruktiver Methoden einsehbar und generierbar zu machen: Grundprobleme der Wissenschaftstheorie transformierten sich zu Grundfragen einer Theorie des kommunikativen Handelns[239], die folglich auch den Problemlösungsdruck übertragen be-

---

234 *K. Gödel*, Über formal unentscheidbare Sätze der Principia Mathematica und verwandter Systeme, in: Monatshefte für Mathematik und Physik 38 (1931) 173-198. Vgl. dazu: *Peukert*, Systemtheorie.

235 Vgl. *Tarski*, Konzeption, der gezeigt hat, daß die Prüfung des Wahrheitsanspruchs von Aussagen nur metatheoretisch geklärt werden kann. Zum Kontext dieser Unterscheidung siehe oben die Einleitung.

236 WHFTh 103.

237 Vgl. *Peukert*, Frage 67: "Der Zusammenhang zwischen Basissätzen, theoretischen Begriffen, Theoriesprache, Einzeltheorien und Theoriensysteme erweist sich damit nicht als starres System, sondern als ein dynamisches Gebilde von Handlungen, die sich gegenseitig beeinflussen und eine Art schwebendes Gleichgewicht im Konsens der Forscher erreichen müssen."

238 Vgl. ebd. 160-220. Dieser Rekurs auf die pragmatische Ebene zeigt sich sowohl in der Spätphilosophie *Wittgensteins* (Untersuchungen), der Sprechakttheorie *Austins* (Theorie) und *Searles* (Sprechakte) wie in der wissenschaftsgeschichtlichen Erörterung von *Kuhn* (Struktur).

239 Im Übergang von einer am Rollenhandeln orientierten Interaktionstheorie (vgl. *T. Parsons*, The Social System, New York-London 1961), die sich mit sozialpsychologischen, psychoanalytischen, systemkybernetischen und gesellschaftstheoreti-

kommt. Denn die Vielfalt linguistischer Ansätze, den Grundakt der Sprachkompetenz (Chomsky) zu erklären, lief ebenso auf ein Forschungsprogramm hinaus, das die interaktiven Dimensionen im Erwerb der Sprachfähigkeit berücksichtigt[240], wie der sozialwissenschaftliche Grundlagenstreit nicht darüber hinwegkam, *Interaktion* als Subjekt und Gesellschaft konstituierenden Grundvorgang zu erklären. Die Einsicht in den Grundvorgang von Interaktion mußte damit auch den Status sozialwissenschaftlicher Methoden prägen[241].
4) Gegen einen behavioristischen Handlungsbegriff, der die grundsätzliche Freiheit sprechender Subjekte nicht mehr gewährleistet, hat Peukert durchgängig die Relevanz *innovatorischer Sprechakte* hervorgehoben, die durch das Medium *Sprache* normativ gewordene Sprachspiele kritisch hinterfragen und aufheben.

Peukerts Rekonstruktion der Grundfragen nach Wissenschaft, Theorie, Rationalität, Identität und Intersubjektivität (Sozialität) auf interdisziplinärer Basis richtet sich auf eine "Theorie nicht verdinglichter und nicht sich selbst entfremdeter menschlicher Interaktion" hin aus, "die zugleich als Basistheorie für Naturwissenschaften und Sozialwissenschaften im weitesten Sinn gelten kann."[242] Der Aufweisprozeß dieses Ergebnisses ergibt sich trotz der nichtsynthetisierten Vielfalt linguistischer und sozialwissenschaftlicher Theorien notwendig, weil sich methodologisch alle Ansätze in innere Aporien verstrickt haben.

Für eine handlungstheoretisch begründete Theorie der Rationalität ergeben sich daher folgende Strukturmerkmale: Handlungstheorie als Theorie kommunikativer Praxis stellte also jene Grundtheorie dar, die
a) ihren Gegenstandsbereich sowohl empirisch als auch transzendentalsynthetisch erfaßt,

---

schen Theoriemodellen verband, zu einer Kommunikationstheorie als Gesellschaftstheorie (Habermas), macht Peukert folgende konkurrierende Modelle geltend: a) die marxistische Gesellschaftstheorie, die Sprache von vorgängig herrschaftlich strukturierten Individuations- und Sozialisationsbedingungen bestimmt sieht, die Kritik an Gesellschaft selber aber einer offensichtlich ideologiefreien Sprachdimension zu verdanken hat, und b) die Systemtheorie Luhmanns, die aber von Peukert wegen der Selbstwidersprüchlichkeit der Theorie nicht akzeptiert wird, da seit dem mathematischen Grundlagenstreit klar ist, "daß formale Systeme nur in intersubjektiv nachvollziehbaren Handlungen begründet und legitimiert werden können" (WHFTh 208).

240 "Die Sprechakttheorie und im Anschluß daran die pragmatische Forschung haben herausgestellt, daß eine Analyse sprachlichen Handelns und Interagierens den Anschluß einer soziologischen, die gesellschaftliche Dimension sprachlichen Handelns erschließenden Interaktionstheorie notwendig macht" (WHFTh 190). Daß Peukert die Problematik des Regelentsprechens einer Sprechakttheorie kritisch hinterfragt, zeigt sein ständiges Insistieren auf der Bedeutung "innovativer Sprechakte", die nicht konventionalistisch erklärt werden können (vgl. ebd. 188). Vgl. weiters: *Böhler*, Pragmatik 217-232, bes. 229-232.

241 Vgl. WHFTh 211: "Eine Basistheorie der Sozialwissenschaften scheint also nur denkbar zu sein, wenn sie als Interaktionstheorie, als Gesellschaftstheorie und als Geschichtstheorie *zugleich* entwickelt wird."

242 Ebd. 199.

b) die gegenseitige Konstitution von Subjekten in Interaktion auch als Konstitutionslogik für Natur- und Sozialwissenschaften geltend macht,
c) die Weltkonstitution und den Objektivierungsvorgang aus der reziproken intersubjektiven Setzung von Subjekten erklärt,
d) Sprache[243], der Schnittpunkt aller interdisziplinärer Forschung, als evolutionsgeschichtliches Phänomen par excellence herausstellt und deren medial-transzendentale Struktur für den Prozeß "geschichtlicher Selbstaufklärung und Selbstveränderung in der kommunikativen Praxis"[244] darlegt,
e) konventions- und ideologiekritisch den Grundvorgang natur- und sozialwissenschaftlicher Theoriebildung aus je schon vorgängiger kommunikativer Praxis selbstreflexiv und orientierungsanleitend aufklärt,
f) die Rationalität des wissenschaftlichen Fortschritts gegen eine darwinistisch rekonstruierte Wissenschaftsgeschichte als legitimen, selbstkorrektiven Prozeß begreift,
g) ihre eigene Geschichte sowohl phylo- als auch ontogenetisch nachzuzeichnen fähig ist,
h) ihren Theorie-Praxis-Zirkel aus der kommunikativen und selbstreflexiven Praxis selbst herleitet und darum fähig ist, Einweisung für den Vollzug reflexiver Selbstveränderung von Subjekten in Kommunikation zu sein.[245]

Aufgrund dieser schier unlösbaren Erklärungslast ist eine Theorie kommunikativen Handelns demnach auch ein mehr "negativ umgrenztes offenes Feld"[246] als ein genaues Forschungsprogramm. Dennoch hat sie exakt umschriebene Strukturmomente, was ihren Begriff, ihren Status, ihre Methode anlangt. Insofern kommunikatives Handeln ein intentionales Sichverhalten von Subjekten in Sprechhandlungen zueinander bedeutet, ist dieses Handeln sprachlich vermitteltes, selbsterhellendes und situationsveränderndes Handeln; ein Handeln, das eine gemeinsame Wirklichkeit generiert, zeitlich strukturiert und geschichtlich-gesellschaftlich mitbedingt ist, ohne davon determiniert zu sein, weil Umgangssprache ihre eigene Metasprache mit sich führt, wodurch kommunikatives Handeln als reflexives und revidierbares Handeln fähig wird, vielfältige Formen von Entfremdung und Instrumentalisierung aufzudecken. Solches Handeln ist sogar wegen seiner kreativen Innovationsdimension intersubjektive Eröffnung neuer Lebensmöglichkeiten; schließlich, was den normativen Kern dieses Handelns ausmacht, ermöglicht kommunikatives Handeln Freiheit: "durch die gegenseitig zugemutete

243 "Sprache in diesem Sinn könnte dann, und damit wären die Erwartungen und Forderungen des logischen Positivismus übertroffen, die mögliche Sphäre universaler wahrheitsfähiger Verständigung und wahrheitsfähigen Fortschritts im wissenschaftlichen und im allgemeinen Bereich kommunikativen Handelns sein" (ebd. 225).

244 Ebd. 254.

245 Vgl. ebd. 252-255.

246 Ebd. 252.

und zugestandene Freiheit anerkennen sich die Handelnden gegenseitig als freie solidarische Subjekte."[247]

2.2.2.2 Die Aporie kommunikativen Handelns

Eine solche empirisch-transzendentale Konstitutionstheorie von Subjekten und von Gesellschaft, die eine kognitive, sprachliche und interaktive Kompetenz aus kommunikativen Handlungen zu klären hat, wurde vor allem J. Habermas[248] entwickelt. Er hat dazu sowohl entwicklungs- und sozialpsychologische als auch sprachanalytische Ansätze zu einer Theorie der Universalpragmatik verarbeitet. Dabei kommt G.H. Meads[249] Individuationstheorie erstrangige Bedeutung zu, insofern die "Lautgebärde" als "signifikantes Symbol" die Möglichkeit zu einem intersubjektiven Erwartungs- und Reaktionsmechanismus darstellt und dadurch "egalitäre, reziprok verstandene...Konstitution von Wirklichkeit"[250] herstellt. Weiters übernimmt die genetische Erkenntnistheorie von J. Piaget[251] eine tragende Bedeutung, weil die gegenstandskonstitutiven Kategorien (Objekt, Raum, Zeit...) nicht mehr aus apriorischen, sondern aus empirisch einsehbaren Entwicklungsprozessen zur Herausbildung der kognitiven Kompetenz erklärt werden. Normative Dimensionen entfaltet eine Theorie des kommunikativen Handelns deshalb, weil es um Erklärungen bezüglich des Lernens situationsgerechten Verhaltens von Subjekten gegenüber Rollenerwartungen (ohne daß dabei ein Identitätsverlust in Kauf genommen werden muß), des Kooperationsprinzips als Grundvoraussetzung für gelingende Interaktion sowie der stufenstrukturierten Entwicklung des moralischen Urteils (L. Kohlberg[252]) geht. Auf dieser Ebene liegt nach Peukert die "*Kernstruktur*" kommunikativen Handelns: Sie besteht in der "gegenseitigen Anerkennung der Kommunikationspartner in ihrer verpflichtenden Gleichberechtigung durch alle Dimensio-

---

247 Ebd. 259.

248 *Habermas*: Bemerkungen; Notizen; Universalpragmatik.

249 *G.H. Mead*, Geist, Identität und Gesellschaft, Frankfurt/M. 1973 (Chicago 1934). Vgl. dazu: *K. Raiser*, Identität und Sozialität. G.H. Meads Theorie der Interaktion und ihre Bedeutung für die theologische Anthropologie, München 1971; *H. Joas*, Praktische Intersubjektivität. Die Entwicklung des Werkes von G.H. Meads, Frankfurt/M. 1988; *ders. (Hg.)*, Das Problem der Intersubjektivität. Beiträge zum Werk G.H. Meads, Frankfurt/M. 1985; *Habermas*, Theorie des kommunikativen Handelns II 23-68; *ders.*, Denken 187-241.

250 WHFTh 270.

251 *J. Piaget*: Das Erwachen der Intelligenz beim Kinde, Stuttgart 1969; Der Aufbau der Wirklichkeit beim Kinde, Stuttgart 1974; Einführung in die genetische Erkenntnistheorie, Frankfurt/M. 1973.

252 *L. Kohlberg*, Stages in the Development of Moral Thought and Action, New York 1969; *ders.*, From Is to Ought, in: Th. Mischel (Hg.), Cognitive Development and Epistemology, New York 1971, 151-236. Zur religionspädagogischen Relevanz Kohlbergs siehe: *B.F. Hofmann*, Kognitionspsychologische Stufentheorien und religiöses Lernen, Freiburg 1991.

nen der Kommunikation"[253]. Das allerdings sind je schon Idealisierungsleistungen, die als Selbstidentität, Solidarität und Universalität in jeder kommunikativen Praxis vorgreifend gesetzt und unterstellt werden.

Der Vorgriff auf eine unbegrenzte ideale Kommunikationsgemeinschaft als implizite Voraussetzung für egalitäres, den Gesprächspartner akzeptierendes und so auch sich selbst Freiheit und Subjektivität ermöglichendes Verhalten gerät nun aber nach Peukert wie alle anderen Fundamentaltheorien auch in eine letzte Aporie. Diese entsteht an der Frage, wie Freiheit geschichtlich realisierbar sei, wenn Freiheitsgeschichte doch nichts anderes zur Folge hatte als die Vernichtung gerade der solidarisch handelnden Menschen[254]. Dieser unüberwindbare Widerspruch muß jede Identität erschüttern, die in der Struktur kommunikativen Handelns die Möglichkeit reziproker und herrschaftsfreier Verhältnisse sieht. "Die eigene Existenz wird von der Solidarität her, der sie sich verdankt, zum Selbstwiderspruch. Die Bedingung ihrer eigenen Möglichkeit wird zu ihrer Zerstörung. Die Idee der 'vollkommenen Gerechtigkeit' kann nur noch zum Alptraum werden."[255] An dieser Stelle aber fordert Peukert im Anschluß an W. Benjamin eine theologische Transformation der Theorie kommunikativen Handelns, damit kommunikative Praxis als letzter, nichthintergehbarer Rahmen nicht defätistisch und resigniert verkommt.

2.2.2.3 Theologie: Theorie des kommunikativen Handelns Gottes

Hat sich innerhalb der Wissenschaftstheorie, der Theorie empirischer Wissenschaften und der Sozialwissenschaften eine "innere Wende zur 'Pragmatik'[256] abgezeichnet, die auf der Basis einer Kommunikationstheorie der Konstitution von wissenschaftlicher Rationalität, Welt, Subjektivität und Gesellschaft offensichtlich in den Gegenstandsbereich von Theologie verweist, so will Peukert auch von seiten der Theologie eine Konvergenz zur Pragmatik nachweisen.

---

253 WHFTh 273.

254 Peukert problematisiert hierin die "Aporie anamnetischer Solidarität" (WHFTh 300-310), weil die Idealisierungsleistungen kommunikativer Praxis auf deren geschichtliche Realisierung hinauslaufen, sich dabei aber die Frage stellt, ob am Punkt letzter Verwirklichung einer solidarisch-universalen Kommunikationsgemeinschaft die Geschichte und ihre Hekatomben von Opfern für eine solche Gemeinschaft vergessen werden müßten, um das Glück der Freiheit genießen zu können. Die Frage nach der Abgeschlossen- und Unabgeschlossenheit der Geschichte spitzte W. Benjamin in Auseinandersetzung mit M. Horkheimer in seinen geschichtsphilosophischen Thesen zu: Über den Begriff der Geschichte, in: Gesammelte Schriften I/2. Hg. R. Tiedemann u. H. Schweppenhäuser, Frankfurt/M. 1974, 691-704.

255 WHFTh 309.

256 Ebd. 76.

Drei für die Theologie des 20.Jahrhunderts paradigmatische Modelle verweisen a) in die nicht aufgebbare Erkenntnis des inneren Zusammenhangs von theologischer Rede und existentialem Selbstsein und Verstehen (Bultmann), b) in die fundamentale Relevanz des freien, liebenden Verhaltens gegenüber dem Nächsten durch einen "in Intersubjektivität vollzogenen Vorgriff auf eine absolute Zukunft"[257] (Rahner), c) in die unaufgebbare Verwiesenheit theologischer Rede auf Gesellschaft und Geschichte (Metz)[258]. Diese Ansätze verbleiben allerdings im hermeneutisch-dialektischen Reflexionsrahmen und können deshalb den geschichtlich-gesellschaftlich gewordenen Bedingungsstrukturen von Subjektivität und Gesellschaftlichkeit nicht gerecht werden. Durch die Bemühungen der angelsächsischen Theologie um eine Theorie der religiösen und theologischen Rede können die oben genannten theologischen Modelle ergänzt werden (Ramsay, Macquarrie, Hick, Evans u.a.), welche mit sprachphilosophischen und linguistischen Mitteln die "Wendung von Fragen der Syntax und Semantik zu Fragen der Pragmatik religiöser Sprache"[259] vollzogen haben.

Erst wenn geklärt ist, was eine religiöse Aussage ist, welche Wirklichkeitskonstitution sie trifft, welche Kriterien des Wahrheitsanspruchs sie anbietet, beginnt die eigentliche Arbeit der Neubegründung von Theologie, die sich zunächst gegen empirisch-analytische, kybernetische (Weizsäcker), systemtheoretische (Luhmann) und handlungstheoretische (Döbert, Habermas) Interpretationsmodelle von Religion auf metatheoretischem Niveau zu bewähren hat. Der Gang durch die Wissenschafts- und Handlungstheorie hat aber nun selbst gezeigt, daß kommunikatives Handeln aufgrund seiner normativen Kernstrukturen (Egalität, Reziprozität, universale Solidarität) an jene Aporien gelangt, wo die Fragen nach einer absoluten Freiheit als Möglichkeitsgrund universal-gelingender Kommunikation aufbrechen. Ebenso markiert die Erfahrung der Zeitlichkeit menschlichen Lebens, welche die Identität von Subjekten erst recht durch den Tod des anderen, bzw. die Vernichtung des Unschuldigen radikal herausfordert und zu brechen vermag, eine unabweisbare Grundfrage menschlicher Existenz.

Peukerts Vorschlag einer fundamentalen Theologie, die der wissenschaftstheoretischen Problemsicht nicht ausweicht, setzt darum folgende Bedingungen und Aufgaben für eine adäquate Lösungsstrategie:
1. Theologie hat analog zu den Konstitutionsverfahren von Formal-, Natur- und Humanwissenschaften ihren Gegenstandsbereich aus einem spezifisch für menschliche Praxis und Reflexion entscheidenden Erfahrungsausschnitt zu gewinnen.
2. Sie muß diese Wirklichkeit, die ihren Reflexionsgegenstand ausmacht, identifizierbar, unterscheidbar und benennbar machen.

---

257 Ebd. 54.
258 Vgl. ebd. 23-71.
259 *Peukert*, Einführung XVII; der Fragenkreis wird ebenso in WHFTh 232-240 erörtert.

3. Schließlich muß sie aufgrund ihres wissenschaftlichen Anspruches Regeln und Methoden zur Verständigung über solche Wirklichkeit bilden. Mit Peukert gesprochen, bedeutet das: "Fundamentaltheologie hätte also Auskunft zu geben über die Praxis, von der sie ausgeht, über die Erfahrungen, die in dieser Praxis gemacht werden, und über die Mitteilbarkeit und theoretische Formulierung dieser - wiederum praktisch relevanten - Erfahrungen."[260] Diese allgemeinen Bedingungen *entsprechen* dem Gegenstand der Theologie: Denn in der jüdisch-christlichen Tradition geht es genau um die Grenz-Wirklichkeit, die auch im Kontext kommunikativen Handelns aufgrund der Aporie drängend wird. Sie besteht in der untrüglichen Hoffnung auf ein universal-solidarisches Menschseins, das sich einer schöpferisch-kreativen und erlösend-befreienden Macht verdankt. Diese Erfahrung bricht aber gerade an den Grenzen der Existenzmöglichkeiten (Vernichtung, Unfreiheit) und in der Mitte kommunikativer Freiheit (Solidarität, Reziprozität) auf. Fundamentale Theologie kann darum als Theorie kommunikativen Handelns entwickelt werden, die den existenzerschütternden Grenzsituationen standhält. In den konstitutiven Lebens- und Glaubenserfahrungen eines bestimmten Volkes und einer konkreten Biographie (Jesus von Nazaret), die zum Grund für eine neue Nachfolgegemeinschaft wird, werden Dimensionen offenbar, die ein solidarisch-anamnetisches Leben möglich machen. Denn inmitten des bedrohten Lebens und der Vernichtung der Armen und Unschuldigen zeigt sich eine Wirklichkeit, die als rettender Zuspruch und als verzeihende Liebe die Identität von Subjekten schafft und erhält.[261]

Der konzentrierte Blick Peukerts auf zentrale Grundereignisse der jüdisch-christlichen Tradition (Exoduserfahrung, Krisensituation individueller und kollektiver Bedrohung bzw. Vernichtung, Jesu praktische Ansage des Reiches Gottes, sein gewaltsamer Tod und seine Auferstehung) zeigt somit jene kommunikative Wirklichkeitserfahrung auf, wo von Gott als sich erschließender Geschichts- und Heilsmacht geredet werden kann. Wie schon bei Pannenberg besteht auch bei Peukert die Möglichkeit einer Glaubensrede in einem Vorgriff:

> "Im solidarischen, zeitlichen, auf den Tod zugehenden kommunikativen Handeln wird vorgegriffen auf eine Wirklichkeit, von der durch den eigenen praktischen Vollzug behauptet wird, daß sie den anderen retten kann und rettet. Der Vollzug der eigenen Existenz im kommunikativen Handeln ist dann faktisch, im Handeln, die Behauptung einer Wirklichkeit, die den anderen nicht einfach zu einem schon überholten Faktum werden läßt. ... Diese im kommunikativen Handeln erschlossene Wirklichkeit, die als die rettende Wirklichkeit für den anderen und zugleich als die Wirklichkeit behauptet wird, die durch diese Rettung des anderen die eigene zeitliche, auf den Tod zugehende Existenz ermöglicht, muß als 'Gott' bezeichnet werden. Die Wirklichkeit Gottes wird also aus einer Situation kommunikativen Handelns, die letztlich unausweichlich ist, durch das kommunikative Handeln selbst *identifizierbar* und so *benennbar*. Damit ist die Grundsituation der

---

260 *Ders.*, Fundamentaltheologie 17.

261 Vgl. WHFTh 316.

Erschließung der Wirklichkeit Gottes und ihre Identifizierbarkeit und damit zugleich *der Ursprung einer möglichen Rede von Gott* angegeben."[262]

Theologie als Rede jener sich in radikalen Grenzbereichen menschlicher Existenz erschließenden Wirklichkeit verfehlt ihre Aufgabe, wenn sie ihre konstitutiven Handlungsdimensionen zugunsten einer universalen Gesamttheorie von Geschichte[263] verläßt. Sie ist somit auch Rede jenes kommunikativen Handelns, das angesichts der unausweichlichen Erfahrung des Zugehens auf den Tod diesen nicht als die Zerstörung intersubjektiv gewonnener und verdankter Identität begreift. In der Wirklichkeit des Todes wird nochmals die Präsenz jener Macht geglaubt, die auch der Grund jedes kommunikativen Handelns ist.

Schließlich ist Theologie anamnetisch-solidarische Erinnerung, die die Vernichteten der Geschichte nicht der Vergessenheit einer evolutiven Menschheitsgeschichte anheimgibt, sondern ihre Rettung hoffend bezeugt.

Auch wenn Theologie als Theorie einer *praktischen Behauptung Gottes*, der die "*Wirklichkeit für den anderen*"[264] ist, Mißverständnisse auslösen könnte, weil sie sich scheinbar dieser Wirklichkeit sprachlich bemächtigt, bleibt die Wirklichkeit Gottes unverfügbar frei; Theologie kann nur so "Theologie der freien Selbstmitteilung und damit eine Theologie der Gnade"[265] sein, will sie sich als Glaubensreflexion des unverfügbaren Rettungsgeschehens Jesu in der Auferweckung verstehen: "Eine Theologie der Auferweckung, die die Behauptungen Jesu in seinem kommunikativen Handeln ernst nimmt und als ermöglichenden Grund und zugleich als Maßstab des eigenen Handelns begreift, kann letztlich nur als Theorie der Geschichte und Theorie der Gesellschaft entwickelt werden."[266]

An dieser Stelle wäre somit wieder jener Kontext erreicht, der sich auch schon für Formal-, Natur- und Humanwissenschaften ergeben hat: sie verweisen auf die "Grundlegung einer neuen Anthropologie"[267], deren gemeinsamer Nenner die Sprach- und Kommunikationsfähigkeit des Menschen ist, die Sozialität und Geschichte eröffnet. Freilich muß heute rigoros eingesehen werden, "daß ein Denken der Totalbegründung weder für die Wissenschaften noch für die Theologie erreichbar ist"; dennoch "kann Sprache der Ort sein, an dem der Ursprung einer Initiative erfahren wird, die einen größeren Raum an Freiheit eröffnet

---

262 Ebd 342.

263 Darin zeigt sich der eigentliche Unterschied von Peukerts wissenschaftstheoretischer Begründung von Theologie gegenüber Pannenbergs Bemühungen (siehe oben 2.2.1): Schließt Pannenberg von der auch für ihn bedeutsamen Handlungsdimension auf eine vorgängige Sinnerschlossenheit, so destruiert Peukert diese auf dem Hintergrund radikaler Unsinn-Erfahrungen (Unfreiheit, Vernichtung) und redet erst dort von einer rettenden, Freiheit ermöglichenden transzendenten Wirklichkeit, um eine kritische Rede von Sinn zu gewinnen.

264 WHFTh, 327, Anm. 18.

265 Ebd., 349.

266 Ebd. 332.

267 *Peukert*, Einführung XX.

und verheißt"[268]. Konvergieren hierin alle Wissenschaften formal, besteht für Theologie der fundamentale Auftrag, ein dauerndes interdisziplinäres Gespräch mit ihnen kompetent und progressiv zu führen, damit "von einer Theorie menschlicher Gesamtpraxis her ... in einer Art dialektischer Grenzreflexion der Durchbruch zu dieser theologischen Dimension angezielt werden"[269] kann. Das heißt, theologische Aussagen bewähren sich dort, wo sie sich als fruchtbar erweisen, Problemdimensionen zu eröffnen, die im konkurrierenden Miteinander von Wissenschaften "Anstoß zur Produktion von Neuem"[270] geben.

Schließlich provoziert Peukerts handlungstheoretische Grundlegung der Theologie deren inneren Fächerkanon zur Neubegründung: Biblische, historische und praktische Theologie müßten neu formuliert werden auf dem Hintergrund linguistischer, sozial- und entwicklungspsychologischer, gesellschaftstheoretischer und historischer Erkenntnisse.[271]

2.2.2.4 Wahrheit als Konsens

Nach dem gerafften Überblick zu Peukerts wissenschafts- und handlungstheoretischer Studie stellt sich auch hier wiederum die Frage nach den wahrheitstheoretischen Implikationen. Peukert hat selbst keine explizite (theologische) Wahrheitstheorie entwickelt. Er steht bereits auf dem Boden einer zweifach - von der Ontologie zur Sprachphilosophie, von der Sprachphilosophie zur Handlungstheorie - transformierten philosophischen Begründungstheorie, die die ontologischen und normativen Strukturen erkennender und kommunizierender Subjekte in Welt und Kultur im evolutiv einmaligen Ereignis der Sprache erhellt. Die Kernstruktur des kommunikativen Handelns als sprachlich, kognitiv und normativ geöffnete Interaktions-Situation ergibt auch die Kriterien für die Gültigkeit von Aussagen über Sachverhaltsbehauptungen und Handlung normierende Orientierungen. Diese liegen im sozialpsychologischen Phänomen der Reziprozität der Interaktionspartner, die mittels signifikanter Symbole weltkonstituierende sprachliche Leistungen vollziehen und dabei Geltungsansprüche erheben. Für ein angemessenes Wahrheitsverständnis greift Peukert in seinem Entwurf auf Habermas' Pragmatik der Sprechakte[272] zurück. Diese besagt, daß in der Alltagskommunikation ein Bündel genau kategorisierbarer Geltungsansprüche mittels Aussagen

---

268 Ebd. XXIII.

269 *Peukert*, Fundamentaltheologie 24.

270 *Ders.*, Frage 71.

271 Die Fruchtbarkeit von Peukerts Ansatz zeigt die breite Rezeptionsgeschichte seines Programms, das er selbst auf einige andere Gebiete hin zu reflektieren versuchte: Vgl. *Ders.*, Sprache; Kontingenzerfahrung. Zur Peukert-Rezeption siehe: *Arens*, Bilanz.

272 *Habermas*, Bemerkungen; Legitimationsprobleme; Universalpragmatik. Siehe unten 4.1.2.

erhoben werden, die aufgrund ihrer kognitiven, regulativen und repräsentativ-expressiven Funktion in einer realen Kommunikationsgemeinschaft auf Zustimmung angewiesen sind. So erheben propositionale Sprechakte den Geltungsanspruch der Wahrheit, normative den der Richtigkeit, repräsentative den der Wahrhaftigkeit. Wegen der Doppelfunktion der Alltagssprache[273], in selbstreflexiver Einstellung strittig gewordene Geltungsansprüche diskursiv zu prüfen und argumentativ einem neuen Konsens zuzuführen, stellen somit die schon für einfache interaktive Leistungen vorausgesetzten Normen unhintergehbare Normen des Diskurses dar. In ihm wird die Suche nach Wahrheit handlungsentlastet verfolgt. Ebenso werden alle realen und virtuellen Dialogpartner radikal anerkannt. Dabei muß die Situation einer idealen Kommunikation sowie die Universalität der Kommunikationsgemeinschaft unterstellt und auf sie vorgegriffen werden. Sie ist kontrafaktische Bedingung für die reale Einlösung der in diesen Sprechakten erhobenen Ansprüche.

Die strikte Selbstbezüglichkeit dieser Wahrheitstheorie gewährleistet nach Peukert eine Evidenz, die darin liegt, daß die Mißachtung dieser diskursiven Regeln durch verdinglichende Kommunikation das reale Selbst- und Subjektsein von Menschen zerstört.[274] Insofern Peukert die sachliche und methodische Begründung der Theologie auf der Basis einer Theorie kommunikativen Handelns durchführen will, kann die normative Struktur der Freiheitsunterstellung im interaktiven Handeln auch für jene kommunikativen Erfahrungen fruchtbar gemacht werden, aus denen sich eine religiöse Rede konstituiert. Demnach läge die Wahrheitsgeltung theologischer Aussagen in der "Einlösbarkeit" der behaupteten Zusage einer Wirklichkeit, die sich in fundamentalen Grenzsituationen (Tod, Freiheitsentzug, Identitätsverlust usw.) als Rettung und Daseinsermöglichung der menschlichen und geschöpflichen Welt erschließt. Die "praktische Behauptung Gottes für den anderen" könnte darum nur "eingelöst" werden, wenn dieser Sprechakt permanent in solchen Krisensituationen, wo die Existenz solidarisch Handelnder bedroht ist, sich bewährt und zu je neuen Befreiungshandlungen aufruft, d.h. praxisregulierend wirksam wird. Die Struktur *theologischer Aussagen* würde von Grund auf *praktisch*, besser: durch die Wirksamkeit von Identität und Freiheit ermöglichenden Sprechhandlungen begriffen werden. Der Begriff der Praxis allerdings müßte als reflexiv rekonstruierbarer Grundakt kommunikativen Handelns theoretisch qualifiziert werden.[275] Die Tragweite dieser Wahrheitstheorie wird spätestens hier deutlich, zumal die noch bis heute schlecht vermittelte Spannung von Orthodoxie und Orthopraxie in der Theologie keinen brauchbaren Theorieansatz gefunden hat. Peukert hat somit einen bedenkenswerten Dienst der Theologie erwiesen, in die rhetorische Schlacht um die Praxis als Wahrheitskriterium Licht zu bringen.

---

273 Vgl. unten 4.1.2.

274 WHFTh 286.

275 Zum wahrheitstheoretischen Problem von Praxis siehe oben: 1.2.2.3.

Als theoretische Aussagen sind aber theologische Sätze auch letzte kritische Behauptungen, die fähig sind, geschlossene Theoriesysteme zu sprengen und Aporien im Ansatz einer Kommunikationstheorie, die auf die unverzichtbaren Postulate der praktisch-kommunikativen Vernunft verweist, aufzudecken. Darin kann sich Theologie im gesamtwissenschaftlichen Diskurs als wichtige und unverzichtbare Stimme erweisen.

2.2.3 *Konsequenzen für den theologischen Wahrheitsbegriff*

Die Fundamentaltheologie hat sich erst sehr spät auf die allgemeine wissenschaftstheoretische Grundlagendiskussion eingelassen. Von den wenigen, aber qualitativ beachtlichen Reflexionsleistungen seitens der Theologie, wurden zwei 'Klassiker' dargestellt, die aufgrund sachgemäßer Problemrekonstruktion und innovativ-selbständiger Rezeption für die Frage des Wahrheitsverständnisses theologischer Aussagen von maßgeblicher Bedeutung sind. Dabei gilt zu beachten, daß sowohl Pannenbergs als auch Peukerts mehr oder weniger ausgeführten Hinweise und Erörterungen zum theologischen Wahrheitsbegriff nicht *rein*, sondern immer nur im *Kontext* der Bemühung einer grundlegend sachlichen und methodischen *Neugewinnung* von Theologie auftreten. Diese *methodologische* Einsicht zeigt zugleich eine *sachliche* Erkenntnis an: Der theologische Wahrheitsbegriff teilt die Pluralität von Begründungsversuchen und Wahrheitsreflexionen insgesamt, ohne daß die je einzelnen Darstellungsversuche sich mit einer relativistischen Partikularität begnügen wollen. Gemeinsamkeiten und Unterschiede gilt es darum jetzt nochmals zu präzisieren, trotz notwendiger Abbreviatur und Schematisierung. Aufgrund der leitenden Arbeitshypothese dieser Studie, daß der transzendentalpragmatische Theorieansatz auch eine fruchtbare Problematisierungs- und Lösungsvariante des theologischen Wahrheitsverständnisses ist, muß die Differenz zwischen universalhermeneutischem und transzendentalpragmatischem Paradigma ersichtlich werden. Soll sich Peukerts Handlungstheorie stärker erweisen, muß gezeigt werden können, ob und inwiefern Pannenbergs universalhermeneutische und kritisch-rationale Theoriebildung Probleme mit sich bringt, die gerade in einem pragmatischen Ansatz vermieden werden.

2.2.3.1 Der veränderte Horizont von Theologie: Geschichte und Freiheit als letzter Begründungsrahmen

Die in gegenwärtigen theologischen Ansatzdiskussionen unaufgebbar gewordenen Begriffe wie Geschichte, Freiheit, Intersubjektivität und Interdisziplinarität scheinen angesichts traditionalistischer und fundamentalistischer Tendenzen in Kirche und Gesellschaft einen schlimmen Plausibilitätsverlust zu erleiden.[276] Dies ist um so bedauerlicher, als solche Fundamentalbegriffe und "Sinnhorizonte" für theologische Theoriebildungen erst eine relativ junge Geschichte haben. Schließlich können Pannenbergs hermeneutischer Ansatz und Peukerts handlungstheoretische Fundierung gegenüber herkömmlichen Theoriemodellen von deren Intention her als radikale Geschichts- und Freiheitstheologien[277] begriffen werden. Allerdings trügt die begriffliche Konvergenz. Wie Geschichte und Freiheit zu begreifen sind, welche Rolle sie im fundamentaltheologischen Diskurs für die reflektierte Einweisung in die Rede von Gott und Mensch spielen, hängt von nicht unwesentlichen Vorentscheidungen und Bewertungen ab. Sie betreffen die begriffslogischen Verhältnisse von Wissenschaftstheorie - Theologie, von Sinnverstehen - Handlungskontext von Äußerungen, von Subjektivität/Identität - Intersubjektivität/Gesellschaft, schließlich von Welt-, Selbst- und Gotteserfahrung. Gemeinsam ist beiden die Neubegründung theologischer Rationalität und Diskursivität durch Reflexion auf Subjektivität ermöglichende anthropologische Phänomene, unter denen die *Sprachkompetenz* (Peukert) bzw. *sprachlich vermitteltes Sinnverstehen* (Pannenberg) einen hervorragenden Rang einnehmen, allerdings auch zu unterschiedlichen Begründungsmodellen führen.

2.2.3.2 Kommunikative Pragmatik oder Hermeneutik des Sinnverstehens?

Pannenberg führt in seiner Wissenschaftstheorie den eigenen geschichtshermeneutischen Ansatz so stringent weiter, daß die spezifischen Möglichkeitsbedingungen *theologischer* Reflexion von Heilsgeschichte mit den allgemeinen wissenschaftstheoretischen Grunderkenntnissen so weit konvergieren, daß Theologie die *radikalisierteste Position* transzendentaler Reflexion auf die Möglichkeitsbedingungen des Denkens und Handelns überhaupt darstellt. So können weder Natur- noch Humanwissenschaften überzeugend einsehbar machen, welche Voraussetzungen immer schon anwesend sind, damit die Objektivität der äußeren Naturvorgänge und freie Subjektivität von Menschen konstituiert und theoretisiert werden können. Dieser Universalitätsanspruch der Theologie kommt ihr allerdings nicht aus ihr selbst zu, sondern aus der "Konsequenz der Univer-

---

276 Zur Diskussion um den Fundamentalismus siehe: *J. Niewiadomski* (Hg.), Eindeutige Antworten?, Thaur 1988; *Th. Meyer* (Hg.), Fundamentalismus in der modernen Welt. Die Internationale der Unvernunft, Frankfurt/M. 1989; vgl. darin: *K. Walf*, Fundamentalistische Strömungen in der katholischen Kirche 248-262.

277 Vgl. *Koch*, Gott 213-241 u. 252-276. Koch verteidigt gerade gegen die von Eicher u.a. erhobene Kritik einer sublimen Aufhebung der Geschichte in der Gleichung von Eschaton und Zukunft bei Pannenberg dessen "deskriptiv-kritische Geschichtstheologie" (254) als Artikulation des erwählenden Handelns Gottes in der realen geschichtlichen Führung seines Volkes, der Kirche.

salität der Offenbarung Gottes "[278]. Universalgeschichte - Sinntotalität - Gottoffenheit sind Grundkategorien Pannenbergscher Theologie, deren Konnotation sowohl Versöhnung mit dem neuzeitlichen Wissenschaftsanspruch als auch Apologetik des Universalanspruchs der christlicher Wahrheit umfaßt.

Hinlängliche Kritik hat Pannenbergs universalgeschichtliches Modell bereits erfahren; sie braucht hier nicht wiederholt zu werden[279]. So wurde beispielsweise darauf hingewiesen, daß die Rede von Gott als alles bestimmender Wirklichkeitsbedingung nicht gleichzeitig den Status einer "Hypothese" einnehmen könne. Denn damit werde ein logischer Kategorienfehler begangen, der in der Verwechslung von Möglichkeitsbedingung und Hypothese bestehe.[280] Was hier von Interesse ist und in der Kritik an Pannenberg bisher nicht zur Sprache kam, ist die offensichtliche Abgrenzung gegenüber einer transzendentalpragmatischen Wissenschaftsauffassung bei gleichzeitiger Berufung auf sie, um die Verstehen-Erklären-Diskrepanz zu überwinden. Die Überwindung dieses Dualismus war ja Voraussetzung für die Legitimierung der Theologie im Gesamtkontext wissenschaftlicher Rationalität. Diese These kann an drei signifikanten Optionen in Pannenbergs Wissenschaftstheorie aufgezeigt werden:

1) Sinnerleben ist dem Handlungsverstehen vorgängig;
2) Propositionalität von Äußerungen geht vor deren Performativität;
3) Wahrheit als Kohärenz ist das alle Wahrheitsaspekte integrierende Begriffsmodell.

ad 1): Pannenbergs fundamentaltheologischer Rahmen stellt eine theologisch applizierte Variante der *Hermeneutik* dar, insofern diese für zentrale dogmatische Probleme der komplexen Überlieferung normativ-kanonischer Texte und der ihnen zugrundeliegenden Geschehnisse für eine radikal säkularisierte Welt fruchtbar gemacht werden soll. Diese gibt neben der Aufnahme der religionsgeschichtlichen und eschatologischen Begründungsmodelle den tragenden Begriffsrahmen ab.[281] Dennoch: die Verhältnisbestimmung Hermeneutik/Geschichte-Theologie ist differenzierter, als es soeben ausgedrückt wurde: Nicht eine Geschichts-Hermeneutik ist unhinterfragter Begründungsrahmen eines geschichtlich zu verstehenden Offenbarungsgeschehens, sondern Offenbarung ermöglicht erst Geschichte und Überlieferung, die in der Wiederentdeckung des

---

278 Ebd. 251.

279 Pars pro toto steht Eichers Auseinandersetzung mit Pannenbergs Offenbarungsdenken: Offenbarung 425-464; *ders.*, Theologie 199: "Das universale Geschichtsdenken in seiner geistesgeschichtlich reflexiven...Form...bleibt dem idealistischen Versuch zur Bewältigung der Totalität durch Denken und durch technische Vervollkommnung verhaftet. Ein universales Geschichtsdenken wird notwendig zum geschlossenen System und damit zur christlichen Gnosis..."

280 Vgl. *Hofmann*, Glaubensbegründung 74-79. Ebenso bemängelt *Füssel*, Sprache 138, fehlende begriffslogische Klärungen.

281 Zum geschichtstheologischen Programm Pannenbergs siehe *Koch*, Gott.

neuzeitlichen Geschichtsdenkens einen fruchtbaren Reflexionsrahmen der Vermittlung ergeben.

Diltheys Grundeinsicht, daß Sinn jenes Bedeutung konstituierende Geschehen des Verhältnisses der Teile zu einem Ganzen ist und eben dadurch Verstehen ermöglicht, wurde - mit den dargestellten Erweiterungen von Heidegger und Gadamer - zum Grundakt des wissenschaftlichen Verstehens erhoben. Dieses Sinnapriori des Verstehens, das ebenso in der pragmatischen Lebenswelt wirksam ist, verbleibt nun in Pannenbergs Wissenschaftstheorie in einem eigentümlichen Status: Einerseits ist es Möglichkeitsbedingung jedes Verstehensaktes überhaupt, andererseits ist es reale Erfahrung, die zwar jeder Intersubjektivität vorgängig ist, aber nur durch sprachliche Interaktion bewußt wird. Zwar gelingt Pannenberg in der Erhebung der Hermeneutik als Methodik des Sinnverstehens die Überwindung des Dualismus von Natur- und Geisteswissenschaften, er bricht aber die ausstehenden Vermittlungen von Sprache und Lebenswelt ab und verbleibt dadurch in einem - angesichts heutiger sprachpragmatischer Erkenntnisse nicht mehr haltbaren - Paradigma der einsamen Vorstellungsfähigkeit des Subjektes. Dieses wird in der monologischen Relation von Welterkenntnis und Subjekt offenbar: Menschliche Intelligenz hat Pannenberg zufolge ihren ausgezeichneten Ort in der Fähigkeit des "objektivierenden Vorstellens"[282], in der vorgängigen "Bedingtheit von Intersubjektivität selbst durch die 'immanente Transzendenz' des Erlebens vermöge des in ihm liegenden Moments von Allgemeinheit"[283]. Die Abkoppelung eines ungesagten Sinnhorizonts vom situativen Kontext dialogischer Sprechhandlungen verfehlt gerade, was sie erweisen will: daß nämlich Sprache nicht auf Handlung reduziert und Handeln nicht ohne Sinnverstehen erfaßt werden kann. Gerade weil Sinnverstehen je schon verwoben ist in einer gleichzeitigen Normativität der Sprechhandlung, bedarf der "Vorrang der Hermeneutik für die Erforschung der Lebenspraxis"[284] einer transzendentalpragmatischer Reflexion, wie dies neuerlich von D. Böhler geleistet wurde. Dieser betont, "daß ein unauflöslicher Zusammenhang von Handeln, sprachlichem Verstehen und dialogischer Verständigung sowohl in der Lebenspraxis als auch in Wissenschaft und Philosophie besteht"[285]. Hierin zeigt sich nun auch das Defizit der Pannenbergschen Wissenschaftstheorie, die unbegründet die wissenschaftstheoretische Diskussion der Linguistik und Pragmatik gemieden hat und mit einer systemtheoretisch gewendeten Sinnhermeneutik ihren universalgeschichtlichen Ansatz nicht gefährden wollte. Paradoxerweise mußte aber gerade mit den wissenschafts*pragmatischen* Kategorien der "Fruchtbarkeit" und "Bewährung" von Theorien[286] der Begrün-

282 *Pannenberg*, WuT 178.

283 Ebd. 99.

284 Ebd. 203.

285 *Böhler*, Pragmatik 21.

286 Die Ursache dieser ungewollten Beerbung pragmatischer Kategorien liegt in einer falschen, weil nichtpragmatischen Interpretation der Wissenschaftsmethodologie Poppers. Dessen "unbewußt pragmatische Erkenntnislehre" haben erst jüngst *H.*

dungsrahmen für eine legitime wissenschaftliche Theologie aufbereitet werden. Ein Grund für diesen Selbstwiderspruch, Sinnverstehen nicht als sprachliche Leistung verstehen zu wollen, wissenschaftlichen Erkenntnisvollzug aber als kommunikatives Bewährungsgeschehen interpretieren zu müssen, könnte wohl darin liegen, daß Pannenbergs Handlungsbegriff wider die Intentionen Apels und Habermas' noch immer vom neuzeitlich zweckrationalen Paradigma ausgeht. Mit der Mediatisierung der Kommunikationsgemeinschaft als nachträglich zum Bedeutungsverstehen hinzukommende Instanz der Kritik an Sinnwelten wird das transzendentalpragmatische Anliegen mißverstanden, daß Bedeutung von etwas als etwas (Prädikation einer Allgemeinheit auf ein konkretes Etwas) nie nur in der syntaktisch-semantischen Dimension des Verstehens gewonnen werden kann. Das Wort erhält nicht bloß Bedeutung durch die Beziehung zu einem es einschließenden Kontext (Satz), sondern zugleich durch die *Verwendung* in einem immer bestimmt situierten Interaktionsgeschehen. Gerade das zeichnet Peukerts Aneignung der Wissenschaftstheorie aus, daß er von der komplexen Verwobenheit und Bedingtheit von Interaktion und Sprache für jeden Verstehens- und Erklärungsvorgang ausgeht. Intersubjektivität als der gemeinsame Grundakt des "Sich-auf-etwas-Verstehens" hängt aber an der Vorwegnahme und Unterstellung idealer Kommunikationsbedingungen. Diese Unterstellung muß sich in jedem dialogischen Sprachvollzug ereignen. Die von Pannenberg in Anspruch genommene Selbstgeöffnetheit des Verstehens alltäglicher Lebenspraxis kann nämlich erst richtig begriffen werden, wenn auf den reflexiven Akt des Sich-Wissens von Interaktionsteilnehmern rekurriert wird.

> "Diese reflexiv-pragmatische Funktion ist es vor allem, die die kommunikative Erfahrung zum verläßlichen Medium unserer Beziehungen zu anderen und dieser zu uns macht, also zum tauglichen Medium der Subjekt-Subjekt-Beziehung. Damit wir Beziehungen zu anderen anknüpfen und aufrechterhalten können, müssen wir wissen können, was wir tun und was jene zu erwarten pflegen."[287]

Erst in der Pluralität und Fragmentarität dieser Beziehungen wird die Pluralität und das Scheitern von Sinnerfahrungen konstituiert und nachvollziehbar.

Diese Einsicht in den formalpragmatischen Verwendungs- und Sinnkontext von Bedeutungen, die mit sprachlichen Äußerungen her-

---

Lenk und *M. Maring* (Pragmatische Elemente im Kritischen Rationalismus, in: Handbuch pragmatischen Denkens, Hg. H. Stachowiak, Bd. 2, Hamburg 1987, 257-278, 277) so gekennzeichnet wie zuvor schon für *D. Böhler*, Pragmatik 89, "der *pragmatic turn* in der Wissenschaftstheorie wesentlich von Popper initiiert worden" ist! Allerdings ist Böhler skeptisch, daß man den späten Popper pragmatisch interpretieren könne: "Der späte Popper erweitert jenen Bezugsrahmen nicht etwa pragmatisch, sondern nur *semantisch* im Sinne einer Korrespondenztheorie der Wahrheit, wenn er Probleme als Ausgangspunkt wissenschaftlicher Erkenntnis...erläutert" (ebd. 90). Dieselbe Problemlage zeigt auch Peukert an, der Poppers Konzept durch Hinzunahme einer Theorie der Geschichte der empirischen Wissenschaften pragmatisch überboten sieht (vgl. WHFTh 148-159).

287 *Böhler*, Pragmatik 296.

vorgebracht werden, braucht die Veränderung und Geltung von Bedeutungen nicht auf die abstrakte Dialektik von Bestimmtheit und Unbestimmtheit von Begriffen[288] zurückführen, sondern kann diese Dialektik in den situativen Verwendungszusammenhang von Sprechakten einbetten. Pannenbergs Bedeutungstheorie, die die geschichtliche Offenheit der Bedeutung eines Wortes oder eines Satzes unterstreicht, leistet zwar eine bedeutsame Kritik am Essentialismus, der die Geschichtlichkeit von Bedeutung und Geltung ontologisch fixiert hat. Gleichzeitig aber bleibt der Begriff "Geschichte" terminologisch unterbestimmt, weil er allein von den Zeitmodi menschlicher Existenz her und nicht aus den lebensweltlich verankerten und intersubjektiv regulierten Interaktionsleistungen expliziert wird. Gerade das könnte aber theologisch mit Pannenberg fruchtbar gemacht werden: "Strittigkeit Gottes" hieße dann, daß die Bedeutung des Wortes "Gott" als letzter Sinnhorizont deshalb offen bleiben muß, weil sich der kognitive Bedeutungsgehalt dieses Wortes erst noch in den pragmatisch offenen Verwendungssituationen je erweisen muß, um als letzter Sinn gültig behauptet werden zu können, und nicht bloß auf die radikale Zukünftigkeit des Menschseins verweist, das als Existential fungiert.

ad 2): Damit haben wir schon auf die zweite Option vorgegriffen, die Pannenberg seiner Sprachtheorie zugrunde legt. Die paradoxale Ablehnung der Sprachpragmatik hat bei Pannenberg die Konsequenz, den performativ-intersubjektiven Aspekt dem propositionalen Aussagegehalt gegenüber als sekundär einschätzt. Wenngleich die Untersuchungen performativer Äußerungen durch Austin und Searle den Handlungsaspekt von Sprechakten zuerst herausgearbeitet haben, geht Pannenberg doch fehl, die illokutive Dimension für propositionale, normative, expressive und evaluative Äußerungen abzuwerten. Eben weil er eine fundierte Untersuchung der Normalsprache, in der immer schon die Möglichkeit des Übergangs zu metasprachlicher Reflexion gegeben ist[289], unterläßt, überzeugt seine Kritik der Sprechakttheorie nicht. Peukert hat in der Rekonstruktion des Kerns des kommunikativen Handelns die Kooperation von Sprecher und Hörer als conditio sine qua non für gelingende Interaktion überhaupt herausgearbeitet. Das heißt, wer sprachlich kommunizieren will, kann nicht umhin, die im Lernprozeß einer anzueignenden Sprachkompetenz normativen Regeln der sprachlichen Kooperation zu akzeptieren. "Wer eine sprachliche Äußerung versteht, der verhält sich nicht nur *kognitiv* als erkennendes Subjekt zur Äußerung bzw. dem Sprecher als dem zu Erkennenden, er verhält sich zugleich auch *kooperativ* zur Äußerung als zu einem Kooperationsangebot und zum Sprecher als zu einem Interaktionspartner."[290] So bleibt die Fähigkeit des Verstehens völlig leer, wenn sie nicht zugleich schon die Fähigkeit des kooperativen Sich-Verhaltens beherrscht.[291] Darum ist für den Sprechakt der Behauptung

---

288 *Pannenberg*: WuT 99f; Anthropologie 363f.

289 *Peukert*, WHFTh 277f.

290 *Kuhlmann*, Letztbegründung 169.

291 Sehr aufschlußreich hat *Habermas*, Denken 105-135, in seiner Kritik an der Bedeutungstheorie die intentionalistischen, formalsemantischen und gebrauchspragmati-

der Kommunikationsaspekt konstitutiv und stellt ein komplexes semiotisches Beziehungsgeflecht dar, das mit D. Böhler so charakterisiert werden kann:

> "*Ich* (Redesubjekt) bringe mit Hilfe von *Sprachzeichen* aufgrund des Sprachgebrauchs einer *geschichtlichen Sprachgemeinschaft* (geschichtliche pragmatische Dimension) in einer Proposition (semantische Dimension und syntaktische Dimension) *etwas* (den Rede-Gegenstand in der referentiell semantischen Dimension) als etwas von bestimmter Bedeutung (Prädikation in der pragmatisch semantischen Dimension) zum Ausdruck; und zugleich erhebe *ich* für die Proposition durch einen *performativen Akt* einen *Geltungsanspruch* direkt gegenüber meiner jeweiligen *realen Argumentations- und Kommunikationsgemeinschaft*... Der performative Akt eröffnet die dialogisch-pragmatische Dimension des Erhebens und Prüfens von Geltungsansprüchen"[292].

Eben diese Regeln müssen von jedem Sprachfähigen schon akzeptiert sein, damit kognitives Verstehen gelingen kann. Diese Akzeptanz besteht nun nicht in einer nachträglichen Zustimmung[293], sondern im vortheoretischen, intuitiven Handlungswissen, das rekonstruktiv systematisiert, aber nicht sinnvoll bestritten werden kann, weil sie (apriorische) Bedingungen des Sprechens sind. Wenn Pannenberg meint, Sprechen sei eine "zweckentlastete Tätigkeit"[294] und wenn er für diese Auffassung die dialogischen Dimensionen des Miteinandersprechens heranzieht, muß er selbst auf idealisierte interaktive Bedingungen vorgreifen, die nur erhoben werden können aufgrund der normativen Implikationen jeder Verständigung und der eigentümlichen Doppelstruktur der Rede, Darstellungs- und Beziehungsmedium in einem zu sein.

ad 3): Pannenbergs Aussagen zum Wahrheitsbegriff sind nicht immer homogen. Ist einmal die Korrespondenzwahrheit unbestreitbar bedingt "durch einen (zumindest erwartbaren) intersubjektiven Konsensus über den Sachverhalt"[295], gilt im Hinblick auf Inhalt und Wahrheit von Dogmen, daß "die Erkenntnis der Sache der Schrift den Konsens über sie hervorbringt", daß sie also "nicht begründet im Konsens der Kirche"[296] sind. Diese offensichtliche Spannung spiegelt die allgemeine Problemlage

---

schen Modelle des Bühlerschen Schemas der Sprachfunktionen als jeweilige Verkürzungen nachgezeichnet und deren Wahrheitswert und Grenzen in seiner pragmatischen Bedeutungstheorie bewahrt und transformiert. Demnach muß *Pannenbergs* Überbetonung des Darstellungsaspektes (vgl. Anthropologie 359) selbst als formalsemantischer Reduktionismus interpretiert werden. Das Medium der Darstellung erreicht nämlich den Hörer nur, wenn dieser den Darstellungsaspekt versteht. Dazu muß aber der Hörer bereits die Geltungsbedingungen kennen, unter denen ein mitgeteilter Sachverhalt gilt. "Einen assertorischen Satz versteht man, wenn man weiß, welche Art von Gründen ein Sprecher anführen müßte, um einen Hörer davon zu überzeugen, daß er berechtigt ist, für den Satz einen Wahrheitsanspruch zu erheben" (*Habermas*, Denken 117). Der Darstellungsaspekt ist also immer schon aufgehoben in das gleichberechtigte Zugleich der Ausdrucks- und Mitteilungskomponente.

292 *Böhler*, Pragmatik 360.

293 Zur Diskussion um den Status dieser Akzeptanz siehe: *Peukert*, WHFTh 281-285.

294 *Pannenberg*, Anthropologie 354.

295 *Ders.*, WuT 42, Anm. 62.

296 *Ders.*, ST I 26.

um die Bemühung eines umfassenden, die vielen Aspekte von Wahrheit berücksichtigenden und aufhebenden Wahrheitsbegriffs wider, zumal Pannenbergs Bewährungskriterien theologischer Aussagen sowohl pragmatische als auch kohärenztheoretische Aspekte vereinigen. Man kann L.B. Puntel darin zustimmen, daß Pannenbergs "Gesamtkonzeption der Theologie einen Theoriebegriff impliziert, für den der Gedanke der Kohärenz die zentrale Rolle spielt. Der von Pannenberg verwendete Begriff des *Sinnes* meint nichts anderes als Kohärenz."[297] Aber der Kohärenzbegriff ist ohne Systembegriff nicht denkbar, steht doch jede Aussage in einem komplex vernetzten Bezugs- und Bedeutungsfeld zum Gesamt der Wirklichkeitsaussagen. Deren regulatives Prinzip ist die Idee einer Einheit des Wissens, die nur dann sinnvoll gedacht werden kann, "wenn alle Infra- und Intrastrukturen des Wissens als ihre - in systematischer Anordnung gestuften - Definientia begriffen und thematisiert werden"[298]. Der Theoriebegriff legt auch den Wahrheitsbegriff fest: Wahrheit ist somit die noch offene Kohärenz aller Behauptungen. Die Konsequenzen eines solchen Wahrheitsbegriffs dürften allerdings nicht zugunsten dieser Theorie sprechen: Zum einen greift sie einen universalistischen Systemanspruch im Gefolge Hegels auf, der gerade die mit der Wissenschaftsgeschichte hervorgebrachten markanten Erkenntnisse in der Bemühung um Kriterien für den Fortschritt der Erkenntnis, Inkompatibilität und Paradigmendifferenz, nicht berücksichtigt. Zum anderen gerät ein starker Kohärenzbegriff in das Dilemma eines unkontrollierten Folgerungsbegriffs, während ein schwacher Kohärenzbegriff von sich aus keine verläßlichen Kriterien der Wahrheitsverbürgung abgibt.[299] So wurde auch Puntels Definition von Wahrheit[300] dahingehend kritisiert, daß sie verschiedene Explikationsebenen durcheinanderlaufen läßt. Pragmatische und onto-semantische stehen letztendlich unverbunden nebeneinander, weil es Charakteristikum onto-semantischer Beziehungen ist, unabhängig von pragmatischen Redekontexten eingeführt zu werden.

Eben diese Varianzen tauchen im Pannenbergschen Wahrheitsbegriff auf, der Korrespondenz- Konsens- und Kohärenzaspekte miteinander vermitteln will, ohne sich ausdrückliche Rechenschaft über den Theoriestatus des jeweiligen Ansatzes zu geben. Pannenbergs Wahrheitsbegriff läuft geradezu darauf hinaus, den pragmatischen Kontext auf ein An-sich der Wahrheitsgeltung zu überspringen, wenn er in der Einleitung zu seiner "Systematischen Theologie" sagt, daß es "in ihr nicht um eine konfessionell lutherische Theologie und auch nicht um eine europäische (im Unterschied zu einer beispielsweise lateinamerikanischen) Theologie, sondern um die Wahrheit der christlichen Lehre und des christlichen Bekenntnisses schlechthin [geht]"[301]. Aber es macht gerade

---

297 *Puntel,* Wissenschaftstheorie 292.

298 *Ders.*, Wahrheitstheorien 214.

299 Zur Problematik einer Kohärenztheorie der Wahrheit siehe: *Heckmann,* Wahrheit 130-144.

300 Vgl. *Puntel,* Wahrheitstheorien 215.

301 *Pannenberg,* ST I 10.

die Stärke einer Konsenstheorie der Wahrheit aus, den Invarianz- und Universalitätsanspruch von Wahrheit zusammen mit den situativen Behauptungskontexten in Sprechakten bewußt zu reflektieren. Pannenberg wird nicht umhin können, seinen Entwurf aus der ihm eigenen pragmatischen Situiertheit (Luthertum, europäische Verwurzelung usw.) heraus zu formulieren, weil nach wie vor - wenn auch nicht ausschließlich - gilt, was Wittgensteins 'Jahrhunderterkenntnis' war: daß die Bedeutung des Wortes nämlich von ihrem Verwendungszusammenhang abhängt.

2.3 Glaubensgemeinschaft und Lehramt: Kommunikation versus Definition

2.3.1 Zum Spannungsverhältnis von Theologie und Lehramt

Theologie hat die im rationalen Argument begründete Funktion und Autorität, den Zeugnis- und Erfahrungsgehalt einer letzter Freiheits- und Wahrheitswirklichkeit, der ihr selbst je gesellschaftlich-geschichtlich übermittelt wird, zu erhellen und zu systematisieren. Die Autorität des Arguments kommt allein aus dessen Wahrheitsanspruch und der damit gegebenen Verbindlichkeit. Auf den Schienen dieses Verhältnisses verlief auch die kirchliche Verbindlichkeitsfeststellung, die sich im Laufe der Geschichte institutionalisiert hat. Wie die Geschichte des Verhältnisses von Theologie und Lehramt zeigt, vollziehen sich beide in einem konflikthaften, durch personale und amtliche Rollenbezüge vermittelten Feld. Beide Institutionen stehen sich selbst historisch erst dort *gegenüber*, als sich Theologie szientifisch und nicht mehr sapiential begreift[302] und die perichoretische Einheit von Theologie und Lehramt des ersten Jahrtausends[303] aufgebrochen ist. Mit der Theorie der zwei Lehrämter bei Thomas von Aquin[304] gerät der eingespielte Primat der Glaubens*verkündigung* als Theologie und Lehramt gemeinsame Verpflichtung angesichts der Aufgabe des Glaubens*schutzes* ins Wanken. Die Kompetenz des argumentativ lehrenden Theologen, die ihm nicht kraft des Amtes, sondern aus dem durch Studium sich angeeigneten Wissen zukommt[305], gerät mit

---

302 Siehe dazu *M. Secklers* Studie über das Verhältnis des kirchlichen Lehramtes und der theologischen Wissenschaft: Lehramt 17-62. Auch heute noch gilt die Feststellung von *H. Jedin*, Theologie 7: Die Geschichte des Verhältnisses von Theologie und Lehramt "ist noch nicht geschrieben".

303 Allerdings wäre es ein Mißverständnis, zu glauben, daß sich diese Einheit weniger konflikthaft dargestellt hätte. Der entscheidende Unterschied lag im noch nicht ausdifferenzierten institutionellen Bezug, so daß der bischöfliche Amtsträger meist zugleich Entscheidungs- und Argumentationsträger war.

304 Vgl. *Seckler*, Lehramt 26-33.

305 Fortan tritt die Theologie selbst als drittes Amt (studium) neben die für den mittelalterlichen ordo konstitutiven Ämter von sacerdotium und imperium (vgl. ebd. 30).

der episkopalen Kompetenz der Verkündigung in eine Spannung, die jede weitere Verhältnisbestimmung prägen wird.[306]

Die schon genannte Verankerung von Theologie und Lehramt in kirchlichen, gesellschaftlichen, historischen und politischen Bezügen bringt die zweifache Folge mit sich, daß weder eine rein dogmatische Verhältnisbeschreibung und -bestimmung noch ein normativ zu erstrebendes Harmoniemodell die kritische Analyse der Spannungssituation leiten darf. Die Grenze der rein dogmatischen Verhältnisbestimmung kommt dort zum Vorschein, wo sie selbst aufgrund der Ausblendung der geschichtlichen und soziologischen Bedingungen den Wahrheitsanspruch christlichen Glaubens und den Grund der Konfliktgeschichte zwischen Lehramt und Theologie nicht mehr ideologiefrei darstellt, wie dies etwa im Zuge einer ultramontanen Ekklesiologie[307] geschehen ist. Wenn der Grund der gegenwärtigen theologischen und lehramtlichen Spannungen im "berechtigten Anliegen der Aufklärung in erkenntnistheoretischer Hinsicht"[308] liegt, dann zeigt sich - nun zum dritten Mal, nach der Darstellung der modernistischen und wissenschaftstheoretischen Problemlage - die extreme Diskrepanz einer Theologie, die dem neuzeitlichen Wahrheits- und Wissenschaftsverständnis (mit all den sich daraus ergebenden Konsequenzen) verpflichtet ist , und einer autoritär sich dagegen wehrenden zentralistischen Lehramtsinstitution.

Eine Analyse der heutigen Konstellation von Theologie und Lehramt kann sich nicht mit einer modellhaften Darstellung *faktischer* Beziehungstypen, die sich durch Pluralität in ihrem Geltungsanspruch relativieren und Kritik ermöglichen, begnügen. Vielmehr sind jene Faktoren zu nennen, die verantwortlich sind für den problematischen Modus der institutionellen Beziehung[309]. Dabei sei auf folgende Momente verwiesen:

a) Noch vor der philosophischen 'kopernikanischen Wende', welche das Subjekt durch den radikalen methodischen Zweifel und durch die darin sich ausweisende Evidenz des Denkvollzugs neu gewinnt (Des-

---

306 Seckler führt insgesamt sieben paradigmatische Modelle an, wobei das letzte, römische, besonders von Pius XII. und Paul VI. favorisierte und für die heutigen Konflikte noch immer verantwortliche Modell deutlich totalitäre Züge trägt (vgl. *Seckler*, Theologie).

307 Die herausragende Studie dazu ist *Pottmeyer*, Unfehlbarkeit.

308 *Schupp*, Lehramt 84f.

309 Diese Forderung hat *Eicher* in seinem Aufsatz "Von den Schwierigkeiten bürgerlicher Theologie mit den katholischen Kirchenstrukturen" erhoben, wenn begriffen werden soll, warum die "Interessenshorizonte, innerhalb deren das bischöfliche Lehramt einerseits, das universitäre Lehramt andererseits argumentieren" (ebd. 119), auseinandergetreten sind. Seine Analyse versucht die "ideologiekritische These" zu belegen, "daß jene Theologien vom katholischen Lehramt ausgeschlossen wurden, welche die Interessen des neuzeitlichen Bürgertums mit dem kirchlich ausgelegten Zeugnis der Schrift prinzipiell zu versöhnen suchten, weil die hierarchischen Strukturen und Handlungsformen des Lehramtes bis heute keine mit dem Bürgertum versöhnbare theologische Intentionalität ausdrücken: Die bürgerliche Weise, von Gottes gnädigem Handeln zu reden, steht in einem historischen Interessenskonflikt mit der Art, wie Hierarchie als Repräsentationssystem selbst von Gottes Wirken spricht" (ebd. 120).

cartes), vollzieht sich die eminent wirksame Verschiebung der Autorität der Glaubens*wahrheit* zur formalen *Autorität* eben dieser Wahrheit. Die barocke Spätscholastik unter Francisco Suarez (1548-1617) und Juan de Lugo (1583-1660) verlagert die Glaubensbegründung von der *inneren Wahrheit* der im Schrifttext bezeugten Offenbarung Gottes auf die *äußere Autorität* des Offenbarungssubjekts[310].

Theologiegeschichtlich und das Verhältnis von Theologie und Lehramt bestimmend wirken sich diese spätscholastischen Verlagerungen im 18. Jahrhundert durch die Ausbildung des Offenbarungstraktates aus, der im apologetischen Anliegen gegen eine natürliche Religionsphilosophie, wie sie sich zuerst im englischen Deismus entfaltete, die kirchlich verbürgte und verwaltete Autorität der Offenbarungsvorlage betonte[311]. In dieser Konsequenz liegt schließlich der explizit entwickelte Zusammenhang eines antiaufklärerischen *Offenbarungsbegriffs* und eines juridisch gefaßten *Unfehlbarkeitsbegriffs*, der so erstmals von F. Neumayr[312] artikuliert wird. Die unüberbietbare Qualifizierung des kirchlichen Lehramtes auf dem Ersten Vatikanischen Konzil in "Pastor Aeternus" als unter gewissen Bedingungen unfehlbar definierender Instanz ist theologisch durch die Offenbarungslehre bedingt. Deren maßgeblicher Autor ist J.B. Franzelin[313], der selbst nachhaltig von de Lugos analysis-fidei-Lehre beeinflußt wurde[314]. Erst auf diesem Hintergrund wird einsichtig, warum in der konsequenten Wirkungslinie des Vaticanum I die theologische Bemühung rationaler Glaubensbegründung ausschließlich vom Lehramt hergeleitet wurde. Theologie empfängt ihre Legitimität und ihre Aufgabenzuteilung einzig *ex delegatione magisterii*, welches über fide divina zu glaubende Gehalte hinaus gewissensbindende und verpflichtende Zustimmung zu Aussagen fordern kann, nicht "auf Grund der *Wahrheit der Lehraussagen*, sondern kraft der *Autorität des Papstes*"[315].

b) Die theologieinternen Gründe für die Entmündigung jener Theologien, die sich im kirchlichen Kontext vorrangig nach wissenschaftlichen Kriterien entfalten, haben ihre sozio-historische Verstärkung und eigentliche Wirksamkeit wesentlich zwei Bedingungen zu verdanken:

Höchst relevant ist erstens die *Trennung von Ordo und Jurisdiktion.* Die geschichtlichen Gründe dafür liegen einerseits im praktisch-politischen Umfeld der Gregorianischen Reform, für die die Autonomie der Kirche gegenüber der kaiserlichen Obrigkeit von Interesse war. In der Folge wurde der institutionelle Primat der päpstlichen Jurisdiktionsge-

---

310 Vgl. dazu: *Kunz*, Glaube; *ders.*, Glaubwürdigkeitserkenntnis; *Eicher*, Offenbarung 80-86.

311 Vgl. *Eicher*, Offenbarung 87-108; *G. Heinz*, Divinam christianae religionis originem probare. Untersuchung zur Entstehung des fundamentaltheologischen Offenbarungstraktates der katholischen Schultheologie (TTS 25), Mainz 1984.

312 Siehe dazu *Eicher*, Offenbarung 91-94.

313 Zum Glaubensverständnis auf dem I. Vatikanum: *Walter*, Frage; vgl. auch seine Biographie: Johann Baptist Franzelin (1816-1886). Jesuit, Theologe, Kardinal, Bozen 1987.

314 Siehe *Eicher*, Offenbarung 111-117; *Walter*, Frage 154-167.

315 *Seckler*, Theologie 75.

walt auch theoretisch begründet. Das Entscheidungsrecht leitete sich also nicht mehr vom ordo ab, sondern wurde immer ausschließlicher auf die potestas bezogen, die im päpstlichen Primat ihre Fülle hatte.

> "Zu dieser Entwicklung trug andererseits die engere Begriffsbestimmung des ordo bei, der seit Ambrosiaster und Hieronymus immer ausschließlicher als priesterliche Vollmacht im Unterschied von der bischöflichen Leitungsvollmacht her verstanden wurde. In dieser Sicht wurde die Weihegewalt zur eigentlich sakramentalen Gewalt, weil ihr das Spenden der Sakramente zukommt, und die Hirtengewalt zur rechtlichen Gewalt, weil sie die Leitung der Kirche mit rechtlichen Mitteln wahrnimmt."[316]

Der rechtlichen Monopolisierung des Papsttums wurde dadurch Vorschub geleistet, insofern die bischöfliche Jurisdiktionsgewalt in Abhängigkeit von der päpstlichen Konzession geriet. Die Folge der Entkoppelung des Zusammenhangs von Ordo und Glaubensgemeinde und der Einengung und Privatisierung des Ordo auf den Eucharistie- als Opfervollzug begünstigte gleichzeitig eine Sakralisierung des kurialen Verwaltungsvollzugs[317]. Spätestens mit Gregor VII. und Innozenz III. hatte eine vollkommene Vertikalisierung und Dualisierung der communio fidelium in Klerikerstand und Laienstand, der zum Gehorsam gegenüber dem Klerikerstand verpflichtet war, stattgefunden.

> Hier hat sich "die Umdeutung der *principalitas* der römischen Kirche, die sie aufgrund ihrer Apostolizität mit den anderen apostolischen Kirchen teilt, zum *principatus* des Papstes, der unter der Berufung auf die petrinische Felsenfunktion und unter Aufnahme römisch-rechtlicher Kategorien die plenitudo potestatis beansprucht, und schließlich zum *principium* aller Gewalt, wodurch der Papst die Stellung des alleinigen Mittlers zwischen dem caput invisibile der Kirche und dem corpus ecclesiae erhält"[318], vollzogen.

Gegen diese Entwicklung opponieren die aufbegehrenden Armutsbewegungen des Hochmittelalters[319], die frühbürgerliche Kritik durch

---

316 *Pottmeyer*, Unfehlbarkeit 367. Vgl. *J. Freitag*, Sacramentum ordinis auf dem Konzil von Trient. Ausgeblendeter Dissens und erreichter Konsens (ITS 32), Innsbruck 1991.

317 Vgl. *Eicher*, Hierarchie 183.

318 *Pottmeyer*, Unfehlbarkeit 364.

319 Den Zusammenhang des Unfehlbarkeitsgedankens bei dem Franziskaner Petrus Olivi mit der Eigentumsfrage, die ihren soziologischen Widerhall in den Armutsbewegungen gefunden hatte, formulierte *B. Tierney*, Origins. Ein Auszug seiner These ist abgedruckt unter dem Titel: Ursprünge der päpstlichen Unfehlbarkeit, in: *Küng*, Fehlbar 121-145: "Für einen Historiker ist es jedoch kaum möglich, das Aufkommen der Lehre der päpstlichen Unfehlbarkeit als die langsame Entfaltung einer Wahrheit anzusehen, die von der Kirche allzeit angenommen wurde. Statt dessen gewahrt er, daß - aus Gründen, die verwickelt, doch historisch verständlich sind - gegen Ende des 13. Jahrhunderts ziemlich plötzlich eine neue Doktrin ausgetüftelt wurde. Es war nicht so, daß die Lehre zwangsläufig auftauchte, weil sie schon immer vorausgesetzt worden wäre. Sie wurde schier zufällig erfunden, weil es zu einer ungewöhnlichen Verkettung geschichtlicher Umstände kam, die diese Doktrin für eine Sondergruppe franziskanischer Polemiker zweckdienlich machte. Der darauf folgende Wachstumsprozeß bestand darin, daß beim Papsttum immer mehr der Gedanke aufkam, die Vorteile, welche die Infallibilitätslehre für die Polemik biete, würden aufs Ganze besehen die Nachteile leicht überwiegen" (ebd. 144). Kritik gegen diese Herleitungstheorie hat *Hödl*, Lehrverkündigung, geübt,

Marsilius von Padua, die Devotio-moderna-Bewegung im 15. Jahrhundert, die frühreformatorische Theologie von Wyclif und Hus, schließlich Martin Luther. Dennoch kommt der Zentralismus des Papsttums im 19. Jahrhundert zu seinem institutionellen und theologischen Höhepunkt.

Zweitens hat die Ausbildung einer im Kontext der katholischen Restauration entworfenen Ekklesiologie (Bellarmin) den Fragehorizont antiprotestantisch in Analogie zur öffentlichen Gesellschaft (Kirche als "societas perfecta"; bibeltheologisch begründete Verrechtlichung der hierarchischen Spitze) eingeengt[320], und auch die späteren politischen Umwälzungen Europas im Zuge der Französischen Revolution hatten Einfluß auf das reaktionäre politische Programm der Ultramontanisten[321], für dessen Entstehen Joseph de Maistre und der frühe Félicité Lamenais[322] ausschlaggebend waren. Die Entwicklung des Papstamtes zur autokratischen und infalliblen Monarchie mittels eines neuzeitlichen Souveränitätsbegriffs[323] formierte die katholische Kirche des 19. Jahrhunderts

---

der betont, daß 1. Olivi keinen nachweisbaren Zusammenhang mit der Bulle Exiit von Nikolaus III., wo die Armut und Besitzlosigkeit Jesu und der Apostel als richtig ausgewiesen wird, erkennen läßt, 2. Olivi die päpstliche Infallibilität im Rahmen der gesamtkirchlichen Infallibilität herleitet und 3. dieser nicht der Erfinder der Infallibilität war, sondern in bester Tradition zu Bonaventura und Thomas von Aquin steht.

320 Siehe dazu: *Klausnitzer*, Papstamt 258-311.

321 Zur politischen Funktion der ultramontanen Ekklesiologie meint Pottmeyer: "Politisch war ihre Funktion in dreifacher Bedeutung. Erstens sollte sie das Autoritätsprinzip als Grundlage des restaurativen Gesellschaftssystems oder - bei den Liberalultramontanen - den Freiheitskampf der Völker legitimieren. Zweitens stellte sich in der unfehlbaren Autorität des Papstes der Anspruch der Kirche auf Unabhängigkeit vom Staat dar. Schließlich steht sie in einem notwendigen Zusammenhang mit dem Jurisdiktionsprimat, dessen zentralistisch-autokratische Leitungspraxis sie legitimierte" (Unfehlbarkeit 410).

322 Vgl. ebd. 61-114.

323 Wie Pottmeyer feststellt, konnte dabei problemlos an die im Hochmittelalter einsetzende Juridisierung des Papstamtes angeknüpft werden, die groteskerweise erst recht vom neuzeitlichen Problemstand des verlorenen Einheitsbandes von Kaiser und Papst und von der virulenten Frage nach der Entscheidungsbefugnis (Quis iudicabit? Vgl. *Th. Hobbes*, Leviathan sive de Materia 133, zit.n. *Pottmeyer*, Unfehlbar 394: "Auctoritas, non veritas, facit legem") abhängig wurde: "Die Monopolisierung aller öffentlichen Gewalt der Kirche in der Hand des Papstes ist der bedeutsamste Vorgang. Das wurde politisch möglich, weil die episkopale Ebene als Folge der Französischen Revolution mehr oder weniger entmachtet und funktionsunfähig geworden war. Rechtlich wurde es dadurch möglich, daß die potestas iurisdictionis...zum vorherrschenden Strukturprinzip der Kirche geworden war zu Lasten der potestas ordinis. Die Jurisdiktionsgewalt wird nun mit allen Kennzeichen der Souveränität ausgestattet; sie ist eine unteilbare und einzige Gewalt, die jeden Gewaltenpluralismus ausschließt. Die bischöfliche Jurisdiktionsgewalt ist eine Ableitung der päpstlichen Gewalt. Die päpstliche Jurisdiktion ist ferner eine absolute Gewalt, die nur an das ius divinum und ius naturale gebunden ist. Sie ist vor allem eine Gesetzgebungsgewalt, die im Rahmen des ius divinum und naturale autonom Recht setzen kann und dazu nicht auf Zustimmung angewiesen ist. Jedes Zustimmungserfordernis oder Mitwirkungsrecht anderer wird als Teilung und Beschränkung der plenitudo potestatis aufgefaßt, welche dieselbe in ihrer Souveränität in Frage stellt" (Unfehlbarkeit 398).

zum Abwehrblock gegen die philosophischen und politischen Grundgehalte der sich nationalistisch, industriell und bürokratisch ausdifferenzierenden europäischen Gesellschaft. Louis de Bonalds Postulat "an die Stelle der Autorität der Evidenz hat die Evidenz der Autorität zu treten"[324] ist zum kirchenpolitischen Imperativ einer schon vorgängigen theologischen Schwerpunktverlagerung geworden. Neu ist, daß die Unfehlbarkeitslehre zur inneren Abstützung der absoluten Entscheidungsgewalt des Papstes dient, um deren Inappellabilität und Autokratie hervorzuheben. Erst die überzogene Papaltheorie schuf die Zuordnungsprobleme der päpstlichen und episkopalen Lehr- und Entscheidungsgewalt, die sich in der heutigen Diskussion um das unfehlbare Lehramt, das ex-cathedra, also "ex sese non ex consensu ecclesiae" definieren kann, zeigen. Damit aber ging das Bewußtsein für den in der mittelalterlichen Kirchenverfassung konstitutiven synodalen Vorgang der Wahrheits- und Entscheidungsfindung[325] verloren. Der in der mittelalterlichen Verfassungswelt verankerte Gallikanismus bzw. Episkopalismus konnte sein berechtigtes Anliegen hinsichtlich kommunikativer Entscheidungsprozesse selbst nicht durchsetzen, weil er die Entscheidungsbefugnis auf den juridischen Aspekt einschränkte, der an der Souveränitätsfülle des päpstlichen Primats abprallte.[326] Eben dieses Anliegen, das den Gallikanismus mit den neuzeitlichen Grundprinzipien einer prozessualen Wahrheitsfindung in den Wissenschaften verbindet, wird solange den theologischen und lehramtlichen Grundkonflikt schüren, als die schultheologische Wirkungsgeschichte des Vaticanum I und dessen Vorgeschichte nicht von Grund auf korrigiert sind.[327]

2.3.2 *Ein Nachwort zur Unfehlbarkeitsdiskussion*

Hans Küngs Anfrage zur päpstlichen Unfehlbarkeit[328] will eine solche Revision und Korrektur in Angriff nehmen, weil der problematisch gewordene geschichtliche Kontext, innerhalb dessen das Dogma definiert wurde, nicht bloß "zur Vor-Geschichte der Definition, sondern zur Geschichte der Definition"[329] gehört. Seine Anfrage zielt auf die freigelegte Problematik des Verhältnisses von Wahrheit und Autorität und intendiert die "Ablösung eines rein formalen Autoritätsverständnisses durch Sachautorität"[330]. Im folgenden Rekurs auf Küng werden weder seine Grundthe-

---

324 Zit. nach *Hasler*, Unfehlbarkeit 14.

325 Zum synodalen Entscheidungsfindungsprinzip vgl. *Sieben*, Konzilsidee; *ders.*, Traktate; *Wohlmuth*, Verständigung.

326 *Pottmeyer*, Unfehlbarkeit 392.

327 Vgl. *Pesch*, Bilanz 222.

328 *Küng*, Unfehlbar. Eine bibliographische Zusammenstellung der unübersehbaren Diskussion bietet: *Rahner (Hg.)*, Problem; *Küng (Hg.)*, Fehlbar.

329 *Küng*, Unfehlbar, 74.

330 *Seybold*, Unfehlbarkeit 116.

sen noch die durch ihn ausgelöste Diskussion umfassend dargestellt, sondern es soll das unerledigte Moment des Wahrheitsbegriffs aufgegriffen und neu problematisiert werden. Wie die Diskussion zeigte, wurde der Küngsche Unfehlbarkeitsbegriff, der sich auf eine sogenannte apriorische Irrtumslosigkeit von Kathedral-Entscheidungen und deren satzhaften Äußerungen konzentrierte, gegenüber der eigentlichen Definitionsintention des Ersten Vatikanums nicht geteilt[331]. Küngs maximalistische Interpretation trifft sich hierin eigentümlich mit den fundamentalistischen Intentionen der ultramontanen Ekklesiologie[332]. Sein Einwand gegen die Möglichkeit und Legitimität "a priori unfehlbarer Sätze"[333] aus einem grundsätzlich relativen und historischen Wahrheitsbewußtsein heraus wurde (1) sprachphilosophisch-wahrheitstheoretisch und (2) ekklesiologisch-hermeneutisch zurückgewiesen.

(1) L. Scheffzcyk und K. Rahner verteidigen am entschiedensten die Einheit von Seins- und Satzwahrheit, so daß der Alternativvorschlag Küngs eines "Bleibens der Kirche in der einzig unfehlbaren Wahrheit Gottes" selbst wiederum auf letzte verläßliche Sätze verwiesen ist. Aus sprachlogischen Gründen spricht Scheffzcyk die Prädikation "unfehlbar", die zusätzlich zum Prädikat "wahr" eine weitere logische Qualität aussagen würde, einem Satz ab[334]. Er hält daran fest, "daß die Kirche in Definitionsakten keine neue und besondere Qualität von Wahrheit herstellen könne"[335], weil sich der Geltungsanspruch des Glaubens in seiner Wahrheit nicht formal vom Wahrheitsanspruch jedes herkömmlichen Satzes unterscheidet. Rahner wiederum versucht, die Möglichkeit a priori unfehlbarer Sätze transzendentaltheologisch einsehbar zu machen[336]. Beide scheinen aber insofern Küng nicht gerecht zu werden, als es diesem, von einem neuzeitlichen Wahrheitsbegriff ausgehend, darum geht, die Wahrheit und Verläßlichkeit dogmatisch bindender Sätze einem Verifikationsprozeß auszusetzen, der formaliter durch das

---

331 Vgl. *Scheffczyk*, Satz-Wahrheit 162f; *Congar*, Infallibilität 176; *Semmelroth*, Sätze 209; *Lehmann*, Beweislast 364; *Kasper*, Diskussion 76-83; *Hengstenberg*, Wahrheit 217-231; *McGrath*, Begriff 185-191.

332 So beispielsweise *J. de Maistre*, Vom Pabst, Frankfurt/M. 1822 (1819), 22: "Der Katholik weiß, daß er sich nicht trügen kann; noch mehr, er weiß, daß wenn er sich trügen könnte, es für den Menschen keine geoffenbarte Wahrheit, keine Gewißheit mehr auf Erden geben würde, weil jede göttlich geordnete Gesellschaft die Unfehlbarkeit voraussetzt, wie der berühmte Mallebranche so herrlich saget. Der katholische Glaube braucht also nicht - und dies ist seine eigenste, nimmer gehörig beachtete, Eigenthümlichkeit - er braucht nicht über sich selbst nachzudenken, seine Überzeugung zu prüfen, noch sich zu fragen: warum er glaube; ihm ist jene sprech- und schreibselige Unruhe, die alle Sekten umtreibet, durchaus fremd."

333 Diese Formulierung verwendet Küng erstmals in einem Gespräch mit Vertretern der Glaubenskommission der Deutschen Bischofskonferenz im Jänner 1971 (siehe *Semmelroth*, Sätze 196).

334 *Scheffzcyk*, Satz-Wahrheit 162.

335 Ebd. 163.

336 *Rahner*, Kritik 44.

Unfehlbarkeitsdogma ausgeschlossen scheint.[337] In diesem schwerwiegenden Punkt nützt letztlich weder der Hinweis, wahre Sätze seien je schon ex sese wahr und nicht erst durch die Zustimmung wahr gemacht, noch die Richtigstellung, Unfehlbarkeit beziehe sich nicht auf Sätze, sondern komme "bestimmten *Akten* von Personen oder Instanzen"[338] zu. Desgleichen korrigieren die Begriffsänderungsvorschläge von H. Fries[339] und E. Schillebeeckx[340] zwar die falschen Konnotationen des Begriffs "Unfehlbarkeit" bzw. "Infallibilität", nicht aber ein problematisch gewordenes Wahrheitsverständnis. Letzteres ist nach W. Kasper selbst das eigentliche Problem der Unfehlbarkeitsdiskussion und des theologischen Denkens überhaupt[341]. Von daher ist eine genauere Rückfrage nach Küngs Wahrheitsbegriff angebracht.

Wie W. Kasper hervorhob, geht es Küng mittels eines pragmatischen Wahrheitsbegriffs nicht um die essentielle Aussage eines dogmatischen Satzes an sich, sondern um dessen Gebrauch in kirchlichen Reflexions- und Glaubensvollzügen[342]. Nach Küng entscheidet der pragmatische Kontext, in den ein Satz je schon eingebettet ist, über seine Wahrheit[343]. Bemerkenswert ist dabei die auffallende Nähe und Wiederaufnahme der Problematik der Dogmeninterpretation, wie sie schon von der Auseinandersetzung mit dem Modernismus her bekannt ist.[344]

H. Hoping[345] hat in seiner Studie zu Küngs Wahrheitsverständnis darauf aufmerksam gemacht, daß die eigentliche Schwierigkeit in der Verwechslung Küngs von Wahrheit, Plausibilität, Kommunikabilität und Opportunität besteht.[346] Das äußere sich konkret in der falschen Prädikation der Wahrheit von einem *Satz* und nicht, wie es richtig ist, von der Satz*aussage*.[347] Die Konsequenz dieser Auffassung liege in einer pragmatisch-funktionalen Interpretation von Dogmen mit der Absicht, einen

---

337 *Küng*, Bilanz 391: "Ein wahrer Satz wird sich nur dann als wahrer Satz in der Geschichte durchhalten, wenn es ein wirklich wahrer Satz war..."

338 *Kasper*, Diskussion 78.

339 Vgl. *Fries*, Wort 227: "Statt dessen würde ich den Begriff unfehlbar durch den Begriff wahr und Wahrheit in Verbindung mit Verbindlichkeit ersetzen, die im Fall eines höchsten Engagements zur Letztverbindlichkeit werden kann."

340 *Schillebeeckx*, Problem 208: "Ein rechtes, legitimes, evangeliumsgetreues und deshalb die Gläubigen bindendes Glaubensurteil aufgrund eines 'Wahrheitscharismas' (DS 3071) scheint mir, vor unserem gewandelten Verstehenshorizont und bei all den erkenntnistheoretischen und erkenntnissoziologischen Schwierigkeiten mit dem Begriff 'Unfehlbarkeit' für den Augenblick eine geeignetere Terminologie, vor allem auch wegen der unrechtmäßigen Ideologie, die bei vielen Gläubigen - von oben bis unten - um den Begriff 'unfehlbar' entstanden ist."

341 *Kasper*, Freiheit 221.

342 *Ders.*, Diskussion 76.

343 *Küng*, Interesse 49.

344 Jüngst sprach auch *Löhrer*, Erwägungen 25f, von einer "*Wiederkehr der verdrängten Probleme*" und verweist dabei auf die offen gebliebenen Fragen (bes. die Rolle der historisch-kritischen Methode) des "Modernismus".

345 *Hoping*, Wahrheit.

346 Ebd. 10.

347 Ebd. 7.

neuscholastisch-positivistischen Dogmenbegriff zu überwinden. Die situativ-historische Sprachgestalt von Dogmen werde von Küng exklusiv gesetzt und drohe in einen theologischen Agnostizismus zu geraten[348].

Von daher wird die vielfach kritisierte Behauptung Küngs hinsichtlich einer Dialektik von gleichzeitiger Wahrheit und Irrtümlichkeit eines Satzes verstehbar, weil die sprachphilosophischen Voraussetzungen der Mehrdeutigkeit, Applikabilität und Praxisrelevanz eines dogmatischen Satzes dessen Wahrheit bestimmen. Für Küng gilt, daß, je größer der Bruch des historischen Verständnishorizontes geworden ist, der Wahrheitsgehalt eines Dogmas umso problematischer, wenn nicht überhaupt falsch wird. Umgekehrt gilt: "Ein wahrer Satz wird sich nur dann als wahrer Satz durchhalten, wenn die neue geschichtliche *Situation,* in die er hineingestellt ist, der früheren gleich oder ähnlich oder analog ist..."[349] Als Wahrheitskriterium entscheidend ist neben der existentiellen Bedeutsamkeit von Dogmen die in ihnen ausgesagte personale Wirklichkeit Gottes bzw. Jesu, die letztentscheidend nur im persönlichen Glaubensakt und in der praktischen Nachfolge sein kann, nicht aber ein unfehlbarer Urteilsspruch einer kirchlichen Instanz bzw. eines Amtsträgers. Wie Hoping nachwies, liegt der Grund für das existentiell-pragmatische, ontologisch-personale und operativ-praktische Wahrheitsverständnis Küngs "in einem gleichsam negativen wahrheitstheoretischen Vorverständnis"[350], das Wahrheit positivistisch als objektive Sachverhaltsdeskription versteht und sich dagegen abarbeitet: "Das Dogma muß radikal historisiert werden, weil es im Horizont einer Korrespondenztheorie der Wahrheit verständlicherweise keinen bleibenden Wahrheitswert besitzen kann."[351] Der radikalen Relativierung entgegnet Küng mit seiner These der "*Indefektibilität oder Perennität* [der Kirche] *in der Wahrheit*"[352], die sich am konkreten Glauben des einzelnen bzw. der "kleinen Leute", in deren Orthopraxie, ja sogar unter den Häretikern (ohne daß Häresie zur Wahrheit wird), weniger aber im institutionellen Lehramtsvollzug erweist[353].

Die verhängnisvolle Entleerung des bleibenden kognitiven Gehaltes eines Dogmas, so schwer er auch zu bestimmen sein mag, wird allerdings von Hoping zu einseitig beurteilt. Gerade das Fehlen eines Wahrheitsbegriffs, der kognitive, normative, existentielle und praktische Momente gleicherweise vermitteln kann, darf nicht Küng selbst zur Last gelegt werden. Wenn Hoping meint, Küng habe einen "völlig unannehmbaren relativistisch-subjektivistischen Wahrheitsbegriff"[354] und sein Denken sei "typisch aufklärerisch"[355], so verkennt er die fundamentale Desorientierung der katholischen Theologie durch den Bruch mit einer neuscholasti-

---

348 Ebd. 6.
349 *Küng,* Bilanz 392.
350 *Hoping,* Wahrheit 22.
351 Ebd. 23.
352 *Küng,* Unfehlbar 148.
353 *Küng,* Bilanz 434; ähnlich: 436f. 460.
354 *Hoping,* Wahrheit 21.
355 Ebd. 27.

schen Axiomentheologie, deren Wahrheitsbegriff und Begründungsmodus sich antiaufklärerisch behauptete. Die Grundlagenerschütterung kann nicht vorschnell, auch nicht historisch, übersprungen werden. Hopings eigene Anmerkungen zu einem theologischen Wahrheitsbegriff[356] versuchen selbst halbwegs differenziert das komplexe Gefüge von Offenbarung, Glaubenserfahrung, sprachlicher, theologischer und lehramtlicher Artikulation so zu erfassen, daß keinem Aspekt Gewalt angetan und gleichzeitig die nicht-deskriptive Art religiöser und theologischer Rede nicht symbolistisch verkürzt wird.

(2) Gegen Küngs Anfrage und Antwort wurde in der Diskussion intensiv der positive Sinn des Infallibilitätsdogmas herauszustellen versucht. Die dargebotenen Reaktionen betreffen eine genauere Lokalisierung des Dogmas innerhalb des "Systems Kirche" (Rahner), verweisen aber im besonderen auf die im Ersten Vatikanischen Konzil selbst schon angelegten impliziten Interpretationen hinsichtlich einer kommunikativen Verhältnisbestimmung zwischen einer allgemeinen Unfehlbarkeit der Kirche und der Unfehlbarkeit des höchsten Amtsträgers.[357] Allgemeiner Konsens besteht darin, daß die Unfehlbarkeit des Papstes ihren Sinnkontext nur aus der Unfehlbarkeit der Kirche selbst bezieht. Am entschiedensten haben darauf G. Thils[358] und M. Seybold[359] aufmerksam gemacht. Letzterer hat im Anschluß an die Formulierung von "Lumen Gentium" 12 die "pneumatisch-aktive Rolle" des sensus fidelium hervorgehoben, was nur mehr eine dialektische Interpretation der problematischen "ex-sese"-Formel zulasse. Juridisch betrachtet habe die Formel "ex sese, non ex consensu ecclesiae" volle Geltung, aus der pneumatischen Tiefendimension von Kirche gesehen gilt aber die Umkehrung: "'ex sese i.e. non ex consensu (iuridico) ecclesiae, verumtamen ex consensu (fidei) ecclesiae'"[360]. So kann theologisch die Rolle des unfehlbaren Lehramtes nicht *aus sich*, sondern nur in Rückbindung an die Gesamtkirche gesehen werden[361], deren Unfehlbarkeit aber nur haltbar ist, "wenn man sie in

---

356 Ebd. 92-107.

357 Bedeutend für eine Korrektur im Verständnis des Verhältnisses kirchlicher und päpstlicher Unfehlbarkeit ist die Vortragssammlung eines ökumenischen Treffens in Chevetogne (25.-29. 9. 1961) geworden: *Rousseau*, Infaillibilité, darin bes. *Thils*, L'Infaillibilité de l'Église 147-182. Zur umstrittenen Frage der Interpretation und Rezeption des Infallibilitätsdogmas siehe *Schatz*, Kirchenbild; *ders.*, Dogma; *Klausnitzer*, Papstamt.

358 *Thils*, L'Infaillibilité Pontificale. Thils' These, daß das Lehramt der Kirche nicht ohne Glaubensgemeinschaft, der eine "infallibilitas in credendo" zuzuerkennen sei, denkbar ist, sucht sich gerade aus den Akten des Ersten Vatikanums herzuleiten. Vgl. auch die theologiegeschichtliche Studie von *Thils*, L'Infaillibilité du peuple chrétien "in credendo". Notes de théologie posttridentine, Paris-Louvain 1963.

359 *Seybold*, Unfehlbarkeit.

360 Ebd. 116.

361 Vgl. *Pesch*, Bilanz 242. Diese Rückbindung mußten selbst die papalistischen Interpreten in zwei Fällen anerkennen: in der Möglichkeit eines häretischen Papstes und in der Frage der institutionellen Feststellung der Legitimität des jeweils regierenden Papstes (siehe: *Horst*, Papst).

ihrer Totalität und während einer ausreichenden Zeitdauer betrachtet"[362]. Das bedeutet, daß im unfehlbar definierenden Papstamt nicht mehr der archimedische Punkt der Wahrheitsvergewisserung allein gesucht werden darf und sich somit die Interpretationsauffassung der Minoritätsbischöfe des Ersten Vatikanums durchgesetzt hat. Diese bedeutende theologische Korrektur darf aber nicht darüber hinwegtäuschen, daß die praktische Vermittlung des Glaubensgehaltes zwischen einem hierarchischen Lehramt und der Gesamtheit der Gläubigen noch nicht gelungen ist. Der Grund liegt nach wie vor im unvermittelten Gegenüber einer hierarchiologisch-juridischen und einer communio-Ekklesiologie[363], deren Spannung sich ebenso in den Dokumenten des Zweiten Vatikanischen Konzils niederschlägt.

In diesem Zusammenhang ist auf die besondere Bedeutung und Funktion des "sensus fidei"[364] bzw. der Rede von einem Lehramt oder einer Lehrautorität der Gläubigen[365] hinzuweisen. Der schillernde Begriff "sensus fidei" gilt zunehmend als Kategorie "des Demokratischen in der Kirche"[366], als Ausdruck des aktiven Glaubensvollzugs und einer gewissen lehrmäßigen Kompetenz aller Gläubigen. Er hat seine Funktion darin, das dialogische Moment der Offenbarungsvermittlung und den kommunikativen Prozeß einer gemeinsamen Wahrheitsfindung[367] geltend zu machen, auch wenn der erkenntnistheoretische Status des Begriffs und die Frage nach der Trägerschaft bisher eher ungeklärt scheint: So bezeichnen K. Rahner und K. Lehmann die Erkenntnis, die der Glaubenssinn ermöglicht, als "eine rationale Erkenntnis unreflexer Art"[368]. Als solche aber korrigiert sie die inadäquate Verhältnisbestimmung der ecclesia docens et discens aus dem 19. Jahrhundert, die die traditionelle Relevanz des Glaubenssinns beschränkte[369] und die Unfehlbarkeit der Gläubigen auf den passiven Vollzug der Glaubensübernahme festlegte. Die genuine und spezifische Lehrautorität der Laien[370], die als Korrektiv gegen ein monopolistisches Lehramt der Hierarchie fungieren soll, wie auch ihre Rolle in der Offenbarungsvermittlung[371] wurden erstmals vom Zweiten Vatikanischen Konzil gewürdigt. Dadurch wird das praktisch eingespielte Verhältnis von Lehramt und Gläubigen zumindest theoretisch berichtigt, wie

---

362 *Congar*, Infallibilität 180.

363 Vgl. *Pottmeyer*, Lehramt 338.

364 Aus der zahlreicher werdenden Literatur sei verwiesen auf: *Seckler*, Glaubenssinn; *Beinert*, Bedeutung; *Wagner*, Glaubenssinn; *Vorgrimler*, Sensus.

365 Siehe Concilium 21 (1985) Heft 4.

366 *Beinert*, Bedeutung 288.

367 Vgl. *Fries*, Sensus 74.

368 *Rahner-Lehmann*, Geschichtlichkeit 773.

369 Zur Begriffsgeschichte des Glaubenssinnes siehe: *Beinert*, Bedeutung 272-288.

370 Der bedeutendste Anstoß des 19. Jahrhunderts war der Aufsatz von *J.H. Newman*, Über das Zeugnis der Laien in Fragen des Glaubens (1859), in: *ders.*, Ausgewählte Werke. Bd. 3, Mainz 1940, 198-239. Zur Geschichte der "Enterbung der Laien" vgl. *L. Karrer*, Aufbruch der Christen. Das Ende der klerikalen Kirche, München 1989, 26-49.

371 Vgl. *Löhrer*, Träger 547-555.

E. Schillebeeckx feststellt: "Das *Lehramt* in der Kirche empfängt seine Definition von der 'Lehrautorität aller Gläubigen' her, die normiert ist durch das 'Wort Gottes', unter dem auch das Lehramt steht - und nicht andersherum."[372] Somit ist das Wort Gottes selbst und der Auftrag der Verkündigung an alle, die an es glauben, Möglichkeitsgrund und theologisches Erkenntnisprinzip für eine im sensus fidei wirkende und im consensus fidelium zum Ausdruck kommende fundamentale Gleichheit aller Gläubigen: Als "soziale Metakommunikation"[373] dient der sensus fidei zur Abwehr von glaubensfremdem Sinnverständnis, zur Bereitstellung von kommunikativen und diskursanalogen Feststellungsverfahren der Glaubenseinheit und zur Bewertung von faktischen Glaubenseinstellungen. Schließlich bestimmt er auch als bleibende Norm ein jeweils den historisch-kulturellen Umständen entsprechendes soziales Handeln von Kirche. Die "soziologische Forderung nach 'Herrschaftsfreiheit' "[374] könnte in einem solchen universalen, der Einheit und dem Konsens verpflichteten Sein und Handeln der kirchlichen Glaubensgemeinschaft eine strukturanaloge Größe finden, auch wenn es hinter dieser Sinndimension faktisch zurückbleibt.

Das dogmatische Erkenntniskriterium des subjektiven Glaubenssinnes und des objektiven Glaubenskonsenses hat seine eindrucksvollste Beachtung wohl in den um umfassende Befreiung kämpfenden Basisgemeinden der Kirchen der Dritten Welt gefunden[375]. In ihnen kommt praktisch-zeugnishaft und theoretisch in der auf diese Gemeinden bezogenen Theologie der Befreiung zum Ausdruck, was der Begriff des "Volkes Gottes" und der "communio" ansagt: Zeugnis zu geben von Gottes heilschaffendem und befreiendem Handeln an den Armen, die eigentliches Subjekt der Kirche sind und auf die hin sich alle Ämter der Kirche zu beziehen haben, weil die Armen "jene Autorität besitzen, die ihnen Gott selbst eben durch die Tatsache seiner Vorliebe für sie zugestanden hat"[376]. Sie, die von den fundamentalsten Möglichkeiten der Lebensgestaltung ausgeschlossen sind, werden zum empirisch sichtbaren und theologisch im Pneuma Christi verbürgten Kriterium für Kirche, auf daß sich diese selbst als kommunikative und solidarisch-befreiende Glaubensgemeinschaft institutionell aufbaut und theologisch begreift. Darum hat Kirche jede Rede von der Einheit der Glaubensgemeinschaft und jeden institutionellen Machtanspruch nochmals (ideologiekritisch) gegenüber der realen Ohnmacht ihrer ausgegrenzten Glieder, die Realsymbol des ständigen Heilshandelns Gottes sind, auszuweisen und daran zu korrigieren.

So kommt in den Basisgemeinden, aber gleichwohl auch in den nicht-institutionellen und institutionellen Vollzügen der Laien, sei es

---

372 *Schillebeeckx,* Lehrautorität 248. Vgl. LG 25: "Die der *Kirche verheißene Unfehlbarkeit* ist *auch in der Körperschaft der Bischöfe* gegeben..." (Hervorhebung F.G.). Siehe auch DV 10: "Das Lehramt ist nicht über dem Wort Gottes, sondern dient ihm..."

373 *Höhn,* Kirche 200.

374 Ebd. 202.

375 Vgl. *Sobrino,* Lehrautorität 269-274.

376 Ebd. 273.

durch unbewußte oder bewußte Rezeption lehramtlicher Aussagen oder durch die unvertretbare Aufgabe des Aufbaus der Gemeinde und der Ortskirche, das zum Vorschein, was bisher normativ als "Wahrheitsfindung von unten"[377] gekennzeichnet wurde. H. Fries fordert darum von der Theologie, daß sie den Glauben der Glaubenden diskursiv reflektiere, um seine Wahrheit gegenüber dem Lehramt vertreten zu können. Das verändert auch den Ort des Theologen innerhalb von Kirche: Er selbst gehört nicht so sehr an die Seite der Hierarchie als an die Seite der Gläubigen und hat im Konfliktfall zwischen hierarchischem Lehramt und den Gläubigen argumentativ zu vermitteln.[378]

Damit ist das Verhältnis eines sprachregulierenden Lehramtes und der Theologie, bzw. der Gemeinschaft der Gläubigen, zwischen einem institutionalisierten Wahrheitsspruch und der Zeugniswahrheit eines gelebten Glaubens in einen kommunikativen Rahmen gebracht, der sich praktisch dadurch erweisen sollte, daß er die geschichtlich hervorgetretenen Aporien zu überwinden.

2.3.3 *Wahrheit - Kommunikation - Institution*

Die Diskussion um das strittige Verhältnis von Theologie und Lehramt und um die Wahrheit der kirchlichen und päpstlichen Unfehlbarkeit ließ den untrennbaren Zusammenhang von einer je schon theologisch interpretierten Offenbarungswahrheit und einer diese amtlich schützenden Lehramtsinstitution für die konkrete "Kommunikationsgemeinschaft Kirche" erkennen. Die apologetisch überzogene Betonung der *Autorität* der Offenbarung in einem sich autoritär aussprechenden Lehramt hat ihre Korrektur an einem neuen ekklesiologischen Grundmodell erfahren. Die Einbettung lehramtlicher Aussagen in den gesamten Glaubensvollzug der Kirche, der Rückgriff auf die altkirchlichen Begriffe des "sensus fidei" und des "consensus fidelium" zeigen auch eine Auswirkung in der Suche nach einem neuen Wahrheitsbegriff, der fähig ist, die kollektiven Momente der Wahrheitsfindung zu berücksichtigen. Es war Karl Rahner[379], der auf diesen Aspekt hingewiesen hat, ohne ihn weiter zu entfalten, geschweige in seinen eigenen Wahrheitsbegriff systematisch einzubeziehen. Die sprachphilosophische Wende der Theologie versucht aber gerade hier vielversprechende Lösungsmöglichkeiten einzubringen, die das Verhältnis von Wahrheit-Gesellschaft-Sprache neu bedenken. F. Schupp hat als einer der ersten darauf verwiesen, daß die Wahrheit des Glaubens nie mit dem einzelnen, auch noch nicht vollständig im Dialog, sondern erst

---

377 *Kasper*, Problem 53.
378 Vgl. *Fries*, Sensus 76f.
379 *Rahner*, Fragment.

im "Soziolog"[380] erreicht ist. Allerdings ist die "Frage, ob und inwiefern die Gemeinschaft selbst - als Gemeinschaft - Subjekt der Erkenntnis sein könne, noch kaum methodologisch erhoben"[381] worden. Seine Forderung, die erkenntnistheoretischen Implikationen des neuen Kirchenverständnisses freizulegen, zielt auf eine sprachanalytisch fundierte Verhältnisbestimmung von Lehramt und Theologie, die "in einer grundsätzlichen wissenschaftstheoretischen Unterscheidung von objektsprachlichem Ausdruck des Glaubens und metasprachlicher Reflexion über den Ausdruck des Glaubens"[382] gefunden werden kann. Dem Lehramt komme durchaus die Funktion normativer Sprachregelung zu, allerdings bleibe es auf argumentativ ausgewiesene Begründungen verwiesen, weil jeder konstatierende oder normierende Sprachgebrauch immer schon theoretische Voraussetzungen und praktische Optionen mitführt. Sprachanalytische Methoden werden in der Theologie nun gerade in der Klärung der Legitimität und Notwendigkeit einer Sprachregulierungskompetenz, die als Spezifikum dem Lehramt zukommt, relevant. Denn mit ihnen könnte demonstriert werden, daß eine kirchlich-regulative (mit jurisdiktionellen Folgen operierende) Sprechhandlung sich theologisch begründet ausweisen *muß*; daß jede Glaubensrede nicht bloß eine normative oder propositionale Struktur besitzt, sondern sinnvoll erst in einem *institutionellen*, d.h. den sakramentalen Grundvollzug von Kirche ermöglichenden Rahmen wirksam artikuliert werden kann. Damit könnte tatsächlich ein differenzierteres und zugleich praktikableres Zuordnungsverhältnis von Theologie und Lehramt gefunden werden. Sind normierende Sprechhandlungen diskursiv auszuweisen, so müßte auch umgekehrt gelten, daß religiöse Sprechhandlungen, die einen Sachverhalt zum Ausdruck bringen (z.B. eine Glaubensaussage), eine unabdingbar "institutionelle" Funktion für ein *regelgeleitetes* und *intersubjektives* Handeln haben.

Um die Abstraktheit dieser Vorschläge etwas aufzubrechen, soll auf sprechakttheoretische Überlegungen von R. Schaeffler verwiesen werden[383]. Er zeigt, daß die *Wirksamkeit* von Sprechhandlungen immer schon einen institutionellen Rahmen voraussetzt. Dieser Rahmen ermöglicht standardisiertes Verhalten und stellt Verhaltensregeln zur Bewertung der Gültigkeit von Sprechhandlungen bereit. Schaeffler macht darauf aufmerksam, daß es eine Fülle von normativen Sprechhandlungen gibt, die Aussagesätze logisch implizieren. Darum dürfen sie zu diesen nicht in Widerspruch treten, sollen sie wirksam vollzogen werden: "Die Zustimmung zur Wahrheit gewisser Aussagen (statements) ist die Bedingung für die Fähigkeit zum Vollzug gewisser Sprachhandlungen (speech acts) im Rahmen einer Institution. ... Wer die Wahrheit derjenigen Aussagen bestreitet, die im Vollzug von Sprachhandlungen logisch eingeschlossen sind, der hat damit den Charakter der geeigneten Person zum Vollzug

380 *Schupp*, Lehramt 76f.
381 Ebd. 77.
382 Ebd. 83.
383 *Schaeffler*, Wahrheit.

dieser Handlungen verloren.[384] Allerdings besteht für eine Institution, die Regeln und Inhalte für die Wirksamkeit bestimmter Sprachhandlungen bereitstellt, die Möglichkeit, die von ihr implizit definierten Aussagegehalte bei deren Leugnung entweder im Interesse der Aufrechterhaltung der Institution "wirksam zu ignorieren"[385] oder legitimerweise Ausschließungsregeln zu formulieren, wenn es sich um gravamina handelt, die eine Institution in ihrem Grundbestand gefährden. Gerade die Funktionsmöglichkeit eines heilsamen Ignorierens jener Sprechhandlungen, die eine praktische Leugnung ihrer propositionalen Voraussetzungen darstellen, ebenso wie die Promulgation von Ausschlußregeln für den Fall der schädigenden Bedrohung einer Handlungsgemeinschaft müssen institutionell geregelt sein. Weder kann es ein universales Heilungsgebot noch ein universales Heilungsverbot geben, will sich eine Institution nicht nach der einen oder nach der anderen Seite selbst aufheben: "Zu jeder Institution gehören Regeln, die angeben, wer, wann und unter welchen Umständen darüber entscheiden kann, auf welche Weise die heilende Kraft einer Institution beschränkt, das wirksame Ignorieren eines Widerspruchs zwischen Aussagen und Sprechhandlungen durch wirksame Feststellung dieses Widerspruchs unmöglich gemacht wird."[386]

Mit gutem Grund kann dieses allgemeine soziologische Handlungsmodell, das aus einer Analyse alltagsweltlicher Sprechhandlungen gewonnen ist, auf das lehramtliche Handeln der Kirche angewendet werden. Als Glaubensgemeinschaft vollzieht sie wirkmächtige Sprechhandlungen, die erst, wenn sie gesprochen sind, eine neue, und zwar heilschaffende Wirklichkeit herstellen. Allerdings haben sie ihre Geltung nur von den in ihnen implizit mitvollzogenen Grundaussagen des Glaubens, über die nicht nochmals die Glaubensgemeinschaft verfügen kann. Sie werden als Gottes Wort in Jesu Botschaft und Tun ausgewiesen und in bestimmten Aussagen und Sprachhandlungen bezeugt und vergegenwärtigt. Um so mehr ist der Kirche die Verfügung der Wahrheit ihrer sie konstituierenden Sprechhandlungen entzogen, weil sie selbst ein Antwort-Geschehen auf den Heils- und Gemeinschaftswillen Gottes ist. In diesem Sinne ergänzt Schaeffler die programmatische These von Austin "How to do things with words" durch die Erkenntnis der Wirksamkeit des Hörens ("Der Glaube kommt vom Hören"), das ebenso fähig ist, neuen Sachverhalten Realität zu verleihen.

Gerade in diesem Signum von Kirche als Hör- und Sprachgemeinschaft liegt die Gefahr einer um des Heiles willen vollzogenen 'Säuberung', also die Aktivierung von exkommunikationswirksamen Sprechhandlungen ("Si quis dixerit..., anathema sit"). Man wird nicht fehl gehen, wenn man diesen Rigorismus nicht bloß auf problematische 'Inkulturationsformen' der lehramtlichen Instanzen zurückführt, sondern auch auf einen mißverstandenen Wahrheitsbegriff, der den Glaubensas-

---

384 Ebd. 165.
385 Ebd. 178.
386 Ebd. 181.

sens auf ein kognitives Für-Wahr-Halten eingrenzte. Die Einsicht in den kommunikativen Grundvollzug von Interaktionsgemeinschaften zeigt aber deutlich, daß die Feststellungs- bzw. Ausschließungsverfahren in bezug auf einen Konsens bzw. Dissens eines Mitgliedes einer solchen Gemeinschaft dem kommunikativen Charakter der Wahrheitsvermittlung zu entsprechen haben. So berechtigt es ist, die Unverfügbarkeit der Wahrheit jener Kirche stiftenden und erhaltenden Aussagen und Sprachhandlungen zu betonen, so deutlich muß werden, daß die in gegebenen Fällen berechtigte Forderung nach einer Zustimmung zu bestimmten Satzwahrheiten ihren Maßstab am Vollzug des Heilswillens Gottes, wie er im Handeln Jesu bezeugt ist, zu nehmen hat. Nur so bleiben jene Entscheidungsinstanzen der Kirche vor einem praktischen Selbstwiderspruch bewahrt, der nicht nur eine Aushöhlung ihrer Autorität zur Folge hätte, sondern sogar die verzeihende Liebe Gottes, also den Gnadengrund, aus dem sich Kirche selbst verdankt, verdunkeln würde. Mit Recht kann daher die ideale Unterstellung der Herrschaftsfreiheit nicht bloß auf Diskursgemeinschaften, sondern auch auf die kirchliche Glaubensgemeinschaft übertragen werden.[387] Gleichzeitig muß sich die sakramental handelnde Glaubensgemeinschaft aber immer wieder jene *Satzwahrheiten* aneignen, welche die Möglichkeitsbedingung ihres wirksamen Handelns sind.

Weil diese schwierige Aufgabe zumeist von den einzelnen Mitgliedern der Glaubensgemeinschaft nicht geleistet werden kann, kommt an dieser Stelle die Relevanz des *theologischen Diskurses* markant zum Vorschein. Er dient, wie sich aus diesem Kontext leicht erkennen läßt, der ursprünglichen Handlungsfähigkeit der Kirche. Auf diesen Aspekt hat etwa R. Bultmann hingewiesen, indem er der Theologie die Funktion der Sicherstellung der Verkündigungstätigkeit der Kirche zuordnete.[388] Diese Aufgabe aber hat sich als strittige Kompetenzverteilung erwiesen zwischen der kirchlichen Lehrdefinition und der wissenschaftlichen Diskussion. Darum stellt sich hier nochmals die Frage, wie ihr Verhältnis zu bestimmen ist.

I.U. Dalferth[389] unterscheidet zwischen Glaubenskommunikation und Glaubensrede, zwischen Glaubensdiskurs im Binnenraum der christlichen Gemeinde und dem Diskurs der Gemeinde mit der 'Welt'. Damit läßt sich der Ort der theologischen Rede angeben: Er liegt dann sowohl im Kommunikationsraum Kirche wie auf einer neutralen "Beobachterebene", weil Theologie Meta-Reflexion der Glaubensrede ist. Das hat zur Folge, daß Theologie nicht bloß andere Sprachhandlungen als kerygmatische oder lehrende Glaubensrede zu vollziehen hat, sondern auch "*mehr* sagen [muß] als christliche Glaubensrede, weil die Reflexion der genannten Differenzen sie zur Behandlung neuer, in der primären Glau-

387 Vgl. *Höhn*, Kirche 203.

388 *Bultmann*, Theologie 459: "Die Theologie als Wissenschaft hat die Aufgabe, die Verkündigung sicher zu stellen."

389 *Dalferth*, Theologie.

benskommunikation selbst nicht explizit thematisierter Themen nötigt"[390]. Das bedeutet zunächst eine gegenseitige Verwiesenheit von *Glaubenskommunikation* und *Glaubensreflexion*. Glaubenskommunikation ist jenes kirchliche Sprachereignis, das auf einen überindividuellen, theoretischen und praktischen Glaubenskonsens ausgerichtet ist. Dieser Konsens soll für die je bestehende Glaubensgemeinschaft schließlich tradier- und rezipierbar werden. Glaubensreflexion ist dann jene Reflexions- und Sprachleistung, die diesen konsensuellen Grundakt fördert und kritisch begleitet. Theologie ist somit metasprachliche, problemorientierte Reflexion jener Glaubenskommunikation, die Gottes Heilshandeln bekennend und praktisch-bezeugend zum Ausdruck bringt. Zugleich versteht sie sich als kritisch-normative Institution des unverzichtbaren Hinweises auf die Differenz eines jeweiligen (lehrhaften) Glaubenswissens und des (eschatologisch ermöglichten) Glaubensgeschehens, das in seiner Stiftung und Herkunft göttlichem Handeln selbst vorbehalten bleibt. Insofern kommt Theologie selbst aus der primären Glaubenskommunikation der Gemeinde, steht dieser aber auch gegenüber. Sie hat ihre historische Genese dort,

> "wo entweder das Auftreten von Differenzen in der christlichen Gemeinschaft oder die Problematisierung der Ausdifferenzierung dieser Gemeinschaft aus ihrer Umwelt oder (wie in der Regel der Fall) beides zugleich Probleme aufwirft, welche die Kirche zu situationsdistanzierter Reflexion ihrer Glaubenskommunikation nötigen, um durch kritischen Vergleich, sachliche Beurteilung und normierende Wertung Problemlösungen auszuarbeiten."[391]

Die implizite Angewiesenheit der Glaubenskommunikation auf Theologie zeigt sich auf jeder Vollzugsstufe: Auf der Ebene der Verkündigung, insofern sie auf konsensuell getragene Lehrbildung durch ständige Selbstabklärungsprozesse drängt, und auf der Ebene der kirchlichen Lehrbildung selbst, insofern diese sich selbst immer wieder überprüfen muß.

Diese Ausdifferenzierung ermöglicht die Unterscheidung von *Glaubenskonsens, kirchlicher Lehre als Lehrkonsens* und *kirchlicher Theologie* als Entfaltung der kirchlichen Lehre. Dabei bleibt Theologie nicht bloß auf die Entfaltung der Lehre beschränkt, sondern kann sich selbst von sich distanzieren und in diesem Sinn (historisch zuerst in der Scholastik geschehen) wissenschaftstheoretischen Charakter gewinnen, der ihren Weltbezug im Hinblick auf die Einheit des Wissens überhaupt anzeigt: "So dient Theologie einerseits der *Selbstverständigung der Gläubigen untereinander*" und ist als solche "kirchliche oder *kirchenbezogene Theologie*", sie dient aber auch andererseits der "*Verständigung der Gläubigen mit den Nichtgläubigen*"[392] auf allen möglichen Problem- und Wissensgebieten menschlicher Existenz. In dieser Hinsicht ist sie wissens- und handlungsorientiert sowie sozialethisch ausgeprägt. Das kann dann durchaus unterschiedliche und konflikthafte Positionen und Auffassungen erge-

---

390 Ebd. 113.
391 Ebd. 110.
392 Ebd. 120.

ben. Wissenschaftliche Theologie muß darum den Wahrheitsanspruch des Glaubenswissens geltend und annehmbar machen, und zwar in ständiger Auseinandersetzung mit dem jeweiligen Wahrheitsbewußtsein einer Kultur oder Epoche. In dieser Auseinandersetzung wird deutlich, ob Vereinbarkeit oder Unvereinbarkeit zwischen den konkurrierenden Wahrheitsansprüchen möglich und notwendig ist.[393]

Der 'Welt-Bezug' der Kirche "vollzieht sich also über konsensfähige Verkündigung, konfliktfähige sozialethische Theologie und kontradiktionsfähige wissenschaftliche Theologie"[394], wobei gilt, daß auf jeder Stufe der Weltbezug in je anderer und unersetzbarer Art wahrgenommen wird, ohne daß die plurale Einheit auf eine Stufe reduziert werden könnte.

Die oben angesprochene Funktion von Theologie für die Handlungsfähigkeit von Kirche in sich und aus sich heraus hat die implizite Aussagewahrheit der konstitutiven Sprachhandlungen sowohl als kirchliche wie als wissenschaftliche Theologie immer neu zu garantieren. Sie hat dogmatisch sowohl die *Kohärenz* christlicher Glaubensaussagen in ihren Wahrheitsansprüchen aufzuzeigen wie wissenschaftstheoretisch die *Konsistenz* dieser Ansprüche mit den nichtchristlichen Wahrheitsansprüchen. Geht es der dogmatischen Theologie um die "Ermöglichung einheitlichen Glaubenswissens", so zielt wissenschaftliche Theologie "auf die Ermöglichung einheitlichen Wissens überhaupt"[395].

Dabei ist nach Dalferth der Beitrag der wissenschaftlichen Theologie unverzichtbar: Gegen einen innerkirchlichen Partikularismus hat Kirche zu sorgen, daß ihre unverfügbare Glaubenswahrheit *diskursiv* und *methodisch konstruktiv* in den Raum des 'Welt-Wissens' ein- und ausgetragen wird. Das aber verlangt einen größeren Spielraum an Reflexions- und Experimentierfreiheit, als es vielleicht für eine lehrbildende dogmatische Theologie an sich notwendig wäre. Daß mit diesen Differenzierungen und Bestimmungen das Konfliktpotential zwischen Theologie und Lehramt nicht ausgeräumt ist, ist offensichtlich. Aber schon die verschiedenen Ebenen und Aufgabenstellungen können helfen, einen eingeschränkten Begriffsgebrauch von "Theologie" aufzubrechen.

Als wesentlich ist am Schluß dieses dritten Konfliktfeldes im Bezug auf den institutionellen Dienst an der Wahrheit des Glaubens durch Theologie und Lehramt festzuhalten: Auch hier hilft die Rezeption von Erkenntnissen aus der Sprechakttheorie und der sprachanalytischen Forschung, zu einem neuen theologischen Wahrheitsverständnis zu finden. Sie gewährleistet, unverzichtbare kommunikative Dimensionen auch in den institutionell organisierten Implikationen von Glaubenswahrheit zu sehen. Damit aber ist der Weg zu einer neuen Praxis der Begegnung zwischen Lehramt und Theologie gewiesen. Ob er auch beschritten wird, hängt allerdings nicht allein von der theoretischen Reflexion ab, sondern vom Willen der betroffenen Personen und Institutionen.

---

393 Ebd. 121.

394 Ebd. 121f.

395 Ebd. 125.

2.4 Die wahrheitstheoretische Relevanz der theologischen Krisen im 20. Jahrhundert

Der Gang durch drei fundamentaltheologisch relevante Diskussionsetappen in der Theologie des 20. Jahrhunderts hatte zum Ziel, die mehr oder weniger deutlichen Zusammenhänge mit der Wahrheitsproblematik aufzudecken und bereits interne theologische Lösungsversuche mitzubedenken. Die Frage nach der Wahrheit dogmatischer Sätze stellte sich allerdings nicht in einem allein um das Wahrheitsproblem bemühten Diskurs, sondern jeweils im Kontext einer Grundlagenproblematik. Welche Relevanz diese markanten Krisensituationen für eine theologische Wahrheitstheorie haben, soll im folgenden kurz resümiert werden.

1. Die *Modernismuskrise* wirft erstmals innerhalb der katholischen Theologie die Diskrepanz zwischen dogmatischer Glaubensvorgabe einerseits und geschichtlicher Partikularität und Glaubenspraxis andererseits auf.

Loisys Anliegen der Vermittlung von Dogma und Geschichte hinterläßt eine schwierige wahrheitstheoretische Herausforderung: Für einen theologischen Wahrheitsbegriff muß die *Geschichte* unbedingter Sinnbekundungen mit dem *Wahrheitsanspruch* kanonischer Texte (Hl. Schrift) und auf sie bezogener Interpretationssätze (Dogmen) so vermittelt werden, daß die partikulare Geschichtlichkeit dieser normativen Sprachgestalten nicht einen universal bleibenden Sinn verdeckt, sondern freisetzt. Gleichfalls gilt, daß ein solcher universaler Wahrheitsanspruch die Geschichtlichkeit und Partikularität seiner Entstehung, Bedeutung und Artikulationsform nicht verkürzt. Das erfordert zum einen einen adäquaten *Begriff von Geschichte*, der die unableitbare Freiheit der Offenbarung anerkennt, zum anderen einen *Begriff von Wahrheit*, der die Geltung von geschichtlichen Heilserfahrungen so aussagt, daß diese zum je neu sich bewährenden Maßstab für die geschichtliche Pluralität an Sinn- und Orientierungsaussagen werden können. Eine solche schwierige Vermittlung von Geschichte und Wahrheit scheint dann möglich zu sein, wenn beide Begriffe durch die Reflexion auf sprachliches Verstehen und Sinnentwerfen erschlossen werden. Das erfordert eine *Theorie der religiösen Rede*, in welcher Wahrheit und Geschichte von Glaubensaussagen sinnvoll begründet und rekonstruiert werden.[396]

Le Roys Dogmeninterpretation bringt den wichtigen Aspekt in die Diskussion ein, daß Wahrheit und Sinn der Dogmen wesentlich *verhaltensregulativ* sind. Er hat damit den Aspekt der *Performativität* von Sprechakten (Austin und Searle) paradigmatisch am Beispiel dogmatischer Aussagen erkannt. Das war ein wichtiger Schritt zur adäquaten Interpretation des Sinngehalts theologischer und speziell dogmatischer

---

396 Vgl. 4.4.2.

Sätze. Allerdings geht Le Roy der Aspekt verloren, daß in Dogmen verankertes "Sinnwissen" sehr wohl auch *erkenntnisregulativ*, also *konstatierend* ist. Sein Ansatz zieht dadurch das Problem nach sich, daß Praxis zum ausschließlichen Maßstab der Wahrheit von Dogmen wird. *Praxis* kann aber selbst hinsichtlich ihrer Geltung und Rechtfertigung nur *diskursiv* geklärt werden. Le Roy blieb auch verborgen, daß die Performativität von Dogmen von der *Wahrheit* der implizit mitgesagten *kognitiven* Voraussetzungen abhängt. Das bedeutet, daß für eine theologische Wahrheitstheorie geklärt werden muß, worin "theologische Rationalität" besteht und worin sich der kognitive Gehalt religiöser und theologischer Rede vom Gehalt empirisch-naturwissenschaftlicher Rede unterscheidet.[397]

Blondels religionsphilosophischer Beitrag zur Artikulation eines adäquaten theologischen Wahrheitsbegriffs besteht darin, daß die sinn- und traditionsbildende *Kommunikationsgemeinschaft Kirche* als konstitutiv für das Verständnis des Wahrheitsanspruchs des Glaubens betrachtet werden muß. Wie Le Roy hat auch Blondel die *Performativität* religiöser Sprechhandlungen betont, ohne daß er deren *kognitiven Charakter* bestritt. *Religiöse Sinnkonstitution* setzt nach Blondel nicht einen esoterischen Raum besonderer Erfahrungen voraus, sondern hängt genuin mit der *Existenzproblematik* zusammen. Darum ist "Transzendenz" nicht bloß das absolut Andere und Heteronome menschlichen Selbstvollzugs, sondern letzter, wenn auch jeweils nur implizit ergriffener Sinnhorizont menschlicher Praxis. Werden diese Erkenntnisse für die Gewinnung eines theologischen Wahrheitsbegriffs ernst genommen, dann muß die klassische Bestimmung von Wahrheit als einer Übereinstimmung von Erkenntnis und Sache erweitert werden. Gerade die Ausblendung von Rezeption, Tradition und Glaubenspraxis förderte eine objektivistische Verzerrung der Glaubensinhalte und verdeckte somit die kommunikative Struktur von Definitionsvorgängen. Eben dieser Sachverhalt wird von der Adäquationstheorie der Wahrheit nicht berücksichtigt, und der unterschiedliche Wahrheitsstatus empirischer, normativer, philosophischer oder theologischer Aussagen wird übergangen.[398]

2. Die Hypothese, daß der Modernismusstreit wichtige fundamentaltheologische Grundprobleme bündelte, konnte an der *wissenschaftstheoretischen Grundlagenkrise der Theologie* bestätigt werden. Die Neufassung theologischer Rationalität bei Pannenberg und Peukert zeigt eine bemerkenswerte Konvergenz mit den Lösungskonzepten Loisys, Le Roys und Blondels: "Geschichte", "Sinnverstehen" und "Praxis" werden nun als Grundkategorien theologischer Rationalität und Wahrheit systematisch reflektiert und eingeführt. Auch Pannenberg und Peukert zeigen auf jeweils verschiedene Weise, daß weder Sinnverstehen noch kommunikatives Handeln gelingen, wenn Transzendenz, sei sie eine letzte universalgeschichtliche Sinntotalität oder eine eschatologisch rettende Wirklichkeit

---

397 Vgl. 4.4.3.

398 Vgl. 4.4.1.

von Subjekten, ausgeklammert wird. Weiters verdeutlichte die Diskussion um ein universalhermeneutisches oder um ein transzendentalpragmatisches Sinnverständnis, daß der Geltungsanspruch der Wahrheit eines Satzes nicht sinnvoll erhoben werden kann, wenn nicht die impliziten pragmatischen Voraussetzungen der Rede mitbedacht werden. Für die Anerkennung der Geltung von Glaubenssätzen und Dogmen heißt das, daß die kirchliche Glaubensgemeinschaft Sorge zu tragen hat, daß die grundsätzlichen performativen Redebedingungen auch erfüllt werden. In dieser Hinsicht kann die Rede von der Praxis als einem unabdingbaren Moment am Wahrheitsverständnis religiöser Rede Rechnung getragen werden, vorausgesetzt, Praxis wird nicht als ein sprach- und kognitivitätsloser Handlungsvorgang verstanden, sondern als theoriegeladener Vollzug, der sich in praktischen Diskursen rechtfertigen läßt. Damit ist sichergestellt, daß die Differenz zwischen *Wahrheit* und den *Kriterien* ihrer Einlösung nicht verwischt wird. Soll die Performativität von Glaubensaussagen sichergestellt sein, so heißt das, daß sich die Glaubensgemeinschaft in ihrem bezeugenden und institutionellen Reden und Handeln nach den Prinzipien von Freiheit, Anerkennung und ständiger Diskursbereitschaft orientieren muß.

Darüber hinaus haben Pannenberg und Peukert betont, daß Glaubensaussagen als eschatologische Aussagen zu qualifizieren sind, was für die Wahrheitsfrage bedeutet, daß die *Einlösung* ihres Wahrheitsanspruchs offen und gegenüber anderen universalen Sinnorientierungen strittig bleibt.[399]

3. Die Überlegungen zu *Glaubensgemeinschaft-Lehramt-Theologie* haben gezeigt, daß der normativ bindende Aussagesinn von Dogmen und lehramtlichen Regelungen institutionell durch spezielle Diskursverfahren (theologische Diskussionen, Konzilien, lehramtlich-gremiale Beschlüsse usw.) geregelt und somit der Beliebigkeit der Aufstellung und Interpretation von einzelnen nichtautorisierten Gliedern der Glaubensgemeinschaft entzogen ist. Ebenso wurde aber festgestellt, daß das Verhältnis von Lehramt und Theologie als legitime institutionelle Ausdifferenzierung zwischen *Entscheidungs-* und *Begründungsdimension* zu massiven Konflikten geführt hat, was einen eklatanten Mangel an diskursiven Verfahrensregeln anzeigt. Gegen die neuzeitliche Verengung der Definitionskompetenz auf ein unfehlbares Lehramt des Papstes und gegen die Verlagerung der Glaubens*wahrheit* auf deren *autoritativen* Anspruch wird heute wieder deutlich auf den altkirchlichen Begriff des "sensus fidei" aller Gläubigen und auf den notwendigen "consensus fidelium" bei Definitionen zurückgegriffen. Mit der Betonung der 'Wahrheitsfindung von unten' wird gleichfalls angezeigt, daß Interpretation und Festlegung des Wahrheitsgehaltes des Glaubens Sache der *ganzen Kirche* ist und nicht nur einiger autorisierter Teile. Das bedeutet, daß die notwendigen Bedingungen von *Diskurs* und *Konsens* für einen theologisch adäquaten Wahrheits-

---

399 Vgl. 4.4.4.

begriff artikuliert und der *kommunikative Aspekt* der Wahrheitsdimension von Glaubensaussagen hervorgehoben werden müssen.

Der erste Hauptteil dieser Arbeit hat gezeigt, daß die Lösung der theologischen Wahrheitsfrage eine Rezeption von diskurs- bzw. konsenstheoretischen Modellen oder wenigstens einiger Theorieteile nahelegt. Bevor allerdings das ausführlicher im dritten Teil reflektiert wird, soll nochmals eine Auseinandersetzung mit einem Theologen geführt werden, von dem zurecht behauptet wird, er habe wesentlich zur neuen Sicht der Theologie und zur Krisenbewältigung beigetragen. Diese Auseinandersetzung drängt sich nicht bloß theologiegeschichtlich, sondern auch aus systematischen Gründen auf. Rahners Theologie operiert mit einem transzendental-ontologisch fundierten Wahrheitsbegriff, der eine naive Handhabung der Adäquationstheorie verhindert und Zugänge eröffnet, die vorreflexiven, auch existentiellen Bereiche des Wahrheitsgrundes denkerisch einzuholen. Mit diesem Konzept gelingt es ihm, das schwierige Verhältnis von Geschichte und Wahrheit, von Theologie und Rationalität und von Autorität und Kommunikation zu bewältigen. Ob sein Ansatz und sein Wahrheitsbegriff allerdings dazu ausreichen, die aufgezeigten Anforderungen an einen theologisch fruchtbaren Wahrheitsbegriff einzulösen, wird die kritische Anfrage an Rahner sein.

3 Das Wahrheitsverständnis Karl Rahners

Es überrascht, daß der Aspekt der Wahrheitsproblematik in der Rahnerinterpretation bisher kein besonderes Interesse hervorgerufen hat. Abgesehen von einigen wenigen kleineren Studien und Aufsätzen blieb dieser Problembereich völlig unberücksichtigt.[1] Dieser Mangel wird durch die folgende Untersuchung allerdings nicht wesentlich behoben, weil die Anfrage an Rahners Wahrheitsverständnis selbst einem größeren Frageinteresse dient und daher die Darlegung auf dem Hintergrund der krisengeschichtlichen Problemzonen von Geschichte - Rationalität und Intersubjektivität - Autorität zu verstehen ist. Natürlich bedeutet das nicht, daß diese Fragestellungen unreflektiert in die Interpretation Rahners einfließen, wohl aber sollen sie die Untersuchung des Wahrheitsproblems leiten.

Der Begrenzung der Frageintention entspricht daher auch eine materiale Einschränkung. Analysiert werden jene Texte Rahners, die den philosophischen Wahrheitsbegriff herauszuarbeiten suchen, sodann die Aufsätze, die die eigentümliche Charakteristik des Wahrheitsbegriffs im theologischen Kontext anzeigen. Bei der Auswahl der Texte Rahners geht es also weniger um penible Vollständigkeit als um eine hinreichende Basis, von der aus sein Wahrheitsbegriff aufgezeigt werden kann. Besonderes Merkmal wird darauf gelegt, wie Rahner theologische Wahrheitsansprüche mit der Geschichtlichkeit menschlicher Erkenntnis vermittelt, ob sein theologisch-philosophischer Grundansatz Auskunft gibt über eine plausible Theorie der Wahrheit theologischer Sätze (z.B. Dogmen), inwiefern in seinem Werk Rezeption gegenwärtiger philosophischer Diskussion zu finden ist, welche die Intersubjektivität und Praxisrelevanz jeder Wahrheitsbehauptung betont.

Diesen Intentionen entsprechend hat eine Rückfrage nach Rahners Wahrheitsverständnis dort anzusetzen, wo sich ein philosophisch reflektierter Wahrheitsbegriff ermitteln läßt. Diese Aufgabe stellt sich das 1. Kapitel. Eine methodische Schwierigkeit ergibt sich beim Versuch, *rekonstruktiv* aus Rahners *erkenntnistheoretisch-metaphysischer* Studie "Geist in Welt" *wahrheitstheoretische* Aussagen freizulegen, also indirekt Rahners philosophischen Wahrheitsbegriff zu ermitteln. Der konstitutive Zusammenhang von Erkenntnis- und Wahrheitsfrage, der diese Rekonstruktion dennoch ermöglicht, soll darum zunächst grundsätzlich erörtert werden (3.1.1). Daran anschließend folgt ein kurzer Hinweis auf jene Wahrheitsmodelle, die unmittelbar auf Rahner eingewirkt haben: Thomas von Aquins Adäquationstheorie, Kants transzendentale Reflexion, Joseph Maréchals Theorie der Urteilsaffirmation sowie Heideggers eigenwilliger und von seiner Philosophie untrennbarer Wahrheitsbegriff (3.1.2). In 3.1.3

---

1 Die wichtigsten Beiträge sind: *Füssel*: Diskussion 440-459; Wahrheitsanspruch; *Bonsor*, Rahner. Zum Konflikt um die Unfehlbarkeitsfrage siehe: *Baum*, Truth; *Sommer*, Kommunikation.

wird in einem ersten Schritt Rahners philosophischer Begriff von Wahrheit erörtert. Für die semantische Unterscheidung von philosophischem Wahrheitsbegriff und theologischem Wahrheitsverständnis ist es wichtig, daß die Verwendung des Terminus "Wahrheitsbegriff" auf die wahrheitstheoretische Struktur von Wahrheit abzielt, während der Terminus "Wahrheitsverständnis" in umfassenderem Sinne verstanden wird, insofern die Rede von Wahrheit immer ausgedehnter ist als deren exakte Definition. Dadurch wird es möglich, die vielfältigen Aspekte am Wahrheitsbegriff zu berücksichtigen, die nicht schon allein mit einem philosophisch genormten Begriff gegeben sind. Weil Rahner den Begriff "Wahrheit" in seiner Theologie im spirituell-existentiellen bis hin zum praktisch-kommunikativen Sinn verwendet hat, muß diesem Umstand Rechnung getragen werden, soll der Wahrheitsbegriff sich nicht in Äquivokationen auflösen. Nun hat Rahner immer philosophische Theologie und theologisch ausgerichtete (Religions-)Philosophie getrieben. Weil es einen theologischen Wahrheitsbegriff in einem isolierten Sinne nicht gibt, sondern Theologie immer schon mit einem mehr oder weniger reflexiv bewußten philosophischen Wahrheitsbegriff 'arbeitet', scheint es gerechtfertigt, dort, wo Rahner primär philosophisch reflektiert, nach einem philosophischen Wahrheitsbegriff zu suchen, der klassifizierbar und diskutierbar sein muß.

Die spezifische Differenz zwischen philosophischer und theologischer Wahrheitsargumentation liegt nicht so sehr im Wahrheitsbegriff, auch nicht in der prinzipiellen wahrheitstheoretischen Argumentation, sondern im "Gegenstands"-Bereich. Hat Philosophie nach der Möglichkeit wahrer Erkenntnis überhaupt, nach Kriterien, Begriff und Trägern von Wahrheit zu fragen, so setzt Theologie all das voraus und reflektiert ihrerseits fundamentaltheologisch auf Möglichkeit und rationale Einsehbarkeit ganz bestimmter Aussagereihen: wie nämlich wahre Aussagen über eine grundsätzlich sprachlich uneinholbare, transzendente Wirklichkeit gemacht werden können, bzw. wie der Wahrheitsanspruch religiöser und dogmatischer Aussagen einzulösen ist. Theologie räumt darum der Frage nach dem Wahrheits*grund* einen viel größeren Stellenwert ein als heutige Philosophie. Dieser Wahrheitsgrund kann nur Gott selbst sein, will doch der dogmatische Satz eine von Gott selbst mitgeteilte und verbürgte, sein Wesen aussagende Wahrheit sein. Die Offenbarungstheologie Rahners wird deutlich zeigen, daß die transzendentale Begnadung des glaubenden Subjekts zur Möglichkeitsbedingung für jede kategoriale Wahrheitsartikulation wird (3.2). Nach einer Analyse des transzendentaltheologischen Ansatzes von Rahners Offenbarungstheologie (3.2.1) wird anhand von drei theologischen Beispielen untersucht, wie sein zugrunde gelegter Wahrheitsbegriff zur Anwendung kommt (3.2.2). Wie kaum ein anderer Theologe seiner Zeit hat Rahner den Einzug des neuzeitlichen Welt- und Selbstverständnisses in die Lebenswelt von Glaube und Kirche als ständige Herausforderung an theologische Rationalität verstanden. Unwiderstehlich bewog ihn die Erfahrung eines weltanschaulichen und religiösen Pluralismus, den absoluten Wahrheitsanspruch des Christentums neu zu durchdenken und zu begründen (3.2.3). Die Zusammenfassung (3.3) mit kritischen Anfragen an Rahners Wahrheitsverständnis im Rahmen des Gesamtthemas schließt die Rahnerstudie ab.

3.1 Zur philosophischen Grundlegung von Rahners Wahrheitsverständnis in "Geist in Welt" und "Hörer des Wortes"

3.1.1 Der Zusammenhang von Erkenntnis- und Wahrheitsfrage

So banal die Verbindung von Erkenntnis- und Wahrheitsfrage auf einen ersten Blick scheinen mag, so fundamental ist sie im philosophischen Denken geworden, so daß anhand der Erkenntnis- und Wahrheitsproblematik Gestalt und Geschichte von Philosophie selbst expliziert werden könnten. *Erkenntnis* gehört seit den Anfängen der Philosophie zu deren begrifflichen Grundbestand und wird "seit Heraklit und Parmenides dadurch charakterisiert, daß die Erkenntnis durch eine methodisch durchgeführte Reflexion als adäquate oder nichtadäquate Erkenntnis unterschieden und der Wahrheitsanspruch der Erkenntnis mittels dieser Reflexion geprüft wird"[2]. Damit ist der Anspruch erhoben, daß ein *Begriff* von Erkenntnis zu gewinnen und der dem Menschsein unabdingbar mitgegebene kognitive Erkenntnisvollzug auf seine Möglichkeit hin analysierbar ist. Nicht nur das: Erkenntnis erhebt implizit einen Geltungsanspruch, daß sich die Wirklichkeit auch so verhält, wie sie erkannt und ausgesagt ist. Es macht nun gerade die Eigenart philosophischer Reflexion aus, die im Alltagskontext je schon vorhandene Spannung von *Erkenntnisgewinnung* (mit deren Sedimentierung als praktisches und theoretisches Wissen) und *Erkenntniskritik* systematisch mit dem Ziel zu bearbeiten, eine *Theorie der Erkenntnis* vorzulegen. Insofern ist auch immer schon eine Theorie der Wahrheit mitgegeben, auch wenn sie viel weniger Gegenstand subtiler Theoriebildungen wurde, als es bei der Erkenntnisfrage der Fall war.[3] So gehörte die Korrespondenztheorie der Wahrheit beispielsweise zum unbestrittenen Wahrheitsmodell von beinahe zweitausend Jahren, während im selben Zeitraum eine Unmenge an erkenntnistheoretischen Konzeptionen entwickelt wurde. Heute scheint aber dieses Verhältnis auf eigentümliche Weise gerade umgekehrt zu sein. Erkenntnistheorie als philosophische Disziplin ist mit dem Verdikt der Unzeitgemäßheit belegt und hat sich seit der Dominanz der Naturwissenschaften und der diese begleitenden Wissenschaftstheorien den Vorwurf der schlechten Metaphysik gefallen zu lassen. Behauptet G. Prauss: "Er-

---

2 *Krings-Baumgartner*, Erkennen 643.

3 Evident ist die Disproportionalität von Erkenntnis- und Wahrheitsreflexion in der Philosophie von Aristoteles, Thomas von Aquin und Kant.

kenntnistheorie ist heute eine tote Disziplin der Philosophie"[4], so erlebt die Wahrheitsfrage ein noch nie dagewesenes Interesse, das vor allem durch die Analytische, Sprach- und Praxis-Philosophie gefördert wurde.[5] Aber auch dieses vermehrte Interesse kann nicht über den Umstand hinwegtäuschen, daß kein einheitlicher Wahrheitsbegriff mehr gegeben ist, sondern vielmehr eine nicht synthetisierbare Vielfalt von Theorien und Begriffen, deren Disparatheit gerade durch den Zerfall des Erkenntnisbegriffs möglich wurde.

Dieser Zusammenhang von Erkenntnis und Wahrheit auch die Theologie zu interessieren. In der Tat ist theologische Reflexion seit den Anfängen der frühchristlichen Apologetik an diesem Problemzusammenhang nicht vorbeigegangen, galt es doch, die Wahrheit des Christentums rational und argumentativ gegenüber dem dominanten Anspruch griechischer Philosophie zu verteidigen und auszuweisen. Nach Augustin hat Anselm von Canterbury[6] wie kein anderer vor ihm die Rationalität des Glaubens, dessen notwendige Vernunftgründe "sola ratione" zu erkennen seien, betont. Programmatisch vermittelt er metaphysische Erkenntnis und Glaubenswissen derart, daß Wahrheit und Erkenntnis überhaupt nur sinnvoll durch ein ontologisches Denken von Gottes Sein begriffen werden können: "Der Glaube ist nicht mehr nur Anlaß, er wird zum Fundament des Sichbegreifens von Erkenntnis als wahrer Erkenntnis."[7] Fortan wird versucht, Wahrheit und Erkennen bis zum neuzeitlichen Neuansatz aus einem christlich-kosmologischen Weltbild so zu reflektieren, daß Gott der letzte Möglichkeitsgrund von wahrer Erkenntnis ist. Erst die Transzendentalphilosophie bzw. der Empirismus brechen mit dieser Voraussetzung und versuchen, Erkenntnis autonom durch transzendentale Reflexion bzw. experimentelle Verifikation oder Falsifikation zu erlangen.

Die Frage nach theologischer Wahrheit kann darum nicht auf eine Analyse dieses Zusammenhanges verzichten, auch wenn solche Reflexionen noch nie vor so vielen Schwierigkeiten standen wie heute. Karl Rahner hat für seine Theologie die unauflösbare Verwobenheit von philosophischer Erkenntnis- und Wahrheitsanalyse und theologischer Bezeugung des Wahrheitsgeschehens deutlich gezeigt. Die Rationalität seiner Theologie folgt dem klassisch scholastischen Anliegen einer Vermittlung von Glaube und Wissen, Theologie und Philosophie, kategorialer Erkenntnis und transzendentaler Ermöglichung. Am Beispiel Rahners soll darum gezeigt werden, wie theologische Wahrheit mit erkenntnistheoretischer Argumentation so ausgewiesen werden kann, daß das Wagnis ei-

---

4 *Prauss*, Einführung 1.

5 Eine repräsentative und sehr brauchbare Zusammenstellung von klassischen Texten bietet: Wahrheitstheorien. Zu ergänzen ist diese Auswahl durch den Sammelband: *Puntel*, Wahrheitsbegriff. *Puntel*, Wahrheitstheorien, gibt auch eine systematisch-kritische Darstellung.

6 Siehe dazu: *Flasch*, Begriff.

7 *Krings-Baumgartner*, Erkennen 650.

nes kommunikativen Glaubens nicht eine irrationale Verhaltensweise bedeutet, sondern den Menschen zur rechten Praxis führen kann.

3.1.2 *Wahrheitstheoretische Modellvorgaben*

Rahners Entwicklung eines eigenständigen wahrheitstheoretischen Standortes knüpft im wesentlichen an vier große Denker an, die insgesamt für sein philosophisches Werk von zentraler Bedeutung sind: Thomas von Aquin, Immanuel Kant, Joseph Maréchal und Martin Heidegger.

Thomas' metaphysischer Wahrheitsbegriff[8] nimmt zweifellos in der philosophischen Tradition eine herausragende Stellung ein, und seine klassisch gewordene Wahrheitsdefinition stellt seither den Bezugspunkt der Reflexion auf Wesen und Begriff von Wahrheit dar. "Wahr" ist zunächst eine *Seinsweise* des Seienden selbst. Dadurch wird aber das Seiende auf einen Verstand hingeordnet, der auf Übereinstimmung (convenientia) mit dem Seienden zielt. Jede Erkenntnis ist somit prinzipiell eine Angleichung des Erkennenden an das Erkannte[9], und diese Angleichung selbst ist Ursache der Erkenntnis. Das daraus entstehende Wahrheitsverhältnis von Verstand und Seiendem bezeichnet Thomas als "Gleichförmigkeit" (conformitas) bzw. "Anpassung" (adaequatio). Diese Relation wird von ihm mit der Isaak Israeli zugeschriebenen Formel "Veritas est adaequatio rei et intellectus"[10] ausgedrückt. Darum bestimmt Thomas von Aquin als eigentlichen Ort der Wahrheit den Verstand, zuerst den göttlichen, davon abgeleitet den menschlichen. Damit ist zugleich gesagt, daß das Wahrsein der Dinge nicht aus ihnen selbst stammt, sondern aus den ewigen Wesensformen im Verstande Gottes.[11] In Gott sind Sein und Erkennen in völliger Identität gegeben. Darum ist es ihm möglich, durch seine Wesenheit alles Seiende auf absolute Weise zu erkennen.[12] Gottes Verstand ist so letzter Maßstab und Grund allen Seins. Dennoch bleiben auch die Dinge "maßgeblich", insofern sie auf den menschlichen theoretischen Verstand erkenntnisermöglichend einwirken.

Aufgrund der besonderen Verfassung des menschlichen Intellekts ist menschliche Wahrheit immer *Urteilswahrheit*, womit Thomas von Aquin die Traditionslinie von Aristoteles fortsetzt. Im Urteil wird ausdrücklich die Angleichung, die Adäquation des Verstandes und der

---

8 Vgl. *Fellermeier*, Wahrheit; *Fleischer*, Wahrheit 29-60; *Zimmermann*, Einleitung; *Pfeiffer*, Offenbarung 118-149. Die einschlägigen Texte von Thomas sind entnommen aus: *Thomas von Aquin*: Von der Wahrheit (abgek. De Ver.); Summa Theologiae (abgek. S.th.).

9 De Ver. I 1c.

10 Ebd. Zur Urheberschaft der Formel siehe: *J.T. Muckle*, Isaak Israel's Definition of Truth, in: Archives d'Histoire doctrinale et littéraire du Moyen Age 8 (1933) 5-8.

11 De Ver. I 8c.

12 Ebd. I 5c.

Sache behauptet. Dadurch wird ein Wahrheitsanspruch geltend gemacht, ob ein Sachverhalt besteht oder nicht: "tunc autem iudicat intellectus de re apprehensa, quando dicit aliquid esse vel non esse, quod est intellectus componentis et dividentis..."[13] Erst im Urteil ist dem Verstand die Wahrheit als seine gegeben, weil er sich durch den Erkenntnisvollzug vervollkommnet[14]. Dieser Vollzug ist dem Verstand reflex bewußt. Allerdings ist - im Unterschied zur platonischen Tradition - menschliche Erkenntnis auf die sinnliche Wahrnehmung der Dinge angewiesen. Mit Hilfe des intellectus agens, eines von jeder Stofflichkeit freien Prinzips des Verstandes, vermag menschlich-diskursive Erkenntnis die Wesensformen der Dinge freizulegen und sich ihnen anzugleichen. Somit liegt der eigentliche Sinn der thomanischen Erkenntnis- und Wahrheitslehre darin,

> "daß der Wahrheitsgehalt, den Gott als Abbild seiner Ideen in der Gestalt der Wesensformen in die Dinge hineingelegt hat und der in diesen durch die individuierende Materie in die Potenz zurückgedrängt wurde, vom menschlichen Verstand zur ursprünglichen Wirklichkeit geführt und zu eigen gemacht wird. Dadurch wird der menschliche Geist mit Wesens- und Wahrheitsgehalt erfüllt, wird er selber 'wahr', d.h. in Wahrheit der, der er gemäß seinem eigenen Urbild in den göttlichen Ideen sein soll."[15]

Damit ist auch gesagt, daß der Ermöglichungsgrund der adaequatio nicht ein für sich bestehendes Vermögen der endlichen Vernunft ist, sondern der intellectus selbst als geschaffene res einen Nachvollzug der prima veritas leistet. Die Wahrheit des Verstandes als Vermögen der ersten Prinzipien, hat darum das letzte Maß in der Wahrheit Gottes. Als menschlicher Verstand bleibt er begrenzt und veränderlich.

Der erkenntnistheoretische Hintergrund, von dem heraus Thomas Wahrheit zu definieren versuchte, unterlag in der Folgezeit radikalen Wandlungen. Mit der Erkenntnistheorie *Immanuel Kants* erfuhr die klassische Wahrheitsdefinition eine wesentliche Verwandlung.[16] In seiner "Kritik der reinen Vernunft"[17] übernimmt Kant verbal die klassische Definition der Wahrheit als Übereinstimmung von Erkenntnis und Gegenstand.[18] Seine neue, transzendentalphilosophische Frageweise kehrt jedoch folgenreich die metaphysische Tradition und damit den Begründungsmodus der Korrespondenztheorie um, und zwar deshalb, weil "die Gegenstände...sich nach unserem Erkenntnis richten"[19] müssen, weil *Gegenstand*serfahrung "eine Erkenntnisart ist, die Verstand erfordert, dessen

---

13 Ebd. I 3c.

14 S.th. I 16,2c.

15 *Fellermeier*, Wahrheit 145.

16 Zur Wahrheitsfrage bei Kant vgl. *Fleischer*, Wahrheit 86-132; *Wiplinger*, Wahrheit 67-78 und *Prauss*, Einführung, bes. 152-172.

17 Ich zitiere nach der von *Schmidt* herausgegebenen Ausgabe (Hamburg 1976; abgek.: KrV).

18 "*Was ist Wahrheit?* Die Namenserklärung der Wahrheit, daß sie nämlich die Übereinstimmung der Erkenntnis mit ihrem Gegenstande sei, wird hier geschenkt, und vorausgesetzt" (KrV A 58/B 83).

19 B XVI.

Regel ich in mir, noch ehe mir Gegenstände gegeben werden, mithin a priori voraussetzen muß, welche in Begriffen a priori ausgedrückt wird, nach denen sich also alle Gegenstände der Erfahrung notwendig richten und mit ihnen übereinstimmen müssen"[20]. Aufgrund der Grenzen des Verstandes, dem nur Erfahrungsgegenstände in Raum und Zeit gegeben sind, kommen die Wahrheitskriterien, die für die klassische Philosophie im letzten, göttlichen Seinsgrund verankert waren, nicht mehr zum Tragen.

Transzendentale Wahrheit als objektive Gültigkeit der apriorischen Verstandesregeln ist somit die Möglichkeitsbedingung jeder empirischen Wahrheit. Die Übereinstimmung von Erkenntnis und Gegenstand besteht darin, "daß der Gegenstand (die Erscheinung) der Form nach a priori in Übereinstimmung gebracht wird mit den Erkenntnisbedingungen des Verstandes"[21]. Das aber bedeutet, daß der reine Verstand des Menschen der Wahrheitsgrund jeder möglichen Erkenntnis ist, womit sich Kant prinzipiell von der aristotelisch-scholastischen Philosophie abgegrenzt hat. Der Ort der Wahrheit wird bei Kant durch die Einschränkung objektiver Erkenntnismöglichkeit innerhalb der Grenzen der Sinnlichkeit ausschließlich das Verstandesurteil. Damit sind Begriffe, denen keine Anschauungen korrespondieren, dennoch nicht sinnlos. Denn zum einen muß die empirische Erkenntnis durch die notwendige Annahme des Dings an sich, das die Ursache für die Affektion des Gegenständlichen ist, abgestützt werden, zum anderen erfüllen Vernunftbegriffe, nämlich die Ideen Seele, Welt, Gott, eine regulative Funktion für die sinnhafte Verstehbarkeit empirischer Erfahrung. Denn die Vernunft strebt weiter, als der bloß raumzeitliche Horizont zu erblicken gibt. Die Geltung transzendenter Wirklichkeit liegt aber nur mehr im notwendigen Charakter einer Annahme: "daß wir uns die Welt so denken, als ob sie von einer höchsten Vernunft ihrem Dasein und inneren Bestimmung nach abstamme"[22].

In Kants Transzendentalphilosophie ist der letzte Einheitspunkt jeglicher Erfahrung von Gegenständen die transzendentale Funktion des *Bewußtseins*. Die Folge für den Wahrheitsbegriff ist, daß jede Behauptung in ihrer Wahrheitsmöglichkeit von der erkenntnis- und wahrheitsstiftenden Funktion des Bewußtseins abhängt. Diese Position verhinderte lange Zeit eine fruchtbare Auseinandersetzung der katholischen Theologie mit der Philosophie Kants.

Erst *Joseph Maréchals* philosophische Vermittlung der Metaphysik Thomas von Aquins mit der transzendentalen Kritik öffnete die Möglichkeit der Aufnahme der Transzendentalphilosophie.[23] Maréchal ist über-

---

20 B XVIIf.

21 Ebd. 104.

22 Prol. § 58.

23 Sein unvollendetes Hauptwerk heißt: Le point de départ de la métaphysique. Leçons sur le développement historique et théorique du problème de la connaissance. Cahier I: De l'antiquité à la fin du Moyen Age: la critique ancienne de la connaissance; Cahier II: Le conflit du rationalisme et de l'empirisme dans la philo-

zeugt, daß eine wechselseitige Transformation von metaphysischem und transzendentalem Denken möglich ist. Die Fragestellung seiner voluminösen Studie ist, "ob der transzendentale Gesichtspunkt zum transzendenten hinführt oder nicht"[24]. Der systematische Ansatzpunkt einer Lösung liegt dabei in der zentralen "Rolle der dynamischen Finalität [des Geistes] in der objektiven Erkenntnis"[25]. Durch die Gleichsetzung des thomistischen Formalobjekts der Erkenntnis mit Kants Apriori der Erkenntnis setzt der Erkenntnisvollzug zwar *phänomenal* mit der Sinnlichkeit ein, stößt aber durch den Akt der Urteilsaffirmation zur Seinserkenntnis vor.

Die erkenntnisleitende Frage Maréchals ist: Wie wird aus einer phänomenal gegebenen, rein bewußtseinsimmanenten Anschauung ein dem Subjekt gegenüber unabhängig stehendes Objekt, über das wahre Urteile ausgesagt werden können? Und wie ist Erkenntnis des Absoluten möglich, auch wenn die Erkenntnisbegründung transzendental bei einem erkennenden Subjekt ansetzt? Weder die scholastische Auffassung, mit dem Objektbewußtsein allein könne auch schon die absolute Seinsordnung erreicht werden[26], noch die transzendentale Lösung Kants, wonach den unbedingten Ideen nur eine regulative Funktion zukommt, sind akzeptabel. Gegen die scholastische Position beharrt Maréchal auf der transzendentalen Begründung von Erkenntnis, gegen Kants "Phänomenismus" beharrt er auf der Möglichkeit, daß Gegenstände *an sich* erkannt werden können. Der Schlüssel für die Lösung dieser Problematik liegt nun für Maréchal in der sachgerechten Analyse des Urteilsaktes im Erkenntnisvollzug, also in der transzendentalen Erweiterung der Frage nach der Möglichkeit des Urteil*vollzuges*.

Objekterkenntnis setzt eine Relation zwischen Subjekt und Objekt voraus. Diese wird im Urteilsakt konstituiert. Allgemein unterscheidet Maréchal am Urteil die Urteilsmaterie von der Urteilsform. Entscheidend ist die Urteilsform, die sich in eine synthetische und objektive Form ausdifferenziert.[27] Im Urteil als objektiver Behauptung, daß etwas ist, wird von einem Gegenstand *Sein* behauptet[28], und zwar nach dem Maße seiner Aktualität[29], so daß Sein analog innerhalb der Pole bloßer Möglichkeit bis höchster Wirklichkeit ausgesagt wird. Diese Seinsbehauptung ist aber nur möglich, wenn aufgewiesen werden kann, daß der Gegenstand nicht bloß unter die transzendentale Synthesis des Bewußtseins fällt wie bei

sophie moderne, avant Kant; Cahier III: La critique de Kant; Cahier IV: Le systeme idéaliste chez Kant et les postkantiens; Cahier V: Le thomisme devant la philosophie critique, Louvain 1922-1926.

24 Cahier V 125.

25 Ebd. 37.

26 Vgl. *Muck*, Methode 72f.

27 Vgl. ebd. 43.

28 "Maréchal versteht unter Affirmation ganz allgemein eine Setzung von etwas mit dem Anspruch, wahr zu sein, also das, was wir im Deutschen mit dem Ausdruck 'Behauptung' wiedergeben, sodann aber auch die Bejahung im Gegensatz zur Verneinung" (*Holz*, Transzendentalphilosophie 5, Anm. 10).

29 Vgl. *Maréchal*, Point V 325-346.

Kant, sondern die transzendentalen Bedingungen der Urteilsform weiter gehen als die apriorischen Anschauungsformen und kategorialen Begriffe: Gegenstände müssen also in einer absoluten Seinsordnung erfaßt werden, um als Gegenstände behauptet werden zu können. Genau dies leistet nach Maréchal einzig die (thomanische) *affirmative Synthesis*. Sie setzt den Gegenstand in Bezug zu dem höchsten und absoluten Horizont des Seins. Die affirmative Synthesis bezieht die "Form der Vorstellung auf die Wirklichkeit"[30]. Mit dem "Ist-Sagen" durch die grammatische Kopula im Urteil übernimmt Maréchal die zentrale wahrheitstheoretische Funktion der Kopula in der Thomas-Schule: Die Wahrheitssetzung durch das "ist" zielt auf die Wirklichkeit "an sich", nicht bloß auf Phaenomena. Ein Gegenstand ist erst dann ein wirkliches Objekt, wenn von ihm sein Sein ausgesagt wird.

Für die Begründung der Notwendigkeit der affirmativen Funktion des Urteils spielt der Erkenntnisdynamismus und -finalismus eine zentrale Rolle: Die Intentionalität jedes Erkenntnis- oder Handlungsaktes hat eine innere Ausrichtung auf ein Ziel. Ist das menschliche Erkenntnisvermögen formal unbegrenzt, so strebt Erkenntnis nach der vollkommenen Habe des Seins. Diese Hinordnung auf Erkenntnisbesitz ist von Natur aus gegeben und wird "innere Finalität"[31] genannt. Der menschliche Erkenntnisakt hat eine natürliche Finalität, deren letztes Ziel ein übernatürlicher Gegenstand ist. Dieser ist ihm nicht unmittelbar gegeben, sondern nur über die Struktur der metaphysischen Affirmation im Urteilsakt.

Die wahrheitstheoretische Relevanz dieses Vorschlags liegt nicht zuletzt darin, daß die Theorie des affirmativen Urteils "letztlich allein [auf] die Wahrheitsfrage"[32] zielt. Denn die Affirmation ist der höchste Vollzug der Wahrheitssetzung durch ein erkennendes Bewußtsein. Kants letzter Einheitspunkt der Gegenstands- und Bewußtseinsebene ist die transzendentale Einheit der subjektiven Apperzeption. Von diesem Punkt aus ist absolute Wahrheit nicht mehr denkbar als eine radikal vom Subjekt unterschiedene und rational erkennbare Wirklichkeit. Für Maréchal dagegen ist der Vollzug der Affirmation der höchste transzendentale Einheitspunkt der Erkenntnis. Übereinstimmung von Verstand und Sache ist nach Maréchal darum möglich, weil beide innerhalb der Seinsordnung übereinkommen. Maréchal bricht die Immanenz des raumzeitlichen Objektbewußtseins dadurch auf, daß er dieses von der ontologischen Ordnung einer transzendierenden Finalität auf die höchste Wahrheit her deutet. Somit schließt er an die Einsicht von Thomas an, daß ein nicht-intuitiver Verstand durch den Urteilsvollzug an der höchsten Wahrheit teilhat und durch sie bedingt ist. Methodisch aber versucht er, das durch die transzendentale Reflexion auf die subjektiven Vollzüge des Erkennens und Wollens aufzuweisen.

---

30 *Muck*, Methode 51.

31 *Maréchal*, Point V 310.

32 *Holz*, Transzendentalphilosophie 114.

Maréchals Vorschlag wurde nur von wenigen Philosophen aufgegriffen und weitergeführt.[33] Karl Rahner gehört zu jenen Denkern, die durch Maréchal überhaupt erst den Zugang zur Transzendentalphilosophie gefunden haben. Dieses Verdienst darf nicht geschmälert werden. In der Seinsproblematik orientiert sich aber Rahner weniger an Maréchal als vielmehr an Heidegger, der Wahrheit als Erschlossenheit bestimmt[34].

Für *Martin Heidegger* ist schon im Ansatz der Frage nach dem "Sinn von Sein" (SuZ 5) die für die Erkenntnistheorie fundamentale Polarität von Subjekt und Objekt nur ein defizienter Zugang zur Seinsfrage. Sein ist nicht Gegebensein, sondern Vollzug, es ist nicht vom gegenständlichen Seienden herzuleiten, sondern vom Dasein, also von jenem Seienden, das die Seinsfrage stellt (SuZ 7). Das Sein dieses Daseins aber wurde Heideggers Urteil zufolge in der abendländischen Philosophie bisher gänzlich übersehen, bzw. selbst nach dem Modus des "Vorhandenseins und Vorkommens" (SuZ 48) bestimmt. Dasein aber hat je schon ein Seinsverständnis (SuZ 12), weil es sich zu seinem eigenen Sein, zur jeweiligen Existenz schon verhält, also schon um sein Sein weiß und es darum auch schon bestimmt hat. Die Analyse des Seins und dessen Sinnes von der Existenzstruktur des Daseins her zieht auch eine Modifikation der Methode nach sich. Der frühe Heidegger bleibt zwar im transzendentalphilosophischen Reflexionskontext und konzentriert sich auf die Frage nach der Möglichkeit des Begegnens von Seiendem überhaupt, er nimmt aber die phänomenologische Methode Husserls in seine Analyse auf und identifiziert Phänomenologie mit Ontologie. Diese fragt nicht nach dem Was des Seins, sondern nach dem Wie des Sichzeigens von Sein im Seienden. Das Sein des Seienden wird so aus seinem unmittelbaren Begegnen erhoben, zunächst aber nicht vom kognitiven Akt der Erkenntnisgewinnung, sondern aus dem pragmatischen Kontext des Mit-ihm-zu-tun-Habens.

Sein als Vollzug des Daseins kann nun näher bestimmt werden, wenn die "existenzial-ontologischen" Grundlagen des Daseins als Existenz (SuZ 12) erhoben werden. Ausgangspunkt der Analyse ist das alltägliche Sichvorfinden des Daseins im Umgang mit Mit- und Umwelt. Darin wird sich schon vorwegnehmend der Sinn von Sein zeigen: Dieser liegt in der Zeitlichkeit (SuZ 17), denn Dasein kann unausdrücklich sein Sein nur verstehen, wenn es sich im Horizont von Zeit und Geschichtlichkeit versteht. Zeit aber durchwaltet jeden Moment des Daseins in dessen Sein. Damit ist Heideggers Programm und sein Bruch mit der abendländischen Seinsauffassung angezeigt und vollzogen.

---

33 Vgl. dazu die Studie von *Muck*, Maréchalschule.

34 *Heidegger*, Sein und Zeit, zit. SuZ. Darüber hinaus siehe: *ders.*, Vom Wesen des Grundes (1929), Frankfurt/M. 1949; Vom Wesen der Wahrheit, Frankfurt/M. 1949 (als Vortrag bereits 1930); Platons Lehre von der Wahrheit. Mit einem Brief über den "Humanismus", Bern 1947 (als Vortrag 1930/31 u. 1933/34); Was ist Metaphysik? (1929), Frankfurt/M. [5]1949. Zum Wahrheitsverständnis Heideggers siehe auch die Standardinterpretation: *Tugendhat*, Wahrheitsbegriff; vgl. auch *ders.*, Idee.

Die Grundverfassung des Daseins ist sein "In-der-Welt-sein" (SuZ 52-62). Das bedeutet nicht ein Sich-Vorfinden unter anderem Seienden, sondern: bevor schon ein konkreter Bezug des Daseins zum nichtdaseinsmäßigen Seienden gegeben ist, befindet sich Dasein bereits in einem "offenen Spielraum des Begegnens"[35]. Dasein ist demnach sich selbst schon erschlossen, und insofern hat es auch schon Welt verstanden, bevor es kognitiv die Welt zu begreifen beginnt. Welt ist dementsprechend nicht der Begriff für innerweltliches Seiendes oder die Totalität des Seienden, sondern jener umfassende "Raum", in dem sich Dasein vorgängig verstehend bewegt, auf den hin jeder besorgende Umgang mit "Zuhandenem" verwiesen wird (SuZ 72). "Die Welt ist weder ein Seiendes, von dem man sagen könnte, daß es sich in der Subjektivität konstituiert, noch ist sie eine Bestimmung des Subjektes selbst."[36]

Diese Bestimmung des Weltbegriffs in SuZ gewinnt Heidegger durch eine existenziale Analyse des alltäglichen Daseins, das praktisch, manuell mit Dingen umgeht, die für den Lebensvollzug dienlich und notwendig sind. Das existenzialontologische Merkmal an diesem so selbstverständlichen Umstand ist aber, daß jedes zeughafte Zuhandene in einem Bewandtniszusammenhang steht (SuZ 84). Man weiß beim täglichen Umgang mit den Dingen schon, wozu sie nützlich sind: Das Wozu und Worum-willen des Zuhandenen ist vom Dasein bereits vorgewußt und erschlossen. Daraus folgt, daß Existenz durch den alltäglichen Umgang mit innerweltlichem Seienden ursprünglich mit Welt schon vertraut ist und innerhalb einer Ganzheit steht, ohne daß das theoretisch durchsichtig gemacht werden muß.

Eine weitere existenziale Struktur des Daseins ist seine Erschlossenheit. "Der Ausdruck 'Da' meint diese wesenhafte Erschlossenheit" (SuZ 132). Dasein ist sich selbst "gelichtet", es ist "Lichtung" (SuZ 133). Dasein als ein Insein (SuZ 130-180) hat die Seinsweise der Befindlichkeit (Da) und des Verstehens (Erschlossenheit) an sich. Somit tritt zu diesen Existenzialien das *Verstehen* hinzu, ein Begriff, der für das Wahrheitsverständnis bereits entscheidend ist, wird er doch offensichtlich nicht von einer Erkenntnistheorie gewonnen, sondern aus einer pragmatischen Analyse operationaler, lebensweltlich eingebetteter Handlungsvollzüge (Hammerbeispiel!).

Verstehen ist ein "Grundmodus des Seins des Daseins" (SuZ 143), es ist die Erschlossenheit des In-der-Welt-Seins. Dasein versteht sich nämlich aus seinen Möglichkeiten, "sein zu können", und es vollzieht sich selbst als "Entwurf". Es legt sich auf sein eigenes Seinkönnen aus, aufgrund seiner Befindlichkeit aber ist es zugleich "Geworfenheit" (SuZ 135). Die verschiedenen Seinsmöglichkeiten eröffnen dem Dasein eigentliches und uneigentliches Sein, je nachdem, ob es sich von der Welt oder von ihm selbst her versteht.

---

35 *Tugendhat*, Wahrheitsbegriff 269.
36 Ebd. 272f.

Dasein als Verstehen kann sich selbst entwerfen und ausbilden. Heidegger nennt diesen Vollzug "Auslegung" (SuZ 148). In der Auslegung wird Verstehen es selbst, in ihm werden die Möglichkeiten des verstehenden Daseins ausgearbeitet und ausdrücklich gemacht. In der Auslegung wird Zuhandenes (etwas) als etwas verstanden. Heidegger betont, daß dieses "etwas als etwas verstehen" noch nicht sprachlich ausgelegtes Verstehen sein muß: "Die Artikulation des Verstandenen in der auslegenden Näherung des Seienden am Leitfaden des 'Etwas als etwas' liegt vor der thematischen Aussage darüber" (SuZ 149). Dieses Immerschon-Verstehen von Zuhandenem aus einer Bewandtnisganzheit wird "hermeneutisches Als" (SuZ 158) genannt. Im Unterschied dazu und abgeleitet davon steht das "apophantische Als" der Aussage als Modifikation des Verstehens von Zuhandenem. Zuhandenes wird aus der ursprünglichen, besorgenden Bewandtnisganzheit, aus seiner Weltlichkeit, aus dem schlichten Sehen des Zutunhabens losgelöst und unter der Hinsicht des Vorhandenseins betrachtet und prädikativ bestimmt. Merkmal des apophantischen Als ist seine essentiale Funktion: es bestimmt das "Was" des Vorhandenen. An ihm hat die philosophische Tradition auch die Wahrheitsfrage festgemacht und dabei die ursprüngliche Verankerung des Als der Aussage im Als des hermeneutischen Verstehens vergessen. Wahrheitstheoretisch gesagt: Heidegger kritisiert eine Wahrheitsidee, die ausschließlich vom sprachlichen Akt der Prädikation ausgeht (Aristoteles) und die pragmatisch-hermeneutische Ermöglichung solcher Prädikationen verkennt. Heideggers Differenzierung des hermeneutischursprünglichen und des apophantischen "Als", das eine abgeleitete Form des ursprünglichen Verstehens des erschlossenen Zuhandenen ist, wird darum durchgängig seine Reflexionen des Wahrheitsproblems bestimmen, auf das nun explizit eingegangen werden soll.

In "Sein und Zeit" enthält der § 44 die entscheidenden Ausführungen zur Wahrheitsfrage. Was zuvor in der Existenzialanalyse an Wahrheitsrelevantem (in der Bestimmung des Begriffs Phänomenologie, in der Frage nach Verstehen, Auslegung und Aussage, in der Grundbestimmung des Daseins als Sorge) schon erörtert wurde, wird nun von Heidegger kurz entfaltet.

Die Wahrheitsfrage hat einen fundamentalontologischen Bezug, geht es doch um die Bestimmung des Seins; es wurde ja in der philosophischen Tradition seit je eine enge, wenn nicht identifizierende Korrelation zwischen Sein und Wahrheit hergestellt. So scheinen für Heidegger in der Wahrheitsproblematik drei Grundtatsachen unbestritten zu sein: Die Aussage bzw. das Urteil ist der Ort der Wahrheit; in der Übereinstimmung von intellectus und res wird das Wesen der Wahrheit gesehen; beide Bestimmungen hat erstmals Aristoteles ins Spiel gebracht (SuZ 214). Alle drei Auffassungen werden im folgenden einer grundsätzlichen Revision unterworfen, die auf eine neue Wahrheitsbestimmung hinausläuft.

Heidegger geht zunächst der ontologischen Möglichkeit der "Übereinstimmung" (214-219) von Aussage und Seiendem nach. Er übernimmt die Bedeutung der Aussagewahrheit als Ansatzpunkt und als ratio minima der Wahrheitsbestimmung. Diese Übereinstimmung hat Relationscharakter: formal wird das im Schema "so-wie" ausgedrückt. "Erkenntnis soll die Sache...so 'geben', wie sie ist" (SuZ 216). Begründet wird diese Struktur der Übereinstimmung nun aber nicht als Relation zweier ungleicher Korrelate, denn der ontologische Grund des Wahrseins einer Aussage liegt in der Seinsart der Erkenntnis; eine Aussage bewährt sich als wahre, wenn das Sein der Aussage das Seiende entdeckt (SuZ 218), das Ausgesagte das Seiende selbst ist. Die ursprüngliche Bestimmung einer wahren Aussage, die das Seiende so aufzeigt, wie es an ihm selbst ist, wird durch den Aspekt der Entdeckungsfunktion der Erkenntnis dahingehend modifiziert, daß das formale Schema des "so-wie" entfallen kann: "Die Aussage *ist wahr,* bedeutet: sie entdeckt das Seiende an ihm selbst" (SuZ 218). Oder noch kürzer: "*Wahrsein (Wahrheit)* der Aussage muß verstanden werden als *entdeckend-sein*" (ebd.). Damit ist endgültig die ursprüngliche Wahrheitsbestimmung verlassen und ein neuer Wahrheitsbegriff eingeführt, wie Tugendhat feststellt.

Der Grund dieser Wende liegt in der neuen (transzendentalphilosophischen) Fragestellung: nicht das Gegebensein eines Gegenstandes in einem intentionalen Bewußtsein ist Reflexionsgrund, sondern die Frage nach der Möglichkeit des Begegnens von innerweltlichem Seiendem für ein sich selbst je erschlossenes und seinsverstehendes Dasein. Insofern ist es für Heidegger folgerichtig, den spezifischen Wahrheitsaspekt nicht in der apophantischen Funktion der Aussage zu sehen, sondern nach dem Grund des Entdeckendseins der Aussage zu suchen. Dieser Grund liegt aber in der Seinsweise des Daseins selbst: "die Entdecktheit des innerweltlichen Seienden gründet in der Erschlossenheit der Welt. Erschlossenheit ist aber die Grundart des Daseins..., daher wird erst mit der Erschlossenheit des Daseins das ursprünglichste Phänomen der Wahrheit erreicht" (SuZ 220f). Weil Wahrheit so in der Erschlossenheit gründet, ist Dasein selbst je in der Wahrheit. In der Eigentlichkeit der Existenz als Entwurf liegt die "Wahrheit der Existenz" (SuZ 221), weil Existenz als Uneigentlichkeit und Geworfenheit existenzial bestimmt ist, ist sie aber zugleich und gleichursprünglich in der Unwahrheit. In der Uneigentlichkeit des Daseins ist Wirklichkeit nicht erschlossen, sondern wird verschlossen. Dieser polare Aspekt kommt für Heidegger urtümlich auch im griechischen Verständnis zum Ausdruck: Das Wahrsein des logos liegt in seiner Funktion der alétheia und apóphansis: Seiendes wird aus dem Verborgenen gehoben und als Unverborgenes entdeckt. Der logos ist wahr, weil er Seiendes aus der Verborgenheit hebt, was mit dem ursprünglichen Begriff der alétheia ausgesagt war. Die Reduktion des logos auf seine apophantische Funktion ist darum schon eine Reduktion und Verzerrung der griechischen Wahrheitsreflexion, und selbst der logos ist nur ein Moment an der Wahrheit, deren primärer Ort eben nicht der logos ist (SuZ 33).

Insofern ist Heideggers neue Wahrheitskonzeption durchaus ein bedeutsamer Schritt zur Korrektur der Bestimmung von Wahrheit als ausschließlich propositionaler, wie dies innerhalb der philosophischen Tradition geschehen ist. Heideggers Wahrheitskonzept ermöglicht es, "nicht nur die fertige wahre Aussage, sondern schon das Unterwegs zur Wahrheit als Entbergen der Sache selbst und damit als Wahrheitsbezug (nicht als Wahrheit) zu verstehen"[37]. Tugendhat betont zu Recht kritisch, daß dieses neue Wahrheitsverständnis, nämlich die Sache so zu sagen, wie sie *an ihr selbst ist*, einen *Verlust* des spezifischen, am propositionalen Geltungsanspruch orientierten Sinns von Aussagewahrheit mit sich bringt: Die Gleichsetzung des Wahrheitsbegriffs mit der Erschlossenheit bedeute nicht bloß eine Erweiterung, sondern überhaupt ein Fallenlassen[38] eines Wahrheits*begriffs*. Ebenso kritisch muß gefragt werden, worin die Kriterien liegen, zwischen Wahrheit und Falschheit, zwischen Erschlossenheit und Verdecktheit zu unterscheiden. Reicht dazu der 'aletheiologische' Sinn von Wahrheit aus, oder bedarf es nicht doch vielmehr der apophantischen Dimension, um die Prädikatoren "wahr" und "falsch" überhaupt sinnvoll zu verwenden? Ist es aber so, dann werden die Wahrheitskriterien wieder entscheidend, und allein diese ermöglichen es, die "so-wie"-Relation aufrechtzuerhalten, die somit für die Rede von Wahrheit unabdingbar ist.

3.1.3 Rahners philosophischer Begriff von Wahrheit

Die folgende Auseinandersetzung mit Rahners Wahrheitsverständnis in der - für seinen Denkansatz entscheidenden - philosophischen Phase beabsichtigt nicht, seinen erkenntnistheoretischen Standort in aller Ausführlichkeit zu beschreiben. Dies ist bereits ausgiebig in der Rahnerinterpretation geschehen. Hier geht es um die spezielle Frage nach dem Begriff und dem Begründungsvollzug von Wahrheit in den frühen Schriften, namentlich in "Geist in Welt" (GW) und "Hörer des Wortes" (HW).[39] In diese frühe Periode gehört auch der einzige ausdrücklich wahrheitstheoretische Aufsatz, der über den Wahrheitsbegriff bei Thomas von Aquin handelt und auf einen 1938 gehaltenen Vortrag zurückgeht.[40] Berühren diese Reflexionen bereits theologische Aspekte eines an Thomas orientierten Wahrheitsbegriffs, so stehen die weiteren Aussagen zur Wahrheitsproblematik in seinen späteren Schriften erst recht unter einem "theologischen Apriori". Dies muß für eine Gesamtbeurteilung von Rahners Wahrheitsverständnis berücksichtigt werden.

---

37 *Tugendhat*, Idee 445.

38 *Ders.*, Wahrheitsbegriff 350.

39 Die nach der Sigle folgende Seitenzahl bezieht sich auf die Erstauflage, die in eckige Klammer gesetzten Seitenzahlen beziehen sich auf die von Metz besorgte Auflage. Wird nur daraus zitiert, so wird dies durch GW^2 bzw. HW^2 angezeigt.

40 In: SzTh X 21-40.

3.1.3.1 Die Wahrheitsfrage im Rahmen von Rahners Erkenntnismetaphysik

Rahners philosophische Arbeiten stellen keine unmittelbare Reflexion auf Wesen und Grund der Wahrheit dar. Die Wahrheitsfrage ist aber unverzichtbar mit dem Problem der Erkenntnis von Welt und Sein verbunden und wird darum von Rahner auch immer wieder angesprochen. Innerhalb dieses erkenntnismetaphysischen Rahmens kommt die Wahrheitsproblematik zur Sprache. Jeder *Wahrheitsbegriff* ist also nach Rahner erst dann verstanden, wenn er zurückbezogen wird auf die Frage nach der *Möglichkeit von Wahrheit* als einer logischen (ein Seiendes ist sich selbst gelichtet und für sich selbst Gegenstand logischer Wahrheit) und ontologischen (Seiendes ist Gegenstand einer möglichen Erkenntnis)[41] Dimension der Erkenntnis. Die Wahrheitsfrage führt demnach mitten in die Frage nach der Möglichkeit von Erkenntnis. Diese Erkenntnisproblematik ist somit Rahners Ausgangspunkt. Seine philosophische Dissertation kann als jenes Unternehmen charakterisiert werden, das durch eine innovative Verknüpfung transzendentalphilosophischer (Kant, Maréchal) und fundamentalontologischer (Heidegger) Verfahren, mit denen die Erkenntnismetaphysik eines Thomas von Aquin interpretiert wird, der in der Neuzeit zutiefst strittig gewordenen Erkenntnismetaphysik neue Geltung verschaffen will.[42] In "Geist in Welt" gibt Thomas von Aquin hinsichtlich der Problem- und Lösungsvorgabe die philosophische Leitperspektive. Allerdings trägt Rahner an die Auslegung des 7. Artikels der 84. Quaestio der prima pars in der Summa Theologiae neue Fragestellungen und Begründungsversuche heran.[43] Gefragt wird nach der Möglichkeit metaphysischer Erkenntnis auf dem Boden der sinnlichen imaginatio (GW 9 [37]). Diese Frage kann aber nicht beantwortet werden, wenn nicht die Möglichkeit einer "cognitio universalis et necessaria, die über die einzelnen Dinge und über die Welt überhaupt hinausreicht" (GW 6 [37]), geklärt ist. Inhaltlich setzt diese Grundfrage bei der *Faktizität* von sinnlicher und intellektueller Erkenntnis von Gegenständen an, formal jedoch bei der *Erkenntnis von Sein* in einem menschlichen Erkenntnisvollzug, der in der aristotelisch-thomistischen Tradition nur in einem Urteilsakt erfolgen kann[44]. Dieser formale Gesichtspunkt, der in "Geist in Welt" in methodischer Unterscheidung zu J. Maréchal an der Seinsfrage ausgeführt wird, wird in "Hörer des Wortes" schließlich die erkenntnisleitende Idee für die Beantwortung der Frage nach der Möglichkeit von Offenbarung.

---

41 *Rahner*, Wahrheit 24 u. 39.

42 GW XII (=GW^2 13f).

43 Zum Problem der Thomasinterpretation von Rahner vgl. *Eicher*, Wende 72-78.

44 Rahner grenzt sich somit mit Thomas gegen die konkurrierende platonisch-augustinische Linie ab, die die Möglichkeit intuitiver Erkenntnis unter Ausblendung einer kognitiv-rationalen Urteilsbildung in Betracht zieht (vgl. die Illuminationstheorie Augustins).

"Geist in Welt" stellt sich also in einem transzendentalen Begründungsvollzug der philosophischen Grundproblematik der *Einheit der Erkenntnis*, die besagt, daß "alles Meta-physische nur in und *an* der Welt erkannt werde" (GW XIV [15]). Damit entsteht aber die Aporie der *einheitlichen* Begründung von Sinnlichkeit und Denken als den beiden menschlichen Erkenntnisvermögen. Für das Wahrheitsproblem kann jedoch bereits die erste Voraussetzung angegeben werden: Wahre Erkenntnis ist nur möglich in einer ständigen Bezugnahme zur sinnlichen Gegebenheit gegenständlicher Anschauung. Rahner drückt diesen Tatbestand mit dem thomistischen Titel der "conversio ad phantasma" aus.[45] Kann aufgewiesen werden, wie sinnliche Anschauung im Intellekt *gedacht* werden kann, so ist auch die Wahrheitsdefinition Thomas von Aquins in ihrer Begründung nachvollzogen. Die Übereinstimmung von Sache und Intellekt ist dann überhaupt das, was Erkenntnis auszeichnet, ja ermöglicht.

Die Frage nach der Wahrheit setzt die Erkenntnisfrage voraus, genauer: die Frage nach dem Verhältnis des Erkennenden zu einem Gegenstand. Die erkenntnismetaphysische Ausgangslage wird von Rahner aber bewußt in ein fundamentalontologisches Seinsverständnis eingebracht, so daß die metaphysische Frage nach der Erkenntnis als Frage nach dem Verständnis von Sein gelesen werden muß und umgekehrt. Gerade hier unterscheidet sich Rahner methodisch von Maréchals Wahrheitsreflexionen, die beim Urteilsvollzug affirmativer Synthesis ansetzen und in einer transzendentalen Reflexion auf die dynamische Hingerichtetheit des Urteils auf das esse absolutum dieses esse als Grund und Ziel des Erkenntnisvollzugs bestimmen. Heideggers Fundamentalontologie ist dabei für Rahner insofern ein Maßstab, als sie zeigt, daß die Frage nach dem Was des Seienden nur begriffen werden kann, wenn auf das je schon eröffnete Seinsverständnis jenes Seienden reflektiert wird, das die Seinsfrage stellen kann. Das ermöglicht Rahner eine Übersetzung der thomistischen Erkenntnismetaphysik in das Modell einer an Heidegger orientierten Ontologie und umgekehrt.

Wie zeigt sich das konkret? Für Rahner ist im Wissen um ein gegenständliches Seiendes schon ein "Wissen um das Sein im Ganzen" (GW 39 [79]) erschlossen. Das *erkenntnismetaphysische* Axiom "intellectus in actu perfecto...[est] intellectum in actu"[46], das die Einheit von Verstand und Gegenstand ermöglicht, wird von Rahner folglich *ontologisch* als die Identität von Erkennen und Sein begriffen. Erkennen ist in diesem Sinne nicht von einem phänomenalen Gegenstandsbewußtsein her zu verstehen, sondern es ist selbst eine Aktualität des Seins, eine "Wirklichkeit, die bei sich selber ist" (GW 52 [79]). Damit hat Rahner den Gegenstandsbereich er-

---

45 Die *conversio* meint nicht bloß die Beziehung des menschlichen Intellekts auf eine sinnlich wahrnehmbare Welt, sondern innerhalb einer transzendentalen Reduktion ist sie "das thomistische Stichwort für die Einheit aller menschlichen Erkenntniskräfte im Erkenntnisvollzug und damit letztlich auch für die Ursprungseinheit des einen menschlichen Erkennens" (GW XIV [15]).

46 *Thomas von Aquin*, S.c.G. II 99.

schlossen, von dem her eine Antwort auf die Frage nach metaphysischer Erkenntnis gegeben werden kann: Jede menschliche Erkenntnis ist eine *Einheit*, in der zwei Erkenntnisquellen (Sinnlichkeit und Geist) übereinkommen. Die Möglichkeit dieser Einheit gibt Antwort auf die Seinsfrage, die je schon eröffnet ist, wenn der Mensch erkennt. Der Höchstfall wahrer Erkenntnis ist dann gegeben, wenn sie die absolute Identität von Sein und Erkennen ist.

Wie aber ist das Sein im Ganzen mitgegeben, wenn der Mensch allgemein und urteilend erkennt? Wie ist metaphysisches Erkennen möglich, wenn doch menschliche, nichtintuitive Erkenntnis auf den anscheinend absoluten Rahmen der Raumzeitlichkeit aufgrund der bleibenden sinnlichen Gebundenheit eingeschränkt ist? Ist dann wahre Erkenntnis überhaupt noch möglich? An der Möglichkeit metaphysischer Erkenntnis hängt also die Möglichkeit wahrer Erkenntnis. Wie sich vorausgreifend zeigen wird, liegt der Grund der metaphysischen Erkenntnis in einem Vorgriff (excessus), "der in einer conversio ad phantasma geschieht...als Bedingung der Wahrheit der Welterkenntnis... Die menschliche Wahrheit der Welterfahrung ist so gleichsam die Mitte von Welterfahrung und Metaphysik" (GW 33 [67]). Wahrheit ist nur dann gegeben, wenn sinnliche Erfahrung und urteilende Abstraktion so zueinander vermittelt sind, daß das "Wissen erst Wahrheit und Sache erst Gegenstand wird" (GW 33 [68]). Darum liegt der Kernpunkt der Erkenntnismetaphysik Rahners im Aufweis, daß in jeder kategorialen Erkenntnis implizit ein Vorgriff auf das Sein im Ganzen notwendig geschieht und daß dieser Vorgriff nur erfaßt wird in der Hinwendung zur gegenständlichen, sinnlichen Erkenntnis. Diese conversio, die durch den Vorgriff ermöglicht wird, ist darum auch "Bedingung wahrer Welterfahrung" (GW 33 [68]).

Dieser philosophische Rahmen muß nun im folgenden in seinen Einzelmomenten entfaltet werden. Eine Klärung der Wahrheitsfrage soll also anhand einer Rekonstruktion des Aufweisverfahrens der Möglichkeit von Metaphysik, wie es in "Geist in Welt" und "Hörer des Wortes" entwickelt worden ist, geschehen. Diese Vorgangsweise unterscheidet sich von Rahners eigenen Explikationen in seinem kleinen Aufsatz zum Wahrheitsverständnis bei Thomas von Aquin. Dort geht er unmittelbar von der Urteilswahrheit und deren begründenden Prinzipien aus, um zum letzten Prinzip der Einheit von Erkennen und Sein vorzustoßen. Methodisch hat Rahner darin eine dreifache transzendentale Deduktion des entscheidenden formalen Apriori der Seinserkenntnis vorgegeben: als Frage nach der Möglichkeitsbedingung allgemeiner Erkenntnis eines sinnlich Angeschauten, was die Frage nach dem intellectus agens ist; als Frage nach der wissenden Rückkunft eines erkennenden Subjektes, was die Frage nach der Möglichkeit von Selbstbewußtsein ist; schließlich als Frage nach der Möglichkeit erster Prinzipien, was die Frage nach der Evidenz der Urteilswahrheit ist.[47] Alle drei Deduktionen finden sich in

47 Vgl. *Rahner*, Wahrheit 29.

seiner Thomas-Interpretation wieder und sollen nun schrittweise dargelegt werden.

3.1.3.2 Die Seinsfrage als methodischer Ausgangspunkt von Metaphysik[48]

Die Frage nach der Möglichkeit von Metaphysik ist für Rahner die metaphysische Frage nach der Frage selbst. Schon dieser Lösungsansatz zeigt Rahners Originalität in der Neubegründung der Metaphysik im Kontext neuzeitlicher Erkenntnisproblematik an. Denn für die Metaphysik gibt es keinen beliebigen Ausgangspunkt. Wenn sie nach einem Anfang fragt, so liegt dieser in der Frage. Die metaphysische Frage aber ist die Seinsfrage (GW 35; HW 43), die Frage nach dem Sein im Ganzen. Die *Frage nach dem Sein* ist der absolute und unhintergehbare Ausgangspunkt von Metaphysik (GW 35 [71]). Dieser Frage kann sich der Mensch als daseinsmäßiges Seiendes nicht entziehen, denn er *fragt* notwendig. Die Seinsfrage ist darum ein ontologisches Existenzial, d.h. der Mensch existiert selbst als "Seinsfrage" (GW 35 [71]); sein Wesen kann nicht ohne diese Charakteristik verstanden werden. So ist Metaphysik dem Menschen nicht eine äußerliche Angelegenheit, sie ist immer schon in jedem Moment seines Erkennens und Handelns vollzogen: "Wir müssen also Metaphysik treiben, weil wir es immer schon tun. Wir müssen also fragen, was das Sein des Seienden sei" (HW 45 [50]). Metaphysik ist die reflexive Begrifflichkeit des "Vorverstehens, das der Mensch als Mensch *ist*" (GW^2 47), sie entdeckt nicht etwas, sondern bringt zu Bewußtsein, "was man immer schon kannte" (HW^2 47)[49]. Dieser metaphysische Ausgangspunkt muß sich *transzendental* entfalten, weil jede Voraussetzung hinterfragt und alles nach seiner Möglichkeit befragt wird. Als solche radikale Frage ist sie zugleich ein genuiner Ausgangspunkt, denn sie ist ein "*Faktum*" (GW^2 71), ein Müssen. Daraus folgt, daß die Antwort aus der Frage selbst kommen muß, daß die Frage selbst der "unerschütterliche Grund" (GW

---

48 Gerade in der Entfaltung der Seinsfrage unterscheiden sich die 1. und die 2. (von Metz bearbeitete) Auflage von "Geist in Welt" und "Hörer des Wortes". Die Seinsfrage wird in der 2. Auflage deutlich von der existenzialontologischen Problematik her skizziert. Insofern in dieser Problematik Rahners Ansatz nicht verzeichnet, sondern nur verstärkt worden ist, bezieht sich die Untersuchung der Frage nach dem Sein auf beide Auflagen der philosophischen Werke Rahners. Zwar tritt die ontologische Durchführung in den bearbeiteten Ausgaben deutlicher hervor, doch sind darin die impliziten Konsequenzen für das Wahrheitsverständnis nicht wesentlich anders.

49 Mehr als deutlich zeigt sich hier, daß Rahner gegen die Heteronomie metaphysischer Seinsreflexion auf Heideggers Vor-Struktur des Verstehens zurückgreift, der es ebensowenig um die Erkenntniskonstitution aus der Subjekt-Objekt-Relation gegangen ist, sondern um die noch vorgängigere Frage nach der Möglichkeit des Begegnens von Welt überhaupt. Mit der Seinsfrage zu beginnen bot für Rahner die Möglichkeit, den erkenntnistheoretischen Streit zwischen transzendentaler und neuscholastischer Philosophie zu unterlaufen.

73) ist, auf dem Metaphysik zu stehen kommt, weil in ihr bereits ein Wissen enthalten ist, das insofern gegeben sein muß, als überhaupt eine Frage zustande kommt. Dieses Wissen ist vorerst nur ein selbstreflexives Wissen, ein Wissen, das der Mensch von *sich* hat. In diesem Wissen ist aber der Fragende schon beim Sein im Ganzen (GW 37), und zugleich weiß er, daß er um dieses Sein *fragt*, also endlich ist und notwendig fragen *muß*. Darin also besteht der dreifache Aspekt der Seinsfrage (HW 49), die den methodischen Faden von "Hörer des Wortes" vorgibt und die vorgängige Zusammengehörigkeit von Sein und Erkennen erschließt.

Die Frage nach dem Sein hebt also dort an, wo sich der Mensch als Erkennender und Fragender erfährt. Mit der Seinsfrage ist aber zugleich ein doppelter Horizont eröffnet, nämlich die Immanenz der Weltlichkeit von Seiendem und die Transzendenz des Seins, das jede Singularität des Einzelnen schon überschritten hat. Rahner spricht daher von der "Doppeltheit" der Metaphysik (GW 36 [77f]), weil sie Welt *und* Sein im Ganzen in jedem Fragen und Urteilen mitvollzieht.

Somit ist die Frage nach der Einheit von Erkennen und Sein schon einer Lösung nähergekommen: Diese zeigt die Fragbarkeit und das Erkannt-sein-können des Seins (GW 41 [81]) auf. Denn die Fragbarkeit nach Sein schließt notwendig dessen Erkennbarkeit ein, weil es nicht möglich ist, nach etwas zu fragen, von dem man nichts weiß. Diese Einheit kann für Rahner keine nachträgliche sein, sie ist eine ursprüngliche und eine streng identische Einheit (GW 41 [82]), so daß die in jedem Erkenntnisakt mitgegebene Subjekt-Objekt-Spaltung in diesem methodischen Ansatz einer Seinserkenntnis gänzlich aufgehoben erscheint. Erkennen wird nicht von der phänomenalen *Gegenstandsgegebenheit* ontologisch bestimmt, sondern vom eigenen *Seins*-Vollzug.[50] Rahner kennzeichnet diesen Umstand mit einem Begriff der Identitätsphilosophie, wenn er sagt, daß Erkennen das "Beisichsein des Seins" (GW 41 [82])[51] und das Beisichsein das Sein des Seienden ist[52]. Die Seiendheit eines Seins bestimmt sich aber auch nach dem Grad an Seins- und Erkenntnismächtigkeit, also inwieweit es Identität und Ungeschiedenheit besitzt. Weil Erkennen grundsätzlich "Subjektivität" (GW 42 [82]), und zwar "die Subjektivität des Seins selbst" (GW^2 82) ist, ist das Sein je mehr bei sich, als es zu sich selbst

---

50 "Sein ist Beisichsein... Das heißt aber..., daß Erkennen in seinem ersten und ursprünglichen Begriff nicht irgendwie das Erfassen eines Gegen-standes, das intentionale Sichbeziehen auf ein fremdes andere ist, sondern das Sein eines Seienden bei sich selbst, die Insichreflektiertheit des Seins, die einem Seienden in dem Maße zukommt, in dem es Sein hat, seins-mächtig ist" (HW 166 [146]).

51 Dieser erkenntnistheoretische Idealismus Rahners wurde mehrfach eingehend untersucht. Vgl. *Riha*, Immanenz; *Gruber*, Transzendentalphilosophie; *Striewe*, Reditio.

52 Deutlich ist zu erkennen, wie Rahner in Heideggerscher Begrifflichkeit sich doch von Heidegger unterscheidet. Diesem ging es um den "Sinn von Sein", welcher nur an den Existenzialien des Daseins erhoben werden kann. Zielt aber Heidegger auf eine Analyse des In-der-Welt-Seins des Da-seins, deren tiefste Grunddimension die *Sorge* ist, so ist Rahners erkenntnismetaphysische Frage zunächst idealistisch abgekürzt. In seiner Anthropologie allerdings übernimmt Rahner Heideggers Grundbestimmung (Befindlichkeit, Geworfenheit, Geschichtlichkeit) weitgehend.

zurückkommt. Diese transzendentale Voraussetzung nennt Rahner *reditio super seipsum*; sie ist der ontologische Begriff für den Seinsgrad und den Seinsbesitz, den ein Seiendes als Erkennendes haben kann.

Welche Auswirkungen hat eine solche Konzeption auf die Idee von Wahrheit? Rahner hat in der Entfaltung der Seinsfrage noch nicht die Wahrheitsfrage gestellt, aber es lohnt sich, das bisher Dargelegte daraufhin zu befragen. Die Reflexion auf die in der Seinsfrage impliziten Voraussetzungen kann die inneren Auszeichnungen des Seins aufzeigen: es sind dies "Erkennenkönnen" und "Erkennbarkeit" (GW 42 [82]). Darin findet ein adäquates Verständnis von menschlicher Erkenntnis seinen Bezugspunkt. Ist ein Sein Erkennen und Erkanntheit, Beisichsein, dann ist auch die "vollendete seinsmäßige Wirklichkeit des Intellekts...das aktuell Erkannte" (GW 42 [82]) und umgekehrt. In diesem metaphysischen Grundsatz, der das "ontologische Verständnis der Metaphysik" (GW^2 83) einholt, scheint nun ein Erkenntnis- und Wahrheitsproblem überhaupt nicht mehr vorhanden zu sein. Die ursprünglich radikale Fragesituation, die die gänzliche "dubitatio de veritate" (GW 36 [73]) auf sich genommen hat, scheint in das völlige Gegenteil umgeschlagen zu haben: Jedes Sein ist von sich her als erkanntes wahr, weil das Sein selbst Erkennen ist. Dieser Wahrheitsbegriff ist ein reiner Identitätsbegriff, in ihm kommt es nicht mehr zu einer Übereinstimmung von einem Seienden und einem Erkennenden, sondern beide sind streng identisch und bestimmen sich reziprok in ihrer ontologischen Wirklichkeit. In dieser Hinsicht wäre Rahner in dieselben Schwierigkeiten geraten, wie es auch bei einer fundamentalontologischen Idee von Wahrheit als Erschlossenheit bei Heidegger der Fall war. Allerdings wird ein solches - implizites - Verständnis von Wahrheit durch reine Spekulation auf den Seinsbegriff selbst gewonnen, der noch nicht nach der realen Seinsmächtigkeit und Subjektivität des menschlichen Erkennens fragt. Vorweggenommen ist hier, was Thomas vom göttlichen Sein ausgesagt hat, daß es nämlich Erkennen und Sein zugleich ist. Das Maß der Wahrheit - so wurde bei Thomas deutlich - bestimmt sich am göttlichen Sein, das die Wahrheit des Erkenntnisgegenstandes ausmacht. Gott ist sich selbst absolut gelichtetes Sein und darum höchste Wahrheit. Die Frage nach der Wahrheit bestimmt Thomas von Aquin allerdings nicht von der Subjektivität des Seins, sondern von der Relationalität eines geschaffenen Seienden und eines erkennenden Intellekts her. Das Maß der Wahrheit bleibt der *Gegenstand* selbst und bestimmt den Intellekt. So zeigt sich also schon vom Reflexionsansatz her die feine Verschiebung des thomistischen Wahrheitsbegriffs durch Rahners transzendentalen und fundamentalontologischen Zugang: Nicht die Relation Seiendes - Intellekt ist Ausgangspunkt, sondern die absolute Gelichtetheit des Seins, das höchste Identität und Selbstgegebenheit besagt. Wahrheit ist die Erschlossenheit des Seienden, das sich selbst als Erkenntnisgegenstand gegeben ist - hier knüpft Rahner deutlich an Heideggers Fundamentalontologie an, behält allerdings die erkenntnismetaphysische Problemstellung bei.

Nun hat Rahner den Wahrheitsbegriff noch nicht vom spekulativ erschlossenen Seinsbegriff in "Geist in Welt" her bestimmt, sondern erst im Durchgang durch die transzendentale Reflexion auf die apriorischen Möglichkeitsbedingungen urteilenden Erkennens. Wo er allerdings explizit nach dem Sinn der Übereinstimmung von Intellekt und Sache in einem Urteil fragt, wird er zu diesem metaphysischen Axiom der Einheit von Sein und Erkennen zurückführen: Die Möglichkeit der Urteilswahrheit setzt die "Bejahung einer ursprünglichen Einheit von Sein und Erkennen"[53] voraus. Ist Erkennen in dieser Einheit mit dem Sein begriffen, dann ist es "innere Gelichtetheit des Seins für sich selbst, als die Identität des Erkennens und des eigentlichen Erkanntseins, des eigentlich Erkennenden und des eigentlich Erkannten im Sein. Wahre Erkenntnis wird so in ihrem metaphysischen Grunde das fraglose Beisichsein des Seins bei sich selber."[54] Wahrheit ist in diesem höchsten Sinne nicht mehr eine gelungene Relationalität zweier verschiedener Wirklichkeiten, sondern der austauschbare Begriff für höchste Identität und Subjektivität. Dieser Wahrheitsbegriff ist im menschlichen Erkenntnisvollzug aber nicht erreichbar, sondern immer nur *mitgegeben*. Wahrheit in diesem Sinne ist *transzendental-ontologische* Wahrheit, die aber notwendig vorausgesetzt werden muß, soll der Sinn von Wahrheit nicht verloren gehen. Sie ist in jedem Urteilsakt mitvollzogen und ist der letzte apriorische Grund für die Wahrheit des Urteils. Die Bejahung der formalen Strukturen des Seins im Urteil ist deshalb auch "die letzte Wahrheitssicherung"[55].

Der transzendentalontologische Ansatz Rahners hat somit schon im Ansatz der Erkenntnisfrage gezeigt, daß das Verständnis von Wahrheit nicht eine bloß erkenntnistheoretische Angelegenheit ist, sondern unmittelbar auf die Seinsfrage stößt. Grund dafür ist die konzeptuelle und methodische Verbindung von erkenntnismetaphysischen mit formalontologischen Aussagen[56], die besonders durch die Bearbeitung von Metz hervortritt: Jede "formalontologische Betrachtung [kann] nur wirklich ontologisch durchgeführt werden, wenn sie sich selbst in ein erkenntnismetaphysisches Problem verwandelt. Wirklich ontologische Begriffe können nur in Einheit mit den entsprechenden erkenntnismetaphysischen Begriffen gewonnen werden" (GW^2 332). Der Wahrheitsbegriff ist von diesem Ansatz her sowohl metaphysisch-transzendental (Thomas, Kant, Maréchal) wie auch ontologisch (Heidegger) zu konzipieren. Darum bringt Rahner den existenziellen Aspekt von Wahrheit nicht nachträglich in ein erkenntnistheoretisches Konzept ein, sondern er ist existenzialontologisch schon mitvollzogen[57].

Dieser erste Vorblick auf das Verständnis von Wahrheit auf der Basis des menschlichen Seinsverständnisses reicht allerdings für ein adäquates Urteil noch nicht aus. Denn es fehlt die Erklärung, wie die ur-

---

53 *Rahner*, Wahrheit 37.
54 Ebd.
55 Ebd. 39.
56 Vgl. *Muck*, Maréchalschule 603.
57 Vgl. *Rahner*, Wahrheit 38.

sprüngliche Einheit von Erkennen und Sein, wie *menschliche* Wahrheit möglich ist. Es muß also die Möglichkeit von Erkennen überhaupt in seinen Bedingungen geklärt sein, damit ein rechtes Verstehen des Wahrseins einer Erkenntnis erreicht werden kann. Erkennen ist, wie mehrmals schon gesagt, für Thomas von Aquin und somit auch für Rahner *urteilendes* Erkennen. Der Begriff des Erkennens ist undenkbar ohne die Synonyme: Denken und Abstrahieren eines sinnlich Gegebenen.

3.1.3.3 Urteilswahrheit und ihre Möglichkeitsbedingungen

In der kurzen Skizze zum Wahrheitsverständnis Thomas von Aquins wurde darauf hingewiesen, daß Thomas in der aristotelischen Tradition der Urteilswahrheit steht und damit die untrennbare Verknüpfung von intellektueller und sinnlicher Erkenntnis übernimmt. Jede allgemeine Erkenntnis steht auf dem Boden der Sinnlichkeit und kann diesen niemals ganz verlassen. Erkenntnismetaphysisch ist darum solche Erkenntnis, die auf Sinnlichkeit angewiesen ist, eine hinnehmende, passive Erkenntnis. Das fundamentalontologische Verständnis von Erkenntnis an sich als Beisichsein eines Seins erfährt durch die sinnliche Erkenntnisweise nun eine bedeutsame Konkretisierung: Denn das zunächst dem menschlichen Erkennen Gegebene ist nicht das eigene Sein als obiectum proprium cognitionis, sondern das sinnlich Andere, in Rahners Terminologie: "Welt". Damit tritt aber eine fundamentale, antinomische Spannung hervor, deren ursprüngliche Einheit für Rahner einsehbar gemacht werden muß, soll der ontologische Ansatz seine Richtigkeit behalten. Die Frage lautet also: Wie kann das Verständnis von Erkenntnis als Beisichsein des Seienden die anschauende, sinnliche Erkenntnis eines anderen begründen? Rahner löst diese Antinomie durch die These: Sinnlichkeit ist - ontologisch betrachtet - ein Sein, das bei einem anderen ist[58]. Da aber Sinnlichkeit ein Erkenntnisvorgang, also Erkennen selbst ist, ist sie auch ein "Beisichsein"; ein Erkennen eben, das beim anderen ist. Beide Aspekte - Beisichsein und Beimandernsein - müssen jedoch in ihrer Einheit begriffen werden. Sinnlichkeit ist zunächst nicht Subjektivität, sondern das Verlorensein an ein nicht bei sich seiendes Anderes. Diesem Anderen entspricht der metaphysische Begriff der *materia*. Materia wird von Rahner definiert als das wirklich Andere, das von sich her keine Seinswirklichkeit hat, aber zugleich den ontologischen Status von Sinnlichkeit mitbestimmt: "Sinnlichkeit ist als actus materiae schon immer in das Äußere der Welt hinausgetreten" (GW 61 [107]). Dennoch muß Sinnlichkeit von bestimmter Seinsmächtigkeit sein. Sie muß ein Seiendes sein, das in gewisser Hinsicht bei sich ist und dennoch nicht in reflexiver Weise bei sich sein kann, weil das die Definition der ontologischen Wirklichkeit des Geistes ist. Die Lösung der Aporie besteht darin, daß die Sinnlichkeit als

58 Vgl. GW 26f (58f), HW 150-162 (150-160).

"ungeschiedene Mitte der Innerlichkeit der Erkenntnis als Anschauung und der Vergegenständlichung der Anschauung als Erkenntnis" (GW 25 [58]), "als die schwebende Mitte zwischen einer eigentlichen Verlorenheit an das andere der materia und einer innern Unabhängigkeit des Seins gegen sie" (GW 50 [94]) konzipiert wird. Sinnlichkeit ist dann nicht bloß actus materiae, sondern auch actus contra materiam: "Was in ihr Medium eintritt, [ist] damit auch schon in sich reflektiert" (GW 61 [107]). Aber nicht so, daß die in ihr gegebene Anschauung auch schon *gegenständliche* Anschauung wäre. Rahner folgt hier konsequent der kantisch-maréchalschen Interpretationslinie, die besagt, daß Erkenntnis erst dann Erkenntnis ist, wenn sie gegenständlich, unter Begriffe gebracht ist.

Diese Deutung von hinnehmender Erkenntnis hat für Rahners Erkenntnismetaphysik tragende Funktion. Der axiomatische Ansatz, der 'gegenstandslos' bei der Frage nach dem Sein einsetzte, ist in seiner idealistischen Einseitigkeit korrigiert. Das Faktum der hinnehmenden Erkenntnis ist ontologisch, anthropologisch und erkenntnismetaphysisch relevant: *Ontologisch*, insofern das Sein nicht erfaßt werden kann ohne Rezeptivität, ohne Sinnlichkeit, ohne materia als die ontologische Seite des Nicht-Seins[59]. *Anthropologisch*, insofern der Mensch die Materialität der Welt in sich selbst austragen muß, damit er überhaupt erkennen kann[60]: Die Leiblichkeit ist nicht nur das andere seiner Geistigkeit, sondern deren unabdingbare Bedingung. Der Mensch ist selbst Rezeptivität, "seine wissende In-sich-selber-ständigkeit" kommt immer nur von einer "Auskehr in die Welt, von der Erfassung eines Fremden, von ihm Verschiedenen als dem ersterfaßten Gegenstand der menschlichen Erkenntnis überhaupt" (HW 156 [155]). In seiner ersten Wesensbestimmung ist der Mensch die Wirklichkeit der materia selbst. Schließlich liegt die *erkenntnismetaphysische* Relevanz im Umstand, daß "Sinnlichkeit...eine immer schon vollzogene concretio" (GW 86 [138]) ist; sie kann ihren Akt nicht reflexiv nachvollziehen, ist darum nur "Erkenntnis des Einzelnen" (GW 86 [138]). In ihr ist eine allgemeine Form noch ungeschieden von dem Einzelnen erkannt. Spezifisch menschliche Erkenntnis ist aber erst dann gegeben, wenn sie intellektuelle Erkenntnis, Erkenntnis des Allgemeinen als solchen an einem Besonderen ist. Wie kommt es zu einer solchen allgemeinen Erkenntnis?

Sinnlichkeit ist nur *eine* apriorische Bedingung; sie allein vermag keine wissende, sondern eine bloß *anschauende* Erkenntnis zu vermitteln. Methodisch erschließt Rahner die Möglichkeit geistiger Erkenntnis am unausweichlich gegebenen *Urteilsvollzug*. Denn jeder Denkakt ist zugleich ein Urteilsakt. Die Analyse der Möglichkeit des Urteilens erschließt also nach Rahner die Wesenheit des menschlichen Intellekts. Dieser ist das Vermögen, "das in der Sinnlichkeit gegebene andere von sich weg in Frage zu stellen, es zu beurteilen, es zu vergegenständlichen und damit den Erkennenden erst zum Subjekt, d.h., zu einem zu machen, der bei

59 Vgl. *Eicher*, Wende 218.
60 Vgl. ebd. 217.

sich selber und nicht beim andern ist" (GW 79 [130]). Die Frage nach der Möglichkeit der Abstraktion im Urteilsvollzug ist also gleichbedeu-tend mit der Frage nach der Möglichkeit von Subjektivität, die Rahner unter dem Stichwort der "reditio subjecti in se ipsum" (GW 79 [130]) abhandelt. So kann in einem ersten Schritt festgehalten werden: Erst das *Denken* vollzieht eine Gegenüberstellung eines Subjektes zur in der Sinnlichkeit angeschauten Welt. Dieser Vollzug wird von Rahner auch als "abstractio" (GW 81 [131]) gekennzeichnet; als "denkende Welthabe" (GW 81 [131]) kommt die abstractio am Allgemeinbegriff, am Urteil, an der Urteilswahrheit zum Ausdruck.

Der Allgemeinbegriff, oder thomistisch: die konkretisierende Synthesis, zeigt die grundlegende Struktur menschlichen Wissens an. In ihm wird "ein Sein (forma, essentia substantialis oder accidentalis) als solches von vielen möglichen Seienden (Subjekten) erfaßt" (GW 81 [132]). Darum kann Rahner den Allgemeinbegriff nicht ohne konkrete Bezogenheit auf etwas fassen: Immer ist in ihm ein "Wissen von etwas über etwas" (GW 82 [133]) gegeben, jede Gegenstandserkenntnis hat die Struktur der Beziehung eines allgemeinen Etwas auf ein konkretes (angeschautes) Dieses. Im Allgemeinbegriff zeigt sich darum schon die Verknüpftheit von abstractio und conversio: "Conversio ist gerade die Hinbeziehung des Allgemeinen auf ein Diesda" (GW 82 [132]). Das Allgemeine kann aber nicht gewußt werden, wenn ein erkennendes Subjekt sich nicht denkend gegen ein "Diesesda" abhebt, die Anschauung also nicht unter *Begriffe* bringt. Daraus folgt: "Die Rückkehr des wissenden Subjekts in sich und die Abhebung eines Allgemeinen von seinen 'Subjekten' ist ein und derselbe Vorgang" (GW 83 [134]).

Eine weitere Anzeige der reditio ist der Urteilsvollzug überhaupt. Denn der Allgemeinbegriff selbst ist auch noch kein wirkliches Wissen. Er setzt selbst bereits ein Urteil voraus, weil er schon eine reale Hinbeziehung auf ein Konkretes sein muß, um als bloße konkretive Synthesis für ein Urteil als tatsächliche Verknüpfung von Subjekt und Prädikat zur Verfügung stehen zu können. Das Urteil besteht in der Identifikation eines konkreten Subjekts, dargestellt durch das Satzsubjekt, mit einem Satzprädikat (GW 84 [135]), es ist die "Hinbeziehung von zwei Washeiten auf das gleiche Diesda" (GW 84 [136]). Ein Urteil ist aber erst dann gegeben, wenn eine "affirmative Synthesis" (GW 85 [136]) vollzogen ist, wenn ein allgemeines Gewußtes auf ein Ansich geht. Rahner will im Anschluß an Maréchal eine konzeptualistische Erkenntnistheorie vermeiden. Die Verknüpfung von Subjekt und Prädikat zielt auf ein wirkliches, unabhängiges, außerhalb des Bewußtseins stehendes Suppositum, das durch die quidditas des Satzsubjektes ausgesagt wird:

> "Wissen von menschlicher Bewußtheit gibt es daher überhaupt nur in einer affirmativen Synthesis, und dieses Urteilen ist nicht ein Verknüpfen von Begriffen, als ob diese die in sich ruhenden Elemente des Denkens wären und das Urteil nur deren nachträgliche Verbindung, sondern die Hinbeziehung des Wissens auf ein Ansich, in der Begriffe als nur im Urteil mögliche Momente vorkommen" (GW 85 [137]).

Dieses Ansich wird in jedem Urteil vollzogen. Es kann darum gar kein Wissen von etwas geben, das nicht ein solches Ansich behauptet, denn die Struktur des Wissens hat sich für Rahner als Hinbeziehung von etwas auf etwas gezeigt. Diese Struktur wird selbst im Zweifel und in der Leugnung nochmals mitvollzogen (vgl. GW 89 [142]). Allerdings ist unübersehbar, daß in dieser Konzeption von Objektkonstitution und Ansich eine deutliche Spannung und Problematik entsteht: Einerseits wird das Objekt als Objekt nur durch ein sich von ihm absetzendes Subjekt konstituiert, andererseits muß das Ansich als Bezugspunkt eines Was auf ein Etwas streng subjektunabhängig gedacht werden. Eicher hat darauf hingewiesen, daß der Zirkel zwischen affirmativer Setzung und subjektfreier Voraus-Setzung nicht nochmals auf seine Haltbarkeit hin durchdacht werde.[61] So verstricke sich Rahner in die Problematik einer idealistischen Bewußtseinsphilosophie, die eine Synthese mit dem thomistischen Realismus eingehen will.

Die eigentliche Abstraktion als reditio subjecti in seipsum, deren Möglichkeitsbedingung gefragt war, leistet erst die affirmative Synthesis. Dadurch wird auch der Träger einer Wahrheitsbehauptung bestimmbar: Wahr oder falsch kann nämlich nicht ein Allgemeinbegriff sein, sondern nur ein Urteil. In weiterer Folge gibt Rahner eine klare Wahrheitsdefinition:

> Wahr oder falsch ist die "gelungene oder mißlungene Hinbeziehung auf die Sache selbst in der affirmativen Synthesis. Insofern demnach Wahrheit eine Beziehung des Wissens auf eine an sich seiende Wirklichkeit besagt, und insofern in dieser affirmativen Synthesis die reditio sich vollzieht, ist damit auch gesagt, daß die Wahrheit diese Gegenstellung von Subjekt und Objekt erstmals schafft und diese ohne Wahrheit gar nicht möglich ist" (GW 85 [137]).

Wahrheit ist also nach Rahner mit jeder gelungenen Hinbeziehung des Wissens auf ein Gegenständliches (erster oder, wenn es abstrakte Konklusionen und Prädikationen sind, zweiter Ordnung) gegeben. Mehr noch: Der Wahrheitsbegriff bzw. der Sinn von Wahrheit besteht darin, die Möglichkeit von Erkenntnis überhaupt begrifflich fassen zu können. Der Wahrheitsbegriff ist ohne Begriff der Erkenntnis undenkbar. Wahrheits- und Erkenntnisfähigkeit qualifizieren in ihrer Verschränktheit das Eigentümliche des menschlichen Geistes.

Rahner verbleibt mit diesen Überlegungen durchaus im thomanischen Wahrheitsverständnis. Aber der von Rahner konzipierte dynamische Urteilsvollzug ist nicht bloß in seiner grammatisch-semantischen Dimension, sondern ebenso auch in seinen pragmatischen Gehalten zu reflektieren. Denn die Struktur der Hinbeziehung hat auch *Handlungs*cha-

---

61 Vgl. ebd. 261f. 329f: "Aber mag die Bewußtseinskonstituierung alles Erscheinen als bewußtes erklären, die Tatsache, daß ein Etwas als Seiendes erfahren wird, kann niemals durch die Konstituierung des Subjektes erklärt werden: was im Urteil als *an sich* gesetzt wird, erlangt deswegen keinen Realitätscharakter, sondern das wirkliche Urteil setzt etwas voraus, *was* zu beurteilen ist."

rakter[62], und zwar so sehr, daß Rahner sie auch im menschlichen Handeln als Möglichkeitsbedingung erkennt: Die allgemeinste Form des Urteils, daß ein Seiendes als solches an einem bestimmten konkreten Etwas bejaht wird, konstituiert auch die Struktur des Handelns, "da auch hier der Mensch immer mit etwas als gerade einem solchen von dieser bestimmten Art zu tun hat" (HW 73 [75]).

Den Vorgang der Abstraktion hat Rahner als eine komplexe Struktur im Urteilsvollzug aufgezeigt. Jedes Urteil erhebt einen Wahrheitsanspruch, insofern es auf ein wirklich Seiendes geht. Dadurch wird die ontologische Wahrheit zur Möglichkeitsbedingung des Objek-tivationsvorganges als eines Prozesses des Sichgegenübertretens von einem erkennendem Subjekt und einem erkannten Objekt. Der Objektivierungsvorgang ist also zugleich die Konstitution eines Gegenstandes und eines Subjektes: der Urteilende "erfaßt somit in jedem Urteil sich selber als ein in-sich-selber-ständiges Subjekt, das heißt sich selbst in seiner Subjektivität" (HW^2 73). Dennoch ist der Abstraktionsvorgang noch nicht in jeder Hinsicht ausgeleuchtet. So ist noch nicht die Frage beantwortet, wie der Mensch überhaupt etwas als etwas erkennen könne. Bisher wurde nämlich nur die allgemeine Struktur des Wissens vorgestellt. Die transzendentale Methode Rahners erweist sich hierin als besonders fruchtbar: Sie verbleibt nicht in der allgemeinen Skizzierung eines immer schon selbstverständlichen menschlichen Vollzugs, sondern fragt nach den Möglichkeitsbedingungen und legt insofern auch das 'Wesen' des menschlichen Geistes frei.

Rahner hat aufgrund seines Seinsverständnisses das Erkennen als Beisichsein definiert. Daraus folgt für die Bestimmung des Intellekts, daß

62 Daß sich dieser Hinweis mit der transzendentalphilosophischen Erkenntnistheorie verbinden läßt, dazu sei auf das unverdächtige Urteil von *Prauss*, Einführung 115-152, verwiesen, der Erkenntnis (im Sinne einer Deutungstheorie von empirischem Wissen über Gegenstände) als ursprüngliche Erfolgsintention begreift und damit die Möglichkeit eröffnet, Erkennen und Handeln miteinander zu verknüpfen: beide nämlich teilen miteinander den Grundcharakter der Intentionalität und zwar, daß etwas als wahr erkannt sein soll und daß etwas getan werden soll. Prauss kommt zum Schluß: "Erkennen tritt offenbar keineswegs als etwas Eigenständiges auf, sondern hat seine Eigentümlichkeit vielmehr gerade als ein unselbständiges Moment am Handeln, und was in Wirklichkeit jeweils als Eigenständiges auftritt, ist immer wieder nur Handeln allein, das deshalb auch nur selbst eine eigene ursprünglich-unmetaphorische Kennzeichnung hat, während Erkennen als ein bloßes Moment von ihm auch seine abgeleitet-metaphorische Kennzeichnung allein von ihm übertragen bekommt" (134). "Dergleichen wie Erkenntnistheorie dürfte sich zureichend nur insoweit ausführen lassen, als eine zureichende Ausführung von Handlungstheorie mit ihr einherginge, weil offenbar Erkennen selbst nur im Zusammenhang mit Handeln aufzutreten vermag und somit auch nur im Zusammenhang mit ihm verständlich werden kann" (135). Die Kritik von *Riha*, Immanenz 201, Rahners Erkenntnistheorie "konnte zur Intersubjektivität nicht vordringen, weil sie von ihrem ersten Ansatz an intellektualistisch orientiert ist, indem sie im Seinsvollzug als Beisichsein nur die Einheit von Sein und Erkennen sieht, das Wollen jedoch in seiner Ursprünglichkeit nicht erfaßt hat", kann in dieser Schärfe auf dem Hintergrund der gemeinsamen Intentionalität von Erkennen und Handeln nicht aufrechterhalten werden.

er ein Vermögen ist, das "denkend bei sich gegen ein anderes" (GW 144 [91]) ist. Er löst ein konkretes Allgemeines aus einem sinnlich Gegenständlichen ab, bzw. bezieht umgekehrt ein Allgemeines auf ein Konkretes hin. Wie aber erkennt nun der Geist ein Allgemeines überhaupt? Das ist ja die Grundfrage Rahners in "Geist in Welt". In der Antwort darauf zeigt sich die bedeutsame denkerische Originalität des Werkes. Sinnliche Erkenntnis zeichnet sich gerade dadurch aus, daß sie zwar Seiendes in seinem Dasein ungeschieden bei sich hat, dieses selbst aber nicht nochmals zu Bewußtsein bringt. Die Rezeptivität vermag das Faktum des Denkvermögens nicht zu erklären. Darum ist der menschliche Geist als ein aktives und spontanes Vermögen zu verstehen, durch das das Angeschaute ein "intelligibile actu" (GW 93-100 [146-156]) wird. Diese Geistaktivität wird mit dem aristotelischen Begriff des "intellectus agens" benannt. Er klärt den Umstand auf, wie ein sensibile actu intellektuell verstanden wird, denn der tätige Verstand ist die "apriorische, dem Denken selbst einwohnende Bedingung der Möglichkeit eines actu intelligibile, das als solches sich in der Sinnlichkeit nicht findet" (GW 93 [147]). Das Wesen des intellectus agens liegt in seiner Fähigkeit, die vereinzelte, materialisierte Wesensform eines Seienden von der konkreten Materia abzulösen und die forma als solche zu erfassen. Voraussetzung dafür ist aber die "Erkenntnis der Zufälligkeit der sinnlichen concretio, die vorgängig zur sinnlichen Erkenntnis schon immer vollzogen ist und in welcher allein der Sinn das Sein hat... Das Intellektuelle am abstrahierenden Denken ist also die Erkenntnis der coarctatio formae per materiam und nur das" (GW 96f [151]). Rahner weist deutlich das Mißverständnis einer "Zwei-Quellen-Theorie" zurück, wonach ein Gegebenes zuerst sinnlich erfaßt und dann in die Sphäre des Intellektuellen hinübergeschafft wird, wo erst der geistige Gehalt erkannt wird. Das Vermögen des intellectus agens ist vielmehr die Erkenntnis des Eingegrenzten als solchen, was das Bewußtsein eines Ungegrenzten voraussetzt. Darin nun liegt der Kern und der Schlüssel der Rahnerschen Erkenntnismetaphysik. So lautet also Rahners These: Die Erkenntnis eines Gegenstandes, eines Allgemeinen ist nur möglich aufgrund eines apriorischen geistigen Vorgriffs auf die Ungegrenztheit der Wesensform (GW 98-100 [153-156]). Dieser Vorgriff entspreche aber im Wesen dem thomanischen Begriff "excessus". Kann die Weite des Vorgriffes bestimmt werden, so kann dadurch auch die Möglichkeit von Metaphysik geklärt werden. Denn gelingt es, diesen Vorgriff in seinem Woraufhin auf das esse absolutum auszuweisen, so ist der Kantische Phänomenismus widerlegt, weil dann die transempirische Weite des Vorgriffs Voraussetzung für die Gegenstandserkenntnis ist. Die apriorische Weite der Sinnlichkeit (Raum und Zeit) setzt nicht die Grenze intellektueller Erkenntnis fest - in anderen Worten: Es ist jene Problemstellung aufgenommen, die wir von Maréchal her bereits kennen. Rahner verweist darauf, daß der Vorgriff selbst kein gegenständlich Angeschautes ist, sondern jener apriorisch mitgegebene Horizont, innerhalb dessen die Erkenntnisgegenstände zu stehen kommen. Als streng transzendentales Vermögen muß man über ihn selbst allerdings nach der Art der Gegenständlichkeit reflektieren, wohl wissend, daß dabei wiederum der Vorgriff tätig ist.

Wie wird nun eine konkret erfaßte Wesensform als solche erkannt? Das ist nur möglich, wenn der menschliche Geist vorauslaufend die Möglichkeiten erfaßt hat, worin eine Wesensform sich konkretisieren kann:

> "man erkennt die Endlichkeit und Gegrenztheit einer konkreten Seinsbestimmung (eines Seienden), indem sie in das weitere 'Nichts' ihrer Möglichkeit gehalten wird; dieses weitere Nichts ist aber selbst nur erkannt, indem es selbst gehalten ist gegen die Ungegrenztheit der formhaften Wirklichkeit als solcher (des Seins), was diese auch sein mag: essentia oder esse" (GW 108 [165]).

Diese Begründung muß näher erläutert werden. Sie zeigt einen doppelten Sachverhalt an: Es geht um die Erkennbarkeit der Gegrenztheit einer Form; dieses Erkennen vollzieht sich im Urteilsakt. Und dieses Erkennen ist nur möglich durch ein Wissen um einen Horizont, der auf das Unendliche, auf die Un-gegrenztheit schlechthin vorausläuft. Der Aufweis der Weite des Vorgriffs wird von Rahner in einer genauen Analyse der Möglichkeit der Abstraktion versucht. Deren Spezifikum ist, daß die affirmative Synthesis von Satzsubjekt und Prädikat auf das Ansichsein der ausgesagten Sache geht. Dieses Ansich kommt "unabhängig vom Vollzug der affirmativen Synthesis der durch das Satzsubjekt bezeichneten Sache" (GW 108 [166]) zu. Somit kann die Urteilssynthesis nur ein Nachvollzug einer schon real gegebenen Synthesis sein. Bejaht wird dabei die Begrenztheit einer ansichseienden Form an einem Konkretum, welches nur möglich ist, wenn die Unbegrenztheit der Form und des Seins als solche *mit*bejaht wird. Ist nun aber das Ansich einer prädizierten Wirklichkeit das esse selbst, weil das Ansich einer Sache ihr Sein selbst ist, so ist "dort...ein Wissen von esse, wo der denkend vollzogenen affirmativen Synthesis eine als immer schon vollzogen antreffbare vorgegeben ist" (GW 110 [167]). So kann Rahner mit Thomas von Aquin behaupten, daß der abstrahierende Vorgriff auf das "esse" selbst geht (GW 109 [166]).

Diese transzendentale Reflexion steht aber vor der Frage, ob das esse bloß ein ideales ist oder *real* unbegrenzt sein muß. Daß der absolute Horizont des esse ein bloß gedachter ist, wird von Rahner deshalb zurückgewiesen, weil in der affirmativen Synthesis ein reales Sein angetroffen wird. Eine reale Setzung erfordert eine reale Voraus-Setzung - eine Argumentation, die schon Maréchal gefordert hat:

> "Das dialektische Moment, das ein reales Endliches als solches erkennen läßt, kann nicht bloß die Idee von Unendlichem sein, sondern ein als wirklich erkanntes Nicht-Begrenztes; denn von einem bloß gedachten Unendlichen auf ein real Unendliches und damit auf ein real Endliches läßt sich nicht schließen. Das Ergreifen des realen Seins ist also die Bedingung der Möglichkeit der Erkenntnis einer Form als solcher."[63]

Rahner bestimmt nun dieses esse folgendermaßen: Das esse "ist der eine verwirklichende Grund vieler Wesensbestimmungen" (GW 123 [184]), der abstrahierende Vorgriff auf das esse ist die Möglichkeit der

---

63 *Eicher*, Wende 270.

Abstraktion einer forma (GW 120 [180]); im esse kommen alle Wesenheiten als Erfüllungen des esse zu einer inneren Einheit (GW 114 [172]). Das esse ist darum die "actualitas omnis formae", "der einheitliche zeugende Grund jeder denkbaren washeitlichen Bestimmung" (GW 126 [187]). Die Gegenstände der Urteile unterscheiden sich darum auch nicht bloß nach der Verschiedenheit der Formen, sondern nach dem esse selbst: "Jedes Urteil ist so gerade eine Kritik des Gegenstandes, eine Schätzung des Maßes des esse, das dem Beurteilten zukommt" (GW 127 [188]). Die Urteilsgegenstände unterscheiden sich nach dem Wirklichsein als solchen, das esse wird analog in ihnen ausgesagt.

Der Vorgriff auf das esse wird nur im Urteil vollzogen (GW 289 [397]). Das Sein ist darum nicht "angeschaut...sondern ist als Bedingung der Möglichkeit der gegenständlichen Erkenntnis des Seienden mitbejaht, das allein der Anschauung vorgestellt ist" (GW 289 [397]). Weil dieses esse als das schlechthin Unbegrenzte bejaht ist, der Vorgriff selbst nicht auf ein Nichts gehen kann noch durch die sinnliche Begrenztheit der Anschauung eingeschränkt ist, weil ansonsten die Begrenztheit des sinnlichen Gegenstandes nicht begriffen werden könnte, so ist das Woraufhin des Vorgriffs das "absolute Sein, Gott" (GW 127 [189]).

Damit ist die Antwort auf die Weite des Vorgriffs gegeben. In einer transzendentalen Analyse hat Rahner gezeigt, daß die Frage nach der Möglichkeitsbedingung der abstrahierenden Tätigkeit, der reditio completa, die implizite Seinserkenntnis voraussetzt. Somit ist in jeder urteilenden und freiheitlichen Handlung ein Wissen um Gott gegeben. Die Weite des Vorgriffs ist das esse absolutum, diese Weite wird aber nie gegenständlich aufgefüllt, nie intuitiv geschaut, sondern kann nur reflexiv erschlossen werden. Darum versteht Rahner diesen Aufweis der Existenz Gottes auch nicht als "apriorischen Gottesbeweis" (GW 129 [190]).

3.1.3.4 Das Wesen des menschlichen Geistes

Die erkenntnismetaphysische Analyse des Urteilsaktes durch Rahner hat als wesentliche Bedingung der Möglichkeit von Gegenstandserkenntnis die apriorische Funktion des Vorgriffs freigelegt. Dieser Vorgriff ist aber nicht bloß eine unter mehreren Funktionen des Geistes, sondern markiert das Wesen des menschlichen Geistes überhaupt. Darum ist er von fundamentaler ontologischer und anthropologischer Bedeutung: Er ist "das Sein schlechthin in Möglichkeit" (GW 203 [284]), die Begierde, das Streben nach dem Sein. Als reine Spontaneität, als intellectus agens ist er das Vermögen der Seinserkenntnis und ist darum auf den ganzen Horizont der Gegenständlichkeit bezogen. Allerdings ist dieses Vermögen nicht in einem "gegenständlichen Apriori"[64], sondern nur in seinem formalen Apriori gegeben. Als denkendes Vermögen kann sich der Geist aber seine

---

64 *Rahner*, Wahrheit 29.

Transzendentalität nochmals vor Augen führen, wodurch die reditio completa und damit Subjektivität erst verwirklicht wird. Oben schon wurde die Frage beantwortet, wie ein sinnlich Angeschautes zum intelligibel Erkennbaren werden kann. Dies kann ergänzt werden: *Wirklich erkannt* wird das vom "intellectus agens" sozusagen aktiv herauspräparierte geistig Erkenn*bare* (das "intelligibile actu") dadurch, daß der Geist dieses - in seiner Funktion als "intellectus possiblilis" (oder besser: "intellectus patibilis") - in sich aufnimmt und so, es wirklich vollziehend, zum "intellectum actu" macht. Darum können die beiden Teilfunktionen des menschlichen Geistes nicht auseinandergerissen werden. Spontane und hinnehmende Erkenntnis machen die anthropologische Eigentümlichkeit des Menschen aus. Beide Fähigkeiten bilden das eine Erkennen:

> "Ist so der intellectus agens das spontane, dynamische Hingerichtetsein des menschlichen Geistes auf das esse schlechthin, das 'quo est omnia facere', so ist der intellectus possibilis als intellectus die Möglichkeit des menschlichen Geistes, in hinnehmender Erkenntnis das esse schlechthin zu umfassen, das 'quo est omnia fieri'. Die empfangende Weite des intellectus possibilis ist dieselbe wie die zugreifende des intellectus agens" (GW 172 [247]).

Als Vermögen des Seins erfaßt der Geist die einzelne Bestimmtheit eines Gegenstandes, die in der Sinnlichkeit gegeben wird, indem er sie unter dem absoluten Horizont des esse erfaßt. Gerade so wird das Sinnliche intelligibel gemacht, d.h. der Geist entbindet im raumzeitlich Gegebenen die metaphysischen Strukturen des Seienden, "das sinnlich Gegebene [partizipiert] am Licht des intellectus agens" (GW 160 [230]), es wird eingeordnet "in den Bereich des Seins überhaupt" (HW 83 [84]). Zugleich aber ist der Geist nicht so sich selbst genügend, daß er ohne sinnlichen Gegenstand zu seiner Aktualität gelangen könnte. Der Geist muß darum Rahner zufolge ontologisch notwendig die Sinnlichkeit aus sich heraus entlassen, und er wird seinsmäßig vom erkannten Seienden bestimmt. In diesem Zusammenhang führt Rahner den Begriff der species intelligiblis ein: Sie ist nicht das intelligible Erkenntnisbild, sondern die Wirklichkeit des Intellekts selbst, "insofern dieser die Sinnlichkeit als seinen empfangenden Grund einschließt" (GW 226 [314]). Die species hat das phantasma eines Gegenstandes gegeben. Sie ist aber auch derart intellektuelle Wirklichkeit, daß sie sich gegen das phantasma abgrenzen kann (GW 226 [316]). Damit ist für Rahner die Notwendigkeit und Ermöglichung der conversio auch nochmals ontologisch nachvollzogen: "Insofern in diesem ersten Sinn der species intelligibilis die conversio ad phantasma innerlich zu ihrem Wesen gehört, diese conversio aber Leistung des intellectus agens ist, ist von selbst gegeben, daß die Tätigkeit des intellectus agens in jedem Fall und dauernd erfordert ist" (GW 226 [316]). Als rein intellektuelle Bestimmung des Geistes aber bedeutet species nichts anderes als "die apriorische Struktur des Geistes selbst" (GW 226 [316]), die das Vermögen des Seins ist und sich je und je zur forma des in der Anschauung sinnlich Gegebenen bestimmt.

3.1.3.5 Wahrheit als Identität von Sein und Erkennen

Die für den Erkenntnisakt konstitutiven Elemente sind nun herausgearbeitet. Der ursprünglich ontologische Ansatz Rahners und die vorweggenommenen Analysen zu seinem Wahrheitsverständnis zeigen sich als der *letzte Möglichkeitsgrund* von Wahrheit. Denn menschliche Wahrheit hat ihren Sinn nicht in einer bloßen Korrespondenz von Verstand und Sache in einem affirmativen Urteil, sondern im formalen Vermögen der Seinserkenntnis. Rahners Reflexionen zur Möglichkeit metaphysischer Erkenntnis definieren nicht einen neuen Wahrheitsbegriff, sondern erörtern die ontologischen Bedingungen wahrer Sätze. Die Voraussetzung dafür, daß jedes Urteil als gelungene Synthesis einer Prädikatsform mit einem an sich seienden Subjekt einen Wahrheitsanspruch darstellt, ist die 'Aus-Formung' des Erkenntnismaterials durch den Verstand: ein Prozeß, der durch die apriorische Struktur des Verstandes bedingt ist. Die Weite der Apriorität - so hat Rahner aufzuweisen versucht - erstreckt sich auf den absoluten Seinshorizont selbst. Diese Voraussetzung wies Rahner durch eine transzendentale Analyse des affirmativen Erkenntnisvollzugs nach. So besteht die Übereinstimmung von intellectus und res in der ontologischen Identität beider: Die Sache ist die Erfüllung des erkennenden Verstandes, so wie der Intellekt die Bestimmung der Sache in ihrem Sein ist. Eben darum aber kommt Wahrheit nicht so sehr der Sache als vielmehr dem Verstand zu. Denn als Erkenntnisprinzip durchformt er aktiv den Gegenstand und weiß um die von ihm hergestellte Übereinstimmung. Nichts anderes hatte Thomas von Aquin gesagt. Er konnte noch problemlos den Zusammenhang von absoluter und partizipierender Wesenserkenntnis denken. Eben diese Möglichkeit wurde wenig später nach ihm im Nominalismus nicht mehr akzeptiert, erst recht nicht mehr in der Philosophie Kants. Darin allerdings sah Rahner im Anschluß an Maréchal die Herausforderung für eine Vermittlung von Transzendentalphilosophie der Neuzeit und scholastischer Philosophie: So wenig konkrete aposteriorische Erkenntnis von den apriorischen Strukturen des Geistes deduziert werden kann, so sehr liegt die Sicherung ihrer Wahrheit in der *metaphysischen* Möglichkeit apriorischer Seinserkenntnis. Der Sinn der Wahrheit hat nach Rahner nur hier seinen Grund, darum verläßt auch Rahner an dieser Stelle die Transzendentalphilosophie Kants. Auf dreifache Weise zeigt er, daß weder gegenständliche Erkenntnis noch die Möglichkeit von Subjektivität, noch die Evidenz eines Urteils ohne den intellectus agens als apriorischen Seinsvorgriff zu denken möglich ist. Für das Urteil als klassischen Ort der Wahrheit gilt darum: "Die Wahrheitssicherung eines beliebigen Urteils, soweit diese nicht auf sinnliche Wahrnehmungsevidenz zurückzuführen ist, geschieht nach Thomas durch Zurückführung auf die ersten Prinzipien."[65] Diese ersten Prinzipien müssen aber in ihrer Evidenz aufgewiesen sein, und zwar so, daß die Evidenz je-

65 *Rahner*, Wahrheit 30.

des Urteils selbst in der Evidenz dieser Prinzipien zu stehen kommt.[66] Sie liegt eben darin, daß diese in jedem Urteilsvollzug affirmiert werden.

> "Die menschliche Evidenz der metaphysischen Sätze gründet also letztlich nicht in einer evident gesehenen Identität der Begriffe untereinander (diese Sätze sind auch für die richtig verstandene thomistische Erkenntnismetaphysik synthetisch-apriori), sondern in der Evidenz des formallogischen Widerspruchs zwischen der Setzung als solcher und der Verneinung ihrer Geltung und ihres Inhaltes."[67]

Für Rahners Wahrheitsverständnis ist darin Bedeutsames ausgesagt: Die Wahrheitsmöglichkeit einer Erkenntnis liegt letztlich nicht im Rekurs auf die erkannte Sache selbst, sondern in der Selbstreflexion auf die apriorischen Erkenntnisprinzipien. Dieser 'idealistischen' Absicherung steht aber dennoch das 'realistische' Kriterium gegenüber, daß "Wahrheit Urteilen über das an sich Seiende"[68] ist. Das Verhältnis von transzendentalontologischer Wahrheitsbegründung und Aussagewahrheit im Urteil wird von Rahner in der Einheit von Sein und Erkennen verankert, so daß die Kantsche Erkenntnisproblematik schon im Ansatz unterlaufen scheint: "Indem der Mensch in jedem Urteil die Geltung seines transzendentalen Apriori und damit die ersten Prinzipien des Seins überhaupt bejaht, bejaht er die grundsätzliche Erkennbarkeit des Seienden überhaupt."[69] Diese Erkennbarkeit, so hat sich gezeigt, ist aufgrund der menschlichen Begrenztheit und Endlichkeit nur diskursiv zu erlangen.[70] Die transzendentale Offenheit des Erkennenden auf das absolute Sein zeigt aber den eigentlichen Sinn von Wahrheit an: Sie ist die Identität von Sein und Erkennen: "Wahre Erkenntnis wird so in ihrem metaphysischen Grunde das fraglose Beisichsein des Seins bei sich selber."[71] Die angesprochene Dualität von Erkennen und Sein ist beim absoluten Sein (Geist) in die Identität von reinem Sein und Denken aufgehoben. Im raumzeitlichen Kontext aber ist niemals reine Identität herzustellen, weil menschliches Erkennen nicht selbst der Seinsgrund allen Seienden ist, sondern immer ein fragenkönnendes und zugleich fragliches Seiendes bleibt. Deshalb ist die Subjekt-Objekt-Differenz des realen Erkennens nicht aufgehoben, wie es oben in der Analyse der Implikationen der ursprünglichen Seinserkenntnis schien, wohl aber besitzt sie im Absolut-Identischen ihren ebenso realen wie idealen Grund.

Erkenntnis- und Urteilsvollzug stehen bei Rahner nicht als isolierte menschliche Vermögen da. Im Gegenteil: sie zeigen am urtümlichsten das Wesen des Menschen an, das seine Subjektivität ist (vgl. HW 69 [72f]). Diese Subjektivität ist aber weder erfaßt, wenn anthropologisch die Leib-

---

66 Ebd. 34.

67 Ebd. 35.

68 Ebd. 37.

69 Ebd.

70 Rahner vermeidet im übrigen, die Erkenntnisproblematik von der Diskursivität des Verstandes her auszuarbeiten, wie es bei Thomas und Maréchal deutlich der Fall ist. Der Grund scheint in der Reflexionsvorgabe des deutschen Idealismus zu liegen, der die Geistproblematik vor die Sprachproblematik setzt.

71 *Rahner*, Wahrheit 38.

lichkeit, Raumzeitlichkeit und Sinnlichkeit des Menschen mißachtet wird, noch wenn die Transzendenz des Geistes verkannt wird. In der Einheit von Konversion und Abstraktion, die die anthropologische Polarität des Menschen erkenntnismetaphysisch widerspiegelt, ist schon die Möglichkeit von Subjektivität erschlossen. Rahner begreift sie strikt im Zirkel des Objektivationsvorgangs zwischen einem Erkennenden und einem Gegenständlichen. Die problematische Konsequenz von Subjektivität als Selbstreflexivität und Seinsbesitz braucht hier nicht erneut aufgezeigt werden.[72] Angedeutet werden soll nur noch der Zusammenhang von Wahrheit und existentieller Bedeutsamkeit.

Jede wahre Erkenntnis ist auch existenziell relevant, weil sowohl die eigene Subjektivität dadurch aktualisiert als auch der Seinshorizont überhaupt eröffnet wird. Je mehr Seinserkenntnis darum eine Erkenntnis mitaussagt, um so mehr kommt der Mensch zu sich selbst, um so existenzieller wird eine Wahrheit für die Subjektivität des Menschen[73]: Wahrheit ist nur dort möglich, wo eine Transzendenz auf Sein vorhanden ist. Deshalb ist Gott "das persönlichst Existentielle und das Metaphysischste zugleich"[74]. An diesen Grundbestand aber kann Rahner problemlos anknüpfen, wenn es um die religionsphilosophische und theologische Frage geht, ob sich solche absolute Wahrheit in ihrem Selbst zeigen kann.

3.2 Das Verständnis von Wahrheit im theologischen Werk Rahners

Die Untersuchung von "Geist in Welt" und "Hörer des Wortes" konnte bisher zeigen, daß Rahner sein Wahrheitsverständnis durch eine originäre transzendentalontologische Erkenntnismetaphysik gewinnt. *Wahrheit* ist im letzten Sinn die *transzendente Einheit von Sein und Erkennen* selbst, sie ist im absoluten Sein strenge Identität mit diesem Sein. Der endliche Erkenntnisvollzug allerdings muß sich diskursiv-urteilend vollziehen, so daß Wahrheit als Übereinstimmung von Sache und Geist immer nur im sprachlich vollzogenen Urteil prädiziert werden kann. Wahr ist für Rahner jene Aussage, die eine korrekte Beziehung des Wissens auf eine an sich seiende Wirklichkeit darstellt. Darüber hinaus erhält der Wahrheitsbegriff insofern transzendentalen Status, als er überhaupt die Möglichkeit von Erkenntnis gewährleistet.

Im folgenden Kapitel wird nun der Frage nachzugehen sein, wie sich Rahners Wahrheitsverständnis innerhalb seines theologischen Werkes weiterentwickelt bzw. verändert hat. Diese Frage stößt methodisch auf ähnliche Schwierigkeiten, wie sie bereits in den philosophischen Schriften Rahners aufgetaucht sind: Rahner entwickelt an keiner Stelle sy-

---

72 Vgl. dazu *Eicher*, Wende.
73 *Rahner*, Wahrheit 38f.
74 Ebd. 40.

stematisch einen theologischen Wahrheitsbegriff, sondern arbeitet immer schon mit einem bestimmten Verständnis, das allerdings in vielen Bereichen wirksam wird. So sind jene Reflexionsorte aufzusuchen, wo Rahner das Wahrheitsproblem artikuliert. Im folgenden wird eine Erörterung der relevanten Aussagen versucht, die sowohl Rahners Problemerfassung gerecht wird als auch die im ersten Teil diskutierten paradigmatischen Krisensituationen, in denen massiv die Frage nach theologischer Wahrheit aufgetreten ist, berücksichtigt. Denn der Sinn dieser Studie zu Rahners Wahrheitsverständnis liegt nicht bloß in einem Rekurs auf jenen herausragenden theologischen Denker, dessen Kreativität so eindrucksvoll war, daß sie tatsächlich in vielerlei Hinsicht befriedigende Antworten auf die fundamentalen Erschütterungen der Theologie im 20. Jahrhundert gefunden hat, sondern auch in der kritischen Anfrage, ob diese Fundamentaltheorie von Theologie für heutige Problemstellungen noch dazu ausreicht, das Wahrheitsproblem adäquat zu formulieren und einer Lösung zuzuführen.

3.2.1 Die Wahrheit der Offenbarung

Die Analyse des Modernismusstreits hat in ihrem Kern das Problem der Geschichtlichkeit von Sprachgestalten freigelegt, die den Anspruch nach absoluter Sinnerfüllung und Wahrheit stellen. Neuzeitlich sich selbst begründendes Denken aber konnte einem solchen - nunmehr heteronomen - Anspruch nicht mehr kritiklos gegenüber stehen. Loisy, Le Roy und Blondel haben versucht, apologetische Lösungen vorzutragen, die sowohl dem Wahrheitsanspruch des Offenbarungsereignisses wie dem genuinen neuzeitlichen Selbstverständnis Rechnung tragen sollten. Während Blondel noch auf die Kraft metaphysischen Denkens baute und eine originelle Synthese phänomenologischen, transzendentalen und ontologischen Denkens in seiner Religionsphilosophie zustande brachte, lehnten die beiden anderen den Versuch, den Wahrheitsanspruch des Christentums in ein metaphysisches Begründungsmodell einzuholen, strikt ab. Um so interessanter allerdings wird die Fragestellung, wie Karl Rahner in der Konfrontation mit denselben Problemen, die die umstrittenen Vorgänger aufgegriffen haben, zurecht kommen wird, wenn doch sein philosophischer Ansatz - zwar transzendental und existentialontologisch gewendet - dem metaphysischen Denken Möglichkeit und Legitimität zurückgewinnen will. Denn soviel dürfte in der vorangegangenen Frage nach dem philosophischen Wahrheitsverständnis Rahners deutlich geworden sein: Sein Wahrheitsbegriff in "Geist in Welt", sosehr er auch bei einem phänomenal erhebbaren Selbstvollzug des Menschen (Erkenntnis) ansetzt, ist ein mit Geschichte noch nicht ausdrücklich vermittelter Begriff. Die Frage nach der Geschichtlichkeit von Erkenntnis lag nicht im Zentrum seiner philosophischen Fragestellung: Die Analyse der transzendentalen Erkenntnisstrukturen will gerade die bleibende, unveränderliche Möglichkeit von sinnlicher und metaphysischer Erkenntnis in Absetzung vom sinnlich beliebigen Material der Erkenntnisgegenstände garantieren. Damit gerät aber der Neuthomismus der Maréchal-Schule in dieselben Aporien wie der schlecht vermittelte Rückgriff der Neuscholastik auf den Thomismus: Es ist gerade das metaphysische Denksystem, das sich dem seiner Geschichte bewußt gewordenen Menschen verschließt, um die geschichtliche Kontinuität einer Denktradition aufrechterhalten zu können.[75] Sowenig sich Rahner dem Problem von Geschichte in seiner Metaphysik stellen mußte, sosehr tritt es in den Vordergrund, in der religionsphilosophischen Studie "Hörer des Wortes", welche die Möglichkeit geschichtlicher Offenbarung aufweisen will. Die Überlegungen Rahners zur Geschichtlichkeit des Menschen und der Offenbarung werden zeigen, daß sie einen systematischen Stellenwert in seinem Wahrheitsdenken haben: "Hörer des Wortes" ist die philosophisch-theologische Aufbruchstelle, die Geschichtlichkeit von Wahrheit zu denken.

Darum wird in einem ersten Fragegang zu erheben sein, wie Rahner das Problem von Geschichte einführt und aus seinem Denkansatz heraus entwickelt (3.2.1.1). Weil aber für Rahner das Denken von Geschichte schon von einem theologischen Erkenntnisinteresse bestimmt ist, nämlich die transzendentalen Möglichkeitsbedingungen einer faktisch ergangenen und für den Menschen wahrnehmbaren Offenbarung im menschlichen Wort zu benennen, muß gefragt werden, welchen Stellenwert menschliche Sprache hat, um Transzendenz zur Darstellung zu bringen (3.2.1.2). Sind diese anthropologischen Grundlagen erhellt, kann Rahners Offenbarungsbegriff selbst erörtert werden. Inwiefern kann absolute Wahrheit von Offenbarung in der menschlichen Geschichte vernommen werden? (3.2.1.3) Erst von da aus, von der Geschichtlichkeit des Menschen und der absoluten Transzendenz her, kann das Problem des geschichtlichen Verstehens von Wahrheit angegangen werden (3.2.2). Damit ergibt sich ein erster Bezug auf die Probleme des Modernismusstreits, werden doch die Themen der Dogmenentwicklung (3.2.2.1), des Sinngehaltes dogmatischer Aussagen (3.2.2.2) und des Stellenwertes und der Funktion des kirchlichen Lehramtes (3.2.2.3) verhandelt. Letzterer Problemkreis trifft sich auch mit der Anfrage Hans Küngs, wobei auf eine explizite Rekonstruktion des doch eher mißlungenen Disputes zwischen Rahner und Küng in Sachen unfehlbares Lehramt verzichtet wird. Ein weiterer Fragenkomplex betrifft die Evidenz des Wandels gesellschaftlicher Bedingungen und Bewußtseinslagen, der technologischen Auswirkungen der modernen Naturwissenschaften, des Pluralismus von Weltanschauungen und Religionen - all das ist an der Substanz des christ-

---

75 Siehe zum Problem Metaphysik und Geschichte: *L. Oeing-Hanhoff*, Metaphysik und Geschichtsphilosophie, in: Gott in Welt. Fs. K. Rahner. Hg. J.B. Metz u.a., Freiburg 1964, Bd.1, 240-268 Allerdings entgeht Oeing-Hanhoff selbst nicht der Gefahr einer metaphysisch gewendeten Geschichtsphilosophie, die einen gefährlichen Schulterschluß mit dem christlichen Offenbarungsdenken eingeht, so daß sich diese drei Größen nicht mehr kritisch vermitteln.

lichen Glaubensgehaltes und der theologischen Theoriebildung nicht spurlos vorübergegangen. Ganz im Gegenteil! Wie aber geht Rahner an diese für Theologie und Kirche neue Problemstellung heran? Trägt sein Wahrheitsbegriff, wie er ihn in innertheologischen Fragestellungen expliziert hat, auch angesichts dieser radikal relativistischen, antimetaphysischen Tendenzen? Oder versucht Rahner gar sein Wahrheitsverständnis auszuweiten auf dialogisch-intersubjektive Komponenten? Wie verteidigt er einen absoluten Wahrheitsanspruch der christlichen Religion, wie lokalisiert er das Verhältnis von Theologie - Philosophie - Naturwissenschaften? Diese Fragen sind Gegenstand von Kapitel 3.2.3, das versucht, kurz und prägnant die Position Rahners darzustellen.

3.2.1.1 Geschichte als Brücke zwischen philosophischer und theologischer Wahrheitsproblematik

Schon die letzten Zeilen von "Geist in Welt" erörtern eine Konsequenz, die zwar in einer erkenntnismetaphysischen Studie auf sich beruhen konnte, sich aber unabweisbar im religionsphilosophisch-theologischen Kontext aufdrängt: Wenn der Mensch Gegenstandserkenntnis und metaphysische Erkenntnis nur durch den nicht trennbaren Vollzug von abstractio und conversio gewinnen kann; wenn dieser Akt des Menschen getragen ist von der apriorischen Weite des Intellekts auf das absolute Sein, nämlich Gott, unter dessen Horizont Seiendes als Seiendes erst erkannt werden kann, dann ist in der Erkenntnis von Welt

> "dieser Gott als jenseits der Welt immer schon verborgen... Ist der Mensch so verstanden, kann er horchen, ob Gott nicht etwa spreche, weil er weiß, daß Gott ist; kann Gott reden, weil er der Unbekannte ist. Und wenn Christentum nicht Idee ewigen, immer gegenwärtigen Geistes ist, sondern Jesus von Nazareth, dann ist des Thomas Metaphysik der Erkenntnis christlich, wenn sie den Menschen zurückruft in das Da und Jetzt seiner endlichen Welt, da auch der Ewige in sie einging, damit der Mensch ihn finde" (GW 296 [407]).

Somit ist die *theologische* Frage nach der Offenbarung die Herausforderung für Rahner, wie die Geschichtlichkeit des Menschen als Wesensmoment gedacht werden kann[76]. Es wäre durchaus lohnenswert, das interessante Verhältnis von Philosophie und Geschichte anzusprechen, hier allerdings muß ein Verweis auf andernorts Geschriebenes genügen.[77]

Soll der Mensch Adressat von Offenbarung sein können, dann muß Rahner zufolge denkerisch nachvollziehbar und begründbar sein, daß der Mensch "potentia oboedientialis für Offenbarung" (HW 9 [15]) ist. Schon bei der Einführung der Fragestellung aber stößt Rahner auf den

---

[76] Eine genuin philosophisch motivierte Vermittlung leistet *Siewerth*. Das Verhältnis von Seinserkenntnis und Geschichte wird aufgrund der fälligen Versöhnung von Scholastik und Deutschem Idealismus reflektiert (Der Thomismus als Identitätssystem, Freiburg 1939, 3).

[77] Vgl. *Eicher*, Wende 388-391; *Mitterstieler*, Glaube 26f.

Widerspruch, der aufbricht, wenn Metaphysik und Geschichte miteinander vermittelt werden sollen: Denn ist nun einmal Offenbarung "wesentlich als geschichtlicher Vorgang" zu verstehen, Religionsphilosophie aber "wesentlich 'überzeitlich', 'übergeschichtlich'..., da sie ja Metaphysik sein soll" (HW 20 [26]), so droht die Gefahr, daß ein religionsphilosophischer Aufweis der Transzendentalität auf Absolutes hin geschichtlich ergehende Offenbarung überflüssig macht. Der menschliche Geist bedürfe keiner conversio ad historiam, weil er in der Analyse der Möglichkeitsbedingungen von Erkenntnis schön dort ist, von wo er Gottes Sein erst empfangen solle. Eine solche Gefahr ist nach Rahner nur unter dreifacher Hinsicht zu vermeiden, und zwar dann, wenn Religionsphilosophie eine radikale wissenschaftstheoretische Selbstbegrenzung[78] durchführt - eben keine Offenbarungsphilosophie sein will, die von sich aus Religion stiftet -, weiters einen Gottesbegriff entwickelt, der Gott "als den freien Unbekannten", schließlich den Menschen in seiner Transzendentalität als "geschichtliches Wesen" erkennt und begreift (HW 22 [27f]). Mit dieser dreifachen Bestimmung von Religionsphilosophie hat Rahner in "Hörer des Wortes" über "Geist in Welt" hinaus aber die Metaphysik selbst spezifiziert. Es geht nicht mehr um die erkenntnismetaphysischen Strukturen von Gegenstandserkenntnis und Wahrheit, sondern um die transzendental-anthropologische Frage, ob der Mensch das Wesen ist, "das in seiner Geschichte Ausschau zu halten hat nach der möglichen Offenbarung des Gottes, der ihm in seiner Metaphysik als der wesentlich Unbekannte erscheint" (HW 23 [29]). P. Eicher hat gezeigt, daß Rahner eine dreifache Ableitung der Geschichtlichkeit des Menschen in seinem Werk versucht: einmal vom absoluten Freiheitsvollzug Gottes gegenüber dem Menschen her; sodann durch eine transzendentale Deduktion von Materialität der Erkenntnis, wobei diese Ableitung die bestimmendere geworden ist; schließlich andeutungsweise vom Freiheitsvollzug des Menschen selbst.[79] Allerdings führt Rahner diese religionsphilosophische Ableitung nicht ohne apologetisches Interesse durch. In "Hörer des Wortes" soll auch die Glaubenspflicht gegenüber einer geschichtlich ergangenen Offenbarung rational begründet werden. Rahner kritisiert zwar das neuscholastisch-positivistische Postulat einer Glaubensverpflichtung göttlich ergangener Wahrheit als Erfüllung des Wesens des Menschen, aber nur hinsichtlich der dogmatischen Begründungsweise. Aber auch er will aufweisen, "daß das Horchen auf einen möglichen Befehl Gottes, der über die Befehlsinhalte hinausgeht, die Gott schon durch die Schöpfung in der 'lex naturalis' promulgiert hat, von vornherein zum Wesen des Menschen gehört" (HW 30 [35]). Dieser Hinweis ist insofern notwendig, als Rahner den Wahrheitsgehalt der Offenbarung je schon mit der autoritativen Ver-

---

78 Diese Selbstbeschränkung der Religionsphilosophie fordert der späte Rahner von der Transzendentalphilosophie überhaupt, weil sie als sich absolut setzende Philosophie "eine 'positive' Offenbarungsreligion in einer Heilsgeschichte, die als solche die Existenz des Menschen, das 'Heil' als Ganzes betrifft, von vornherein unmöglich" (Transzendentaltheologie 988) macht.

79 *Eicher*, Wende 393.

pflichtung verknüpft hat, die er sehr drastisch und sprachlich wie sachlich problematisch noch im Stil der analysis fidei als "Glaubensbefehl Gottes" (HW 30 [35]) bezeichnete.[80]

In der Analyse des Wahrheitsbegriffs Rahners wurde zu Recht vermutet, daß der transzendentalontologische Ansatz der Begründung von Erkenntnis und Wahrheit mittels des spekulativen Prinzips der Einheit von Sein und Erkennen den Anschein eines gegenstandslosen Identitätskonzeptes erweckt. Es zeigte sich allerdings, daß die axiomatische Identität von Beisichsein und Gelichtetheit des Seins die ontologische Voraussetzung für jegliche Erkenntnis eines Seienden überhaupt ist. Sie ersetzt also nicht den Vollzug gegenständlich-sinnlicher Erkenntnis, sondern ist nur deren Möglichkeitsgrund aufgrund der Analogie des Seins. Bemerkenswert ist, daß Rahner diese 'strukturelle Aporie' im religionsphilosophischen Rahmen abgewandelt wieder aufrollt: Die Offenheit des Geistes auf absolutes Sein im apriorischen Erkenntnishorizont darf die Unableitbarkeit und Unergründbarkeit Gottes nicht ersetzen, sondern hat sie vorauszusetzen. Denn gerade die transzendentalontologische Reflexion auf die im Erkenntnisakt angenommene Gelichtetheit und Offenbarkeit des Seins droht in religionsphilosophischer Hinsicht Offenbarung überflüssig zu machen: Ist das Sein dem endlichen Geist schon gelichtet, fällt das Sein in die Selbstmächtigkeit der transzendentalen Offenheit des Menschen (HW 89 [91]). Weil Offenbarung als solche aber nur denkbar ist als absolut freie und unableitbare, führt Rahner auch hier eine transzendentale Deduktion des Wesens des Menschen durch, die die Aporie löst. In einem nochmaligen Rekurs auf die Fraglichkeit des Seins in der Seinserkenntnis eröffnet sich für Rahner die Möglichkeit von Offenbarung in Geschichte. Diese Problematik bezog Rahner natürlich nicht auf die Wahrheitsfrage, dennoch sind mögliche Folgerungen rekonstruierbar: Wenn die Erkenntnisstruktur einzig aus der sich selbst genügenden Transzendentalität abgeleitet ist, dann ist der Mensch selbst letzter Wahrheitsgrund, weil der Geist in seinem apriorischen Vorgriff auf das absolute Sein fraglose Identität ist, in der die Differenz von Verstand und Sache je schon geeint ist. Dann aber braucht sich der Mensch Wahrheit nicht mehr mitteilen zu lassen, sondern er ist schon absolute Wahrheit. Diese Konsequenzen lehnt Rahner aber erkenntnistheoretisch schon in "Geist in Welt", religionsphilosophisch in "Hörer des Wortes"[81] und theologisch in seinen Schriften radikal ab.

---

80 Zur Fragestellung der allgemeinen Glaubenspflicht in "Hörer des Wortes" siehe die kritische Analyse *Eichers* in: Offenbarung 379-382. Vgl. auch Kapitel 2.3.1 dieser Arbeit.

81 Rahner, dem auch der Deutsche Idealismus nicht ganz fremd ist, erkennt an dieser Stelle sehr genau die fatalen Konsequenzen dieser Denklinie. Interessant ist, daß er diese aufgrund seiner Verankerung in der neuscholastischen Fundamentaltheologie und Apologie argumentativ zurückweist: "Offenbarung wäre die Tat des Gottes der Philosophen, der Natur, nicht aber des Gottes Abrahams, Isaaks und Jakobs" (HW 90 [91]). "Es scheint so aus dem Satz der metaphysischen Anthropologie, den wir aufstellten, um überhaupt einen Raum einer möglichen Offenbarung zu haben, zu viel zu folgen, der Satz nämlich, der die Grundidee der Religions-

Mit der Möglichkeit von Offenbarung steht auch die Möglichkeit von Theologie zur Debatte. Rahner fordert daher in der Einleitung von "Hörer des Wortes" eine wissenschaftstheoretische Selbstbescheidung der Religionsphilosophie. Diese ist allerdings nur zu erlangen, wenn die Kontingenz des menschlichen Daseins begriffen wird als personales Verhältnis von absoluter Freiheitssetzung und endlichem Nachvollzug. Die transzendentale Reflexionsweise verbietet nämlich, den Gottesbegriff offenbarungspositivistisch einzuführen. Die absolute Unableitbarkeit Gottes muß sich - *als solche* einsichtig - aus der Reflexion auf die Erkenntnis- und Handlungsstruktur ergeben. Bei diesem Versuch ist bemerkenswert, daß Rahner über "Geist in Welt" hinaus nicht bei der Analyse des Erkenntnisaktes stehen bleibt, sondern auf das freiheitliche Handeln rekurriert. Wir haben schon bei Maréchal gesehen, daß die affirmative Synthesis des Urteilsaktes Möglichkeitsbedingung für wahre Erkenntnis ist, die er zugleich als Affirmation des esse absolutum begriff. Rahner knüpft an diese Grundstruktur an, wenn er fragt, woher die Notwendigkeit, "die Gelichtetheit des Seins überhaupt doch zu bejahen" (HW 104f [106]), stammt und dennoch dem Menschen immer zugleich die Frage nach dem Sein radikal aufgegeben ist. Die Antwort, die Rahner gibt, besteht in der Behauptung, daß der Mensch seine ursprüngliche Geworfenheit und Kontingenz, die sich in der Fraglichkeit des Seins offenbart, immer schon - und zwar als Erkennender und Handelnder - bejaht hat (HW 105 [107]). Denn der Erkenntnisvollzug ist nicht bloß ein Erkennen von etwas, sondern hat noch - wie der Handlungsvollzug - die weitere Struktur eines notwendigen Verhaltens zu sich selbst. Der Mensch muß sich nach Rahner notwendig bejahen, weil die Erkenntnis und das Handeln Affirmation des Endlichen sind. Diese Bejahung tritt mit einer absoluten Notwendigkeit auf (HW 107 [108]) - die Frage ist, wie Kontingentes, Zufälliges, 'Geworfenes' als solche absolute Setzung, die in der Bejahung seiner selbst geschieht, nachvollzogen werden kann. Dieser Nachvollzug, der die Frage nach dem Verhältnis von Grund und Setzung ist, ist für Rahner nur möglich, wenn die absolute Setzung als Ausdruck eines Willens verstanden wird: "Im Grunde des Daseins geschieht also inmitten der ersten Transzendenz auf das Sein die (notwendige) Tat des Willens. Die Eröffnung des Seins für das Dasein ist gewirkt durch den Willen als ein inneres Moment der Erkenntnis selbst" (HW 108 [109]). Weil aber mit diesem willentlichen Moment im Erkenntnisakt zugleich die Offenheit des Seins gegeben ist, darum schließt Rahner, daß die willentliche Bejahung der Geworfenheit "Nachvollzug einer *freien* Absolutsetzung des Nichtnotwendigen" (HW 108 [110]) ist. Die freie Übernahme seiner selbst ist nur dann möglich und einsehbar, wenn Gott als der freie Grund, als der frei den Menschen Setzende verstanden wird. Und damit hat Rahner tran-

---

philosophie des deutschen Idealismus ist, die - unmittelbar gegen den Semirationalismus eines Günther, Hermes und Frohschammer gerichtet - das Vaticanum einmal so formuliert hat: hominem ex seipso ad omnis tandem veri et boni possessionem iugi profectu pertingere posse et debere (Dz. 1808)" (HW 91 [93]).

szendentalontologisch einzulösen versucht, was die Ontologie des Seins als Problem ausgelöst hat: "Er [der Mensch] weiß sein Sein getragen von der *freien* Macht des reinen Seins. Damit ist aber gegeben, daß er dem reinen Sein als dem letzten Horizont seines Vorgriffs nicht gegenübersteht als einem unbeweglichen Ideal, das semper quiescens, seinem Zugriff immer offenstehen müßte, sondern [als] einem freien Selbstmächtigen" (GW 110 [111]). Als frei dem Menschen gegenüberstehend hat sich aber Gottes Wesen nicht schon in der bloßen Setzung des Menschen restlos erschlossen; "seine bisherige Schöpfung darf nicht die Erschöpfung seiner Möglichkeiten sein: Gott muß noch einen freien Raum des freien Handelns diesem seinem Geschöpf gegenüber haben" (HW 111 [113]). Das aber eröffnet den Raum von Geschichte, wenn Gott gegenüber dem Menschen handelt, und darum ist Offenbarung von sich aus geschichtlich.

Die Ableitung der Geschichte aus dem personalen Handeln Gottes gegenüber dem Menschen in einer transzendentalontologischen Analyse hätte nun durchaus die Möglichkeit geboten, die transzendentale Intersubjektivität des Setzungsaktes als Eröffnungsraum für personale Freiheitsgeschichte zu denken. Denn zu Recht ist ja nach Rahner Geschichte nur dort gegeben, wo nicht Naturkausalität herrscht, sondern freies willentliches Handeln: "...in einem ersten, allgemeinen und metaphysischen Sinn ist Geschichte überall dort, wo freie Setzung ist..." (HW 143 [143]). (Schon hier sei aber hingewiesen, daß Rahner in den 60er Jahren auf dem Hintergrund der Debatte um die evolutionäre Werdewirklichkeit der Welt versucht hat, die Geschichtlichkeit personaler Freiheitsgeschichte mit der Selbsttranszendenz biologisch-materialer Seinsstufen, die sich durchaus im Rahmen naturgesetzlicher Bedingungen vollzieht, zu verbinden.[82]) Daß Rahner diesen Ansatz nicht konsequenter aufgreift und stattdessen die Geschichtlichkeit des Menschen nochmals von seiner Sinnlichkeit her ableitet, um damit den Ort anzugeben, auf den der Mensch notwendig verwiesen ist, wenn er Gottes Handeln vernehmen will, liegt an seinem spekulativ-metaphysischen Ansatz, der beinahe ausschließlich aufgrund des *Erkenntnis*paradigmas Freiheit und Geschichte denkt.

Thomas Pröpper ist recht zu geben, wenn er über die Erörterungen Rahners zur Freiheitsthematik zu bedenken gibt, "daß sie Freiheit im wesentlichen nur als weiteren Aspekt der Transzendenz des Menschen betrachten und gegenüber der Erkenntnis- und Urteilsanalyse nachträglich sowie von deren (problematischen) Resultaten abhängig bleiben"[83]. Eo ipso gilt solche Kritik auch von der Begründung der Geschichte. Rahner hätte mit einer radikaleren Geschichts- und Freiheitsreflexion im Kontext des personal-intersubjektiven Handelns nämlich zweierlei gewonnen: Die transzendentale Deduktion der Freiheit des Menschen aus dem notwendigen Vollzug der Daseinsbejahung hätte nicht auf dem problematischen Weg der Erhellung der notwendigen Bejahungsstruktur des Erken-

---

82 Vgl. *Overhage-Rahner*, Problem.

83 *Pröpper*, Erlösungsglaube 130.

nens und Handelns geleistet werden müssen. Das führt, wie Pröpper gezeigt hat, zu Widersprüchlichkeiten im Freiheitsbegriff selbst. Hätte Rahner die Freiheit des Menschen als das Unbegründbare und Unableitbare, das sich jeder objektivierenden Erklärung entzieht, gefaßt und nicht als Möglichkeitsgrund für das notwendige Phänomen einer Affirmation, dann hätte er in der Freiheit selbst das "Formprinzip des menschlichen Geistes und seiner wesentlichen Handlungen (einschließlich des Transzendierenkönnens)"[84] erkennen können. Zum anderen: Geschichte könnte als Ereignisraum intersubjektiven, freien Handelns betrachtet werden, von dem her genauso die Verwiesenheit des Menschen auf ein Hören von Offenbarung in Geschichte einsehbar gemacht werden könnte.[85] Statt dessen zwingt die ontologische Fragestellung und der idealistisch-spekulative Seinsbegriff als Identität von Sein und Erkennen Rahner zur Ableitung von Geschichte aus der sinnlichen Materialität menschlichen Erkenntnisvollzuges, weil das menschliche Beisichsein als Ausdruck von Seinsbesitz nur möglich ist als das gleichzeitige und unaufhebbare Beimandernsein. Rahner will eben zeigen, daß die transzendentale Offenheit des Menschen auf Sein nicht schon erschöpft ist im bloßen transzendentalen Vorgriff auf den absoluten Seinshorizont, sondern noch das Hörenmüssen auf eine mögliche Seinserschließung gegeben ist. Die transzendentale Notwendigkeit, daß der Mensch auf ein sich selbst erschließendes Sein hören muß, verlangt einer religionsphilosophisch gewendeten Ontologie und einer anthropologisch geerdeten Metaphysik die Erkenntnis des besonderen Vollzuges menschlichen Geistes ab, der in der Geschichtlichkeit des Geistes liegt. Somit kreist der letzte Fragebereich von "Hörer des Wortes" um die Forderung: "Es muß also gezeigt werden, daß die Hinwendung zu seiner Geschichte ein inneres Moment der Geistigkeit des Menschen selber ist. Ist dies gelungen, dann hat sich auch gezeigt, daß der Ort einer möglichen Offenbarung Gottes, nämlich die Offenheit des Menschen für alles Sein überhaupt, notwendig auch innerhalb der menschlichen Geschichte liegt" (HW 145 [145]). In dieser nochmaligen transzendentalen Deduktion der ontologischen Seinsverfassung leitet Rahner Geschichtlichkeit - wie Heidegger zuvor schon - aus der Zeitlichkeit ab, trennt sich aber scharf von ihm[86], insofern er den Begriff der Zeitlichkeit nicht aus der existentialen Sorgestruktur des Daseins, sondern aus der thomistischen Seinsmetaphysik gewinnt. Diesem Paradigma zufolge hat das materiell Seiende seine volle Wesensverwirklichung nur aus der "Zukunft seiner inneren Bewegtheit" (HW 164 [162]), also aus der zeitlich gedehnten Vielfalt der Konkretisierungen einer Form - denn aus der unbegrenzten Zahl der Aktualisierungsmöglichkeiten lassen sich nie alle zugleich realisieren: "Die Ganzheit der Verwirklichung der Möglichkeiten eines materiellen Seienden ist nur im Nacheinander der inneren

---

84 Ebd. 133.

85 Vgl. *Krings*, Freiheit.

86 Vgl. *Eicher*, Wende 395: Heidegger lehnt es radikal ab, Geschichte metaphysisch zu denken. Siehe *ders.*, Holzwege, Frankfurt/M. ^{4}1963, 193-247.

Bewegung dieses Seienden verwirklichbar" (HW 164 [162]). Hatte aber Rahner schon in "Geist in Welt" den Menschen als sinnlich-anschauendes, materielles Erkennen definiert, so läuft nun dieser Sachverhalt auf eine nicht unproblematische Ableitung menschlicher Gemeinschaft aufgrund der Wiederholbarkeit der materia des Menschen in vielen Menschen hinaus, weil

> "selbst unter der Annahme, es gäbe faktisch nur einen Menschen, dieser die Hinordnung auf eine mögliche Vielzahl seinesgleichen wesentlich an sich tragen müßte. Und da schon bei der Zeitlichkeit eines materiellen Dinges betont wurde, daß ein einzelnes Materielles nie ganz und auf einmal die immer größere Weite seiner Möglichkeiten verwirklichen kann, die in seiner Materialität schon immer beschlossen liegen, so ist von hier aus auch einzusehen, daß ein einzelner Mensch nie restlos und zumal zur Darstellung bringen könnte, was als Möglichkeit ihm schon auf Grund seines materiellen Wesens als eines solchen zukommt. ... Wenn wir aber sagen: Der Mensch ist wesentlich einer unter vielen seinesgleichen, mit denen er auf Grund seines inneren Wesens zusammen ist in Raum und Zeit, dann sagen wir nichts anders als: Er ist geschichtlich im konkreten Sinne einer *menschlichen* Geschichte" (HW 165f [163-165]).

Somit ist für Rahner erwiesen, daß der Selbstvollzug des Geistes nicht in einer geschichtslosen Apriorität oder Innerlichkeit vermittelt ist, sondern im freien, personalen Handeln zur Transzendenz fähiger Personen.

So problematisch die Ableitungsform selbst eingeschätzt werden kann, so bedeutungsvoll bleibt trotz allem das Ergebnis: Gegen einen extrinsezistischen Offenbarungspositivismus hat Rahner ein für allemal klar gestellt, daß die Geschichtlichkeit der Offenbarung mit der fundamentalen Geschichtlichkeit des Menschen untrennbar verbunden ist und diese Geschichtlichkeit weder der Offenbarung noch dem Menschen äußerlich ist, ein notwendiges Übel ist oder abgestreift werden könnte. Wie Blondel knapp vierzig Jahre vor Rahner in seiner kleinen Schrift "Geschichte und Dogma" gezeigt hatte, daß beides durch transzendental-metaphysische Reflexion vermittelbar ist, so kommt Rahner von seinem Ansatz aus zu einem verblüffend ähnlichen Ergebnis.[87]

Der späte Rahner reflektiert das Problem der Geschichte schließlich nicht mehr so sehr von der Sinnlichkeit und der Kontingenz der Erkenntnis und des Handelns her, sondern vom immer personal vermittelten Selbstvollzug menschlicher Transzendentalität in Freiheit und Verantwortlichkeit: Geschichtlichkeit und Transzendentalität vermitteln sich streng gegenseitig, so aber, "daß die Geschichte gerade im letzten die Geschichte der Transzendentalität ist"[88]. Hat aber die Transzendenz selbst ihre Geschichte und will sich gerade so zur Transzendentalität des Menschen vermitteln, dann kann Rahner sagen: "Geschichte ist im letzten und tiefsten das Ereignis dieser Transzendenz."[89] Gegen eine möglicherweise

---

87 Vgl. dazu: *J. Flamand*, M. Blondel et K. Rahner. Une interprétation convergente des rapports de la nature et de la grâce, in: *ders.*, L'Ideé de médiation chez Maurice Blondel, Louvain 1969, 509-517.

88 *Rahner*, Grundkurs 145.

89 Ebd. 146.

mißverständliche Identifikation von Geschichte und Offenbarung denkt Rahner beide Dimensionen von der Freiheit des Menschen und des Schöpfers aus, so daß Heilsgeschichte sowohl freieste Tat Gottes als auch des Menschen ist. Die jeweilige unableitbare Freiheit verhindert das Vermittlungsmodell eines beidseitig gleichwertigen Synergismus: Gott selbst bleibt der letzte Grund des Freiheitsvollzugs des Menschen. Und ebensowenig ist es möglich, Heils- und Unheilsgeschichte von der menschlichen Urteilskraft her adäquat unterscheiden zu können, weil der Mensch selbst nicht der Grund des Heils ist.

Weitere Aspekte des Rahnerschen Geschichtsbegriffs sind an dieser Stelle nicht weiter zu verfolgen. Der Themenkreis Geschichte-Offenbarung wird in den jeweiligen theologischen Problembereichen dort wieder aufgenommen, wo er zum Verständnis der Wahrheitsfrage nötig ist. Dafür soll auf das alles entscheidende Vermittlungsglied zwischen Geschichte und Offenbarung eingegangen werden, das Rahner in der Repräsentation von Transzendenz durch das Wort gesehen hat.

3.2.1.2 Die Ankunft der Offenbarung in der Sprache

Mit der Freilegung der Geschichtlichkeit sowohl als Handeln des freien Gottes gegenüber seiner Schöpfung als auch als Ereignis freier, personal-kommunikativer Wesensverwirklichung von Menschen ist noch nicht gesagt, womit sich denn absolute Transzendenz im Raum der Geschichte zur Darstellung bringt, wenn sie sich mitteilen will. Sollte sich der absolute Gott dem Menschen in seinem Wesen offenbaren, aber so, daß die Kategorialität und Sinnlichkeit menschlichen Erkennens und Handelns nicht aufgehoben wird, sondern als Voraussetzung aufrechterhalten bleibt, dann muß es ein Medium der Vermittlung geben, das qualifiziert genug ist, Transzendenz in sinnlich-kategorialer Weise symbolisch zu vertreten. Die ontologische Voraussetzung dazu liegt im Umstand, "daß alles Seiende grundsätzlich in eine 'wahre' Rede, in eine Mitteilung, die sich an den Geist wendet, eingehen" kann (HW 66 [70]). Anders nämlich kann ein Seiendes überhaupt nicht verstanden und erkannt werden, als daß es "rational", also kommunikativ mitteilbar ist. Auch dieser Sachverhalt wird von Rahner auf das spekulative Prinzip der Einheit von Sein und Erkennen zurückgeführt, womit die These, daß dieses Prinzip der letzte Möglichkeitsgrund von Wahrheit überhaupt ist, auch für theologisches Wahrheitsverständnis grundlegende Geltung hat. Stünden Erkennen und Sein nicht in einer inneren Identität, so könnte sich Gott dem Menschen nicht mitteilen: "Nur wenn das Sein des Seienden von vornherein 'Logos' ist, kann der fleischgewordene Logos 'im Worte' sagen, was in den Tiefen der Gottheit verborgen liegt. Nur wenn diese Tiefen nicht dunkler Drang und finsterer Urgrund, nicht blinder Wille, sondern ewiges Licht sind, kann das Wort Träger aller Gnade und aller Wirklichkeit sein" (HW 67 [70]). Die innere Entsprechung von absolutem Sein und daseinsmäßigem Seienden ist immer schon ermöglicht durch die Immanenz und Transzendenz des Seins, die der menschlichen Vernunft im Erkenntnisakt erschließbar ist. Die je bleibende Unsagbarkeit des Seins wird aber aussagbar im Modus des Wortes als "eines vertretenden Zeichens des nicht in seinem Selbst Gegebenen" (HW 141 [141]). Offenbarung als "Mitteilungsgeschehen" hat also nach Rahner die grundsätzliche Möglichkeit, sich im menschlichen Wort auszudrücken, weil alles Seiende aufgrund seiner Intelligibilität vom Feld der Erscheinung aus grundsätzlich - wenn auch im Modus der Verneinung - bestimmbar ist. Das zeigt schon an, daß mit dem Rekurs auf die Erkenntnistranszendenz nicht die absolute Transzendenz der Erkenntnis gemeint ist. Wie Rahner nun am Schluß von "Hörer des Wortes" präzisiert, ist das Wort nicht bloß irgendwie stellvertretendes Zeichen, sondern es ist das Realsymbol des Geistes: Als begriffliches Zeichen steht es unmittelbar für diesen selbst (HW 194 [190]).

> Das Wort "stellt einerseits nicht das Seiende in seinem Selbst vor, anderseits hat es durch die Verneinung, die es (und nur es) in sich aufnehmen kann, die Möglichkeit, jedes Seiende auch außerhalb der Erscheinung von der Erscheinung her zu bestimmen. Das menschliche Wort, insofern es immer hinweisend eine Erscheinung in sich trägt, kann daher die Weise der Offenbarung schlechthin jedes Seienden sein. Insofern das menschliche Wort als der Träger eines durch Verneinung gewonnenen Begriffes eines überweltlichen Seienden als von Gott gesprochen gehört wird, kann es dann auch Existenz und innere Möglichkeit eines solchen Seienden offenbaren" (HW 194 [191]).

Gegen den Vorwurf eines objektivistischen Offenbarungsverständnisses bei Rahner, der sich auf diese Textstellen beruft[90] und sich an einem verbalistischen, auf den bloßen Mitteilungsaspekt stützenden Offenbarungsbegriff stößt, muß der konstitutive und sakramentale Zeichen- wie Symbolcharakter des Wortes, der von Rahner schon in seiner Frühperiode deutlich betont wurde, herausgehoben werden. Zu Recht insistiert Mannermaa darauf, daß Rahners Konzeption des Wortes und Begriffes als stellvertretendes Zeichen nicht-empirischer, göttlicher Wirklichkeit nicht ohne seine theologische Gesamtperspektive interpretiert werden darf. Aber selbst dort, wo Rahner aus philosophischer Sicht Reflexionen über das Symbol und das Wort anstellt, artikuliert sich ein nicht-objektivistisches, nicht-gegenständliches Verständnis des Wortes und Begriffes, ja mehr noch: Es läßt sich zeigen, daß Rahner jene drei Grundmomente von Sprechhandlungen systematisch reflektiert, welche

---

90 Vgl. HW^2, 187, Anm. 2, für die J.B. Metz verantwortlich zeichnet: "So ist im obigen Ansatz die faktisch erfolgte, immer schon kategorial vermittelte worthafte Offenbarung vorausgewußt - und zwar gerade so, wie sie sich dem unmittelbaren, 'naiven' Glaubensverständnis darbietet: als Summe von einzelnen, durch Gottes Autorität garantierten Sätzen über Sachverhalte, die der menschlichen Erfahrung im Welthorizont von diesem selbst her unzugänglich sind." Wie *Mannermaa*, Interpretationstradition, gezeigt hat, löste diese Interpretation durch Metz Kritik am Rahnerschen Offenbarungsbegriff aus, wie sie besonders *Simons* (Philosophie) und *Gerken* (Offenbarung) geübt haben. Mannermaa zeigt aber überzeugend, daß diese Kritik nicht aufrechtzuerhalten ist.

die Transzendentalpragmatik im Rückgriff auf die Linguistik mit "Kognitivität", "Normativität" und "Authentizität" bezeichnet hat.

Das Wort ist jene "Leibhaftigkeit, in der das, was wir jetzt erfahren und denken, allererst existiert", ja das Wort ist "der leibhaftige Gedanke"[91]. In transzendentalpragmatischer Reflexion auf die Verwendung von Sprache kritisiert Rahner folglich einen rein instrumentellen Gebrauch von Wort und Sprache: "Das 'Wasser' des Chemikers ist vielmehr ein eingeengtes, technifiziertes Derivat sekundärer Art vom Wasser des Menschen."[92] Solche Nutzworte unterscheiden sich radikal von sogenannten 'Urworten' - in letzteren kommt die personale Dimension menschlicher Geistigkeit ursprünglich zur Darstellung: "Urworte haben (so könnte man es dem Theologen verdeutlichen) immer einen Verbalsinn und einen geistig-geistlichen Sinn, und ohne diesen ist der Verbalsinn selbst nicht mehr das, was eigentlich gemeint ist. Sie sind Worte der unendlichen Grenzüberschreitung, Worte also, an denen selbst auf irgendwelche Weise unser Heil hängt."[93] Solche Urworte sind in Rahners Sprache "unaufhebbare Einheit von Geist und Fleisch, von Transzendenz und Anschauung, von Metaphysik und Geschichte"[94]. In ihnen bleibt der Referenzbezug, den jedes sprachliche Zeichen an sich trägt, nicht äußerlich, sondern hat sachrepräsentative Funktion. Denn das Urwort ist "die Darstellung der Sache selbst"[95]. Nur von daher ist verstehbar, daß Rahner in seiner Frühperiode dem Wort solche Bedeutung zuschreibt, weil das Wort das einzig Weltliche ist, "das zu Gottes eigener Wirklichkeit gehört"[96] und allein es vermag, Gottes Wesen in der immer schon auf Transzendenz aufgebrochenen Immanenz der Erfahrung von Wirklichkeit auszudrücken. Das Wort ist in diesem Sinn niemals "Mittel der Verständigung zwischen Personen über einen den beiden Redenden je für sich schon zugänglichen Gegenstand, sondern Gegenwärtigsetzung der Heilswirklichkeit selbst"[97]. Damit ist weder die radikale Inadäquatheit von Sprache noch deren analoger Charakter in bezug auf Offenbarung aufgehoben. Rahner wird nicht müde zu betonen, daß die Gegenwärtigkeit Gottes "in ihrem eigenen *Selbst nicht* unmittelbar dem Zugriff menschlicher Erfahrung offensteht"[98]. Der streng übernatürlichen Wirk-

---

91 *Rahner*, Priester 350.

92 Ebd. 352.

93 Ebd. 354.

94 Ebd.

95 Ebd.

96 Ebd.

97 *Ders.*, Existenz 292.

98 Ebd. 291. Rahner lehnt aber eine radikal negative Erkenntnis der Wirklichkeit Gottes ab. Die transzendentale Erfahrung des absoluten Seinsgrundes Gottes durch den menschlichen Geist ist nicht das jeder Erkenntnis radikal Unerkennbare, sondern, wie in seiner Philosophie schon ausgewiesen wurde, das "Eröffnende, Ermächtigende für eben den Transzendenzvorgang, dasjenige, das diesen trägt und nicht seine Setzung ist. ... Ein Wirkliches kann ja als ein solches gerade nur in der Erkenntnis begegnen; und eine Aussage über ein Wirkliches als ein grundsätzlich und von vornherein der Erkenntnis Entzogenes ist ein Begriff, der sich selber auf-

lichkeit ist im Wort als Zeichen die einzige Möglichkeit gegeben, menschlicher Erkenntnisfähigkeit gegenwärtig zu werden. In diesem Sinn ist aber das Wort Symbol, in dem sich die Wirklichkeit eines anderen für einen Erkennenden kundtut. Auch wenn Rahner zu einer Theorie und Theologie des Symbols erst später (1959) in ausführlicher Weise Reflexionen angestellt hat, so kann mit N. Schwerdtfeger diese Deutung bestätigt werden, zumal "Rahner schon in seiner frühen theologischen Phase nachweislich zwischen zwei Symbolbegriffen oder etwa zwischen 'Erscheinungsform', 'konstitutivem Zeichen' einerseits und 'nachträglichem Zeichen' anderseits differenziert, die in der späteren Terminologie vornehmlich Real- bzw. Vertretungssymbol heißen"[99]. Im Symbol vermitteln sich die Transzendentalität des Geistes und die Kategorialität sinnlicher Anschauung und Erfahrung. Ja das Symbol ist der *Selbstvollzug* eines Seienden in das andere seiner Wirklichkeit hinein.[100] Wirklichkeit hat somit ontisch und ontologisch Symbolcharakter[101], so wie das Symbol wahrheitsgemäßer Ausdruck des Seins ist: Die Wirklichkeit des Symbols ist "die 'unverborgene' Gestalt der ursprünglichen 'Wahrheit' des Seins" (GW 296 [407]). So korrespondiert aber auch das Symbol mit der Analogie des Seins, wodurch gewahrt bleibt, daß die kategoriale, endliche Darstellung nicht selbst die Absolutheit des Seins ist.

Die Offenbarungstheologie Rahners zielt natürlich auf den Höhepunkt der Selbstmitteilung Gottes im anderen seiner selbst in Jesus Christus. Christologie ist dann nichts anderes als "die höchste Symboltheologie"[102], die den Zugang zum sakramentalen Charakter des Wortes eröffnet. Von der Sakramentalität des Heils aus weist aber Rahner wiederum entschieden einen extrinsezistischen Offenbarungsbegriff zurück:

> "...wenn zwar einerseits das Christentum grundlegend und ursprünglich zunächst nicht Mitteilung von Wahrheiten als wahren Sätzen, sondern das Ereignis des menschgewordenen, gekreuzigten und auferstandenen Sohnes des Vaters ist, und wenn aber doch anderseits gerade zu dieser ursprünglichen Wirklichkeit als Heilswirklichkeit für uns im Raum unseres Daseins das Wort als inneres Element gehört, dann bedeutet dies, daß das Wort in seinem ersten christlichen Ansatz sakramental ist: nicht Wort 'über' etwas ist, sondern das Zeichen, unter dem der Heilswille Gottes in Christus inmitten unserer Geschichte für uns selbst erst gegenwärtig setzt"[103].

"Sakramental" im Sinne Rahners darf "alle übernatürliche, geschichtlich geschehende und so nur im *Zeichen* für uns gegenwärtige Heilswirklichkeit Gottes genannt werden"[104].

---

hebt. Die prinzipielle Unerfahrbarkeit als ausgesagte und behauptete rückt selber schon dieses sogenannte absolut Unerfahrbare in den Raum der Erkenntnis ein" (Grundkurs 75).

99 *Schwerdtfeger*, Gnade 230.

100 *Rahner*, Theologie des Symbols 290.

101 SzTh IV 286.

102 Ebd. 292.

103 *Rahner*, Pfarrer 292f.

104 SzTh III 292.

Mit der Sakramentalität des Wortes hat Rahner aber noch eine weitere, in der Sprachpragmatik höchst entscheidende Dimension von Sprache benannt, nämlich die *Wirksamkeit* sprachlicher Äußerungen. In seiner einfachen Beschreibung des Wesens des Wortes stößt er (ein Jahr vor den Veröffentlichungen Austins!) 'intuitiv' (besser gesagt: durch die klassische Sakramententheologie angeleitet) auf die illokutionäre und perlokutionäre Funktion von Sprechhandlungen, wenn er meint, daß jedes Wort, das in einer Sprechsituation an einen Hörer gerichtet wird und einen legitimen Wahrheitsanspruch stellt, "von sich selbst aus eine *Kraft* bei sich [trägt], die in die Richtung ihres Verständnisses und ihrer Annahme *wirkt*"[105]. Natürlich ging es Rahner nicht um eine Sprachtheorie um ihrer selbst willen. Aber sein nichtkognitiver Ansatz ermöglichte es ihm, diesen Sachverhalt wahrzunehmen. Seine Intention war, die Heilswirklichkeit Gottes in ihrer Wirksamkeit herauszustreichen. Aber auch jede Analyse des Wirksamkeitsaspektes von Sprache, wie er in heutiger transzendentalpragmatischer Sprachphilosophie 'entdeckt' wurde, erweist, daß Performativität geradezu eine zentrale Grundeigenschaft der mythischen, rituellen oder religiösen Sprache ist.[106] Denn in keinem anderen Bereich menschlicher Sprechhandlungen stellt sich so dringend die Frage nach der Wirksamkeit und Gegenwärtigkeit von Transzendenz wie in religiösen Sprechakten. Zeigt also das "natürliche Wort" schon seine illokutionäre Kraft an, so erst recht Gottes Wort, "das in der Art seines Ergehens, seines Inhaltes und vor allem durch die notwendig und immer begleitende innere Gnade, die selbst ein Moment an der Offenbarung als solcher ist, seine eigene Aufnahme miterwirkt"[107]. Im wichtigen Aufsatz "Wort und Eucharistie" (1960)[108] fragt Rahner nach dem genauen Verhältnis von Wort und Sakrament und bedauert nachdrücklich die doktrinäre Einengung des Wortes auf das bloße "*Lehr*wort", dessen Wahrheits- und Geltungsanspruch nur über formale Lehrautorität gesichert werden soll, weil es die Dimension verloren hat, die Wirklichkeit selbst in ihrem Ankommen und ihrer Gegenwärtigkeit anzusagen. Das doktrinäre Lehrwort hat damit ein ebenso äußerliches Verhältnis zur bezeichneten Wirklichkeit wie das naturwissenschaftliche Nutzwort. Hier ist nochmals an die falsche Kritik Simons und Gerkens zu erinnern, denn in diesem Aufsatz zum Verhältnis von Wort und Eucharistie weist Rahner selbst ein schultheologisches Offenbarungsverständnis zurück, das Offenbarung in "rein lehrhafter Art von Sätzen und nicht als ereignishafte Tatoffenbarung be-

---

105 *Rahner*, Praeambula 296 (Hervorhebungen F.G.).

106 Im übrigen beziehen sich Austin und Searle explizit auf religiöse und sakramentale (rituelle) Sprechhandlungen, wenn auch in säkularisierter Form, wie z.B.: "Ich taufe dieses Schiff auf den Namen 'Queen Elizabeth'" (*Austin*, Theorie 28f). Übrigens bestätigt *J. Habermas* in seiner "Theorie des kommunikativen Handelns" (II 118-181) ausdrücklich den Zusammenhang von sakraler Bindungskraft und den illokutionären Kräften von Sprechakten, die die Möglichkeit zu einem an Geltungsansprüchen orientierten Verhalten eröffnen.

107 KTW 296.

108 SzTh IV 313-355.

trachtet, in der Gott am Menschen schöpferisch und begnadend handelt und darin und dafür sein Wort sagt als inneres Moment an dieser Tat am Menschen oder in der (biblischer gesagt) diese Handlung Wort ist, weil Gottes Wort wesentlich wirkt, was es sagt"[109]. Sosehr Rahner den Mitteilungsaspekt von Offenbarung betont, sosehr streicht er zugleich den soteriologischen Handlungs- und Ereignischarakter heraus. Zielt der erste Aspekt auf den kognitiven Bereich, so zielt der zweite auf den normativen: Wort Gottes ist als soteriologische Größe zu verstehen.[110] Eben darin aber ist es Sakrament, weil es das heilskräftige Wort ist, "das an sich mitbringt, was es aussagt, ist selbst also Heilsereignis, das (in seinem äußeren, geschichtlichen und sozialen Moment) anzeigt, was in ihm und unter ihm geschieht... Es ist die Gegenwärtigung der Gnade Gottes"[111]. Ist das Sakrament verdichtete symbolisch-sprachliche Handlung, so ist dessen Wirksamkeit nur möglich, wenn das Symbol authentische Vermittlung personaler Wirklichkeit ist. Daß der Kern des Sakraments aber die Gnade als die *Selbst*mitteilung Gottes ist, bestätigt, daß Rahner hierin einen dritten Aspekt implizit angesprochen hat, der zum Grundbestand einer mehrdimensionalen Sprachtheorie, wie sie seit Bühler explizit erforscht wird, gehört: nämlich die Authentizität des Sprechers als transparente Offenheit seines Wesens im Medium des Sprechaktes.

Wir sind in den folgenden Überlegungen schon weit zu den theologischen Fundamenten Rahners vorgestoßen. Der Ausgangspunkt war die Frage nach der Geschichtlichkeit einer möglicherweise ergehenden Offenbarung und die Frage nach dem Modus der 'Erscheinung' von Offenbarung in der Raumzeitlichkeit von Menschen. Die transzendentalontologische Fragestellung Rahners richtet sich auf die 'natürlichen' Möglichkeitsbedingungen, eine Offenbarung Gottes vernehmen zu können. Dabei spielt das "Wort" eine besondere Rolle: Es ist das kategoriale Zeichen der ontologischen Offenheit des menschlichen Geistes auf absolute Transzendenz hin und darum Realsymbol des Geistes selbst. Es ist wesentlich "mitkonstitutiv" für eine "kategorialgeschichtliche Gegenwärtigkeit und das 'Ankommen bei uns' des Wortes Gottes"[112]. In diesem Zusammenhang fordert Rahner sogar eine für die Theologie notwendige Philosophie der Sprache, die in der katholischen Theologie noch nicht existiere.[113] Schließlich erhält das Wort in der Theologie Rahners die Funktion der Mitteilung und Vermittlung von Gottes Wirklichkeit selbst. In Jesus Christus kommt die höchste Einheit von menschlichem und göttlichem Wort als Selbstzusage Gottes zustande.

Damit ist der Rahmen einer religionsphilosophisch-metaphysischen Aussagemöglichkeit bereits überschritten und Theologie getrieben worden. Deshalb muß jetzt reflexiv nachgeholt werden, was in der Darstellung der Bedeutung des Wortes in Rahners Theologie schon vorausge-

---

109 Ebd. 316.
110 Ebd.
111 Ebd. 321.
112 Wort Gottes 212.
113 Ebd. 212f.

setzt wurde, daß nämlich Offenbarung ergangen ist. Das bedeutet einen Wechsel der Frage nach den Möglichkeitsbedingungen, weil sich theologisch unabdingbar das Problem der anthropologischen Konstitution für das Hören des Wortes stellt, insofern der Akt des Hörens selbst nochmals von Gott getragen und ermöglicht sein muß. So ist die oben betonte Sakramentalität des Wortes eben nur deshalb gegeben, weil das Wort als Gottes Selbstmitteilung "im theologischen Verstand etwas anderes...als die 'natürliche' Offenbarung Gottes"[114] im apriorischen Horizont des negativen und affirmativen Erkenntnis- und Handlungsvollzuges ist.

Im nächsten Reflexionsgang kommt in aller notwendigen Kürze Rahners Offenbarungsbegriff zur Sprache, von dem jede Untersuchung des Rahnerschen Wahrheitsverständnisses ebenso notwendig auszugehen hat wie von seiner onto(theo)logischen Philosophie.

3.2.1.3 Bedingungen der Annahme der Offenbarung

An den Anfang der folgenden Überlegungen sei ein längeres Zitat von A. Darlap gestellt:

> "Eine Auffassung, die Heilsgeschichte überhaupt und besonders die Offenbarungs- und Heilsgeschichte des AT und NT (u.U. im Rückgriff auf eine biblizistische Schriftauslegung) als unvermittelt 'von außen' kommende Reihe von Eingriffen Gottes versteht, der die Menschen anredet und ihnen vermittels Propheten oder anderer Mittlerpersonen übernatürliche Erkenntnisse bzw. Wahrheiten und sittliche Imperative in menschlichen Sätzen mitteilt, die Offenbarungs- und Heilsgeschichte also auf ein rein kategoriales Geschehen extrinsezistisch verkürzt (auch wenn die Notwendigkeit der Glaubensgnade für die heilshafte Annahme der kategorialen Offenbarung durch den Glauben freilich immer mitgewußt und mitgesagt wird), die jedoch die konstitutive Funktion der inneren göttlichen Gnade (des Pneumas) mit der ihr eigenen Dynamik für Heil und Offenbarung selbst nicht in gleicher fundamentaler Weise berücksichtigt, übersieht, daß die Offenbarungs und Heilsgeschichte des AT und NT, sosehr sie selbst authentisches Zeugnis über dieses Pneuma-Geschehen ist, doch auch und gerade als Auslegung dieses Geschehens selbst Teil dieses Pneuma-Geschehens ist."[115]

Mit diesem einen Satz hat A. Darlap das Problem getroffen, das die theologiegeschichtliche Situation seit der Modernismuskrise kennzeichnete, und er hat auch bereits einen Vorschlag artikuliert, der ohne die theologischen Bemühungen Karl Rahners zum Problem des Offenbarungsbegriffes nicht verstanden werden kann. Rahner hat für die katholische Theologie paradigmatisch die Frage der Offenbarung mit der Frage des Subjekts verbunden, Subjekt und Offenbarung aber mit einer neuformulierten Gnadentheologie, die der Angelpunkt der Rahnerschen Theologie ist, durchdacht und miteinander verflochten. Insofern kann die Frage nach Rahners Offenbarungsbegriff nicht verstanden werden, ohne die bis in die Frühperiode zurückreichenden gnadentheologischen Vorschlä-

---

[114] Ebd. 210f.

[115] *Darlap*, Heilsgeschichte 647f.

ge aufzugreifen.[116] Wie Rahner selbst sagt, gehört die Gnade nicht "nur zum Kern der Offenbarungs- und Heilswirklichkeit..., sondern [ist] dieser Kern"[117].

Die folgenden Überlegungen entfalten Rahners Gnaden- und Offenbarungstheologie in drei Schritten. Geklärt wird zunächst Rahners Begriff des "übernatürlichen Existentials", der in der Natur-Gnade-Diskussion eine wichtige Rolle spielt, sowie Rahners Versuch, Gnade als transzendentale Bewußtseinsdisposition des Menschen zu begreifen (1). Daran anschließend kann genauer nach Rahners Offenbarungsverständnis gefragt werden, insbesondere wie sich transzendentale und kategoriale Offenbarung zueinander verhalten (2). In einem letzten Reflexionsgang soll zurückgefragt werden, ob Rahner durch seine Offenbarungstheologie sein bisheriges Wahrheitsverständnis konkretisiert bzw. zu korrigieren beginnt (3).

1) In "Hörer des Wortes" verwendet Rahner noch das Konzept einer 'natürlichen Religionsphilosophie', um das Hörenkönnen und Hörenmüssen einer Offenbarung (potentia oboedentialis), die jedoch in ihrer Faktizität absolut unbegründbar wäre, aufzuweisen, und zwar durch die Analyse der Geisttranszendenz menschlicher Natur[118]. Durch sie gelangt er zu einer metaphysischen Gotteserkenntnis, in der sich Gott als der freie Unbekannte und personale Urgrund der Welt erschließt. Darum bleibt Gott als absolutes Sein und als apriorischer Horizont von Erkennen und Handeln der Namenlose. Die gesuchte ontologische Konstitution des auf Gottes Wort Horchenden zieht keine Vorentscheidung hinsichtlich einer möglichen Rede Gottes nach sich. Der fundamental-existenzielle Akt des Hörens hat ebenso mit dem Schweigen Gottes zu rechnen: "Gottes Selbsterschließung [bleibt] in jeder Hinsicht unberechenbare und ungeschuldete Gnade" (HW 221 [213]). Wenn sich aber Gott offenbart, offenbart er sich im Wort - womit Rahner die klassisch scholastische Unterteilung einer natürlichen und einer übernatürlichen Offenbarung übernahm.

---

116 Vgl. dazu die hervorragende Arbeit von *Schwerdtfeger*, Gnade. Im Anschluß an *Mannermaa* weist er Rahners Gnadenvorlesung (erstmals 1937/38; diese Vorlesung war noch weitgehend dem traditionellen Gnadentraktat verpflichtet, zeigte aber bereits einen grundsätzlichen Neuansatz; Schwerdtfeger orientiert sich an der 5. Auflage von De gratia Christi. Summa praelectionum in usum privatum auditorum ordinata, Innsbruck 51959/60), die bisher in der Forschung unbeachtet blieb, als theologische Grundlage für die Interpretation des Konzepts des "anonymen Christen" aus. Von daher kann Schwerdtfeger zeigen, daß Rahners Theologie als strikte Gnadentheologie interpretiert werden muß.

117 SzTh VIII 53. Vgl. auch MySal II 410.

118 "Hörer des Wortes" versteht sich als Religionsphilosophie, die "das vom Menschen her erreichbare Wissen um das rechte Verhältnis des Menschen zu Gott, zum Absoluten" (HW 15 [20]) auslotet. Als Begründung der Theologie ist sie nicht Reflexion auf das Wort Gottes selbst, was im eigentlichen Sinne Theologie wäre, sondern zielt nur "auf die apriorische Möglichkeit des Hörenkönnens einer möglicherweise ergehenden Offenbarung Gottes" (ebd. 17 [22]). Der Weg geht also "von dem natürlich erkennenden Menschen...zu einer Analytik der Möglichkeit, die Offenbarung Gottes zu vernehmen" (ebd. 18f). Vgl. auch: *Eicher*, Offenbarung 357f.

Vielfach wurde angenommen, daß Rahners Offenbarungsbegriff erst gegen Ende der vierziger Jahre, also mit der Debatte um die "Nouvelle Théologie", deren Anliegen eine Neufassung des Natur-Gnade-Verhältnisses und deren bekanntester Proponent Henri de Lubac[119] war, eine entscheidende Veränderung erfuhr, insofern Rahner den Begriff des "übernatürlichen Existentials" als Problemlösung einführte.[120] Demgegenüber hat jedoch N. Schwerdtfeger gezeigt, "daß Rahner schon lange vor der Natur-Gnade-Kontroverse die These vom übernatürlichen Existential vertreten hat"[121]. Diese zeige sich schon an Rahners Überlegungen zum allgemeinen Heilswillen im Gnadentraktat in den dreißiger (!) Jahren wie in einigen Aufsätzen der frühen vierziger Jahre. Als wichtigste Quelle wird der Aufsatz "Priesterliche Existenz"[122] herangezogen, der eine extrinsezistische übernatürliche Wortoffenbarung zurückweist[123] und begrifflich und sachlich Offenbarung vom Begriff der übernatürlichen existentialen Hinordnung des menschlichen Bewußtseins her interpretiert. Diese Hinordnung zeigt sich zunächst daran, daß das Offenbarungswort nicht eine Erweiterung des Wissens als bloß kategorial wissenswerter Gegenstand ist, sondern zu einer "Art 'Selbstverständnis', d.h. zu einem Wissen über die gnadenhaft geschaffenen Tiefen unserer tatsächlichen Existenz"[124] führt. Glaubensverkündigung wendet sich also schon an einen Menschen, "der seinshaft existential - was nicht gleich ist mit 'existentiell *übernommen* habend'"[125] - im Raum der Gnade steht. So ist es möglich, daß Rahner im Anschluß daran behaupten kann, die christliche Glaubensbotschaft, die im Wort der Predigt verkündet wird, bringe "nicht eigentlich etwas Neues und Fremdes an den Menschen heran, das bisher außerhalb der Sphäre seiner menschlichen Begriffe und Symbole lag"[126], sondern sei die Explikation der begnadeten Tiefe des Daseins. Hat Rahner zuvor ein veräußerlichtes satzhaftes Offenbarungsverständnis zurückgewiesen, so weist er nun mit derselben Entschiedenheit eine von ihm als "modernistisch" bezeichnete Auffassung in die Schranken,

> "diese übernatürlichen Tiefen seines Seins [seien] auch ohne das von außen kommende, immer schon menschlich begriffliche Wort der gehorsamfordernden Offenbarung durch eine bloß reflexe 'Ausdehnung' seines religiösen Erlebnisses...[zu] haben. Der innerst übernatürliche existentiale Bereich des Menschen bezeugt sich für die in Sätzen aussagbare, gegenständliche Reflexion des Menschen nicht von sich selbst allein her im Erlebnis des Menschen - das wäre eine modernistische Irr-

119 *H. de Lubac*, Surnaturel. Études historiques, Paris 1946.

120 Vgl. *H. Mühlen*, Gnadenlehre 168; *Heijden*, Rahner 20f: *Eicher*, Offenbarung 293. Letztere gehen von der Auffassung aus, daß Rahner im Zuge dieser Diskussion den Begriff des "übernatürlichen Existentials" mit der Gnade selbst identifiziert habe.

121 *Schwerdtfeger*, Gnade 166.

122 Zuerst erschienen in: ZAM 17 (1942) 155-171 = SzTh III (1956) 285-312.

123 "Seine Offenbarung ist ursprünglich nicht Mitteilung von wahren Sätzen, die vielleicht sonst nicht gedacht würden, sondern Selbstoffenbarung seines eigenen Seins, durch die er selbst erst der Christus für uns wird" (SzTh III 292).

124 SzTh III 299.

125 Ebd. 300.

126 Ebd.

lehre, die im Letzten die übernatürliche Tiefe dieses Bereichs unterschätzt -, sondern wird nur als vorhanden eindeutig im gesprochenen Wort der Offenbarung aussagbar bezeugt."[127]

Schließlich betont Rahner gegen die Auffassung eines individualistisch verstandenen Offenbarungsvorganges, der sich allein in der Geist-Seele des Menschen abspielt, den allgemeinen Heilswillen Gottes in Christus, mit dem "grundsätzlich immer schon 'Kirche' gesetzt, weil immer schon bleibende Gnade (Geist) und ein bleibendes, sichtbares (geschichtliches) Medium dieses Geistes im Raum der Geschichte der Menschheit vorhanden ist"[128]. Der Begriff des übernatürlichen Existentials gehört also zum anfänglichen Grundbestand der Theologie Rahners. Im Gnadentraktat wird deutlich, daß dieser Begriff nicht bloß formaltheologisch verwendet wird wie in den bekannten Aufsätzen zum Natur-Gnade-Komplex, sondern "letztlich trinitarisch strukturiert ist. Dabei erschließt sich der Zugang zum trinitarischen Gott allein im Mittler *Jesus Christus*, den *Gott* mit *Heiligem Geist* und Kraft gesalbt hat (Apg 10, 38)"[129].

Tatsächlich hat Rahner begrifflich und systematisch schon bearbeitet, was die französischen Theologen neu in die Diskussion einbrachten: Weil der Mensch wesenhaft auf Gott hingerichtet ist, muß ein gnadentheologisches Stockwerkmodell, wie es die Schultheologie und Homiletik und Katechetik verbreitet haben, strikt abgelehnt werden. Rahner unterscheidet sich aber von der "Nouvelle Théologie" darin, daß er die Hinordnung nicht in einem desiderium naturale gründen läßt, sondern dieses Verlangen selbst schon als übernatürliche Anlage interpretiert. Wie der berühmte Aufsatz von 1950[130] erörtert, geht es um eine kritische Analyse des Naturbegriffs, der von einer Onto-Theologie her einer Revision unterzogen wird. Ist nämlich der Mensch ontologisch schon der Hörer des Wortes kraft der transzendentalen Offenheit der Geistnatur, theologisch aber Ereignis einer übernatürlichen Gabe, insofern er Gottes teilhaft wird, "dann ist die Welt und der Mensch eo ipso immer und überall innerlich in seiner Struktur anders, als er wäre, wenn er dieses Ziel nicht hätte, anders also auch schon, bevor er dieses Ziel teilweise (Gnade, die rechtfertigt) oder ganz (Gottesschau) erreicht hat"[131]. Ist nun die ungeschaffene Gnade Gott selbst und soll der Mensch zuinnerst auf Gott hingeordnet sein, muß geklärt sein, ob diese *Finalität* auf Gnade als ein "Konstitutiv seiner 'Natur' "[132] begriffen werden kann - denn eben darauf lief die problematische Position der Nouvelle Théologie hinaus. Um solchen Stricken der gnadentheologischen Konsequenzen der Nouvelle Théologie zu entgehen, welche die Ungeschuldetheit der Gnade aufheben, behauptet Rahner, daß die *Schau Gottes* das *übernatürliche* Ziel des Menschen ausmacht und auch die *Anlage* dazu Geschenk der Gnade ist.

---

127 Ebd.
128 Ebd. 294.
129 *Schwerdtfeger*, Gnade 187.
130 "Über das Verhältnis von Natur und Gnade, in: SzTh I (1954) 323-345.
131 SzTh I 329.
132 Ebd.

Die reine Gratuität der Gnade wird erst dann genügend erhellt, wenn genauer gefragt wird, wie Rahner die Begnadung des Menschen auffaßt. Der entscheidende Gedanke ist, daß die Ungeschuldetheit und Übernatürlichkeit von der quasi-formalursächlichen Selbstmitteilung Gottes ausgesagt werden.[133] Der Sachgehalt dieses Begriffs soll im folgenden erläutert werden.

Rahner hat zunächst den Begriff der ungeschaffenen Gnade durch den Begriff der Selbstmitteilung Gottes erklärt[134], weil dieser ausdrucksstärker ist und pastoraltheologischen Anliegen mehr entspricht; er kommt aber vor allem Rahners anthropologischer Bestimmung des Menschen als Frage nach dem Sein entgegen. Selbstmitteilung Gottes heißt, daß Gott selbst die Erfüllung des menschlichen Wesens bis in die Personmitte hinein und nicht bloß auf akzidentell hinzukommende Weise ist. Nun stellt sich die Frage: Wie ist eine solche Mitteilung im menschlichen Bewußtsein zu denken? Ist aus der Offenbarung erkennbar, daß die visio beatifica das Ziel des Menschen ist, dann gilt es zu klären, wie die Selbstoffenbarung des dreifaltigen Gottes schon jetzt, in statu viae, etwa zu denken ist. Für die Lösung dieses Problems wird der Begriff der quasi-formalen Ursächlichkeit relevant: Er soll gewährleisten, daß diese Mitteilung nicht durch einen menschlichen Akt konstituiert wird. Dabei greift Rahner auf einen Gedanken der Metaphysik des Thomas zurück, der bereits in "Geist in Welt" zur Sprache kam: Will der Mensch in der visio Gott schauen, dann verleiht Gott dem vollendeten menschlichen Bewußtsein eine species impressa, die Gottes eigenes Wesen ist[135]. Nun hat Rahner eben in "Geist in Welt" "species" nicht im üblichen thomistischen Sinn als intentionales Bild eines Gegenstandes interpretiert, "sondern als...ontologischen Grund dafür, daß der Erkennende sich selbst erkennt: species ist so im strengsten Sinn die apriorische Struktur der Erkenntnisfähigkeit selbst"[136]. Gegenstandserkenntnis z.B. ist eben darum möglich, weil der Mensch *seinshaft* aufgrund der *Sinnlichkeit* mit der Welt geeint ist und weil er zugleich *analog* auf absolutes Sein ausgreifen kann. Ist Erkenntnis eines anderen Seienden darum möglich, weil logisch vor jeder aktuellen Erkenntnis bereits die ontologische Angleichung erfolgt ist, so ist nun dieses Prinzip auf das Verhältnis von Selbstmitteilung Gottes und menschlicher Empfänglichkeit für dieselbe anzuwenden. Die ungeschaffene Gnade ist "der gleichartige, jetzt schon gegebene, wenn auch noch verborgene und zu entfaltende Anfang jener *in formaler Ursächlichkeit* geschehenden *Mitteilung* des göttlichen Seins an den geschaffenen Geist, die die *ontologische Voraussetzung* der visio ist"[137]. Diese Mitteilung ist nichts anderes als die höchste Einigung zweier radikal verschiedener Seiender: Gott ist die liebende Gabe an den Menschen. Diese Selbst-Gabe kann nicht als effiziente Kausalität, als Wirkursächlichkeit bestimmt werden,

---

133 *Heijden*, Rahner 3-19; *Schwerdtfeger*, Gnade 128-134.
134 Vgl. *Heijden*, Rahner 6-9.
135 Vgl. SzTh I 355; GW 100.
136 *Schwerdtfeger*, Gnade 129.
137 *Rahner*, Begrifflichkeit 363.

sondern ist als eine Art Formalursächlichkeit zu begreifen. Ist bei der effizienten Ursächlichkeit das Bewirkte vom Wirkenden immer unterschieden, so ist die Formalursache ein inneres ontologisches Prinzip, das die seinshafte Einheit mit dem von ihm 'Geformten' ausdrückt. Vor das Adjektiv "formal" setzt aber Rahner noch das Adverb "quasi" hinzu, um die absolute Transzendenz des sich selbst mitteilenden Gottes und zugleich die eigene Identität des von ihm ('quasi-überformten') Menschen zu wahren. Mit diesem höchst komplexen Begriffsverhältnis hat somit Rahner versucht, das Grunddatum christlicher Botschaft theologisch nachzuvollziehen: "Gott ist in dem, was wir Gnade und unmittelbare Anschauung Gottes nennen, wirklich ein inneres konstitutives Prinzip des Menschen als des im Heil und in der Vollendung befindlichen."[138]

Von diesen Überlegungen aus ist nun verständlich, warum Rahner die Kongenialität des menschlichen Wesens für den Empfang der Liebe Gottes als frei geschenkte und somit als ungeschuldete verstanden hat: "weil das Verlangen und die Hinordnung auf die Liebe Gottes, das Existential für die übernatürliche Gnade, nur dann die Gnade ungeschuldet Gnade sein läßt, wenn es selbst ungeschuldet ist und im Augenblick, da es erfüllt von der Gnade selbst wird, *als* übernatürlich, d.h. als dem realen Menschen ungeschuldet aufleuchtet"[139]. Damit aber hat Rahner zwei grundsätzliche Revisionen im Gnadenverständnis vorgenommen: Von seinem anthropologischen Ansatz aus hat er gezeigt, daß Gnade nicht als etwas rein Bewußtseinsjenseitiges dem glaubenden und gerechtfertigten Subjekt zukommt, sondern uns Menschen durchaus bewußt ist, auch wenn wir - ohne Offenbarung - von ihr nicht *als* solcher, als übernatürlicher Gnade wüßten. Der allgemeine Heilswille Gottes bezeugt uns, daß Gott sich selbst jedem Menschen anbietet. Diese angebotene "Gnade überformt nicht nur unser Wesen, sondern auch unsere Existenz"[140]; alles geistige und sittliche Leben vollzieht sich je schon "im Raum des Heilswillens Gottes, seiner vorgegebenen Gnade, seines wirksam werdenden Anrufs, was alles auch ein Moment und anonymes (wenn es nicht durch die Glaubensbotschaft von außen gedeutet wird) Datum unseres bewußten Daseinsraums ist"[141]. Und zweitens wird nun klar, warum Rahner behaupten kann, Natur sei von der Theologie her betrachtet ein bloßer "Restbegriff"[142]: Ist der Mensch Adressat einer umfassenden Selbstmitteilung Gottes und ist diese die Gnade, dann muß im Menschen eine Wirklichkeit postuliert werden, "die bleibt, wenn das übernatürliche Existential als ungeschuldetes abgezogen wird"[143]. Aber erst von der Offenbarung her ist es möglich, die nicht definierbare Wesenheit des Menschen

---

138 Grundkurs 127.

139 Verhältnis 339.

140 Natur 224.

141 SzTh IV 228.

142 SzTh I 340. Schwerdtfeger spricht sogar von einem dreifachen Naturbegriff bei Rahner (vgl. Gnade 190-199).

143 SzTh I 340.

in Natur und Gnade zu differenzieren.[144] Denn auch wenn der Mensch nicht mit Gottes Mitteilung bedacht würde, was aufgrund der Freiheit Gottes als möglich vorausgesetzt werden muß, hat sein Dasein doch eine ihr gemäße Erfüllung finden können. Diese Dimension des sinnvollen Selbstvollzugs und der "kreatürlichen Eigenständigkeit"[145] ohne übernatürliches Existential nennt Rahner "Natur". Der theologische Begriff der Natur beschränkt sich als Restbegriff auf die "reine Natur"[146]. Er besagt von sich her nichts darüber, ob jemals eine solche Natur existiert hat oder ob alles, was der Mensch aufgrund seiner existenziellen Erfahrung von sich weiß, als bloße Natur bezeichnet werden kann[147]. Theologisch falsch wird der Rekurs auf den Natur-Begriff dort, wo vom Wesen des Menschen her die Erfüllung der Sehnsucht nach der Schau Gottes gefordert wird. Für Rahner ist die Natur nur *offen* auf eine solche Erfüllung; der Mensch hat darum zu *warten*, ob sie ihm zuteil wird oder nicht.

2) Mit diesen bloß skizzierten Grunddaten zur Gnadentheologie Rahners, die seine Grundlage für den Offenbarungsbegriff darstellen, ist es nun möglich, ein besseres Verständnis seines Offenbarungsdenkens zu gewinnen. Denn so viel ist nun schon deutlich geworden: Offenbarung ist zunächst nicht das kategoriale, partikuläre Ergehen einer Mitteilung übernatürlicher Erkenntnisse aufgrund einer exklusiven Inspiration von Offenbarungsträgern, sondern hat eine *transzendentale Voraussetzung*, die jedem Menschen gegeben ist: das Angebot gnadenhafter Erfüllung des Menschen durch Gott selbst. Offenbarung trifft also zunächst "die innere geistige Einmaligkeit des Menschen"[148] und ermöglicht die Annahme im Glaubensakt. Offenbarung ist von "der Gnade herkommende, zunächst unreflexe, apriorische 'Gestimmtheit' (in einem geistigen, nicht sentimentalen Sinn gemeint), nicht gegenständliche, satzhafte Aussage, Bewußtheit, nicht Gewußtheit."[149] Wie verbindet sich aber diese gnadenhafte, transzendentale Offenbarung als übernatürliche Erhöhung des Menschen mit der geschichtlichen, kategorialen Offenbarung, die mittels Sprache in erkennender und handelnder Kommunikation sich ereignet? Genau diese Frage ist die alles entscheidende am Offenbarungsverständnis Rahners, auf die sehr einhellig die Rahnerforschung aufmerksam gemacht hat.[150]

---

144 Ebd. 327f.
145 KTW 255.
146 SzTh IV 234.
147 KTW 256.
148 Art. Offenbarung, in: KTW 265-269, 266.
149 Ebd. 267.
150 Einer der ersten Kritiker war schon *Hans Urs von Balthasar*, Cordula oder der Ernstfall, Einsiedeln ^{3}1968, 92. Vgl. weiters: *Eicher*, Offenbarung 405; *Gerken*, Offenbarung 37-38 (Gerkens Kritik im Anschluß an Simons, Philosophie der Offenbarung, wurde mit seinem Kronzeugen mehrfach zurückgewiesen als bewußt einseitige Interpretation Rahners, die zu falschen Schlüssen kommen muß, etwa zur Bestimmung des Kategorialen als bloßer Chiffre der Transzendenz, ebd. 36); *Heijden*, Rahner 217; *H. Mühlen*, Gnadenlehre 162; *Schwerdtfeger*, Gnade 209-211

Die Beantwortung dieser Frage braucht nicht so sehr auf die innere Entfaltung des Offenbarungsbegriffs Bedacht zu nehmen, sondern es reicht eine Benennung des Grundzuges, der sich im Laufe von gut zwanzig bis dreißig Jahren immer stärker herauskristallisiert hat. Aus dem bisher Angeführten ergibt sich zunächst, daß der Ausgangspunkt der Bemühungen Rahners war, mittels der Gnadentheologie ein rein satzhaft veräußerlichtes und extrinsezistisch angesetztes Offenbarungsverständnis entschieden zu korrigieren.

In seinem gerafften Aufsatz über den Begriff der Offenbarung[151] unterzieht Rahner sowohl das modernistische als auch das extrinsezistische Offenbarungsdenken der Kritik; letzterem wirft er vor, den "inneren Zusammenhang zwischen Glaubensgnade und geschichtlicher Offenbarung"[152] nicht gesehen zu haben. Weist Rahner in "Hörer des Wortes" eine modernistische Fassung des Offenbarungsbegriffs noch strikt zurück[153], so kommt er jetzt - am Ende des II. Vatikanums - zur Auffassung, daß die "damalige Kirche wohl keine deutliche Antwort und der Modernismus eine falsche und häretisch zu früh abgeschlossene gegeben hatte"[154]. Offenbarung als Selbstgabe Gottes denkt Rahner nun nicht mehr nur als das innerste Konstitutiv des begnadeten Menschen, sondern auch als "das Innerste der menschlichen Geschichte"[155], sie ist identisch mit der Menschheitsgeschichte, die "eigentlich bewegende Kraft der Geschichte überall"[156]. Noch 1962 entwickelt Rahner im Aufsatz "Weltgeschichte und Heilsgeschichte"[157] die Einheit von Welt- und Heilsgeschichte, indem er von der radikalen Transzendenz des Heils ausgeht: Geschichte ist das Vorläufige und Unvollendete, und Heil ist die Aufhebung der Geschichte.[158] Zur gleichen Zeit stellt sich für Rahner die Frage aber von einem gewandelten Standpunkt einer evolutiven Weltanschauung aus, die der Dynamik einer Werdewelt gerecht werden will und die dem endlichen Seienden eine "wahre aktive Selbsttranszendenz"[159] einräumt. Damit ist nicht die Transzendenz des Heiles aufgehoben, sondern Rahner hat offensichtlich einen neuen Welt- und Immanenzbegriff gewonnen, von dem aus die Transzendenz der Offenbarung und die Immanenz der Geschichte, die sich selbst transzendiert, als zwei Seiten des einen Offenbarungsereignisses erscheinen. Die Frage nach der Offenbarung ist hierbei

(bes. Anm. 110, die die wichtigste Kritik bibliographisch auflistet) und viele andere.

151 *Rahner*, Bemerkungen.

152 Ebd. 12.

153 Vgl. HW 140 (139): Der Ort möglicher Offenbarung "darf nicht so aufgefaßt werden, daß sich von ihm aus apriori ausmachen läßt, was der Inhalt einer solchen freien Offenbarung Gottes sein kann. Denn in diesem Fall wäre Offenbarung nur das gegenständliche Korrelat der religiösen Anlage des Menschen selber."

154 Bemerkungen 12.

155 Ebd. 13.

156 Ebd.

157 SzTh V 115-135.

158 Ebd. 115.

159 Bemerkungen 13.

nicht mehr nur das Hören in die Geschichte, ob an irgendeiner Stelle sich Gott mitteilt. Es ist die Frage danach,

> "wie wirkliches, von unten erwirktes Werden des Höheren aus dem sich selbst überbietenden Niederen *und* dauernde Schöpfung von oben nur zwei Seiten, beide gleich wahr und wirklich, des einen Wunders des Werdens und der Geschichte sind, nur höchster Fall der Einsicht, daß Gott in seinem freien Verhältnis zu seiner Schöpfung dennoch nicht kategoriale Ursache neben anderen in der Welt ist, sondern der lebendige dauernde transzendentale Grund der Eigenbewegung der Welt selbst"[160].

Schließlich stellt sich noch die Frage, ob eben dieses Verhältnis von oben und von unten im höchsten Ausmaß im Vorgang der Offenbarungsgeschichte zur Anwendung kommt. In bezug auf die transzendentale Erhöhung des Menschen wird Offenbarungsgeschichte erkannt als

> "die geschichtliche kategoriale Selbstauslegung oder, fast noch einfacher und richtiger, als die Geschichte desjenigen transzendentalen Verhältnisses zwischen Mensch und Gott, das durch die allem Geist gnadenhaft, aber unausweichlich und immer eingestiftete Selbstmitteilung Gottes übernatürlicher Art gegeben ist und auch schon an sich mit Recht Offenbarung genannt werden muß"[161].

Damit ist der doppelte Aspekt von Offenbarung gewonnen, von dem Rahner schon in früheren Definitionen gesprochen hatte. Die 'Übersetzung' transzendentaler Offenbarung in den jeweils kategorialen Vollzug menschlichen Daseins, insofern sie unter der Leitung Gottes geschieht, "bedeutet so selbst nochmals eine Offenbarung Gottes"[162]. Vermittelt sind beide Seiten des Offenbarungsgeschehens als transzendentales und kategorial-geschichtliches Geschehen systematisch durch den transzendentaltheologischen Ansatz, in dem Transzendentalität der Erkenntnis und des Handelns nie ohne die Kategorialität von Geschichte, Anschauung und satzhafter Reflexion gegeben ist. Diese Vermittlung zielt auf die absolute Einheit beider Seiten, aber *innerhalb* der Geschichte: sie ist gegeben in Jesus, dem Gottmenschen, "der Gott selbst als mitgeteilter, die menschliche Annahme dieser Mitteilung und die endgültige geschichtliche Erscheinung dieser Zusage und Annahme in einem ist"[163]. Geschichte ist also nun der Ort, wo Gott für den Menschen offenbar wird in einer einmaligen, unüberbietbaren Vermittlung von gnadenhafter Bestimmung und kategorialer Verwirklichung. Darum erlangte dieses Stück Jesus-Geschichte als kategoriale Heilsgeschichte eine endgültige Eindeutigkeit.

Hier aber stellt sich nochmals die Frage nach dem Verhältnis von Profan- und Heilsgeschichte, wenn bisher feststeht, daß Geschichte nichts anderes ist als das kategoriale Moment einer vorauslaufend gegebenen, transzendentalen, übernatürlichen Existentialität des Menschen. Der entscheidende Aspekt scheint mir darin zu liegen, daß Rahner das Angebot der Gnade an die Annahme im menschlichen Freiheitsakt bindet

---

160 Ebd. 13.
161 Ebd. 14.
162 KTW 267.
163 Bemerkungen 16.

und von daher ein Kriterium der Unterscheidung zwischen Heils- und Profangeschichte gewinnt. Für Rahner besteht nämlich eine materiale Identität von beiden - darum ist es aus dem Blickwinkel des Menschen gar nicht möglich, zu sagen, was Heils- und was Profangeschichte ist. Diese Identität-in-Differenz ist von der Ambivalenz des freiheitlichen Handelns her zu verstehen. Aus dem Wesen der Freiheit folgt, daß sie niemals so objektivierbar werden kann wie geschichtliche *Taten* der Freiheit, die durchaus einer Bewertung zugänglich sind.[164] Weil aber Heilsgeschichte in Profangeschichte, wenn auch unterschieden von ihr, vor sich geht, kann Rahner zumindest sagen, daß sie 'koextensiv' mit Profangeschichte gegeben ist, die dann "die ungedeutete und undeutbare Heilsgeschichte"[165] wäre. Der wesentliche Gedanke Rahners, der zur Deutbarkeit von Profangeschichte als Heilsgeschichte führt, besteht nicht in dem kategorialen Verweis auf ein ergangenes Offenbarungswort, sondern betrifft den Bezug der Wortoffenbarung auf die transzendentale Seite von Offenbarung, die in jener von der Gnade bewirkten Bewußtseinsänderung besteht, durch die der Mensch fähig wird, *aktiv* sein Heil zu wirken. Wo der Mensch diese übernatürlich erhobene Transzendenz annimmt, selbst in einer unthematischen, ungewußten Weise, vollzieht sich Glaube, vollzieht sich Heils- und Offenbarungsgeschichte in allgemeiner, mit der profanen Geschichte koextensiver Weise. Auch wenn Rahner Heils- und Glaubensgeschichte nicht schlechthin identisch setzt, so bedeutet dieser Ansatz doch, daß Heilsgeschichte überall dort geschieht, wo Menschen im freien Selbstvollzug dem Angebot der Gnade im apriorischen Bewußtseinshorizont entsprechen und so ihr Heil wirken. Thematisch wird dieser Vollzug aber in der Geschichte der Religionen als theoretische und praktische Objektivation von gelungenen und mißlungenen Vermittlungen der übernatürlichen Transzendentalität mit kategorialen, freien Selbstvollzügen in Glaubensgemeinschaften. Weil Gott selbst die Annahme seiner Mitteilung wirkt und diese Annahme in der besonderen Geschichte der Offenbarung zu einer solchen Konkretheit gelangt, daß der verborgene Gott in der menschlichen Freiheitsgeschichte zugänglich wird, spricht Rahner von einer "Mitteilung Gottes an sich selbst", in der "auch das Grundgeheimnis des dreifaltigen Gottes geoffenbart"[166] ist. Diese Mitteilung bedeutet die vergebende Nähe Gottes im Ein-für-allemal der Christusoffenbarung. Nur von ihr her ist nach Rahner eine Möglichkeit gegeben, allgemeine und besondere Offenbarungsgeschichte zu unterscheiden, nur von ihr her entgeht das Konzept einer transzendentalen Offenbarung einer individualistischen, geschichtslosen Deutung. Ihre Unableitbarkeit aber versucht Rahner so aufzufangen, daß er dann doch das entscheidende Begründungsargument für die Absolutheit der christlich verstandenen Wortoffenbarung im apriorischen Moment der Begnadung des Menschen sieht:

---

164 SzTh V 119f.
165 Ebd. 121.
166 Offenbarung 835.

"Es ist durch die transzendental erfahrene Eröffnetheit des Menschen auf den dreifaltigen Gott des ewigen Lebens allein noch keine gegenständliche Geoffenbartheit einzelner Gegenstände oder Sätze gegeben, aber das, was mehr ist und was allen Sätzen des Glaubens als die Bedingung ihrer Möglichkeit zugrunde liegt und sie allererst zu wirklichen Worten Gottes machen kann, ist da: der übernatürliche Erfahrungshorizont apriorischer Art, das Licht des Glaubens als solches..."[167]

Dieses Glaubenslicht ist jedem Menschen angeboten. Menschen vollziehen somit in Erkennen und Geschichte ihre Subjektivität als Selbsttranszendenz in die Unmittelbarkeit Gottes hinein, es sei denn sie verweigern sich schuldhaft einer derartigen Selbsttranszendenz.[168] Gerade deshalb kommt gewissen 'Propheten' in ihrer besonderen Rolle als Träger einer kategorialen Offenbarung vorrangige Stellung zu, weil der Prophet jener Glaubende ist, "der seine transzendentale Gotteserfahrung richtig aussagen kann"[169]. Ist aber Jesus Christus der höchste und absolut geglückte Fall einer kategorial-personalen Objektivierung jener transzendentalen Unmittelbarkeit Gottes, die in jedem Menschen vorhanden ist, so ist in ihm jenes absolute Heil gegeben, auf das hin alle Geschichte und jeder personale Selbstvollzug je schon unterwegs waren. Inkarnation und Christologie ist dann nicht eine zur Schöpfung (wie Rahner früher wohl dachte) hinzukommende weitere Tat Gottes, sondern "wir dürfen uns Schöpfung und Menschwerdung, in der wirklichen Welt als zwei Momente und zwei Phasen eines - wenn auch eines innerlich differenzierten - Vorgangs der Selbstentäußerung und Selbstäußerung Gottes denken"[170].

Bei der Interpretation von Rahners Offenbarungsverständnis darf nicht übersehen werden, daß die Verhältnisbestimmung zwischen transzendentaler und kategorialer Offenbarung stellenweise eine problematische *Identität des übernatürlichen Existentials* als der transzendentalen Seite von Offenbarung mit der geschichtlichen Offenbarung als deren Selbstauslegung und Erfüllung der Gnade anzeigte.[171] In solchen (späten) Stellen interpretiert Rahner das übernatürliche Existential, das als übernatürliche Hinordnung auf Gott zu verstehen ist und das durch die Annahme von seiten des Menschen seine Erfüllung findet, nicht bloß als das transzendentale Moment der Offenbarung, sondern gar als eigentliche Offenbarung; er interpretiert die gnadenhafte Grundbefindlichkeit als Wortoffenbarung[172] oder insinuiert, daß das übernatürliche Existential des Men-

---

167 Bemerkungen 18.

168 Grundkurs 198.

169 Ebd. 163.

170 Ebd. 197.

171 *Eicher*, Offenbarung 393: "Die Offenbarungsschrift zielt nicht mehr auf ein solchermaßen punktuelles Wort Gottes in der Geschichte [wie Rahner noch in "Hörer des Wortes" aufzuzeigen suchte], sondern versteht Offenbarung - durch eine theologische Interpretation der Lichtung, in der der Mensch schon immer steht - als die übernatürliche Erleuchtung, als das Glaubenslicht, welches jede Erfahrung schon trägt."

172 *Rahner*, Bemerkungen 17.

schen einen *unausweichlichen*[173] Charakter annimmt. Ein Zitat soll dies noch genauer veranschaulichen:

> "Die übernatürlich erhobene, unreflexe, aber wirklich gegebene transzendentale Erfahrung der Bewegtheit und Verwiesenheit des Menschen auf die unmittelbare Nähe Gottes ist aber durchaus schon als solche im voraus zu einer geschichtlich sich vollziehenden reflexen Thematisierung im ganzen der menschlichen Geistes- und Religionsgeschichte als *eigentliche Offenbarung* anzusprechen, die keineswegs mit der sogenannten natürlichen Offenbarung identifiziert werden darf."[174]

Gegenüber dieser tatsächlich festzustellenden Tendenz darf aber mit N. Schwerdtfeger[175] betont werden, daß das kategoriale Moment der Offenbarung in seiner Notwendigkeit und Unableitbarkeit nicht aufgelöst wird. Gerade der von Rahner so sehr betonte sakramentale Charakter des Wortes als unersetzbarer Modus der Anwesenheit von Offenbarung, genauer: die christologische Vermittlung der Selbstmitteilung Gottes in Jesus Christus ist unüberbietbares und freies Geschehen Gottes. Das sollte auch diese Skizze aufzeigen.

Die Frage nach dem Verhältnis von transzendentaler und kategorialer Offenbarung darf somit in ihren prinzipiellen Strukturen als geklärt gelten. Rahner geht dabei bis an die Grenze, die Transzendenz und Unableitbarkeit des Offenbarungsereignisses aus der religiösen Subjektivität des Glaubenden heraus zur Entfaltung zu bringen. So stark die Logik seiner theologischen Methode darauf hinausläuft, die konkrete Geschichte des Offenbarungsvorganges als einen Objektivationsvorgang des übernatürlich erhöhten Subjektes zu deuten, womit die Konkretheit, Unableitbarkeit, Partikularität und Freiheit dieser Geschichte in die Allgemeinheit der Transzendentalität aufgehoben und damit erklärt scheint, so betont Rahner diesem Anschein zum Trotz immer wieder die Unberechenbarkeit und Unableitbarkeit einer solchen Geschichte. Offenbarungsgeschichte ist das Ergebnis eines höchst freiheitlichen Handelns des Men-

---

173 Ebd. 14.

174 Grundkurs 153f. Bemerkenswert ist dieser Satz nicht bloß wegen seiner inhaltlichen Position, sondern auch wegen seiner Entstehungs- und Erweiterungsgeschichte. Noch im Offenbarungsartikel des KTW (1961) schreibt Rahner: Die eigentliche Offenbarung "ist nicht einfach schon gegeben mit dem geistigen Sein des Menschen, sondern hat Ereignischarakter, sie ist dialogisch, in ihr redet Gott den Menschen an (Hebr. 1,1-2), tut ihm das kund, was nicht einfach durch den notwendigen Verweis aller Weltdinge auf Gott immer und überall an der Welt ablesbar ist...: die innere Wirklichkeit Gottes und sein personal freies Verhalten zur geistigen Natur" (KTW 266). Rahner differenziert in der Folge diese eigentliche Offenbarung in ein transzendentales und kategorial-geschichtliches Moment, wobei zunächst die durch den allgemeinen Heilswillen Gottes gegebene übernatürliche Bestimmung des Menschen "schon von sich her den Begriff einer Offenbarung" (SzTh V 123) verwirklicht. Im Offenbarungsaufsatz (1965) schließlich wird diese gnadenhafte Grundbefindlichkeit "durchaus auch schon als *Wort*offenbarung verstanden..., vorausgesetzt, daß man einerseits diesen Begriff des Wortes nicht auf eine phonetische Verlautbarung einschränkt und anderseits nicht vergißt, daß diese transzendentale Offenbarung immer geschichtlich vermittelt ist, die geschichtliche Wirklichkeit des Menschen aber nie wortlos sein kann" (Bemerkungen 17; Hervorh. F.G.)

175 *Schwerdtfeger*, Gnade 254.

schen, dessen innerste Bewegkraft aber Gottes Handeln selbst ist. Die Dialektik von Geschichte und Transzendentalität ist damit nicht aufgehoben, sondern in Rahners System erst in ihrer unverzichtbaren Polarität aufgehellt. Gegen eine 'Depravierung' der Selbstmitteilung im menschlichen Wort aber hat Rahner von Anfang an das transzendentale und das kategoriale Moment der Offenbarung so vermittelt, daß diese sowohl vom Angebot als auch von der Annahme im Menschen her Tat Gottes ist.

3) Nach diesem Gang durch Rahners Offenbarungsverständnis kehren wir wieder ausdrücklich zu unserem eigentlichen Thema zurück. Wie sich zeigen wird, bildet das bisher Überlegte nicht eine Abschweifung, sondern den Verstehenshintergrund der nun folgenden Aspekte. Vollzieht sich nämlich transzendentale Offenbarungserfahrung notwendig kategorial-geschichtlich, dann ist die Frage nach der Wahrheit der Offenbarung einerseits immer als eine Frage nach der Wahrheit von Offenbarungssätzen zu verstehen. Solche Sätze aber wurden ja in der dogmatischen Tradition niemals als Sätze der natürlichen theoretischen und praktischen Vernunft gehandelt, sondern immer als Glaubenssätze ausgewiesen. Andererseits ist der Wahrheitsanspruch von Glaubenssätzen nicht begreifbar, wenn nicht auf den Wahrheitsgrund, der in der gnadenhaften Offenbarung gegeben ist, zurückgegangen wird.

Das scheint nun der entscheidende Aspekt zu sein, um den es Rahner im Aufweis der Wahrheit der Offenbarung geht. Das eigentliche Wahrheitsmoment liegt nämlich dann nicht so sehr auf der satzhaft-reflexiven Aussageweise, sondern auf der transzendentalen Ermöglichung von Sätzen, die einen absoluten Wahrheitsanspruch mit sich führen. Rahners Gnadentheologie, die den Kern seiner Offenbarungstheologie ausmacht, müßte somit auch sein Wahrheitsverständnis massiv beeinflußt haben. Läßt sich diese Vermutung bestätigen? In der Tat identifiziert Rahner die Selbstmitteilung Gottes so mit Wahrheit, daß sie zur transzendentalen Bestimmung des Menschen werden kann. Im zentralen Aufsatz zur Trinitätstheologie[176] erörtert Rahner Erkenntnis nicht mehr vom abstrakten Urteilsvollzug, sondern von einem transzendental-kategorialen, die *Praxis miteinschließenden Selbstvollzug* des Menschen aus: Erkenntnis ist in der "leibhaftigen Tat vollzogen"[177], so daß Wahrheit jener "Vollzug" ist, in dem eine "ursprüngliche Einheit von praktischer und theoretischer Erkenntnis"[178] schon vorweggenommen ist. Entschieden setzt sich Rahner von dem griechischen Wahrheitsbegriff ab und lehnt sich sprachlich an Heideggers Gedanken der Erschlossenheit der Wirklichkeit an, personalisiert allerdings diese Sicht: "Wahrheit ist nicht zuerst das richtige Erfassen eines Sachverhaltes, sondern zunächst das *Vorkommenlassen* des eigenen personalen Wesens, in dem man sich selbst sich stellt ohne Verstellung, sich annimmt und dann auch anderen gegenüber dieses wahrge-

---

176 *Rahner*, Gott.
177 Ebd. 378.
178 Ebd.

nommene Wesen vorkommen läßt in Wahrhaftigkeit."[179] Wahrheit ist von hier aus willentliche Selbst-Erschließung des eigenen Wesens, ist das Sich-Zeigen in unverhüllter Weise, also als Un-Verdecktheit, Erschlossenheit. Von diesem Gedanken aus assoziiert Rahner nun offensichtlich den biblischen Wahrheitsbegriff, dessen Sinngehalt die Treue des gegenwärtigen Gottes ist, denn er bezeichnet eben dieses Vorkommenlassen des personalen Wesens als "Treue". Treue ist jedoch nicht ein erkenntnistheoretisches Grundmoment, sondern ein praktischer Vollzug, womit Rahner den personal-existenziellen Wahrheitsbegriff praktisch wendet: "Wahrheit ist somit zunächst die *getane* Wahrheit... Von da aus ist zu verstehen, daß der Vorgang der Selbstmitteilung, insofern sie sich als Herkunft, Geschichte und Angebot konstituiert, sich als *Wahrheit* zeigt."[180]

Wahrheit ist Selbstmitteilung Gottes darum, weil sie die höchste Weise des Vorkommenlassens des Wesens Gottes in absoluter Treue und geschichtlicher Konkretheit ist.[181] Wäre aber Gottes Selbstmitteilung nur im Modus des Angebotes gegeben, so wäre sie zwar Wahrheit, aber nicht in ihrer absoluten Weise, die den Adressaten zutiefst verpflichtet und dessen freie Liebe herausfordert. Diese geschichtliche Konkretheit als Erfüllung wird in Jesus Christus bezeugt, und darum ist es möglich, absolute Wahrheit in Geschichte zu denken.

Rahners Wahrheitsverständnis, das gnaden- und offenbarungstheologisch vermittelt ist, reflektiert also die kategoriale Wahrheit einer geschichtlichen *Glaubensformel* so durch, daß die die Formel tragende Wirklichkeit zum Vorschein kommt, welche dann die transzendentale Bedingung solcher Erkenntnis und Wahrheit ist. Ist aber Transzendentalität je geschichtlich vermittelt, kann Geschichte Ort eines absoluten Wahrheitsgeschehens werden. Im direkten Bezug auf die Philosophie und Theologie der Aufklärung fordert Rahner eine "Reflexion auf die geschichtliche Erkanntheit der im Glauben absolut gesetzten Ereignisse"[182] sowie eine Rechtfertigung solcher geschichtlicher Aussagen vor dem Wahrheitsgewissen. Denn für Rahner ist der "transzendentale Stolz des Menschen" beklagenswert, wenn er auf die christliche Behauptung einer absoluten geschichtlichen Wahrheit mit Verärgerung reagiert und "versucht ist, von vornherein zu meinen, daß eine 'Geschichtswahrheit' für die Begründung

---

179 Ebd. 379f (Hervorhebung F.G.).

180 Ebd. 380.

181 Daß die Selbstmitteilung Gottes wesenhaft Mysterium ist, von dem her alle Wahrheisprätention objektiver Aussagen, selbst nochmals das Offenbarungsereignis, betrachtet werden muß, hat Rahner in seiner Studie "Über den Begriff des Geheimnisses in der katholischen Theologie" (1959), in: SzTh IV 51-99, deutlich herausgearbeitet: Offenbarung als Wahrheitsmitteilung ist das Abgeleitete jenes Offenbarungsvorganges, in dem Gott als personal Handelnder Wahrheit mitteilt. Das Geschehen der Wahrheitsmitteilung hat Rahner vor aller 'Propositionalität' schon verankert in einer transzendentalen 'Kommunikativität', die aber theologisch nicht vom Menschen, sondern von Gott her ermöglicht und dauernd getragen ist (vgl. ebd. 54f).

182 Grundkurs 231.

seiner eigentlichen Existenz nicht in Frage komme"[183]. Die Wahrheit der Offenbarung ist für Rahner weder ein kategorial begrenzter Anspruch in einem Teilbereich des Menschen noch erkenntnistheoretisch unreflektierte, bloß existentielle Wahrheit. Rahner hat immer versucht, alle Momente, die auch an der Wahrheitsfrage phänomenal analysierbar sind, auf ihren einheitlichen Grund transzendental zurückzuführen. Insofern kann er, obwohl wir oben seinen personal-theologischen Wahrheitsbegriff herausgehoben haben, zugleich das transzendentalontologische Moment an eben derselben Wirklichkeit der Selbstmitteilung Gottes betonen: Das Sein, das Gelichtetheit und personaler Selbstbesitz ist, erschließt dann wahre und unmittelbare Erkenntnis Gottes, wenn "Selbstmitteilung Gottes seinshafter Art an das Geschöpf per definitionem Mitteilung zu unmittelbarer Erkenntnis und Liebe"[184] ist. Die Kategorialität dieser Selbstmitteilung ist aber nichts anderes als die "Bewirkung einer Erkenntnis von bestimmter Inhaltlichkeit unmittelbar durch Gott derart, daß die Inhaltlichkeit dieser Erkenntnis klar erfaßt, als von Gott mitgeteilt eindeutig und unbezweifelbar erfahren wird und dabei diese bestimmte Inhaltlichkeit nur so gewußt wird, weil unmittelbar hinsichtlich ihrer selbst dieser Offenbarungsvorgang von Gott gewirkt wird"[185]. Ein solches Geschehen bezeichnet Rahner einen "unmittelbaren Offenbarungsvorgang ursprünglicher Art"[186]. Aus dem Gesagten dürfte aber klar geworden sein, wie dieser Satz verstanden werden muß, will man ihm nicht eine mirakulöse, mythologische Ausdrucksweise unterstellen. Die Wahrheit des Offenbarungssatzes ist nur verstehbar, wenn sich der Glaubende mit seinem Existenzvollzug und seinem Intellekt auf ein Geschehen einläßt, dessen Kern das Ereignis einer dialogischen Selbstentäußerung, ein Prozeß eines geschichtlichen Zu-sich-selber-Kommens, eines göttlichen Sich-Selbst-Mitteilens am Menschen ist, wodurch der Mensch der Vergöttlichung durch Gnade teilhaft wird .

Somit dürfte deutlich geworden sein, daß Rahners erkenntnis- und wahrheitstheoretischer Ansatz, wie er oben entwickelt wurde, gerade beim Offenbarungsverständnis das erkenntnismetaphysische Modell hinter sich läßt und wesentliche Anregungen aus der Fundamentalontologie Heideggers bezieht. Durch diesen Impuls - und es sei dahin gestellt, ob das bewußt oder aus einem selbstverständlichen Wissen um die Philosophie Heideggers geschehen ist - ist es Rahner auch möglich geworden, Wahrheit nicht bloß vom Aussagegeschehen her denken zu können, sondern von einer Praxis der existentiellen Übereignung an den anderen her, die sich in einer kommunikativen Lebenswelt vollzieht.

Zu fragen bleibt aber doch noch, ob mit diesem theologischen Konzept nicht jede kritische Anfrage an eine solche geschichtlich ergangene, in kategorialer Begrifflichkeit ausgesagte Offenbarungswahrheit unmög-

---

183 SzTh VII 74.
184 Grundkurs 129.
185 SzTh V 33.
186 Ebd.

lich geworden ist. Ist nicht eine solche Theologie der harte Imperativ, in die Logik der Vermittlung einzusteigen oder für immer draußen zu bleiben? Ist nicht das veräußerlichte Autoritätsargument der analysis fidei, Offenbarung sei wahr, weil sie kraft Gottes Autorität gesprochen sei, nun umgekehrt worden in die Innerlichkeit eines Gnadengeschehens, das nur dem nachvollziehbar ist, der das transzendentaltheologische Sprachspiel Rahners mitspielt? Ist die Mühsal und Vielfalt geschichtlich errungener und wieder verworfener (auch religiöser) Erkenntnis völlig aus den Augen verloren über der Andacht eines absoluten Wahrheitsgeschehens, das Rahner mit den Begriffen "Sieg", "Irreversibilität", "Abgeschlossenheit" bezeichnet? Ist sich Rahner eigentlich der immer erkenntniskritischer und fallibler werdenden Haltung gegenüber der Wahrheitsfähigkeit von Äußerungen noch bewußt, geschweige denn des Zerfalls eines gemeinsamen Wahrheitsbegriffs in den Pluralismus von Modellen und Konzepten? Wie kann der dogmatische Wahrheitsanspruch des Kerygmas der Kirche noch eingelöst werden? Schließlich, welches Verständnis ergibt sich daraus für die heiklen Fragen der Dogmenentwicklung, des Lehramtes, der Unfehlbarkeit? Das sind Anfragen, die den weiteren Gang der Untersuchung leiten werden.

3.2.2 Die Wahrheit von Glaubenssätzen

Gemäß der theologischen Tradition ist Offenbarung nur dort gegeben, wo sie im Glauben als solche gehört und angenommen wird. Rahners Offenbarungsbegriff weist diese Bedingungen mittels transzendentaler Reflexion auf: Die Begnadung des Menschen, der das Angebot der Selbstmitteilung Gottes annimmt, ist - glaubenstheologisch betrachtet - nichts anderes als der apriorische Horizont, das lumen fidei, unter dem der kategoriale Glaubensinhalt erfaßt und reflektiert wird. Nur in diesem Horizont können satzhafte und freiheitliche Selbstobjektivationen als 'übernatürlich' prädiziert werden, weil das Hören solcher Sätze von einem "göttlich subjektiven Prinzip" ermöglicht wird: "Nur dort, wo Gott das subjektive Prinzip des Redens und des glaubenden Hörens des Menschen ist, kann Gott sich selbst sagen..."[187] Die Kategorialität eines menschlichen Satzes ist in dieser Theorie schon getragen von seinem transzendentalen Bedingungsfeld. Kein Satz kann unabhängig von der Transzendentalität des Menschen gedacht werden. Das ist auch die Voraussetzung für den satzhaft-aposteriorischen und geschichtlich anzutreffenden Inhalt der Wortoffenbarung. Weil dieser Inhalt über Gottes Wort aber schon im apriorischen Glaubenslicht, das von Gott ermöglicht ist und in dem er

---

187 Grundkurs 154.

sich ontologisch dem Geist mitteilt, gesehen wird, darum ist menschliches Wort fähig, "Wort Gottes"[188] genannt zu werden.

Die Frage nach der Wahrheit der Offenbarung, deren materiale Grundlage Schrift und Tradition bilden, hat den Kernpunkt der Auseinandersetzung in der Modernismuskrise gebildet. Neuzeitliche Rationalität, Geschichtsbewußtsein und historisch-kritische Textanalysen haben den dogmatisch verankerten Wahrheits und Absolutheitsanspruch dieser Grundlagen einer radikalen Kritik unterzogen. Innerhalb der katholischen Kirche wurde die Anfrage und Interpretation von seiten Loisys, Le Roys und Tyrrells mit Verurteilung und Exkommunikation zurückgewiesen. Erst in den vierziger und fünfziger Jahren wurden die Probleme wieder aufgenommen. Karl Rahner kommt bei dieser Diskussion insofern eine Pionierrolle zu, als er durch seinen methodischen Neueinsatz eine anthropologische Wende herbeiführte, die sowohl das gespannte Verhältnis scholastischer und neuzeitlicher Philosophie zu klären suchte als auch durch eine gnadentheologische Interpretation von Offenbarung eine neue Beurteilung der strittigen Frage der Dogmenentwicklung einleitete. Das Grunddefizit der neuscholastischen Lösungsversuche der Dogmenfrage[189] lag nun genau in jenem Offenbarungs- und Wahrheitsverständnis, das Offenbarung auf die Mitteilung von göttlichen Aussagen reduzierte, deren Wahrheit autoritativ von der Kirche ausgelegt und bewahrt wird. Der Glaubensakt beschränkte sich somit auf das intellektuelle Fürwahrhalten geschichtlich entstandener Sprachformen, deren wichtigste Kategorie die dogmatische Formel darstellte. Demgegenüber hat Rahner die fundamentale Aufgabe der wissenschaftlichen Reflexion des Dogmas in seinem Werk durchgängig geleistet, und zwar weder im Sinne einer bloß dogmenhistorischen Behandlung noch einer bloßen Deduktion oder Interpretation aktueller lehramtlicher Glaubensverkündigung. Ihm war ein rationaler Diskurs für den Einzelnen und die Gesamtkirche wesentlich,

---

[188] SzTh VIII 210: Das übernatürliche Formalobjekt, das in der Erhebung der natürlichen Transzendentalität besteht, ist der Grund dafür, daß kategorial-geschichtliche Wortoffenbarung im eigentlichsten Sinne "Wort Gottes" sein kann. Dieser Grund ist ein apriorisches Vermögen, und er entzieht sich der neuscholastischen Verlegenheit, Offenbarung als Wort Gottes durch Rekurs auf Gottes Autorität vom menschlichen Wort unterscheiden zu müssen.

[189] Im wesentlichen lassen sich zwei Grundtypen neuscholastischer Dogmentheorien unterscheiden, die die unveränderliche Wahrheit und die Entwicklungsfähigkeit der Dogmen zu vereinbaren suchen: Die historischen Lösungsversuche (*R. Draguet*, L'Evolution des dogmes, in: Apologétique. Nos raisons de croire, Paris ^{2}1948, 1097-1122) verlegen den erklärungsbedürftigen Umstand nachapostolischer Definitionsvorgänge bereits in das Wissen der Apostel; die intellektualistischen Versionen (*R.M. Schultes*, Introductio in historiam dogmatum, Paris 1922; *M.M. Tuyaerts*, L'Evolution du Dogme, Louvain 1922; *F. Marin-Sola*, La Evolución homogenea del dogma catolico, Valencia 1923 [Fribourg 1924]) versuchen durch logisch-syllogistische Ableitungen die Dogmenentwicklung aus dem Offenbarungsvorgang zu erklären. Sachlich schließt Karl Rahner seine Problematisierung vor allem an diese zweite Lösungsvariante an und übernimmt von dieser auch das begriffliche Vokabular. Zu diesem Fragenkomplex siehe die in historischer Sicht ausgezeichnete Studie von *Hammans*, Erklärungen.

um "in die ganze Fülle der christlichen Offenbarung 'eingeführt' zu werden, diese gegenwärtig zu halten und zum glaubenden und liebenden Nachvollzug anzubieten"[190]. So hat Rahner immer wieder explizit zur Frage der Dogmenentwicklung Stellung genommen, als deren Möglichkeitsgrund sein revidierter Offenbarungsbegriff schon oben artikuliert wurde. Die folgenden Überlegungen verstehen sich darum als konkrete Anreicherungen des Rahnerschen Wahrheitsverständnisses, das sich am Problemfeld Geschichtlichkeit und Erkenntnisentwicklung des Glaubens zu bewähren hat. Als hermeneutische Grundregel ist hier insbesondere der theologiegeschichtliche, nicht der wahrheitsphilosophische Hintergrund zu beachten, wenn sich Rahner ausdrücklich von einer neuscholastischen Interpretationsweise abzugrenzen sucht.

3.2.2.1 Die Frage der Dogmenentwicklung

Die Brisanz der Dogmenfrage liegt darin, daß die dogmatische Definition der Abgeschlossenheit der Offenbarung (DS 1501 und 3421) auf die geschichtliche Tatsache einer Entwicklung von definierten Aussagen, die fide divina als "wahre Aussagen der Offenbarung"[191] zu glauben sind, unvermittelt aufprallt. Daraus leiten sich Folgeprobleme ab, wie denn solche neue Aussagen innerhalb einer Dogmengeschichte als göttliche Offenbarung erkannt werden können und wie die Unveränderlichkeit einer dogmatischen Formel einerseits mit ihrer geschichtlich offenen Rezeption und Interpretationsvarianz andererseits in eine nichtwidersprüchliche Beziehung gesetzt werden kann. Rahners Lösungsbeitrag besteht a) in einer erkenntnistheoretischen Kritik des herkömmlichen Verständnisses einer dogmatischen Formel, b) in einer transzendentalen Analyse apriorischer Gesetzmäßigkeiten einer Dogmenentwicklung, c) in der synthetischen Analyse aposteriorischer Faktoren der Dogmenentwicklung.

a) Hinsichtlich der erkenntnistheoretischen Kritik leistet Rahner sowohl eine existentialontologische Reflexion auf die grundsätzliche Möglichkeit einer absoluten Bejahung unbedingter, sich begrifflich artikulierender Wahrheit als auch eine transzendentalphilosophisch orientierte Satzkritik. Philosophisch rekurriert Rahner beim ersten Aspekt auf das Letztbegründungsargument, wenn er von einer "transzendentalen Notwendigkeit einer absoluten Bejahung"[192] von ontologischen und ethischen Prinzipien spricht, die dem Menschen eine wesentlich "'dogmatische' Existenz"[193] verleihen und die er deshalb nur im Selbstwiderspruch leugnen kann. Ohne diesen Umstand im Kontext der Dogmenfrage weiter zu erläutern, meint Rahner damit die andernorts explizierten tran-

190 *Rahner*, Dogmatik 448.
191 SzTh V 35.
192 Dogma 444.
193 Ebd.

szendentalen Grundmomente menschlichen Erkennens, Handelns und Verantwortlichseins. Die Kritik der dogmatischen Formel wird von einem transzendentalen und existenziellen Offenbarungsverständnis her und somit gegen ein Konzept geführt, das Offenbarung auf den bloßen Mitteilungscharakter wahrer, der menschlichen Vernunft prinzipiell unerkennbarer, geheimnishafter Aussagen reduziert. Anerkannt wird die Abgrenzungsfunktion der dogmatischen Formel gegen Irrtum und Mißverständnis, so daß jede erreichte gültige Formulierung ein siegreiches Ende einer dogmatischen Diskussion darstellt. Zugleich aber ist das Ende ein Anfang, denn aus "dem Wesen der menschlichen Wahrheitserkenntnis und aus der Natur der göttlichen Wahrheit"[194] kann eine Einzelwahrheit, erst recht eine Wahrheit von Gottes Wesen angesichts seiner unerschöpflichen Unbegreiflichkeit und Geheimnishaftigkeit nicht in eine abgeschlossene Formel gebracht werden; solche Wahrheit ist Anfang und Verheißung. Offenbarungswahrheit ist "Öffnung in das Unübersehbare, ...Anfang des Grenzenlosen"[195]. Der Wahrheitssinn einer dogmatischen Formel liegt somit nicht in deren definitiver Adäquatheit mit einem Sachverhalt, sondern in der "Selbsttranszendenz" auf die je größere Wahrheit. Diese ergibt sich schon aus der Transzendenz des Geistes als fragender Geöffnetheit auf das Sein, aus der Glaubensgnade, welche die satzhafte Wahrheitserkenntnis "zu einer Bewegung des Geistes auf die unmittelbare Ergreifung der ontologischen Wahrheit Gottes in sich selbst"[196] anleitet; schließlich auch aus der geschichtlichen Selbstbewegung der Formel. Diese Selbstbewegung ist für Rahner ein dialektischer Prozeß von bleibender Identität und geschichtlich neuer Gestaltwerdung. Rahner lehnt das Konzept eines Begriffs von Geschichte als ständigem Neu-Anfangen aber ebenso ab wie "versteinernde Bewahrung der menschlichen Erkenntnis..., denn...dieses Bewahren, das ein echtes Ein-für-allemal kennt, ist geschichtliches Bewahren nur, wenn - die Geschichte weitergeht und die Bewegung des Denkens von der erreichten Formel weggeht, um sie (sie, die alte, selbst) wiederzufinden"[197].

Trotz der Endlichkeit der Sätze verwehrt sich Rahner gegen ein skeptisches Wahrheitsverständnis: zwischen der begrenzten Aussagefähigkeit und dem Irrtum von Sätzen liegt ein "unendlicher qualitativer Abstand"[198] - ein Gedanke, den Rahner in der Auseinandersetzung um Küngs "Unfehlbar?" wieder vorbringen wird. Die Inadäquatheit eines dogmatischen Satzes kann nicht seine Unfähigkeit, eine Aussage auszudrücken, bedeuten. Glaubenssätze treffen die Sache, decken sich aber nicht mit ihr. Eben diese Nicht-Übereinstimmung, diese partielle Nicht-Identität mit dem ausgesagten Sachverhalt ermöglicht die Überholung, die Veränderung des Aussagemodus aufgrund der Veränderung der Erkenntnisperspektive. Auch hier versucht Rahner den Wandel der Formel

194 SzTh I 169
195 Ebd.
196 Ebd. 170.
197 Ebd.
198 Ebd. 54.

nicht allein auf die Seite menschlicher Erkenntnisbedingungen zu buchen, sondern Wandlungen müssen von der Offenbarung selbst her möglich sein: Heilsrelevanz hat dieser Wandel, weil Heil sich immer für konkret-geschichtliche Menschen ereignet und Geschichte nicht als das Andere der Offenbarung aufgefaßt werden darf, sondern gerade auch dort entsteht, wo Offenbarung geschieht.

In seiner Frühphase versucht Rahner noch deutlich, im Rückgriff auf sein transzendentalontologisches Konzept die metaphysische Unwandelbarkeit der göttlichen Wirklichkeit und des menschlichen Wesens mit der geschichtlich-kontingenten Veränderlichkeit des Menschen zu verbinden. Wenn sich der Mensch in seiner Geschichtlichkeit dem Absoluten öffnet, "dann wandelt sich zwar nicht die göttliche Wirklichkeit, es verwandeln sich auch nicht die Sätze über diese Wirklichkeit, die einmal wahr waren, in Irrtum, es wandelt sich aber bis zu einem gewissen Grad die Perspektive, unter der er durch diese Sätze hindurch diese Wirklichkeit sieht"[199]. Der Grund der Veränderung liegt somit in der Veränderlichkeit der Erkenntnisperspektiven, die so etwas wie ein empirisch nicht hintergehbarer lebensweltlicher Hintergrund sind. Gegen das neuscholastische (und neuzeitliche) Prinzip des "Erkenntnisfortschritts" setzt Rahner das Kriterium des "Wandels der Perspektive" - ein Gedanke, der in der Kritik des Fortschrittskriteriums in den Naturwissenschaften durch Th.S. Kuhn wiederzufinden ist. Aber nicht nur der Verständnishorizont unterliegt einem Wandel, sondern auch der Glaubensgehalt selbst. Erst ein gewisser auch inhaltlicher Wandel der Glaubensaussage ermöglicht überhaupt Dogmengeschichte, womit gegen die intellektualistischen Theorien festgehalten ist, daß die je neuen Formulierungen der geoffenbarten Wahrheit nicht bloß äußere Modifikationen sind, auch wenn vom einzelnen Christen oder Theologen nicht exakt festgestellt werden kann, worin die Identität mit dem alten Satz besteht.[200] Denn Offenbarung kann im Medium der menschlichen Geschichte nicht ankommen, wenn sie nicht von sich her offen ist für den jeweiligen geschichtlichen Aneignungsmodus. Das eröffnet die Frage nach dem zweiten Beitrag Rahners zur Diskussion um die Dogmenentwicklung, wie nun dieser Entwicklungsprozeß zu deuten sei.

b) Der Grundsatz von der Abgeschlossenheit der Offenbarung bedeutet negativ: Es gibt keine weitere Erkenntnis über das von Gott in seiner Selbstmitteilung in Christus Gesagte hinaus, so daß Kirche und Lehramt keine neuen Offenbarungen mitteilen, wenn sie ein neues Dogma definieren. Rahner ist sich der Spannung zwischen bleibender Identität und faktischer Entwicklung bewußt, denn dieses Problem reicht "hinunter bis in die dunklen Gründe der allgemeinsten Seinslehre über Sein und Werden, Durchhalten des Selbigen im Wechsel - und in die allgemeine Metaphysik der Erkenntnis und des Geistes, die dieselben Fragen nach der Wahrheit hinsichtlich ihrer Selbigkeit und echten Geschichtlichkeit zu-

199 Ebd. 55.
200 Ebd. 57.

gleich stellt"[201]. Rahners Lösungsvorschlag läuft auch hier auf eine doppelte Strategie hinaus: Zum einen versucht er, ein ungeschichtliches Verständnis der normativen Grundlage der Dogmenentwicklung, der Schrift, aufzubrechen und kreiert die kaum angemessene Formel einer "Dogmenentwicklung innerhalb der Schrift"[202]. Kaum angemessen ist sie deshalb, weil damit das Wort "Dogma" ziemlich äquivok verwendet wird, was zwar von der Begriffsentwicklung her möglich ist, den Aussageweisen der Schrift in historisch-kritischer Sicht aber nicht gerecht zu werden scheint. Zum anderen versucht Rahner sogenannte apriorische Rahmengesetze einer Dogmenentwicklung herauszufiltern, die den Entwicklungsprozeß transzendental ermöglichen. Das ist näher dazulegen.

Die Dogmenentwicklung innerhalb der Schrift ist ein theologischer Vorgang, der mit dem Aneignungsprozeß ursprünglicher Offenbarung in autorisierten Trägern entsteht. Weil aber die Schrift die "reine und darum eine absolut normative norma non normata bildende Objektivation dieses eschatologischen Anfangs des Endes, das die Urkirche ist"[203], bildet; weil diese Objektivation selbst ein theologie- und dogmenbildender Prozeß ist, darum gibt es für Rahner die echte Möglichkeit einer Entwicklung auch außerhalb der Schrift. Hat Rahner schon in seinem ersten Aufsatz zur Frage der Dogmenentwicklung den inneren Grund einer Entwicklung im zu differenzierenden Verhältnis zwischen *Grunderfahrung* der Apostel und späterer *Explikation* dieser Erfahrung[204] gesehen, so bestimmt er später diesen Grund durch den bereits ausgearbeiteten Offenbarungsbegriff. Danach muß es möglich sein, "daß die einmal mitgeteilte Wahrheit selbst nochmals ihre Geschichte hat, die sie nicht notwendig aus dem Bereich der göttlichen Offenbarung hinausführt, sondern deren Entfaltung sie selber ist"[205]. Damit kann aber die Geschichte der Entfaltung der Glaubenserkenntnis so gedacht werden, daß sie sowohl die normative Entfaltung der Schriftwerdung als auch die davon abgeleitete Entfaltung der Dogmengeschichte ist, die innerhalb des Offenbarungsbereiches verankert ist. Der neutestamentliche Schriftwerdungsprozeß ist dann ein dynamisches Selbstauslegungsgeschehen, in dem die Akte des Hörens und des Reflektierens nicht mehr adäquat trennbar sind. Der Anfang von Theologie- und Dogmenbildung ist bereits in der Explikation der ursprünglichen Offenbarungserfahrung gegeben. Gibt es also "innerhalb des NT eine glaubensverbindliche Dogmen, nicht nur Theologumena schaffende Theologie..., dann gibt es sie auch außerhalb des NT in der späteren Zeit der Kirche"[206].

Mit diesem Rückgriff auf eine Hermeneutik der Schriftauslegung geht eine Hermeneutik der Gesetzmäßigkeiten der Entwicklung einher, die sich gezielt von den intellektualistischen Modellen abgrenzt. Gegen

---

201 SzTh IV 14.
202 Ebd.
203 SzTh VI 111.
204 SzTh I 78.
205 SzTh V 37.
206 Ebd. 40.

eine ausschließlich auf logischer Rekonstruktionsbasis arbeitende Dogmentheorie behauptet Rahner die Einmaligkeit der Dogmenentwicklung, die durch keine formale Entwicklungslogik adäquat eingeholt werden kann. Offenbarung und Dogmengeschichte sind apriori überraschend und kein exakt auslegbarer Vorgang. Rahner argumentiert dabei mit den bereits erwähnten Gründen aus "Hörer des Wortes", daß Gott ein frei Handelnder ist und darum Geschichte ermöglicht, so wie der Adressat von Offenbarung selbst ein geschichtliches Wesen ist. Sichere Glaubenserkenntnis gewinnt Kirche "durch die lichte Kraft des Geistes im Kontakt mit der Sache selbst, eine Kraft, die sich des Logischen bedient, in ihm aber nicht aufgeht"[207]. Das heißt, daß Rahner den Entwicklungsprozeß und die Erkenntnisgewinnung transzendentaltheologisch aus der Gnaden- und Glaubenstheologie 'deduziert', insofern ein jeweiliger Glaubens*gegenstand* ermöglicht und getragen ist vom Glaubens*licht*. Geist und Gegenstand sind ontologisch geeint und von der übernatürlichen Gnade getragen, also von jenem Geschehen, das selbst schon Offenbarung ist. Mit dieser Theorie kann Rahner den geschichtlich-kategorialen Prozeß einer Dogmenentwicklung und die Qualifikation dieser Entwicklung als abgeleitetes Offenbarungsgeschehen verbinden. Das menschliche Wort ist somit durch die Begnadung des Geistes Träger göttlicher Wahrheitsmitteilung. Es ist die "höhere Mitte" zwischen einer Erkenntnis, die dem Erkennenden unmittelbar durch Erfahrung der Sache zugänglich ist, und einer Erkenntnis, die durch Zeugnis vermittelt wird. Gegen die scholastische These einer "locutio dei attestans", die zwar ihr eingeschränktes Recht hat, weil hinter das Wortzeugnis Gottes nicht zurückgegangen werden kann und kein wortloses Erfahren göttlicher Wirklichkeit (außerhalb der visio) möglich ist, betont Rahner, daß wir "dennoch nicht nur die Rede, sondern die Sache selbst"[208] als Gottes Mitteilung seiner Wirklichkeit im Geist haben. Wie dem menschlich begnadeten Wort eignet auch dem Dogma ein sakramentales, exhibitives Wesen, "durch das sich das selbst ereignet und selbst daseiend gesetzt wird, was es aussagt"[209].

Für Rahner muß die Lehrentwicklung nicht immer vom konkreten einzelnen Satz ausgehen, sondern kann auch ein unreflexes Wissen von einer Sache[210], in welcher reflexives Wissen verankert ist, eine Entfaltung anregen. Dieser Gedanke gehört zu den erkenntnistheoretischen Grundannahmen Rahners, die seine ganze Theologie durchziehen.[211] Rahner ist überzeugt von der Möglichkeit eines vorprädikativen bzw. unthemati-

---

207 SzTh I 64.

208 SzTh IV 24.

209 Dogma, in: HTTL 2, 54.

210 SzTh I 77.

211 Vgl. SzTh XIII, 26-33: Der Rückgriff auf das einheitsstiftende Ereignis der Offenbarung vor aller satzhaften Ausdifferenzierung "ist nicht notwendig und immer ein Rückgriff auf das deutlicher und expliziter schon immer Formulierte: der Rückgriff kann durchaus von einem im Glaubensbewußtsein der Kirche (in Schrift oder Tradition) gegebenen expliziten Satz auf eine dahinter liegende, globale, aber ursprünglichere Wirklichkeit gehen, die selber in diesem Rückgriff deutlicher und expliziter wird" (31).

schen, "bewußten", nicht "gewußten" Wissens, des unreflexen Habens einer Wirklichkeit, dem reflexes, satzhaftes Wissen nicht widerspricht. Es sind sich "gegenseitig bedingende Momente einer einzigen Erfahrung, die notwendig ihre Geschichte hat"[212]. Diese erkenntnistheoretische Position dürfte sowohl durch die transzendentalphilosophische wie die existentialhermeneutische Philosophie vermittelt worden sein. Gerade in Heideggers Philosophie ist ja vor jedem satzhaften Wissen schon ein Wissen um das In-der-Welt-sein, ein Erschlossensein von Welt gegeben. Rahner macht sich diesen Gedanken für seine Dogmentheorie insofern zunutze, als er sogar virtuell Implizites als Offenbarung verstehen will. Eine an axiomatischen Grundsätzen ansetzende Deduktion neuer Sätze gewinnt durch diese Position eine größere Bandbreite, weil der neue Satz nicht "'formell' gesagt..., wohl aber 'mitgeteilt'"[213] ist und deshalb als Offenbarung geglaubt werden kann.

Ein weiteres apriorisches Moment der Dogmenentwicklung ist ihre *ekklesial-kommunikative* Struktur. Als endgültige eschatologische Offenbarung in Inkarnation und Gnade impliziert sie den Begriff der Kirche[214], weil diese die Gemeinschaft der Gottes Wort Hörenden und Bezeugenden ist. Kirche ist nach Rahner dort, wo Gottes Selbstmitteilung endgültig wird, auch wenn damit nicht eine soziologisch erfaßbare Größe gemeint ist.

Schließlich ist Dogmenentwicklung ein Geschehen, dessen vielfältige Bedingungskomponenten eine "nicht auflösbare Einheit"[215] darstellen. Dogmentheorie hat darum immer zu achten, daß sie einen solchen organischen Prozeß nicht monokausal auf einzelne Faktoren reduziert und damit die Entwicklungslogik verfälscht.

c) Rahner hat synthetisch solche konstitutiven Momente benannt, die hier nicht weiter erörtert werden, weil die meisten Aspekte bereits thematisiert worden sind. Er führt die Komponenten "Geist und Gnade", das "Lehramt", "Begriff und Wort", die "Weitergabe", die "reflexe Gegebenheit des Dogmas *als* Dogma, *als* von Gott geoffenbart"[216], an. Statt dessen sollen noch Aspekte angesprochen werden, die erst der späte Rahner in dieser Deutlichkeit aufgezeigt hat. Er sieht hier den konflikthaften Prozeß in der Dogmenentwicklung deutlicher als früher. Solche Kämpfe werden auch in Zukunft eine Rolle spielen. Aber zugleich kann eine Akzentverschiebung im kirchlichen Bewußtsein festgestellt werden "von der objektiven Würde der Wahrheit an sich...zur Anerkennung und Respektierung der Würde des subjektiven Wahrheitsgewissens, das nie eliminiert werden kann, und die im Zweiten Vatikanum ihre deutlichste

---

212 SzTh I 77.

213 Ebd. 73. Dogmentheoretisch geht Rahner mit seinem Vorschlag "einen Mittelweg zwischen einer Auffassung, die die Dogmenentwicklung allein auf Explikation von Sätzen beschränkt, und einer Auffassung, die die Bindung der Dogmenentwicklung an das Wort übersieht" (*Hammans*, Erklärungen 187).

214 SzTh IV 18.

215 Ebd. 20.

216 SzTh IV 21-50.

Markierung - wieder unter nicht unerheblichen Kämpfen - gefunden hat"[217]. Rahner vermerkt nun auch die lehramtliche Revisionstätigkeit in der Dogmen- und Theologiegeschichte, die ebenfalls - oft verschwiegene - Fehlentwicklungen und Fehlentscheidungen aufweist.[218]

Dogmentheoretisch ebenso bedeutsam ist aber Rahners Begriff der "Amalgamierung"[219], der die Heteronomie und Profanität des dogmatischen Begriffsmaterials in Rechnung stellt. Die Rede von der Unwandelbarkeit einzelner Dogmen hat sich Rechenschaft darüber zu geben, daß die Begrifflichkeit der Dogmen selbst aus dem Steinbruch allgemein menschlicher und philosophischer Begriffe geschlagen ist, die ihre Profangeschichte weiterführen und damit auch das Verständnis eines Dogmas verändern. Mehr noch: Der Sinn eines Dogmas ist je paradigmatisch, weil "auch ein Dogma notwendigerweise unter Verstehensmodellen, in Zusammenhängen mit wirklichen oder vermeintlichen Einsichten profaner Art"[220], mit Emotionalitäten usw. steht. Damit muß aber nicht alles am "Dogma" Dogma sein, sondern es kann ein oft gar nicht adäquat unterscheidbares Amalgam aus letztgültiger Aussageintention und zeitgeschichtlicher Aussageweise vorliegen.[221] Dennoch ist das für Rahner kein Freibrief zur Außerkraftsetzung der Geltung eines alten Dogmas. Dogmen können nach rückwärts nicht revidiert, sondern nur nach vorne neu angeeignet werden. Ebensowenig darf "ein solcher Satz in seiner eigenen epochalen Situation...als Irrtum qualifiziert werden... Denn ein Satz, der ein gemeintes Wahres in einer bestimmten Epoche gar nicht anders als unter einem bestimmten Vorstellungsmodell usw. ('Amalgam') aussagen kann, darf nicht als irrig qualifiziert werden, weil er in dieser epochalen Situation die einzige Möglichkeit ist, die eigentlich gemeinte Wahrheit auszusagen. Wer damals einen solchen Satz sagte, hat damals die Wahrheit gesagt."[222] Solche Sätze können darum in der Auffassung Rahners nur aufgrund des geschichtlichen Wandels irrig werden, weil der ursprüngliche Verstehenshorizont verschwunden ist. Die stets andauernde Auseinandersetzung mit Vorstellungsmodellen und die Unmöglichkeit, jemals einen 'rein-geistigen' metaphysischen Satz zu sagen, sind gerade Anzeigen für "die Geschichtlichkeit auch der theologischen Wahrheit"[223]. Zu bedauern ist, daß Rahner diesen begrifflichen Vorschlag dogmenhermeneutisch nicht weiter ausgefaltet hat. Damit hat er zwar an Versuche angeschlossen, die siebzig Jahre vor ihm bereits Harnack und Loisy unternommen haben, sachlich aber brachte er, außer seiner transzendentaltheologischen Fundierung, keinen besonderen Fortschritt. Schließlich

---

217 SzTh XIII 17.
218 Ebd. 17-19
219 SzTh X 248.
220 Ebd.
221 Als Beispiele führt Rahner gerne den Substanzbegriff der Väter des Tridentinums, den dogmatisch lange aufrechterhaltenen Zusammenhang von Libido und Erbsünde sowie von Monogenismus und Erbsünde an.
222 SzTh XIII 25.
223 SzTh VIII 108.

vertritt Rahner sogar die keineswegs unbedeutsame Meinung, daß im Kontext eines unhintergehbaren Pluralismus der Gegenwart die Aufgabe des Lehramtes weniger in weiteren Definitionen von Glaubenssätzen liegt als vielmehr darin, die Substanz des Glaubens lebendig und zeitgerecht auszusagen.

3.2.2.2 Struktur der dogmatischen Aussage

Rahners Theologie steht im Dienste der Rechtfertigung des Glaubens vor dem Erkenntnisanspruch der Vernunft. Der Positivismus dogmatischer Lehrverkündigung wird von ihm strikt zurückgewiesen, nicht im Sinn einer Fallibilitätsunterstellung, sondern im denkerischen Versuch eines Theoriemodells, das metaphysische und kritische Vernunft in den Dienst gläubiger Existenz stellt. Sein Aufsatz "Was ist eine dogmatische Aussage?"[224], der für eine ökumenische Fachtagung entwickelt wurde, vereinigt systematisch nochmals Gesichtspunkte, die die Frage nach Struktur und Wahrheit von Glaubensaussagen und Dogmen zusammenfassen. Fünffach analysiert er Strukturmomente einer dogmatischen Aussage.

Ein *erster Aspekt* stellt den Bezug zum Wahrheitsanspruch profaner Aussagen her: "Eine dogmatische Aussage ist eine Aussage, die den Anspruch macht, auch in jenem formalen Sinn wahr zu sein, der uns aus der profanen Alltagssprache und -erkenntnis bekannt ist."[225] Diese These erweitert Rahner, indem er die theologische Aussage der formalen Gesetzmäßigkeit profaner Aussagen unterwirft: Verhältnis zum Aussagenden, Logik, Geschichtlichkeit der Begriffselemente, soziohistorische Kontextualität, Unterschiedenheit literarischer Genera, unreflexe Gemeinsamkeit zwischen Sprecher und Hörer - all das sind Momente, die der Sprachphilosophie und Linguistik geläufig sind. Eine dogmatische Aussage hat wie jede Aussage einen ausgesagten *Sachverhalt*, einen *Gegenstandsbezug* und *Objektivität*. Allerdings steht der ausgesagte Gegenstand im Modus eines "Ansich" einem Sprecher gegenüber. Gegen eine Abbildtheorie der Wahrheit grenzt Rahner die dogmatische Aussage durch das *analoge* Verhältnis zwischen Satz und Gegenstand ab. Die Möglichkeit analoger Aussagen besteht in der Transzendenz des Geistes, so daß ein transzendental-ontologisches Grundverhältnis zwischen Sein und Denken erst die reale Differenz in der endlichen Erkenntnisstruktur bestimmt. Diese Unterscheidung ermöglicht Rahner sogar die paradoxe Feststellung, eine vorbegriffliche, vorsatzhafte Erkenntnis könne *wahr* sein, auch wenn der begriffliche Ausdruck falsch ist[226]. Rahner bezieht

224 SzTh V 54-81. Vgl. auch *Füssel*, Wahrheitsanspruch.

225 Ebd. 56.

226 Ebd. 60. Wie Heidegger versteht Rahner hier die Idee der Wahrheit nicht ausschließlich von der propositionalen Aussagewahrheit her, sondern er setzt eine zuvor schon hermeneutisch erschlossene, also verstandene Wirklichkeit voraus.

sogar eine sprachpragmatische Komponente bei diesem ersten Gesichtspunkt ein, wenn er eine Differenz zwischen Sprecher und Aussage in bezug auf den gegenständlich-begrifflich vermittelten Wahrheitsanspruch einer Aussage und dem existentiellen Selbstvollzug solcher Wahrheit behauptet. Dieser Gesichtspunkt wird in der Diskurs- und Konsenstheorie der Wahrheit als eigener Geltungsanspruch, nämlich als Anspruch der *Wahrhaftigkeit* von Sprechern gekennzeichnet.

Die differentia specifica zur profanen Aussage kommt in der *zweiten These* zur Geltung: "Eine dogmatische Aussage ist eine Glaubensaussage"[227], sie ist Glaubensvollzug, nicht bloß Glaubensgegenstand, womit Rahner einen veräußerlichten Satzglauben zurückweist und in diesen Glaubensvollzug auch die Theologie hineinnimmt als eine "Entfaltung jener subjektiven Grundreflexion, die schon innerhalb des bloß gehorsamen Hörens auf das Wort Gottes, also im Glauben als solchem geschieht"[228]. Als praktisch-soteriologische Aussage bleibt der dogmatischen Aussage ihr Referenzbezug nicht äußerlich, sondern der Gegenstand der Aussage wird vergegenwärtigt.

Haben schon profane Aussagen einen kommunikativen Charakter, dann auch dogmatische. Darin liegt der *dritte Aspekt*: "Eine dogmatische Aussage ist eine im besonderen Maße ekklesiale Aussage."[229] Als ekklesiale, also für einen Kommunikationsort bestimmte Aussage, hat sie von sich her schon *normative* Funktion, ist also *regulativ* und besitzt Verpflichtungscharakter. Darum muß es nach Rahner - nicht aus institutioneller Notwendigkeit, sondern aus der sachlichen Implikation heraus - "lehramtlich verpflichtende Theologie"[230] geben. Der normative Charakter hat die Funktion, die Gemeinsamkeit einer Glaubensgemeinschaft zu ermöglichen, so daß Definitionsvorgänge eine "kommunitäre terminologische *Sprach*regelung"[231] sind. Daß Rahner damit inhaltlich einen theologischen Anknüpfungspunkt zur transzendentalpragmatischen Funktion einer Forscher- (Peirce) bzw. Kommunikationsgemeinschaft (Apel) als letzten Horizont der Einlösbarkeit von Wahrheitsansprüchen hergestellt hat, ist ihm natürlich nicht bekannt gewesen. Allerdings hat Rahner vor der Entwicklung einer Konsenstheorie der Wahrheit fragmentarische Überlegungen zu einer kollektiven Wahrheitsfindung[232] angestellt, was um so bemerkenswerter ist. Auch hier geht er von der *pragmatischen* Funktion der Wahrheit aus, insofern sie, sobald Menschen kommunizieren, eine "gemeinsame Gültigkeit der Spielregeln des zwischenmenschlichen Handelns"[233] ermöglicht. Sprache konstituiert Gemeinsamkeit und ermöglicht Transzendenz. Mit dieser Position kritisiert Rahner einen positivistischen Forschungsbetrieb, der den Dialog durch die anonyme Mit-

---

227 Ebd. 61.
228 Ebd. 62.
229 Ebd. 65.
230 Ebd. 66.
231 Ebd. 68.
232 Vgl. *Rahner*, Fragment.
233 Ebd. 104.

teilung von Tatsachen ersetzt hat. Das Ziel kollektiver Wahrheitsfindung liegt aber nach Rahner im *Konsens* zu einer Formel. Sie stellt keinen Dialogabbruch dar, weil eine angestrebte und erzielte Formel "immer auch gleichzeitig offen nach vorne [ist] und umfaßt [ist] von einer existentiellen Fraglichkeit, die nie ganz überholt werden kann."[234] Ja, je personaler eine in einer Formel ausgedrückte Wirklichkeit ist, um so prekärer und vorläufiger wird die Grenze sprachlicher Verständigung und Mitteilung, weil sie inadäquat bleibt gegenüber der nichtübersehbaren Vielschichtigkeit personaler Wirklichkeit. Die praktische Festlegung auf eine Formel hat auch ihre erkenntnistheoretische Auswirkung. Rahner sieht, daß die Einlösbarkeit eines Wahrheitsanspruches einer Formel praktisch auf ein "unendliches Gespräch"[235] hinausläuft, aber abgebrochen werden muß im Dienste einer Selbstverpflichtung auf einen möglichen Konsens. Der Konsens ist nie endgültig, immer offen für neue Formeln, schon deshalb, weil am Ende eines Gesprächs nicht absolut sicher festgestellt werden kann, ob alle Diskursteilnehmer dasselbe unter einer Formel verstehen. Ist das noch eher im theoretischen Diskurs naturwissenschaftlicher Erkenntnisbemühung gewährleistet, so ist eine solche 'Objektivation' "bei den Formeln, die den Menschen als ganzen und das ihn umfassende Geheimnis aussagen sollen"[236], nicht mehr möglich. Was unmittelbar einer Diskursgemeinschaft gemeinsam ist, ist der Satz, nicht sein Verständnis. Daraus schließt Rahner, daß dieser Umstand für eine Glaubenstheologie selbstverständlich sei, weil niemals sicher erkannt werden könne, ob ein Sprecher den Sinn einer Aussage auch existenziell absolut übernommen habe. Und von daher ergebe sich auch ein natürlicher theologischer Schulpluralismus, dessen Sprachspiele sogar inkommensurabel werden können aufgrund ihrer unaustauschbaren Verständnissysteme. Denn: "Jede Formel erhält ihren *ganzen* Sinn vom *ganzen* Bezugssystem jedes Sprechenden. Diese Systeme als ganze lassen sich nicht mehr adäquat vergleichen."[237] Die Sinnhaftigkeit einer Einigung auf Formeln liegt nicht zuletzt darin, daß das Gespräch von einem Urvertrauen lebt, daß Wahrheit möglich ist, daß der Mensch letztlich aus der Wahrheit nicht herausfallen kann.

Rahner hat mit diesen Reflexionen Fragen und Kontexte angestoßen, die in ihrer Konsequenz von seiten der Theologie nicht weiterverfolgt worden sind. Dieses kleine Fragment hat mehr Sprengkraft für ein klassisch theologisches Wahrheitsverständnis in sich als so manche stupende Arbeit. Daß diese Gedanken und begrifflich-sachlichen Vorwegnahmen der heutigen wahrheitstheoretischen Diskussion in einem so spezifischen Ansatz, wie Rahners Theologie nun einmal ist, möglich waren, zeigt, wie offen Rahner seinem System selbst gegenüberstand. Aus dem Gesamtduktus dieser Arbeit aber bestätigt sich hier nochmals, daß systematische

---

234 Ebd. 107.
235 Ebd. 108.
236 Ebd. 109.
237 Ebd.

Überlegungen der Wahrheitsfrage seit dem "Modernismus" auf fundamentaltheologische Aspekte stoßen, die am fruchtbarsten in einem transzendentalpragmatischen Ansatz vermittelbar sind.

Ist der letzte Horizont der Kommunikationstheorie der universale Horizont einer herrschaftsfrei agierenden und kommunizierenden Menschheit, so ist Rahners letzter Horizont theologischer Aussagen natürlich Gott selbst, sodaß eine theologische Aussage "eine Aussage ins Mysterium hinein"[238] ist. Diese *vierte These* sagt zunächst, daß der Aussagegehalt dogmatischer Sätze zur Sache selbst führen soll und nicht leere Verwiesenheit, asymptotische Annäherung bleiben will. Die Möglichkeit, daß Erkenntnisakt und Erkenntnisziel zur Einheit kommen, hat ja Rahner ontologisch in "Geist in Welt" und theologisch in seiner Gnadentheologie aufgewiesen. Theologisch-dogmatische Rede will im eigentlichen Sinne *praktische* Hinführung zur "gnadenhaften Erfahrung des absoluten Geheimnisses"[239] sein. Diese Erfahrung liegt jeder Gegenständlichkeit voraus, so daß die theologische Aussage nie mit der kategorial-profanen Aussage als einer Subjekt-Objekt-Relation zu verwechseln ist. Damit ist auch festgehalten, daß Rahners theologische Rede vom Subjekt nicht mehr vom Paradigma gegenständlicher Erfahrung ausgeht, sondern von der transzendentalen Grunderfahrung einer Beziehung, "durch die...der Mensch sich nicht als autonomes Subjekt erfährt, das eine Objekt-Subjekt-Beziehung herstellt oder in transzendentaler Autonomie vorwegnimmt, sondern sich selbst als der Gesagte vom unsagbaren Geheimnis her zugeschickt und überantwortet erfährt"[240]. Dieses Anliegen hat Rahner mit Leidenschaft verfolgt, damit Rede von Gott nie zur gegenständlichen Objektivierung gerinnt. Vor aller Rationalität ist nach Rahner der Mensch "das Wesen des Geheimnisses"[241]. Glaubensaussagen erhalten ihre Rationalität nicht von der Vernunft, sondern umgekehrt: Vernunft selbst ist das "Vermögen des Anwesenlassens des Geheimnisses"[242]. Theologische Erkenntnistheorie unterscheidet sich von profaner darin, daß die theologische Aussageweise des Unbegreiflichen nicht vorläufiges Noch-nicht-Wissen ist, sondern bleibendes Verweisen und Gegenwärtighalten des Unsagbaren. In diesem Punkt hat die Schultheologie das Verständnis des Sinngehalts von Glaubensaussagen völlig verfehlt, weil sie die Geheimnishaftigkeit nur als *kognitive* Verschlossenheit verstanden und insofern dem Vorwurf der Irrationalität von Glaubensaussagen Vorschub geleistet hat.

Rahner grenzt schließlich *fünftens* die dogmatische Aussage noch vom ursprünglichen Offenbarungswort und der ursprünglichen Glaubensaussage selbst ab[243], deren satzhafte Objektivation die Schrift darstellt, auch wenn diese nicht ein reflexions- und theologiefreies Zeugnis

---

238 SzTh V 72.
239 Ebd. 74.
240 SzTh VIII 174.
241 Begriff des Geheimnisses 68.
242 Ebd. 57.
243 SzTh V 75.

ist. Theologische und dogmatische Aussagen sind immer von jenem Geschehen der unmittelbaren Offenbarung abgeleitet und in ihrer Begründungspflicht darauf zurückverwiesen.

3.2.2.3 Der kirchlich-institutionelle Charakter der Glaubenswahrheit

An anderer Stelle dieser Arbeit wurde der Zusammenhang von Kommunikationsgemeinschaft - Sprechhandlung - Normativität bereits erwähnt und die Bedeutsamkeit gegenwärtiger sprachphilosophischer Analysen für eine theologische Sprachtheorie hervorgehoben[244]. Bemerkenswert dabei war die Verwiesenheit von performativen Äußerungen auf jene konstativen und normativen (institutionellen) Aussagen, die nötig sind, damit solche Sprechakte 'gelingen' können. Daß Wahrheit immer schon als ein normativer Anspruch gesehen wurde, ist eine Binsenwahrheit, die nicht erst mit der modernen Sprachpragmatik entdeckt wurde. Die Sprachpragmatik korrigiert allerdings ein Wahrheitsverständnis, das durch eine empirsch-logische Rationalisierung des Wissens entstand. Dieses Wahrheitskonzept erhielt seinen spezifischen, absolut normativen Anspruch am prägnantesten im Logischen Positivismus: Ihm zufolge ist in deskriptiven Sätzen ausschließlich das wahr, was auch wissenschaftlich verifizierbar sei. Der Reduktion eines auf Logik und naturwissenschaftliche Überprüfbarkeit beschränkten Wahrheitsbegriffs fielen normativ-ethische, ästhetische und religiös-metaphysische Behauptungen als subjektive Meinungen zum Opfer. Demgegenüber stellen aber gerade religiöse Basis-Sätze Aussagetypen dar, deren *assertorischer Charakter* getragen ist vom *kommunikativ-normativen Geschehen* der *Glaubensgemeinschaft*, in besonderer Weise dort, wo solche Sätze definiert und vorgelegt werden. Daraus ergeben sich folgende Fragen: Korrespondiert der Autorität der Wahrheit eine Wahrheit der Autorität, besser gesagt: eine Legitimität des Amtes, der Autorität als 'Hüterin' der Glaubenswahrheit? Kann ein solcher Zusammenhang heute überhaupt noch einsehbar gemacht werden? Welche Antwort gibt Rahners Theologie auf die Frage nach Lehramt, Wahrheit, Unfehlbarkeit?

Daß für Rahner Glaube und Theologie im letzten und vollsten Sinn nur kirchlich vollziehbar sind, gehört zu seinen selbstverständlichen Grundüberzeugungen, die im Rahmen unserer Frage nicht ausdrücklich besprochen werden müssen[245]. Von daher erklärt sich seine natürliche Achtung des Lehramtes und ihrer Lehräußerungen, die für den frühen Rahner, "das Erste und Letzte in der Theologie sind"[246]. Mit einer solchen Option hat sich Rahner aber nicht kritiklos dem Lehramt unterworfen, sondern er hat zugleich die theologische Aufgabe ernst genommen, kriti-

---

244 Vgl. 2.3.3 dieser Arbeit.
245 Näheres dazu siehe *Kehl*, Kirche 172-181.
246 SzTh II 8.

sche Theologie in jenem Bemühen zu betreiben, einen zeitgemäßen Zugang zum Glauben zu erschließen.

Bei diesen Überlegungen soll es weniger um das praktische Verhältnis von Theologie und Lehramt, Glaubensgemeinschaft und amtlicher Lehrautorität gehen, sondern um den systematischen Bezug von Offenbarungswahrheit und institutionellem Lehramt.

Schon oben wurde die Frage gestellt, ob Rahners transzendentaltheologische Reflexionsweise nicht letztlich alle Kategorialität und Konkretheit des Offenbarungsgeschehens in die Allgemeinheit des begnadeten Geistes auf-hebt, so daß alle historisch und sprachlich sedimentierte Glaubenswirklichkeit bloß reflexer Ausdruck eines transzendentalen Möglichkeitsgrundes ist. Welche Bedeutung kommen Kirche und Lehramt zu, wenn Offenbarung als Selbstmitteilung Gottes schon in Jesus Christus geschehen ist ?

Bemerkenswert ist, daß Rahner in seinem "Grundkurs" ausdrücklich auf das Verhältnis von Subjektivität des Glaubens und Objektivität des Kirchlich-Institutionellen reflektiert und die scheinbare Stoßrichtung einer Transzendentaltheologie korrigiert. Ja, Rahner setzt bereits beim Wesen der Religion an, wenn er meint, daß ihr etwas Entscheidendes fehle, wenn sie "nur das wäre, was je ich als die Darstellung und Interpretation meines eigenen Daseinsgefühls und meiner eigenen Daseinsdeutung empfinde"[247]. Zur Religion gehört das Autoritative wesentlich dazu, in ihr tritt eine Objektivität entgegen, die nicht verfügbar ist, sondern verfügt, auch wenn das Institutionelle und Autoritative der Religion nicht die Aufhebung des persönlichen Glaubens sein kann. Somit ist für Rahner das Christentum erst dann "die Religion des fordernden, meine Subjektivität gleichsam aus sich herausrufenden Gottes..., wenn es in einer Kirchlichlichkeit autoritativer Art mir entgegentritt"[248]. Gegen einen Heilsindividualismus wird betont, daß die Frage nach Kirche nicht bloß eine zweckmäßig-funktionale sein kann, sondern sich aus dem Wesen des Christentums *notwendig* ergibt. Einer Fehlinterpretation seiner eigenen Theologie will er vorbeugen, indem er diese *beiden* extremen Alternativen verwirft: "Entweder ist Geschichte selber heilsbedeutsam, oder das Heil geschieht nur in einer subjektiven, letztlich transzendentalen Innerlichkeit, so daß das übrige menschliche Leben damit eigentlich nichts zu tun hat."[249] So wie oben aber erwiesen wurde, daß Geschichte konkrete Heilsgeschichte ist und Heil nur von Geschichte her erfahrbar ist, so ist Kirche "ein Stück Christentum als... Heilsereignis...selber"[250]. Denn das Gemeinschaftliche, Intersubjektive und Institutionelle kann vom Wesen des Menschen nicht abgelöst werden, sondern hat wie die Freiheit und Geistigkeit seine Heilsrelevanz und -signifikanz. Die Bedeutsamkeit von Kirche in einer anthropologischen Argumentation erhält aber erst durch

247 Grundkurs 333.
248 Ebd. 334.
249 Ebd.
250 Ebd. 332.

das theologische Argument einen universalen Stellenwert: sie ist jene "gesellschaftlich legitim verfaßte Gemeinschaft, in der durch Glaube und Hoffnung und Liebe die eschatologisch vollendete Offenbarung...in Christus als Wirklichkeit und Wahrheit für die Welt präsent bleibt"[251]. Kirche kann es nur geben in der eschatologischen Phase der endgültigen Offenbarung Gottes, die durch Jesus Christus vermittelt ist. Darum gibt es für die Kirche als Gemeinde derer, die diese irreversible Nähe Gottes zum Menschen in Jesus von Nazaret bekennen und verkünden, keinen anderen Grund als den christologischen. Ist nun Jesus Christus die absolute Vermittlung Gottes im Menschen, so kann Rahner Kirche ebenso als die Präsenz Gottes in Wahrheit und Liebe verstehen, so wie er auch Jesus Christus begreift. Kirche ist Präsenz Gottes, "insofern der Vater als die im Sohn ausgesagte Wahrheit sich offenbart und zu eigen gibt und gerade so Vater, unfaßbares Geheimnis bleibt, im Wort ausgesagtes Geheimnis ist."[252] Von dieser trinitarischen Perspektive ausgehend behauptet Rahner als erste Grundfunktion von Kirche das *Bekennen und Bezeugen der Wahrheit Gottes* in seinem Wort. Ist diese Wahrheit indefektibel aufgrund ihrer eschatologischen Eigenart, dann auch Kirche. Kirche ist die *bekennende Institution der Wahrheit,* nicht von sich her, sondern einzig aus dem Offenbarungsereignis. Ihre Wahrheit ist nicht Summe einzelner göttlich autorisierter Sätze, sondern "gnadenhafte Selbstmitteilung Gottes"[253].

Auffallend und heute schon befremdend wirkt dabei die glatte, beinahe triumphal klingende Sprache Rahners in der Begründung der Unfehlbarkeit der Kirche: "Die Kirche als Größe der Endzeit, als endgültige Heilsgemeinde Gottes, die nur noch durch die Glorie des sich unmittelbar enthüllenden Gottes, aber durch kein weiteres innerweltlich-geschichtliches Ereignis mehr abgelöst werden kann, muß unbesiegbar, also unfehlbar sein."[254] Diesen Ton hat Rahner in so direkter Weise später nicht mehr angeschlagen, ja er sieht zunehmend die praktischen Konsequenzen dieser essentiellen Eigenschaft. Dort, wo Kirche sich als Wahrheit selbst vollzieht, hat deutlich zu werden, "daß die lehrende Kirche im Vollzug ihres Lehrcharismas die horchende, hörende, glaubende ist"[255]. Rahner hat nie einen Zweifel darüber gelassen, daß die Indefektibilität am höchsten im kirchlichen *Glaubens*vollzug zum Ausdruck kommt, von dem her der *Lehr*vollzug gesehen werden muß, und nicht umgekehrt.

Damit sind Lehramt und Lehrautorität der Kirche eine institutionelle und theologische Konsequenz aus dem eschatologischen Wesen der Kirche. Nach Rahner gibt es das eine nicht ohne das andere: "Die Kirche wäre nicht die eschatologische Heilsgemeinde, wäre sie nicht im 'unfehlbaren' Besitz der Wahrheit."[256] Als "Fortsetzung der geschichtlichen Greif-

---

251 Grundlegung 118.
252 HPTh I 123.
253 Ebd. 124.
254 Schriftinspiration 78.
255 HPTh I 124.
256 Lehramt 884f.

barkeit Christi"[257] sind ihr Amt und ihr sakramentaler Selbstvollzug Ausdruck der 'Heilsfrucht' und des 'Heilsmittels'. Ist der Kirche das Bleiben in der Wahrheit verbürgt, so ist jene Konsequenz für Rahner unproblematisch, daß sich eben diese Wahrheit in konkreten Sätzen äußert, wenn auch unter ganz bestimmten Definitions-Kriterien und ohne Aufhebung der geschichtlichen und erkenntnistheoretischen Aspekte konkreter Satzwahrheit. Dort, wo das Lehramt einen Glaubenssatz definiert, vollzieht sich "jene ursprünglichere Wahrheit selbst..., die die Sache des Christentums"[258] und die eigentliche "res" jeder theologischen Aussage ist: Gottes Selbstmitteilung in Gnade und Wort.

Die gnadentheologische Insistenz auf der absoluten Verläßlichkeit der Ankunft des Heils erklärt auch Rahners heftige Abweisung der Position Küngs. Im Streit um die Interpretation der Unfehlbarkeit mit ihm ging es Rahner nicht um die Verteidigung einer institutionell-befremdlichen, vielleicht sogar doktrinär-entmündigenden Besonderheit, sondern um eine Grundaussage der Kirche und des Christentums überhaupt. Dabei kennzeichnet Rahner die besondere Eigenart des Satzes der Unfehlbarkeit mit einem Rückgriff auf die Erkenntnis- und Wissenschaftstheorie: Er meint, daß erkenntnistheoretisch dieser Satz selbst nicht nochmals in einer anderen unfehlbaren Instanz begründet werden kann und darum paradoxerweise nicht "auf *die* Weise sicher sein [kann], wie die Sätze, die als unfehlbar wahr durch ihn garantiert sind"[259]. Die Möglichkeit wahrer, unfehlbarer Aussagen ist also nach Rahner sowohl theologisch (wo es absolute Selbstmitteilung Gottes gibt) wie transzendental-anthropologisch (wo der Mensch sich in Geist und Freiheit in einer letzten Entschiedenheit verwirklicht) gegeben - die Evidenz dieses Umstandes aus seinem wahrheitstheoretischen Grundansatz machte auch wohl deshalb die Verständnisschwierigkeit mit Küng aus. Gerade weil es auf dieser Ebene keine Weiterentwicklung gab, darum - so kann aus heutiger Perspektive gesagt werden - gab es auch keine wesentliche Fortsetzung des Disputes. Diese Erkenntnis trifft wohl auf beide Kontrahenten zu, denn auch Rahner hätte seine fragmentarischen Überlegungen zum Wahrheitsbegriff neu ordnen und weiterentwickeln müssen. Und Rahner hätte aus der Fülle seiner Reflexionen zur Dogmenentwicklung, zur Beziehung von Theologie - Dogma - Lehramt, zum Sinn eines Dogmas in einem je historischen Kontext, zum Verhältnis von transzendentaler und kategorialer Wahrheit usw. dazu die Möglichkeit gehabt.[260] Indem Rahner in metatheoretischer Reflexion das Infallibilitätsdogma als eine Aussage bestimmt, die erst andere, mit absolutem Engagement definierte Sätze des Glaubens als wahr verbürgen kann, hat er sich selbst auch von der Weiterentwicklung der Wahrheitsfrage von religiösen Sätzen dispensiert - ein

---

257 SzTh II 102.

258 Kritik 44.

259 Begriff der Unfehlbarkeit 18f.

260 Vgl. auch *Baum*, Truth 40: "Karl Rahner is not as open to Küng's new book as his own principles might have permitted him to be. It seems to me that at this point nobody knows the answer to the uncomfortable questions raised by Küng".

Problem, das möglicherweise in der Vielschichtigkeit des Rahnerschen Denkens, das zwischen erkenntnismetaphysischen, transzendentalontologischen und existentiell-kommunikativen Theoriemodellen pendelt, begründet ist.

Auch wenn Rahner immer wieder betont, daß das Lehramt seine Autorität nicht auf einen bloß formalen Aspekt gründen darf, sondern sachlich zu argumentieren hat; wenn für ihn klar ist, daß trotz hierarchischer Amtsstruktur die Praxis der demokratischen Abstimmung bei der Vorlage einer Definition seit den Anfängen der Kirche üblich sei und von daher der kommunitäre Aspekt der Wahrheitsbezeugung der Repräsentanten der Glaubensgemeinschaft zum Ausdruck komme[261]; wenn er immer wieder betont, daß nicht alles an einem Dogma in der selben Weise jene absolute Wahrheit aussagt, auf die sie ausgerichtet ist, so kann das katholische Kirchenverständnis mit seinem unfehlbaren Lehramt in Episkopat und Papst doch letztlich kein Stolperstein für den Glaubenden sein. Aber daß es gerade kein Stolperstein wird, liegt an einer kommunikativen und nicht autoritativen Einsehbarkeit des Zusammenhangs von Wahrheit und Normativität. Dieser Zusammenhang ist selbst ein praktischer und hat sich im dialogischen Umgang auszuweisen. Sonst desavouiert sich die Rede von Gottes siegreichem Zu-uns-Kommen, das besonders im päpstlichen Amt Ausdruck findet, durch eine autoritär-repräsentative Praxis dieses Amtes.

Die Frage nach der Wahrheit dogmatischer Sätze und deren Eingebundensein in den institutionell-normativen Rahmen einer Glaubensgemeinschaft ist aber nicht nur ein internes theologisches oder ekklesiologisches Problem, sondern gipfelt in der massiven Selbstbehauptung der neuzeitlichen Lebenswelt, im Pluralismus von Weltanschauungen und wissenschaftlicher Erkenntnisgewinnung und in der konsequenten Relativierung des christlichen Wahrheitsanspruchs im Kontext der immer mehr in das Bewußtsein eindringenden Weltreligionen. So ist in einem letzten Gang zu fragen sein, inwiefern Rahner diese Herausforderungen in seiner Theologie und in seinem Wahrheitsverständnis verarbeitet hat. Pluralismus, Weltanschauungen, Weltreligionen, nicht zuletzt die verschiedenen christlichen Konfessionen sind ja letztlich *die* Ursache für die Krise des abendländischen Wahrheitsverständnisses. Wo sich unterschiedliche oder gar kulturell und paradigmatisch sich entgegensetzende Wahrheitsansprüche treffen, dort wird die Konzentration auf die dialogischen Bedingungen der Wahrheit und Wahrheitsfindung drängend. Wie also denkt Rahner eine "Ökumene der Wahrheiten"?

Die Themen "Weltbildumbruch", "Dialog der Weltanschauungen und Religionen" und "Theologie im Dialog mit Philosophie und Naturwissenschaft" schließen die Untersuchung über das Wahrheitsverständnis im Werk Karl Rahners ab.

---

261 SzTh IX 348-358.

3.2.3 Der absolute Wahrheitsanspruch des Christentums in der pluralen Welt

3.2.3.1 Der Umbruch des Weltbildes[262]

Rahners Theologie ist eine mit seiner Biographie untrennbar verwobene 'Theologie des Überganges'. Selbst noch in der Schultheologie ausgebildet, erfährt er die Unveränderlichkeit und Sterilität der Lehrbuchdogmatik bis in die unmittelbare Gegenwart: "Dort, wo sie Dogmatik ist - d.h. weder Dogmengeschichte oder deren kümmerliche Brosamen noch haute vulgarisation -, unterscheidet sich eine heutige Dogmatik nicht von ihren Vorgängerinnen vor 200 Jahren."[263] Dennoch wäre der Dogmatik wegen ihrer prinzipiellen *Sachgemäßheit* der Zugang zur *Zeitgemäßheit*[264] nicht versperrt gewesen; statt dessen verzichtete sie auf zeitgemäße Lebendigkeit zugunsten traditionsverhafteter Orthodoxie.[265] Aber selbst Rahners Bemühen um eine gegenwartsbezogene Theologie wurde nun sukzessive mit dem Umbruch des Weltbildes konfrontiert, so daß sich auch die Frage nach der Rechtgläubigkeit von Glauben und Theologie radikal anders stellte.

Eindrucksvoll kann dieser Vorgang an einem kaum beachteten Thema in Rahners Werk beobachtet werden, und zwar an der Frage nach der Häresie. Häresie als objektive Verfehlung des gemeinsam artikulierten Glaubens des Christentums ist deshalb für das Wahrheitsverständnis der Kirche so zentral, weil nur in der christlichen Religion die Auffassung besteht, daß eine Mitteilung einer absoluten Wahrheit in der Geschichte ergangen ist und daß eben *diese Wahrheit* heilsbedeutsam ist. Darum ist es für das Christentum nicht belanglos, wenn das Wahrheitsethos schwindet und es gleichgültig wird, wie eine Wahrheit erkannt und was als wahr erachtet wird. Die Häresie stellt darum eine Lehre dar, "die gegen ihren Willen das Ganze eines geistigen Daseins bedroht, insofern dieses sich auf den Bezug zu dem einen und ganzen Offenbarungsereignis gründet, das auch der Häretiker bejaht"[266]. Die Bedrohung der Häresie liegt in der mutwilligen Gefährdung einer gemeinsamen Wahrheitsüberzeugung, die Heilsrelevanz hat. Das Verfehlen dieser Wahrheit ist

---

262 *F.-X. Kaufmann* (Religion und Modernität, Tübingen 1989) charakterisiert die Selbstdeutungsmuster zeitgenössischer Kultur mit vier Grundbegriffen: Säkularisierung, Pluralismus, Individualismus und Modernität. Obwohl der kognitive Umbruch des antik-mittelalterlichen Weltbildes bereits Jahrhunderte zurückliegt, ist soziologisch erst nach dem Zweiten Weltkrieg die kulturelle Verankerung in allen Schichten festzustellen. Am Verzögerungseffekt war durchaus die katholische Kirche beteiligt: "Gerade das *traditionalistische Moment* war es, das die Stabilisierung der katholischen Weltanschauung im 19. Jahrhundert als Antimodernismus ermöglichte" (219f). An die Stelle des subkulturell und schichtenmäßig stabilisierten Traditionalismus rückte seither aber die pluralistische Öffentlichkeit.

263 SzTh I 11.

264 Ebd. 15.

265 Ebd. 22.

266 Häresie 529.

nicht bloß ein intellektuelles oder sittliches Unvermögen, sondern ist mit Schuld verbunden. Denn die aussagbare Wahrheit des Glaubens als solche "ist schon hier auf dieser Erde so existenz- und heilsbegründend, daß sie hier erreicht und angenommen werden muß, soll das Heil überhaupt gefunden werden"[267]. Von daher erklärt sich der antihäretische Affekt des Christentums, den Rahner in seinen auch schrecklichen und blutigen Auswirkungen keineswegs rechtfertigen will; aber er sei eben nur verstehbar, wenn der innere Zusammenhang von Wahrheit und Heil begriffen werde.

Zu diesen prinzipiellen Erörterungen Rahners zum Häresiebegriff sollen einige Überlegungen angestellt werden. Besteht nicht zwischen Wahrheit und Gesellschaft ein ebenso inhärenter Zusammenhang wie zwischen Wahrheit und Heil? Das will besagen, daß jede Wahrheitserkenntnis, die für eine Gemeinschaft absolut verbindlich und regulativ sein will, *sozialintegrative* Funktionen übernimmt. Wahrheitserkenntnis ist dann nicht bloß ein intellektueller Glaubensvorgang, sondern ebenso ein wechselseitiger Prozeß von gesellschaftlich gebundenen Erkenntnismöglichkeiten und je überlieferten Wahrheitsbeständen. Das heißt, daß die Wahrheit des Glaubens immer eine je *konkrete* Wahrheit ist. Wahrheit ist somit immer nur *kontextuelle Wahrheit* - nur darum gilt, daß eine Geschichte der Orthodoxie eben nie ohne den Schatten einer Geschichte der Häresie denkbar ist. Das zeigt sich am Beispiel gerade jener Theologen, die am intensivsten um die Wahrheit des christlichen Glaubens gerungen haben. Sie selbst standen immer wieder am Graben der irrigen Interpretation des Glaubens oder wurden nicht selten schon selbst darin gesehen. Je stärker nun die Wahrheit des Christentums sozialintegrative Funktionen für ein Reich, für eine Gesellschaft oder gar eine Kultur übernommen hat, um so gefährlicher wurde auch das Verfehlen einer solchen Wahrheit. Die Heilsrelevanz hat sich leider in einem oft überzogenen Maße mit sozialer Relevanz gekoppelt. Der Häretiker bedrohte dann nicht bloß eine Wahrheit, sondern auch die Gesellschaft. Beides, Wahrheitserkenntnis und die sozial-integrative Funktion von Wahrheit, hat im Zuge der Neuzeit und erst recht in der Moderne radikale Wandlungen durchgemacht. Gerade die kriegerische Konfliktaustragung der konfessionell gespaltenen Christenheit hat die Wahrheit des Christentums in Verruf gebracht. Der nach außen legitimierte Kampf um die Heilssubstanz der Wahrheit des katholischen oder protestantischen Glaubens wurde zur absoluten Bedrohung für die soziale Integration und die Wahrheit des Glaubens selbst! Der daraus sich entwickelnde Toleranzgedanke hat einem problematischen Wahrheitsethos zu Recht einen heftigen Schlag versetzt und zugleich die Möglichkeit für neue Wahrheitsgehalte (Meinungs- und Gedankenfreiheit, Freiheit der Wissenschaft, Religionsfreiheit usw.) eröffnet, welche die Aufklärung auf den Begriff gebracht hat und welche die demokratischen Bewegungen in politische Handlungsorientierungen umgesetzt haben. Damit war erstmals die Tür für eine Entwicklung geöffnet,

267 Ebd. 535.

an deren Ende heute der Pluralismus der Werte und Wahrheiten steht. Sollte diese Entwicklung aus dem Geist des Christentums gegen das Christentum gekommen sein, dann stellt sich nun die Frage, wie Rahner das in den Reflexionskomplex Wahrheit-Häresie aufnimmt. Läßt sich hier eine Entwicklung feststellen?

In der Tat begreift Rahner in seinem ersten Aufsatz[268] den schon feststellbaren "Gestaltwandel der Häresie" noch ohne systematische Reflexion auf die gesellschaftlich-pluralistische Situation im Begriff der "kryptogamen Häresie"[269]. Das ist eine Haltung, die eine abweichende Glaubensauffassung in den indifferenten, privaten Bereich der persönlichen Meinung abschiebt und öffentlicher Rechtfertigung entzieht. Die negativen Konnotationen, die Rahner in der Analyse mitschwingen läßt, sind unübersehbar. Zwölf Jahre später bedenkt Rahner dieselbe Problematik im Hinblick auf die geistige Situation der Gegenwart. Hier nun wird der Anschluß an die Moderne entschieden nachvollzogen, denn diese geistige Situation stellt etwas absolut Neues in der Geschichte dar, und zwar "die unübersehbare, von keinem einzelnen mehr bewältigbare Fülle der Erfahrung, des Wissens und der Wissenschaften, die gerade *in* dieser Unbewältigtheit (so paradox es erscheinen mag) die geistige Situation des einzelnen mitbestimmt"[270]. Das bedeutet, daß der Daseinsraum des Menschen vom einzelnen weder umfassend gedeutet noch verantwortet werden kann, so daß bei der Beurteilung des Wahrheitsgewissens des einzelnen andere Maßstäbe herangezogen werden müssen als in weltanschaulich homogeneren Zeiten. In der dritten Studie zur Häresie[271] schließlich nimmt die geistesgeschichtliche Analyse überhaupt den phänomenologischen Standort ein. Rahner kommt nun sogar zu einer positiven Beurteilung des spätindividualistischen Menschen von heute: Dieser Mensch weiß um die Freiheit und zugleich um die Bedeutsamkeit kollektiver Wahrheitsfindung. Daß er sogar in der Kirche bleiben will, ist nun nicht mehr Ausdruck einer privatistischen Verweigerung eines prinzipiell öffentlich zu rechtfertigenden Glaubens, sondern die Relativierung eines Skeptizismus und Relativismus selbst! Der Freiheit des einzelnen Glaubenden versucht Rahner insofern Rechnung zu tragen, als er von einer legitimen Differenz zwischen individuellem und kollektivem Glaubensbewußtsein[272] spricht. So bedeutet diese Situation, daß dem Menschen von heute, der "Häretiker innerhalb der Kirche sein"[273] will, anders zu begegnen ist, und auch die Rede von Wahrheit hat in einer differenzierteren Sicht zu erfolgen. In diesem Sinne verweist Rahner auch auf das Konzil, das von einer Hierarchie der Wahrheiten (UR 11) spricht. Rahner hat das Problem Wahrheit - Häresie immer differenzierter beurteilt. Die Relevanz der Wahrheitserkenntnis und der Zustimmung zu ihr

---

268 Gestaltwandel.
269 Ebd. 887.
270 SzTh V 555.
271 SzTh IX 453-478.
272 Ebd. 460.
273 SzTh IX 458.

hat sich auf Bereiche verschoben, die geprägt sind von einem gemeinsamen *Unterwegssein* zur Wahrheit in Zeiten, wo das "Ganze eines geistigen Daseins"[274] nicht mehr in einer gemeinsamen Sprach- und Erkenntnisgestalt gegeben ist. Das sollen die folgenden Erörterungen noch deutlicher hervorheben.

Der Pluralismus ist keineswegs ein bloß erkenntnistheoretisches Problem. Er ist eingebettet in den Verlust eines einheitlichen metaphysischen Weltbildes, der praktisch ein völlig neues Lebensgefühl des modernen Menschen auslöste.[275] Die Grundeinstellung des Menschen zum Transzendenten, die sich früher am Grundverhältnis Mensch - Natur zeigte, vermittelt sich nun über die durch Naturwissenschaft und Technik erzeugte Erfahrung einer - sich selbst entwickelnden - Prozeß-Natur. Die Kosmozentrik schlägt endgültig auch praktisch in eine Anthropozentrik um, was nicht heißt, daß damit schon automatisch eine Humanisierung der Welt ausgelöst wird. Was die Gotteserfahrung anlangt, so konstatiert Rahner ein Gefühl der radikalen Gott-Ferne und 'Entnuminisierung' der Welt. Dennoch kann im Pluralismus der Moderne auch der Ausgangspunkt einer neuen Gotteserfahrung für den Menschen liegen, weil Gott "jenes Geheimnis unendlicher, unsagbarer, bergender Fülle" ist, das den Menschen in seine Existenz gerufen hat, "seine unverwaltbare Vielfalt zusammenhält und in ihrer Einheit garantiert"[276]. Weil jeder phänomenologisch erfaßbare Sachverhalt in Rahners Theologie aber ontologisch auf seinen Möglichkeitsgrund befragt werden muß, bestehen für Rahner keine Probleme, auch den Pluralismus der Welterfahrungen und Verhaltensorientierungen transzendental aus dem metaphysisch reflektierten Problem von Einheit und Vielfalt des Seienden zu deduzieren. Im folgenden aber sollen vielmehr die praktischen Konsequenzen für Christentum und Theologie bedacht werden, wie sie Rahner in einigen Aufsätzen dargelegt hat. Ist mit dem Pluralismus theoretisch und praktisch gegeben, daß die Vielfalt der Wissensbestände und Wirklichkeitserfahrungen nie synthetisiert werden kann, ist "absolut durchschaute und konkrete Einheit der Wirklichkeit" nur mehr als "metaphysisches Postulat und eschatologische Hoffnung da"[277], so stellt sich nach Rahner die eigentliche Herausforderung auf der Ebene der "praktischen Vernunft": nämlich im Verhältnis des Christentums als absoluter Religion zum Pluralismus der Weltanschauungen und Religionen sowie in der Frage des Pluralismus der Konfessionen (3.2.3.2). Welche Rolle die praktische Vernunft aber für eine theologische Rationalität in ihrem Verhältnis zu Philosophie und Naturwissenschaften einnimmt, ist eine daran anschließende Frage (3.2.3.3).

---

274 SzTh V 529.
275 Vgl. Mensch.
276 Ebd. 33.
277 Pluralismus 290.

3.2.3.2 Der Dialog der Weltanschauungen und der Religionen

Die Erfahrung des Pluralismus stellt eine Weltreligion vor eine äußerst schwierige Bewährungsprobe. Zwischen einer de facto und de iure unhintergehbaren Vielfältigkeit der Wirklichkeitserfahrung und der universalen Sinnaussage der Religion muß eine Aporie aufbrechen: "Denn gerade die Religion, das echte Verhältnis zu Gott, dem absoluten, alles tragenden und alles bergenden Geheimnis des Daseins, ist nicht ein partikuläres, regionales Stück menschlichen Daseins, sondern seine ursprüngliche und wiederum alles einende Einheit und lebt somit auch immer aus dem Ganzen dieses einen und zu einenden Daseins."[278] Daß dies nicht nur für den Symbolkomplex von Religionen zutrifft, sondern auch hinsichtlich der universalen Geltungsansprüche, die Weltanschauungen stellen, ist selbstverständlich. Rahners Beitrag zur Problemlösung besteht nun nicht bloß in seinem Theorem der Reduktion aller Glaubensaussagen auf den Kerngehalt und die Grundaussage des Christentums, womit schon eine kognitive und praktische Selbstbeschränkung des christlichen Glaubens impliziert ist, sondern in seinem Eintreten für den Dialog der Weltanschauungen, Religionen und Konfessionen. Rahner macht deutlich, daß für den bisherigen Lauf der Geschichte der Dialog keine konstitutiv-praktische Bedeutung für die Einlösung disparater universaler Wahrheitsansprüche hatte: "...bis heute [war] keine Zeit des Dialogs"[279], sondern eine Zeit der Predigt, die den andern nur bekehren wollte. Die Schwierigkeit, daß komplexe Deutungssysteme der Wirklichkeit einen Dialog eingehen sollen, besteht aber in der Frage, ob dann nicht ein praktischer Wesenswiderspruch zwischen Anspruch (universaler Wahrheitsanspruch) und Praxis entsteht, weil der Dialog Ausdruck des Verzichts auf "Bekehrung" ist?[280] Nun stellt Rahner dem praktischen Postulat der Lebensnotwendigkeit eines Dialogs zwischen Weltanschauungen, Kulturen und Völkern das theoretische Argument an die Seite, daß jede Weltanschauung unter dem Gesetz der Geschichte steht, womit von vornherein schon eine partikuläre Ausgangsbasis gegeben ist. Universelle Gesinnungen und Weltanschauungen entgehen also nicht der "*Differenz* zwischen dem eigentlich Gemeinten, aber bloß formal Antizipierten, gleichsam noch ohne konkrete Erfahrung abstrakt Vorweggenommenen einerseits *und* dem konkret Realisierten andererseits, dem Erfahrenen, der partikulären geschichtlichen Vorstellung und Anschauung, an der sie ihr eigentlich Gemeintes sich gegenwärtig setzen"[281]. Ja ein solches System muß sogar die Geschichtlichkeit und Unabgeschlossenheit prinzipiell integrieren, will es auch für die Zukunft universal gelten. Aber nicht nur auf der Ebene von Sinnintention und Sinnrealisation besteht nach Rahner eine Differenz, sondern ebensosehr auf der Ebene von Wahrheitsobjekti-

---

278 SzTh VI 15.
279 Ebd. 50.
280 Ebd. 48f.
281 Ebd. 52.

vation und subjektiver Wahrheitsrealisation. Der Dialog unter Weltanschauungen muß vom Wissen begleitet sein,

> "daß ein unaufholbarer Unterschied besteht zwischen der satzhaft objektivierten Überzeugung, auf deren Ebene allein man unmittelbar den Dialog führen kann, und der im unreflektierten, unmittelbaren Vollzug der Existenz selbst implizierten Überzeugung; daß also auch die wahrste objektivierte Überzeugung in Sätzen und Lehren noch keine Garantie dafür ist, daß man 'in der Wahrheit' der Existenz 'ist', und daß sich hinter der - nach eigenem Urteil - falschesten Theorie das 'Sein-in-der-Wahrheit' des sein Dasein schweigend, aber echt übernehmenden Menschen verbergen kann"[282].

Trotz dieser wichtigen Unterscheidung wird aber immer wieder der Verdacht erhoben, daß schon jeder umfassende Deutungsversuch von Wirklichkeit, der mit einem Absolutheitsanspruch auftritt, von vornherein als Ideologie gekennzeichnet werden muß. Wie entgeht das Christentum als "absolute Religion" einer solchen ideologischen Verdächtigung, zu der es ja historisch immer wieder auch unrühmlichen Anlaß gegeben hat? Für Rahner steht fest, daß die Entkräftung des Ideologieverdachtes die Funktion theologischer Rationalität selbst wäre und sich an der ganzen Theologie des Christentums zu bewähren hätte. Rahner rekurriert in seinem Antwortversuch[283] tatsächlich auf Struktur und Wahrheit theologischer Aussagen. Diese Aussagen des Christentums stellen ihren Wahrheitsanspruch "in einem ganz einfachen und schlichten Sinn dieses Wortes", d.h. es sind metaphysische Aussagen, weil "sie einerseits mit einem absoluten Wahrheitsanspruch ausgesagt werden, andererseits nicht unmittelbar im Umkreis der naturwissenschaftlichen Empirie als gültig ausgewiesen werden können"[284]. Glaubensaussagen und metaphysische Aussagen haben somit in der Eigentümlichkeit des Wahrheitsanspruchs eine Identität. Werden Metaphysik und Theologie prinzipiell als Ideologie verdächtigt - und dieser Verdacht darf nicht von vornherein zurückgewiesen werden, weil Theologie immer ideologieverdächtig werden kann[285] -, so gibt es keinen Verständniszugang zum Wahrheitsanspruch des Christentums. In der Zurückweisung des Ideologiegehaltes von Metaphysik bedient sich Rahner des Retorsionsargumentes: Schon die Behauptung, jede Metaphysik sei ideologisch, ist ein metaphysischer Satz. Nun ist metaphysische Philosophie aber selbst eine transzendental-rationale Form von Kritik. Sie ist gerade jene Reflexionsweise, die jede Ideologie aufdecken will, insofern sie nach dem Möglichkeits- und Geltungsgrund von Erkenntnis fragt. Metaphysik schafft nicht Erkenntnis, sondern ist die "Thematisierung einer transzendentalen Erfahrung..., die als Grund jeder empirischen Erfahrung und Wahrheitserkenntnis diese grundsätzlich an Einsichtigkeit und Sicherheit übersteigt"[286]. Versteht sich Metaphysik als rationale und geistige Einweisung in eine existentiell-

---

282 Ebd. 57f.
283 Ideologie; Theologie.
284 SzTh VI 64f.
285 SM IV 870.
286 SzTh VI 66.

denkerische Haltung einer Offenheit auf das Absolute hin und ist dieses Absolute der Grund jedes geistigen und frei zu verantwortenden Daseins, "dann verliert Metaphysik, auch konfrontiert zum weltanschaulichen Pluralismus unserer Existenz, den Schein, nur ideologische Dichtung zu sein."[287] Der weltanschauliche Pluralismus ist damit nun aber nicht das Metaphysik Bedrohende, sondern die Kritik einer falschen Metaphysik, die in ihrer rationalistischen Anmaßung den Eindruck erweckt, als könne der Mensch die Wirklichkeitstotalität "bis zu ihrem letzten Grund"[288] ergreifen und sie kognitiv verwalten. Die transzendentale Einheit von Metaphysik und Christentum, von metaphysischen und theologischen Sätzen liegt also in der Reflexion der transzendentalen Erfahrung, die Grund und Möglichkeitsbedingung jeglicher Alltagserfahrung ist und "der eigentliche und erste 'Ort' für die Wirklichkeit des Christentums"[289]. Ideologiekritik ist somit für Rahner gar nicht möglich ohne den Kontext einer Transzendenzerfahrung. Christentum als Religion des Angekommenseins von Transzendenz in Geschichte und Subjektivität ist also selbst im eigentlichsten Sinn Kritik jeder Verabsolutierung von partikulären Erfahrungsregionen: Weil Gnade "die eigentliche Wahrheit"[290] als Überschreitung jeder Daseinsregion und Überwindung jeglicher Macht aufgrund der Selbstmitteilung Gottes ist, darum sind theologische Sätze fundamental kritische Sätze. Der Mensch ist das unverwaltbare, von Gott getragene Wesen, das nicht regionalen Daseinserfahrungen, deren kognitiv-praktischer Ausdruck der Pluralismus der Moderne ist, unterworfen werden kann[291]. Damit haben aber auch die Rede und der Sinn von Aussagesystemen mit absolutem Geltungsanspruch ein Kriterium erhalten: Nur jene universalen Geltungsansprüche erweisen sich als legitim, die in ihrer kategorialen Wahrheit zurückverweisen auf jene letzte, unsagbare transzendentale Wahrheit, die Gott selbst ist. Dieses Kriterium gilt auch für das Christentum und die Theologie. Jedes Satzsystem, das über Gott verfügen will, geht in die Irre. Theologie muß darum permanente Ideologiekritik oder, in Rahners Worten gesagt, "die stets neu unternommene Destruktion eines Götzen sein: eines Götzen statt Gott, des Götzen einer Theorie über ihn"[292], die ihn de-finiert, abgrenzt, zu innerweltlichem Seienden herabsetzt.

Das Christentum versteht sich wesentlich als geschichtliche Religion. Die Geschichte der Philosophie der Neuzeit hat gezeigt, daß die Wahrheit des Christentums, wenn schon nicht mehr durch die theoretische, so doch durch die praktische Vernunft ausweisbar ist. Die Begründung eines solchen Wahrheitsanspruchs erhält ihre Grenze und Herausforderung radikal dort, wo die geschichtliche *Partikularität* einer Religion mit der *Pluralität* verschiedener Religionen bzw. Konfessionen zusam-

---

287 Ebd. 67.
288 Ebd. 67.
289 Ebd. 68.
290 Ebd. 69.
291 SM IV 870.
292 SzTh VIII 165.

menstößt. Nach Rahner ist für das Christentum "dieser religiöse Pluralismus eine größere Bedrohung und der Grund einer größeren Unruhe als für alle anderen Religionen"[293], weil es sich als *die* Religion schlechthin versteht. Ein unaufhebbarer und bleibender Pluralismus der Religionen ist demnach "das größte Ärgernis und die größte Anfechtung"[294]. Wie kann der Anspruch der Einzigartigkeit und Unvereinbarkeit des Christentums gegenüber allen anderen Religionen so gedacht werden, daß sowohl dieser Anspruch aufrechterhalten werden als auch das legitime Recht anderer Religionen gewahrt bleiben kann? Man wird von Rahner nicht die Lösung dieses fundamentalen Problems erwarten dürfen, wenn doch diese Frage erst durch die kulturelle Begegnung mit anderen Religionen, die - so paradox es klingen mag - trotz einer mehr als tausendjährigen Begegnungsgeschichte aller monotheistischen Weltreligionen noch immer am Anfang steht, ausgelöst und sowohl religionsphilosophisch[295] als auch theologisch[296] bisher bloß andiskutiert wurde.

Rahner weist zunächst Auffassungen zurück, wonach andere Religionen nur im Gegensatz zum Christentum stehen könnten. Aufgrund des allgemeinen Heilswillens Gottes, der in der Berufung zur Teilnahme aller Menschen an der Gemeinschaft mit Gott besteht, und des Vollzugs der erhöhten Transzendentalität der Menschen im geschichtlich-gesellschaftlichen Daseinsraum gibt es eine Koextensivität von Heilsgeschichte und geistiger Geschichte. Die Konsequenz dieser These liegt in der Behauptung, daß es immer und überall eine Offenbarungsgeschichte gibt, weil Gott in seiner gnadenhaften Selbstmitteilung sich als "göttlicher Wahrheitshorizont"[297] und als Liebe dem Menschen geöffnet hat. Gibt es nun eine amtliche und besondere Offenbarungsgeschichte, die den Anspruch stellt, über den Wahrheitsgehalt anderer religiöser Heilsangebote zu urteilen, so tut sie das auf der Basis dieses allgemeinen und überall wirksamen übernatürlichen Existentials. Der Anspruch, daß das Christentum absolute Religion ist, bedeutet also, "daß die ganze Heils- und Offenbarungsgeschichte der Menschheit...getragen wird von jener gnadenhaften transzendentalen Selbstmitteilung Gottes, die in dem Gott-Menschen Jesus Christus ihre höchste, irreversible geschichtliche Erscheinung und freie menschliche Annahme findet"[298]. Rahners Argumentation läuft somit gegen einen exklusiven Absolutheitsanspruch auf einen inklusiven hinaus. Will Gott das Heil aller Menschen und kommt dieser Wille endgültig erst in der geschichtlichen Offenbarung in Jesus von Nazaret für die Menschheit zur sicheren Gewißheit, dann ist "alle Heils- und Offenbarungsgeschichte immer schon christlich, auch wenn sie selber

---

293 Christentum 137.
294 Ebd.
295 Vgl. dazu den aufschlußreichen Band: *Oelmüller (Hg.)*, Wahrheitsansprüche.
296 Als einer der wenigen Theologen der Gegenwart hat sich vor allem *Hans Küng* diesem zukunftsentscheidenden Thema gewidmet.
297 SzTh VIII 361.
298 Ebd. 363.

davon reflex noch nicht weiß"[299]. Das Christentum muß also alle außerhalb seiner Heilsgeschichte entstandenen Religionen als "eigene Vorgeschichte und als die Wirkung der Gnade verstehen"[300] und kann sich von seinem Bezug zur Religions- und Geistesgeschichte der Menschheit nicht distanzieren. Hat Rahner schon in der Dogmenfrage die Abgeschlossenheit der Offenbarung als Aufgeschlossenheit interpretiert, so spricht er in diesem Zusammenhang von einer unabgeschlossenen Dynamik der Beziehungen unter den Religionen, die bis zum Ende der Geschichte anhält. Allerdings läßt Rahner keinen Zweifel daran, daß die endgültige Gestalt des Christentums erst dann erreicht ist, "wenn die gesamte Heils- und Offenbarungsgeschichte sich ausdrücklich in die Geschichte des Christentums und der Kirche hineinverwandelt hat und ausdrückliches Moment am expliziten kirchlichen Christentum geworden ist"[301]. Wenn es außerhalb der besonderen Offenbarungsgeschichte schon unthematisches Christentum gibt, dann begegnet der Christ dem Glaubenden anderer Religionen nicht einfach als einem Nichtchristen, "sondern als einem, der durchaus schon als ein anonymer Christ in dieser oder jener Hinsicht betrachtet werden kann"[302]. Für Theorie und Praxis der Kirche aber folgert Rahner daraus, daß sie sich nicht "so sehr als die exklusive Gemeinschaft der Heilsanwärter..., sondern vielmehr als den geschichtlich greifbaren Vortrupp"[303] verstehen soll, als geschichtlich-gesellschaftliche Greifbarkeit dessen, was für alle Menschen zu erhoffen ist.

Das Verhältnis der Religionen untereinander faßt Rahner also im Modell einer differenzierten Relationalität: Das Christentum ist bezogen auf die anderen Religionen als innerstes vor-geschichtliches Moment, das die Universalität des Heilswillens bleibend vergegenwärtigt, während ein absoluter Wahrheitsanspruch anderer Religionen fallen muß, weil sie "'an sich' und grundsätzlich abgeschafft und überholt sind durch die Ankunft Christi, durch seinen Tod und durch seine Auferstehung"[304].

Die grundsätzliche Anfrage an diesen Lösungsversuch lautet, ob nicht Rahner mit seiner Theorie der universalen Offenbarung, die explizit auf das Christentum als absoluten Höhepunkt zuläuft, einen religiösen Pluralismus, der ja von vornherein nicht vereinheitlicht werden kann, weginterpretiert hat.[305] Daß die Verteidigung eines solchen Anspruchs nur dialogisch und nicht apologetisch[306] durchgeführt werden kann, ver-

---

299 Ebd.
300 Ebd. 364.
301 Ebd.
302 SzTh VI 154.
303 SzTh V 156.
304 Ebd. 371.
305 Vgl. *Baum*, Einleitung.
306 Diesen apologetischen Zug tragen die Überlegungen des frühen Rahner zum Verhältnis Christentum - nichtchristliche Religionen noch massiv an sich. Für Religionsphilosophie im Sinne Rahners kann es prinzipiell nicht schwer sein, "die wesentliche qualitative Verschiedenheit des Christentums von jeder anderen Religionsbildung festzustellen, die Kirche als das signum elevatum in nationibus zu erkennen, die durch sich selbst schon sich als den Ort der Offenbarung Gottes be-

steht sich aus dem Gesamtzusammenhang dieser Überlegungen von selbst. Daß der Wahrheitsgehalt einer solchen Argumentation[307] im Diskurs mit den Weltreligionen aber auch praktisch eingelöst werden muß, das zeigen Rahners Gedanken zur Frage des ökumenischen Gesprächs.

Es ist hier nicht möglich, die Vielzahl der ökumenischen Beiträge Rahners zu berücksichtigen und auf unsere Frage hin auszuwerten. Doch an der konfessionellen Position der Rahnerschen Theologie kann ebensowenig ein Zweifel bestehen wie an seinen Bemühungen um den ökumenischen Dialog, die immer mehr ein systematischer Gesichtspunkt in seinen "Schriften zur Theologie" geworden sind. Aufschlußreich ist hier ein Vortrag Rahners, der von der Wahrheitsproblematik unmittelbar ausgeht

---

zeugt" (HW 228). Dieses exklusive Absolutheitsdenken ("Von einer geschichtlichen Offenbarung Gottes kann aber nur dann die Rede sein, wenn die betreffende geschichtliche Erscheinung als solche den Anspruch macht auf das extra ecclesiam nulla salus", ebd. 229) wird schließlich von Rahner sogar noch konfessionell ausgedehnt, wenn er den fehlenden Mut zur Ausschließlichkeit zum Kriterium dafür macht, daß "man die geschichtliche Eindeutigkeit des Wortes Gottes" aufgibt "und damit den Mut zum Glauben an eine wirkliche Offenbarung Gottes. Kurz: Wer mit der Möglichkeit rechnet, daß ein bestimmtes Stück menschlicher Geschichte mit Ausschluß anderer Gottesgeschichte sein könne, der kann eigentlich nicht mehr anders als katholisch sein und werden" (ebd. 229). Die Bearbeitung der zweiten Auflage von Metz verändert den Text, bis auf eine kleine konfessionelle Abschwächung (HW^2 220: "...der kann eigentlich nicht mehr anders als im katholischen Sinne offenbarungsgläubig sein und werden") nicht, fügt aber in zwei Fußnoten Rahners veränderte Verhältnisbestimmung von Welt- und Heilsgeschichte hinzu.

307 Aus dem religionsphilosophischen Gespräch wird aber zusehends deutlich, daß Rahners Position heute nicht Endpunkt, sondern Ausgangspunkt einer Ortsbestimmung des Christentums im Bezug zu den anderen Religionen ist Drängend wird dieser Dialog nicht bloß auf der Ebene der Religionen, sondern auch in der dogmatisch noch gänzlich unaufgearbeiteten Verhältnisbestimmung von Christentum und Judentum, die eine fatale und schuldbeladene Konflikt- und Ausgrenzungsgeschichte heraufbeschworen hat. Rahner kommt in seiner Theologie aber über die klassische Beurteilung des AT aus dem Blickwinkel des NT nicht hinaus und verzerrt damit den konkreten Wahrheitsgehalt des AT und dessen bleibende Bedeutung für das NT aufgrund seiner Hermeneutik von allgemeiner und besonderer Religionsgeschichte. Einen Anstoß für den systematischen Stellenwert der alttestamentlichen Offenbarung hat in jüngerer Zeit die Befreiungstheologie gegeben. Bemerkenswert sind auch Versuche im Anschluß an das Barthsche Offenbarungsdenken, christliche Theologie und jüdischen Glauben systematisch in Beziehung zu setzen: *H.J. Kraus,* Reich Gottes: Reich der Freiheit. Grundriß systematischer Theologie, Neukirchen 1975; die dreiteilig angelegte Dogmatik von *F.-W. Marquardt, in der* bisher erschienen: Von Elend und Heimsuchung der Theologie. Prolegomena zur Dogmatik, München 1988; und: Das christliche Bekenntnis zu Jesus, dem Juden. Eine Christologie, 2 Bde., München 1990f. Marquardt legt die schauerliche Sprachform christlicher Theologie in der (heilsgeschichtlichen) Beurteilung Israels bloß und fordert eine fundamentale Kritik der Denkform in praktisch-humaner Hinsicht: "Wo theologische Aussagen über Israel, die christlich unvermeidlich sind, nicht prinzipiell als Dialog-Hilfen für reale Begegnung mit Juden gedacht werden, wo sie nicht als Einweisung in ein angemessenes christliches Verhältnis zu Juden entwickelt werden, wo sie nicht im Dienst der Gemeinschaftsbildung von Christen und Juden stehen - noch einmal anders: Wo sie nicht praktisch gedacht und gemeint sind, da verfehlen sie ihren einzig möglichen Sinn" (Von Elend und Heimsuchung 97).

und von dort her Möglichkeiten eines ökumenischen Gesprächs zu ergründen sucht.[308] Theologie im ökumenischen Diskurs will nicht bloß Wahrheitsinformation, sondern Wahrheitsanspruch sein, die den Gesprächspartner zur Stellungnahme herausfordert, mehr noch: zur Identifikation mit dieser Wahrheit einlädt.[309] Deutlich sieht Rahner nun die Disparatheit der Geltungsansprüche auf dem Hintergrund der pluralistischen Situation und benennt die letzte Möglichkeitsbedingung eines interkonfessionellen Dialogs: "Dieser Dialog ist möglich, weil wir trotz der Differenz im objektivierten, worthaften Bekenntnis...nicht nur eine Einheit des Glaubens suchen, sondern als schon gegeben uns gegenseitig zubilligen"[310]. Diese transzendentalpragmatische Voraussetzung einer Dialogmöglichkeit als Unterstellung und reziproke Anerkennung des wahren Glaubens hat ihren theologischen Möglichkeitsgrund aber in der eschatologischen Hoffnung der Rechtfertigung und Begnadung des Menschen durch Gott. Die Einheit im Glauben bedeutet also nicht mehr ausschließlich die semantische Übereinstimmung der Glaubensaussagen, sondern die praktisch zu leistende Zubilligung (Unterstellung) des wahren Glaubens trotz begrifflich und worthaft objektiver Differenzen. Auch hier bedient sich Rahner derselben Argumentation wie in der Frage des Dialogs unter Weltanschauungen: Es waltet eine unaufhebbare Differenz zwischen worthaft explizitem Glauben und ursprünglichem Glauben selbst, der nie adäquat einholbar ist.[311] Schließlich besteht hinsichtlich der Grundwahrheiten des Christentums auch keine gravierende Differenz mehr. Gerade in diesem Zusammenhang wird Rahner auch die Relation von Wahrheit und Institution bewußt. Rahner sieht, daß, vom abendländischen Individualismus inspiriert, das einzelne Individuum als Erkenntnis- und Wahrheitsträger solipsistisch bestimmt worden ist. Deshalb gibt er zu bedenken, "ob nicht bestimmte Wahrheiten doch menschlichen Gemeinschaften, und zwar sogar in einer institutionellen Verfaßtheit, so zugeordnet sind, daß sie nur in ihnen gegeben sein können und im Einzelnen nur dadurch, daß er dieser Gemeinschaft, und zwar in einer institutionellen Weise, angehört"[312]. Auch wenn Rahner diesen Zusammenhang nie mehr systematisch reflektiert hat, so hat er damit doch wenigstens fragend Anstoß gegeben, das Verhältnis von Glaubenssatz, Wahrheitsanspruch und Kommunikationsgemeinschaft, aber auch das gleichursprüngliche Verhältnis von theoretischer und praktischer Vernunft[313] zu bedenken. Dieser Zusammenhang von Wahrheit und Intersubjektivität wird von ihm sogar kurz einmal prägnant vermerkt. Dabei ist Sprache

---

308 Theologie des ökumenischen Gesprächs.
309 Ebd. 40.
310 Ebd. 46.
311 Ebd. 50.
312 Ebd. 66f.
313 Ebd. 91. Rahner gesteht ein, "daß die praktische Vernunft und Entscheidung nicht nur Derivate der theoretischen Vernunft sind, sondern auch für die Erkenntnis als solche selbst Eigenständigkeit und Ursprünglichkeit haben".

das "Ereignis von Intersubjektivität"[314], und die Wahrheitsfrage kann nur im Raum intersubjektiver Kommunikation gestellt werden, ja sie ist auch die Frage nach der Intersubjektivität und deren Möglichkeitsbedingungen. Deutlicher wurde dieser Sachverhalt im Begriff der Sprachregelung kirchenamtlicher Formulierungen und ihrer kommunikativen Kontextualität zum Ausdruck gebracht, von wo aus die Verbindlichkeit solcher Aussagen zu interpretieren ist.

Diese Überlegungen zur Frage von Christentum im dialogischen Verhältnis zu Weltanschauungen, Religionen und Konfessionen zeigten, daß Rahner den Wahrheitsanspruch religiöser Orientierungs- und Deutungssysteme, wie der christlichen Religion, nicht mehr bloß transzendental reflektiert, sondern Bedingungen freilegt, die konstitutiv sind für die *Weise* der Einlösbarkeit der Wahrheitsansprüche, als solche aber dem Wahrheitsverständnis nicht äußerlich bleiben. Kommunikation, Dialog, Intersubjektivität, Sprache erhalten einen deutlichen Stellenwert für die argumentative Auseinandersetzung mit konkurrierenden Geltungsansprüchen. Inwiefern diese die praktische Vernunft beanspruchenden Momente auch auf die theoretische Vernunft theologischer Rationalität zurückwirken, das soll in einem letzten Punkt gefragt werden.

3.2.3.3 Theologie im Dialog mit Philosophie und Naturwissenschaft

Rahners Theologiebegriff ist von Anfang an differenziert, er unterliegt sowohl inhaltlich wie formal Veränderungen.[315] Theologie ist in "Hörer des Wortes" sowohl "das Hören der von Gott nach seinem freien Ratschluß ergehenden Offenbarung seiner selbst durch sein eigenes Wort"[316] wie systematisch-wissenschaftliche Reflexion dieses Wortes. Theologie in diesem ersten Sinne ist selbst unbegründbar, weil ihr Gottes Wort im Ereignis der Offenbarung zugrunde liegt. Wissenschaftstheoretische Begründung der Theologie ist nur möglich von der zweiten Ebene, vom Akt des Hörens und Begreifens von Gottes Wort her. Rahner hat diese Begründung methodisch mit den Mitteln der Transzendentalphilosophie durchgeführt, auch wenn er selbst unmittelbar wissenschaftstheoretische Reflexionen in bezug auf seine Theologie kaum angestellt hat.[317] Diese Wissenschaftstheorie der Theologie ist aber Metaphysik, weil Wissenschaft ein Wesensvollzug des metaphysisch fragenden Menschen ist.[318] Schon bisher wurde deutlich, daß es für Rahner keine metaphysikfreie Theologie geben kann. Abgesehen von einigen noch zu erwähnenden Äußerungen, bleibt er dieser Prämisse auch treu. Rahners metaphysische

---

314 SM IV 861.
315 Vgl. *Eicher*, Offenbarung 352-368.
316 HW 16 [21f].
317 Vgl. SzTh IX 80.
318 Vgl. HW 9-41 [15-44].

Theologie ist damit vom Ansatz her Kritik empirischer Wissenschaften, die keine wissenschaftstheoretische Reflexion durchführen, und Postulat für die Theologie: Weil in der Theologie gedacht werden muß, darum muß es Metaphysik, darum kann es keine metaphysiklose Theologie[319] geben, womit jeder Rede vom grundsätzlichen Ende der Metaphysik (solange diese als offenes System verstanden wird) die Geltung entzogen ist. Die Rationalität der Theologie kann auch nicht von den Naturwissenschaften und dem modernen Weltbild her legitim kritisiert werden. Denn auch das moderne Weltbild ist nicht ausschließlich von den Wissenschaften durchrationalisiert, sondern immer schon eingebunden in jene Lebenswelt, von der aus Menschen ihr Leben vollziehen. Kognitive Gehalte eines Weltbildes sind je schon getragen durch "ein metaphysisch Vorgegebenes und ein historisch Vorgegebenes"[320]. Die nichtempirischen Voraussetzungen des Weltbildes zeigen sich aber ebenso in der Religion. Für den frühen Rahner kann daher das Weltbild der modernen Wissenschaft gar nicht die kritische Instanz für die Religion und Theologie sein, weil der Glaube ursprünglicher ist als wissenschaftliche Reflexion.

Rahner sieht sehr wohl, daß der moderne Szientismus und das naturwissenschaftliche Weltbild eine Krise der Theologie auslösen, die erst recht die Unbrauchbarkeit bisheriger neuscholastischer Theologie aufdeckt. Dennoch ist selbst für den Rahner der fünfziger Jahre das Verhältnis von Theologie - Philosophie/Metaphysik - Naturwissenschaften prinzipiell *wissenschaftstheoretisch* eingeholt und unproblematisch. Erst die Herausforderung der pluralistischen Ausdifferenzierung des modernen Weltbildes selbst, deren kognitiv-institutioneller Reflex der nicht mehr integrierbare Pluralismus der Wissenschaften ist, verändert auch Rahners Relationsmodell.

Zunächst reflektiert Rahner die neue Verhältnisbestimmung von Philosophie und Theologie. Hat Rahner in "Geist und Welt" und "Hörer des Wortes" das Verhältnis philosophisch vermittelt, insofern die natürliche, aber transzendental auf absolutes Sein geöffnete Vernunft Möglichkeitsbedingung für ein von außen kommendes absolutes Wort ist und Philosophie eben diese natürliche Hinordnung zu bedenken hat, so wird mit dem gnadentheologisch gegründeten Offenbarungsdenken diese Relation nun theologisch vermittelt[321]: Theologie setzt aus sich selbst heraus Philosophie, weil sie die natürliche Möglichkeitsbedingung für eine Mitteilung der Gnade ist, die sich diese selbst schafft. Philosophie steht damit unter einem "theologischen Apriori"[322], sie ist schon irgendwie "*christlich* aktuierte Philosophie"[323]. Das Verhältnis von Theologie und Philosophie deutet Rahner also nach dem Modell der Gnade-Natur-Relation. Philosophie ist ein immanentes und doch zugleich autonomes Moment an der Theologie. Die Immanenz der Philosophie in der Theologie

319 SzTh VIII 185.
320 SzTh III 455.
321 Vgl. *Eicher*, Offenbarung 356-360.
322 SzTh X 71.
323 SzTh VI 100 (Hervorhebung F.G.).

ergibt sich nicht bloß aus der kulturellen Notwendigkeit, als Theologe Philosophie zu treiben, auch nicht deshalb, weil es keine fertig rezipierbare Philosophie mehr gibt - wie noch die Neuscholastik glaubte - und die Einheit der Philosophie verlorengegangen ist, sondern weil Philosophie selbst schon "unreflektiert angenommene oder (mindestens objektiv) schuldhaft verworfene Theologie"[324] ist. Das deshalb, weil jeder Denkakt schon beeinflußt ist von jener Offenbarung in der Mitte menschlicher Existenz, die Rahner als transzendentale benannt hat und deren wichtigstes Kennzeichen die apriorische Bewußtseinsänderung des sich in Geist und Freiheit vollziehenden Menschen ist. Philosophie ist "die sich noch nicht selbst eingeholt habende Theologie"[325] und erhält nun für die Theologie "gleichgewichtige...Bedeutung...wie die Offenbarung"[326]. War oben das säkulare, wissenschaftliche Bewußtsein noch der Auslöser einer Krise von Glauben und Theologie, wogegen sich Theologie metaphysisch behauptete, so kommt Rahner nun zur Auffassung, daß das profane Selbstverständnis des Menschen inneres Moment der Theologie ist[327]. Aus dieser Verhältnisbestimmung wird es Rahner sogar möglich, eine Vorreiterfunktion der Philosophie für Theologie zu denken, weil sie schon weiter gedacht hat als die Theologie selbst. Doch bleibt die kritische Funktion der Theologie, die je mögliche sündhafte Verweigerung von seiten der Philosophie anzuzeigen; daß diese Kritik nur legitim ist von einer vorrangigen Selbstkritik her, das hat Rahner in seiner Theologie ja selbst unter Beweis gestellt.

Eine weitere Konsequenz, die Rahner aus der pluralistischen Situation zieht, ist nun eine deutliche Relativierung der Metaphysik. Wurde schon betont, daß Rahner nun auch wissenschaftstheoretisch die Gleichursprünglichkeit der praktischen Vernunft hervorhebt, ja sogar ästhetisch-symbolische Dimensionen (etwa das Bild)[328] als neue theologische Erkenntnisquellen anerkennt, so kann es nun auch nicht mehr Aufgabe der Theologie sein, "in erster und letzter Linie...die Metaphysik am Leben oder in Blüte zu halten"[329], ohne daß damit einer Rede vom nachmetaphysischen Zeitalter Vorschub geleistet wird. Scherzhaft meint Rahner, das theologische Verhältnis zur Philosophie im Sinne einer "Monogamie"[330] sei vorbei, weil Theologie eigenständige Beziehungen zu den anderen Wissenschaften aufzunehmen hat.

Damit hat Rahner eine dritte Auswirkung genannt, die theologisch einzuholen ist, nämlich das neue Verhältnis von Theologie und Naturbzw. Human- und Sozialwissenschaften zu reflektieren. Weil diese Wissenschaften selbst auch eine Anthropologie entwerfen, die in Konkurrenz

---

324 SzTh X 73.
325 Ebd.
326 Ebd. 77. Emphatisch sieht Rahner darin die Bedeutung des I. Vatikanums, daß es Wissen außerhalb von Offenbarung als existenziell höchst entscheidend ansieht.
327 Ebd. 86.
328 SzTh IX 85.
329 SzTh X 84.
330 Ebd. 85.

zur theologischen Anthropologie tritt, kann nach Rahner die Theologie über diesen Umstand nicht beruhigt sein.[331] Dennoch kann es keine prinzipielle Widersprüchlichkeit geben, weil es weder eine doppelte Wahrheit geben kann noch eine Identität von Theologie und Naturwissenschaften in Gegenstand und Methode.[332] Theologie erhält sogar die rühmliche Aufgabe, ob ihres transzendentalen Charakters, der alle empirisch erfahrbare Pluralität nochmals auf den Möglichkeitsgrund zurückbezieht, "exemplarisch vorzuleben, daß es im Pluralismus der Wissenschaft keine Herrschaft geben kann"[333]. Sie hat sich gerade auf diese Weise *als Wissenschaft* in die Reihe der anderen einzuordnen. Der Anspruch der Vorrangigkeit der Theologie, der beim frühen Rahner noch deutlich gegeben war, ist beim späten Rahner also offensichtlich relativiert worden.

Der Pluralismus der Wissenschaften und Philosophien verursacht aber seinerseits einen Pluralismus der Theologien. Äußeres Kennzeichen ist der Verlust einer gemeinsamen philosophischen und theologischen Sprache sowie die Ausdifferenzierung in theologische Teildisziplinen. Damit Theologie ihre Aufgabe der Einlösung des Verbindlichkeitsanspruches von Glaubenssätzen, der im Wahrheitsgehalt des Bekenntnisses liegt, erbringen kann, hat der Pluralismus unmittelbare, nicht leicht zu bewältigende Folgen: Ein erster Gesichtspunkt betrifft die wissenschaftstheoretische Seite. Wie kann das "*eine Ganze*"[334] des christlichen Glaubens noch reflex eingeholt werden, wenn die kategoriale Wahrheit der einzelnen Momente des Glaubens immer schon vom Pluralismus der wissenschaftlichen Reflexionsweisen überholt ist?[335] Zerfällt mit der doppelten Pluralität der Theologien und ihrer Teildisziplinen die methodische Möglichkeit einer diskursiven Begründung der Wahrheit des Glaubens? Kann die Wahrheit des Glaubens auch noch anders erfaßt werden als durch den mühsamen Durchgang durch die wissenschaftliche Reflexion aller Einzelmomente des Glaubens? Ja wird nicht angesichts des Pluralismus ein solches Unterfangen selbst für Experten zum Unding, weil sie - wie Rahner sagt - selbst unvermeidlich zu "rudes" werden, und weil "das unbefangen und mutig uns und auch der Welt"[336] gesagt werden darf?

Rahner reagiert auf diese Schwierigkeiten, die noch *vor* der expliziten Erörterung der Wahrheitsfrage selbst liegen, mit der Forderung nach "indirekten Methoden für eine solche Rechtfertigung des Glaubens vor dem intellektuellen Wahrheitsgewissen des Einzelnen"[337], die schließlich auch die Methode eines "Grundkurses des Glaubens" sein sollen. Daß diese Methode sich transzendentaltheologischer Mittel zu bedienen hat, steht außer Zweifel, denn die transzendentaltheologische Methodik ist wie keine andere eine *indirekte*, die auf die Möglichkeitsbedingungen so-

331 SzTh XIV 63.
332 SzTh XV 26.
333 SzTh XIV 67.
334 Grundkurs 14.
335 SzTh X 81.
336 Grundkurs 20.
337 SzTh IX 86.

wohl der Inhaltlichkeit als auch des subjektiven Vollzugsmoments von Glaubensäußerungen bzw. -haltungen hinzielt. Dieser methodologischen Forderung korrespondiert nun auch eine wissenschaftstheoretische: Sie besteht im Projekt eines "Grundkurses", der "als eigene, selbständige, verantwortbare theologische Disziplin"[338] in das Ganze christlichen Glaubens einführen soll. Sachlich konzentriert sich ein solcher Einführungskursus in die Theologie auf das intellektuell redliche Bedenken des Glaubensgehaltes vor aller differenzierten Behandlung durch die theologischen Teildisziplinen. Insofern versteht sich der Grundkurs keineswegs als kompilierende Summe von Erkenntnissen, die die übrigen Fächer der Theologie bereitstellen. Schon gar nicht soll er eine didaktische oder pädagogische Veranstaltung sein. Rahner will im "Grundkurs" "durch hochreflektierte transzendentaltheologisch-anthropologische Vermittlungsarbeit den *Inhalt* des christlichen Glaubens *begrifflich* einholen"[339]. Um diese Aufgabe auch wissenschaftstheoretisch begründen zu können, teilt Rahner den Vorgang der theologischen Reflexion in zwei Stufen: Weil der "Grundkurs" das Ganze des Glaubens von seiner Einheit und Ursprünglichkeit her bedenken soll, darum nennt er den adäquaten Reflexionsvorgang einer solchen Aufgabe "erste Reflexionsstufe"[340]. Sie drängt sich durch den Pluralismus der theologischen Wissenschaften auf, die sich erst auf einer zweiten Reflexionsstufe ihrem Gegenstand widmen. Auf der ersten Stufe kann noch eine "*Einheit von Philosophie und Theologie*"[341] vollzogen werden. Ebenso besteht auf dieser Stufe noch eine ursprüngliche "eigentümliche *Einheit von Fundamentaltheologie und Dogmatik*"[342], eben weil es um das *Verstehen der Inhaltlichkeit* des Glaubens geht. Insofern nennt Rahner diesen "Grundkurs" eine "neue Fundamentaltheologie"[343]. Zu Recht stellt sich allerdings die Frage, was eine solche neue Fundamentaltheologie ist, zumal Rahner in seine Forderung Aussagen hineinnimmt, die die "Unwissenschaftlichkeit dieser andersartigen Disziplin"[344] artikulieren. M. Seckler hat eine bedenkenswerte Antwort auf diese wissenschaftstheoretischen Ungereimtheiten versucht:

> "Wenn man die Tätigkeiten der *scientia fidei* als 'szientifisch' im Sinne stringenter Begründungszusammenhänge auf der Basis vorgegebener Prinzipien bezeichnen will, dann kommt offensichtlich der Fundamentaltheologie nach Art des 'Grundkurses' eine vorszientifische, die Prinzipien selbst erst ermittelnde und sie reflex fundierende, sozusagen 'erstwissenschaftliche' Funktion zu. Dem Sprachgebrauch der antiken und mittelalterlichen Wissenschaftstheorie folgend, kann man sie als 'sapiential' bezeichnen..."[345]

Solche sapientiale Theologie ist eine wissenschaftliche Theologie, weil sie die Anstrengung des Begriffs nicht scheut. Ihre Unwissenschaft-

---

338 Grundkurs 15.
339 *Seckler*, Das eine Ganze und die Theologie 833.
340 Grundkurs 18.
341 Ebd. 22.
342 Ebd. 23.
343 Siehe *Seckler*, Ganze 835-841.
344 Grundkurs 21.
345 *Seckler*, Ganze 841.

lichkeit aber bestünde darin, daß sie vom "Ganzen" ausgeht, das im existentiellen Glaubensvollzug immer schon gegeben ist. Das Ganze als solches ist aber niemals adäquat reflex einholbar, es bleibt eine Vor-gabe, die auch wissenschaftliche Theologie nie unterlaufen kann. Wie eine solche Reflexion des Ganzen gelingen kann, welche Formen sie anzunehmen und welche Chancen sie hat, das Selbstverständnis theologischer Rationalität selbst zu beeinflussen, läßt sich noch nicht endgültig sagen und braucht auch hier nicht verhandelt zu werden. Das Phänomen des theologischen bzw. wissenschaftlichen und gesellschaftlichen Pluralismus ist noch zu jung, als daß bereits adäquate Lösungsmodelle vorliegen könnten. Im Gegenteil, der Pluralismus scheint immer unaufhaltsamer seinen Weg zu gehen, und die gefährliche Reaktion der Gegenwart liegt eher im fundamentalistischen oder neomythologisch-holistischen Rezept einer naiven Beschwörung des Ganzen und Wahren von Glaube und Welt. Eine bloße Restituierung einer metaphysischen oder auch sapientialen Theologie wird keine Lösung sein können, wohl aber kann der hartnäckige Hinweis von seiten der Theologie, daß der Mensch die *Frage* nach dem Ganzen, daß die Vernunft nicht nur das Vermögen des Einzelnen, sondern auch des Ganzen ist, dazu beitragen, unverzichtbare Aspekte von Vernunft und Praxis im Bewußtsein und in der Diskussion zu halten.

Auf die Wahrheitsfrage bezogen bedeuten diese Überlegungen, daß eine solche erste Reflexionsart den transzendentalen Möglichkeitsgrund des christlichen Glaubens und seiner Wahrheit zu erhellen hätte. Diese Wahrheit, die sich in den Inhalten des Glaubens geltend macht, ist eine "Wahrheit des Ganzen", ohne daß sie direkt ableitbar ist. Weil die Idee der Wahrheit mit der Idee des Ganzen verwoben ist - darin liegt das bleibende Wahrheitsmoment einer Kohärenztheorie von Wahrheit -, kommt einer indirekten Methode maßgebliche Relevanz zu. Nur in transzendentaler Reflexion kann die Einheit der Theologie - selbst zum transzendentalen Ideal geworden - mit der kategorialen Vielfalt der Disziplinen wissenschaftstheoretisch nachvollziehbar bleiben. Diese Reflexion kann sich auf Erkenntnisse stützen, die gerade den vor-wissenschaftlichen Charakter aller sprachlichen Begründungshandlungen ausweisen, nämlich den transzendentalpragmatischen Akt der *Verständigung*. Genau darauf aber greift Rahner in einer zweiten Konsequenz angesichts des Pluralismus der Theologien und Bekenntnisse vor, weil es nicht bloß um das gemeinsame *Bedenken* der Glaubenswahrheit geht, sondern um das gemeinsame sprachliche und bekennende *Vollziehen* unseres Glaubens in Praxis und Feier.

Diese zweite Konsequenz zielt - sprachphilosophisch gesprochen - auf die transzendentalpragmatischen Bedingungen von Glauben und Theologie überhaupt ab: Wie kann die Einheit des Bekenntnisses nicht bloß theologisch-reflexiv garantiert, sondern zuvor schon als praktische Möglichkeitsbedingung eines kommunikativen Handelns, das sich aus der Bindung an einheitsstiftende Sprechakte ergibt, wirksam werden? Rahners Antwort: Die Einheit des Bekenntnisses liegt nicht bloß in einer gemeinsamen Begrifflichkeit, die der Wortlaut garantiert, sondern muß praktisch ermöglicht werden, indem wir "gemeinsam das eine Bekenntnis *sagen*, in dessen Leibhaftigkeit gemeinsam den Tod des Herrn feiern, Sakramente in ihrer Leibhaftigkeit vollziehen, gemeinsam in der Tat der Welt dienen. Durch all dies hindurch ereignet sich dann die Gemeinsamkeit des Bekenntnisses inmitten aller Pluralität der Theologien."[346] In diesem Sinne erfordert also die pluralistische Situation eine neue Konzentration auf die Praxis des Glaubens, die sich hier in konstitutiven Sprach- und Symbolhandlungen konkretisiert. Die Wahrheit des Glaubens muß somit je neu getan werden. Dieses Tun der Wahrheit ist aber wesentlich sprachlich-kommunikatives Handeln. In ihm ereignet sich eine Einheit, die über alle Differenz der Begriffe hinausgehen kann, ohne sie einfach abzuschütteln. Ein Konsens im Glauben ist offensichtlich möglich, wenn auf das gemeinsame *pragma* des Glaubens und Bekennens vorgegriffen wird. In diesem Vorgriff aber binden sich die Glaubenden selbst an den gemeinsamen Möglichkeitsgrund des Glaubens, der in Gottes offenbarendem Handeln in Jesus Christus verankert ist. Von ihm her haben sie aber auch ihre je eigenen, institutionell gestützten Glaubensformeln zu relativieren in dem Bewußtsein, daß die Einheit eine soziologisch sichtbare Folge des Grundkonsenses im Glauben ist und nicht umgekehrt die konfessionelle Einheit einer Glaubensgemeinschaft den Glaubenskonsens selbst ausmacht.

Aus wahrheitstheoretischer Sicht muß nach dieser Anfrage zu Rahners Auseinandersetzung mit dem Pluralismusproblem vermerkt werden, daß Rahner seinen Wahrheits*begriff* nicht als solchen verändert, sondern entscheidend erweitert hat. Gemeinsame Wahrheitsfindung, Dialog, gegenseitige Unterstellung des Glaubens, Intersubjektivität, Sprache, wahrheits- und gemeinschaftsermöglichender Vollzug von Sprech- und Symbolhandlungen: all das sind Gesichtspunkte, die Rahner von seinem Ansatz her zu integrieren suchte, die er aber nicht im einzelnen in bezug auf die Wahrheitsfrage selbst systematisiert hat. Sie nehmen eine zentrale Lösungsfunktion für die Situation des Christentums von heute ein. Dieses Christentum hat seine Wahrheit wie jeher zu sagen und zu begründen. Allerdings ist der Weg des Wahrheitsausweises ein anderer geworden. Mit dem Dialog und der gemeinsamen Wahrheitsfindung ergeben sich Dimensionen, die in den Wahrheitsbegriff selbst integriert werden müssen. Insofern muß Theologie Ausschau halten, welcher Wahrheitsbegriff dieser Einsicht am nächsten kommt und wie er für theologische Ansprüche fruchtbar gemacht werden kann.

---

346 SzTh IX 31.

3.3 Zusammenfassung und kritische Rückfragen

Rahners Wahrheitsbegriff kann nach diesem umfassenden Durchgang durch sein Werk als ein transzendentalontologischer Begriff bestimmt werden. "Ontologisch" ist dieser Begriff deshalb, weil Rahner von seinem philosophischen Frühwerk "Geist in Welt" ausgehend bis zum "Grundkurs des Glaubens" die *Seinsfrage* als Grundfrage von Erkennen und Handeln bestimmt, womit gegeben ist, daß jede Wahrheitsreflexion zurückzufragen hat nach den Möglichkeitsbedingungen von Erkenntnis und Handeln. Die Rückfrage nach dem Sein erfolgte allerdings aus dem methodischen Blickwinkel der Kantschen Transzendentalphilosophie, deren Besonderheit darin liegt, die Erkenntnisbedingungen in einer Analyse des Erkenntnisaktes des Subjekts freizulegen. Dabei zeigt sich Rahners Wahrheitsbegriff als kreative Synthese verschiedener Wahrheitsreflexionen: Von Heidegger übernimmt Rahner die vorgängige Erschlossenheit des Seins eines sich erkennend und handelnd vollziehenden Daseins. Die Seinsfrage ist dem Menschen ein Existential; er vollzieht sie in jedem Augenblick seines Daseins, bewußt oder unbewußt. Von Thomas von Aquin bezieht Rahner die erkenntnistheoretische Problemstellung: Menschliches Erkennen ist nicht intuitive Seinserkenntnis, sondern ein diskursiv-sinnenhafter Vorgang. Das Wesen der Dinge wird nicht durch eine Schau der ewigen Ideen erfaßt, sondern durch Hinwendung (conversio) zum sinnlich angeschauten Gegenstand. Um die Einheit rationaler und sinnlicher Erkenntnis denken zu können, greift Rahner auf das metaphysische Axiom der Einheit von Sein und Erkennen zurück, jenes Grundprinzip, das die letzte Evidenz und Möglichkeitsbedingung für den Urteilsvollzug darstellt. Durch Maréchal ist Rahner die philosophiegeschichtliche Problemstellung einer Synthese von Thomismus und Transzendentalphilosophie vorgegeben sowie der methodische Argumentationsprozeß, der den erkenntnistheoretischen Vorbehalt Kants im Hinblick auf Erkenntnis außerhalb des phänomenalen Gegenstandsbereichs nicht teilt. Mit Maréchal kommt Rahner zur Überzeugung, daß im Urteil, das eine Wahrheitsbehauptung darstellt, ein reales Ansichsein einer Wirklichkeit ausgesagt wird. Die transzendentale Deduktion der Gegenstandserkenntnis wurde so ausgeführt, daß die diskursive Seinsbehauptung als Nachvollzug einer realen Seinsgegebenheit gilt. Das konnte nur gelingen, wenn die von Kant nur beschränkt gebrauchte Vernunftkonzeption eines "intellectus agens" wieder voll rehabilitiert wurde. Er ist das letzte subjektive Prinzip, um die Objektivität von Erkenntnis gewährleisten zu können. Für den Philosophen und Theologen Rahner aber ist der letzte Wahrheitsgrund nicht die menschliche Rationalität, sondern das absolute Sein, Gott. Insofern ist jeder Erkenntnisvollzug eine mitgewußte Erkenntnis Gottes.

1. *Wahrheitstheoretisch* stellt Rahners Konzept eine *Adäquationstheorie* dar, die die Bedeutung des Begriffs "Wahrheit" auf die Übereinstimmung von "Sache" und "Verstand" legt. Man wird dieser Wahrheitstheorie, wie sie Rahner nachvollzogen hat, nicht vorwerfen können, den wahrheits-

theoretischen Problembegriff "Übereinstimmung" nicht genügend bedacht zu haben. Im Gegenteil: Rahners erkenntnistheoretische und ontologische Reflexionen wollen gerade die transzendentalen und ontologischen Bedingungen benennen, um Urteilserkenntnis als wahre Erkenntnis auszuweisen. Allerdings steht und fällt diese Wahrheitstheorie mit der Plausibilität des ontologischen Begründungsmodells und mit der Anerkennung der maréchalschen Vermittlung von Thomas und Kant, von scholastischer und transzendentalphilosophischer Argumentation. Darum ist einer der problematischsten Punkte ist die Behauptung, daß das Urteil ein *Nachvollzug eines Ansich* ist, nämlich des Seins eines Gegenstandes, obwohl die *Möglichkeit* der Objekt-Erkenntnis gerade in der intellektuellen *Setzung des Angeschauten als eines Objektes* bestehen soll. Was bedeutet hier der Begriff "Nachvollzug"? Übernimmt er die Funktion des Wahrheitskriteriums, insofern jenes Urteil "wahr" genannt werden kann, das ein Ansichseiendes richtig nachvollzogen hat? Wenn aber das Sein als die vom Urteil unabhängige Kategorie bezeichnet wird, dann bricht doch erst recht wieder das Problem der Übereinstimmung auf: Wie kann Wirklichkeit in ihrem Sein erkannt werden? Hängt nicht die Identifizierung von Wirklichkeit wiederum an einem Urteilsakt? Worin unterscheidet sich dann ein wahres von einem falschen Urteil? Auf all diese Fragen geben Rahners Reflexionen keine Antwort, sondern sie entstehen erst mit seinem Wahrheitsbegriff.

2. Die *theologische Problematik von Wahrheit* kommt dort zur Sprache, wo der Seinsvollzug des Menschen mit der Möglichkeit einer Offenbarung Gottes als Selbstmitteilung zu rechnen hat. Damit ist das Problem der Vermittlung von Wahrheit und Geschichte eröffnet, das Rahner durch den Aufweis zu lösen sucht, daß der Mensch notwendig sich der Geschichte zuwenden muß, um aus ihr eine letzte Sinnbestimmung zu empfangen. Bemerkenswert ist, daß im Zusammenhang der Geschichtsproblematik auch die Sprachproblematik auftaucht. So konzipiert Rahner das Wort als Realsymbol des Geistes und der Transzendenz, womit Sprache jenes Vermittlungsgeschehen ist, worin sich Selbstmitteilung Gottes ereignet. Die Wahrheitsdimensionen dieses Geschehens denkt Rahner in Absetzung von der neuscholastischen Tradition radikal vom Ereignischarakter her, so daß das klassische theologische Wahrheitsverständnis als Urteilswahrheit dogmatischer Sätze einer bedeutenden Korrektur unterzogen ist. Wahrheit ist im theologischen Sinn das dynamische Geschehen einer "Mitteilung", die nicht auf den kognitiven Aspekt einer Sachverhaltsinformation abzielt, sondern auf eine gnadenhafte Änderung menschlichen Bewußtseins, die dann geschieht, wenn Offenbarung gegeben ist. "Offenbarungswahrheit" ist im Rahnerschen Kontext der Geltungsanspruch jener satzhaften Äußerungen, die ermöglicht und getragen sind von einer übernatürlichen Begnadung des Menschen. Das übernatürliche Existential des Menschen ist jenes Geschehen, das die Idee von Offenbarung des absoluten Seins am intensivsten verdeutlicht, weil es alle Manifestationen religiöser Sinnsysteme ermöglicht. Ereignet sich Geschichte aus dem freien Zu- und Miteinander menschlichen Handelns,

so ist Heilsgeschichte dort, wo das von Gott selbst im übernatürlichen Existential gesetzte transzendentale Verhältnis zwischen ihm und den Menschen angenommen wird. Rahner hält dabei den *transzendentalen* Charakter des Wahrheitsbegriffs strikt aufrecht: Der Wahrheits*sinn* einer *dogmatischen Aussage* liegt nicht ausschließlich auf der semantischen Ebene, sondern auf der *transzendentalen Ermöglichung* solcher Sätze. Die Unableitbarkeit solcher Aussagen wird gegen ein "autonomes Offenbarungsdenken" (Modernismus; Nouvelle Théologie) dadurch garantiert, daß Rahner diese gnadenhafte Verhältnissetzung als streng "übernatürlichen" Vorgang denkt. Die Heteronomie von Offenbarung bleibt gewahrt und wird zugleich transzendental im Subjekt vermittelt: Offenbarung ereignet sich dort, wo der Mensch seine Existenz in Liebe und Verantwortung übernimmt.

Von diesem Offenbarungsbegriff ausgehend sieht Rahner Gottes Selbstmitteilung in unüberbietbarer Weise in Jesus von Nazaret gegeben. Dem Glaubenszeugnis gemäß ist er die personale Realpräsenz Gottes, die endgültig die schuldhafte Trübung des je gegebenen Verhältnisses von Mensch und Gott entfernt und Gottes absolutes, endgültiges Ja ansagt. Der kognitive Aspekt dieses Ja Gottes zum Menschen verweist somit auf eine kommunikative Wirklichkeit und Praxis: Er stellt die Ermöglichung eines neuen Seins des Menschen dar, dessen Sinn in der liebenden Begegnung und verantwortlichen Weltgestaltung von Menschen liegt. Wahrheit ist eine Praxis der Begegnung und der Authentizität, sie ist das Vorkommenlassen des menschlichen Wesens, weil Gottes Wahrheit selbst jene Treue und Identität ist, die in seiner Mitteilung anwesend wird.

Geschichtlichkeit als wesentliche Grundbedingung ist jener Rahmen, innerhalb dessen Offenbarung unterwegs ist zu allen Zeiten, um an allen Orten 'anzukommen'. Weil Offenbarung ein geschichtlicher Vorgang ist, darum ist auch der Prozeß ihrer Aneignung im menschlichen Bewußtsein ein geschichtlich unabgeschlossenes Ereignis. Die "Abgeschlossenheit von Offenbarung" widerspricht nicht der Offenheit dogmatischer und praktischer Aneignung. Dieser Aneignungsprozeß erfolgt nach Rahner in den spirituell-institutionellen Vollzügen von Kirche. Glaubenssinn, Lehramt, Theologie spielen dabei eine wichtige Rolle. Definitionsvorgänge sind für Rahner "Sprachregelungen", die nicht bloß eine kommunikative Identität einer Glaubensgemeinschaft gewährleisten, sondern Offenbarung wahrheitsgetreu in je verschiedene 'Bewußtseinshorizonte' übersetzen. Weil aber der Vorgang der Aneignung von Offenbarung, der selbst zur Offenbarungsgeschichte gehört, ein geschichtlich unabgeschlossener Prozeß ist, darum ist jede Formel revisionsfähig und -bedürftig. Nur zu einem gewissen Teil ist sie adäquate Wahrheitsaussage. Niemals aber sind für Rahner dogmatische Aussagen falsche Aussagen, weil sie von der wahren Voraussetzung der absoluten Selbstmitteilung Gottes in Jesus Christus getragen sind. Diese pointierte Position hält Rahner auch im Streit um Küngs "Unfehlbar" durch.

3. In den Spätschriften stellte sich Rahner der epochalen Herausforderung eines Pluralismus, eines weltanschaulichen und interkonfessio-

nellen Dialogs unter den Religionen. Hier tritt der *kommunikative* Aspekt von Wahrheit in den Vordergrund: "Wahrheit" ist im pluralen Umfeld nicht mehr einfach gegeben, sondern aufgegeben. Noch bevor von intersubjektiver Wahrheitstheorien, deren Schwergewicht auf der argumentativ-kommunikativen Suche nach Wahrheit liegt, die Rede ist, reflektiert Rahner über die kollektive Wahrheitsfindung, deren Ziel im Konsens über eine Formel besteht, deren Wahrheitsgeltung diskursiv eingelöst wurde. Im ökumenischen Gespräch wird schließlich der transzendentalpragmatische Akt des gemeinsamen Bekennens der peniblen Durchforstung des assertorischen Verständnisses der Glaubenssätze vorgeordnet. Für Rahner erhält Wahrheit somit immer mehr den Charakter *institutionell gebundener* Geltungsansprüche. Diese Erweiterung des Wahrheitsverständnisses hat sogar auf das konstant behauptete Begründungsmodell Rahners zurückgewirkt: Mit den Sozial- und Naturwissenschaften sowie der Krise der Metaphysik bestimmt er den Standort von Theologie unter den Wissenschaften auf eine neue Weise und lockert die Bindung der philosophischen Reflexion theologischer Rationalität an das metaphysische Begründungsmodell. Theologie steht und fällt nicht mehr mit der Krise der Metaphysik. Diese Überlegungen bleiben allerdings sehr skizzenhaft. Rahner hat diese Erweiterung nicht mehr systematisch auf sein transzendentaltheologisches Grundmodell bezogen, allerdings soll nach ihm die praktische Vernunft im Kontext von Freiheit, Geschichte und Pluralismus eine vorrangige Rolle erhalten. Hätte Rahner eine solche Wende in seiner Theologie durchgeführt, so hätte sich wahrscheinlich auch seine wahrheitstheoretische Position wesentlich geändert.

Eine bescheidene Beurteilung dieses großen Entwurfes wird durchaus sagen können, daß Rahner mit seiner transzendentalen Methode das Problem von Wahrheit und Geschichte, theologischer und philosophischer bzw. natur- und humanwissenschaftlicher Rationalität, schließlich zwischen kommunikativer Wahrheitsfindung und autoritativer Wahrheitsfeststellung wesentlich lösen half. Allerdings bleiben Fragen. Das ontologische Wahrheitsverständnis bezahlt den Preis seines Ansatzes mit der Isolation im gegenwärtigen philosophischen und wahrheitstheoretischen Gespräch. Dabei ist nicht gemeint, daß sich gegenwärtige wahrheitstheoretische Reflexionen nicht um den wesentlichen Aspekt der Sachentsprechung von Aussagen kümmern, sondern daß sie den ontologisch-metaphysischen Begründungszusammenhang nicht mehr zu übernehmen bereit sind. Die Idee des absoluten Seins ist untrennbar verknüpft mit der griechischen Metaphysik, die aber spätestens mit der Neuzeit nicht mehr beanspruchen kann, die einzig legitime Denkform von Philosophie zu sein. Der Geltungsanspruch von Wahrheit und dessen Einlösbarkeit ist in diesem Kontext zur Frage nach der Wahrheit des metaphysischen Begründungsmodells geworden, und er ist heutzutage strittiger denn je. Unmittelbar betroffen ist damit der Versuch Rahners, der Urteils-Kopula einen Vorgriff auf das Sein zuzuschreiben. Es stellt sich hier die Frage, ob das grammatische "ist" einer Aussage nur dann eingesehen werden kann, wenn auf einen absoluten, substantiellen Seinsbegriff rekurriert wird. Aus der Perspektive gegenwärtiger Wissenschafts- und Erkenntnistheorie jedoch muß betont werden, daß die Sachproblematik ohne Reflexion auf die vorgängige und unhintergehbare Sprachproblematik nicht benennbar ist. Wahrheitserkenntnis bleibt allemal assertorische Behauptung anhand spezifischer Sprechakte. Zu fragen ist, ob das 'Wesen' von Wahrheit tatsächlich nicht mehr gedacht werden kann, wenn die strenge Bezugnahme auf klassische ontologische Positionen aufgegeben wird. Selbst gegenwärtige ontologische Reflexionen gehen konstruktivistisch vor und nehmen als Ausgangspunkt lebensweltliche Handlungskontexte, d.h. Sprechhandlungen und Praxis, und bestimmen von da aus die philosophische Rede von Wirklichkeit, Welt und Wahrheit.[347]

Was die Frage der Vermittlung von Wahrheit und Geschichte anlangt, ist Rahners Transzendentaltheologie eine wirkungsvolle Problemlösung. Insofern Offenbarung und Geschichte untrennbar verbunden werden, ist Geschichte konstitutives Moment am Offenbarungsgeschehen. Geschichte ist dann nicht die kontingente Hülle einer an sich bestehenden Offenbarung, sondern der Modus des Sichereignens von Offenbarung. Jedoch wurde oben schon zu bedenken gegeben, wie Rahner das Verhältnis von Offenbarung und Geschichte denkt. Er leitet den Sachgehalt von Geschichte nicht aus dem kommunikativen Handlungszusammenhang von sprachlich interagierenden und instrumentell operierenden Subjekten her. Von daher gesehen ist Geschichte, als Zeit- und Sinnkategorie, nicht abgeleitet aus sinnlich-anschaulicher Erkenntnis, sondern jener Ereignisrahmen, in dem Sinn- und Unheilserfahrungen die Frage auslösen, wie menschliches Dasein sein *soll*. Geschichte wird so zum Erwartungshorizont für bestimmte 'Welten', die bisherige Erfahrungen und deren Deutungskomplexe aufbrechen und befragen. "Offenbarung" könnte in diesem Kontext als jene innovative Sinn- und Sprachgestalt begriffen werden, die intersubjektiv erfahrene Befreiungs- und Heilsereignisse als verläßlichen Vorgriff auf ein endgültiges Heil-sein von Schöpfung und Geschichte durch und bei Gott qualifiziert.

Schließlich hat Rahner den Zusammenhang von Offenbarungsvorgang und Sprache aufs engste miteinander verbunden. Die Symboltheologie hat ihm geholfen, die für Transzendenz repräsentative Funktion sprachlicher Zeichen zu charakterisieren. Darüber hinaus hat er sehr deutlich die Wirksamkeit gerade von Sprechakten in sakramentalen Handlungen hervorgehoben, die Heil nicht bloß ansagen, sondern auch stiften. All diese Dimensionen können sehr gut in einen theologischen Ansatz eingebracht werden, der die Sprache nicht abstrakt von ihrer Logik her bedenkt, sondern als kommunikativen Akt gegenseitiger Verständigung. Letztlich bewegt sich jedoch auch Rahner in einem monologischen Sprachbegriff, insofern er nicht von vornherein am subjektivitäts- und weltkonstituierenden Charakter von Sprechhandlungen ansetzt.

---

347 Vgl. *U.G. Leinsle,* Vom Umgang mit Dingen. Ontologie im dialogischen Konstruktivismus, Augsburg 1992.

Aber dieses sprachphilosophische Paradigma war Rahner zu seiner Zeit - vor allem in seinem Denkumfeld - nicht gegeben. Dennoch hat er theologiegeschichtlich innovativ die Entscheidungsakte des lehramtlichen Handelns z.B. im anstößigen Begriff der *Sprachregelung* interpretiert. Das hat ihn nicht dazu geführt, Legitimität und Autorität der kirchlichen Institution überhaupt in Zweifel zu ziehen. Im Gegenteil: Sprachregelung bzw. Definition ist der unverzichtbare Vorgang jeder Gemeinschaft, die sich an sprachlich erhebbare und universal-bleibende Geltungsansprüche bindet. Aber man wird fragen dürfen, ob der transzendentaltheologische Ansatz ausreicht, um dogmatische Aussagen und deren Festschreibung wirklich als kommunikativen Vorgang deuten zu können. Ist Sprache nicht viel mehr ein Mittel, einen transzendental einsehbaren absoluten Sinn mitzuteilen? Kann eine Transzendentaltheologie von ihrem Ansatz her tatsächlich die unterschiedliche Wahrheitsrelevanz von Glaubensaussagen denken, die pragmatischen Bedingungen für einen innerkirchlichen Dialog sowie für einen Dialog mit den Religionen oder Wissenschaften?

So erheben sich am Schluß dieses zweiten Teils Fragen, die das Wahrheitsverständnis Karl Rahners kaum als bleibend-gültiges Lösungsmodell gelten lassen. Im Gegenteil: Rahners Theologie ermutigt dazu, dort weiterzudenken, wo sein Ansatz an Grenzen gestoßen ist, wo er Themen und Reflexionsweisen schon hereingeholt hat, die einen transzendental-ontologischen Entwurf eigentlich sprengen. Ein solches neues Reflexionsmodell bietet die Kommunikationstheorie. Für sie ist der Vorgang des Miteinandersprechens der Grundakt, der sogar aller Gegenstands- und Subjektskonstitution noch zuvorläuft. In originärer Weise sucht dieses Paradigma, die fundamentalen Gegebenheiten von Sprache, Erkennen und intersubjektiver Praxis in Verbindung mit dem transzendentalphilosophischen, sprachanalytischen und handlungstheoretischen Denken reflex einzuholen. Wie dieses Paradigma für das theologische Wahrheitsproblem fruchtbar werden kann, das soll der dritte Teil dieser Untersuchung skizzieren.

4 Wahrheit durch Diskurs und Konsens

Nach der krisengeschichtlichen Analyse des Wahrheitsproblems und der Reflexion von Rahners Wahrheitsverständnis soll im folgenden jenes philosophische Wahrheitskonzept dargestellt und auf theologische Ansprüche hin befragt werden, das derzeit nicht bloß das größte Echo innerhalb der Theologie gefunden, sondern dessen transzendentalpragmatischer Ansatz auch die größten Hoffnungen auf eine neue Fundamentaltheorie von Theologie geweckt hat. Bisher hat sich gezeigt, daß die theologischen Grundprobleme dieses Jahrhunderts direkt und indirekt die Krise des Wahrheitsbegriffs der Theologie ausgelöst bzw. beeinflußt haben. Die strittigen Verhältnisbestimmungen von Dogma und Geschichte, Wissenschaftstheorie und Theologie, Glaubenskommunikation und -definition, darüber hinaus von Offenbarung und menschlicher Transzendenz in Geschichte, von Pluralismus und absolutem Wahrheitsanspruch usw. zwingen die Theologie, ihren Wahrheitsbegriff neu zu überdenken und weiterzuentwickeln. Ansatzweise ist das bereits über den Weg einer Neubegründung von Theologie bzw. wenigstens durch die Erweiterung von Methoden und Argumentationen bei konkreten Problemlösungen in den aufgezeigten Diskussionen unternommen worden.

Loisys Insistieren auf der historischen Kontingenz christlicher Glaubensartikulationen, Le Roys praxeologische Interpretation von dogmatischen Sätzen und Blondels Präferenz eines kommunikativ vermittelten Traditionszusammenhanges von Glaubensaussagen signalisieren eine erste massive Erschütterung im bisherigen Begründungsvorgang theologischer Theoriebildung.

Karl Rahner hat auf eindrucksvolle Weise versucht, die Krise der Modernität durch ein transzendentalontologisches Begründungsmodell aufzufangen. Seine transzendentaltheologische Methode vermittelte *theologisch* jene Bruchstellen, die durch die "Dezentrierung"[1] und "Modernisierung" des christlich-europäischen Weltbildes aufgeworfen wurden. Allerdings mußte die Universalität der Methode (die Transzendentaltheologie umspannt jede Kategorialität) bei gleichzeitiger Vernachlässigung der - schon nach Kant kritisierten - problemgeschichtlichen Situiertheit des bewußtseinsphilosophischen Ansatzes behauptet werden.

Die wissenschaftstheoretische Grundlagendiskussion entging Rahnerscher und katholischer Theologie deshalb, weil erkenntnistheoretisch der Übergang zur (subjektphilosophischen) Moderne erst nachzuvollziehen war. Erst in jüngster Vergangenheit löste die angestrengte und

---

1 Der Begriff "Dezentrierung" spielt in der sozialwissenschaftlichen Erklärung des europäischen Rationalisierungsprozesses eine wichtige Rolle. Er meint die Ausfaltung von Wissens-, Wert- und Kulturebene in drei voneinander unabhängige Systeme, die durch metaphysische oder religiöse Systeme zusammengehalten wurden. Die Ideen des Wahren, Guten und Schönen konnten in einem metaphysisch konsistenten Ansatz noch miteinander vermittelt werden.

komplexe Selbstvergewisserung in den philosophischen Theoriediskussionen auch theologische Grundlagenreflexionen aus. Der Pluralismus philosophischer Begründungsmodelle schlägt nun auch in die Theologie durch: (universal)hermeneutische und transzendental- bzw. universalpragmatische Konzepte stehen bei aller gemeinsamen Bemühung um einen wissenschaftsadäquaten Status der Theologie nebeneinander. Diese Differenz zeigt sich auch am jeweiligen Wahrheitsbegriff: Favorisieren hermeneutische Ansätze ein kohärenztheoretisches Modell, so zielen pragmatische Begründungsansätze auf intersubjektivitäts- und konsenstheoretische Wahrheitskonzepte ab.

Schließlich werden die institutionalisierten Regelungen von Entscheidungs- und Definitionsprozessen zum klärungsbedürftigen Problem angesichts demokratischer Meinungsbildung in Gesellschaft und basiskirchlichen Glaubensgemeinschaften. Wahrheitsfeststellung und Bekenntnisformulierung können nicht mehr im Vollzugsmodell feudalmonarchischer Gesellschaften getroffen und entwickelt werden. Gemeinsame Wahrheitsfindung, kommunikative Konsensbildung und verständigungsorientierte Interaktion konfessionell getrennter Kirchen werden zu Imperativen.

4.1 Voraussetzungen der Konsenstheorie

4.1.1 Erkenntnistheoretische Voraussetzung: Vernunft als kommunikative Rationalität

Bevor die Theorie einer Konsens- bzw. Diskurswahrheit im einzelnen erörtert wird, sollen skizzenartig jene Verstehensbedingungen benannt werden, die einen solchen Theorieansatz überhaupt ermöglichen. Solche Bedingungen könnten von einer doppelten Perspektive aus erarbeitet werden: einmal aus dem inneren Diskussionsverlauf philosophischer Paradigmen, welcher einen sprachphilosophisch gewendeten und kommunikationstheoretisch erweiterten Theorieansatz aufzeigt, sodann im Blick auf gesellschaftlich-historische Bedingungen, die sich gegen klassisch philosophische Begründungs- und Erklärungsmodelle von Welt, Sein und Erkenntnis sperren. Analytisch wurde der erste Zugang besonders von K.O. Apel thematisiert, der zweite vor allem von J. Habermas, der nicht unumstrittene Überlegungen zu einer gegenwärtigen philosophischen Ortsbestimmung[2] angestellt hat.

Folgt man der ersten Perspektive, so stößt man bei *Habermas* auf die Kennzeichnung der Philosophie der Gegenwart als "nachmetaphysisches

---

2 Vgl. exemplarisch *Habermas*: Philosophie; Diskurs; Denken.

Denken"[3]. Dieses zeichne sich durch fundamentale Veränderungen im Begriffs- und Begründungssystem sowie in der Reflexionsmethode gegenüber der antiken, aber auch der neuzeitlich-transzendentalen Philosophie aus. Wesentlich vollziehe sich ein Wandel hinsichtlich rationaler Rede und Erkennbarkeit einer "letzten und alles begründenden Wirklichkeit": "Philosophie kann sich heute nicht mehr auf das Ganze der Welt, der Natur, der Geschichte, der Gesellschaft im Sinne eines totalisierenden Wissens beziehen."[4] Der Bezug auf das Ganze, auf die alle Vielfalt stiftende und zusammenhaltende Ursprungswirklichkeit des Einen, auf die reine Welt der Ideen kennzeichnete metaphysisch-ontologisches Denken. Grundlage dafür sei ein Vernunftbegriff, der sich aus einem abstrahierenden und auf Wesenserkenntnis konzentrierten Denken gewann. Philosophische Reflexion selbst vermittelte soteriologische Dimensionen für einen theorieergebenen Lebensstil, der sich in der Einsamkeit vernünftiger und beschaulicher Reflexion bildete. Folgte schon der griechischen Konzeption eines starken Vernunft- und Erkenntnisbegriffs das skeptische Denken, so destruiert der Nominalismus spätscholastischer Philosophie die Zuversicht einer substantiellen Vernunftkonzeption: Die aristotelisch-thomistische Erkenntnis der formae rerum, also des Wesens der Dinge werde zurückgenommen in die sprachlich-operative Vernunfttätigkeit einer Namensgebung der Dinge (signa rerum)[5]. Mit den ersten Gehversuchen empirischer Erkenntnisgewinnung und dem gleichzeitigen Vertrauensverlust in die Ursprungsphilosophie wuchs in der Folge ein subjektphilosophisches Paradigma heran, das welt- und subjektkonstituierende Vernunfttätigkeit transzendental einzuholen versuchte. Kant hatte durch seine transzendentalphilosophische Begründung der Möglichkeit von Erkenntnis der Philosophie die "Rolle eines Platzanweisers"[6] gegenüber den modernen, erkenntnisprogressiven Disziplinen der Naturwissenschaften zugedacht. Insofern Vernunft auch die Begründung praktischer und ästhetischer Handlungen und Beurteilungen gewährleistete, hatte der neuzeitliche Vernunftbegriff das überkommene metaphysische Einheitsdenken - zwar transformiert, aber doch - beerbt.

Wie der Fortgang philosophischer Theoriebildung allerdings zeigte, sei der Anspruch einer solchen Begründungskonzeption an der Geschichtlichkeit (Hegel) und Materialität (Marx) der für ahistorisch gehaltenen Bedingungen von Gegenstands- und Subjekts bzw. Gesellschaftskonstitution zerbrochen. Die im 19. Jahrhundert sich etablierenden Geisteswissenschaften verwiesen dezidiert auf die Kontextualität der Erscheinungen des "objektiven Geistes". War schon der Theoriebegriff der

---

3 Weil es an dieser Stelle um eine Rekonstruktion der Voraussetzungen der Diskurstheorie geht, werde ich Habermas' philosophiegeschichtliche Skizze, die den Denkweg von der Metaphysik als prima philosophia über die Bewußtseinsphilosophie zum nachmetaphysischen Denken in aller problematischen Kürze nachzeichnet, nur referieren.

4 *Habermas*, Theorie des kommunikativen Handelns I 15.

5 Denken 38 u. 160f.

6 Philosoph 10.

empirischen Wissenschaften von metaphysischer Vernunft emanzipiert, so nun auch jener, der die Konstitutions- und Geltungsfragen kultureller Gegebenheiten zum Gegenstand hatte. Am Beginn des 20. Jahrhunderts stehe Philosophie schließlich selbst vor der Auflösung in eine auf Konstitutionsfragen verzichtende *logic of science* und vor der Aufhebung in empirisch arbeitende Human- und Sozialwissenschaften. Damit verblaßte endgültig die Illusion einer leib- und sozialisationslosen Vernunft.

Nach Habermas liegen die Ursachen für das Schwinden metaphysischen Denkens in dessen inneren Widersprüchen. Die kritischen Punkte dabei sind "das Verhältnis von Identität und Differenz, das Problem des unaussprechlich Individuellen sowie das Unbehagen am affirmativen Denken, vor allem an der bloß privativen Bestimmung der Materie und des Bösen"[7].

Allein, daß sich die Sache der Philosophie nicht so schnell in andere Wissenschaften aufheben läßt, zeige nun nachdrücklich der philosophische Diskurs der letzten Jahrzehnte. Er stehe unter dem Programmwort eines "linguistic turn", also jenes paradigmatischen Übergangs von der Bewußtseins- zur Sprachphilosophie, womit eine eine neue Situation gegeben sei. Dieser Paradigmenwechsel soll im folgenden etwas ausführlicher dargelegt werden.

Zunächst bedeutet dieser Übergang eine neue Basis für Geistes- und Naturwissenschaften, sich auf die *Sprache* als letzte Instanz und im sprachphilosophischen Reflexionsmodell als unhintergehbares Medium rationaler Erkenntnisgewinnung und objektiver Sinninterpretation zu stützen.

Die Idee der Exaktheit des Denkens mittels logisch-formaler Verfahren kam im "Tractatus logico-philosophicus" Ludwig Wittgensteins zu einem unüberbietbaren Ausdruck: Für ihn sind die Grenzen der Erkenntnis keinesfalls mehr die Kantschen Grenzen reiner oder praktischer Vernunft, sondern die formalen Grenzen der Sprache selbst. "Welt" und "Sprache" sind durch die gemeinsame logische Form miteinander verkettet, so daß als "sinnlos" jeder Satzgehalt ausscheiden muß, für den keine eindeutig angebbare Relation zu einem in der Welt bestehenden Sachverhalt namhaft gemacht werden kann. Dabei verknüpft Wittgenstein auf subtile Weise das Problem des Sinnverstehens eines Satzes mit dessen Wahrheitsbedingungen: "Einen Satz verstehen, heißt, wissen was der Fall ist, wenn er wahr ist."[8] Der Sinn des Satzes hängt also nun völlig an seiner logischen Form und an den Verifikationsbedingungen seiner Aussage. Die philosophische Konsequenz ist die radikale Entleerung eines Großteils des philosophischen Satzinventars überhaupt: Philosophische Sätze sind nicht falsch, sondern unsinnig (4.003). Die Aufgabe der Philosophie besteht für Wittgenstein weder in der erkenntnistheoretischen Analyse apriorischer Bedingungen der Gegenstandskonstitution noch im

---

7 Denken 155.

8 *Wittgenstein,* Tractatus 26 (= 4.024).

hermeneutischen Sinnverstehen tradierter historischer Texte, die einen Wahrheitsanspruch stellen, sondern in der Sprachkritik.

Mit diesem Programm wurde eine neue philosophische Richtung eröffnet: die sprachanalytische Philosophie, die im engen Kontakt zur Linguistik Struktur und Funktion von Sprache zum Gegenstand der Reflexion erhob. Entscheidend für die Restituierung einer Philosophie auf dem empirischen (!) Fundament der Sprache werden die Ergebnisse der Semiotik (Ch. Morris), die sich einerseits auf syntaktische und semantische Untersuchungen (R. Carnap, N. Chomsky), andererseits auf pragmatische Feldstudien (Ch.S. Peirce, Wittgenstein II, J.L. Austin, J.R. Searle) stützen. Mit der Unabweisbarkeit der pragmatischen Dimension im Verstehensvollzug von Sätzen ergibt sich erstmals wieder die Möglichkeit, formal-logische und empirisch-semantische wissenschaftstheoretische Begründungen mit hermeneutisch-pragmatischen Ansätzen zu verbinden. Dieses Programm wird herausragend von K.O. Apel unter dem Titel einer "Transformation der Philosophie"[9] verfolgt. Dabei verknüpft dieser transzendentalphilosophische, hermeneutische und sprachpragmatische Theorieteile zu einer neuen Fundamentaltheorie von Philosophie. Apels Kritik am Transzendentalismus Kants orientiert sich an der semiotischen Kantinterpretation Ch.S. Peirces[10], der die transzendentalen Bedingungen der Objektkonstitution auf den Akt der Zeicheninterpretation sprachfähiger Subjekte bezieht: "Das Wesentliche der Erkenntnis ist nicht die faktische Reaktion eines innerweltlichen Objekts auf ein anderes..., sondern die Interpretation von etwas *als* etwas, die sich durch Zeichen vermitteln muß..."[11] Der Sinngehalt objektiver Erfahrungsurteile verankert sich Peirce zufolge nicht mehr im höchsten Bewußtseinspunkt des "Ich denke" der transzendentalen Synthesis der Apperzeption, sondern in der Antizipation eines auf lange Sicht durchgeführten und schließlich in einem Konsens mündenden Forschungsprozesses einer unbegrenzten Gemeinschaft von Wissenschaftern. Der virtuell unbegrenzte Argumentationsgang ist damit letztes Kriterium der Wahrheit einer Aussage über eine objektiv bestehende Realität. Damit erhält die Kommunikationsgemeinschaft der Forscher für den immer schon sprachlich vermittelten Erkenntnisvollzug einen sinn- und geltungskonstitutiven Stellenwert, der apriorische Funktion einnimmt. Was Peirce auf die Geltung wissenschaftlich gültiger Sätze beschränkte, bekommt bei Apel den Rang einer Letztbegründung. Denn hängt jede Erfahrung und jede wissenschaftliche Aussage an der "apriorischen Leine" einer universalen Interaktionsgemeinschaft, so wird der Sinn des Argumentierens "offenbar das *Letzte, Nichthintergehbare*"[12].

---

9 *K.O. Apel*, Transformation der Philosophie. Bd. 1: Sprachanalytik, Semiotik, Hermeneutik. Bd.2: Das Apriori der Kommunikationsgemeinschaft.

10 Vgl. *ders.*, Von Kant zu Peirce: Die semiotische Transformation der Transzendentalen Logik, in: Transformation II 157-177.

11 Ebd. 188.

12 Ebd. 222.

Die in den Argumentationsvollzug eingelassenen Strukturen implizieren dann sowohl wahrheitstheoretische wie ethische und handlungstheoretische Konsequenzen. Konstituiert sich das Gegenstandswissen erkennender Vernunft nicht mehr in der solipsistischen Subjekt-Objekt-Relation, sondern in der dieser Relation vorgängigen Subjekt-Subjekt-Relation eines Kommunikationszusammenhanges und nimmt dieser pragmatische Kontext apriorische Stellung ein, dann hängt die "Realisierung der Wahrheit a prioris...von der Realisierung der *unbegrenzten* Kommunikationsgemeinschaft in der geschichtlich gegebenen Gesellschaft"[13] ab. Wahrheit ist dann nur denkbar, wenn diese Kommunikation herrschaftsfrei vollzogen wird. Die *Möglichkeit* der Wahrheit hat deshalb ihre Bedingung in der freien, reziproken Kommunikation einer unbegrenzten Interaktionsgemeinschaft. Der *Sinngehalt* von Wahrheit aber liegt im "sinnkritisch postulierten *Consensus*...[als] *Garant der Objektivität* der Erkenntnis, der an die Stelle des kantischen transzendentalen 'Bewußtseins überhaupt' tritt; er fungiert freilich als ein regulatives Prinzip, das als Ideal der Gemeinschaft in und durch die reale Gemeinschaft erst noch zu realisieren ist, wobei die Ungewißheit über die faktische Erreichung des Ziels durch ein ethisches Prinzip des Engagements und der Hoffnung ersetzt werden muß"[14]. Das bedeutet mit Blick auf die empirisch-analytische Diskussionslage, daß selbst mittels empirischer Methoden gewonnenen Aussagen in ihrer Geltungsproblematik auf eine ethische und nicht bloß logisch-semantische Basis verwiesen sind, weil der Sinn von Argumentation ohne intersubjektive Verbindlichkeit überhaupt nicht eingesehen werden kann. Wenn Sprache der Umschlagplatz von Erkenntnis, Wahrheit und Argumentation ist, dann ist der metaphysisch einzementierte Vorrang der Erkenntnis vor der Praxis nicht materialistisch aufgebrochen, sondern sprachhermeneutisch-pragmatisch. Dann ist die *Praxis der Argumentation* und der *Realisierung von kommunikativen Interaktionsbedingungen* in der Tat der unabschreitbare Horizont jeglicher Gewinnung von Erkenntnis und Begründung.

Philosophisches Denken in Moderne und Gegenwart zeichne sich, wie skizziert wurde, durch die Motive "nachmetaphysisches Denken, linguistische Wende, Situierung der Vernunft und Umkehrung des Vorrangs der Theorie vor der Praxis - oder Überwindung des Logozentrismus"[15] aus. Mit dem Verlust der metaphysischen Tradition habe die Philosophie keinen privilegierten Zugang mehr zu einer Erfahrung und Rede vom Ganzen und Außeralltäglichen. Trotzdem bleibe sie mit der Ganzheitserfahrung verbunden, weil Vernunft immer noch über empirische Erkenntnis und sprachlich-kommunikative Verständigungsprozesse, deren Klärung und Geltung die hermeneutische Philosophie in Gang gesetzt hat, hinausgreift.

---

13 Ebd. 228.

14 Ebd. 192.

15 *Habermas*, Denken 14.

Wie Habermas in seinem Hauptwerk "Theorie des kommunikativen Handelns" zeigt, ist der Vernunft*begriff* im Durchgang durch die neuzeitlichen Differenzierungsprozesse selbst ein anderer geworden und hat sich massiv gewandelt. Prägnant, wenn auch nicht ganz frei von Überzeichnung, faßt H.M. Baumgartner diesen Vernunftwandel zusammen: Er besteht

> "in einem Prozeß fortschreitender 'Desubstantialisierung', Depotenzierung, Funktionalisierung; man könnte auch sagen in einem Prozeß der Mediatisierung: die Vernunft wandelt sich von einem obersten, das Wesen des Menschen charakterisierenden Erkenntnisvermögen mit eigenem, sei es objektivem sei es transzendentalem 'Inhalt' zu einem Mittel, zu einem Instrument der Bearbeitung vorgegebener Erkenntnis, und sie wird schließlich zu einem selber geschichtlichen Bedingungsgefüge für Prozeduren möglicher Kommunikation. Bezüglich ihres Inhalts verläuft dieser Prozeß von der Erkenntnis des Seins und der göttlichen Wahrheit über die Selbstgewißheit des Denkens und die Erkenntnis regulativer Prinzipien aller Erfahrungserkenntnis zum selber inhaltsleeren, nur noch formalen Verfahrenskriterium für die vielfältige intersubjektive Verständigung und Diskussion über sei es theoretische oder praktische oder ästhetische Geltungsansprüche. In summa: Vernunft hat den Charakter einer eigenen Erkenntnisquelle verloren und ist zum selber geschichtlich bedingten Mittel der Konsensfindung geworden."[16]

Als solches Medium wird Vernunft nicht mehr als ratio und intellectus verstanden, sondern als "Rationalität" konzipiert. Diese ist definiert "als eine Disposition sprach- und handlungsfähiger Subjekte"[17] im Sinne eines "offenen Konzepts"[18]. Als Eigenschaft betrachtet, äußert sich Rationalität aber nicht mehr bloß im Erkenntnisvollzug des Menschen, sondern in allen symbolisch vermittelten Äußerungsformen von Subjekt, Gesellschaft und Geschichte. Damit schließt der Rationalitätsbegriff "materialistisch" an den sozialwissenschaftlich erforschbaren Komplex neuzeitlicher Rationalisierung an und bietet somit einen - wie eingangs angeführt - zweiten Zugang zum Problem nachmetaphysischen Denkens, gewiß diesmal aus der Perspektive "von unten". In der "Theorie des kommunikativen Handelns" wird im Anschluß an Max Weber der europäische Rationalisierungsprozeß einschließlich der sozialwissenschaftlichen Deutungen (Kritische Theorie, Parsons, Marx) mit dem Konzept eines umfassenden Rationalitätsbegriffes rekonstruiert und kritisiert. So wenig hier auf dieses diskussionswürdige Konzept eingegangen werden kann, so sehr muß doch betont werden, daß eine Vernunftthematik auf dem Niveau der Gegenwartsprobleme ohne sprach- und handlungstheoretische Perspektive nicht mehr auskommt.

Die *Theorie kommunikativer Rationalität* verknüpft den Zusammenhang von Vernunft - Sprache - Handeln derart, daß rationales Handeln als Grundlage soziologischer Theoriebildung ohne die Analyse universaler Strukturen von Rationalitätsbedingungen, wie sie in Sprechakten eingelassen sind, unzugänglich bleibt. Nicht die Sprache 'an sich', sondern der Vorgang des Sprechens ist Ansatzpunkt dafür, daß Rationalität

---

16 *Baumgartner*, Wandlungen 198f.

17 *Habermas*, Theorie des kommunikativen Handelns I 44.

18 *Schnädelbach*, Vernunft 76. Vgl. auch: *ders. (Hg.)*, Rationalität; *Poser (Hg.)*, Wandel.

selbstreflexiv rekonstruiert werden kann. Denn im Sprechen manifestiert sich eine Kompetenz, genauer: ein Regelwissen, das jeden Sprecher befähigt, einen objektiven Zugang zur äußeren Welt, einen intersubjektiven Zugang zur sozialen Welt und einen subjektiven Zugang zur inneren Welt herzustellen.[19] Mit diesen "drei Welten", die die Bühlersche Konzeption der Darstellungs-, Appell- und Ausdrucksfunktion der Sprache aufnehmen[20], korrespondiert ein je spezifischer Rationalitätsaspekt. Der *objektivierende Zugang* zur äußeren Welt ermöglicht erfolgsorientiertes und instrumentelles, zweckrationales Handeln. Diese Zugangsform ist auch für die beiden anderen Bezüge möglich, sie erzeugt aber dort unausweichliche Defizite. Der *Zugang zur sozialen Welt* gelingt im Sinne kommunikativer Rationalität nur dann, wenn der Sprecher eine performative Einstellung übernimmt, in welcher der Hörer prinzipiell als gleichwertiger Sprecher anerkannt ist und auf eine Äußerung reagieren kann. Bedeutsam ist auch der *dritte Weltbezug* zur privaten inneren Welt des Sprechers selbst. Dieser Zugang ist privilegiert, weil nur der jeweilige Sprecher selbst Zugang zu seiner eigenen, inneren Erfahrungswelt hat. Gleichwohl wird die subjektive Einstellung in jedem Sprechakt implizit mitgeteilt. Damit gewinnt Habermas einen Rationalitätsbegriff, der nicht bloß den ersten und zweiten Wirklichkeitsaspekt als "rational" ausweist, sondern auch den gesamten Komplex expressiver und dramaturgischer Handlungen.

Der Begriff kommunikativer Rationalität dient aber nicht bloß einer Erarbeitung der Grundlage einer Theorie der Gesellschaft, sondern hat bedeutsame philosophische Implikationen, die für eine Theorie der Wahrheit konstitutiv sind. Sie sollen im folgenden, bevor die Konsensustheorie explizit erörtert wird, in Grundzügen vorgestellt werden.

4.1.2 Sprechakttheorie als Voraussetzung für den Begriff kommunikativer Rationalität

Ist für eine Theorie kommunikativer Rationalität der Analysegegenstand nicht ein transzendentales Bewußtsein, sondern ein sprachfähiges Subjekt, so muß sie sich mit sprachphilosophischen (Wittgensteins Gebrauchstheorie, Austins und Searles Sprechakttheorie) und linguistischen (Chomskys Theorie der Sprachkompetenz) Konzeptionen auseinandersetzen. Das ist auch der Grund, warum Habermas im Unterschied zu Apel weniger der hermeneutisch orientierten Sprachphilosophie folgt als vielmehr den empirisch arbeitenden linguistischen Theorien. Einen fundamentalen Stellenwert für alle diese Theorien nimmt die Entdeckung des Regelwissens ein, das Sprecher immer schon haben müssen, um spre-

19 Vgl. *Habermas*, Theorie des kommunikativen Handelns I 114-151.
20 Vgl. *ders.*, Denken 105-149.

chen und verstehen zu können.[21] Für die analytische Philosophie muß wiederum Wittgenstein als Initiator jener Erkenntnis angeführt werden, die seine ursprüngliche Position einer semantischen Bedeutungstheorie, die das Verhältnis von Sprache und Welt auf abbildende Relationen reduzierte, radikal überwand. Schon Carnaps Semantiktheorie kam nicht umhin, das "semantical framework" einer widerspruchsfreien und exakten Wissenschaftssprache auf pragmatische Dimensionen hin zu erweitern: Die Entscheidungen über die Einführung von Grundbegriffen für eine Wissenschaftssprache z.B. haben konventionellen Charakter.[22] Wittgenstein geht in seinen "Philosophischen Untersuchungen"[23] nun einen völlig neuen Weg, das Verhältnis von Sprache und Welt zu klären. Nicht mehr die logisch-formale Relation, sondern der Umgang des Menschen mit seiner Sprache wird nun zum Paradigma der Erklärung: "Wir können uns auch denken, daß der ganze Vorgang des Gebrauchs der Worte in (2) eines jener Spiele ist, mittels welcher Kinder ihre Muttersprache erlernen. Ich will diese Spiele '*Sprachspiele*' nennen, und von einer primitiven Sprache manchmal als einem Sprachspiel reden. ... Ich werde auch das Ganze: der Sprache und der Tätigkeiten, mit denen sie verwoben ist, das 'Sprachspiel' nennen."[24]

Sprechen wird somit als regelgeleitetes, erlernbares Handeln aufgefaßt, wodurch ein intersubjektiver Zusammenhang konstituiert wird. Die Anleitung "einer Regel folgen" bedeutet nämlich, daß mindestens zwei Subjekte vorhanden sein müssen, die sich gegenseitig auf eine Regel beziehen. Einer allein kann keiner Regel folgen. Weiters ist Sprechen eine generative Fähigkeit, die ein Sprecher und ein Hörer zugleich beherrschen müssen: Sie müssen aus einer endlichen Anzahl an Elementen und Regeln eine unendliche Anzahl von Sätzen bilden können. Somit kann der Sinn einer Bedeutung nicht verstanden werden, wenn nicht auf den interaktiven Kontext der Verwendung eines Wortes rekurriert wird. So erschließt sich über die "Grammatik des Sprachspiels" zugleich auch die "Grammatik einer Lebensform": "Ist denn die Bedeutung wirklich nur der Gebrauch des Wortes? Ist sie nicht die Art, wie dieser Gebrauch *in das Leben eingreift*? Ist denn sein Gebrauch nicht *Teil unseres Lebens*?"[25]

Diese grundlegende Erkenntnis Wittgensteins macht sich Habermas für die Entwicklung einer Universalpragmatik[26] zu eigen, zu der Wittgenstein deshalb nicht vorstieß, weil er keine *Theorie* der Sprachspiele entwickelt hat. In ihr ist nun zentral, daß das Regelwissen von Sprechern

---

21 Vgl. *R. Bubner*, Was ist eine Regel?, in: *ders.*, Handlung, Sprache, Vernunft, Frankfurt/M. 1982, 175-184.

22 Vgl. *Apel*, Transformation II 243.

23 Siehe *Wittgenstein*, Werkausgabe Bd. 1, 225-580.

24 *Ders.*, Untersuchungen § 7: ebd. 241. Die Ziffer (2) im Zitat verweist auf den Verständigungsvorgang eines Baumeisters mit seinem Gehilfen, der mittels bestimmter Wörter wie "Würfel", "Säulen", "Platten", "Balken" ihn dazu veranlaßt, diese herbeizubringen.

25 Werkausgabe Bd. 4, 65.

26 Vgl. die zentralen Aufsätze: Universalpragmatik; Vorlesungen, bes. 83-104; Bemerkungen.

nicht nur dazu dient, sich miteinander zu verständigen, sondern prinzipiell "Situationen möglicher Verständigung"[27] herzustellen. Was ist mit diesem Ausdruck gemeint?

Zunächst übernimmt Habermas aus der amerikanischen Linguistik die Begriffe "Kompetenz" und "Performanz" für ein Regelwissen. N. Chomskys Programm einer generativen Grammatik[28] versuchte gerade jenes Wissen zu rekonstruieren, das alle sprachfähigen Menschen beherrschen, um sich sprachlich verständigen zu können. Chomsky meint in einer generativen Grammatik jenes universale Regelwissen freilegen zu können, das allen Menschen noch vor deren Spezifikation nach Einzelsprachen gemeinsam ist. Weil sich allerdings Grammatiktheorien des *Satzes* als elementarer Einheit der Sprache bedienen, stoßen sie nur zu einer kommunikativen *Regel*kompetenz vor, nicht aber zu einer *kommunikativen Kompetenz*. Für diese ist die *Äußerung* als elementare Einheit der Rede Ausgangspunkt der Rekonstruktion.[29] Der Grund einer solchen Erweiterung des Kompetenzbegriffs liegt in einer Widersprüchlichkeit der linguistischen Theorie selbst: Sie beschränkt sich einerseits bloß auf sprachliche Ausdrücke und blendet demgemäß die Verwendungssituation aus, setzt jedoch anderseits "immer schon voraus, daß Situationen möglicher Verständigung hergestellt worden sind"[30]. Diese Situationen bleiben aber ungeklärt. Ihr Status müßte zumindest ebenso universal sein wie jener der linguistischen Regelkompetenz: "Eine allgemeine Theorie der Sprechhandlungen würde mithin genau das fundamentale Regelwissen beschreiben, das erwachsene Sprecher beherrschen, soweit sie die *Bedingungen für eine glückliche Verwendung von Sätzen in Äußerungen* erfüllen können - gleichviel welcher Einzelsprache die Sätze angehören und in welche zufälligen Kontexte die Äußerungen jeweils eingebettet sind."[31] Das aber ist die Aufgabe der "Universalpragmatik", nämlich "universale Bedingungen möglicher Verständigung zu identifizieren und nachzukonstruieren"[32].

Pragmatische Sprachtheorien wurden von Austin und Searle entwickelt. Sie entdeckten den Zusammenhang von Sprache und Handlung, genauer: die performative Funktion von Äußerungen. Sie liegt darin, daß ein intersubjektives Verhältnis zwischen einem Sprecher und einem Hö-

---

27 *Habermas*, Vorstudien 69.

28 Vgl. *Chomsky*, Aspekte.

29 "Eine Situation möglicher Verständigung fordert, daß mindestens zwei Sprecher/Hörer gleichzeitig eine Kommunikation auf *beiden* Ebenen herstellen: auf der Ebene der Intersubjektivität, auf der die Subjekte *miteinander* sprechen, und der Ebene der Gegenstände (oder Sachverhalte), über die sie sich verständigen. Die Universalpragmatik dient der Nachkonstruktion des Regelsystems, das ein kompetenter Sprecher beherrschen muß, wenn er jenes Postulat (der Gleichzeitigkeit von Kommunikation und Metakommunikation) soll erfüllen können. Dieser Qualifikation möchte ich den Ausdruck 'kommunikative Kompetenz' vorbehalten" (*Habermas*, Vorstudien 91).

30 Ebd. 89.

31 Ebd. 387.

32 Ebd. 353.

rer mittels eines Sprechaktes hergestellt wird und daß Sprechakte eine eigentümliche Kraft auf die Sprechenden ausüben. Ermöglicht wird das durch den Umstand, daß Sprechakte die Möglichkeit bieten, zwei Ebenen mittels einer Äußerung zugleich zu betreten, und zwar die "Ebene der Intersubjektivität, auf der die Subjekte *miteinander* sprechen und...[die] Ebene der Gegenstände (oder Sachverhalte), *über* die sie sich verständigen"[33]. Beide Ebenen lassen sich im Sprechakt voneinander analytisch unterscheiden, insofern immer ein performativer und ein propositionaler Bestandteil eine Äußerung ausmachen. Die schon angesprochene Bindungskraft eines Sprechaktes leistet nun gerade der performative Teil, der auch als *illokutiver Bestandteil* bzw. *Akt* bezeichnet wird.[34] In einem Sprechakt werden also zugleich eine interpersonale Beziehung hergestellt und ein spezifisches Verstehen dieses Aktes ermöglicht: "wir verstehen einen spezifizierten Weltbezug, *in* den wir eintreten, sofern wir uns *dazu* verstehen können, das als seriös vorausgesetzte Angebot eines Sprechers anzunehmen."[35] Der illokutive Akt gewährleistet also einen Weltbezug, nämlich den normativen Bezug interaktiver Verhältnisse, und die Vermittlung jener Information, *wie* ein Satz verstanden werden soll: als assertorischer, als normativer, als expressiver oder evaluativer Satz. Der illokutive Bestandteil legt somit den Kommunikationsmodus eines Sprechaktes fest. "Prädikativ verstehen wir hingegen den propositionalen Gehalt einer Äußerung; wir verstehen, wie es sich mit einem Gegenstand im Rahmen der für Sprecher und Hörer gemeinsam konstituierten Welt verhält."[36]

Dieser Sachverhalt wird mit dem Begriff der "Doppelstruktur umgangssprachlicher Kommunikation"[37] gekennzeichnet. Die Fähigkeit von Sprechern, genau diese beiden Ebenen zugleich betreten zu können, macht die kommunikative Kompetenz aus. Die Reflexivität der Umgangssprache gewährleistet also immer schon eine metakommunikative Ebene, die den Verwendungssinn einer Aussage bestimmt.[38]

---

33 Ebd. 91.

34 Austin unterscheidet zunächst einen dreifachen Akt: den locutionary act, den illocutionary act und den perlocutionary act. Mit dem ersten sagt der Sprecher etwas; mit dem zweiten wird eine Handlung vollzogen, *indem* man etwas sagt; schließlich bewirkt man im dritten Akt etwas im Hörer, *dadurch* daß man etwas sagt. Die Abgrenzung zwischen illokutionärem und perlokutionärem Akt hat eine intensive Diskussion ausgelöst, weil ja beide beim Hörer etwas bewirken.

35 Ebd. 407.

36 Ebd.

37 Ebd. 91.

38 Habermas warnt ausdrücklich vor einer Verwechslung dieser Ebenendifferenz mit der klassisch gewordenen Unterscheidung von Objekt- und Metasprache durch Tarski. Die Hierarchisierung formaler Sprachen mußte gerade deshalb eingeführt werden, weil ihnen die Reflexivität der Umgangssprache fehlt. "Zudem bezieht man sich in einer Metasprache auf eine Objektsprache stets in objektivierender Einstellung; man bildet metasprachliche *Aussagen*. Hingegen sind auf der metakommunikativen Ebene der Rede Aussagen gerade nicht möglich; hier wird vielmehr die illokutionäre Rolle gewählt, in der ein Aussageinhalt verwendet werden soll. Die Metakommunikation über den Verwendungssinn des Satzes propositio-

Der propositionale Bestandteil stellt, wie gesagt, den anderen Weltbezug her, nämlich den der Tatsachen und Gegenstände. Er hat die Form einer Aussage, die mitteilt, daß etwas der Fall ist. Das muß nicht bloß ein Sachverhalt der "äußeren Welt" sein, sondern kann auch ein Sachverhalt der sozialen oder inneren Welt sein. Allerdings tritt dann bei den beiden letzteren Bezügen der propositionale Bestandteil nicht explizit auf. Ein Befehl beispielsweise wird nicht als Proposition ausgedrückt, wohl aber kann er im nachhinein (durch indirekte Rede) in die Form einer Proposition übersetzt werden, weil auch ein Befehl einen propositionalen Gehalt impliziert und voraussetzt. Nur im kognitiven Sprachgebrauch haben die Sätze des propositionalen Teils die Form assertorischer Sätze. Deshalb hat dieser Sprechakttyp eine asymmetrische Stellung gegenüber allen anderen, denn "zu jedem nicht-deskriptiven Satz gibt es mindestens einen deskriptiven Satz, der dessen semantischen Gehalt wiedergibt; hingegen gibt es assertorische Sätze, deren semantischer Gehalt nicht in normative, evaluative oder expressive Sätze transformiert werden kann."[39] Genau dieser Umstand erklärt auch die Privilegierung dieser Satzkategorie, die den Logozentrismus der philosophischen Tradition und der analytischen Philosophie der Gegenwart verursacht.

Die Theorie der Universalpragmatik stellt sich die Aufgabe, jene Regeln zu eruieren, die mögliche Situationen der Verständigung überhaupt konstituieren. Gefragt ist also nach pragmatischen Universalien, die in jedem Sprechakt überhaupt auftreten müssen, damit es zu einer Verständigung kommt. Sie müssen aus der Unzahl performativer bzw. illokutiver Akte herausgefiltert werden. Habermas schlägt folgende Klassifizierung vor: Performative Akte enthalten die Wortklassen der Personalpronomina; jene Worte und Wendungen, die eine Rede oder Anrede eröffnen; deiktische Ausdrücke, Demonstrativa, Artikel, Zahlworte, Quantoren; performative Verben und nichtperformative Verben.[40] Diese Wortklassen lassen sich unter pragmatischem Gesichtspunkt *eindeutig* vier Klassen von Sprechakten zuordnen:[41]

- die Klasse der *Kommunikativa*: diese Sprechakte drücken den pragmatischen Sinn von Äußerungen überhaupt aus. Korrespondierende Verben sind etwa: sagen, sich äußern, reden; fragen, antworten, zustimmen, widersprechen usw.
- die Klasse der *Konstativa*: ihr Sinn liegt in der Äußerung kognitiver Gehalte. Verben sind: beschreiben, berichten, erläutern; erklären, deuten usw. Sie zielen alle auf den Akt des "Behauptens".
- die Klasse der *Repräsentativa*: mit dieser Klasse von Sprechakten kann ein Sprecher seine innere Welt transparent machen. Sie drücken Sprecherintentionen aus. Korrespondierende Verben sind: offenbaren, enthüllen, gestehen usw.

---

nalen Gehalts verlangt eine performative Einstellung der Kommunikationsteilnehmer" (ebd. 407f).

39 *Habermas,* Theorie des kommunikativen Handelns II 101.

40 Vorstudien 94; Bemerkungen 109.

41 Vgl. Bemerkungen 112f; Theorie des kommunikativen Handelns I 427-439.

- die Klasse der *Regulativa*: diese Klasse expliziert den Sinn des Sprecher-Hörer-Verhältnisses und zielt auf die praktische Verwendung von Sätzen. Beispiele von Verben sind: befehlen, auffordern, verlangen, verbieten, versprechen usw.

Von diesen vier Klassen abzuheben sind Sprechakte, die institutionell gebunden sind. Sie sprechen den Vollzug geregelter Handlungen aus, wie etwa: grüßen, heiraten, taufen, wetten, usw. "Diese Sprechakte setzen Institutionen bereits voraus, während die dialog-konstituierenden Universalien allgemeine Strukturen von Sprechsituationen erst hervorbringen."[42] Sie haben zwar einen propositional ausdifferenzierten Teil (wetten um..., taufen auf...), haben aber den Status von Handlungen, "die vorausgesetzte Normen sei es nicht-sprachlich oder illokutiv verkürzt erfüllen"[43].

Mit dieser Klassifikation scheint Habermas eine Systematisierung gelungen zu sein, die tatsächlich den Begriff des kommunikativen Handelns füllt. Ist damit schon geklärt, wie nun "mögliche Verständigung überhaupt" zustande kommt? Bisher noch nicht, denn Habermas macht darüber hinaus deutlich, daß die illokutive Kraft, die in einem Kommunikationsvorgang Sprecher und Hörer aneinander bindet, am Phänomen der Geltungsansprüche entsteht, die mit den verschiedenen Klassen von Sprechakten erhoben werden.

Das Bemerkenswerte an einer pragmatischen Sprechakttheorie ist nun der Aspekt, daß mit Sprechakten *Geltungsansprüche* erhoben werden, die mit den Klassen der Sprechakte korrespondieren. Somit ist jeder Klasse ein Geltungsanspruch zugewiesen. Auf diesen Umstand hat bereits Austin hingewiesen. Am auffälligsten ist dabei der Geltungsanspruch, der mit konstativen Sprechakten verbunden wird: Sie erheben den Anspruch auf Wahrheit. Auffällig sind diese Sprechakte deshalb, weil der korrespondierende Geltungsanspruch "Wahrheit" "von Sprechhandlungen *jedes* Typs vorausgesetzt"[44] wird und generalisiert werden kann: "Wahrheitsansprüche sind Geltungsansprüche eines Typs, die in die Strukturen möglicher Rede überhaupt eingebaut sind. Wahrheit ist ein universaler Geltungsanspruch: seine Universalität spiegelt sich in der Doppelstruktur der Rede."[45]

Wie treten nun Geltungsansprüche auf? Welcher Geltungsanspruch von einem Sprecher erhoben wird, hängt wesentlich vom illokutiven Akt ab, der den Kommunikationsmodus festlegt. Hierbei unterscheidet Habermas drei Modi: Der *kognitive* Kommunikationsmodus äußert sich in *konstativen Sprechakten* und thematisiert einen propositionalen Gehalt. Der entsprechende Geltungsanspruch ist *Wahrheit*. Im *interaktiven* Modus wird mittels regulativer Sprechhandlungen die interpersonale Beziehung thematisiert und der themenbestimmende Geltungsanspruch der *Richtig-*

---

42 Bemerkungen 113.
43 Vorstudien 402.
44 Ebd. 420.
45 Ebd.

keit erhoben. Im *expressiven* Kommunikationsmodus wird durch repräsentative Sprechakte die Sprecherintention ausgesagt und der Anspruch der *Wahrhaftigkeit* aufgestellt. Der Geltungsanspruch *Verständlichkeit* muß schon eingelöst sein, wenn die anderen überhaupt in Kraft treten sollen. Er wird dort deutlich, wo eine Äußerung aufgrund grammatikalischer Verformtheit zu Verständnisproblemen führt. Dann muß zunächst der Satz grammatikalisch wohlgeformt werden, damit die anderen Dimensionen wirksam werden. Alle vier Geltungsansprüche sind irreduzibel und erfordern gegebenenfalls bestimmte Einlösungsverfahren, sei es durch Diskurse oder durch Erweis (der Wahrhaftigkeit) von Handlungssequenzen.

Am Anspruch der Einlösbarkeit klärt sich aber auch die rationale Kraft des illokutiven Aktes in einer Sprechhandlung. An dieser Kraft entscheidet sich, ob ein Sprechakt gelingt oder mißlingt. Damit ein Sprechakt gelingt, bedarf es nicht bloß des Verständnisses durch einen Hörer, sondern darüber hinaus seiner Annehmbarkeit. Mit einem Sprechakt macht nämlich ein Sprecher ein Angebot: "Eine Äußerung kann dann und nur dann als ein Versprechen, eine Behauptung, Aufforderung oder Frage 'zählen', wenn der Sprecher ein Angebot macht, das er, sofern der Hörer es akzeptiert, 'wahrzumachen' bereit ist - der Sprecher muß sich 'engagieren', d.h. zu erkennen geben, daß er in bestimmten Situationen bestimmte Handlungskonsequenzen ziehen wird."[46] Der Sprecher garantiert also die Erfüllung bestimmter Bedingungen in einem Sprechaktangebot, und diese Bedingungen hängen mit den Geltungsansprüchen zusammen, die unweigerlich erhoben werden und vom Hörer mit Ja- oder Nein-Stellungnahmen beantwortet werden können. Konkretisiert an den drei Grundtypen der Sprechhandlungen geht der Sprecher in konstativen Sprechakten *Begründungs*verpflichtungen für den erhobenen Geltungsanspruch "Wahrheit" ein; in normativen bzw. regulativen Sprechakten werden *Rechtfertigungs*verpflichtungen garantiert, in expressiven Sprechakten *Bewährungs*verpflichtungen, die sich in konsistenten Handlungen erweisen müssen.[47]

Verständigung im kommunikativen Handeln gelingt dann, wenn die in sprachlicher Kommunikation ausgebreitete Geltungsbasis der Rede von den Interaktionspartnern anerkannt wird. Sie hat eine rationale Basis, wenn ein Sprecher mittels Sprechakten drei Geltungsansprüche akzeptabel erhebt: "er beansprucht Wahrheit für einen ausgesagten bzw. für die Existenzpräsupposition eines erwähnten propositionalen Gehaltes; sodann Richtigkeit (bzw. Angemessenheit) für Normen (bzw. Werte), die eine performativ herzustellende interpersonale Beziehung im gegebenen Kontext rechtfertigen; schließlich Wahrhaftigkeit für die geäußerten Erlebnisse."[48]

---

46 Ebd. 431.
47 Vgl. ebd. 428-436.
48 Ebd. 436.

4.2 Die Diskurs- und Konsenstheorie der Wahrheit

Verständigung, das ist aus dem bisher Explizierten mehr als deutlich geworden, ist für Habermas ein normativer Begriff. Denn Sprechen ist immer Kommunikation mit jemandem über etwas. Der urtümliche Sinn kommunikativen Handelns erschließt sich darum nicht in einer objektivierenden, sondern nur in einer partizipierenden, im Sinne einer performativen Einstellung. Dabei tritt auch das Telos der Sprache hervor, das in der Verständigung[49] liegt. Wird Verständigung als "ein Prozeß der Einigung unter sprach- und handlungsfähigen Subjekten"[50] verstanden und ist ein Einverständnis propositional strukturiert und von den Kommunikationsteilnehmern selbst als rational anerkannt, dann ist Verständigung nichts anderes als die Akzeptanz eines mittels Sprechakten erhobenen Geltungsanspruchs. Aus der universalpragmatischen Analyse aber wurde deutlich, daß nur die Kategorie der konstativen Sprechakte bzw. Äußerungen den universalen Geltungsanspruch "Wahrheit" erhebt.

Der erkenntnis- und gesellschaftstheoretische Standort von Habermas[51] kann somit durch die sprachpragmatische Wende und Fundierung an die interne Wahrheitsreflexion der analytischen Philosophie anschließen. Von daher erklärt sich der knappe Beitrag von Habermas zu einer Wahrheitstheorie, der im Prinzip auf ein paar Aufsätze beschränkt blieb und auch nicht weiter verfolgt wurde. Im folgenden sollen die Grundlinien dieser Theorie nachgezeichnet werden. Eine intensive Theoriediskussion allerdings muß dem philosophischen Diskurs selbst überlassen bleiben.[52]

Der Zugang zur Wahrheitsproblematik kann kommunikationstheoretisch und wahrheitstheoretisch erschlossen werden. In der kommunikationstheoretischen Perspektive steht die Kategorie *Verständigung* im Vordergrund, von der her der Sinn eingespielter und unproblematisierter bzw. problematisch gewordener Kommunikation erhellt werden kann. Denn Habermas unterscheidet zwei Formen der Kommunikation: "*kommunikatives Handeln* (Interaktion) auf der einen Seite, *Diskurs* auf der anderen Seite"[53]. Dort werden Geltungs- und Sinnzusammenhänge ungefragt zum Zwecke des Informationsaustausches, der Handlungskoordination vorausgesetzt und anerkannt, hier aber werden sie problematisiert und diskutiert. Verständigung als Ziel kommunikativen Handelns dient also konsensueller Einigung und bedient sich der kommunikativen Inter-

49 Theorie des kommunikativen Handelns I 387.

50 Ebd. 386.

51 Vgl. seine Werke in den 60er Jahren: Strukturwandel der Öffentlichkeit (1962); Theorie und Praxis (1963); Erkenntnis und Interesse (1968); Technik und Wissenschaft als "Ideologie"(1968); Zur Logik der Sozialwissenschaften (1970).

52 Vgl. die Anmerkungen zu dieser Diskussion in der Einleitung. Eine ausführliche Auseinandersetzung jüngeren Datums leistet: *Scheit*, Wahrheit. Zur Kontextualisierung der Wahrheitsproblematik im sprachphilosophischen Kontext: *Becker*, Wahrheit. Von theologischer Seite hat die Diskussion aufgearbeitet: *Pauly*, Wahrheit.

53 Bemerkungen 115.

aktion für den Austausch von Informationen und Anweisungen oder Intentionen und Expressionen. Diskurse verstehen sich als Spezialform einer Kommunikation, die darauf hin angelegt ist, ein verlorengegangenes Einverständnis wieder herzustellen, so daß kommunikatives Handeln wieder möglich wird. Denn Sprachspiele laufen nicht mehr ungestört ab, wenn von einem Interaktionsteilnehmer zumindest einem der vier in jedem Sprechakt implizit erhobenen Geltungsansprüche die Anerkennung verweigert wird. Dann ist die illokutive Kraft der Äußerung geschwunden und kann nur durch *Begründung* wieder erlangt werden. Damit dies möglich ist, fordert Habermas zwei Diskursbedingungen: Nämlich die Außerkraftsetzung von Zwängen, die kommunikatives Handelns beschränken und verzerren (z.B. Interessen, Entscheidungsbedürfnisse, erfolgsorientierte Motive usw.) und die Infragestellung von Geltungsansprüchen, wodurch ein Existenzvorbehalt gegenüber den selbstverständlich behaupteten Sachverhalten und Empfehlungen geäußert wird. Mittels Argumentation, die ja ein Begründungsvorgang ist, soll der Geltungsanspruch *eingelöst* werden. Diskurse dienen somit der Einlösung von Geltungsansprüchen. Wahr/richtig ist eine Aussage dann, wenn ihr Wahrheits-/Richtigkeitsanspruch eingelöst ist.

Die Klärung dieses Entwurfs erfolgt in Habermas' wahrheitstheoretischen Studien. Darin will er nicht bloß den Sinn von Wahrheit neu bestimmen, sondern eine Wahrheitstheorie vorschlagen, die anderen Modellen überlegen ist.

Zunächst diskutiert Habermas drei Vorfragen[54]. Gefragt ist einmal, welche semantische Kategorie am geeignetsten ist, den Wahrheitsträger zu benennen. Aus den bisherigen Überlegungen ist bereits deutlich geworden, daß weder Sätze noch Äußerungen im allgemeinen mögliche Kandidaten sind, sondern es kommen nur die in Behauptungen vollzogenen Aussagen in Betracht. "Wahrheit" ist also bestimmbar unter "Bezugnahme auf die Pragmatik einer bestimmten Klasse von Sprechakten"[55]. Der Vorschlag von Austin, daß Behauptungen Träger von Wahrheit seien, wird mit dem Argument zurückgewiesen, daß Wahrheit den Sinn eines Invarianzanspruchs an sich trägt und einen "nichtepisodischen Charakter hat"[56]. Denn es geht in Behauptungen um *Sachverhalte* und darum besteht Habermas mit Strawson auf der Konvention, die Prädikate "wahr" oder "falsch" Aussagen und nicht Behauptungen zuzusprechen.

Die zweite Vorfrage betrifft das Verhältnis von Aussage und Wahrheitsbehauptung. Aussagen sind nur dann wahr, "wenn sie einen wirklichen Sachverhalt oder eine Tatsache"[57] wiedergeben. Wer eine Aussage macht, der behauptet einen existierenden Sachverhalt, also eine Tatsache. Allerdings steht die Wahrheit einer Aussage erst dann zur Disposition, wenn der Geltungsanspruch ausdrücklich thematisiert wird. Darin liegt

54 Wahrheitstheorien.
55 Ebd. 129.
56 Ebd.
57 Ebd. 128.

auch der Wahrheitskern der Redundanztheorie, die ja meint, daß mit dem Satz "p ist wahr" der Behauptung 'p' nichts hinzugefügt werde und die Prädikation "ist wahr" somit überflüssig sei. Auch hier verspricht der pragmatische Ansatz eine Lösung, weil Wahrheitsansprüche tatsächlich erst bei der Infragestellung der Geltung von Behauptungen auftreten: "Unsere zweite Frage können wir mithin so beantworten: In Zusammenhängen kommunikativen Handelns wäre eine Explikation des mit Behauptungen erhobenen Geltungsanspruchs redundant; unumgänglich ist sie aber in Diskursen, da diese die Berechtigung von Geltungsansprüchen thematisieren."[58]

Die dritte Vorfrage problematisiert schließlich das Verhältnis von Erfahrungsgegenständen und Tatsachen. Die Korrespondenztheorie bestimmt ja den Sinn von Wahrheit in der Übereinstimmung von Aussage und Wirklichkeit. Wirklichkeit ist allerdings kein "aussagefreier" Term, er meint eben den Inbegriff jener Aussagen, die Tatsachen sind. Die Differenzierung, die Habermas vorschlägt, lautet: "Mit Gegenständen mache ich Erfahrungen, Tatsachen behaupte ich; ich kann Tatsachen nicht erfahren und Gegenstände (oder Erfahrungen mit Gegenständen) nicht behaupten."[59] Wohl aber können sich Tatsachen auf Erfahrungen stützen, und ihre Ähnlichkeit mit Gegenständen liegt doch in einer gewissen "Gegebenheitsweise", die ein Maßstab ist: "Die Aussagen müssen zu den Tatsachen passen und nicht die Tatsachen zu den Aussagen."[60] Wiederum liegt die Lösung des Problems in der Pragmatik des Kommunikationsmodus: Im Handlungszusammenhang der Alltagskommunikation hat eine Information den Status einer Erfahrung mit Gegenständen, die ausgetauscht wird, während im Diskurs diese Aussagen den Rang problematisierter Sachverhaltsbehauptungen erhalten. In Diskursen steht dann nicht die Existenz von Gegenständen, die Konstitution von Erfahrung, sondern die Wahrheit von Propositionen zur Debatte, wenn auch Existenz und Prädizierbarkeit des Gegenstandes unterstellt sind. Solche Wahrheit kann nach Habermas nur durch Argumente, niemals mit Erfahrungen von Gegenständen eingelöst werden.

Mit diesen Vorfragen ist die wahrheitstheoretische Diskussion abgegrenzt und eine Bestimmung des Sinns von "Wahrheit" und "wahr" ermöglicht:

> "Wahrheit...ist keine Eigenschaft von Informationen, sondern von Aussagen. Sie bemißt sich...an der eindeutigen Alternative, ob der Geltungsanspruch von Behauptungen diskursiv einlösbar oder nicht einlösbar ist. Wahr nennen wir Aussagen, die wir begründen...können."[61]

Der Sinn diskursiver Einlösung macht dann den Sinn einer Konsenstheorie überhaupt aus:

> "Ihr zufolge darf ich dann und nur dann einem Gegenstand ein Prädikat zusprechen, wenn auch jeder andere, der in ein Gespräch mit mir eintreten könnte, demselben Gegenstand das gleiche Prädikat zusprechen würde. ... Die Bedingung für

---

58 Ebd. 131.
59 Ebd. 132.
60 Ebd. 153.
61 Ebd. 136.

die Wahrheit von Aussagen ist die potentielle Zustimmung aller anderen. Jeder andere müßte sich überzeugen können, daß ich dem Gegenstand das Prädikat p berechtigterweise zuspreche, und müßte mir dann zustimmen können."[62]

Mit einer Diskurstheorie der Wahrheit ist damit dezidiert behauptet, daß ein Konsens qua Konsens noch nicht Garant der Wahrheit einer Aussage sein kann. Nur eine *begründete Übereinstimmung* darf als Wahrheitskriterium gelten. Wie eine solche zustande kommt, das hat eine Logik des Diskurses zu klären.[63]

Bevor allerdings darauf eingegangen wird, klärt zunächst Habermas noch die Frage, welche Geltungsansprüche überhaupt diskursiv einlösbar sind und welche nicht. Dabei erweist sich der Geltungsanspruch "Wahrhaftigkeit" repräsentativer/expressiver Sprechakte als nicht diskursiv einlösbar.[64] Seine Erfahrungsgrundlage ist nämlich in Interaktionserfahrungen mit Personen und deren Äußerungen verankert. Ob ein Sprecher wahrhaftig ist oder täuscht, das läßt sich nicht argumentativ begründen, sondern das *zeigt sich*, wenn lange genug mit ihm interagiert wird. Wahrhaftigkeit ist für Habermas ein nichtdiskursiver Geltungsanspruch. Etwas unklarer ist die Sachlage beim Geltungsanspruch "Verständlichkeit". Zwar können sich Gesprächspartner bei scheiternder Kommunikation auf diskursive Weise um die Formierungsregeln ihrer Sprache einigen, allerdings ist damit noch nicht viel gewonnen. Denn in der Regel ist es so, daß Verständlichkeit, "solange eine Kommunikation überhaupt ungestört verläuft, einen faktisch schon eingelösten Anspruch"[65] darstellt.

Es bleiben somit die beiden Geltungsansprüche "Wahrheit" und "Richtigkeit" übrig, die als diskursive in Frage kommen. Das heißt: Zerbricht an irgendeinem Umstand ein eingespielter Hintergrundkonsens in einem kommunikativen Handeln, sei es in Form konstatierender oder regulativer Sprechakte, dann hat zur Wiederherstellung des Einverständnisses der Diskurs auf den Plan zu treten, vorausgesetzt, man wechselt zur Durchsetzung eines Geltungsanspruches nicht überhaupt den Handlungstypus (strategisches Handeln, Abbruch der Kommunikation usw.).

Worin besteht nun eine Logik des Diskurses, und was hat sie zu erweisen? Diskurs nennt Habermas "diejenige erfahrungsfreie und handlungsentlastete Form der Kommunikation...deren Struktur sicherstellt, daß ausschließlich virtualisierte Geltungsansprüche von Behauptungen bzw. Empfehlungen oder Warnungen Gegenstand der Diskussion sind"[66]. Diskurse haben das einzige Ziel, problematische Geltungsansprüche zu prüfen, und motivieren sich ausschließlich durch die kooperative

---

62 Bemerkungen 124.

63 Wahrheitstheorien 159-174.

64 Ebd. 139.

65 Ebd.

66 Legitimationsprobleme 148. Ein *virtualisierter* Geltungsanspruch ist jener, dessen faktischer Anspruch auf Wahrheit oder Richtigkeit zwar außer Kraft gesetzt ist, der ihn aber wenigstens *der Möglichkeit nach* im Rahmen der diskursiven Prüfung behält, bis er entweder als zu Recht bestehend bestätigt oder aber gänzlich zurückgewiesen wird.

Wahrheitssuche. Alle anderen Motive sind ausgeschlossen. Diese formalen Bedingungen sollen gewährleisten, daß ein *wahrer* Konsens tatsächlich als wahrer erzielt und erkannt werden kann. Diskurse unterscheiden sich weiters nach ihrem Gegenstandsbereich. Habermas nennt alle Diskurse, die Wahrheitsansprüche zu klären haben, *theoretische*, jene, die Richtigkeitsansprüche prüfen müssen, *praktische*. Das Schema der Diskurslogik bleibt allerdings für beide dasselbe. Nun kann nur ein wahrer Konsens auch ein *begründeter* Konsens sein. Eine Logik des Diskurses muß dementsprechend jenes Moment sicherstellen, das die Begründung gewährleistet. Dieses Moment liegt in der "konsenserzielenden Kraft des Arguments", das einen "zwanglosen Zwang"[67] als besseres Moment auf die Diskursteilnehmer ausübt. Genau dieses Argument "ist die Begründung, die uns motivieren soll, den Geltungsanspruch einer Behauptung oder eines Gebots bzw. einer Bewertung anzuerkennen"[68]. Anhand einer pragmatischen Logik des Diskurses kann die Funktion des Argumentes geklärt werden.

Für die Analyse der formalen Struktur eines Argumentes greift Habermas auf die Untersuchungen von Toulmin[69] zurück. Eine Behauptung (C = conclusion) wird mittels Bekanntgabe einer Ursache (D = data) erklärt. Dieses deduktive Schema wird durch Einführung einer Schlußregel (W = warrant) für gültig anerkannt. Plausibel wird eine solche allgemeine Prämisse aber erst durch die Angabe von Feststellungen und Hinweisen (B = backing), die eine Induktion bzw. eine Universalisierung ermöglichen. Wird nun eine Argumentation als eine Kette von Sprechakten und nicht von Sätzen (wie in der formalen Logik) angesehen, so entscheidet jenes Argument über die Einlösbarkeit eines Geltungsanspruchs, das triftig ist. Es ist das Argument, das den Übergang von B zu W ermöglicht, ohne daß dabei eine deduktive Beziehung hergestellt wird. Weiters muß es hinreichend motivieren, daß W als allgemein anerkennungswürdig ausgewiesen wird.

Nun sieht Habermas, daß eine solche Logik der Argumentation nur mit Hilfe eines Sprachsystems möglich ist, das die Grundbegriffe festlegt, in denen C erklärt bzw. gerechtfertigt wird. Denn eine Behauptung kann nur konsistent erklärt werden, wenn die Erklärung innerhalb eines Sprachsystems konsistent bleibt. Mit dieser Bezugnahme auf die Kohärenz von Begründungen innerhalb eines Sprachsystems hat Habermas wesentliche Elemente der Kohärenztheorie der Wahrheit berücksichtigt.[70] Allerdings ist für ihn die Kohärenz nicht das Entscheidende am Problem der Angemessenheit eines Sprachsystems. Vielmehr werden die Erfahrungen, die in der Stützung (B) einer Schlußregel (W) ausgedrückt werden, schon durch ein vorgegebenes Sprachsystem interpretiert. Ist nun ein Argument dasjenige, das den Induktions- bzw. Universalisie-

67 Wahrheitstheorien 161.
68 Ebd. 162.
69 *Toulmin*, Uses.
70 Vgl. *Becker*, Wahrheit 317.

rungsschritt von B zu W erlaubt, dann tritt der Zusammenhang zwischen Begründungssprache und erfahrungsabhängigen Bildungsprozessen für Habermas deutlich hervor. Im Rückgriff auf Piagets Theorie der Ausbildung kognitiver Schemata als Assimilations- und Akkomodationsvorgang erhalten diese einerseits aposteriorischen - weil in Auseinandersetzung mit der Umwelt sich bildenden -, andererseits apriorischen - weil jede Erfahrung mitkonstituierenden - Charakter. Induktion besteht dann für Habermas darin, daß sich genau jener Typ von Erfahrung wiederholt, an dem sich die kognitiven Schemata ausgebildet haben, in die die Grundbegriffe der Begründungssprache eingegangen sind. Universelle Aussagen (W) dürfen nur dann induktiv gebildet werden, wenn gesichert ist, daß das gewählte Sprachsystem "Ergebnisse kognitiver Entwicklung aufnimmt; diese verbürgt nämlich das, was wir die 'Angemessenheit' einer Begründungssprache an einem bestimmten, und in bestimmter Weise relevant gewordenen Gegenstandsbereich nennen wollen"[71]. Damit ist nochmals betont, daß Erfahrung keine unabhängige Überprüfungsinstanz sein kann, weil das Verhältnis von Begründungssprache und Realität schon durch einen vorgängigen Bildungsprozeß festgelegt ist. Dennoch ist mit dieser Verhältnisbestimmung von Realität - Sprachsystem - Diskurs auch die korrespondenztheoretische Idee von Wahrheit bewahrt.

Wenn nun Argumente Begründungen für den Geltungsanspruch einer Aussage sind und dabei das Sprachsystem eine entscheidende Rolle spielt, so wäre nach Habermas trotzdem der Schluß falsch, kognitive Schemata könnten selbst wahr oder falsch sein. Sie sind bloß die Möglichkeitsbedingungen von Aussagen: "Ob die Sachverhalte existieren, entscheidet über die Wahrheit der Aussagen, in denen sie wiedergegeben werden, aber nicht über die Angemessenheit des Sprachsystems..."[72] Denn auch Sprachsysteme bleiben nochmals diskursiv kritisierbar: Voraussetzung dafür ist, daß sich die kognitiven Entwicklungen selbst bewußt, d.h. vom Handlungs- und Erfahrungsdruck ihres Entstehungszusammenhanges entlastet, nachvollziehen lassen. Genau das setzt aber das Wissenschaftssystem stets voraus, daß nämlich die Grundbegriffe unserer Erfahrungen und die Begründungssprache nicht in einem unkontrollierten, evolutionär eingespielten Prozeß ausgebildet werden.

Welche Konsequenz hat nun dieser Rekurs auf das Problem der Einlösbarkeit von Geltungsansprüchen? Nun, wenn Argumentation konsenserzielende Kraft hat, dann muß gewiß sein, daß sie sich nicht auf ein naturwüchsiges Verhältnis der Regulierung von Sprache und Wirklichkeit stützt, sondern daß Argumentation selbst jenes Medium ist, worin kognitive Entwicklung "als bewußter Lernprozeß fortgesetzt werden kann"[73]. Gegenstand der Argumentation muß also die Frage der Angemessenheit des Sprachsystems ebenso sein wie die Wahrheit der Aussage. Dabei muß ständig zwischen Sache und Sprache (Begriff) hin- und

---

71 *Habermas*, Wahrheitstheorien 168.
72 Ebd. 170.
73 Ebd. 171.

hergewechselt werden, damit diese Prüfung gelingt. Dazu bedarf es Diskursbedingungen, die diesen Wechsel und auch eine mögliche Revision von Sprachsystemen gewährleisten. Somit ist eine weitere Bedingung für den Konsens als Wahrheitskriterium herausgearbeitet: Ein Konsens ist nur dann wahr und begründet, "wenn strukturell die Möglichkeit besteht, die jeweilige Begründungssprache, in der Erfahrungen interpretiert werden, zu hinterfragen, zu modifizieren und zu ersetzen"[74].

Nicht nur theoretische Aussagen, sondern auch normative Aussagen werden in einem jeweiligen Sprachsystem formuliert und begründet. In analoger Weise nimmt Habermas auch für die Konstitution der Grundbegriffe einer ethischen Sprache kognitive Schemata an, die sich mit der Evolution der Weltbilder und Moralsysteme herausbilden und ontogenetisch mit der Entwicklung des moralischen Bewußtseins parallel laufen. "Angemessen nennen wir die moralische Sprache, die bestimmten Personen und Gruppen unter gegebenen Umständen eine wahrhaftige Interpretation ihrer eigenen partikularen wie auch vor allem der gemeinsamen und konsensfähigen Bedürfnisse erlaubt."[75] Wiederum soll das Sprachsystem verbürgen, daß die Diskursteilnehmer ihre tatsächlichen Bedürfnisse interpretieren und erkennen können, was sie also wirklich wollen. Auch hier muß gewährleistet sein, daß so lange argumentativ zwischen Sprachsystem und Bedürfnisstruktur hin- und hergegangen werden kann, bis entweder das Begriffssystem bestätigt oder revidiert worden ist.

Wenn nun die Bedingungen für das Zustandekommen eines begründeten Konsenses weder selbst von einem Konsens noch von externen Gründen abhängen dürfen, dann müssen sie durch die *formalen Eigenschaften* des Diskurses selbst ermöglicht und garantiert werden. Aus den bisherigen Analyseschritten ergeben sich folgende Ebenen eines Diskurses: Für den theoretischen Diskurs gilt, daß zunächst von der problematisierten Behauptung zur Ebene des problematischen Geltungsanspruchs übergegangen wird. Das ist gleichbedeutend mit dem Eintritt in den Diskurs. Sodann hat eine theoretische Erklärung des in Frage gestellten Anspruchs zu erfolgen, was der Angabe von Argumenten innerhalb eines gewählten Sprachsystems gleichkommt. Ein dritter Schritt ist die Modifikation bzw. die Abwägung des Sprachsystems, ob es überhaupt angemessen ist. Ein vierter und letzter Schritt ist die "Reflexion auf die systematischen Veränderungen der Begründungssprachen"[76]. In ihm wird systematisch der Erkenntnisfortschritt nachkonstruiert und sogar *normativ* gefragt, was nun als Erkenntnis überhaupt gelten soll. Der theoretische Diskurs der Begründung geht sozusagen in einen praktischen über, weil die Ebene der Sprachkritik einen normativen Kern enthält: Welche Grundbegriffe *sollen* gelten, damit wahre Erkenntnis ausgesagt werden kann?

---

74 Ebd. 172.
75 Ebd. 173.
76 Ebd. 175.

Analog vollzieht sich der Ebenenaufbau im praktischen Diskurs. Von der Infragestellung des Geltungsanspruches über die Angabe von Argumenten bis zur Modifikation des Sprachsystems bzw. Abwägung der Angemessenheit der Begründungssprache wiederholen sich hier dieselben Schritte. Im letzten Schritt steht die Abhängigkeit von Bedürfnisstrukturen vom Wissens- und Könnensstand zur Debatte. Die praktische Frage hat zu klären, welche Bedürfnisinterpretationen im Kontext vorhandener Informationen und Handlungsspielräume gelten. Hier geht nun der praktische Diskurs in einen theoretischen über, weil die kognitive Entwicklung mitbetroffen ist und die Frage gestellt wird, welche "Erkenntnis wir *wollen können*"[77]. In einem Schema bringt Habermas die Ebenen anschaulich zur Darstellung.[78]

<table>
<tr><th>Stufen der Radikalisierung</th><th>theoretischer Diskurs</th><th>praktischer Diskurs</th></tr>
<tr><td>Handlungen</td><td>Behauptungen</td><td>Gebote/Verbote</td></tr>
<tr><td>Begründungen</td><td>theor. Erklärungen</td><td>theor. Rechtfertigungen</td></tr>
<tr><td rowspan="2">substantielle Sprachkritik</td><td>metatheoretische</td><td>metaethische/ metapolitische</td></tr>
<tr><td colspan="2">Veränderung des Sprach- und Begriffssystems</td></tr>
<tr><td>Selbstreflexion</td><td>Erkenntniskritik</td><td>erkenntnispolitische Willensbildung</td></tr>
</table>

Es wurde schon betont, daß der 'Zwang' des besseren Argumentes eine konsenserzielende Kraft hat. Für Habermas besteht diese nun gerade darin, "daß wir zwischen den verschiedenen Ebenen des Diskurses so oft hin und hergehen können, bis ein Konsens entsteht"[79]. Nur dann ist ein Konsens ein begründetes Einlösungskriterium für einen Geltungsanspruch, wenn formale Eigenschaften des Diskurses dieses beliebige Wechseln zwischen den vier Ebenen gewährleisten. Das aber sind "Eigenschaften einer idealen Sprechsituation"[80]. Aus der Struktur der Kommunikation selbst also sollen sich Eigenschaften ergeben, die einen Konsens ermöglichen. Es sind Eigenschaften, in denen systematisch jeder Zwang und jede Verzerrung von Kommunikation ausgeschlossen ist. Zwänge bilden sich dann nicht, wenn jeder Diskursteilnehmer dieselben Chancen hat, kommunikative Sprechakte zur Diskurseröffnung, konstative Sprechakte zur Erklärung und Deutung, Rechtfertigung und Behaup-

77 Ebd. 176.
78 Ebd. 176.
79 Ebd.
80 Ebd. 177.

tung, repräsentative Sprechakte zur Transparentmachung der inneren Natur, also der Gefühle, Wünsche und Einstellungen und regulative Sprechakte zu Befehl und Widerstand, Versprechen und Rechenschaftsablegung aufzunehmen. Denn nur diese Eigenschaften gewähren das Kriterium, zwischen einem wahren und einem falschen Konsensus zu entscheiden. Wurden Diskursteilnehmer gezwungen, verschiedene Sprechakte auszuführen oder zu unterlassen, dann kann keine Rede sein von einer freien Einigung zwischen ihnen.

Bemerkenswert ist auch der Status, den Habermas der idealen Sprechsituation zumißt: Weil wir immer und jederzeit uns zutrauen, zur Wahrheit von Aussagen und zur Richtigkeit von Normen befähigt zu sein, zwischen Sein und Schein, Sein und Sollen zu unterscheiden, darum ist die ideale Sprechsituation "weder ein empirisches Phänomen noch ein bloßes Konstrukt, sondern eine in Diskursen unvermeidliche, reziprok vorgenommene Unterstellung"[81]. Diese Unterstellung ist ein Vorgriff, eine Antizipation, die nicht empirisch erzeugt werden kann, aber dennoch wirksam ist. Darum vergleicht sie Habermas mit einem "transzendentalen Schein"[82], der paradoxerweise nicht einen - falschen- Gebrauch von Begriffen vorspiegelt, sondern für jede vernünftige Rede grundlegend ist. Betreffs der Möglichkeit, eine solche ideale Sprechsituation als "Vorschein einer Lebensform", als Möglichkeit unverzerrter und zwangloser Kommunikation zu realisieren, bleibt Habermas skeptisch. Und im Kontext "nachmetaphysischen Denkens" spricht er zwar vom Idealismus der kommunikativen Vernunft, warnt aber:

> "Diese Idee darf...nicht zur Totalität einer versöhnten Lebensform ausgemalt und als Utopie in die Zukunft geworfen werden; sie enthält nicht mehr, aber auch nicht weniger, als die formale Charakterisierung notwendiger Bedingungen für nicht antizipierbare Formen eines nichtverfehlten Lebens. Solche Lebensformen sind uns, diesseits der prophetischen Lehren, nicht einmal in Aussicht gestellt, auch nicht in abstracto."[83]

Dennoch ist mit dieser Unterstellung einer idealen Kommunikationssituation letztendlich der Anspruch theoretischer Vernunft in der *Praxis* einer Kommunikation, also im Kontext praktischer Vernunft verankert. "Die Idee der Wahrheit, die sich am wahren Konsens bemißt, impliziert die des wahren Lebens."[84] Dieses Leben wirkt als aktiver Vorschein einer in jedem Kommunikationsakt unterstellten intersubjektiven und reziproken Anerkennung von Sprechern. Damit ist die wahrheitstheoretische Problematik wieder eingebunden in Dimensionen des Menschseins, die Sinnerfahrungen und Orientierungsbedürfnisse betreffen.[85] Die

---

81 Ebd. 180.

82 Ebd. 181.

83 Denken 186.

84 Universalitätsanspruch 155.

85 *Pauly*, Wahrheit 188-211, sieht in dieser Verknüpfung der Idee von Wahrheit und gelungenem Leben zurecht Erweiterungsmöglichkeiten, die theologische Implikationen freisetzen. Diese sind der auf einer persönlichen Entscheidung basierende Vollzug von Wahrhaftigkeit und der Zusammenhang von Glück und Heil als säkular auseinandergerissene Derivate der aristotelischen Eudaimonia-Lehre.

Idee der Wahrheit profitiert also auch unter Bedingungen fallibilistischer, nachmetaphysischer, auf Verfahrensrationalität reduzierter Vernunft und Erkenntnisgewinnung noch immer vom Überschuß einer Totalität, die vor der europäischen Moderne in religiösen und metaphysischen Weltbildern verankert worden ist. Daß diese Totalität dezentriert und in Wissens- und Wertsphären ausdifferenziert worden ist, das macht gerade den Prozeß der abendländischen Rationalisierung aus.[86]

Somit sind die wichtigsten Elemente einer Diskurstheorie von Wahrheit vorgestellt. Nicht die "Ablösung der Idee der Wahrheit durch die wissenschaftliche Methode"[87] macht den Fortschritt dieser Wahrheitstheorie aus, sondern die Verknüpfung von Wahrheitsfragen im lebensweltlichen oder wissenschaftlichen Kontext mit einer Theorie der Sprechhandlungen. Wahrheit ist hier weder ein ontologisierter Bereich invarianter Aussagen noch eine zweckmäßige Kategorie zur Stabilisierung sozialer Plausibilitäten. Das Konzept diskursiver Einlösung von Geltungsansprüchen macht darauf aufmerksam, daß Wahrheit nicht ohne weiteres gilt, sondern auszuweisen ist. Wahrheit ist eine unhintergehbare Leitidee, weil sie mit jedem konstativen Sprechakt von neuem als Geltung in Anspruch genommen wird. Trotzdem bleibt sie unabtrennbar an jene Kommunikationsbedingungen gebunden, die den Sinn von Wahrheit erst ermöglichen. Weil wir einen Sprechakt erst dann verstehen, "wenn wir wissen, was ihn akzeptabel macht"[88], also die Gründe eines Sprechers kennen müssen, die er anführen könnte, um einen Hörer von der Gültigkeit seiner Behauptung zu überzeugen[89], darum bleibt Wahrheit, damit sie sich in Diskursen durchsetzen kann, an die Fähigkeit von Sprechern gebunden. Ob das der Fall ist oder nicht, hängt von vielen Umständen ab. Genau das macht auch die vermeintliche Schwäche der Konsenstheorie aus: Sie kann für die empirische Einhaltung idealer Bedingungen keine Garantie abgeben, sondern lebt selbst von einem Ideal: daß sich Diskursteilnehmer in wahrhaftiger Kommunikation, unter Vermeidung jeglicher Druckmittel oder rhetorischer Strategien, in diskursiver Einstellung von der konsensbildenden Kraft des besseren Argumentes in Pflicht nehmen lassen. Insofern behält die Idee von Wahrheit den Charakter einer nicht restlos erzeugbaren Objektivität gegenüber allen Versuchen der Wahrheitsfindung, die immer nur fragmentarisch und exemplarisch vor sich gehen kann. Denn der reale Diskurs unterliegt selbst der Idee eines idealen Diskurses, der unbegrenzt alle Sprachfähigen über alle Zeiten der Geschichte hinweg aufruft, einer Prädikation zuzustimmen.

Daß mit Habermas' Vorschlag bei weitem nicht alle Fragen einer Theorie der Wahrheit umfassend und allseits befriedigend gelöst sind, ist angesichts der offenen Diskussion über Wahrheitstheorien nur natürlich. Deutlich ist, daß dieses Konzept sowohl korrespondenz- als auch kohä-

---

86 Vgl. *Habermas*, Theorie des kommunikativen Handelns I: Handlungsrationalität und gesellschaftliche Rationalisierung.

87 *Scheit*, Wahrheit 299.

88 *Habermas*, Theorie des kommunikativen Handelns I 400.

89 *Ders.*, Denken 80.

renztheoretische Momente in sich aufnimmt und in diesem Sinne wenigstens einen umfassenden Charakter anzielt. Die Einheit der Wahrheit gegenüber der Vielfalt ihrer Theorien ist aber selbst nochmals eine regulative Idee und nicht ein handhabbares Faktum. Darum ist es legitim und dem gegenwärtigen Diskussionsstand entsprechend, von einem solchen Theoriekonzept ausgehend zu fragen, inwiefern es für theologische Problemstellungen adaptiert werden kann.

4.3 Hermeneutische Überlegungen zur theologischen Rezeption

Soll der Entwurf einer Diskurstheorie der Wahrheit für die fundamentale Krise des theologischen Wahrheitsdenkens eine Lösungsmöglichkeit eröffnen, dann darf der theoriegeschichtliche Ort einer solchen Konzeption nicht unbeachtet bleiben. Gefragt werden muß, ob eine solche Theorie theologische Aussagen als überhaupt sinnvolle Sätze anerkennt und diskutierbar macht. Diese bedeutungstheoretische Frage hängt eng mit der religionsphilosophischen Frage zusammen, welchen Rationalitätsgehalt religiöse Äußerungen und Institutionen haben, weil die Idee von Rationalität in der Moderne theologische Gehalte weder zu fassen vermag noch Garantien dafür herstellen kann, Sinnfragen und Kontingenzerfahrungen "vernünftig" zu beantworten und aufzufangen.[90] Erst diese Verknüpfung bietet einen Ausweg aus der Sackgasse der analytischen Diskussion, die, je länger sie dauert, umso mehr sich im Kreise dreht.

Zunächst ist offensichtlich, daß eine Diskurstheorie der Wahrheit kein Präjudiz gegenüber nichtempirischen Äußerungen darstellt. Sie ist ja selbst aus dem Kontrast zu einer positivistischen Auffassung sinnvoller und sinnloser Sätze entstanden. Damit ist die grundsätzliche Vielfalt möglicher Äußerungen in den verschiedensten Sprachsystemen gewahrt, weil nicht der wissenschaftlich *gültige* Satz zum Paradigma von Erkenntnis überhaupt gemacht wird, sondern der Vorgang einer kommunikativen Leistung, in der Welt-, Gesellschafts- und Subjektbezug zuallererst gegeben werden. Die Enge der Position eines logischen Empirismus wur-

---

90 Ob F. Kambartels (Über die Gelassenheit. Zum vernünftigen Umgang mit dem Unverfügbaren, in: *ders.*, Philosophie der humanen Welt. Abhandlungen, Frankfurt/M. 1989, 90-99) Vorschlag einer an die Stoa erinnernden "Seelenruhe" ein gangbarer Weg ist, ist mehr als fraglich: "die philosophische Gelassenheit - die Ruhe der Seele - besteht darin, nicht nach der Verfügung über das für uns Unverfügbare zu streben und im unenttäuschbaren Vertrauen darauf zu leben, daß der uns unverfügbare Gang der Ereignisse den Sinn eines vernünftigen Lebens nicht berührt" (ebd. 90). Dies mag ein "philosophischer Weg" sein, mit unverfügbaren Kontingenzen fertig zu werden; wovon ein Glaube an den Sinn eines vernünftigen Lebens als universalisierbare Haltung sich nähren soll angesichts des evidenten Zerfalls von Lebensmöglichkeiten, bleibt unbeantwortet. Daß solcher Glaube keine 'Trostfunktion' für jene zur Verfügung stellen kann, die allen Lebenssinnes beraubt sind und deren Lebensmöglichkeiten durch eine rationalisierte Moderne verhindert und beschnitten werden, ist offensichtlich.

de im übrigen von der wissenschafts- und wahrheitstheoretischen bzw. der sprachanalytischen Diskussion selbst überwunden. Der Grund dafür lag nicht bloß im wissenschaftstheoretischen Dilemma des Status von Beobachtungs- und Verifikationssprache, sondern schon im vorgängigen Problem des Verstehens eines Satzes. Die Semantiktheorie mußte sich deshalb vom Abbildmodell, in dem Namen Gegenstände bezeichnen, lösen und betont in der Folge den inneren Zusammenhang des Verstehens einer Satzbedeutung mit deren Geltungsbedingungen. "Sprecher und Hörer verstehen die Bedeutung eines Satzes, wenn sie wissen, unter welchen Bedingungen der Satz wahr ist."[91] Allerdings leidet auch diese Semantik noch immer unter der ausschließlichen Privilegierung des assertorischen Satzes und kann daher Geltungsfragen, die in ethischen und ästhetischen Sätzen auftreten, nur unbefriedigend berücksichtigen. Erst eine formale Pragmatik, wie sie Habermas im Rückgriff auf Wittgenstein II und der Sprechakttheorie entwickelt hat, ist fähig, die Vielfalt der Satzformen in einer Theorie der Sprechakte zu wahren und das Sinnverstehen eines Satzes auf Akzeptabilitätsbedingungen zu erweitern. Ein Sprechakt ist nämlich dann akzeptabel, wenn er jene notwendigen Bedingungen dafür erfüllt, daß ein Hörer den erhobenen Geltungsanspruch bejahen kann. "Diese Bedingungen können nicht einseitig, weder sprecher- noch hörerrelativ erfüllt sein; es sind vielmehr Bedingungen für die *intersubjektive Anerkennung* eines sprachlichen Ausdrucks, der sprechakttypisch ein inhaltlich spezifiziertes Einverständnis über interaktionsrelevante Verbindlichkeiten begründet."[92]

Nun besteht zweifellos das empirische Faktum, daß Sprechakte mit religiösen bzw. theologischen Aussagen konstitutive Bedeutung und Funktion für das Welt-, Gesellschafts- und Selbstverständnis übernommen haben und noch immer ausüben. Deren Geltungsanspruch wird von den Mitgliedern jeweiliger Religionsgemeinschaften konsensuell akzeptiert. Zwar entwickeln auch Religionen Formen diskursiver Einlösung, allerdings stützen sich in ihnen Geltungsansprüche vorrangig auf die faktische Macht sakraler Autorität und die erfahrungsbezogene Leistungsfähigkeit sinnstiftender Orientierungssysteme, in die sie eingebettet sind.[93] Gerade der zweite Aspekt ermöglicht eine Geschichte der religiösen Ideen, die eine höchst kreative Bearbeitung von religiösen Behauptungen darstellt, deren Sinngehalte angesichts identitätsgefährdender Kontrasterfahrungen brüchig und obsolet geworden sind. Eindrucksvoll zeigt das Judentum als Religion der Sprache, daß radikale Kontingenzerfahrungen nicht durch rituelle Praxis kompensiert werden können,

91 *Habermas*, Theorie des kommunikativen Handelns I 374.

92 Ebd. 401.

93 Zu unterscheiden ist natürlich zwischen archaischen, Stammes- bzw. Volks- und universalen Religionen. Universale Geltungsansprüche, wie sie Hochreligionen erheben, entspringen keineswegs bloß einer Ausdehnung sakraler Autorität, sondern sind komplexe Verarbeitungsleistungen von Sinnerfahrungen, die diskursiv vor sich gehen. Der diskursiv mitgeprägte Entstehungszusammenhang verbirgt sich allerdings weitgehend hinter dem Geltungsanspruch kanonischer Texte.

sondern nur durch eine Bearbeitung bisheriger religiöser Kommunikationsvollzüge.[94] Hier wird weniger diskursiv als vielmehr innovativ der Geltungsanspruch problematischer Sinnprämissen durchgearbeitet und ein neuer Sinngehalt aufgrund neuer Offenbarungserfahrungen postuliert. Nicht die Begründungsleistungen prophetischer Autorität stabilisieren dann neue Sinnangebote, sondern die souveräne Macht göttlichen Handelns und Einwirkens im Erfahrungsraum einer Glaubensgemeinde.

Religiöse Sprechakte mußten sich in der christlichen Tradition auch gegenüber philosophischer Rede bewähren, die eine wesentliche Rolle in der theologischen Argumentation übernehmen sollte. Aber philosophische Vernunft selbst konnte niemals den *Grund* des Glaubens ersetzen. Deshalb war es möglich, daß Religion und Philosophie bis Hegel unterschiedliche Funktionen wahrgenommen haben, deren Geltungsbereiche zwar abgestimmt werden mußten, prinzipiell aber nicht in ein sich ausschließendes Konkurrenzverhältnis gerieten. Zugleich bemühte sich christliche Theologie allerdings massiv um ein "rationales Verhältnis" zur Philosophie. Daß das Christentum eine erstaunliche Synthese mit dem philosophischen Denken einging, läßt sich nicht bloß aus kulturabhängigen Komponenten, aus Assimilationszwängen usw. erklären, sondern vor allem aus dem *Wahrheitsanspruch* seiner Glaubensakte selbst. Deshalb war christlicher Glaube auf Argumentation angewiesen, sowohl nach außen als auch nach innen, denn nur das Argument macht den Glauben annehmbar. Für Origenes galt, daß es im Sinne christlicher Lehre besser ist, "wenn man den Lehrsätzen mit Vernunft und Weisheit zustimmt, als wenn man sie nur mit einfachem Glauben festhält"[95]. Dabei wird der Glaube selbst als epistéme verstanden und somit dem rationalem Wissen an die Seite gestellt. Pate für diese Beerbung der antiken Vernunftidee stand die Fehlübersetzung eines Jesaja-Textes ("nisi credideri-

---

94 Am Beispiel von Jes 45,7 hat *W. Raberger* ('Schöpfung' als Problemfigur. Zur Artikulation einer Sinnprämisse in der Bewältigung ambivalenter Wirklichkeit bei Dt-Jes 45,7, Diss.masch., Innsbruck 1974) versucht, den Zusammenbruch der Verläßlichkeit einer Sinn- und Orientierungsartikulation aufzuhellen. Sinndestruktive Erfahrungen werden als glaubensdestabilisierende Anomalien empfunden, die ein bisheriges Glaubensparadigma in Frage stellen, wie das am Beispiel von Schöpfungsglaube und Chaoserfahrungen abgelesen werden kann: "'Schöpfung' als Problemfigur wird verstanden als jener nach einem Regelsystem funktionierende Orientierungsversuch in einer gestörten Sinnerfahrung von Welt. Diese Orientierungsversuche werden in einem Sprachschema formuliert, dessen Konstitutiven weitgehend Symbolcharakter aufweisen. Die Strukturierung dieser Regelsysteme wird begriffen als Modellbildung. Theologische Theorien bilden sodann den jeweiligen Versuch, die Mechanismen dieser Orientierungsversuche (metasprachlich) zu reflektieren und die Modellhaftigkeit dieser Aufarbeitungsvorgänge zu analysieren. Schöpfungstheologische Aussagen werden demnach nicht als Erfahrungssätze über Weltentstehung verstanden, sondern als Modellsätze, welche ganze Erfahrungskomplexe des Menschen im Umgang mit Welt und in der Vermittlung durch Symbolstrukturen jene Orientierungsversuche angesichts von Negativität erstellen und regulieren" (ebd. 3).

95 *Origenes*, C.Cels. I 13; PG 11, 679.

tis, non intelligetis", Jes 7,9) in der Septuaginta[96]: "Sie erwies sich als produktives Mißverständnis, indem sie den Glauben als ganzmenschlichen Akt festhielt, der zu neuer Erkenntnis führt, wenn dem Menschen die Augen über sich selbst und über den sich offenbarenden Gott aufgehen."[97] Das Verhältnis von Glaube und Vernunft wird paradigmatisch bei Augustinus im "intellige ut credas, crede ut intelligas"[98] in dialektischer Zuordnung gedacht. Für ihn ist es "ausgeschlossen, daß unser Glaube den Verzicht auf vernunftgemäße Erklärung oder vernunftgemäßes Forschen verlange; denn wir könnten auch nicht glauben, wenn wir keine vernunfthafte Seele hätten"[99]. Zwar gibt es durchaus Heilsaussagen, die die Vernunft jetzt noch nicht begreifen kann, so daß der Glaube der Vernunft vorausgeht, aber selbst das ist für Augustinus nochmals *vernunftgemäß*. "Wenn es also vernünftig ist, daß bei wahrhaftig Großem, das man noch nicht begreifen kann, der Glaube der Vernunft vorausgeht, so geht doch die wenige Vernunft, die uns das lehrt, ihrerseits dem Glauben voraus."[100] Damit war sichergestellt, daß der Glaubensakt nicht ein irrationaler Vollzug war und daß Vernunft zur Unvernunft wurde, wenn sie sich nicht dem Glaubensakt öffnete. Obwohl es richtig verstanden werden kann, daß das Anliegen der altchristlichen Apologetik in der "Rationalisierung" des Glaubens lag, so sehr war doch außer Zweifel gestellt, daß philosophisches und theologisches Wissen nicht ineinander aufgehen. Als Offenbarungswahrheit zehrte der theologische Sprechakt von der Autorität der Heilserfahrung, die als objektives Gegenüber zum glaubenden und denkenden Subjekt im kanonischen Schrifttext bzw. in der kirchlichen Autorität[101] zur Geltung kam. Diese Verhältnisbestimmung zur Philosophie war für das theologische Selbstverständnis bis zur Gegenwart konstitutiv.

Was unsere Frage nach etwaiger Rezeption der Diskurstheorie der Wahrheit anlangt, kann festgehalten werden, daß sie ein *prinzipiell mögliches* Unternehmen ist. Mehr noch: Theologie selbst versteht sich gerade als *diskursiver* Vollzug der Klärung und rationalen Bearbeitung von Geltungsansprüchen, die in religiösen Sprechakten auf der Ebene der Alltagskommunikation problemlos anerkannt werden. Erstmals sehr prägnant hat sich argumentative Theologie in der scholastischen Methode manifestiert, die in der Summentheologie von Thomas von Aquin eine imposante Leistungsfähigkeit erreichte und später für katholische Theologie zum theologischen Standard wurde.

Habermas versteht seine Wahrheitstheorie als adäquate Möglichkeit, die Universalität der Wahrheitsidee mit der Fallibilität menschlicher Erkenntnis im *nachmetaphysischen* Denken zu verbinden und dabei zu be-

---

96 Vgl. *Geerlings*, Jes 7,9b. Vgl. auch *ders.*, Apologetik.

97 *Neuner*, Glaube 55.

98 *Augustinus*, Sermo 43,7,9; PL 38, 258.

99 *Ders.*, Ep. 120 (ad Consentium) 3, zit. n. *Seckler*, Fundamentaltheologie 450.

100 Ebd.

101 Vgl. *Augustinus*, PL 42, 176: "Ergo vero Evangelio non crederem, nisi me catholicae Ecclesiae commoveret auctoritas."

wahren. Die Funktion einer Konsens-Wahrheit als Antwort auf die veränderten Erkenntnisbedingungen der Neuzeit hat besonders W. Pauly hervorgehoben. Die Wahrheitsfrage sollte sowohl den Anforderungen der Naturwissenschaften wie der Legitimität historisch-hermeneutischer Geisteswissenschaften entsprechen: "Dies gelingt Habermas insofern, als er beide Wissenschaftsformen auf die beiden paradigmatisch einander gegenüberstellbaren Handlungstypen des *instrumentellen* bzw. des *kommunikativen* Handelns bezieht."[102] Damit ist aber das theologische Problem noch keineswegs gelöst, denn bekanntlich hat Philosophie nach Hegel ihren Anspruch auf Letztbegründung in einer Idee des Einen und Absoluten aufgegeben. Im Gegenzug radikalisierte sie ihre Kritik nun auch schärfer gegenüber der Gottesidee in den Hochreligionen, was im metaphysischen Denken noch nicht der Fall war. Nachmetaphysisches Denken jedoch

> "bestreitet keine bestimmten theologischen Behauptungen, es behauptet vielmehr deren Sinnlosigkeit. Es will nachweisen, daß in dem grundbegrifflichen System, in dem die jüdisch-christliche Überlieferung dogmatisiert (und damit rationalisiert) worden ist, theologisch sinnvolle Behauptungen gar nicht aufgestellt werden können. Diese Kritik verhält sich zu ihrem Gegenstand nicht mehr immanent; sie greift an die Wurzeln der Religion und macht den Weg frei zu einer (im 19. Jahrhundert einsetzenden) historisch-kritischen Auflösung der dogmatischen Gehalte selber."[103]

Das aber bedeutet im Blick auf die Rezeptionsfrage: Was von der theologischen Seite prinzipiell möglich schien, ist nun von der philosophischen Seite her prinzipiell unmöglich geworden. Mit dem Sinngehalt religiöser Äußerungen korrespondiert anscheinend kein möglicher Vernunftanspruch, und ein rationales Verfahren zur Gewinnung von Argumenten für einen problematischen Geltungsanspruch kann nicht den Sinngehalt sinnloser Behauptungen retten - abgesehen von der prinzipiellen Schwierigkeit, Offenbarungswahrheit konsensuell einzulösen.

In dieser scheinbar ausweglosen Situation bietet nun einerseits gerade die Sprechakttheorie die Möglichkeit, den performativen Modus religiöser Äußerungen genauer zu bestimmen. Denn das bekannte Sinnlosigkeitsverdikt bezog sich auf die Beobachtung, daß religiöse Sprechakte Sachverhalte konstatieren und das als grammatischer Grundmodus religiöser Sätze überhaupt verstanden wurde. Daß diese Beurteilung zu kurz greift, das zeigt eingehend die Diskussion der analytischen Religionsphilosophie[104], auf die hier nur verwiesen werden kann.

Auf der anderen Seite sieht Philosophie heute sehr wohl auch jene ungeheure Erblast, die sie sich zumutete, als sie ihre traditionelle Zurückhaltung gegenüber den religiösen Erlösungsversprechungen aufgegeben und sich utopische wie auch geschichtstheologische Motive einverleibt hat.[105] Mit der inhumanen Dominanz der Systemimperative von Wirt-

---

102 *Pauly*, Wahrheit 328.
103 *Habermas*, Philosophie 29f.
104 Vgl. *Dalferth*, Sprachlogik; Religionsphilosophie.
105 *Habermas*, Philosophie 30.

schaft und Technologie, die ein technokratisches Bewußtsein Stufe um Stufe verfestigen, wird für kritisch-humanistische Philosophie deutlich,

> "daß die bildungselitär beschränkte philosophische Weltauslegung auf die Koexistenz mit einer breitenwirksamen Religion geradezu angewiesen war. Philosophie ist, auch nachdem sie aus der jüdisch-christlichen Überlieferung die utopischen Impulse in sich aufgenommen hat, unfähig gewesen, die faktische Sinnlosigkeit des kontingenten Todes, des individuellen Leidens, des privaten Glücksverlustes, überhaupt die Negativität lebensgeschichtlicher Existenzrisiken durch Trost und Zuversicht so zu überspielen (oder zu bewältigen?), wie es die Erwartung des religiösen Heils vermocht hat."[106]

Mit der Preisgabe des Bedeutungsgehaltes religiöser Sinn- und Weltdeutungssysteme scheint aber nicht bloß das Individuum der Erfahrung der Sinnlosigkeit radikal ausgesetzt zu sein, sondern der Gesellschaft selbst als Gesamtkomplex droht auf paradoxe Weise die Gefahr, durch Rationalität 'vernunftlos' zu werden. Max Weber, der Theoretiker der Rationalisierung der abendländischen Gesellschaft, hatte den Sinnverlust einer rationalisierten und entzauberten Welt als ein unausweichliches Stadium einer entfesselten instrumentellen Rationalität betrachtet. In seinem Werk "Die protestantische Ethik" nimmt er einen kausalen Zusammenhang zwischen dem Geist protestantischer Askese und rationalisierter Lebensführung an, der dem kapitalistischen Wirtschafts- und Verwaltungssystem zu seinem Siegeszug verholfen hatte. Der dünne Mantel um die Sorge an äußeren Gütern, der sich in einer asketischen Berufsidee äußern sollte, erstarre in der durchrationalisierten Moderne zu einem stahlharten Gehäuse, das sich der Deutungskraft und Orientierungskraft der Religion entledige - so Weber:

> "Niemand weiß noch, wer künftig in jenem Gehäuse wohnen wird und ob am Ende dieser ungeheuren Entwicklung ganz neue Prophetien oder eine mächtige Wiedergeburt alter Gedanken und Ideale stehen werden, *oder* aber - wenn keins von beiden - mechanisierte Versteinerung, mit einer Art von krampfhaftem Sich-wichtignehmen verbrämt. Dann allerdings könnte für die 'letzten Menschen' dieser Kulturentwicklung das Wort zur Wahrheit werden: 'Fachmenschen ohne Geist, Genußmenschen ohne Herz': dies Nichts bildet sich ein, eine nie vorher erreichte Stufe des Menschentums erstiegen zu haben."[107]

Mit dem Sinnverlust steht am Ende für Weber also auch der Freiheitsverlust - die Dialektik der Rationalisierung ist unaufhaltbar vorherzusehen.

In dieselbe Kerbe schlägt auch J. Habermas, wenn er auf den weltgeschichtlich einmaligen Vorgang aufmerksam macht, daß die Masse der Bevölkerung "in den fundamentalen Schichten der Identitätssicherung erschüttert ist und, in Grenzsituationen, nicht aus einem vollständig säkularisierten Alltagsbewußtsein heraustreten und auf institutionalisierte oder doch tief internalisierte Gewißheiten zurückgreifen kann. Einige Indikatoren sprechen dafür, daß sich als Reaktion auf den massenhaften Verlust religiöser Heilsgewißheit ein neuer Hellenismus abzeichnet, also eine Regression hinter die in den monotheistischen Hochreligionen er-

---

106 Ebd. 36.
107 *Weber*, Ethik I 189.

reichte Stufe der in der Kommunikation mit dem Einen Gott gebildeten Identifikation."[108] Besorgt fragt deshalb Habermas: "Wenn die Weltbilder an der Trennung der kognitiven von den sozialintegrativen Bestandteilen zerbrochen sind; wenn heute weltstabilisierende Deutungssysteme unwiderruflich der Vergangenheit angehören, wer erfüllt dann die moralisch-praktische Aufgabe der Konstituierung von Ich- und Gruppenidentität?"[109] Eine Revitalisierung religiöser Sinnoptionen in säkularisierten und modernisierten Gesellschaften ist als Lösungsweg aber prinzipiell verwehrt: "Die Möglichkeit einer gegenwartsbezogenen Deutung der jüdisch-christlichen Tradition im Horizont der Moderne wird von Habermas kategorisch ausgeschlossen."[110] Deshalb liegt sein Vorschlag im Konzept einer kommunikativen Vernunft.

Eine "Theorie des kommunikativen Handelns" soll nun gerade jenen Rationalitätsbegriff rekonstruieren, der schon vor der Dezentrierung der Weltbilder und der Reduzierung von Rationalität auf Zweckrationalität in der Moderne daraufhin angelegt ist, eine solche Entwicklung sowohl erklärbar als auch kritisierbar zu machen. Dabei versucht Habermas mittels einer Theorie der sozialen Evolution die semantischen Gehalte des jüdisch-christlichen Glaubens in die Grundmomente einer kommunikativen Rationalität zu transponieren. War in vorzivilisatorischen Gesellschaften deren institutionelles Bestehen durch einen vorsprachlichen, in der Autorität des Sakralen verankerten Konsens gesichert, so zeigt sich in der Folge der Gesellschaftsentwicklung, daß immer mehr kommunikatives Handeln selbst "zwischen dem rituell gehegten Fundus gesellschaftlicher Solidarität einerseits, geltenden Normen und persönlichen Identitäten andererseits vermittelt"[111].

> "Die Entzauberung und Entmächtigung des sakralen Bereichs vollzieht sich auf dem Wege einer *Versprachlichung des rituell gesicherten normativen Grundeinverständnisses*; und damit geht die Entbindung des im kommunikativen Handeln angelegten Rationalitätspotentials einher. Die Aura des Entzückens und Erschreckens, die vom Sakralen ausstrahlt, die *bannende* Kraft des Heiligen wird zur *bindenden* Kraft kritisierbarer Geltungsansprüche zugleich sublimiert und veralltäglicht."[112]

Je weiter sich kommunikatives Handeln aus dem Sakralbereich von Ritus und Mythos freisetzen kann, um so stärker erzeugt es eigene Wissensbestände, die die Erklärung der Welt und die Integration von Gesellschaft ermöglichen. Religion wird vom alltäglichen Kommunikations- und Deutungsfluß abgekoppelt und faltet in einem Prozeß der Rationalisierung eine umfassende Weltdeutung aus, die als religiös-metaphysisches Weltbild auf die Lebenswelt zurückwirkt. Die Dezentrierung des Weltbildes im Sinne einer Ausdifferenzierung der Wertsphären in die Institutionsbereiche Wissenschaft - Recht - Kunstbetrieb in der Moderne signalisiert den bislang letzten Rationalisierungsschub, der nun den Mantel umfas-

108 *Habermas*, Philosophie? 36.
109 *Ders.*, Legitimationsprobleme 166.
110 *Soosten*, Rezeption 130.
111 *Habermas*, Theorie des kommunikativen Handelns II 118.
112 Ebd. 119.

sender Welt- und Sinndeutung überhaupt abwirft. Verstanden wird dieser universalgeschichtliche Prozeß als evolutionäres Sich-Auslegen eines Rationalitätspotentials, das im kommunikativen Handeln selbst angelegt ist. Für Habermas sind nun alle ausdifferenzierten, institutionellen Sphären nicht pluralistisch nebeneinanderliegende Bereiche, sondern entsprechen jeweils genau *einem* Geltungsanspruch der im Sprechakt aufgestellten Ansprüche von Wahrheit - Richtigkeit - Wahrhaftigkeit. So bleibt die Einheit und Vielfalt des Rationalitätsbegriffes gewahrt. Zugleich aber laufen alle Prozesse der Weltdeutung, der Sozialintegration und der Identitätsentwicklung über kommunikative Verständigungsleistungen, die sich an Geltungsansprüchen zu orientieren haben. Mittels dieser Konzeption kann Habermas die Entwicklungslogik des Rationalisierungsprozesses in der Deutung Max Webers kritisch beleuchten: Sieht Weber die eigentliche Problematik der Modernisierung in der völligen Überstülpung kommunikativ-traditionaler Handlungsbereiche durch erfolgsorientiertes Handeln, die dann die Freiheit des Menschen gefährden und sittliches Handeln zunehmend verhindern, so ortet sie Habermas in verschiedenen konkurrierenden Prinzipien gesellschaftlicher Integration: "zwischen dem aus der Rationalisierung der Lebenswelt immer reiner hervorgehenden Mechanismus einer an Geltungsansprüchen orientierten sprachlichen Kommunikation und jenen entsprachlichten Steuerungsmedien, über die Systeme erfolgsorientierten Handelns ausdifferenziert werden"[113]. Die Funktion von Religion aber scheint dann in die drei Geltungsaspekte von Rationalität vollkommen aufgehoben zu sein. Die besorgte Frage nach der moralisch-praktischen Ermöglichung von Ich- und Gruppenidentität wird in einer Kommunikationstheorie so beantwortet: Soziale Integration vollzieht sich "nicht mehr unmittelbar über institutionalisierte Werte, sondern über die intersubjektive Anerkennung der mit Sprechhandlungen erhobenen Geltungsansprüche"[114]. Nach dem Wandel der Gesellschaft von der Glaubens- zur Kooperationsgemeinschaft, nach der Säkularisierung religiöser Weltbilder und theonom legitimierter Handlungsnormen "kann allein eine universalistische Moral ihren verpflichtenden Charakter behalten"[115].

Doch auch eine universalistische Moral kann nicht verhindern, daß sowohl die fundamentalen praktischen Ideen der Aufklärung wie die Sinnorientierung von Subjekten und Gemeinschaften sehr bedroht bleiben. Genau an dieser Nahtstelle zwischen moderner Kultur und unvermeidbaren Kontingenzerfahrungen situiert Habermas die Rolle der Religion: Sie ist

> "unersetzlich für den normalisierenden Umgang mit dem Außeralltäglichen im Alltag. Deshalb koexistiert auch das nachmetaphysische Denken noch mit einer religiösen Praxis. Und dies nicht im Sinne der Gleichzeitigkeit von Ungleichzeitigem.

---

113 Ebd. I 459. Konkret gemeint sind das Steuerungsmedium Geld, das das Subsystem Wirtschaft, und das Medium Macht, das das Subsystem Politik organisiert und orientiert.

114 Ebd. 136.

115 Ebd. 137.

> Die fortbestehende Koexistenz beleuchtet sogar eine merkwürdige Abhängigkeit einer Philosophie, die ihren Kontakt mit dem Außeralltäglichen eingebüßt hat. Solange die religiöse Sprache inspirierende, ja unaufgebbare semantische Gehalte mit sich führt, die sich der Ausdruckskraft einer philosophischen Sprache (vorerst?) entziehen und der Übersetzung in begründende Diskurse noch harren, wird Philosophie auch in ihrer nachmetaphysischen Gestalt Religion weder ersetzen noch verdrängen können."[116]

Aber was sind nun diese semantischen Gehalte? Habermas gibt darauf keine explizite Antwort. Der Sinn der Religionen liegt aber für ihn eindeutig in der Funktion der *Tröstung* des ausgesetzten Individuums und in der *Verheißung* einer Sinngestalt, die in der Gottesidee ihren focus imaginarius hat. Beide Dimensionen sind und bleiben verwoben mit den Grundbegriffen der abendländischen Anthropologie und Philosophie: Moralität, Sittlichkeit, Person und Individualität, Freiheit und Emanzipation. Eine Hermeneutik dieser Begriffe ist nach Habermas nicht möglich ohne Aneignung des heilsgeschichtlichen Denkens der jüdisch-christlichen Tradition. Mehr noch, der Verstehensakt allein kommt ohne Sozialisationsfunktion der Religionen nicht aus. Diese erhält aber damit nicht nur ihre gesellschaftliche Relevanz zurück, sondern wird fundamental für die Möglichkeiten kommunikativen Handelns überhaupt: Denn

> "ohne eine sozialisatorische Vermittlung und ohne eine philosophische Transformation irgendeiner der großen Weltreligionen könnte eines Tages dieses semantische Potential [das moderne Selbstverständnis strukturierender Grundbegriffe] unzugänglich werden; dieses muß sich jede Generation von neuem erschließen, wenn nicht noch der Rest des intersubjektiv geteilten Selbstverständnisses, welches einen humanen Umgang miteinander ermöglicht, zerfallen soll."[117]

Mit diesem Zugeständnis der bleibenden Aktualität religiöser Aussagesysteme übernehmen die Sozialwissenschaften und die Philosophie aufs neue eine wichtige Selbstbeschränkung: Die Lebensrisiken wie Schuld, Krankheit, Tod, Einsamkeit von Individuen sind von keiner Theorie weginterpretierbar.[118] Außerhalb der Sinnverheißungen der Religionen muß mit diesen Kontingenzen prinzipiell trostlos gelebt werden. Auch eine Theorie des kommunikativen Handelns wirft sich nicht als ein "farbloses Negativ trostspendender Religionen"[119] auf. Weder ist sie Künderin einer trostlosen Welt ohne Gott noch zarte Stimme der Tröstung. "Solange sie im Medium begründender Rede für das, was Religion sagen kann, keine besseren Worte findet, wird sie sogar mit dieser, ohne sie zu stützen oder zu bekämpfen, enthaltsam koexistieren."[120] Theologen hätten an dieser konstitutiven Stelle der Möglichkeit von menschenwürdiger Existenz eine unverzichtbare Aufgabe: "Sie haben noch eine Sprache, die appellative und metakommunikative Qualitäten hat, die wir uns als Sozialwissenschaftler gar nicht mehr leisten können. Vielleicht kann diese Sprache das in Bewegung setzen, was man in Bewegung setzen müßte, um das Über-

---

116 Denken 60.
117 Ebd. 23.
118 Legitimationsprobleme 165.
119 Denken 185.
120 Ebd. 185.

greifen von selbstobjektivierenden Interpretationssystemen aufzuhalten."[121]

Habermas weist mit diesen Überlegungen der Religion samt ihrem semantischen Gehalt eine paradoxe Stellung zu: Ihr Wahrheitsanspruch ist im Spiegel moderner diskursiver Rationalität nicht begründbar, und trotzdem erhält sie den Rang einer (noch) unverzichtbaren Voraussetzung für die Idee einer kommunikativen Vernunft. Daraus ergeben sich Fragen: Wenn jene Sprechakte, die die Grundgehalte moderner Selbstdeutung äußern, nur dann verstanden werden können, wenn ihre Gründe angegeben werden können und sie erst so als vernünftige Aussagen gelten; wenn kommunikatives Handeln den Sinngehalt religiöser Sprechakte nicht vollends bestreiten kann, welchen Rationalitätsgehalt haben dann Religionen, hat Theologie für die Grundfragen nach Welt, Geschichte und Identität von Individuen und Gesellschaften? Welche unverzichtbare Qualität hat die theologische Sprache, daß ihr zugemutet werden kann, die Tendenzen der Verdinglichung und Fragmentierung des Bewußtseins, der Kolonialisierung der Lebenswelt durch die Systemmedien Macht und Kapital zu stoppen? Welche Wahrheitsdimensionen und Wirklichkeitsaspekte kommen in dieser Sprache zur Geltung, wenn sie offensichtlich zur Humanität und Idealität gelingenden Menschseins notwendig sind und trotzdem nicht im Begriff einer Verfahrensrationalität erfaßt werden können?

Wenn diese Fragen richtig angesetzt worden sind - und wenn sie auch hier nicht im Detail beantwortet werden können -, dann ist ein Schlüssel zu ihrer Antwort möglicherweise darin zu suchen, daß Religionen koextensiv mit der Lebenswelt das gemeinsam haben, was man den "Bezug zum Ganzen" nennt. Dieser Bezug zum Ganzen hat aber im Sprachspiel der Religionen einen besonderen Stellenwert: So sehr sich der Hintergrund einer Lebenstotalität jedem umfassenden Zugriff entzieht, so sehr wird er im Sprachspiel der Religionen überhaupt transzendiert. Was in der Lebenswelt als unhintergehbare Totalität erscheint, in der kommunikatives Handeln unentrinnbar gefangen bleibt, wird im Sinngehalt religiöser Äußerungen nochmals relativiert und damit *gedeutet*. Diese Relativierung macht deutlich, daß offensichtlich für das Wesen menschlicher Existenz Erfahrungen konstitutiv und unerläßlich sind, die die Verläßlichkeit einer Sinn- und Heilszusage bezeugen, die mit der Grammatik lebensweltlicher Kommunikationserfahrungen erzeugt wird, aber den Entstehungszusammenhang prinzipiell übersteigt. Es ist die Idee von Wahrheit selbst, die sich mit der Relevanz solcher Erfahrungen verknüpft und ihnen Gültigkeit verleiht. Deshalb verweigert sich ihr Wahrheitsanspruch auch einer möglichen Einlösung, weil der rationale Diskurs keinen Zugriff auf das absolute Subjekt der Heilszusagen hat. Zugleich scheinen diese Sprechakte aber einen unaufgebbaren Stellenwert für das Gelingen von Humanität und damit Identität von Subjekten und Gesell-

---

121 So Habermas in einem Gespräch mit Theologen in Starnberg 1974; zit. n. *Bahr*, Religionsgespräche 29.

schaften einzunehmen, weil sie nicht bloß Erfahrungen im Umgang mit Welt, Gesellschaft und Geschichte erzeugen, sondern vielmehr noch die Möglichkeit bieten, diese zu ordnen und subjektiv wie kommunikativ anzueignen.

So wird abschließend zu klären sein, welche Strukturmomente eine theologische Rede von Wahrheit aufzuweisen hat und inwiefern diese aus einem Konzept der Konsenstheorie heraus plausibel gemacht werden können.

4.4 Strukturmomente einer theologischen Diskurstheorie der Wahrheit

Die folgenden Überlegungen können die umfassende Thematik theologischer Wahrheit im Sinne eines Theoriekonzeptes nur sehr skizzenhaft anreißen. Eine systematisch zu entwickelnde theologische Wahrheitstheorie müßte zunächst im Gespräch mit gegenwärtiger Religionsphilosophie Form, Gehalt und Funktion religiöser Äußerungen klären. Weiters sollten in Auseinandersetzung mit der Philosophie als Theorie von Vernunft und Rationalität die Möglichkeiten rationaler Rede von Gott neu auslotet werden. Doch schon ein kurzer Blick auf diesen interdisziplinären Diskurs zeigt, daß er zu keinen ausreichend konsensuellen Standpunkten geführt hat, also erst wieder neu in Angriff zu nehmen ist. Von diesem Disput ausgehend müßte dann Theologie einen adäquaten Wahrheits*begriff* bestimmen. Schließlich sollte auch mit den Handlungswissenschaften ein Dialog geführt werden, insofern diese ein ausgesprochenes Interesse an Religion als kultureller Form der Kontingenzbewältigung zeigen.[122] Die Wahrheit einer Religion definiert sich diesen Auffassungen zufolge aufgrund ihrer Bewährung in Komplexitätsreduzierungen und individueller Krisenbewältigung. In dieser Konfrontation könnte Theologie erkennen, daß religiöse Vollzüge nicht bloß einer theologischen und hermeneutischen Klärung für eine Religionsgemeinschaft bedürfen, sondern gesellschaftliche und politische Funktionen ausüben, so daß Theologie offen und kritisch zu sein hat für jene Funktionalisierungen, die dem Anliegen des religiösen Glaubens nicht entsprechen. All das kann hier nicht geleistet werden.

Dennoch kann der Theorievorschlag von Jürgen Habermas für ein theologisches Wahrheitskonzept als Leitlinie dienen, insofern die Grundmomente einer Diskurstheorie auch im Bereich religiöser Äußerungen aufzufinden sind. Ausgangspunkt ist auch hier die Frage nach der Bedeutung religiöser Sprechakte für eine Theorie der Wahrheit religiöser und theologischer Aussagen. Weiters stellt das Problem der Strittigkeit von Wahrheitsansprüchen die Glaubensgemeinschaften selbst vor die Aufgabe, argumentativ solche Lösungen einzubringen, die Eindeutigkeit in der Interpretation und Geltung von in Texten verankerten Traditions-

---

122 Vgl. *Luhmann*, Funktion; *Höhn*, Kirche; *Lübbe*, Religion.

bildungen herstellen. Will Glaube lebendig bleiben, so zielt er aber auch darauf, je neu widerfahrende Ereignisse in ihrer Relevanz freizulegen und Orientierung anzubieten. Schließlich stehen Glaubensgemeinschaften vor der Herausforderung, konkurrierende Deutungssysteme argumentativ abzuwehren, bzw. partiell zu integrieren. Gerade dieser Vorgang kann aber nur argumentativ und diskursiv geleistet werden, weil der religiöse Wahrheitsanspruch nicht fundamentalistisch erhoben werden darf und der Dialog mit der kritischen Vernunft offen geführt werden muß. Wenn diese Aufgaben auch nicht allein vom wissenschaftlich-systematischen Reflexionsmodus einer Theologie wahrgenommen werden können, so hat Theologie doch wesentlich Anteil daran, den Wahrheitsanspruch religiöser Sprechakte argumentativ aufzubereiten und verstehbar zu machen. Welche Begründungssprache sie wählt, hängt von vielen Faktoren ab. Gegenüber metaphysischen Modellen werden hier Versuche favorisiert, eine neue Fundamentaltheorie von Theologie auf der Basis einer Handlungstheorie zu gewinnen. Eine Argumentationslogik, wie sie eine Konsenstheorie verwendet, kann der Theologie Impulse liefern, die genuine Möglichkeiten eines besseren Selbstverständnisses erschließen. Schließlich ist die Idee der Wahrheit durch Konsens jene kommunikative Unterstellung, von der auch jeder religiöse Sprechakt selbst lebt: daß nämlich alle Menschen der Erfahrung einer universal geltenden Anrede und Selbstmitteilung zustimmen (können), die in ihrem theoretischen Wahrheitsanspruch und in ihren praktischen Konsequenzen Menschen nicht trennt, sondern zusammenführt. Das Zeugnis einer solchen Anredeerfahrung zielt darauf, daß sich alle Menschen untereinander als gleichwertige Geschöpfe Gottes verstehen und anerkennen. Und es leitet an zu einer universalen Kommunikation über die Lebenden hinaus, nicht im Sinne einer irrealen Vision, sondern als jetzt schon wirksame Antizipation einer universal-versöhnten Existenzform. Weil diese Grunderfahrung als vorausgesetzter Konsens über Gottes Handeln (Kirche) im Erfahrungsraum menschlicher Geschichte und Hoffnung tradiert wird, hat schließlich Theologie deutlich zu machen, daß dieser Wahrheitskonsens keine Möglichkeiten empirischer oder ausschließlich rationaler Einlösung öffnet. Er kann sich in der Praxis nur bewähren und glaubhaft machen.[123] Eben das macht nochmals das Spezifische einer theologischen Rationalität aus. Doch nun zu den einzelnen Strukturmomenten.

---

123 "Die Glaubenspraxis stellt die Wahrheit des Osterglaubens nicht her, sondern setzt sie voraus. Sie ist nicht Bedingung, sondern Folge der Wahrheit der Auferstehung Jesu. Auch noch so überzeugende österliche Praxis kann diese Wahrheit nicht beweisen. Aber die Wahrheit der Auferstehung Jesu *bewährt* sich konkret in solcher Praxis" (*Kessler*, Lebenden 264).

4.4.1 Religiöse Sprechhandlungen: Vermittlung von Gehalt und Vollzug

Im folgenden wird der Terminus "*religiöse Sprechhandlung*" als allgemeine Kennzeichnung für einen Vollzug einer Äußerung verstanden, der noch keine Differenzierung zwischen Glaubensaussagen und theologischer Rede anzeigen will. Eine solche Sprechhandlung unterscheidet sich in Syntax und Semantik nicht von anderen Sprechakten[124]. Trotzdem hat sie einen Bezug auf einen mehr oder weniger abgrenzbaren, sprachlichen Symbolkomplex, der ein Charakteristikum von Religionen ausmacht. Nur die Pragmatik, also die Verwendung der Sprache für "religiöse Situationen" erlaubt deshalb ein sinnvolles Verständnis des Terminus "religiöse Sprechhandlung". Denn Sprache selbst ist weder religiös, noch nicht-religiös, sondern wird in einer Religion verwendet und ist so religiöse Sprache. Genau darin lag auch das Mißverständnis der analytischen Philosophie, mittels sprachlicher Kriterien religiöse von nicht-religiöser Sprache zu unterscheiden und dadurch Kognitivität und Funktionalität religiöser Sprache festlegen zu wollen.

Der Terminus "*Glaubensrede*" spezifiziert diese allgemeine Bestimmung "religiöse Sprechhandlung", insofern ein kultureller Bestand eines strukturierten Zeichen- und Handlungskomplexes, den Religionen beanspruchen müssen, um identifizierbar zu sein gegenüber anderen Handlungssystemen, spezielle Dispositionen hinsichtlich der Wertbesetzungen und des persönlichen Engagements für den einzelnen und die jeweilige Glaubensgemeinschaft impliziert. Religiöse Sprechhandlungen sind somit Glaubensvollzüge, die sich ausdrücklich sprachlich vollziehen und benennen lassen und die von den Sprechern selbst als Glaubensvollzüge verstanden werden. Der Sinn dieser Spezifizierung liegt darin, daß sie die verschiedenen Perspektiven (analytisch-religionsphilosophisch oder existenziell-wertorientiert) unterscheiden kann, wobei die vorliegende Unterscheidung nochmals in einer spezifisch theologischen Perspektive zu präzisieren wäre. Als dritter Terminus wird der Begriff "*theologische Rede*" hervorgehoben, der eine besondere Funktion innerhalb von Religion und Glaubensgemeinschaft einnimmt. Theologie versteht sich als (systematischer) Reflexionsvorgang über das Gesamt religiöser Sprechhandlungen und Glaubensaussagen mit dem Ziel, permanent Klärung und Rechtfertigung anzubieten, weil Religion als umfassender Symbolentwurf

---

124 "Daß Religiosität als distinktives Merkmal religiöser Rede nicht zur *sprachlichen* Kompetenz gehört und daher auch auf keiner in diesem Sinn sprachlichen Ebene von Äußerungen spezifiziert werden kann, bedeutet, daß sich ein Korpus religiöser Äußerungen nicht mittels sprachlicher Kriterien konstituieren läßt. Religiöse Äußerungen sind keine unter sprachlichen Gesichtspunkten, und d.h. aufgrund textueller Beschreibungen von anderen Äußerungen distinktiv unterscheidbare Gruppe" (*Dalferth*, Rede 309). Das bedeutet, daß religiöse Äußerungen als solche nur durch die Selbstauskunft einer Religion qualifizierbar sind. Diese Auskunft besteht in der Angabe einer Situation, die eine charakteristische Realisierung eines Verhaltens- bzw. Interaktionsmusters beschreibt. (Dalferth nennt die Grundsituation christlichen Glaubens die Anredeerfahrung Gottes in Jesus Christus.)

Deutungs- und Handlungsangebote für Glaubensgemeinschaft und Gesellschaft bereitstellt. Eben darin liegt auch die Verbindung mit der Rationalitätsfrage, weil religiöse Gehalte Sinn-Erfahrungen stiften und garantieren sollen. Daß sich solche Erfahrungen aber bewähren, hängt wesentlich auch an der (vernünftigen) Nachvollziehbarkeit der Zustimmung von Glaubenden zu eben diesen Sinnansprüchen. Deshalb ist Theologie in "nicht weniger eindeutiger Weise *religiöses* Geschäft"[125], wenn auch in einem spezifischen Sinne.

Die Funktion dieses umfassenden, zeichenvermittelten Symbolsystems "Religion" kann durchaus mit F. Schupp so angegeben werden, daß Religion und Glaube "ein Mittel zur Bewältigung von Lebensproblemen, individuellen wie gesellschaftlichen"[126] sind. Sowohl das Streben nach Glück und Heil wie die radikalen, sinngefährdenden Kontingenzerfahrungen von Tod und Krankheit sind jener lebensweltliche Fundus, aus dem heraus und in den hinein religiöse Sprechhandlungen vollzogen werden. Gegen eine einseitig pragmatische Auffassung muß aber bewußt bleiben, daß Religionen Sinnerfahrungen artikulieren, die sich nicht durch (soziologisch sinnvolle) Handlungszwecke (z.B. Integration, Komplexitätsreduktion, Kontingenzbewältigung usw.) allein rechtfertigen lassen. Sie können und müssen den Sinn aller Handlungsformen selbst nochmals in Frage stellen[127], aber auch selbst für kritische Beurteilung offen sein. H. Kramls Bedenken ist darum anzuerkennen, daß "die Einführung des Redens von Gott ausgerechnet an den Grenzen menschlicher Kommunikation zu eng [ist]. Sie macht unvermeidlicherweise den Eindruck, eine Lücke ausfüllen zu wollen und könnte genausogut auf illusionärem Wunschdenken beruhen."[128] Trotzdem besteht Einigkeit in der Auffassung von der prinzipiellen Aufgabe von Religion und Glaube. Glaube "besteht in praktischen, das Handeln orientierenden Grundüberzeugungen"[129].

Soll Glaube menschliches Dasein orientieren, so muß er sich spezieller *Formen* religiöser Äußerungen bedienen. Die wichtigste Kategorie und Form ist wohl der Mythos. Er ist zunächst und "in seinem Ursprung ein Wert- und Handlungssystem, und er ist dies in einem und durch ein Ausdruckssystem. ... Der Mythos liefert...einen Rahmen, eine maßgebende Orientierung für das Handeln. Ohne einen solchen Orientierungsrahmen ist die Erfahrung von Sinn - wie auch immer wir 'Sinn' genauer verstehen wollen - nicht möglich."[130] Der Mythos strukturiert solche Sinn-Erfahrungen in narrativer und holistischer Weise. Dadurch erschließt sich Menschsein, gesellschaftliche Verfaßtheit und die Gesetzmäßigkeit naturaler Vorgänge als Kosmos und Ordnung. Er reagiert so als axiologisches

125 *Dalferth*, Rede 372.
126 *Schupp*, Schöpfung 511.
127 Zur inflationären Rede von Sinn auch im theologischen Kontext siehe: *Sauter*, Sinn.
128 *Kraml*, Rede 60f. Kraml richtet diese Aussage speziell gegen Peukerts Situierung der Rede von Gott in Vernichtungssituationen menschlicher Existenz.
129 *Schupp*, Schöpfung XI.
130 Ebd. 39.

Antwortsystem sprachlich auf die Fragwürdigkeit aller Welt- und Selbsterfahrungen. Versteht man den Mythos im Modell des Wittgensteinschen "Sprachspiels", so entwirft er zugleich eine Lebensform, die umfassend alle Lebensvollzüge regelt. Insofern ist der Mythos ein Logos, weil er Sinn, Wissen und Orientierung vermittelt. Allerdings erlaubt der Mythos keine klare Differenzierung "zwischen Dingen und Personen, zwischen Gegenständen, die manipuliert werden können, und Agenten, sprach- und handlungsfähigen Subjekten, denen wir Handlungen und sprachliche Äußerungen zurechnen"[131]. Diese Konfusion von Natur und Kultur bewirkt, daß der Mythos keine Möglichkeit anbietet, das sprachlich konstituierte Weltbild von der Weltordnung zu unterscheiden. Das Weltbild wird nicht *als* Weltbild erkannt, sondern reifiziert und rituell wie magisch manipuliert. Trotz dieser eingeschränkten Reflexionsstufe des Mythos aus dem Blickwinkel des modernen Weltverständnisses darf die mythische Sprachform von Religionen nicht als monolithisch und invariant betrachtet werden. Mythen müssen sich gegenüber veränderten historischen und gesellschaftlichen Kontexten bewähren und bedürfen der Zustimmung der Glaubensgemeinschaft, sollen sie funktionsfähig bleiben. Die Rationalität der Mythen liegt in ihrer Funktion der Sinnstiftung, und dies ist ein höchst komplexer Prozeß an Verarbeitung neuer unerwarteter Erfahrungen, an Korrektur und Verneinung bisheriger Traditionsgehalte, an Entwicklung neuer Erzählungen. "Jedenfalls können wir im Mythos selbst...durchaus von einem Prozeß zunehmender 'Theoretisierung' sprechen, und wir können auch feststellen, daß der Konsensus oder die Akklamation immer wieder neu erarbeitet werden muß."[132] Schon oben wurde darauf hingewiesen, daß z.B. die jüdisch-christlichen Texte der biblischen Schriften einen permanenten Interpretationsprozeß in Auseinandersetzung mit eigenen Erfahrungen und mit den Text- und Erzählbeständen umliegender Religionen darstellen. Und selbst die biblischen Erzähler nehmen bereits eine gebrochene, nämlich reflektierende Einstellung zum Mythos ein und entmythologisieren mit dem Mythos des souveränen Schöpfungs- und Geschichtshandelns Gottes einen numinosen Kosmos. Damit die Geltung dieser biblischen Aussagen für eine Glaubensgemeinschaft erhalten bleibt, bekommt später in der christlichen Tradition Theologie eine unersetzbare Rolle. Sie leistet in der nichtmythologischen Form und Methodik des argumentativen Diskurses die Explikation des Aussagemodus und des Sinngehaltes biblischer Rede. Von daher bestimmt sich auch die Rationalität der Theologie als hermeneutische, begründende und rechtfertigende Reflexionsform.

Als umfassendes Sprachspiel vollzieht der Mythos alle möglichen Formen religiöser Äußerungen: Er beschreibt die Welt in ihrer Herkunft, Ordnung und Bestimmung, er reguliert das Handeln von Menschen durch präskriptive Vorschriften für rituelle, ethische und alltäglich relevante Bereiche, er leitet zu expressivem Verhalten in Tanz und sakraler

---

131 *Habermas*, Theorie des kommunikativen Handelns I 79.

132 *Schupp*, Schöpfung 47.

Handlung an und formt ästhetische Einstellungen. Die Ausdifferenzierung der verschiedenen Bereiche in Wertordnungen und deren Institutionalisierung in der Moderne machten den Sinn- und Funktionsgehalt religiöser Äußerungen verdächtig. Gegenüber der (natur)wissenschaftlichen Erkenntnisgewinnung, der philosophischen und rechtsstaatlichen Begründung und Setzung von Normen und Gesetzen und der von religiösen Verwendungszwecken losgelösten Kunst verloren Sprachspiel und Lebensform von Religion und Glauben an Plausibilität. Die Religionskritik verdächtigte sie folglich des falschen Bewußtseins, die analytische Philosophie warf ihnen semantische Sinnlosigkeit vor. Ihr Haupteinwand war: Sätze der Religion, des Glaubens und der Theologie sind nicht nur nicht wahr oder falsch, sondern prinzipiell wahrheitsunfähig.

Die intensive Diskussion, die seither stattgefunden hat, kommt allerdings zu einer neuen Beurteilung des Sinns und der Funktion religiöser Sprechhandlungen. Stand am Beginn die eindeutig ablehnende Position Carnaps, Ayers u.a., religiösen Aussagen komme kein kognitiver Gehalt zu, auch wenn sie in der Form der assertorischen Aussage auftreten, so ermöglichte die Sprachspiel- und Sprechakttheorie einen Standpunkt, von dem aus der Rationalitätsgehalt eines Sprachspiels und einer Lebensform an deren internen Ordnungen und Leistungen beurteilt werden muß. So setzte sich die Erkenntnis durch,

> "daß religiöser Glaube nicht nach dem Paradigma theoretischen Wissens und seiner Rationalitäts- und Rechtfertigungsstrategien verstanden werden kann, sondern in Anlehnung an das Paradigma praktischen Wissens als intrinsisch auf bestimmte Lebensgestaltung in der Einheit von Deuten und Handeln ausgerichtetes Orientierungswissen begriffen werden muß. Glaube ist eine Lebensform, kein kognitives Wissen um metaphysische Fakten; wer ihn verstehen will, muß ihn deshalb in seinen konkreten Vollzügen in Gottesdienst und Leben erfassen und ihn nicht nach in anderen Gebieten gewonnenen Kriterien beurteilen (verwerfen oder rechtfertigen) wollen."[133]

Diese Beurteilung Dalferths ist insofern gerechtfertigt und stellt gerade deshalb keine Immunisierungsstrategie dar, als sich ein Rationalitätsmonismus als unhaltbar herausgestellt und sogar die Form eines quasi-metaphysischen Argumentes angenommen hat. Das gilt aber nur, sofern der Theologe bzw. der Glaubende bereit ist, dem Nichtglaubenden und Kritiker gegenüber diskursiv und lernfähig zu begegnen. Allerdings ist diese Position durch Dalferth insofern etwas unklar formuliert[134], als sie daraufhin tendiert, religiöse Sprechhandlungen exklusiv performativen Charakter zuzuschreiben, wodurch erst recht die Frage nach dem Wahrheitsanspruch, der ja mit konstatierenden Sätzen in kognitiver Ab-

133 *Dalferth*, Religionsphilosophie 32.

134 Diese Unklarheit hängt offensichtlich mit einem Wandel in Dalferths Zuordnung von Glaube/Theologie und Vernunft/Rationalität zusammen. Bearbeitet er in "Religiöse Rede von Gott" noch ganz klar die Frage der Propositionalität und Wahrheit christlichen Glaubens mit Mitteln der Analytischen Philosophie, so entwickelt er in der Folge immer mehr ein Konzept, das Rationalität rein auf "sprachspielinterne" Verfahrensrationalität festlegt, so daß das System Glaube und Religion ausschließlich nur nach internen Regeln beurteilt werden darf (vgl. *ders.*, Theology).

sicht erhoben wird, virulent wird. Ein weiteres, nicht unmaßgebliches Problem ist die Frage nach einer Kompatibilität von Sprachspielen und deren jeweilige Rationalitätskonzepte untereinander. Religion, Kunst, Wissenschaft usw. als je autonome Sprachspiele überkreuzen sich in ihrem Anspruch, Handlungsorientierung zu leisten. Hier bedarf es nochmals der Möglichkeit, zu einer Verständigung zu kommen, die über die Logik des jeweiligen Sprachspiels hinausreicht, soll die Lebenswelt nicht in atomisierte Sprachinseln zerfallen.

R. Schaeffler hat in seiner bemerkenswerten Studie "Das Gebet" diese Fragen aufgegriffen. Hinsichtlich des Zusammenhangs von Sprechhandlungen und Aussagesätzen der Religion vertritt er nachdrücklich folgende These: "Niemand kann diejenigen Sprachhandlungen, die für eine Religion charakteristisch sind, wirksam vollziehen und zugleich die Wahrheit der darin eingeschlossenen Aussagen bestreiten. ... Die Heilswirksamkeit von Sprachhandlungen (z.B. 'Ich spreche dich los von deinen Sünden') impliziert die Heilsnotwendigkeit der Zustimmung zu gewissen Aussagesätzen (z.B. 'Jesus ist von den Toten erweckt worden')."[135] Dabei steht vorerst nicht in Frage, worin nun die Wahrheit eines solchen Aussagesatzes besteht, sondern es wird das Moment der unlösbaren Verknüpfung betont. Schaeffler schließt sich der sprachanalytischen Auffassung an, daß der *Sinn* religiöser Äußerungen nicht *zuerst* in deren konstatierender Funktion besteht. Religiöse Sprechhandlungen sind Handlungsakte, die etwas bewirken wollen. Dabei ist die Vielfalt solcher Sprechhandlungen zu beachten: ihr Bogen spannt sich von der gottesdienstlichen Akklamation über den Sprechakt des Gebetes hin zu den komplexen Aussagesystemen theologischer Theoriebildungen. Der Sinn religiöser Sprechhandlungen ist darum auch nur durch eine *pragmatische Analyse*, und zwar vor einer semantischen und grammatischen, eruierbar, weil religiöse Sprecher immer schon wissen, was sie tun und meinen, wenn sie einen religiösen Sprechakt vollziehen. Der Verdacht der Sinnlosigkeit religiöser Aussagesätze wird Schaeffler zufolge behoben, "wenn die Sprache des Gebets nicht als ein System von Regeln für die Übermittlung von Informationen verstanden wird, sondern als ein Regelsystem für Sprachhandlungen."[136] Der Grund für eine solche Auffassung ist der wechselseitige Zusammenhang, daß Aussagesätze performativen Charakter annehmen können und daß Sprech*handlungen* einen *Aussagegehalt* implizieren. Somit wird hier für die Problemlösung der Bestimmung des Status religiöser Äußerungen eindeutig an der Grunderkenntnis der Doppelfunktion der Rede angeknüpft, wie sie von Austin, Searle und Habermas entfaltet worden ist.

---

135 *Schaeffler*, Gebet 24. Vgl. auch *Kutschera*, Vernunft 247: "Eine Glaubenshaltung bewährt sich für jemanden, aber nicht bloß so, daß er sich sagt: 'Für meine Zwecke ist sie das Richtige', sondern in der Weise, daß er in der Überzeugung von der Wahrheit der ihr zugrunde liegenden Annahmen und der Geltung ihrer Normen bestärkt wird."

136 Ebd. 103.

Als Zwischenergebnis sei festgehalten, daß Glaubensaussagen sich als Sprechhandlungen verstehen, die dieselbe Struktur wie andere Sprechakte haben. Religiöse Äußerungen ergreifen dieselbe Vielfalt performativer Akte, die die grammatischen Strukturen zur Verfügung stellen, um Aussagen zu behaupten, Normen und Orientierungen anzubieten, Einstellungen und Empfindungen wiederzugeben.[137] Religiöse Äußerungen sind somit Bestandteile eines kommunikativen Handelns, das alle drei Weltbezüge aktualisiert und impliziert. Religiös ist eine Äußerung dann, wenn sie aus einer Situation kommt, "die religiös strukturiert ist"[138]. Damit ist nicht behauptet, es gebe "rein religiöse Situationen". Situationen werden erst dann "religiös", wenn sie mittels eines Sprachsystems *als* religiös gedeutet werden. Dieselben Situationen bleiben zugänglich für jede andere mögliche Sicht- und Interpretationsweise.

Worin unterscheiden sich aber doch religiöse Aussagen von literarischen oder philosophischen Deutungen? Soll die Einsicht ernst genommen werden, daß das Unterscheidende religiöser Sprechhandlungen von lebensweltlichen Vollzügen aller Art im "kategorialisierten" Bezug auf das "Ganze" besteht und daß dieses "Ganze" als Gesetztes und Geschaffenes relativiert und zu einer schöpferischen Transzendenz in Beziehung gesetzt wird, so muß dieses Moment in gewisser Weise auch den Sinn religiöser Sprechakte qualifizieren. Von welcher Art ist dann der Gehalt religiöser Sprechhandlungen? Beziehen wir die Überlegungen Rahners an dieser Stelle ein, so ist die Antwort nicht schwer zu geben: Religiöse Sprechhandlungen implizieren im Modus ihres kategorialen Vollzuges als gesprochene und *etwas* bezeichnende bzw. identifizierende Äußerungen einen transzendentalen Gehalt, der selbst nicht Gegenstand einer Kategorisierung werden kann, sondern diesen Vollzug immer schon ermöglicht. Bezieht sich der religiöse Sprechakt als kommunikativer Vollzug über die Intersubjektivität der Sprecher hinaus auf eine als "Gott" gekennzeichnete, personale Wirklichkeit, so ist gerade jene sprachlich benannte und identifizierte Wirklichkeit in der "transzendentalen Logik" des Glaubens die sprecher/hörer- und gemeinschaftkonstituierende Wirklichkeit.

Mit dieser Interpretation ist natürlich die analytische Methodik überschritten worden und eine transzendentale Sicht einbezogen. Daß dies legitim ist, bestätigt auch das zunehmende Interesse der analytischen Philosophie an der Transzendentalphilosophie. R. Schaeffler selbst fordert dezidiert eine Verknüpfung beider Methoden. So kommt er auch zu einer transzenden-talphilosophischen Qualifizierung sprachanalytischer Daten. Das wiederum schlägt sich in der Bestimmung von Wahrheit und Wirksamkeit religiöser Sprechhandlungen nieder. Dabei zieht er eine bemerkenswerte historische Parallele heran: Der neukantianische Ansatz des Philosophen Hermann Cohen bedient sich einer Analyse der Sprechhandlung des Gebetes, um das Problem der Konstitution des sittli-

137 Vgl. *Dalferth*, Rede 329; *Kutschera*, Vernunft 107.
138 *Dalferth*, Rede 358.

chen Subjekts verstehbarer zu machen.[139] Kant zufolge muß das sittliche Subjekt durch einen Gnadenspruch Gottes gerechtfertigt werden, um zu sittlichen Handlungen überhaupt fähig zu sein; zu jenen Handlungen also, die die Vernunft selbst vorschreibt[140]. Aber durch die empirische Erfahrung, daß der Mensch ein sittlich unfähiges Subjekt ist, gerät die Vernunft in eine Aporie. Hier nun verweist Cohen das sittliche Subjekt an den Handlungsvollzug des Gebets, in welchem diesem Umkehr ermöglicht wird. Für Cohen ist das Gebet als Sündenbekenntnis, Vergebungsbitte und Vergebungszusage jene exemplarische Sprachhandlung, wodurch ein erkennendes und handelndes Ich überhaupt erst widerspruchsfrei konstituiert wird, das heißt: darin wird das Subjekt erst befähigt, sich sachgemäß auf Objekte und Zwecke beziehen zu können. Das ermöglicht Schaeffler, auf die bisher ungeklärte Frage nach dem Zusammenhang der Wirksamkeit einer Sprechhandlung und der Wahrheit ihres propositionalen Gehaltes zu antworten. Diese Wahrheit, die in der Sprechhandlung des Gebets impliziert ist, "ist nicht kategorialer sondern transzendentaler Natur"[141]. Denn die Wahrheit ist vorerst eine Wahrheit über den Sprecher selbst, als Eingeständnis seiner schuldhaften Lage und seiner Wahrheitsunfähigkeit überhaupt. Sodann geht es um eine Wahrheit, die den ganzen Erfahrungszusammenhang des religiösen Subjektes reguliert und nicht bloß einzelne Elemente. Der Zusammenhang von Wirksamkeit und Wahrheit wird wie folgt angegeben: "*Sprachhandlungen, wie sie hier beschrieben werden, sind transzendental wirksam* (stiften die Einheit des Ich und damit die Ganzheit der Welt); *propositionale Gehalte, die in derartigen Sprachhandlungen eingeschlossen sind, erheben einen transzendentalen Wahrheitsanspruch* (beanspruchen von den Bedingungen zu sprechen, welche die Einheit des Ich und den geordneten Zusammenhang einer Welt erst möglich machen)."[142] Die Überprüfbarkeit dieser Bedingungsfunktion der Wahrheit kann aufgrund ihrer Transzendentalität nicht ohne vorherigen Vollzug der Aussage durch eine Sprechhandlung erfolgen: "Eine Aussage (oder ein propositionaler Gehalt) ist im transzendentalen Sinne wahr, wenn sie *die Bedingung benennt, durch die Erfahrung möglich wird*. Das aber kann man nur dadurch überprüfen, daß man versucht, jenen geordneten Erfahrungskontext wirklich herzustellen, der durch diese Bedingung ermöglicht werden soll."[143] Diese Bedingung aber ist die Anerkenntnis des Rechtfertigung und Heil schaffenden Gottes, der dadurch die Identität des Subjekts verbürgt und dem sich der Beter im Sprechakt des Gebets und des Bekenntnisses zuwendet. So kommt in religiösen Äußerungen jenes Regelsystem zur Anwendung, das ein sinnvolles Reden von Gott möglich macht und den Erfahrungsmomenten religiöser Gemeinschaft Sinn und Orientierungswissen verleiht. Allerdings konstituiert sich ein solches Regelsystem nicht im transzendentalen Akt des Erkennens, son-

---

139 Siehe *Cohen:* Begriff; Religion.
140 Vgl. *Kant*, Religion 48-58.
141 *Schaeffler*, Gebet 57.
142 Ebd. 57f.
143 Ebd. 58.

dern in (religiösen) Situationen, die sich als unhintergehbare Grunderfahrungen etablieren (etwa die Exodus oder die Auferstehungserfahrung) und deren Bedeutsamkeit immer wieder sprachlich und symbolisch vergegenwärtigt wird.

Damit sind nun ohne nähere linguistische Analyse wesentliche Grundzüge religiöser Sprechhandlungen genannt worden: Performativität und Propositionalität sind ebenso wie Transzendentalität und Regulativität konstitutive Merkmale. Diese vier Elemente bestimmen formal den Sinngehalt religiöser Äußerungen und stellen eine Lösungsvariante im Hinblick auf die ergebnislose Diskussion um die Kognitivität oder Performativität von Glaubensaussagen dar. Je für sich, als einziges Kriterium genommen, sind die einzelnen Elemente Reduktionen einer komplexen Struktur, deren Momente nur zusammen ein sinnvolles Reden über das "Sprachspiel" des Glaubens ermöglichen.

Die Performativität einer religiösen Sprechhandlung, wie sie exemplarisch das Gebet darstellt, zeigt an, daß ein Kommunikationsverhältnis zwischen einem realen Sprecher und einer transzendenten Wirklichkeit besteht, das sich derselben bindenden Kraft illokutionärer Akte bedient wie herkömmliche Sprechakte. Unterschieden müssen allerdings verschiedene Typen religiöser Sprechhandlungen werden: Die religiöse Akklamation, das um Hilfe rufende Gebet, die bezeugende und bekennende Aussage vor einer Gemeinde oder die konstatierende und orientierende Sprachform einer konziliaren Sprachregelung sind jeweils verschieden situierte, deshalb auf unterschiedliche Funktionen ausgerichtete Sprechakte. Sie bringen semantische Gehalte zum Ausdruck, welche von den pragmatischen Kontexten jeweils bestimmt werden. Die Wirksamkeit solcher Sprechhandlungen ihrerseits hängt an der Wahrheit bzw. Richtigkeit der Gehalte, die explizit oder implizit ausgesagt werden: So gibt es eine Fülle konstatierender, bzw. bekennender Aussagen, die jedoch im typischen Modus der "belief-Sätze" auftreten. Damit bleibt der Unterschied gewahrt, daß religiöse Behauptungen nicht wie herkömmliche Behauptungen zu verstehen sind, die empirisch überprüft werden könnten.

Wirksamkeit und Wahrheit sind transzendentaler Art, d.h. bestimmte religiöse Sprechakte konstituieren erst durch ihren Vollzug "je besondere Formen von Subjektivität, Intersubjektivität und Objektbezug"[144]. Als solche transzendentale Sprechhandlungen regulieren sie die Konfiguration von bestimmten Erfahrungen und Bedeutungen. D.h. eine Sprachhandlung, die sich z.B. als Gebet an Gott wendet, ordnet eine Menge an Erfahrungsmomenten als beglückende und unverdiente oder als schicksalshafte und krisenauslösende in den Sinnkontext eines Subjekts oder einer Gemeinschaft ein. Dort erhalten sie "Sinn" und regulieren das Verhalten, sei es in Form einer gottergebenen und dankbaren Lebensführung, sei es im bittenden und hoffenden Harren darauf, daß die Iden-

---

144 Ebd. 120.

tität des Beters oder der Gemeinschaft in der Notsituation nicht verloren geht, sondern über die Zeiten hinaus gerettet sein möge.

An dieser Stelle kann nicht auf eine Explikation der verschiedenen Sprechhandlungen in religiösen Kontexten eingegangen werden. Von den wenigen Studien diesbezüglich sei auf die weiteren Ausführungen von Schaeffler und auf die materialreiche Studie von Arens[145] verwiesen. Während der eine die pragmatische Funktion von Bezeugen und Bekennen in den verschiedensten literarischen und situativen Gattungen und Kontexten erhebt, analysiert der andere anhand der fundamentalen Form der Akklamation grammatische, semantische und pragmatische Strukturen und Momente religiöser Rede.

Bevor nun direkt Fragen der Begründung der Wahrheit von Glaubensaussagen im Kontext einer Konsenstheorie erörtert werden, ist nochmals zurückzufragen, worin der Entstehungszusammenhang bestimmter religiöser Sprechhandlungen besteht. Hier sind nun zwei Situationen entscheidend, nämlich die Situation, in der sich die Grunderfahrung christlichen Glaubens manifestiert und die der Anfang aller christlichen Rede von Gott ist, und die Situation, in der ein gemeinsam geteilter Traditionsbestand an Wirksamkeit verliert, entweder weil der Sinngehalt von Äußerungen nicht (mehr) verstanden wird oder weil ein sinnzerstörendes Ereignis bisherige Deutungen als veraltet erscheinen läßt. In diesem Fall gelingt religiöse Kommunikation nicht mehr, weil der Geltungsanspruch, der in einer Sprechhandlung erhoben worden ist, nicht mehr akzeptiert wird. So gilt auch für diese Situationen, daß sich Performativität, Propositionalität, Transzendentalität und Regulativität bewähren müssen, soll religiöse Sprache nicht zur Leersprache werden, die jeder Deutungs- und Orientierungsfunktion entbehrt. Welche Möglichkeiten gibt es dann für die religiöse Sprache und deren Sprecher, solche Dissense zu bewältigen? Wie ist das Verhältnis von kommunikativ-sprachlicher Glaubenserfahrung, Geltungsanspruch und dessen Infragestellung zu bestimmen?

4.4.2 Zur Basis der Glaubensrede: Glaube als Anredeerfahrung

Um genauer feststellen zu können, worin der Geltungsanspruch der Aussagen der Religion und des Glaubens liegt, muß auf den Konstitutionszusammenhang religiöser Rede rekurriert werden. Die Konsenstheorie der Wahrheit hat gezeigt, daß Wahrheit und Richtigkeit als Geltungsansprüche auf der Ebene nicht der Erfahrung und der Gegenstände liegen, sondern der Tatsachen und Behauptungen. Wird nach dem Wahrheitsgehalt religiöser Aussagen als Bekenntnissen gefragt, so ergibt sich auch hier der Zusammenhang von Gegenstandskonstitution und Behauptungsvollzug. Es ist hier natürlich nicht das unerschöpfliche und komplexe Thema des Erfahrungsproblems religiöser und theologischer Systeme

---

145 Vgl. *Arens*, Bezeugen.

ausführlich zu behandeln, sondern es sollen mittels eines sehr plausiblen Vorschlags, den I.U. Dalferth zur Erfahrungsbasis christlicher Glaubensrede gemacht hat, die Strukturmomente des theologischen Wahrheitsverständnisses konkretisiert werden.

Zunächst wird ein adäquates Verständnis der Erfahrungsbasis einer Glaubensrede nicht aus einem Beobachterstatus heraus zugänglich. Diese Behauptung scheint auf Immunisierung hinauszulaufen, als sei Religion zwar unter linguistischen, sprechakttheoretischen und soziologisch-funktionalistischen Gesichtspunkten analysierbar, nicht mehr aber ihre Semantik und Erfahrungsbasis. Dieses Problem ist allerdings nicht bloß auf das Verständnis von Glaubenssprache und religiöser Lebensform beschränkt, sondern taucht prinzipiell in allen Kontexten auf, wo symbolisch-strukturierte, kommunikativ ermöglichte und konkret gelebte Lebensformen und Weltbilder für einen 'sprachspielfremden' Beobachter erschlossen werden sollen. Habermas, Apel und Skjervheim haben immer wieder betont, daß die "Wahrnehmung" symbolischer Äußerungen sich vom Sinnverstehen physikalischer Gegenstände unterscheidet: sie erfordern nicht die Rolle der Beobachtung, sondern der Teilnahme und Kommunikation. "Das *Verstehen* einer symbolischen Äußerung erfordert grundsätzlich die Teilnahme an einem Prozeß der *Verständigung*."[146] Nur in der performativen, nichtobjektivierenden Einstellung erschließt sich der Bedeutungsgehalt eines Textes oder einer Lebensform. Wenn Glaube nun in praktischen, das Handeln von Menschen orientierenden Sätzen besteht, so gilt für das Verständnis von Glaubenssätzen dasselbe wie für jede fremde Lebensform. Nur in der Partizipation erschließen sich die Erfahrungsbasis und der Sinngehalt der Äußerungen.

Ein weiterer Hinweis betrifft den Umfang der Erfahrungsbasis einer religiösen Sprache. Wenn Dalferth die Religiosität von Sprechhandlungen in ganz konkreten religiösen Situationen lokalisiert, dann gibt es für den komplexen Aufbau und Traditionsgehalt einer Religion eine Unzahl an relevanten Situationen, die "religionsstiftende" Bedeutung angenommen haben. Für unsere Zwecke ist die Beschränkung auf die christologische Erfahrungsbasis, wie sie Dalferth artikuliert hat, ausreichend, auch wenn sie von seiner theologischen Position stark geprägt ist.[147] Seine christozentrische Perspektive läßt den Zusammenhang des jüdischen Erfahrungskontextes aus dem Auge verschwinden. Dieser geschichtlich-soziale Kontext müßte als Matrix religiöser Situationen vor allem in seiner Exodus-, prophetischen und apokalyptisch-eschatologischen Tradition mitbedacht werden, um die christologische Erfahrungssituation adäquat erschließen zu können. Genau diesen Zusammenhang hat H. Peukert[148] bewahrt, wenn er die religiöse Grundsituation als Erfahrung einer Wirklichkeit

146 *Habermas*, Theorie des kommunikativen Handelns I 165.

147 Dalferths Arbeiten stehen "von ihrem theologischen Ansatz her in der Tradition der Theologie des Wortes Gottes, näherhin ihrer von Jüngel vertretenen, Barths Offenbarungstheorie und Bultmanns Hermeneutik verbindenden Spielart" (*Rohls*, Sprachanalyse 200).

148 Siehe 2.2.2.

deutet, in der die Rettung des anderen aus seiner Unfreiheits- und Todessituation geschieht. Deshalb muß die Bestimmung der christlichen Anredeerfahrung in dieser Hinsicht konkretisiert werden, soll der Kontext von Geschichte und Gesellschaft nicht wieder verloren gehen. Eine weitere Gefahr des von diesen Zusammenhängen isolierten Ausdrucks "Anrede" liegt wohl in seiner metaphorisch-dialektischen Konnotation, die der Vorstellung eines 'von außen' auf den Menschen treffenden Wortes Gottes Vorschub leistet.

Christlich-jüdischer Glaube artikuliert sich in der Tat als Erfahrung einer Anrede. Schöpfung und Geschichte werden gedeutet als "Wort-Ereignis" einer transzendenten und zugleich weltverbundenen personalen Macht, die Gott heißt und sich in Schöpfung und Bund zu erkennen gibt, also damit ihre Identität ausweist. Durch das Wort schafft Gott die Welt und bestimmt er die Geschichte. Der Mensch ist Bündnispartner und Empfänger von Verheißungen, die ein solidarisches, herrschaftsfreies, schließlich ein die unübergehbaren Kontingenzen von Tod und Vergänglichkeit überwindendes Leben ankünden. Die als Offenbarungen Gottes ausgewiesenen und angenommenen Sinnentwürfe werden in der christlichen Grundaussage insofern 'theologisch' überboten, als Jesus von Nazaret selbst als Anrede Gottes erfahren und geglaubt wird.

Was ist nun eine Anrede? Welche Elemente bestimmen sie, und wie kann sie auf die jüdisch-christliche Grunderfahrung angewendet werden? Anrede im allgemeinen Sinn ist nach Dalferth[149] eine situationskonstituierende kommunikative Handlung. In ihr wird eine personale Beziehung zwischen einem Anredesubjekt und einem Adressaten hergestellt. Konstituiert wird dabei nicht bloß eine Gesprächssituation, sondern es wird wesentlich ein Identifikationsvorgang ermöglicht, der eine reziproke Beziehung voraussetzt. In ihr geben sich Subjekte zu erkennen: wer sie sind und wie sie zueinander in Beziehung treten. Anrede vermittelt sich mittels eines Textes, der entweder auf die bloße Kontaktaufnahme beschränkt bleibt oder jede mögliche instruktive, sei es nicht-normative, illokutionäre oder normative Form annehmen kann. All das bestimmt die Weise der Rezeption durch einen Adressaten und in der Folge alle weiteren kommunikativen Sprechakte. Religiöse Erfahrung kann nun ohne Probleme als *Begegnungserfahrung* begriffen werden, weil sie vom religiösen Erfahrungssubjekt als solche übermittelt ist. Allerdings ist nicht zu übersehen, daß zwischen "gewöhnlichen" und religiösen Anredesituationen eine Asymmetrie besteht: Die behauptete reziproke Beziehung ist zwischen unabhängig identifizierbaren Partnern in einer religiösen Anredeerfahrung nur behauptbar, nicht erweisbar, weil Gott als Subjekt der Anrede nicht objektivierbar ist. Deshalb ist die Rede von einer Anrede Gottes immer nur "als *erfahrene* Anrede Gottes thematisierbar"[150], und zwar insofern Jesus als Anrede Gottes erfahren wird.[151] Diese Nicht-Ob-

---

149 Vgl. *Dalferth*, Rede 366-494.

150 Ebd. 428.

151 "Dieses unhintergehbare Verwiesensein auf die Erfahrung und die Interpretation dieser Erfahrung durch das Subjekt, das sich angeredet weiß, ohne die Mög-

jektivierbarkeit kommt semantisch darin zum Ausdruck, daß die religiöse Anredeerfahrung als "Offenbarungserfahrung" verstanden wird, die den Kern der christlichen Glaubensrede ausmacht. Als solche Rede ist sie das Zeugnis einer eindeutigen Selbstmitteilung Gottes im Leben, Sterben und Auferstehen einer historisch zugänglichen Person - Jesus von Nazaret. So ist also Offenbarung der komplexe kommunikative Vorgang einer "Selbst-Identifikation", in der nicht etwas, sondern "Gott selbst" mitgeteilt wird: "As a communicative act the divine selfidentification constitutes a situation of copresence between identifier (God), identified (God) and the human addressee of the identification in which we communicate not with others about God but with God about himself: he is both subject (identifier) and object (identified) of this act."[152] In diesem Kommunikationsvorgang ist die Rezeption von seiten des Adressaten nur im Glauben möglich, insofern Glaube nichts anderes ist als das Wissen um das Angesprochensein von Gott.[153] Glaube ist somit konstitutives Moment für die Möglichkeit von Offenbarung, weil er die hörerspezifische Rezeptionsweise ist, durch die überhaupt Offenbarung als Anredesituation erfahrbar wird.

Christliche Glaubensrede hat also ihre "religiöse Situation" in einer Erfahrung, die besagt, daß Jesus die Selbstidentifikation Gottes für uns ist. Wer verstehen will, was christlicher Glaube sagt und meint, muß zurückgehen zu den Texten und Zeugnissen, die Jesus Christus als Anrede Gottes behaupten. Im Deutungsmodell der kommunikativen Struktur der Anrede kann Dalferth zeigen, daß jede Rede aus den Polen Anredender - Angeredeter und Anrede - Responsion besteht. Für religiöse Situationen ergibt sich somit folgendes Situationsdreieck[154]:

lichkeit, seine Beschreibung der Situation und dessen, was es darin als Gott erfährt, mit einer Beschreibung derselben Situation seitens des Anredenden bzw. einer adäquaten Beschreibung der Situation durch einen (neutralen) Dritten vergleichen zu können, konstituiert die besondere Problematik dieser Anredesituation als der Grundsituation des Glaubens. Es gibt eben keine von den Aussagen des Angeredeten selbst unabhängige eindeutige Überprüfung des Wahrheitsanspruchs seiner Behauptung, hier eine Anrede oder gar Anrede *Gottes* erfahren zu haben" (ebd. 428).

152 *Dalferth*, Theology 189.

153 *Ders.*, Rede 380.

154 Ebd. 379.

Nun ist wesentlich, daß die *Anrede*erfahrung nicht losgelöst von allen erfahrungskonstitutiven Momenten betrachtet werden kann. Ohne diese Momente käme nämlich eine solche Erfahrung überhaupt nicht zustande. Denn Erfahrung hat die Struktur einer Erfahrung von *etwas* durch *jemanden*. Etwas als etwas erfahren, ist aber ein hermeneutischer, d.h. zeicheninterpretierender Vorgang. Mittels sprachlicher Zeichen wird eine Erfahrung erst benennbar und damit identifizierbar. Der Vorgang der Identifizierung und Benennung ist ein pragmatischer Vorgang, der nur vom Erfahrenden geleistet werden kann. Zugleich ist dieser Prozeß unhintergehbar für die Möglichkeit einer Glaubensrede. Sie ist auf solche Situationen angewiesen, in denen Menschen mittels ihrer Sprache, ihres Welt- und Selbstverständnisses Situationen gedeutet haben, die eine fundamentale Lebens- und Orientierungsfrage aufwarfen.[155]

Anrede ist ein dialogisches Geschehen. Sie würde ins Leere gehen, wenn nicht der Adressat der Anrede antwortete. Kommunikation käme niemals zustande. Religiöse Sprechakte können genau als jene Responsions- und Reaktionsformen begriffen werden, die die Antwortdimension eines Angesprochenen artikulieren. Dabei nehmen das Gebet als "Rede zu Gott" und bestimmte Handlungsweisen als gottentsprechende Antwort eine besondere Rolle ein. Diese Sprechhandlungen stellen den größten Teil der religiösen Sprache dar. Ist die Responsion die direkte kommunikative Hinwendung zum Anredenden, so ist die Reaktion die intersubjektive Hinwendung zu Dritten. In ihr wird die Grunderfahrung gegenüber anderen artikuliert, reflektiert und tradiert. Auf dieser Ebene kommen vornehmlich andere Sprechakte zum Zug, nämlich in herausragender Weise das Glaubens*zeugnis* und das Glaubens*bekenntnis* als Rede über Gott, und zwar im Modus der assertorischen Rede. Darin wird konstatiert, *was* erfahren wurde. Es ist klar, daß dies kein Tatsachenbericht, kein Report ist, sondern eine Glaubensaussage, die die Bekennenden zu einem neuen "Sehen der Dinge" anleiten. Zugleich sind es Sprechhandlungen, die einerseits den Bekennenden selbst zu einem bekenntnisentsprechenden Leben *verpflichten* und andererseits Nicht-Gläubige einladen, die Wahrheit des propositionalen Gehaltes des Bekenntnisses anzuerkennen, also mitzubekennen. Im Dienste dieses Bekenntnisaktes steht dann wesentlich der Reflexionsakt, der als Rede über die Rede von Gott verstanden wird. Theologische Reflexion hat dann zu gewährleisten, daß das Bekenntnis für all jene, die nicht die Autoren des Bekenntnisses waren, verständlich bleibt. Tradierung ist also jener Vorgang, der sich zwischen den Polen Glaubenserfahrung, die sich mündlich und textlich fixierte, Bekenntnisvollzug und Reflexionstätigkeit aufspannt und dafür zu sorgen hat, daß das Verstehen an der jeweiligen historischen Zeitstelle möglich bleibt.

---

155 Im Falle der Begegnung mit Jesus und vor allem in der Erfahrung seines Todes stand für seine Jünger und Anhänger der jüdische Gottesglaube selbst auf dem Spiel. Denn Jesus hat seine Botschaft so an die liebende Macht Gottes geknüpft, daß sein Tod als empirisches Scheitern seiner Reich-Gottes-Verkündigung und der daraus folgenden Praxis erscheinen mußte.

Somit ist nochmals deutlich geworden: Glaubensrede hat ihren "Sitz im Leben" in einer kommunikativen Erfahrung des "Angesprochenseins durch Gott". Glaube ist ein kommunikativer Akt, der nach dem Modell der Begegnungs- und Anredeerfahrung beschrieben werden kann. Er bringt deshalb kommunikative Erfahrungen von Menschen zur Sprache, die nicht den Charakter beschreibender Beobachtungen von Natur- oder sozialen Vorgängen haben, sondern das "Lebensganze" auf spezifische Weise erschließen und artikulieren. Weil Glaubenserfahrungen sprachlich konstituiert und strukturiert sind, sind sie *Interpretationsvollzüge*, die erst eine bestimmte Sicht der Wirklichkeit ermöglichen, wenn sie vollzogen werden. Insofern ist auch die Rede von einer Anredeerfahrung bereits ein Interpretament, als es besagt, daß erklärungsbedürftige Ereignisse einer Zuordnung im Gesamt eines lebensweltlich verankerten Weltentwurfes bedürfen.

Die christliche Grunderfahrung wurde durch eine bestimmte Lebensgestalt ausgelöst. Jesu Verkünden und Handeln war im jüdischen Kontext eminent interpretationsbedürftig, weil seine Zeitgenossen im Umgang mit ihm die Erfahrung machten, daß hier auf neue und radikal herausfordernde Weise der bisherige Glaube an Gott artikuliert wurde. In der Lebenswelt des Judentums wurde sein Handeln als Hoffnung, Herausforderung und Provokation empfunden. Für die einen war es die Zusage und Ermöglichung eines neuen Lebenkönnens, für die anderen ein Stein des Anstoßes. Der gewaltsame Tod war dann erst recht die Erfahrung, daß sein Anspruch als endzeitlicher Prophet radikal zurückgewiesen wurde. Gegen das Nein einer politisch-religiösen Oberschicht setzen die ersten Zeugen das Ja eines göttlichen Ins-Recht-Setzens der Botschaft und des Handelns Jesu (Apg 2,22-23). Dieser Osterglaube erweist sich als Auslöser für die christliche Grundbehauptung, daß Jesus die Anrede Gottes sei. Denn er konnte als illusionsloser Glaube nur entstehen, wenn nach dem skandalösen Tod Jesu, der seine Botschaft ein für alle Mal zu widerlegen schien, ein neues Handeln Gottes erfahrbar wurde:

> "*Jesu* Bedeutung und Botschaft kann nach *seinem* Tod ohne *ihn* (ohne seine neue Präsentation und Präsenz) nicht mit hinlänglichem Grund festgehalten werden. Wenn nämlich Gottes eschatologischer Herrschaftsantritt (seine unbedingt liebende Zuwendung und Nähe bei den Verlorenen) an die personale Gegenwart Jesu geknüpft ist, dann hat Gott seine Sache in der Welt so an Jesus gebunden, daß er in der Welt mit ihm steht und fällt. Wenn aber nun dieser Jesus, an dem die gnädige Nähe Gottes bei den Verlorenen solchermaßen geschichtlich hängt, selber verloren (getötet und verflucht) ist, dann ist Gottes eschatologische Herrschaft und Nähe in der Vernichtung Jesu mit zunichte geworden."[156]

Die Möglichkeit zu behaupten, daß Jesus die Gegenwart Gottes ist, wäre dann aber nicht bloß völlig unplausibel und grundlos, sondern absurd. Deshalb kann auch die Grunderfahrung der ersten Zeugen nicht als Trotzhaltung, nicht als borniertes Festhalten an einem Ethos oder einer Utopie vom Reiche Gottes verstanden werden. Denn nach ihrer Flucht bei der Hinrichtung Jesu sind sie in Galiläa bei ihren angestammten Tä-

156 *Kessler*, Lebenden 240.

tigkeiten wiederzufinden. Für sie hat sich die 'Sache Jesu' falsifiziert. Die historisch konstatierbare Veränderung im Verhalten der Jünger mußte deshalb auf einer neuen Erfahrung gründen. "Diese aber führt sich auf die Begegnung eines bestimmten Anderen (ab extra) als ihre Ursache zurück: auf die (Selbst-)Bekundung des erhöhten Gekreuzigten, also auf eine neue - sich durch die auferweckte Menschheit Jesu vermittelnde - Gotteserfahrung."[157] In dieser Selbstbekundung wird eine neue Sinngestalt faßbar: sie ist das Bekenntnis, daß Jesus "gerettet" wurde und daß sich Gott in ihm endgültig als die Rettung der Vernichteten ausgewiesen hat. Mit seiner Rettung und Erhöhung ist kommunikatives Handeln im Sinne solidarisch-anamnetischer Pro-Existenz auch an den Grenzen des Sinn- und Daseinsverlustes möglich. Weil der Gehalt einer Prädikation, Jesus sei der wahrhaft auferstandene und von Gott erhöhte Herr, eine alle raumzeitlichen Grenzen übersteigende und den eschatologischen Sinn von Schöpfung und Erlösung bestimmende Aussage ist, darum gibt es für sie keine empirisch zugängliche Überprüfungsbasis. Das Wie der Entstehung des Osterglaubens bleibt verborgen, tradiert ist nur das "Daß" eines Neueinsatzes Gottes. Damit bestätigt sich auch von exegetischer Seite, daß die Behauptung einer göttlichen Anredeerfahrung zwar intersubjektiv *mitgeteilt*, aber nicht in ihrer Existenz *bewiesen* werden kann. Darüber hinaus kann sie aber bezeugt werden im Sinne einer das Handeln regulierenden Überzeugung. Solches Handeln hätte sich als Nachfolgehandeln Jesu selbst zu erweisen, insofern es Gottes Ja zu den Armen, Verfolgten und Sündern behauptet und praktisch umsetzt.

Die Auferstehungserfahrung ist das glaubenskonstituierende Moment am Christentum. In dieser Metapher kommt zum Ausdruck, daß der Sinngehalt einer absolut solidarischen, um Befreiung und Menschsein bedachten und um die wahre Weise des Sprechens von Gott bemühten Lebensweise Jesu einschließlich dessen personaler Identität über die konkrete Lebensgeschichte hinaus bewahrt und gültig bleibt. Insofern wird sein Leben selbst zum Interpretament für jede künftige Rede von Gott. Dieser wird als der bekannt, der sich im Leben Jesu von Nazaret geoffenbart, also selbst identifiziert hat. Die historisch zugängliche Person Jesu wird nun theologisch prädiziert, und zwar derart, daß sie nicht als ein faktisch bestehender Sachverhalt beschrieben werden kann, "sondern so, daß damit einer spezifischen, aus der Perspektive des Sprechers gemachten Erfahrung Ausdruck zu geben versucht wird: Jesus die Anrede Gottes zu nennen, ist eine perspektivische Prädikation."[158] Diese Prädikationsperspektive nehmen die ersten Zeugen und Interpreten ein und entwickeln eine Vielfalt an "Modellen", um sowohl die Sache und Person Jesu artikulieren als auch bisherige Glaubensgehalte aus dieser neuen Erfahrung deuten zu können.[159] Dadurch ergeben sich bereits erste theoretische Verarbeitungsmöglichkeiten, die schließlich zum Auslöser für die

---

157 Ebd. 145.

158 *Dalferth*, Rede 488.

159 Vgl. *Schillebeeckx*, Jesus 389-457.

christologische und soteriologische Frage werden. Auch hier gilt, daß neutestamentliche und frühchristliche religiöse Rede "keine besondere Sprache [ist], sondern die Einübung in eine bestimmte Erfahrungs- und Interpretationstradition, die im Repertoire der Religion in Form charakteristischer Metaphern, Bilder, Modelle usf. zur Verfügung steht"[160].

Schon die erste Tradierungsphase zeigt, wieviele Bekenntnismodelle herangezogen wurden, um das Christusgeschehen adäquat zu formulieren. Im Laufe der Zeit bestand aber immer mehr die Gefahr, daß sich die Prädikatoren aus ihrem Umfeld ablösten und semantisch unabhängig machten. Der Glaubensdiskurs steuerte aus innerer Logik auf eine permanente reflexive Begleitung hin, die sich um die Semantik und Pragmatik der Glaubensrede kümmern mußte, um die Grunderfahrungen zu bewahren. Die ersten theologischen Reflexionen versuchten bereits selbst Regeln für eine wahre Rede des christlichen Glaubens zu benennen und entwarfen christologische Konzepte, die in Konkurrenz zu anderen traten. Erst in dieser Tradierungsphase entsteht die Notwendigkeit, ein Regelsystem zu formulieren, innerhalb dessen rechtgläubige oder häretische Glaubensrede und Theologie erkennbar wird. Dogmen können deshalb mit Dalferth sehr gut als ein Regelsystem verstanden werden, das selbst nicht ein "christologisches Modell" ist, sondern welches das "Verständnis und die Entwicklung der Modelle, in denen diese Erfahrung artikuliert wird, für eine bestimmte Gemeinschaft verbindlich regulieren will"[161]. Daß die Verselbständigung und damit die Blockierung der Rückbindung des Bekenntnisses an die genuine Erfahrungssituation immer als Gefahr gegeben ist, gehört zum Problembestand jeder Tradition.

Wenn das Offenbarungsereignis, das der christliche Glaube in seinen kommunikativen Vollzügen bekennt, als ein lebenspraktisches, Orientierung und Sinn vermittelndes Wissen verstanden wird, dann leitet es Menschen an, dementsprechend zu handeln und zu leben. Glaube ist dann ein regulatives Prinzip, das gewisse Einstellungen und Handlungen erst ermöglicht. Wirksam wird solcher Glaube erst, wenn Menschen die Grunderfahrung der Glaubensrede anerkennen, daß nämlich die Welt angenommen ist als freies Gegenüber Gottes und eine praktisch zu realisierende Sinn-Zusage empfangen hat. Diese Zusage ist die Möglichkeit einer Lebensweise, die nach dem Prinzip der Liebe und der Solidarität ausgerichtet ist. Als normative Sprechhandlung fordert sie alle auf, sich als gleichwertige "Kinder Gottes" zu verstehen und dort verändernd zu wirken, wo Menschen Ungerechtigkeit, Unterdrückung und Verachtung erleiden. Sie wirkt in die Lebenswelt insofern hinein, als sie eine Aufgabe stellt, die es zu tun gilt: Jesu Verkünden und Handeln fortzusetzen im Vertrauen auf seine Wahrheit und Richtigkeit. Diese Grunderfahrung verbindet sich mit den Kernaussagen des Judentums, etwa der Rede von der Welt als Schöpfung oder der eschatologischen Hoffnung auf Erlösung und Vollendung. Dadurch entwickelte sich aus einer bestehenden Struk-

160 *Dalferth,* Rede 472.
161 Ebd. 492.

tur religiöser Glaubensrede eine neue Semantik und Pragmatik, die in die Welt des Judentums und Hellenismus eindrang.

Natürlich ist diese kurze Skizze der Erfahrungsbasis christlichen Glaubens eine zeitkolorierte Perspektive und aus der internen Sicht der Glaubensrede formuliert. Trotzdem kann aus ihr der Geltungsanspruch des Christentums erkenntlich werden, sofern die Redeweise erlaubt ist, daß ein gesellschaftliches Teilsystem selbst einen Geltungsanspruch stellen kann: Als ein umfassendes semantisches und pragmatisches Sprach- und Handlungssystem stellt es den universalen Anspruch der Wahrheit, daß Jesus Christus die Selbstaussage Gottes als erlösende und rettende Wirklichkeit ist. Der Möglichkeitsgrund dieser Prädikation ist der Auferstehungsglaube der ersten Zeugen. Insofern von dieser Grunderfahrung die normative Struktur eines eingespielten, intersubjektiven wie gesellschaftlichen Verhaltens und Handelns unmittelbar betroffen ist, setzt sie völlig neue Normen, nach denen sich Menschen orientieren sollen. Wo aber Normen gesetzt, Handlungen empfohlen werden, dort wird der Geltungsanspruch der Richtigkeit erhoben. Weil diese beiden Dimensionen aus dem Lebensentwurf Jesu entnommen bzw. erschlossen worden sind, steht die Wahrhaftigkeit einer Selbstpräsentation auf dem Spiel, die fordert, daß Jesu Zeugnis nicht Betrug oder Täuschung ist, sondern sein authentischer Glaube, auf den sich Menschen verlassen und es wagen können, seiner Interpretationsweise von Gottes Handeln zu vertrauen. Dasselbe gilt von den Augen- und Ohrenzeugen wie von den ersten christlichen Gemeinden, auf deren Erfahrungs- und Glaubensbasis das Leben Jesu zum glaubensauslösenden Ereignis werden konnte. Darauf schließlich beziehen sich die später kanonisierten Grundtexte. Diese Texte können durchaus als Ergebnis eines kommunikativen, konsensuellen Glaubensdiskurses verstanden werden, insofern sie beanspruchen, auf authentische Weise ein Zeugnis von Jesus Christus zu geben, das Relevanz für alle Menschen und Völker hat (Mt 28,19). Gerade der textliche Niederschlag zeigt, wie sehr jüdisch-christlicher Glaube nicht im Monolog einer mystischen Einzelerfahrung wurzelt, sondern in gemeinschaftlichen Interpretationsakten, die durchaus ein vielfältiges und nicht immer kohärentes Bild ergeben.

Somit ist offensichtlich, daß religiöser Glaube seinen "Gegenstandsbereich" in kommunikativen, hermeneutischen Verständigungsprozessen hat. In ihm geht es nicht um die Zur-Verfügung-Stellung von Wissen, was die Welt ist und wie ihr Aufbau und ihre Ordnung für den Reproduktionsprozeß der menschlichen Gattung genutzt werden kann. Es geht um nichts anderes als um die Frage, was die Welt *bedeutet*, wie Leben *sinnhaft* erfahren und vollzogen, schließlich wie fundamentale Kontingenzen *bewältigt* werden können. Die Geltungsfragen betreffen auch hier nicht die Probleme der Gegenstandskonstitution, sondern der Aussagedimension: ob die Welt dieses und jenes bedeutet, ob Sinnprämissen und Handlungsanweisungen so oder so akzeptiert werden können, ob Kontingenz- und Krisenerfahrungen so oder anders bewältigt werden sollen. Wie nicht anders zu erwarten, ist die christliche Glaubensrede auf ihrer ersten Stufe (Textgestalt der Schrift) schon der Prozeß einer Selbstbehauptung eines Glaubens auf dem Hintergrund permanenter Infragestellung durch jüdische und hellenistische Glaubensmodelle. Der urchristliche Verkündigungs- und Ausbreitungsprozeß ist per se *Glaubensdiskurs*, der eine Bandbreite literarischer Formen angenommen hat. Und es ist schließlich das Gespräch, das Argument und ein neues überzeugendes Handeln, warum Menschen sich auf diese Botschaft einlassen. Daß dieses Moment speziell für die christliche Glaubensrede *konstitutiv* ist, hat mit ihrer Grundbehauptung zu tun, daß Jesus die Anrede Gottes ist. Denn diese Grundbehauptung impliziert, daß das Heilsangebot Gottes universal und nicht mehr national beschränkbar ist, daß somit christlicher Glaube ein Orientierungswissen ist, das nationale, geschlechtliche und soziale Differenzen überschreitet. Die Möglichkeitsbedingung einer solchen Handlungsweise ist der Glaube an Jesus Christus, insofern er der Zeuge der universalen Liebe Gottes ist. Eben diese Grundaussage war es, deren Geltungsanspruch massiv hinterfragt und zurückgewiesen wurde. Was an der christlichen Grundbehauptung zurückgewiesen wird, ist selbst nochmals zeit- und kontextbedingt. Stand im antiken Weltbild nicht das Problem der Existenz Gottes zu Debatte, sondern die Frage nach seiner Einheit und Einzigkeit, die Frage der Mitteilbarkeit und Gegenwärtigkeit Gottes, die Frage, ob ein Gekreuzigter und von den religiösen Amtsträgern Geächteter und Verurteilter die bleibende Anrede *Gottes* ist, so steht die christliche Grundbehauptung in der Moderne vor anderen Infragestellungen. Auf all das kann und soll auch gar nicht eingegangen werden, denn es geht darum, Strukturmomente der Wahrheitsfrage im Kontext christlich-religiöser Grundaussagen zu erhellen. Aber genau diese Fragen forderten die Gläubigen der ersten Jahrhunderte heraus, den Entstehungszusammenhang ihrer Aussagen auf neue Erschließungszugänge hin zu überschreiten. Diese Zugänge artikulierten sich vermehrt in der Erarbeitung eines Begründungszusammenhanges, der die Erfahrungsbasis christlichen Glaubens als möglich und die semantische Ausdrucksform des Glaubens als kohärent zu erweisen suchte.

4.4.3 Theologie als argumentativer Diskurs über den universalen Geltungsanspruch des Glaubens

Im wahrheitstheoretischen Konzept von Habermas können bezweifelte Geltungsansprüche ihre Anspruchskraft nur durch Begründungen wiedererlangen. Begründungen aber sind nach dieser Theorie nichts anderes als eine Kette von Argumentationsakten, aus denen ein Argument das triftige ist und einen Konsens herzustellen vermag. Nun gibt es vielfach die Auffassung, daß es in Sachen des Glaubens und religiösen Redens keine Möglichkeit einer kritischen Argumentation gebe, daß also Glaube nicht Sache der Diskussion, sondern nur der Affirmation sei. Entweder man stimme zu, anerkenne ungeprüft den Wahrheitsanspruch oder man lehne ihn ab. Glaube entbehre somit jeglicher Rationalität, weil diese ein Erkenntnisvorgang ist, der sich nur auf Verstandesargumente und nicht auf tiefere Überzeugung stützt. Schließlich hat sich auch der wissenschaftliche Diskurs immer mehr vom theologischen Denken abgelöst, insofern konsistente und richtige Aussagen über Welt und Gesellschaft ohne theologische Abstützungen entwickelt werden. So stellt sich einerseits die Frage, ob Theologie überhaupt ein für die Bedürfnisse einer Glaubensgemeinschaft adäquates Reflexionsverfahren darstellt, ob sie Kommunikationsprobleme, die im religiösen Diskurs auftreten, lösen kann. Andererseits muß gefragt werden, welchen Rationalitätsbegriff Theologie haben muß, um als Argumentationsverfahren über die eigene Glaubensgemeinschaft hinaus Gehör zu finden.

Hier ist nochmals auf die Studie von R. Schaeffler zurückzukommen. Im Anschluß an D.Z. Philipps[162] ist für ihn die Frage nach der Eigengesetzlichkeit der Sprache des Gebets als Grundsprache der Religion zu klären. Nun ist diese Sprachform tatsächlich autonom, insofern sie ihre eigenen Regeln hat. Aber ist sie auch eine autarke Sprache, oder verweist sie nicht doch auf eine andere Sprachform, nämlich die der Theologie? Von seiten der Theologie hat man ebenfalls zu klären, ob sie eine autonome Sprache besitzt. Denn autark ist sie gewiß nicht, kommt sie doch aus der Sprache des Gebetes und des Glaubens. Könnte dann Theologie eine inadäquate Artikulation der Gebetssprache sein?[163] (Die gegenwärtige Einstellung vieler Gläubigen gegenüber der Theologie scheint eine solche Frage zu rechtfertigen.) Die Autonomiefrage stellt sich aber ebenfalls gegenüber dem philosophischen Diskurs, der zum einen in seiner klassischen Form bedeutende Inhalte der Religion theoretisch zu bearbeiten versucht, zum anderen der Theologie vorwirft, sie verwende einen inadäquaten Vernunftbegriff und lehne kritische Rationalität ab, um die eigenen Glaubensüberzeugungen zu schützen.

Mit Schaeffler aber kann die religiöse Sprache gerade als Paradigma für die Möglichkeit einer sprachspielüberschreitenden Verständigung gesehen werden, die im Dienste der gemeinsamen Problemstellung, nämlich der Gottesfrage, steht. Die Mehrsprachigkeit des Redens von Gott in Religion, Theologie und Philosophie ist somit ein Beispiel für die "Interferenz strukturverschiedener Sprachen"[164]. Wie gesagt, spielt dabei das Wort 'Gott' die entscheidende Rolle, denn es ist das Grundwort in der Sprache des Gebets. Mit seiner Hilfe werden jene Prädikationen vorgenommen, wodurch Gläubige wissen, wer Gott ist (Identifizierbarkeitspostulat) und wie von ihm gesprochen werden muß (Prädizierbarkeitspostulat). Damit erhält das Wort 'Gott' eine kritische sprachlogische und sachliche Funktion: Als Kriterium für eine wahre oder falsche Rede von Gott, für die Unterscheidung einer wahren von einer falschen Religion

162 *Phillips*, Concept.
163 Vgl. *Schaeffler*, Gebet 1-5.
164 Ebd. 212-320.

"ist schon innerhalb der religiösen Sprache der Übergang vollzogen zur Verwendung der Vokabel 'Gott' in der Sprache der Theologie"[165].

Für die Entstehungsmöglichkeit von Theologie rekurriert Schaeffler auf drei Erfahrungen, und zwar aus internen Gründen einer Glaubens- und Überlieferungsgemeinschaft: Zum einen sind Überlieferungsinhalte mehrdeutig. Damit Glaubenskommunikation gelingt, damit gemeinsames Handeln und Beten vollzogen werden kann, müssen Glaubende eine gemeinsame Glaubensauffassung vertreten. Jeder Text, jede Sprechhandlung aber ist per se interpretationsbedürftig und mehrdeutig. Situation, Teilnehmer, performativer Modus, Semantik usw. sind variable Größen. Religiöse Sprache partizipiert an diesen allgemeinen Bedingungen der Kommunikation. Gewichtiger ist die Verbundenheit *menschlicher* Gotteserfahrung mit dem Anspruch religiöser Wirklichkeit. Was der Mensch in seinem Glauben 'hört', ist bereits seine Antwort auf eine Anredeerfahrung. Religion entwickelt ein besonders geschärftes Bewußtsein dieser Differenz, zum einen im Hinblick auf die religiösen Grundtexte[166], zum anderen bezüglich der alltäglichen religiösen Rede in Gebet, Gottesdienst und Verkündigung. Damit ergibt sich ein fundamentales hermeneutisches Problem: Wie kann der Anspruch göttlicher Anrede als wahr erfaßt und mitgeteilt werden? Gerade dieser Anspruch drängt auf eine theologisch-argumentative Reflexion, weil es gilt, "die Situation des Menschen unter Gottes Anrede auf solche Weise begreiflich zu machen, daß daraus Maßstäbe...gewonnen werden können. ... Zur Gewinnung eines angemessenen Gesamtverständnisses der menschlichen Situation unter der Anrede Gottes dient das theologische Argument."[167]

Eine weitere Erfahrung ist die Notwendigkeit, Texte religiöser Überlieferung als situationserhellende Interpretamente zu verwenden. Sollen religiöse Überlieferungen ihre bleibende Bedeutung behalten, so müssen sie stets neu ausgelegt werden, und zwar so, daß sie sich einerseits angesichts neuer Erfahrungen als deren Interpretationsmodelle bewähren, andererseits aber auch selbst - aufgrund neuer Erfahrungen - neu gelesen und beurteilt werden können. Weil Interpretation ein kommunikativer Deutungsvorgang ist, drängt die Glaubensgemeinschaft notwendigerweise darauf, Verfahrensregeln zu entwickeln, die bestimmen, welche Interpretationen zur Anwendung kommen sollen, welche Auslegung richtig ist und welche nicht.

Sind Interpretationen selbst schon ein theologischer Vorgang, so erst recht Situationen, in denen eine Entscheidung zwischen Alternativen getroffen werden muß. Klassischerweise treffen solche Entscheidungen in Religionen häufig Amtspersonen, charismatische Autoritäten, Priester.

---

165 Ebd. 223.

166 Der Prozeß der Erkenntnis, daß gewisse Glaubensartikulationen fundamentale, über den Autor und seine Zeit hinausgehende Bedeutung haben, ist ein kritischer Ausscheidungsprozeß, in dem erst allmählich klar wird, welche Texte adäquate und welche inadäquate Antworten auf religiöse Grund- und Anredeerfahrungen sind.

167 Ebd. 238f.

Für die Entstehung von Theologie ist wesentlich, daß solche hermeneutische Fragen nicht mehr an Einzelpersonen gerichtet werden, sondern die Mitglieder der Glaubensgemeinschaft selbst entscheidungsbefugt sind. Sie müssen durch Argumente entscheiden, welche Auslegung, welche Handlungsweise bevorzugt werden soll (vgl. Apg 15,22).

Diese Faktoren lassen folgende Schlußfolgerung zu: "Innerhalb der religiösen Überlieferungsgemeinschaft wird in der religiösen Sprache darüber gesprochen, daß über das rechte Verständnis religiöser Überlieferungsinhalte in einer anderen Sprache gesprochen werden kann und muß: in der Argumentationssprache einer Theologie. Was in dieser Argumentationssprache gesagt wird, ist nicht zu ersetzen durch die Äußerungen der religiösen Sprache, durch Gebet, Verkündigung oder Bekenntnis..."[168] Das bedeutet, daß Referenz und Bedeutungsgehalt von Gebetssprache und theologischem Diskurs in vielen Bereichen identisch sind, daß aber der Kommunikationsmodus verschieden ist. Als diskursive Argumentation entfaltet Theologie das *metakommunikative* Moment, das die Sprechakttheorie herausgearbeitet hat: hier wird nicht über Gegenstände der Erfahrung, sondern über Geltungsprobleme gehandelt.[169] Theologie hat somit einen *metakommunikativen* und einen *metasprachlichen* Charakter. Als Metasprache bleibt sie auf die religiöse Sprache bezogen und ist eine Funktion derselben. So rekonstruiert sie einerseits die Regeln religiösen Sprechens und leistet damit eine unverzichtbare Aufgabe für die Möglichkeit sinnvollen Sprechens in der Glaubensrede. Weiters systematisiert sie den Traditionsbestand und hat folglich eine gegenwartsrelevante und kontrollierbare Rezeption der Glaubensgehalte zu gewährleisten. Schließlich hat sie Fehlentwicklungen kritisch aufzuzeigen. Insofern hat Theologie Geltungsansprüche, die in religiösen Sprechhandlungen erhoben werden, rigoros auf ihre Haltbarkeit zu hinterfragen. Damit ergibt sich jene Autonomie der Theologie, kraft deren sie nicht bloß eine diskursive Veranstaltung für in Frage stehende Geltungsansprüche ist, sondern diese in der Verantwortung gegenüber dem Glaubensanspruch von sich aus in Frage stellen muß. Auch ist der theologische, argumentativ-wissenschaftliche Diskurs nicht von vornherein nur eine apologetische, gegen externe Infragestellung aufgebotene Methode, sondern von der Glaubensgemeinschaft selbst geforderte Theoriesprache.

Der universale Geltungsanspruch des Glaubens drängt die Theologen seit der frühchristlichen Zeit von selbst dazu, die Glaubensaussagen nicht nur für die Gemeinschaft der Gläubigen auszulegen, sondern deren Wahrheits- und Verpflichtungscharakter auch für Nichtglaubende aufzuweisen. Dabei waren zwei Umstände maßgeblich:

---

168 Ebd. 257.

169 Allerdings kann ich nicht der Auffassung von Habermas folgen, Diskurse müßten radikal erfahrungsfrei sein. Diese Position scheint noch immer stark von der Konfrontation mit dem empiristischen Sinnverständnis geprägt zu sein. Die Geltung von Aussagen bleibt an deren Erfahrungsgrund gebunden. Die Diskussion des Verhältnisses von Glaube und Erfahrung zeigt diese offensichtlich unüberwindbare und doch notwendige Spannung an.

- Die Entstehung philosophischen Denkens verdankt sich der kritischen Absetzung und Bezogenheit vom bzw. auf den religiös-mythischen Glauben des Griechentums. Philosophie als kritische Reflexion der letzten Seinsgründe vollzieht auf ihre Weise eine *rationale*, d.h. diskursiv begründbare und damit allgemein nachvollziehbare *Deutung* von Welt und Wertorientierung. Möglich ist solche Erkenntnis nicht durch Offenbarung, sondern durch *Denken*. *Vernunft* ist das allen Menschen gemeinsame Vermögen der Erkenntnis der letzten Gründe aller Wirklichkeit. Dieser letzte Wirklichkeitsgrund wird mit dem der Religion entnommenen Begriff 'Gott' identifiziert. Insofern der letzte unaussprechliche Grund vom Denken selbst erreicht werden kann, können ihm auch Eigenschaften zugesprochen werden, die auf dem Weg des Denkens, im Modus der Negation und Analogie, aussagbar sind.
- Oben wurde auf religionsinterne Gründe für die Ausbildung der Theologie hingewiesen. Daß Religion und Theologie aber auch auf Philosophie hin offen sind, hängt nicht bloß an der theologischen Wertschätzung des Vernunftgebrauches, sondern wesentlich an der monotheistischen Gottesvorstellung, die mit den Konzepten des Einen und Ganzen Herkunft und Sinngestalt der Schöpfung deutet.

Damit ist aber eine Interferenz zweier Sprachsysteme (Theologie und Philosophie) eröffnet, die einerseits die gemeinsame Identität einer Referenz (Gott), andererseits eine partielle Gemeinsamkeit im Bedeutungsgehalt behaupten.[170] Philosophische Aussagen werden damit prinzipiell zu möglichen Interpretationsmodellen religiöser Aussagen, während Aussagen des Glaubens in Vernunftaussagen transferierbar sind und fundamentale Dimensionen des Vernunftgebrauches bzw. der Bestimmung menschlichen Seins anzeigen. Diese Gemeinsamkeit von Theologie und Philosophie begründete erst ihre gegenseitige Verwiesen- und Unterschiedenheit. In der Folgezeit entwickelte die Theologie ein eigenständiges Bewußtsein als episteme (Origenes) und als scientia (Thomas von Aquin).[171] Der klassische Topos dieses Verhältnisses kam in der Formel Anselms von der "fides quaerens intellectum" zum Ausdruck. Vernünftiges Denken des Glaubens wird somit ein methodischer Imperativ der theologischen Argumentation, der sich nicht allein von der Vernunft her, sondern erst recht aus dem Universalitätsanspruch des Glaubens ergibt. Das philosophische Argument im theologischen Diskurs sollte die Glaubensentscheidung begründen und die Glaubensgehalte erhellen, während die Theologie die Vernunft zur Annahme der Erkenntnis Gottes und des menschlichen Daseins im Lichte des Glaubens herausforderte. Das philosophische Argument hatte somit die Funktion einer Begründungsleistung, im Kontext philosophischer Theologie und der Metaphysik konnte sie diese in der Form der *Letztbegründung* vollbringen. Dabei kam der metaphysischen Argumentation die Hauptrolle zu. Daß diese Begründungsaufgabe mit den aufkommenden Naturwissenschaften von

---

170 Vgl. *Schaeffler*, Gebet 292.
171 Vgl. *Seckler*, Glaube.

seiten der Philosophie in die Krise geriet, davon war in dieser Arbeit schon mehrmals die Rede.

Hier muß in aller Kürze nochmals das Problem der *Begründungsweise* theologischer Wahrheitsbehauptungen angesprochen werden, weil die Frage der *Begründungssprache* einen zentralen Stellenwert in einer Diskurstheorie hat. Dieses Problem ist ein Hauptpunkt in der heutigen Diskussion um Möglichkeit und Gestalt theologischer Rationalität. Weil sich Rationalitätsfragen heute besonders in der Wissenschafts- und Kommunikationstheorie stellen, wurden im 1. Teil der Arbeit Pannenbergs und Peukerts Begründungsmodelle von Theologie vorgestellt. Beide Theorien kamen darin überein, daß theologische Aussagen legitimierbar und notwendig sind, wenn sie entweder Antwort geben auf die unverzichtbare hermeneutische Frage nach dem Sinn geschichtlicher Totalität (Pannenberg) oder über die Aporien einer kommunikationstheoretischen Selbstbegründung hinaus die Möglichkeit kommunikativen Handelns sicherstellen (Peukert). Dabei ist beiden Ansätzen eine nichtmetaphysische Argumentationsweise gemeinsam, und zwar aus sachlichen und methodischen Gründen. So distanzierte sich die protestantische Tradition von der metaphysischen Begründungsform aufgrund eines theologischen Apriori: Weil Gott kein 'Gegenstand' der Vernunft, sondern des Glaubens sei, bleibe philosophisch-metaphysische Begründung für die Theologie unannehmbar[172]. Diese Position findet sich bis heute vor allem bei von Karl Barth beeinflußten Theologen. Zwar behält philosophische Argumentation ihren unverzichtbaren Stellenwert, aber nicht im Sinn eines begründenden Gebrauches: "In short, philosophy can and must be used within theology, but it cannot be used to ground theology: the rationality of theology does not depend on non-theological rationality of whatever sort."[173] Philosophie habe in der Theologie eine rein instrumentelle Funktion, was bedeutet, sie habe zwar die Rationalität des *Glaubens* zu erweisen, aber in einem strikt 'internen' Sinn: "Accordingly religious perspectives and the whole way of life and network of beliefs which go with them cannot be justified by external but only by internal criteria."[174] Aber auch in der katholischen Theologie nehmen metaphysische Begründungsmodelle keine vorrangige Stellung mehr ein. Schon der Gang durch Rahners Theologie ließ eine Abnahme der Relevanz des metaphysischen Argumentes erkennen. In der gegenwärtigen Diskussion spannt sich der Meinungsbogen von der metaphysikverpflichteten bis zu einer metaphysikfreien Theologie. F. Schupp interpretierte neuerdings das scholastische Prinzip einer "fides quaerens intellectum" nur mehr formal als "Diskursfähigkeit, Kommunikationsfähigkeit des Theologen gegenüber dem

---

172 Diese Feststellung darf selbstverständlich nicht unbedacht generalisiert werden. Wie das Kapitel über W. Pannenberg zeigt (vgl. 2.2.1) zeigt, nähert sich dieser evangelische Theologie in einem Höchstmaß der philosophischen, nicht zuletzt der metaphysischen Begründungsfigur.

173 *Dalferth*, Theology 157.

174 Ebd. 56.

Nichttheologen"[175]. Die Rationalität der Theologie erweise sich nicht im klassisch metaphysischen Denkmuster, als könne dadurch noch Zustimmung zu einer Behauptung erreicht werden, sondern im nicht "formulierbaren Abwägen von Plausibilitäten"[176]. Damit nähert er sich ganz der Position von J. Habermas, der den Wahrheitsdiskurs nicht an Verifikationsbedingungen knüpft, sondern an Akzeptabilitätsbedingungen, die Sprechern und Hörern gemeinsam sein müssen, soll Konsens und damit Begründung zustande kommen. Auch wenn Schupp die Auffassung teilt, Theologie sei nicht an Metaphysik gebunden, kann sie nach ihm doch in einem solchen Rahmen verstanden werden, "wenn unter Metaphysik allgemeine lebensweltliche Voraussetzungen begriffen werden"[177]. Zudem gibt er auch zu bedenken, "daß die Theologie nicht ohne eine metaphysikäquivalente Grundlegung auskommen kann"[178]. Vorbehaltloser optiert W. Kasper für die "Unerläßlichkeit der Metaphysik für die Sache der Theologie"[179], denn "Theologie ohne Metaphysik wird sprach- und kommunikationslos, Metaphysik ohne Theologie wird letztlich grundlos und löst sich auf."[180] Dabei geht es Kasper allerdings nicht um eine bestimmte Metaphysik, sondern um den unverzichtbaren Anspruch der Vernunft auf die Frage des Einen und Ganzen, des Ersten und Letzten der Wirklichkeit und um die unnachgiebige Antwort des Glaubens, daß Gott die letzte allumfassende und alles bestimmende Wirklichkeit sei.[181]

Diese offensichtliche Spannung ist wohl gar nicht so unüberbrückbar, konzentriert man sich auf den Kern beider Positionen. Denn da heißt es auf seiten Schupps, daß Metaphysik für die Theologie akzeptabel sei, wenn sie als Theorie der allgemeinen lebensweltlichen Voraussetzungen verstanden werde. Schupp versucht somit offensichtlich, die metaphysische Tradition mit einer Theorie der Lebenswelt zu verbinden. Nun gehört aber zu diesen Voraussetzungen wesentlich der "Bezug aufs Ganze"[182], wie Habermas formulierte. Wenn auch die Totalität der Lebenswelt nicht verwechselt werden darf mit dem letzten Prinzip des Einen und Ganzen, auf das Kasper in seiner Argumentation abzielt, so gehören doch auch nach Habermas zu den konstitutiven Elementen einer gegenwartsrelevanten Philosophie "ihre hartnäckig beibehaltenen universalistischen Fragestellungen"[183], die sich in den Geltungsansprüchen kommunikativer Äußerungen kundtun. Nicht zu Unrecht spricht darum C.-F. Geyer von "quasi-metaphysischen Zuweisungen an die Lebenswelt"[184] in der Theorie kommunikativen Handelns. Allerdings darf damit der antimetaphysische Vorbehalt von Habermas nicht überspielt werden: Für ihn

---

175 *Schupp*, Schöpfung 504.
176 Ebd. 543.
177 Ebd. 544.
178 Ebd. 531f.
179 *Kasper*, Zustimmung 257-271.
180 Ebd. 269.
181 Ebd. 261.
182 *Habermas*, Denken 46.
183 Ebd.
184 *Geyer*, Metaphysik 21.

ist die neu entflammte Metaphysikdiskussion Ausdruck eines restaurativen Denkens, das sich keine Rechenschaft über seinen Totalitätscharakter gibt. Bemerkenswert ist dennoch der Umgang von Habermas mit dem metaphysischen Rest in der Philosophie, der nicht aus der Welt geschafft werden kann. Ollig vermutet, daß er vielmehr, "wenn auch äußerst vorsichtig, auf die Religion als Alternative zum metaphysischen Denken"[185] setzt. Damit aber würden Religion und Theologie eine Platzhalterfunktion erhalten, die jedoch keinen endgültigen Ersatz darstellt. Es geht dabei um jene lebensweltlichen Voraussetzungen eines globalen Sinnverständnisses, aus denen heraus sich erst kulturelle Gehalte ausgliedern. Der Theologie kommt dadurch eine Brückenfunktion zu, die auch ihre spezifische Rationalitätsstruktur ausmachen müßte: Sie leistet einerseits die denkende Einweisung in eine Option des Glaubens, der sich in einer bestimmten Interpretations- und Lebensweise zur Geltung bringt, sie leistet andererseits einen Beitrag zur Rationalitätsdiskussion, insofern sie vortheoretische Lebensvollzüge als eminent relevant für gelingendes Menschsein ausweist. Nicht zuletzt hätte Theologie als kritische Theorie auch die Aufgabe, Totalisierungen sowohl auf seiten der Lebenswelt als auch der Systemwelt aufzuzeigen und die 'Rede vom Ganzen' ideologiefrei verstehbar zu machen. Um das leisten zu können, braucht Theologie nicht ins metaphysische Einheitsdenken zurückzukehren. Die Rede von einer Wiederbelebung der Metaphysik verstellt diese Aufgabe eher, als daß sie diese fördert. Denn auch Kaspers Überlegungen zielen nicht auf den klassischen Ansatz der Metaphysik, die sich auf die Erkenntnis von Sein und Seiendem konzentriert, sondern letztendlich auf die bedrohten Gehalte der Aufklärung selbst. Es geht ihm um die Freiheit des Menschen, die als kontingentes Merkmal an der menschlichen Existenz zugleich einen unbedingten Anspruch erhebt. Die paradoxale Situation, daß der Mensch "zutiefst und in allem bedingt und doch auch ganz und gar unbedingt"[186] ist, verlangt die Möglichkeit, daß "uns in der Geschichte eine vollkommene, durch nichts bedingte Freiheit begegnet"[187].

Als Bekenntnis zu solcher unbedingter Freiheit ist Theologie keine voraussetzungslose Wissenschaft. Sie ist und bleibt "in dem Sinn dogmatisch, daß sie fundamentale Glaubensüberzeugungen von der Forderung rationaler Begründung ausnimmt, sie ohne hinreichende rationale Gründe akzeptiert und ihren Argumentationen zugrundelegt."[188] Anders gesagt: Theologie kommt von einem letztgültigen Konsens her. Dieser Konsens besteht in der Glaubensbehauptung, daß Jesus von Nazareth die endgültige Selbstmitteilung (Rahner) bzw. *die* Anrede Gottes (Dalferth) ist. Diesem Konsens ist Theologie verpflichtet, und er macht ihr Begründungsziel aus. Wenn F.v. Kutschera dagegen Philosophie als "kritische Haltung bzgl. ihrer Voraussetzungen" und durch ihre "ausschließliche

---

185 *Ollig*, Metaphysikproblem 60.
186 *Kasper*, Zustimmung 268.
187 Ebd.
188 *Kutschera*, Vernunft 4.

Orientierung an vernünftigen Argumenten"[189] charakterisiert, so muß in Anbetracht hermeneutischer und sprachphilosophischer Überlegungen doch daran erinnert werden, daß auch Vernunft immer schon im Horizont einer vorgängig erschlossenen Lebenswelt steht. Argumentatives Denken vollzieht sich *innerhalb* dieser Voraussetzungen und stellt selbst den Modus einer Erkenntnisgewinnung dar, die sich in der Dialektik von universaler Geltung und sprachlich-kultureller Gebundenheit der jeweiligen Erkenntnis zu bewähren hat. Wie die transzendentalpragmatischen Reflexionen von K.O. Apel zeigen, stößt auch nichtmetaphysische Philosophie innerhalb der Analysen von Diskurs und Argumentation auf *unbedingte* Prinzipien der Egalität und Reziprozität, die anerkannt sein müssen, damit Kommunikation und Diskurs überhaupt sinnvoll verstanden werden können.

Fassen wir diesen Gedankengang zusammen: Festgehalten werden kann, daß sich Theologie als diskursives und argumentatives Verfahren im Dienste eines sprachlich vollzogenen Glaubensvollzuges versteht und zugleich eine Unvertretbarkeit in der Frage der Rationalität behauptet. Theologie als Wissenschaft untersucht den kulturellen Fundus einer Lebensorientierung, der aufgrund der lebensweltlichen Probleme eine bedeutsame Lösungsfunktion hat. Dieser Orientierungscharakter der Religion erscheint allerdings heutzutage nicht mehr in der Form kosmologischer Spekulation, sondern als Funktion der Ermöglichung von Freiheit für die menschliche Existenz. Im Unterschied zur Philosophie geht Theologie von einem konkreten Freiheitsereignis als *religiöser* Erfahrung (Offenbarung) aus - und bleibt auch in ihrer Reflexivität daran gebunden -, und sie versucht auf argumentativ-kritischem Weg zur vernunftgemäßen Universalität dieser Freiheitsoption zu gelangen. Insofern ist Theologie zur Begründung ihrer Grundbehauptung verpflichtet, daß die Idee Gottes selbst der genuine Ausdruck für die Idee vollkommener Freiheit ist.[190] Die Kategorien der Freiheit explizieren aber im theologischen Diskurs nichts anderes als die christliche Glaubensaussage, daß Gott unverbrüchliche Liebe, versöhnende Gegenwart und reale Hoffnung der Unterdrückten, aber auch der Schuldbeladenen ist. Von daher widerspricht christlicher Glaube gerade der narzißtischen Note, die ihm gegenwärtige Religionsphilosophie anheftet, indem sie ihn zur Bewältigung von Kontingenzerfahrung und Orientierungslosigkeit heranzieht. Die Problemlösung durch den Glauben liegt in seiner Daseins- und Handlungsmotivation: Die Kontingenz des anderen wird Anlaß zum befreienden Handeln, und zwar als Nachvollzug eines vorgängigen Freiheitshandelns Gottes in der Geschichte der Menschen. Liegen aber nicht die praktischen Probleme autonomer und säkularisierter Freiheit gerade darin, daß sie zwar ihre Universalität behauptet, aber angesichts der Imperative und Kolonialisierungstendenzen der modernen gesellschaftlichen Teilsysteme Ressourcen der religiösen Sprache "für einen normalisierenden Umgang

189 Ebd. 3.
190 Vgl. *Pröpper*, Erlösungsglaube 171-224.

mit dem Außeralltäglichen im Alltag"[191] anrufen muß, wie das bei Habermas geschieht? In diesem Problemfeld liegen allerdings Chancen, auf neue Weise den unverzichtbaren Beitrag der theologischen Rationalität für eine allgemeine Theorie der Rationalität anzuerkennen. Theologie stellt eine Handlungsrationalität zur Verfügung, die sich nicht gänzlich aus dem 'Sprachspiel' mythologisch-religiöser Weltdeutung gelöst hat und dennoch nicht wieder eine mythologische Daseinsorientierung auf den Plan ruft. Der theologische Diskurs bemüht noch die metaphorische Sprache des Mythos, die "als durchaus geeignetes und vielleicht als das einzig verfügbare sprachliche und bildhafte Mittel, um Orientierungsformen zum Ausdruck zu bringen"[192], erscheint. Zu Recht behauptet F. Schupp, "daß der Glaube ohne emotional erfüllende Symbole keine ausreichende Handlungsmotivation liefert, daß aber gerade die echte mythische Tradition solche Symbole enthält, während die 'reine' Rationalität genau in diesem Punkt ein Motivierungsdefizit aufweist"[193]. Daß die Glaubensoption in Verbindung mit einem metaphysischen Begründungsmodell oder einer reichskirchlichen Herrschaftspolitik oft das Gegenteil einer Dialog- und Kommunikationsgemeinschaft bewirkte, gehört gewiß zur christlichen "historia calamitatum mit einer endlosen Serie von Niederlagen"[194], die sich in einem jahrhundertelangen Rückzugsgefecht aus vielen Bereichen der Wissenschaft äußerte. Das ist mitzubedenken, wenn im folgenden die Frage der Einlösbarkeit der Geltungsansprüche religiöser Sprechakte erörtert wird.

4.4.4 Zur Frage von Begründbarkeit und Einlösbarkeit der Geltungsansprüche des Glaubens

Aus den bisherigen Überlegungen zu Strukturmomenten einer theologischen Rede von Wahrheit kann festgehalten werden, daß religiöse Sprechakte Geltungsansprüche erheben, die Akzeptabilitätsbedingungen unterliegen. Alle religiösen Sprechhandlungen, die performativ etwas bewirken wollen (beispielsweise die Ermöglichung versöhnter Kommunikation, die Veränderung inhumaner Lebensverhältnisse), bedürfen der Wahrheitsfunktion gewisser Aussagesätze des Glaubens (z.B.: daß Jesus die verändernde und alle Unrechtsverhältnisse demaskierende Liebe Gottes unter den Menschen ist). Die anerkannte Wahrheit dieser Glaubensaussagen gewährleistet die Wirksamkeit sprachlicher, symbolischer, aber auch politisch-relevanter Handlungen. Um Wirksamkeitsfunktion und Wahrheitsgehalt vor der Verwechslung mit einem empirischen Sachverhalt zu schützen, hebt Schaeffler deren transzendentalen Charakter

---

191 *Habermas*, Denken 60.
192 *Schupp*, Schöpfung 537.
193 Ebd. 514.
194 *Seckler*, Glaube 4.

hervor. Nach Dalferth hat dieser Wahrheitsgehalt des Glaubens seinen Grund in der Anredeerfahrung Gottes in Jesus von Nazaret, Peukert zufolge im Selbsterweis Gottes als jener Wirklichkeit, die Jesus endgültig aus seinem Tod errettet. Die im kommunikativen Handeln des Glaubens erhobenen und gemeinsam anerkannten Geltungsansprüche werden in der theologischen Argumentation hermeneutisch und vernunftgemäß ausgewiesen. Zu diesem Zwecke bedient sich Theologie philosophischer Kategorien und Methoden (darüber hinaus noch einer Vielfalt anderer Verfahren) zur rationalen Begründung der Glaubensentscheidung und zur Auslegung der Glaubensgehalte. Die Vernunftgestalt christlicher Glaubensüberzeugungen kann Nichtglaubenden durch theologische Argumentation insofern vermittelt werden, als im theologischen Rationalitätsbegriff die Dimensionen eines Orientierungswissens angesprochen sind, das auf die Ermöglichung unbedingter Freiheitserfahrungen hinausläuft. Die Umgestaltung menschlicher wie gesellschaftlicher Schuld- und Unrechtssituationen zu Erfahrungen und Zuständen der Freiheit und solidarischer Identität motiviert sich für den Glaubenden durch die Behauptung eines vor jeder menschlichen Tätigkeit ergangenen göttlichen Handelns, das erlöste Existenz verheißt. Ist nun Glaube die Anredeerfahrung Gottes, dann hat die dementsprechende subjektive Haltung auf eine solche Erfahrung die Struktur einer Antwort, genauer: sie stellt eine Ja-Entscheidung in einer Kommunikationssituation dar, die über ihren performativen Modus hinaus unbestritten einen Aussagecharakter hat. Glaubensaussagen können deshalb als Zustimmung zu einer Behauptung interpretiert werden, deren Subjekt allerdings nicht objektivierbar ist. Gott als das Subjekt der Anrede ist raumzeitlich nicht verfügbar. Ursprüngliche, die Anredeerfahrung bezeugende Glaubensaussagen entziehen sich darum einer restlosen kritischen Ableitung. Sie fungieren als Prämissen, die andere Sätze begründen, Sätze der Glaubenspraxis und der Theologie. Darum bezeichnen Philosophen diese Abkünftigkeit der Theologie vom Glaubensakt der religiösen Gemeinschaft als 'dogmatisch': Die Voraussetzungen der Behauptung, daß Offenbarung ergangen sei, werden nicht nochmals in einen radikal kritischen, ausschließlich mit Vernunftgründen argumentierenden Diskurs eingeholt und transformiert. Damit aber befindet sich Theologie in einer schwierigen Situation: Sie hat die Pflicht, Rechenschaft von den Glaubensgründen einer Gemeinschaft zu geben, die sich der diskursiven Einlösung letztlich verweigern. Welchen Status hat somit der Wahrheitsanspruch von Glaubensaussagen? Inwiefern gelten die Diskursbedingungen auch für theologische Aussagen? Welchen Stellenwert hat schließlich der Konsens als allgemeingültige Wahrheitsbedingung im Kontext der Glaubensrede und des theologischen Diskurses?

Betrachten wir nochmals die Grundidee der Diskurstheorie der Wahrheit nach Habermas: Es scheint zunächst, daß diese Theorie den *Begriff* der Wahrheit in einem begründeten Konsens sieht. Dabei ist noch nicht genügend der Status des Konsenses für eine Theorie der Wahrheit geklärt: Ist er Bedingung, Kriterium oder definiens von Wahrheit? Diese

Schwierigkeiten bewogen Habermas, das Gewicht seiner Wahrheitstheorie auf den Diskurs zu legen. Dieser soll dafür garantieren, daß nicht willkürlicher Konsens entstehet, sondern begründeter. Dabei wird Begründung nicht auf syllogistische Deduktion festgelegt, sondern ist ein Argumentationsverfahren, das Zustimmung erlangen soll. Eine Aussage kann dann als 'wahr' bezeichnet werden, wenn der durch sie erhobene Wahrheitsanspruch begründet wird und diese Begründung allgemeine Zustimmung findet. Im Begründungsvollzug kommen mehrere Bedingungen und Kriterien zur Anwendung. Anlaß einer Begründung ist der nicht akzeptierte Wahrheitsanspruch einer Aussage. Bedingung für das Gelingen einer Begründung ist das ausschließliche Interesse kooperativer Wahrheitssuche. Kriterium für die Wahrheitsprädikation sind die *Korrespondenz* einer Aussage mit dem behaupteten Sachverhalt und die *Kohärenz* der Begründungssprache. Aber beide Kriterien, denen jeweils Wahrheitstheorien entsprechen, sind in der Diskurstheorie nicht allein entscheidend. Sie nehmen nur einen zweitrangigen Stellenwert ein, denn Wahrheit wird in diesem Modell als intersubjektiver *Geltungsanspruch* bestimmt, nicht als Korrespondenz oder Kohärenz. Geltungsansprüche aber verlangen an sich die Zustimmung von allen betroffenen Hörern. Nun ist aber Wahrheit ein universaler Geltungsanspruch, insofern verlangt auch sie für eine von einem Sprecher gemachte Aussage die *potentielle* Zustimmung *aller* anderen.

Der universale und deshalb ideale Konsens ist dann in der Tat das letzte Wahrheitskriterium. *Eingelöst* ist ein Geltungsanspruch nur dann, wenn er von allen anerkannt wird. Begründungen haben für diese Einlösung konstitutive und funktionale Bedeutung: Konstitutive, weil ein Konsens, der zunächst die soziale Manifestation einer Übereinstimmung ist, sich als begründeter und nicht bloß als willkürlich zustandegekommener ausweisen muß; funktionale, weil der Diskurs als Begründungsverfahren ein Mittel darstellt, Zustimmung zu ermöglichen. Zustimmung darf aber nicht erzwungen werden, soll sich die Idee des Konsenses nicht selbst aufheben. Sie kommt aus einer *freien* Einsicht, die ihre Ursache in der *Anerkennung* des besseren Argumentes hat.

Welches aber das bessere Argument ist, das geeignetere Begründungsverfahren usw., darf nicht nochmals von einem Konsens abhängen. Darum muß Habermas von der logischen auf die ideale Ebene wechseln: Erst ideale Diskursbedingungen erlauben das Vertrauen darauf, daß ein Konsens auch tatsächlich begründet zustande kommt. Sie sollen garantieren, daß die Diskursebenen solange gewechselt werden, bis sich ein Konsens einstellt. Ideale Bedingungen können aber nicht hergestellt, sondern nur unterstellt werden. Wahrheit als Konsens ist somit selbst eine Konzeption, die empirische Bedingungen überschreiten muß, soll sie sinnvoll verstanden und einlösbar werden.

Das bedeutet für die Wahrheitsfrage von Glaubensaussagen und theologischen Argumentationen folgendes: Ursprüngliche Glaubensaussagen, die das Ereignis der Anrede und Selbstidentifikation Gottes in Jesus von Nazaret behaupten, treten in der Form assertorischer Sätze auf.

Mißverstanden ist der Modus dieser Sätze von vornherein, wenn sie als empirische *Mitteilungen* eines göttlichen Subjektes an einen Offenbarungsempfänger aufgefaßt werden. Sie sind Sätze der menschlichen Sprache, die den Anspruch erheben, eine allgemein zugängliche Erfahrung *als Glaubens*erfahrung zu deuten. Sollen diese Erfahrungen für andere Geltung haben, muß ihr Geltungsanspruch akzeptiert werden, denn die Erfahrungen selbst sind in ihrer ursprünglichen Art nicht wiederholbar. Weil aber die schriftlichen Quellen dieser ursprünglichen Glaubenserfahrung, die die Begegnung mit Jesus auslöste, nichts anderes sind als das Zeugnis und der bekenntnismäßige Ausdruck einer gemeinsamen Deutung, stellen sie jenen *Grundkonsens* dar, der bleibende Norm für die weitere Überlieferung ist. Daß dieser Grundkonsens auf universale Zustimmung hinausläuft, kommt nicht bloß aus der allgemeinen Struktur von Geltungsansprüchen, sondern auch aus dem inhaltlichen Charakter dieser Texte: Sie sagen die eschatologische Verheißung universal erlösten Menschseins aus und wollen deshalb schon jetzt in diesem Sinne wirksam sein. Darum zielen sie auf eine radikale Veränderung der Lebens- und Handlungsweisen. Zugleich zeigt die Geschichte selbst, daß diese Deutungen von ihrer Begründungsbasis her *keine* universale Zustimmung erhalten haben. Schon die ursprünglichen Bekenntnisbildungen, daß Jesus die endgültige Offenbarung Gottes im Erfahrungsraum der Geschichte ist, erfahren Zustimmung und Ablehnung. Die Entstehung von Kirche kann auf diesem Hintergrund als Ereignis eines kommunikativen Handelns und Glaubens jener gedeutet werden, die den Wahrheitsanspruch der Verkündigung Jesu als des Christus anerkennen. Das bedeutet aber auch, daß die Zustimmung zu jenem Wahrheitsanspruch, den die biblischen Texte aufgrund der jüdisch-christlichen Glaubenserfahrung erheben, je aufs neue erworben werden muß. Ebenso muß sich dieser Wahrheitsanspruch ständig aufgrund der Geschichte bewähren, das heißt, daß eine bloße Wiederholung des Grundkonsenses in Verkündigung und Lehre geradezu seine illokutionäre, Menschen verbindende Kraft aushöhlen würde. Im Dienst dieser Bewährung steht nicht bloß das praktische Glaubenszeugnis, das den Geltungsanspruch der Wahrhaftigkeit erhebt und insofern nicht diskursiv ist, sondern auch der *Glaubensdiskurs*, der sich in Verkündigung und kirchlicher Lehrformulierung äußert, sowie die *theologische Argumentation*. Während der Glaubensdiskurs sich methodisch nicht vom "Ich/Wir glaube/n, daß ..." abkoppelt, konzentriert sich Theologie in spezieller Weise auf den Gehalt des Glaubens. Theologie will die Zustimmung nicht nur aus Glaubensgründen, sondern auch aus rationalen Überlegungen und Motiven bewirken. Zu diesem Zweck muß sie sich an *allgemeine* Regeln und Bedingungen des Denkens und Sprechens halten, um intersubjektiv mitteilbar zu sein.[195] Das muß zwar der Glaubensdiskurs auch, will er Zustimmung er-

195 Wie diese Regeln zu formulieren sind, hängt vom jeweiligen Wissenschafts- und Theologiebegriff ab. In der gegenwärtigen Diskussion der Wissenschaftstheorie der Theologie wurden vor allem *'Theologizität'* (theologische Aussagen müssen sich als *theologische* Aussagen ausweisen), *Widerspruchsfreiheit* und *Kohärenz* als

reichen, er kann sich aber im allgemeinen auf die Rationalität und problemlose Regelhaftigkeit eines 'Sprachspiels' und einer Lebensform verlassen. Theologie hingegen muß das erst erweisen. Darum ist sie Metasprache religiösen Sprechens und rekonstruiert die Regeln dieses Sprachspiels, um dessen bleibende Verständlichkeit zu gewährleisten. Zugleich versucht sie, allgemeine Gründe anzugeben, die die Vernünftigkeit (und Notwendigkeit) einer Zustimmung garantieren sollen. Dazu entwickelt sie verschiedene Begründungssprachen, die dem Rationalitätsbegriff und dem Glaubensverständnis der jeweiligen Zeit entsprechen. Für die Geltung dieser Begründungsmodelle gilt allerdings nichts anderes als für jegliche wissenschaftliche Begründung: Sie haben nach der Regel des besseren Argumentes gebildet und je und je überholt zu werden. Weder Machtpositionen noch subjektive Intuitionen dürfen die theologische Argumentation steuern, sondern nur die Regeln des Denkens und Glaubens. Somit findet sich jene allgemeine Diskurslogik, die fordert, daß in einem Begründungsverfahren zunächst die jeweilige Begründungssprache zu überprüfen ist, gerade auch in der Theologie wieder.[196] Aber die eigentliche Frage im strittigen Problem der Begründung ist: Kann Theologie nicht bloß intersubjektiv mitteilbare, sondern auch akzeptierbare Gründe für den Wahrheitsanspruch des Glaubens geltend machen? Welche Rolle spielen dabei externe Rationalitätsmaßstäbe? Diese Fragen können hier nicht beantwortet werden, denn sie umfassen den gesamten Problembereich der Wissenschaftstheorie von Theologie. Insofern 'Begründung' als dreistelliger Metaprädikator[197] fungiert, ergibt sich schon allein daraus eine höchst komplexe Situation: Was will Theologie begründen? Mit welchen Mitteln und Methoden soll eine Aussage oder eine Norm begründet werden? Für wen soll schließlich etwas begründet werden? Für den Gläubigen selbst oder den theologisch Interessierten, für den Philosophen oder für einen ausgesprochenen Religionskritiker? Daß sich Theologie als in sich gefächerte Wissenschaft ausgebildet hat, zeigt gerade, daß sie eine Begründungswissenschaft par excellence ist. Darum gibt es auch nicht die Begründung schlechthin, sondern immer wieder neu entwickelte Begründungsverfahren aufgrund neuer Problem- und Fragestellungen, aufgrund neuer Adressaten. Allerdings stellt Theologie dabei einen Spezialfall einer Wissenschaft dar: Insofern ihr Gegenstand 'Gott' und der Glaube von Menschen an ihn und seine 'Identifikationen' ist, ist ihr radikal die Möglichkeit einer ein für allemal gültigen Be-

---

formale Kriterien genannt, die noch vor allen internen Diskursregeln theologischer Argumentation liegen. Interne Regeln sind etwa *Schriftgemäßheit, Bekenntnis- und Traditionsorientierung* und *Zeitgemäßheit*. Vgl. *Track*, Begründung.

196 Eine kirchenamtliche Festlegung eines Begründungsmodelles als das allein gültige wäre tatsächlich eine theologiezerstörende Einschränkung wissenschaftlicher Argumentationsfreiheit. Damit ist nicht gesagt, daß das Lehramt nicht für bestimmte Begründungssprachen optieren kann. Allerdings bleiben ihm dann selbst nur theologische Gründe für diese Optionen.

197 *Track*, Begründung 105: "etwas (eine Aussage, die einen Sachverhalt behauptet, eine Norm) ist aufgrund von etwas (anerkannten Begründungsverfahren, Kriterien) für jemand (Einzelne, Gruppen) begründet."

gründung versagt. Theologie mit Letztbegründungsansprüchen[198] ist praktisch immer der Gefahr eines Totalitätsdenkens ausgesetzt und dieser manchmal auch erlegen. Denn das Wort 'Gott' erschließt sich weder durch sich selbst noch allein durch philosophische Begründungen, sondern aus der realen Gegebenheit, daß Menschen in bestimmten Situationen von Gott reden und ihn als Grund ihrer Freiheitserfahrung bezeugen.[199] Theologie kommt immer schon von dieser Erfahrung von Freiheit und Rettung her, und ihr Diskurs muß wieder auf solche Erfahrung zurückweisen.

Wird Begründung als Programm einer strikten Einlösung im Sinne einer bloß rationalen Verifikation des Wahrheitsanspruches von Aussagen verstanden, dann ist Theologie nicht bloß von vornherein zum Scheitern verurteilt, sondern auch ihre Grundstruktur verkannt. Denn ihre Aufgabe besteht nicht darin, den Wahrheitsanspruch des Glaubens adäquat einzulösen, den Grundkonsens der ersten Zeugen als Sprecher von Gottes Freiheitshandeln in der Geschichte analytisch aufzulösen und ihn in seinen Bestandteilen wieder zu rekonstruieren, sondern sie besteht vielmehr darin, aufzuzeigen, daß solche Rede von Gott *möglich* und *legitim* ist. Solche Rede tritt im Modus assertorischer Sätze auf, die einen Wahrheitsanspruch erheben, ohne letztlich durch einen Diskurs universal *eingelöst* werden zu können. Denn assertorische Sätze behaupten einen bestehenden Sachverhalt. Der Wahrheitsanspruch dieser Behauptung ist aber dann eingelöst ist, wenn für alle begründet ist, daß dieser Sachverhalt tatsächlich besteht. Gerade der Gegenstand der Theologie aber entzieht sich einem solchen Beweis. Trotzdem bleibt es unabdingbare Aufgabe der (philosophischen) Theologie, Möglichkeiten der *sinnvollen* Rede der Existenz Gottes aufzuzeigen. Dieses schwierige Thema kann an dieser Stelle nicht aufgerollt werden. Hingewiesen sei auf die Versuche von Hick und Dalferth, die Zustimmung und Ablehnung gefunden haben, bzw. auf die Diskussion in der analytischen Religionsphilosophie zwischen Swinburne[200] und Mackie[201]. Bedenkenswert scheint mir die Argumentation Dalferths zu sein, daß für die *Propositionalität* einer Rede nicht die *Existenzprädikation*, sondern die *Identitifizierbarkeit* eines Gegenstandes entscheidend ist[202]. Einem empiristischen Fehlschluß ist damit ein Riegel vorgeschoben und der Status der theologischen Sprache berücksichtigt.

Der Glaubende und der Theologe bestehen zu Recht darauf, daß die Aussagen des Glaubens einen legitimen, universalen Wahrheitsanspruch

---

198 Erst vor kurzem erschien die beachtenswerte Studie von *H.-J. Verweyen*, Gottes letztes Wort. Grundriß der Fundamentaltheologie, Düsseldorf 1991, die mit sehr viel Argumentationskraft die Notwendigkeit der Letztbegründungsaufgabe der Theologie verteidigt. Weil diese Arbeit nicht in wenigen Sätzen gewürdigt werden kann, habe ich auf eine nachträgliche Einarbeitung in das Manuskript verzichtet.

199 Vgl. *Eicher*, Theologie 28.

200 *R. Swinburne*, Die Existenz Gottes, Stuttgart 1987 (engl. 1979)

201 *J.L. Mackie*, Das Wunder des Theismus. Argumente für und gegen die Existenz Gottes, Stuttgart 1985 (engl. 1982).

202 Vgl. *Dalferth*, Rede 567.

erheben.[203] Daß der Glaube als Deutungs- und Handlungssystem in seiner Wahrheit anerkannt werden kann, ohne daß dieser Anspruch universal eingelöst ist, entspricht nicht bloß der eschatologischen Grundstruktur des christlichen Glaubens und der analogen Sprachstruktur religiöser Sprechhandlungen insgesamt, sondern steht auch in keinem Widerspruch zu der skizzierten Konsenstheorie der Wahrheit als 'idealer Unterstellung' reziproker Diskursbedingungen und Antizipation universaler Zustimmung. Gerade der Glaubensdiskurs nimmt die Idee eines universalen Konsenses vorweg, insofern eschatologischer Glaube darauf hofft, daß die Idee einer Welt, in der es erlöstes Menschsein gibt, von allen angenommen und deren Realität allen zuteil wird. Deshalb spielt der Konsens eine unverzichtbare Rolle: Zustimmung ist ja die Voraussetzung für das Wirksamwerden der illokutionären Kraft eines Sprechaktes. Wirksam werden kann aber der Glaube und insofern auch das theologische Argument nur dann, wenn sich Menschen auf die eschatologische Perspektive einer universalen Sinn- und Heilszusage einlassen. Die Rede von der Einheit im Glauben ist darum ein sowohl notwendiges als auch immer problematisches Zeichen für die soziale Wirksamkeit der Wahrheit christlichen Glaubens.

Unbeschadet dieser Situation ist es aber einer Glaubensgemeinschaft sehr wohl selbst möglich, einen *internen Konsens* über die Einlösbarkeit von Geltungsansprüchen bestimmter Aussagen herzustellen. Denn wie die Diskurstheorie zeigt, sind nicht Verifikationsbedingungen allein entscheidend, sondern die Akzeptabilitätsbedingungen zwischen Sprechern. Hier allerdings obliegt es dem theologischen Diskurs, Standards festzulegen, die Begründungsleistungen anerkennen oder zurückweisen. Die interne Rationalität des Glaubens ist nicht davon betroffen, daß sie anderen Einlösungsbedingungen eben nicht genügt.

Theologische Argumentation kann zeigen, daß der Glaubensakt nicht unvernünftig ist. Die Entscheidung für eine konkrete Glaubensgestalt ist immer auch existenziell, wenn auch gewiß ebensosehr rationale Gründe wichtig sind. Existenziell ist sie, weil sie nicht auf kognitiv abgesichertes Wissen zielt, sondern die gesamtmenschliche (und nicht bloß rationale) Verfaßtheit einer Person anspricht. Insofern ist die Entscheidung für ein Glaubenssystem ein Wagnis. Im Modell der kalkulierten Rationalitätsbedingungen verglich schon Pascal den Glauben mit einer Wette.[204] "Die Rationalität der Wette (= Glaube) besteht darin, daß zwischen Einsatz und möglichem Gewinn bzw. Verlust ein vernünftiges Verhältnis besteht."[205] Daß ein solcher Standpunkt allgemeinen Rationalitätskonzepten genügen kann, zeigt die Rationalitätsdebatte dieses Jahrhunderts, von der Schupp sagt, daß sie sogar etwas "Tröstliches oder Amüsantes"[206] für den Theologen bereitstellt: "Während in den ersten Jahrzehnten unseres Jahrhunderts die Theologie größte Schwierigkeiten hatte, sich als rationales

---

203 Ebd. 692.
204 *Pascal*, Religion 120-126.
205 *Schupp*, Schöpfung 512.
206 Ebd. 543.

Unternehmen auszuweisen, scheinen die gegenwärtigen philosophischen Diskussionen um Rationalität Schwierigkeiten zu haben, ohne theologieverdächtige Postulate auszukommen: z.B. 'herrschaftsfreie Kommunikation' (Habermas) oder die 'regulative Idee eines gerechten, aufmerksamen, ausgeglichenen Intellekts' (Putnam)..."[207] Was für das Kommunikationsverständnis gilt, gilt erst recht für den Wahrheitsbegriff von Habermas. Er zielt wie kein anderer auf die Durchbrechung raumzeitlicher Kommunikationsbedingungen im Sinne einer wirksamen Antizipation und Unterstellung - die Idee von endgültiger Wahrheit trägt so selbst das Merkmal idealer bzw. eschatologischer Dimensionen.

Für eine Diskurstheorie der Wahrheit sind neben der rationalen Argumentation aber ebenso wichtig die Kommunikationsbedingungen. Sie sind die notwendigen Voraussetzungen für die ausschließliche Suche nach Wahrheit. Diese Bedingungen ergeben sich aus der Idee einer kommunikativen Rationalität, die die menschlichen Sprachleistungen an ein bestimmtes Verhalten bindet, und zwar an die reziproke Anerkennung des jeweils anderen Sprechaktteilnehmers. Sprache und Verständigung können ohne diese Leistung nicht begriffen werden. Reziproke Anerkennung hat den Stellenwert einer idealen Voraussetzung, die aber ansatzweise wirksam werden muß, soll ein Mindestmaß an Verständigung überhaupt gelingen. Insofern ist sie eine (quasi)transzendentale Bedingung für die Möglichkeit jeder Verständigung überhaupt. Der Wahrheitsanspruch des christlichen Glaubenssystems zielt in seinen praktischen Dimensionen auf die Herstellung egalitärer Verhältnisse inmitten von allen möglichen Herrschaftsstrukturen. Wiederum nimmt auch hierbei ein Glaubensgehalt eine praxisermöglichende Funktion ein: Weil der Glaube Jesu behauptet, daß Gottes universale Liebe als Versöhnung allen zuteil wird, die sich von ihr treffen lassen; weil diese Liebe sich in der Suche nach jenen Menschen erweist, die durch je bestimmte Herrschaftsverhältnisse ausgegrenzt und verachtet sind, deshalb insistiert christliches Handeln in der Fortsetzung der prophetisch-politischen Linie auf eine permanente Umgestaltung von Herrschaftsstrukturen.

Mit der reichskirchlichen Phase des Christentums, die an die 1500 Jahre gedauert hat, hat dieses aber sich selbst großteils um die Einsicht dieser Zusammenhänge gebracht. Auf den Säulen politischer Machtausübung hat es seine Botschaft verkündet unter zunehmendem Druck dogmatischer Sprachregelungen. Als Institution einer Konsensverwaltung haben lehramtliche Strukturen nicht unbedingt kommunikationsfördernde Bedingungen geschaffen. So war es möglich, daß das Prinzip des Konsenses sogar stabilisierendes und restauratives Moment werden konnte (Vinzenz von Lérin). Daß dabei eine gefährliche Nähe zu einer empirischen Konsensauffassung gegeben war, die anhand von Lehrdokumenten überprüfbar werden sollte, ist offensichtlich. Aber nicht der Konsens macht die Wahrheit aus, sondern umgekehrt: eine wahre Prädikation, eine wahre Aussage zieht die Zustimmung aller Gesprächsteilneh-

---

207 Ebd.

mer nach sich. Schon in der Diskurstheorie ist der empirisch feststellbare Konsens niemals *das* Kriterium einer Wahrheit, sondern nur die unter idealen Bedingungen zustande gekommene Zustimmung. Daß es diesen Konsens nicht gibt, ist ebenso ein Faktum wie die Unverfügbarkeit der Wahrheit selbst. So sehr gewisse Formeln der Kirche als konsenshafte Sprachregelungen Geltung behalten, weil sie dem Grundkonsens christlichen Glaubens verpflichtet sind und ihn als wahr interpretieren wollen, so sehr bedürfen sie der ständigen Befragung und Verhandlung. Denn Sprachregelungen als sprachpragmatische Handlungen unterliegen den Kommunikationsstrukturen jeweiliger Zeiten und Konflikte. Insofern ist G. Sauter zuzustimmen, daß unter gewissen Umständen um der Wahrheit willen vorhandene und nicht mehr adäquate Konsense auf ihre Legitimität hin zu befragen oder gar aufzulösen sind, wenn sie für eine richtige Interpretation des Glaubensgehaltes hinderlich sind. Gerade das ist eine wesentliche Aufgabe der Theologie, daß sie "die Wahrheitsfrage gegenüber jeder Glaubensinstitution, die ihre eigenen empirischen Grenzen mit den Grenzen der Wahrheit zur Deckung bringen will"[208], vertritt. Seit dem Konzil von Basel[209] (1431-1449) gibt es das eindeutige Bewußtsein und den noch nicht ausgetragenen Streit darum, wie die Kommunikations- und Entscheidungsbedingungen in der Kirche festgelegt werden sollen. In der Folgezeit wurden sie in der katholischen Kirche 'hierarchisiert' und auf das Papsttum zentriert. Mit dem letzten Konzil allerdings hat sich das Verständnis von einer Glaubensgemeinschaft, in der vor jeder ausdifferenzierten Funktion eines Amtes alle ihre Mitglieder Gnade und Berufung empfangen haben, Gehör verschafft. In der Idee der communio soll zum Ausdruck gebracht werden, daß der Grundkonsens des biblischen Glaubens in der gemeinsamen Achtung und Anerkennung aller Glaubensteilnehmer und darüber hinaus aller Menschen besteht. Daß sich diese Erkenntnis noch nicht in historisch praktikable Dialogregeln umgesetzt hat, ist bedauerlich. Aber trotz allem zeigt sich, daß eine theologische Wahrheitsidee mit einer Konsenstheorie der Wahrheit nicht nur zusammengeht, sondern von dort her Einsichten in die Wahrheitsstruktur von Aussagen und Diskursen gewinnen kann, die dem genuinen Anliegen einer Glaubensrede zutiefst entsprechen. Eine Konsens- und Diskurstheorie der Wahrheit ist eine ernstzunehmende Herausforderung und Anregung für theologische, d.h. diskursive Argumentations- und Kommunikationsprozesse um den christlichen Glauben.

---

208 *Sauter*, Wahrheit 74.

209 "Nach Basler Geschäftsordnung bildet die freie Meinungsbildung aller Beteiligten durch konsequente Aufteilung des Plenums in Arbeitsgruppen die Garantie dafür, daß ein zustandegekommener Mehrheitskonsens Spruch des Geistes und somit 'veritas catholica', d.h. eine der Gesamtkirche entsprechende und damit diese auch in Pflicht nehmende Aussage ist" (*Wohlmuth*, Konsens 316).

5 Schluß

1. Die vorliegende Arbeit hat den Problembegriff "Wahrheit" im Kontext theologischer Theorie- und Grundlagenfragen in drei unterschiedlichen Zugängen erörtert. Dabei sollte aufgezeigt werden, daß Wahrheit als Grundbegriff jeder wissenschaftlichen Disziplin eine bedeutende und keineswegs unproblematische Stellung unter den theologischen Grundfragen einnimmt. Die Funktion des theologischen Wahrheitsverständnisses wurde zunächst nicht wissenschafts- oder wahrheitstheoretisch analysiert, sondern krisengeschichtlich. Dabei waren drei (heuristische) Problemkonstellationen erkenntnis- und diskursleitend.

1.1. Die radikale Infragestellung theologischer Aussagensysteme samt ihren normativen biblisch-dogmatischen Textgrundlagen wurde durch die Reflexion der Geschichtlichkeit menschlichen Sinnverstehens ausgelöst. Offenbarung und Geschichte konnten nicht mehr auf sinnvolle Weise vermittelt werden. Unmittelbar betroffen war dadurch aber der Wahrheitsgehalt bestimmter Glaubensaussagen, der zudem einer radikalen Relativierung durch Konzepte säkularisierter Weltdeutung ausgesetzt war. Theologiegeschichtlich virulent wurde dieser Konflikt innerhalb der katholischen Theologie erstmals mit dem Modernismusstreit. Die Dualismen: Dogma versus Geschichte, kognitiver Aussagegehalt versus performative Handlungsfunktion, autonomer Lebensvollzug versus heteronomen Offenbarungsglauben, wurden von maßgeblichen Theologen erkannt und zu überwinden getrachtet. Bemerkenswert war, daß für Problemlösungen den Konzepten "Praxis" und "traditionsbildende Kommunikationsgemeinschaft Kirche" eine entscheidende Rolle übertragen wurde. Somit hat ein neuscholastisch vermitteltes und begründetes Wahrheitsverständnis religiöser und dogmatischer Aussagen eine erste massive Korrektur erhalten, wenn sie auch kirchenamtlicherseits nicht akzeptiert wurde. Trotz der (unbefriedigenden) Vermittlungsversuche durch Loisy, Le Roy und Blondel blieb in der Folgezeit die Problemkonstellation.

1.2. Der Abkoppelungsprozeß moderner (Natur- und Sozial-) Wissenschaften von philosophischer Erkenntnistheorie führte zur *wissenschaftstheoretischen Krise* der Theologie. Stand beim vorangegangenen Konfliktfall Sinn und Möglichkeit von Theologie überhaupt noch nicht zur Debatte, so sah sich Theologie in diesem Konfliktfall vor einer gänzlich anders gearteten Herausforderung: Wissenschaftliche Rationalität versus theologische "(Ir-)Rationalität" - so hieß diesmal die Konfrontationsdevise. Groteskerweise stand auch hier nicht der Wahrheitsbegriff selbst im Vordergrund, weil schon von Grund auf die Möglichkeit der *Wahrheitsfähigkeit religiöser und theologischer Aussagen* überhaupt angezweifelt wurde. Als signifikante Beispiele dieses Grundlagenkonfliktes wurden zwei theologische Antwortversuche analysiert und auf ihren Beitrag zur theologischen Wahrheitsproblematik untersucht. Hier nun konnte festgestellt werden, daß den Konzepten "Geschichte" und "Freiheitspraxis" noch umfassendere Lösungsfunktion zugesprochen wurde als im ersten Konfliktfall. "Geschichte" wird zum unverzichtbaren Korrelat für Verstehen jeglicher Lebensäußerung schlechthin (Pannenberg), bzw. zusammen mit "kommunikativer Glaubens- und Befreiungspraxis" zum transzendentalen Strukturmoment für Handeln. Kommunikative Rationalität wird zur Kategorie einer Fundamentaltheorie, die sowohl Subjekts- und Wissenschaftskonstitution ermöglichen als auch Geschichte und Gesellschaft als unverzichtbare Dimensionen jeder Glaubens- und Wissenschaftspraxis ausweisen soll (Peukert).

1.3. Schließlich wurde der Blick nochmals auf ein innerkatholisches Problem gerichtet, das sich nicht minder am neuzeitlichen Selbstverständnis einer Sinn- und Lebensorientierung entzündet hat. Die Debatte um das Verhältnis von Theologie und Lehramt spitzte sich an einer Spezialfrage zu, nämlich inwiefern Glaubensaussagen *unfehlbar* definiert werden können angesichts der Relativität des menschlichen - damit auch gläubigen - Erkenntnisvermögens. Nicht der Wahrheitsrelativismus sollte den eigentlichen Gegenpol zu lehramtlicher Wahrheitsdefinition darstellen, sondern die kommunikativ-kirchliche Suche nach Glaubenswahrheit, an der alle Glieder der Kirche beteiligt sind. Dieses gemeinsame Suchen und Finden der Wahrheit kommt im Begriff des *sensus/consensus fidelium* zum Ausdruck und stellt ein 'demokratisch-kommunikatives' Gegengewicht zur hierarchisch definierten und vorgelegten Glaubenslehre dar. Ein drittes Mal wurden Praxis und Kommunikation zu lösungsversprechenden Programmworten, die einer abgekoppelten Lehramtsautorität den rechten Ort in der communio ecclesiae zuweisen sollten.

Somit zeigten alle drei Fallstudien in je unterschiedlicher Konfiguration einen gemeinsamen Problemkomplex an: Wie kann im Kontext neuzeitlicher Modernisierungsprozesse der Wahrheitsgehalt christlichen Glaubens so zur Sprache kommen, daß die Geschichtlichkeit von Offenbarungswahrheit, die Praxisrelevanz religiöser und dogmatischer Aussagen, die Wissenschaftlichkeit von Theologie, schließlich die kommunikative Artikulier- und Mitteilbarkeit von Glaubenswahrheit berücksichtigt und eingelöst werden? Zugleich wurde daran anschließend versucht, Kriterien für ein angemessenes theologisches Wahrheitsverständnis zu formulieren, die diesen Grundlagenproblemen entsprechen. Schon allein aus diesen Fallstudien konnte abgelesen werden, daß eine Reflexion auf einen neu zu gewinnenden Wahrheitsbegriff am Ansatz einer Kommunikationstheorie und Transzendentalpragmatik nicht vorbeigehen kann.

2. Nicht ohne Grund wurde vor der Reflexion eines konkreten philosophischen Vorschlags einer Wahrheitstheorie ein scheinbarer Umweg eingeschlagen. Die Theologie Karl Rahners sollte als Musterbeispiel eines konsistenten und offenen Entwurfs eines 'Erztheologen' dieses Jahrhunderts auf ihre Wahrheitsreflexionen hin befragt werden. Festzustellen war, daß Rahner sein transzendentalontologisches Wahrheitskonzept für eine Vermittlung mit dem Problembereich geschichtlicher Offenbarung aufbricht und mit seinem radikal gnadentheologischen Ansatz jeden un-

angemessenen Heteronomieanspruch christlicher Glaubensrede überwindet. Glaubenswahrheit ist für Rahner nicht das Andere menschlichen Erkenntnisvermögens und Wahrheitsverständnisses, sondern das Eigentlichste und Tiefste menschlicher Existenz überhaupt: In ihr kommt auf unableitbare Weise die transzendentale Anlage des Menschen auf Transzendenz zur sinnen- und sinnhaften Gegebenheit. Im Glauben an die irreversible Zueignung und Selbstmitteilung Gottes im Menschen selbst vollzieht sich ein Wahrheitsgeschehen, das mehr ist als bloße Aussagewahrheit: Wahrheit wird zur Kategorie für die personale Erschlossenheit des Sinns geschichtlich-kommunikativer Existenz. Dieser Sinn liegt in der Ermöglichung der Freiheit des Menschen durch Gottes liebende Zuwendung in Gnade (Transzendentalität) und Geschichte (Kategorialität von Offenbarung), deren angemessenste Sinngestalt das Wort ist. Im Wort als symbolhaftem und wirksamem Zeichen von Heil kann Rahner die Vermittlung von Gottes Selbstmitteilung mit dem Erkenntnis- und Freiheitsvollzug des Menschen denken. Sosehr Rahner seinem ursprünglichen wahrheitstheoretischen Ansatz treu bleibt, sosehr adaptiert und erweitert er ihn auf je neu anstehende Problembereiche. Lange vor der Rede von einer kommunikativen Struktur von Wahrheit spricht er von einer kollektiven Suche nach Wahrheit, deren Methode der unabschließbare Dialog, deren Ziel die gemeinsam verantwortete Glaubensformel ist. Schließlich drängt er in seinen Aufsätzen über die Herausforderungen pluralistischer Wertdimensionen und Erkenntnisweisen, über den Dialog mit Weltanschauungen, Weltreligionen und Konfessionen auf Momente, die einem genuin kommunikations- und intersubjektivitätstheoretischem Wahrheitsverständnis entsprechen: Wahrheit ist der Geltungsbereich institutionalisierter Gemeinschaften, die mittels eines sprachlich vollzieh- und reflektierbaren Aussagesystems ihr Grundverständnis und ihre Lebenspraxis zur Darstellung bringen. Die gemeinsame Verantwortung füreinander verpflichtet zum Dialog und zum Hören mit- und aufeinander. Wahrheit ist somit in letzter Konsequenz weniger ein festzuhaltender propositionaler Besitzstand, der dem Dialogpartner mitgeteilt und gar aufgezwungen wird, sondern vielmehr ein gemeinsamer Anspruch, dem alle unterworfen sind. Freilich wird dadurch christliche Wahrheit aber auch nicht zu einem veräußerlichen Gut, weil diese Wahrheit nicht von den Menschen selbst gefunden und getragen, sondern ihnen zugesprochen und aufgegeben ist. Wahrheit in diesem Sinne versteht sich nach Rahner als eschatologische Geltungsdimension, die auf ihre universale Einlösung noch wartet. Rahner geht schließlich sogar so weit, daß er das beständigste Begründungsmodell theologischer Wahrheit, die Metaphysik, nicht zur Alles-oder-nichts-Frage für die Zukunftsfähigkeit von Theologie hochschaukelt. Auch wenn er keine positive Antwort darauf gibt, wie eine 'nachmetaphysische Theologie' im Sinne Rahners vorstellbar wäre, so akzentuiert der späte Rahner die Momente Sprache und Intersubjektivität doch noch deutlicher als früher. Diese unverzichtbaren Dimensionen des Wahrheitsbegriffs hat Rahner nicht mehr systematisch reflektiert. Deshalb stehen die Momente, die er herausgearbeitet hat, noch unverbunden nebeneinander.

Somit kann der Umweg über Rahners Werk als ertragreiche Veranschaulichung bewertet werden, wie Grundfragen der Theologie in ein Konzept transferierbar sind, das in einem ausgesprochen hohen Maße problemlösend und nicht problemerzeugend ist. Allerdings haben heutige Wahrheitsreflexionen von dort auszugehen, wo Rahner aufgehört hat: beim Problembereich von Sprache und Vernunft, Kommunikation und universaler Geltung, Diskurs und 'egalitärer' Praxis - und das mit dem Ziel theologischer Theoriebildung.

3. Die dritte Studie widmete sich der Rezeptionsmöglichkeit einer konkreten Wahrheitstheorie. Wie in der Einleitung schon vorweggenommen wurde, gehört die Rezeption transzendentalpragmatischer Theorien derzeit zu den wichtigsten fundamentaltheologischen Optionen für eine philosophisch-theologische Fundamentaltheorie. In dieser Hinsicht übernimmt die Transzendentalpragmatik fast den Stellenwert der transzendentaltheologischen Methode bei Karl Rahner. Maßgeblich für diese Transformation war Helmut Peukert. Ingolf Ulrich Dalferths Untersuchungen zu einer möglichen Rede von Gott wurden eingebracht, um sprachanalytische Gesichtspunkte, Richard Schaefflers Beiträge, um sprachphilosophisch-sprechakttheoretische Aspekte zu berücksichtigen und miteinander innerhalb eines gemeinsamen Problembereichs zu verknüpfen. Diese Theorieansätze verdanken trotz ihrer Disparatheit und unterschiedlichen Rezeption der transzendentalpragmatischen Philosophie wesentliche Erkenntnisse. Darum wurde der Vorschlag von Jürgen Habermas für eine Diskurs- oder Konsenstheorie von Wahrheit aufgenommen, weil er die Dimensionen von Sprache und Kommunikation, Geltung und diskursiver Begründung im Wahrheitsbegriff freilegt. Für eine theologische Rezeption dieses zunächst rein philosophischen Wahrheitskonzeptes wurden dann nochmals Sinn und Unverzichtbarkeit theologischer Rationalität behandelt, bevor am Leitfaden von Habermas' Diskurstheorie Strukturmomente einer theologischen Wahrheitstheorie vorgestellt wurden.

4. Als Ergebnis dieser Untersuchung kann somit festhalten werden: Das theologische Wahrheitsverständnis ist mittels einer transzendentalpragmatischen Diskurstheorie von Wahrheit rekonstruierbar. Im Dickicht sprachphilosophischer Analysen ist das Konzept einer Transzendental- bzw. Universalpragmatik noch das - zumindest nach Programmstellung und Theoriebreite - kompakteste und gemäßeste für theologische Anforderungen. Im Grundbegriff kommunikativer Rationalität versteht es diese Theorie, sowohl die Praxis kommunikativen Handelns als auch den theoretischen Gehalt konstativer, regulativer und repräsentativer Äußerungen so miteinander zu verbinden, daß Wahrheit als ein genuin kommunikatives und sprachliches Geltungsideal begriffen werden kann. Wahrheit ist in diesem Konzept ein Geltungsanspruch, für den ein Sprecher jene Garantien der Einlösbarkeit mitbringt, die besagen, daß ein behaupteter Sachverhalt auch tatsächlich besteht. Meines Erachtens ist

diese Wahrheitstheorie mit den Theorien einer Korrespondenz- und Kohärenzwahrheit vereinbar, auch wenn diese Aspekte bei Habermas tatsächlich zu kurz kommen, wie die Kritik feststellt. Ein unabschätzbarer Vorteil dieser Wahrheitstheorie ist es, daß sie die Wahrheitsidee nicht an empiristische Verifikations- oder Falsifikationskriterien bindet, sondern an Akzeptabilitätsbedingungen, die jeweils sprecher- und hörerbedingt, also kommunikationsabhängig sind. Schließlich ist die Diskurstheorie differenziert genug, um begründete Konsense von herkömmlichen Konsensen unterscheiden zu können. Dabei ist Wahrheit eine Leitidee jeder diskursiven Begründung eines problematisierten Geltungsanspruches. Nicht zuletzt muß diese Theorie auf ideale Bedingungen vorgreifen, die auf eine universale, uneingeschränkte Kommunikationsgemeinschaft hinauslaufen. Die Idee einer solchen Kommunikationsgemeinschaft ist aber bisher nur in religiösen Deutungsmodellen artikuliert worden. Damit hat diese Theorie einen bleibenden 'Rest-Bezug' zur Herkunft sprachlicher Kommunikation, die sich der Bindungsenergie sakraler Orientierung und Integration verdankt.

Eine theologische Rezeption bietet sich aus folgenden Gründen an: Einerseits haben die vier Teilstudien (Modernismus, Wissenschaftstheorie, Lehramt-Unfehlbarkeit, Rahners Wahrheitsverständnis) gezeigt, daß alle analysierten Problemlösungsvorschläge auf sprachlich und kommunikativ-praktische Dimensionen vorgegriffen haben, ohne daß ihnen ein adäquates Theoriemodell zur Verfügung stand. Implizit konnte eine Fülle an transzendentalpragmatischen Theoriebestandteilen entdeckt werden. Die Kommunikationstheorie ist eine direkte Weiterentwicklung transzendentalphilosophischer und hermeneutischer Traditionen, die zum genuinen Grundbestand gegenwärtiger Theologie geworden ist. Darüber hinaus stellt sie ein Reflexionsmodell zur Verfügung, das kritische Theologie als Praxis-Theologie aus ihrer Aporie lösen kann. Sie verleiht dem Konzept "Praxis" seine 'Kognitivität', insofern kommunikatives Handeln als der Grundakt von Praxis verstanden wird. Was die Frage theologischer Rationalität anlangt, sehe ich derzeit kein anderes Reflexionsmodell, in welchem angemessener der Sinn und die Unverzichtbarkeit, aber auch Eigenständigkeit glaubender Vernunft artikuliert werden können. Theologische Rationalität hat ihren Sinn einerseits im bleibenden Auftrag, Glaubenskommunikation zu ermöglichen, den Sinn religiöser Rede von Gott verstehbar zu machen. Ihre Unverzichtbarkeit aber liegt andererseits in ihrer eigentümlichen Aufgabe, eine vormoderne Bindung an die Sprachgestalt des Mythos als axiologisches und umfassendes Deutungssystem zu bewahren und zugleich das Freiheitspotential neuzeitlichen Selbstverständnisses in solidarische Befreiungspraxis und 'kontemplative Passion' umzusetzen. Diese Spannung wurde vielfach falsch in freiheitswidrige Herrschaftspraxis oder in weltfremde und weltverachtende Spiritualisierung des Glaubens aufgelöst. Darum wird Theologie in interessierter und engagierter Weise mit der Philosophie existieren können, welche die Grundvision gelungenen Menschseins am besten in theoretisierbare und ideologiekritische Konzepte zu übersetzen versteht. Dieses Engagement entspricht gewiß katholischer Tradition, die den Mut zur Synthese im gleichen Maße betont, wie evangelische Tradition vor der Auslieferung der Theologie an ausschließlich rational-diskursives Begründen warnt. Daß diese Warnung ernst genommen ist, sollte der Schluß dieser Arbeit insofern herausarbeiten, als er das theologische Konsens-Konzept bleibend gebunden sieht an den rein rational nicht letztbegründbaren Anspruch, daß Gott sich im Evangelium des Alten und Neuen Testamentes als versöhnende und aus dem Tod rettende Heilsmacht kundgetan hat. Deshalb hat Theologie gerade in Sachen Begründung eine gewisse Philosophie-Enthaltsamkeit einzuüben, weil Gott gerade jene Idee und Wirklichkeit zum Ausdruck bringt, die sich 'grundlos' mitteilt, und zwar besonders dort, wo Menschen der materielle und geistig-kommunikative Lebensgrund entzogen wird. Insofern muß der Theologie als Wissenschaft auf heilsame Weise mißtraut werden, weil sie ein schwarzes Schaf in der Herde der Wissenschaften ist. Ob sie als solches akzeptiert wird samt ihrem Verständnis von Wahrheit und Wissenschaft, das hängt nicht allein von ihr selbst ab.

Die Wahrheit des Glaubens kann somit als kommunikativ-praktischer Geltungsanspruch bestimmt werden. Kommunikativ ist dieser Geltungsanspruch, insofern er in *sprachlichen* Äußerungen erhoben wird. Die Form dieser Äußerungen ist *assertorisch*, in Sätzen, die in konstatierenden Sprechakten ausgesagt werden. Glaubensaussagen behaupten darum unweigerlich einen Sachverhalt, der einer Wirklichkeitsauffassung entspricht. Aber diese Wirklichkeitsauffassung versteht sich heute nicht mehr im Modell kosmologischer Aussagereihen, sondern als Sinn- und Symbolwelt. Sinn- und Symbolwelten bedürfen einer anderen Verwendung der Kategorie "Wahrheit" als die kognitive Bestimmung der Erfahrungswelt. Der universale Sinn, den Glaubensaussagen zum Ausdruck bringen, ist im höchsten Maße ein *praktisch* zu realisierender Sinn. In diesem Sinne müssen Sätze des Glaubens als performative Sätze verstanden werden: Sie zielen auf die Ermöglichung einer Praxis, die subjekt- und geschichtskonstitutiv ist. Die Wahrheit der Sätze erhält damit transzendentalen und regulativen Charakter: Sie behaupten eine Überzeugung, die auf den Möglichkeitssinn menschlich-kommunikativer Existenz ausgerichtet ist. Diese Überzeugung entsteht in der religiösen Grunderfahrung, daß Gott die rettende Wirklichkeit Jesu Christi und seines Volkes ist. Das auf diese "Anredeerfahrung" antwortende Geschehen manifestiert sich je und je in Texten und Sprechhandlungen des Bezeugens und Bekennens. Wenn nun, wie gesagt wurde, der Wahrheitsanspruch nicht diskursiv eingelöst werden kann, weil Gott selbst als das Subjekt des Heilszuspruchs unverfügbar ist, so bleibt der religiösen Gemeinde doch die Aufgabe, den Sinngehalt ihrer Überzeugungen argumentativ auszuweisen. Sie hat dafür Sorge zu tragen, daß ihre heilstiftenden Handlungen wirksam werden, insofern sie die Bedingungen für die Verstehbarkeit und Annehmbarkeit ihrer Sprechakte *praktisch* zu erfüllen sucht. Diese Bedingungen - so hat sich gezeigt - laufen aber auf die Idee einer universalen und solidarisch-freiheitlichen Kommunikation hinaus. Wo Kirche diese Bedingungen durch ihre eigene Praxis verstellt, verhindert sie die *Einsicht* in den Wahrheitsgehalt ihrer Grundüberzeugungen. In ihnen aber kommt die nur eschatologisch einlösbare Hoffnung zum Ausdruck, daß alle einstimmen in Gottes Selbstangebot an die Menschen in seinem radikalen kommunikativen Handeln, das durch ein entscheidendes Stück Weltgeschichte bezeugt wird. Einstimmen aber heißt nicht unkritisches und uniformes Beipflichten, sondern ist der mühsame Weg der Verständigung und Überzeugung durch gewaltfreie Kommunikation, oder mit dem christlichsten und menschlichsten Grundwort gesagt: durch Liebe.

Abkürzungsverzeichnis

A	M. Blondel, Die Aktion [1893]. Versuch einer Kritik des Lebens und einer Wissenschaft der Praktik, Freiburg - München 1950
APhC	Annales de philosophie chrétienne, Paris 1830-1913
Cath	Catholica. Vierteljahresschrift für Kontroverstheologie, Münster 1932ff
Conc	Concilium. Internationale Zeitschrift für Theologie, Einsiedeln - Mainz 1965ff
DC	E. Le Roy, Dogme et critique, Paris 1907
DS	H. Denzinger - A. Schönmetzer, Enchiridion symbolorum, definitionum et declarationum de rebus fidei et morum, Freiburg [36]1965
EuK	A. Loisy, Evangelium und Kirche, München 1904
EvTh	Evangelische Theologie, München 1934ff
FThS	Freiburger theologische Studien, Freiburg 1910ff
FTS	Frankfurter theologische Studien, Frankfurt/M. 1969ff
GuD	M. Blondel, Geschichte und Dogma. Mit Einführungen von J.B. Metz und R. Marlé, Mainz 1963
GW	K. Rahner, Geist in Welt. Zur Metaphysik der endlichen Erkenntnis bei Thomas von Aquin, Innsbruck 1938 (2. von J.B. Metz überarb. und erg. Auflage, München 1957)
HFTh	Handbuch der Fundamentaltheologie. Hg. W. Kern - H.J. Pottmeyer - M. Seckler, 4 Bde., Freiburg 1985-1988
HK	Herder Korrespondenz, Freiburg 1946ff
HKG	Handbuch der Kirchengeschichte. Hg. H. Jedin, 6 Bde., Freiburg 1962-1975
HphG	Handbuch philosophischer Grundbegriffe. Hg. H. Krings - H.M. Baumgartner - Ch. Wild, 6 Bde., München 1973f
HPTh	Handbuch der Pastoraltheologie. Hg. F.X. Arnold u.a., 5 Bde., Freiburg 1964-1972
HThG	Handbuch theologischer Grundbegriffe. Hg. H. Fries, 2 Bde., München 1962f
HTTL	Herders theologisches Taschenlexikon. Hg. K. Rahner, 8 Bde., Freiburg 1972f
HW	K. Rahner, Hörer des Wortes. Zur Grundlegung einer Religionsphilosophie, München 1941 (neu bearbeitet von J.B. Metz, München 1963)
HWP	Historisches Wörterbuch der Philosophie. Hg. J. Ritter - K. Gründer, Basel 1971ff
ITS	Innsbrucker theologische Studien, Innsbruck 1978ff
JR	Journal of Religion, Chicago 1921ff
KrV	I. Kant, Kritik der reinen Vernunft [1. Aufl. (= A) 1781, 2. Aufl. (= B) 1787]. Hg. R. Schmidt, Hamburg 1976
KTW	Kleines theologisches Wörterbuch [1961]. Hg. K. Rahner - H. Vorgrimler, Freiburg [4]1964
LThK	Lexikon für Theologie und Kirche. 2. Aufl. Hg. J. Höfer - K. Rahner, 10 Bde., 1 Register- und 3 Ergängzungsbde., Freiburg 1957-1976
Mansi	J.D. Mansi, Sacrorum conciliorum nova et amplissima collectio (Florenz-Venedig 1757-1798). Neudruck und Fortsetzung hg. von L. Petit und J.B. Martin, Paris 1890-1927
MThZ	Münchener Theologische Zeitschrift, München 1950ff
MySal	Mysterium Salutis. Grundriß heilsgeschichtlicher Dogmatik. Hg. J. Feiner - M. Löhrer, 5 Bde, Einsiedeln 1965ff
NHthG	Neues Handbuch theologischer Grundbegriffe. Hg. P. Eicher, 4 Bde., 1984f
PG	J.P. Migne (Hg.), Patrologiae cursus completus, series graeca, 161 Bde., Paris 1857-1866
PhJ	Philosophisches Jahrbuch, Fulda 1888ff

PL	J.P. Migne (Hg.), Patrologiae cursus completus, series latina, 221 Bde., Paris 1844-1855
QD	Quaestiones disputatae. Hg. [Band 1 bis 102] K. Rahner - H. Schlier, Freiburg 1958ff
RCF	Revue du clergé français, Paris 1895-1920
RevPhil	Revue de philosophie, Paris 1900ff
SM	Sacramentum mundi. Theologisches Lexikon für die Praxis. Hg. K. Rahner - A. Darlap, 4 Bde., Freiburg 1967-1969
ST	W. Pannenberg, Systematische Theologie, Bd. I, Göttingen 1988
StZ	Stimmen der Zeit, Freiburg 1871ff [bis 1914: Stimmen aus Maria Laach]
SuZ	M. Heidegger, Sein und Zeit [1927], Tübingen ^{15}1984
SzTh	K. Rahner, Schriften zur Theologie, 16 Bde., Einsiedeln 1954-1984
ThWNT	Theologisches Wörterbuch zum Neuen Testament. Hg. G. Kittel - G. Friedrich, Stuttgart 1933-1979
ThGl	Theologie und Glaube. Zeitschrift für den katholischen Klerus, Paderborn 1909ff
ThPh	Theologie und Philosophie (bis 1965: Scholastik), Freiburg 1926ff
ThR	Theologische Rundschau, Tübingen 1897ff
ThPQ	Theologisch-praktische Quartalschrift, Linz 1848ff
ThQ	Theologische Quartalschrift, Tübingen 1819ff, Stuttgart 1946ff
TThZ	Trierer theologische Zeitschrift, Trier 1947ff
TTS	Tübinger theologische Studien, Mainz 1973ff
WHFTh	H. Peukert, Wissenschaftstheorie, Handlungstheorie, Fundamentale Theologie. Analysen zu Ansatz und Status theologischer Theoriebildung [1976], Frankfurt/M. 1978
WiWei	Wissenschaft und Weisheit. Zeitschrift für augustinisch-franziskanische Theologie und Philosophie in der Gegenwart, Düsseldorf 1934ff
WuT	W. Pannenberg, Wissenschaftstheorie und Theologie [1973], Frankfurt/M. 1977
ZEE	Zeitschrift für evangelische Ethik, Gütersloh 1957ff
ZKTh	Zeitschrift für Katholische Theologie, Wien 1877ff
ZThK	Zeitschrift für Theologie und Kirche, Tübingen 1891ff

Literaturverzeichnis

Apel, K.-O., *Transformation* der Philosophie. Bd. 1: Sprachanalytik, Semiotik, Hermeneutik. Bd. 2: Das Apriori der Kommunikationsgemeinschaft, Frankfurt/M. 1973

-, Der *Denkweg* von Charles S. Peirce. Eine Einführung in den amerikanischen Pragmatismus, Frankfurt 1975

Arens, E., Bezeugen und Bekennen. Elementare Handlungen des Glaubens, Düsseldorf 1989

-, Kleine *Bilanz* der bisherigen Peukertrezeption, in: H.v. Brachel - N. Mette (Hg.), Kommunikation und Solidarität. Beiträge zur Diskussion des handlungstheoretischen Ansatzes von Helmut Peukert in Theologie und Sozialwissenschaften, Fribourg - Münster 1985, 14-32

-, *Theologie* nach Habermas. Eine Einführung, in: ders. (Hg.), Habermas und die Theologie. Beiträge zur theologischen Rezeption, Diskussion und Kritik der Theorie kommunikativen Handelns, Düsseldorf 1989

-, Zur *Struktur* theologischer Wahrheit. Überlegungen aus wahrheitstheoretischer, biblischer und fundamentaltheologischer Sicht, in: ZKTh 112 (1990) 1-27

Austin, J.L., Zur *Theorie* der Sprechakte, Stuttgart [2]1979 (How to Do Things with Words, Cambridge, Mass. 1963)

Bader, D., Der *Weg* Loisys zur Erforschung der christlichen Wahrheit, Freiburg 1974

Bahr, H.E. (Hg.), *Religionsgespräche*. Zur gesellschaftlichen Rolle der Religion, Darmstadt - Neuwied 1975

Barth, K., *Christliche Dogmatik* im Entwurf (Karl Barth Gesamtausgabe). Bd. 1, Zürich 1982

-, Das *Wort* Gottes als Aufgabe der Theologie [1924], in: Anfänge der dialektischen Theologie. Hg. J. Moltmann, Teil I, München 1966, 197-218

-, *Kirchliche Dogmatik*, Bd. I/1 , Zollikon - Zürich 1932

Baum, G., *Truth* in the Church. Küng, Rahner and beyond, in: The Ecumenist 9 (1971) 33-48

Baum, W., Ludwig *Wittgenstein* und die Religion, in: PhJ 86 (1979) 272-299

-, *Einleitung*, in: R. Ruether, Nächstenliebe und Brudermord. Die theologischen Wurzeln des Antisemitismus, München 1978, 9-29

Baumgartner, H.M., *Philosophie* - Wissenschaft - Religion. Dimensionen des endlichen Wahrheitsgeschehens, in: Oelmüller, Wahrheitsansprüche 13-25

-, *Wandlungen* des Vernunftbegriffs in der Geschichte des europäischen Denkens, in: Rationalität. Ihre Entwicklung und ihre Grenzen. Hg. L. Scheffczyk, Freiburg - München 1989, 167-203

Becker, W., *Wahrheit* und sprachliche Handlung, Freiburg - München 1988

Beckermann, A., Die realistischen *Voraussetzungen* der Konsensustheorie von J. Habermas, in: Zeitschrift für allgemeine Wissenschaftstheorie 2 (1972) 63-80

Beinert, W., *Bedeutung* und Begründung des Glaubenssinnes (sensus fidei) als eines dogmatischen Erkenntniskriteriums, in: Cath 25 (1971) 271-303

Berdesinski, D., Die *Praxis* - Kriterium für die Wahrheit des Glaubens? Untersuchungen zu einem Aspekt politischer Theologie, München 1973

Blondel, M., Die *Aktion* [1893]. Versuch einer Kritik des Lebens und einer Wissenschaft der Praktik, Freiburg - München 1965

-, Histoire et Dogma. Les lacunes philosophiques de l'exégèse moderne, in: La Quinzaine 56 (1904) 145-167.349-373.435-458 (dt. Geschichte und Dogma. Mit Einführungen von J.B. Metz und R. Marlé, Mainz 1963)

-, Lettre sur les exigences de la pensée contemporaine en matière d'apologétique et sur la méthode de la philosophie dans l'étude du problème religieux, in: APhC 131 (1895) 337-347.467-482.599-616; 132 (1896) 131-147.225-267.337-350 (neu aufgelegt in: Les premiers écrits de Maurice Blondel II, Paris 1956, 5-95; dt. Zur

Methode der Religionsphilosophie. Eingeleitet von H. Verweyen, Einsiedeln 1974)

Blumenberg, H., Die *Sorge* geht über den Fluß, Frankfurt/M. 1987

Boff, C., *Theologie* und Praxis. Die erkenntnistheoretischen Grundlagen der Theologie der Befreiung, Mainz 1983

Böhler, D., Rekonstruktive *Pragmatik*. Von der Bewußtseinsphilosophie zur Kommunikationsreflexion: Neubegründung der praktischen Wissenschaften und Philosophie, Frankfurt/M. 1985

Bomba, R., Die *Identität* im Erkenntnisakt bei Thomas von Aquin, in: PhJ 69 (1961-62) 75-100

Bonsor, J., *Rahner*, Heidegger and truth: Karl Rahner's notion of Christian truth. The influence of Heidegger, Lanham 1987

Bouillard, H., *Blondel* et le Christianisme, Paris 1961 (dt. Blondel und das Christentum, Mainz 1963)

Bultmann, R., Art. *alétheia*, in: ThWNT 1 (1933) 239-251

-, *Theologie* als Wissenschaft, in: ZThK 81 (1984) 447-469

Chomsky, N., *Aspekte* der Syntaxtheorie, Frankfurt/M. 1969 (engl. 1965)

Cohen, H., Der *Begriff* der Religion im System der Philosophie, Gießen 1915

-, *Religion* der Vernunft aus den Quellen des Judentums, Wiesbaden 1978 (= Berlin ²1929)

Congar, Y., *Infallibilität* und Indefektibilität. Zum Begriff Unfehlbarkeit, in: Rahner, Problem 174-195

Dalferth, I.U., Analytische *Religionsphilosophie*, in: Religionsphilosophie heute. Chancen und Bedeutung in Philosophie und Theologie. Hg. A. Halder u.a., Düsseldorf 1988, 16-37

-, *Existenz* Gottes und christlicher Glaube. Skizzen zu einer eschatologischen Ontologie, München 1984

-, Religiöse *Rede* von Gott, München 1981

-, *Theology* and Philosophy, Oxford 1988

-, Wissenschaftliche *Theologie* und kirchliche Lehre, in: ZThK 85 (1988) 98-128

- (Hg.), *Sprachlogik* des Glaubens. Texte analytischer Religionsphilosophie und Theologie zur religiösen Sprache, München 1974

Darlap, A., Art. *Heilsgeschichte*. II. Theologische Vermittlung, in: SM III (1968) 647-656

Dilthey W., Gesammelte *Schriften*. Bd. VII, Stuttgart - Göttingen 1966

-, Der Aufbau der geschichtlichen Welt in den Geisteswissenschaften, Frankfurt/M. 1981

Eicher, P., Die anthropologische *Wende*. Karl Rahners philosophischer Weg vom Wesen des Menschen zur personalen Existenz, Fribourg 1970

-, *Offenbarung*. Prinzip neuzeitlicher Theologie, München 1977

-, *Theologie*. Eine Einführung in das Studium, München 1980

-, Von den *Schwierigkeiten* bürgerlicher Theologie mit den katholischen Kirchenstrukturen, in: Kern, Theologie 116-151

-. Art. *Hierarchie*, in: NHthG 2 (1984) 177-196

-, Neuzeitliche *Theologien*. A. Die katholische Theologie, in: NHthG 3 (1985) 196-235

Fellermeier, J., *Wahrheit* und Existenz bei Thomas von Aquin, in: MThZ 20 (1969) 136-145

Flasch, K., Zum *Begriff* der Wahrheit bei Anselm von Canterbury, in: PhJ 72 (1965) 322-352

Fleischer, M., *Wahrheit* und Wahrheitsgrund. Zum Wahrheitsproblem und seiner Geschichte, Berlin 1984

Franzen, W., Die *Bedeutung* von "wahr" und "Wahrheit". Analysen zum Wahrheitsbegriff und zu einigen neueren Wahrheitstheorien, Freiburg - München 1982

-, Ist die semantische *Wahrheitstheorie* eine Wahrheitstheorie?, in: PhJ 89 (1992) 291-308

Fries, H., Das mißverständliche *Wort*, in: Rahner, Problem 216-232

-, *Sensus* fidelium. Der Theologe zwischen dem Lehramt der Hierarchie und dem Lehramt der Gläubigen, in: Theologische Berichte 17 (1988) 55-77

Füssel, K., Der *Wahrheitsanspruch* dogmatischer Aussagen. Ein Beitrag Karl Rahners zur theologischen Wissenschaftstheorie, in: Wagnis Theologie. Erfahrungen mit der Theologie Karl Rahners. Fs. K. Rahner. Hg. H. Vorgrimler, Freiburg 1979, 199-212

-, Die sprachanalytische und wissenschaftstheoretische *Diskussion* um den Begriff der Wahrheit in ihrer Relevanz für eine systematische Theologie, Diss.masch., Münster 1975

-, *Sprache*, Religion, Ideologie. Von einer sprachanalytischen zu einer materialistischen Theologie, Frankfurt/M. - Bern 1982

Gadamer, H.-G., *Wahrheit* und Methode. Grundzüge einer philosophischen Hermeneutik, Tübingen 1960

Gatzemaier, M., *Theologie* als Wissenschaft. 2 Bde., Stuttgart - Bad Cannstatt 1974f

Gauthier, P., *Newman* et Blondel. Tradition et développement du dogme, Paris 1988

Geerlings, W., *Apologetik* und Fundamentaltheologie in der Väterzeit, in: HFTh IV (1988) 317-333

-, *Jes 7,9b* bei Augustinus. Die Geschichte eines fruchtbaren Mißverständnisses, in: WiWei 50 (1987) 5-12.

Gerken, A., *Offenbarung* und Transzendenzerfahrung. Kritische Thesen zu einer künftigen dialogischen Theologie, Düsseldorf 1969

Geyer, C.-F., *Metaphysik* zwischen Wissenschaft und Lebenswelt, in: Oelmüller, Metaphysik heute?, Paderborn 1987, 9-23

Gillet, M., La *philosophie* d'Edouard Le Roy, in: Archives de Philosophie 27 (1964) 530-533; 28 (1965) 98-145

Gnilka, J., Art. *Wahrheit* II. Biblisch, in: HThG 2 (1963) 794-800

Grabner-Haider, A., *Semiotik* und Theologie. Religiöse Rede zwischen analytischer und hermeneutischer Philosophie, München 1973

Gruber, L., *Transzendentalphilosophie* und Theologie bei Johann Gottlieb Fichte und Karl Rahner, Frankfurt/M. 1978

Habermas, J., *Strukturwandel* der Öffentlichkeit, Darmstadt-Neuwied 1962

-, *Theorie* und Praxis, Frankfurt/M. 1963

-, *Technik* und Wissenschaft als "Ideologie", Frankfurt/M. 1968

-, Zur *Logik* der Sozialwissenschaften, Frankfurt/M. 1970

-, Vorbereitende *Bemerkungen* zu einer Theorie der kommunikativen Kompetenz, in: ders. - N. Luhmann, Theorie der Gesellschaft oder Sozialtechnologie - Was leistet die Systemforschung?, Frankfurt/M. 1971, 101-141

-, *Universalitätsanspruch* der Hermeneutik, in: K.O. Apel u.a., Hermeneutik und Ideologiekritik, Frankfurt/M. 1971, 120-159

-, *Erkenntnis* und Interesse. Mit einem neuen Nachwort, Frankfurt/M. 1973 (^{1}1968)

-, *Notizen* zum Begriff der Rollenkompetenz, in: ders., Kultur und Kritik, Frankfurt/M.1973, 195-231

-, *Wahrheitstheorien* [1973], in: ders., Vorstudien 127-183

-, *Legitimationsprobleme* im Spätkapitalismus [1973], Frankfurt ^{3}1975

-, Was heißt *Universalpragmatik*? [1976], in: ders., Vorstudien 353-440

-, *Vorlesungen* zu einer sprachtheoretischen Grundlegung der Soziologie [1970/71], in: ders., Vorstudien 11-126

-, Wozu noch *Philosophie?*, in: ders., Philosophisch-politische Profile, 3. erw. Aufl. Frankfurt/M. 1981, 15-37

-, Der *Philosoph* als Platzhalter und Interpret, in: ders., Moralbewußtsein und kommunikatives Handeln, Frankfurt/M. 1983, 9-28

-, *Theorie des kommunikativen Handelns*, 2 Bde., Frankfurt/M. 1983

-, *Vorstudien* und Ergänzungen zur Theorie des kommunikativen Handelns, Frankfurt/M. 1984

-, Der philosophische *Diskurs* der Moderne. Zwölf Vorlesungen, Frankfurt/M.1985

-, Nachmetaphysisches *Denken*. Philosophische Aufsätze, Frankfurt/M. 1988

Haight, R., Edouard Le Roy's *Theory* of the Nature and Meaning of Dogmatic Propositions, in: Science et Esprit 35 (1983) 171-190
Hammans, H., Die neueren katholischen *Erklärungen* der Dogmenentwicklung, Essen 1965
Hasler, A.B., Pius IX. Päpstliche *Unfehlbarkeit* und 1. Vatikanum. Dogmatisierung und Durchsetzung einer Ideologie. 1. Halbband, Stuttgart 1977
Heckmann, H.-D., Was ist *Wahrheit*? Eine systematisch-kritische Untersuchung philosophischer Wahrheitsmodelle, Heidelberg 1981
Heidegger M., *Sein* und Zeit [1927], Tübingen [15]1984
Heijden, B. van der, Karl *Rahner*. Darstellung und Kritik seiner Grundpositionen, Einsiedeln 1973
Hengstenberg, H.E., *Wahrheit*, Sicherheit, Unfehlbarkeit. Zur "Problematik" unfehlbar kirchlicher Lehrsätze, in: Rahner (Hg.), Problem 217-231
Henrici, P., *Hegel* und Blondel. Eine Untersuchung über Form und Sinn der Dialektik in der "Phänomenologie des Geistes" und in der ersten "Action", Pullach 1958
-, Rez., H. *Duméry*, Raison et Religion dans la Philosophie de l'Action, Paris 1963, in: PhJ 72 (1965) 408-413
-, Deutsche *Quellen* in der Philosophie Blondels?, in: ThPh 43 (1968) 542-561
-, Maurice *Blondel* und die "Philosophie der Aktion", in: Christliche Philosophie im katholischen Denken des 19. und 20. Jahrhunderts. Hg. E. Coreth u.a. Bd. 1, Graz 1987, 543-584
-, Zwischen *Transzendentalphilosophie* und christlicher Praxis. Zur philosophischen Methode Maurice Blondels, in: PhJ 75 (1968) 332-346
Hödl, L., Wie fehlbar und unfehlbar ist die kirchliche *Lehrverkündigung?*, in: ThPh 48 (1973) 174-193
Höffe, O., Kritische *Überlegungen* zur Konsensustheorie der Wahrheit (Habermas), in: PhJ 83 (1976) 313-332
Hoffmann-Axthelm, D., Loisys "*L'Évangile* et l'Église", in: ZThK 65 (1968) 291-328
Hofmann, P., *Glaubensbegründung*. Die Transzendentalphilosophie der Kommunikationsgemeinschaft in fundamentaltheologischer Sicht, Frankfurt/M. 1988
Höhn, H.-J., *Kirche* und kommunikatives Handeln. Studien zur Theologie und Praxis der Kirche in der Auseinandersetzung mit den Sozialtheorien Niklas Luhmanns und Jürgen Habermas', Frankfurt/M. 1985
Holmer, P.L., *Wittgenstein* und die Theologie, in: D.M. High, Sprachanalyse und religiöses Sprechen. Mit einer Einführung von H. Peukert, Düsseldorf 1972, 23-32
Holz, H., *Transzendentalphilosophie* und Metaphysik. Studie über Tendenzen in der heutigen philosophischen Grundlagenproblematik, Mainz 1966
Hommes, U., *Transzendenz* und Personalität. Zum Begriff der Action bei Maurice Blondel, Frankfurt/M. 1972
Hoping, H., *Wahrheit* und Dogma zwischen Dogmatismus und Relativismus, in: WiWei 46 (1983) 1-28. 92-107
Horst, U., *Papst* - Konzil - Unfehlbarkeit, Mainz 1978
Hulshof, J., *Wahrheit* und Geschichte. Alfred Loisy. Zwischen Tradition und Kritik, Essen 1973
Jedin, H., *Theologie* und Lehramt, in: R. Bäumer (Hg.), Lehramt und Theologie im 16. Jahrhundert, Münster 1976, 7-21
Just, W.D., Religiöse *Sprache* und analytische Philosophie, Stuttgart 1975
Kant, I., Die *Religion* innerhalb der Grenzen der bloßen Vernunft, in: Werkausgabe. Bd. VII. Hg. W. Weischedel, Frankfurt/M. 1968, 645-879
-, Kritik der reinen Vernunft. Hg. R. Schmidt, Hamburg 1976
-, *Prolegomena* zu einer jeden künftigen Metaphysik. Hg. R. Vorländer, Hamburg 1976
Kasper, W., Das *Wahrheitsverständnis* der Theologie, in: E. Coreth (Hg.), Wahrheit in: Einheit und Vielheit, Düsseldorf 1987, 170-193
-, Die *Wissenschaftspraxis* der Theologie, in: HFTh IV (1988) 242-277

-, *Freiheit* des Evangeliums und dogmatische Bindung in der katholischen Theologie. Grundlagenüberlegungen zur Unfehlbarkeitsdebatte, in: Kern, Theologie 201-233

-, Zum *Problem* der Rechtgläubigkeit in der Kirche von morgen, in: F. Haarsma - W. Kasper - F.X. Kaufmann, Kirchliche Lehre - Skepsis der Gläubigen, Freiburg 1970, 37-96

-, Zur *Diskussion* um das Problem der Unfehlbarkeit, in: Küng, Fehlbar 74-89

-, *Zustimmung* zum Denken. Von der Unerläßlichkeit der Metaphysik für die Sache der Theologie, in: ThQ 169 (1989) 257-271

Kehl, M., *Kirche* als Institution. Zur theologischen Begründung des institutionellen Charakters der Kirche in der neueren deutschsprachigen katholischen Ekklesiologie, Frankfurt/M. 1976, 172-181

Kern, W. (Hg.), Die *Theologie* und das Lehramt (QD 91), Freiburg 1982

Kessler, H., Sucht den *Lebenden* nicht bei den Toten. Die Auferstehung Jesu Christi, Düsseldorf 1985

Klausnitzer, W., Das *Papstamt* im Disput zwischen Lutheranern und Katholiken. Schwerpunkte von der Reformation bis zur Gegenwart (ITS 20), Innsbruck 1987

Koch, Kurt, Der *Gott* der Geschichte. Theologie der Geschichte als Paradigma einer Philosophischen Theologie in ökumenischer Perspektive, Mainz 1988

Koch, Klaus, Der hebräische *Wahrheitsbegriff* im griechischen Sprachraum, in: Was ist Wahrheit? Hg. H.R. Müller-Schwefe, Göttingen 1965, 47-65

König, O., *Dogma* als Praxis und Theorie. Studien zum Begriff des Dogmas in der Religionsphilosophie Maurice Blondes vor und während der modernistischen Krise (1988-1909), Graz 1983

-, *Was ist ein Dogma?* Zur Diskussion zwischen Edouard Le Roy und Maurice Blondel um eine "pragmatische" Interpretation des kirchlichen Dogmas, in: ThPh 52 (1977) 498-524

Krämer, W., *Konsens* und Rezeption. Verfassungsprinzipien der Kirche im Basler Konziliarismus, Münster 1980

Kraml, H., Die *Rede* von Gott sprachkritisch rekonstruiert aus Sentenzenkommentaren (ITS 13), Innsbruck 1984

-, *Konvergenz* der Wahrheitstheorien als Wahrheitstheorie, in: ZKTh 101 (1979) 443-453

Krings, H., *Freiheit*. Ein Versuch Gott zu denken, in: ders., System und Freiheit. Gesammelte Aufsätze, Freiburg - München 1980, 161-186

-, Was ist *Wahrheit*? Zum Pluralismus des Wahrheitsbegriffs, in: PhJ 90 (1983) 20-31

- H.M. Baumgartner, Art. *Erkennen*, Erkenntnis, in: HWP 2 (1972) 643-662

Kuhlmann W., Reflexive *Letztbegründung*. Untersuchungen zur Transzendentalpragmatik, Freiburg - München 1985

Kuhn T.S., Die *Struktur* wissenschaftlicher Revolutionen, Frankfurt/M. 1967 (engl. 1962)

Küng, H., *Unfehlbar*? Eine Anfrage, Zürich 1970

-, Eine *Bilanz* der Unfehlbarkeitsdebatte, in: ders., Fehlbar 307-493

-, Im *Interesse* der Sache. Antwort an Karl Rahner, in: ders., Fehlbar 19-68

- (Hg.), *Fehlbar*? Eine Bilanz, Zürich 1973

Kunz, E., *Glaubwürdigkeitserkenntnis* und Glaube (analysis fidei), in: HFTh IV (1988) 414-449

-, Wie erreicht der *Glaube* seinen Grund? Modelle einer "analysis fidei" in der neuzeitlichen katholischen Theologie, in: ThPh 62 (1987) 352-381

Kutschera, F.v., *Vernunft* und Glaube, Berlin 1990

Lang, A., Die theologische *Prinzipienlehre* der mittelalterlichen Scholastik, Freiburg 1964

Larcher, G., Maurice Blondels *Traditionsverständnis* als ein Antwortversuch auf geschichtstheoretische Grundprobleme im Modernismusstreit, in: Aufbruch ins 20. Jahrhundert. Zum Streit um Reformkatholizismus und Modernismus. Hg. G. Schwaiger, Göttingen 1976, 23-42

-, *Modernismus* als theologischer Historismus. Ansätze zu seiner Überwindung im Frühwerk Maurice Blondels, Frankfurt/M. 1985

Le Roy, E., Dogme et critique, Paris 1907
-, *Dogme et vérité*, in: Revue du clergé français 52 (1907) 210-221
Leclère, H., Art. *Le Roy*, in: Catholicisme VII, Paris 1975, 443-448
Lehmann, K., Von der *Beweislast* für "unfehlbare Sätze", in: Rahner, Problem 340-371
Löhrer, M., Dogmatische *Erwägungen* zur unterschiedlichen Funktion und zum gegenseitigen Verhältnis von Lehramt und Theologie in der katholischen Kirche, in: Theologische Berichte 17 (1988) 11-53
-, *Träger* der Vermittlung, in: MySal I (1965) 545-586
Loisy, A., L' Évangile et l'Église, Paris 1902 (dt. Evangelium und Kirche, München 1904)
-, *Études* Bibliques, Paris 1903
-, Autour d'un petit *livre* [1903], Paris ²1904
-, *Mémoires* pour servir à l'histoire religieuse de notre temps. 3 Bde., Paris 1930
Lübbe, H., *Religion* nach der Aufklärung, Graz 1986
Luhmann, N., *Funktion* der Religion [1977], Frankfurt/M. 1982
Maire, G., La *philosophie* d'Edouard Le Roy, in: Études philosophiques 27 (1972) 201-220
Mannermaa, T., Eine falsche *Interpretationstradition* von Karl Rahners "Hörer des Wortes", in: ZKTh 92 (1970) 204-209
Mansini, G., "What is a *dogma*?" The Meaning and Truth of Dogma in Edouard Le Roy and his Scholastic Opponents, Rom 1985
Maréchal, J. Le *point* de départ de la métaphysique. Leçons sur le développement historique et théorique du problème de la connaissance. 5 Bde., Louvain 1922-1926
Martin, J.A., Philosophische *Sprachprüfung* der Theologie. Eine Einführung in den Dialog zwischen der analytischen Philosophie und der Theologie, München 1974
McGrath, P., Der *Begriff* der Unfehlbarkeit, in: Conc 9 (1973) 185-191
Metz, J.B., Anamnetische *Vernunft*. Anmerkungen eines Theologen zur Krise der Geisteswissenschaften, in: Zwischenbetrachtungen. Im Prozeß der Aufklärung. Fs. J. Habermas. Hg. A. Honneth u.a., Frankfurt/M. 1989, 333-338
-, Art., Politische *Theologie*, in: HTTL 6 (1973) 51-58
-, Zur *Theologie der Welt* [1968], Mainz ⁴1979
Michel, D., *'Ämät*. Untersuchung über "Wahrheit" im Hebräischen, in: Archiv für Begriffsgeschichte 12 (1968) 30-57
Mitterstieler, E., Christlicher *Glaube* als Bestätigung des Menschen. Zur "fides quaerens intellectum" in der Theologie Karl Rahners (FTS 18), Frankfurt/M. 1975
Muck, O., Die deutschsprachige *Maréchalschule* - Transzendentalphilosophie als Metaphysik: J.B. Lotz, K. Rahner, W. Brugger, E. Coreth u.a., in: Christliche Philosophie im katholischen Denken des 19. und 20. Jahrhunderts. Hg. E. Coreth u.a. Bd. 2, Graz 1988, 590-622
-, Die transzendentale *Methode* in der scholastischen Philosophie der Gegenwart, Innsbruck 1964
Mühlen, H., *Gnadenlehre*, in: Bilanz der Theologie im 20. Jahrhundert. Perspektiven, Strömungen, Motive in der christlichen und nichtchristlichen Welt. Hg. H. Vorgrimler - R. Vander Gucht. Bd. 3, Freiburg 1970, 148-192
Neuner, P., A. *Loisy* (1857-1940), in: Klassiker der Theologie. Hg. H. Fries - G. Kretschmar. Bd. 2, München 1983, 221-240
-, Der *Glaube* als subjektives Prinzip der theologischen Erkenntnis, in: HFTh IV (1988) 51-67
Neurath, O., *Protokollsätze*, in: Erkenntnis 3 (1932/33) 204-214
-, Radikaler *Physikalismus* und "Wirkliche Welt", in: Erkenntnis 4 (1934) 346-362
-, *Soziologie* im Physikalismus, in: Erkenntnis 2 (1931) 393-431
Oelmüller, W. (Hg.), *Wahrheitsansprüche* der Religionen heute (Kolloquium Religion und Philosophie 2), Paderborn 1986
Ollig, H.-L., Das unerledigte *Metaphysikproblem*. Anmerkungen zur jüngsten Metaphysikdiskussion im deutschen Sprachraum, in: ThPh 64 (1989) 31-68
Overhage, P.-K. Rahner, Das *Problem* der Hominisation. Über den biologischen Ursprung des Menschen (QD 12/13), Freiburg 1961
Pannenberg, W., Was ist *Wahrheit*? [1962], in: ders., Grundfragen I 202-222

-, Theologie und *Reich Gottes*, Gütersloh 1971

-, Die *Geschichtlichkeit* der Wahrheit und die ökumenische Diskussion, in: Begegnung. Beiträge zu einer Hermeneutik des Theologischen Gesprächs. Fs. H. Fries. Hg. M. Seckler u.a., Graz 1972, 31-43

-, *Gottesgedanke* und menschliche Freiheit, Göttingen 1972

-, Die christliche Legitimität der Neuzeit, in: Gottesgedanke 114-128

-, *Wissenschaftstheorie* und Theologie, Frankfurt/M. 1973

-, *Grundfragen* systematischer Theologie. Bd. I [1967], Göttingen [3]1979. Bd. II, Göttingen 1980

-, *Anthropologie* in theologischer Perspektive, Göttingen 1983

-, *Gott* und die Natur, in: ThPh 58 (1983) 481-500

-, Die *Bedeutung* der Kategorien "Teil" und "Ganzes", in: ThPh 53 (1978) 481-497

-, *Christentum* in einer säkularisierten Welt, Freiburg 1988

-, *Metaphysik* und Gottesgedanke, Göttingen 1988

-, *Sinnerfahrung*, Religion und Gottesfrage, in: ThPh 59 (1984) 178-190

-, Systematische Theologie. Bd. I, Göttingen 1988

- u.a. (Hg.), *Offenbarung* als Geschichte, Göttingen 1961

Pascal B., Über die Religion und über einige andere Gegenstände [Pensées]. Hg. E. Wasmuth, Berlin [2]1940

Pater, W.A. de, Theologische *Sprachlogik*, München 1971

Pauly, W., *Wahrheit* und Konsens. Die Erkenntnistheorie von Jürgen Habermas und ihre theologische Relevanz, Frankfurt/M. 1989

Peirce, Ch.S., Collected *Papers*. Hg. Ch. Hartshorne - P. Weiss. 6 Bde., Cambridge, Mass. 1965-1967

-, *Schriften*. Hg. K.O. Apel. 2 Bde., Frankfurt/M. 1967 u. 1970 (= ders., Schriften zum Pragmatismus und Pragmatizismus. Hg. K.O. Apel, Frankfurt/M. [2]1976)

Pesch, O.H., *Bilanz* der Diskussion um die vatikanische Primats- und Unfehlarkeitsdefinition [1979], in: ders., Dogmatik im Fragment, Mainz 1987, 206-252

Peukert, H., Zur formalen *Systemtheorie* und zur hermeneutischen Problematik einer "politischen Theologie", in: Diskussion zur politischen Theologie. Hg. H. Peukert, Mainz - München 1969, 82-95

-, Zur *Frage* einer "Logik der interdisziplinären Forschung", in: J.B. Metz - T. Rendtorff (Hg.), Die Theologie in der interdisziplinären Forschung, Düsseldorf 1971, 65-71

-, Zur *Einführung*: Bemerkungen zum Verhältnis von Sprachanalyse und Theologie, in: D.M. High (Hg.), Sprachanalyse und religiöses Sprechen, Düsseldorf 1972, IX-XXIV

-, *Sprache* und Freiheit. Zur Pragmatik ethischer Rede, in: F. Kamphaus - R. Zerfaß (Hg.), Ethische Predigt und Alltagsverhalten, München - Mainz 1977, 44-75

-, *Kontingenzerfahrung* und Identitätsfindung. Bemerkungen zu einer Theorie der Religion und zur Analytik religiös dimensionierter Lernprozesse, in: J. Blank - G.Hasenhüttl (Hg.), Erfahrung, Glaube und Moral, Düsseldorf 1982, 76-102

-, *Wissenschaftstheorie*, Handlungstheorie, Fundamentale Theologie. Frankfurt/M. 1978 (Düsseldorf 1976)

-, Was ist eine praktische *Wissenschaft*? Handlungstheorie als Basistheorie der Humanwissenschaften: Anfragen an die Praktische Theologie, in: O. Fuchs (Hg.), Theologie und Handeln. Beiträge zur Fundierung der Praktischen Theologie als Handlungstheorie, Düsseldorf 1984, 64-79

-, Art. *Fundamentaltheologie*, in: NHthG 2 (1984) 16-25

Pfeiffer, H., *Offenbarung* und Offenbarungswahrheit. Eine Untersuchung zur Verhältnisbestimmung von personal-dialogischer Offenbarung Gottes und objektiver Satzwahrheit, Trier 1982

Phillips, D.Z., The *Concept* of Prayer, London 1965

Popper, K., Das *Elend* des Historismus [1957], Tübingen 1964

-, *Logik* der Forschung [1934], Tübingen [2]1966

Poser, H. (Hg.), *Wandel* des Vernunftbegriffs, Freiburg-München 1981

Potterie, I. de la, La *vérité* dans Saint Jean (AnBib 73.74). 2 Bde., Rom 1977
Pottmeyer, H.J.,*Unfehlbarkeit* und Souveränität. Die päpstliche Unfehlbarkeit im System der ultramontanen Ekklesiologie des 19. Jahrhunderts, Mainz 1975
-, Das *Lehramt* der Hirten und seine Ausübung. Offene Fragen - Auswege aus einem Streit, in: ThPQ 128 (1980) 336-348
Prauss, G., *Einführung* in die Erkenntnistheorie, Darmstadt 1980
Pröpper, Th., *Erlösungsglaube* und Freiheitsgeschichte. Eine Skizze zur Soteriologie, München ²1988
Puntel, L.B. Art. *Wahrheit*, in: HphG 6 (1974), 1649-1668
-, *Wissenschaftstheorie* und Theologie, in: ZKTh 98 (1976) 271-292
-, *Wahrheitstheorien* in der neueren Philosophie, Darmstadt ²1983
-, *Grundlagen* einer Theorie der Wahrheit, Berlin-New York 1990
Puntel, L.B. (Hg.), Der *Wahrheitsbegriff*. Neue Erklärungsversuche, Darmstadt 1987
Raffelt, A., Das "*Wesen* des Christentums" nach Alfred Loisy, in: WiWei 35 (1972) 165-199
-, *Spiritualität* und Philosophie. Zur Vermittlung geistig-religiöser Erfahrung in Maurice Blondels "L'Action" (1893) (FThS 110), Freiburg 1978
Rahner, K. Geist in Welt. Zur Metaphysik der endlichen Erkenntnis bei Thomas von Aquin, Innsbruck 1939 (2. v. J.B. Metz überarb. u. erg. Auflage München 1957)
-, Hörer des Wortes. Zur Grundlegung einer Religionsphilosophie, München 1941 (neu bearbeitet von J.B. Metz, München 1963)
-, Der *Gestaltwandel* der Häresie: Wort und Wahrheit 4 (1949) 881-891
-, *Schriften zur Theologie*. 16 Bde., Einsiedeln 1954-1984
-, Über das *Verhältnis* von Natur und Gnade [1950], in: Schriften zur Theologie I, Einsiedeln 1954, 323-345
-, Zur scholastischen *Begrifflichkeit* der ungeschaffenen Gnade [1939], in: ebd. 347-3757
-, *Priester* und Dichter [1955], in: Schriften zur Theologie III, Einsiedeln 1956, 349-375
-, Priesterliche *Existenz* [1942], in: ebd. 285-312
-, Über die *Schriftinspiration* (QD 1), Freiburg 1958
-, Art. *Dogma*, in: LThK III (1959), 439-441.443-446
-, Art. *Dogmatik*, in: ebd. 446-454
-, Über den *Begriff des Geheimnisses* in der katholischen Theologie [1959], in: Schriften zur Theologie IV, Einsiedeln 1960, 51-99
-, *Natur* und Gnade [1960], in: ebd. 209-236
-, *Wort* und Eucharistie [1960], in: Schriften zur Theologie IV, Einsiedeln 1960, 313-355
-, Zur *Theologie des Symbols* [1959], in: ebd. 275-311
-, Art. *Lehramt*, in: LThK VI (1961) 884f.
-, Art. *Offenbarung*, in: KTW (1961) 265-269
-, Art. *Pluralismus*, in: ebd. 290
-, Art. *Praeambula* fidei, in: ebd. 296-297
-, Was ist eine dogmatisch *Aussage* [1961]: Schriften zur Theologie V, Einsiedeln 1962, 54-81
-, Das *Christentum* und die nichtchristlichen Religionen [1961], in: ebd. 136-158
-, Was ist *Häresie*? [1961], in: ebd.527-576
-, *Weltgeschichte* und Heilsgeschichte [1962], in: ebd. 115-135
-, Ekklesiologische *Grundlegung*, in: HPTh I (1964), 117-148
-, Kleines *Fragment* "über die kollektive Findung der Wahrheit" [1964], in: Schriften zur Theologie VI, Einsiedeln 1965, 104-110
-, *Ideologie* und Christentum [1965], in: ebd. 59-76
-, Der *Mensch* von heute und die Religion [1962], in: ebd. 13-33
-, Der *Pfarrer* [1943], in: Sendung und Gnade 259-270
-, *Sendung* und Gnade. Beiträge zur Pastoraltheologie, Innsbruck ⁴1966

-, Der dreifaltige *Gott* als transzendenter Urgrund der Heilsgeschichte, in: MySal II (1967) 317-401
-, Art. *Offenbarung*, in: SM III (1969) 832-843
-, Art. *Theologie*, in: SM IV (1969) 869-870
-, Art. *Transzendentaltheologie*, in: ebd. 986-992
-, Zur *Theologie des ökumenischen Gesprächs* [1968], in: Schriften zur Theologie IX, Einsiedeln 1970, 34-78
-, Zum *Begriff der Unfehlbarkeit* in der katholischen Theologie, in: ders. Problem 9-26
-, *Kritik* an Hans Küng. Zur Frage der Unfehlbarkeit theologischer Sätze, in: ders., Problem 27-48
-, *Replik*. Bemerkungen zu Hans Küng. Im Interesse der Sache, in: ebd.49-70
-, Art. *Dogma*, in: HTTL 2 (1972) 53-58
-, Art. *Wort Gottes* u. Theologie, in: HTTL 8 (1972) 210-214
-, Die *Wahrheit* bei Thomas von Aquin [1938], in: Schriften zur Theologie, Bd. 10, Zürich 1972, 21-40
-, *Bemerkungen* zum Begriff der Offenbarung, in: ders. - J. Ratzinger, Offenbarung und Überlieferung (QD 25), Freiburg 1965, 11-24
-, *Grundkurs* des Glaubens. Einführung in den Begriff des Christentums, Freiburg 1976
- K. Lehmann, *Geschichtlichkeit* der Vermittlung, in: MySal I (1965) 727-782
- (Hg.), Zum *Problem* Unfehlbarkeit. Antworten auf die Anfrage von Hans Küng (QD 54), Freiburg 1971
Rescher, N., The Coherence *Theory* of Truth, Oxford 1983
-, *Wahrheit* als ideale Kohärenz, in: Puntel, Wahrheitsbegriff 284-297
Rickert, H., Die *Grenzen* der naturwissenschaftlichen Begriffsbildung [1. Hälfte: 1896. 2. Hälfte: 1902], Tübingen ^{2}1913
-, *Kulturwissenschaft* und Naturwissenschaft [1899], Tübingen ^{6}1926
Riedel, M., *Einleitung*, in: W. Dilthey, Der Aufbau der geschichtlichen Welt in den Geisteswissenschaften, Frankfurt/M. 1981, 9-80
Riha, K., *Immanenz* und Transzendenz in der menschlichen Aktivität. Vergleich der frühen Wissenschaftslehre J.G. Fichtes mit der Erkenntnismetaphysik K. Rahners, Diss.masch., Innsbruck 1972
Rohls, J., *Sprachanalyse* und Theologie bei I.U. Dalferth, in: ThR 55 (1990) 200-217
Rousseau O. u.a., L'*Infaillibilité* de l'Église, Chevetogne 1962
Sauter, G., Wissenschaftstheoretische *Kritik* der Theologie. Die Theologie und die neuere wissenschaftstheoretische Diskussion. Materialien, Analysen, Entwürfe, München 1973
-, Was heißt: nach *Sinn* fragen? Eine theologisch-philosophische Orientierung, München 1982
-, Was ist *Wahrheit* in der Theologie? Wahrheitsfindung und Konsens in der Kirche, in: ders., In der Freiheit des Geistes. Theologische Studien, Göttingen 1988, 57-82
-, Ansätze zu einer wissenschaftstheoretischen Selbstreflexion der Theologie, in: ders., Kritik 19-49
- (Hg.), *Theologie* als Wissenschaft, München 1971
Scannone J.C., *Sein* und Inkarnation. Zum ontologischen Hintergrund der Frühschriften Maurice Blondels, Frankfurt/M. 1968
Schaeffler R., *Frömmigkeit* des Denkens? Martin Heidegger und die Katholische Theologie, Darmstadt 1978
-, Was dürfen wir hoffen? Die katholische Theologie der Hoffnung zwischen Blochs utopischem Denken und der reformatorischen Rechtfertigungslehre, Darmstadt 1979
-, *Glaubensreflexion* und Wissenschaftslehre. Thesen zur Wissenschaftstheorie und Wissenschaftsgeschichte der Theologie (QD 82), Freiburg 1980
-, Der "*Modernismusstreit*" als Herausforderung an das philosophisch-theologische Gespräch heute, in: ThPh 75 (1980) 514-534

-, Die *Wechselbeziehungen* zwischen Philosophie und katholischer Theologie, Darmstadt 1980

-, *Wahrheit* und Institution. Sprachphilosophische Überlegungen zu einem theologischen Thema, in: Kern, Theologie 152-200

-, *Wissenschaftstheorie* und Theologie, in: Christlicher Glaube in moderner Gesellschaft. Hg. F. Böckle u.a. Bd. 20, Freiburg 1982, 5-83

-, Das *Gebet* und das Argument. Zwei Weisen des Sprechens von Gott. Eine Einführung in die Theorie der religiösen Sprache, Düsseldorf 1989

-, Die *Neubegründung* der Metaphysik angesichts ihrer Kritik - eine philosophische Aufgabe im Dienst der katholischen Theologie, in: Sinngestalten. Fs. E. Coreth. Hg. O. Muck, Innsbruck 1989, 13-28

Schatz, K., Das "noch nicht fertige" *Dogma*. Zur Rezeption und Nachinterpretation des Ersten Vatikanums, in: L. Bertsch - M. Kehl (Hg.), Zur Sache. Theologische Streitfragen im "Fall Küng", Würzburg 1980, 80-18

-, *Kirchenbild* und päpstliche Unfehlbarkeit bei den deutschsprachigen Minoritätsbischöfen auf dem Ersten Vatikanum, Rom 1975

Scheffczyk, L., *Satz-Wahrheit* und "Bleiben in der Wahrheit", in: Rahner, Problem 148-173

-, *Wirkungen* des Modernismus auf Theologie und Kirche, in: A. Langer (Hg.), Katholizimus und philosophische Strömungen in Deutschland, Paderborn 1982, 43-58

Scheit, H., *Wahrheit* - Diskurs - Demokratie. Studien zur "Konsensustheorie der Wahrheit", Freiburg - München 1987

Scherer, G., Art.: *Modernismus*, in: LThK VII (1962) 514f

-, *Nachwort*, in: M. Blondel, Die Aktion (1893). Versuch einer Kritik des Lebens und einer Wissenschaft der Praktik, Freiburg - München 1965, 518-543

Schillebeeckx, E., *Glaubensinterpretation*. Beiträge zu einer hermeneutischen und kritischen Theologie, Mainz 1971

-, Das *Problem* der Amtsunfehlbarkeit. Eine theologische Besinnung, in: Conc 9 (1973) 198-209

-, *Jesus*. Die Geschichte von einem Lebenden, Freiburg 1974

-, Die *Lehrautorität* aller, in: Conc 21 (1985) 242-249

Schnädelbach, H. (Hg.), *Rationalität*. Philosophische Beiträge, Frankfurt/M. 1984

-, *Vernunft* und Geschichte. Vorträge und Abhandlungen, Frankfurt/M. 1987

Scholz, H., Was ist unter einer theologischen *Aussage* zu verstehen?, in: Theologische Aufsätze. Fs. Karl Barth, München 1936, 25-37

-, Wie ist eine evangelische *Theologie* als Wissenschaft möglich?, in: Zwischen den Zeiten 9 (1931) 8-53

Schupp. F., Auf dem *Weg* zu einer kritischen Theologie (QD 64), Freiburg 1974

-, Das kirchliche *Lehramt*. Grundsätzliches zu einer umstrittenen Instanz, in: ders., Weg 70-85

-, *Schöpfung* und Sünde. Von der Verheißung einer wahren und gerechten Welt, vom Versagen der Menschen und vom Widerstand gegen die Zerstörung, Düsseldorf 1990

Schwerdtfeger, N., *Gnade* und Welt. Zum Grundgefüge von Karl Rahners Theorie der "anonymen Christen" (FThS 123), Freiburg 1982

Searle, J.R., *Sprechakte*. Ein sprachphilosophischer Essay, Frankfurt/M. 1971 (engl.: Speech Acts, London 1962)

Seckler M., *Glaubenssinn*, in: LThK IV (1960) 945-948

-, Im *Spannungsfeld* von Wissenschaft und Kirche. Theologie als schöpferische Auslegung der Wirklichkeit, Freiburg 1980

-, Die *Theologie* als kirchliche Wissenschaft, in: ders., Spannungsfeld 62-84

-, *Theologie - Wissenschaft* unter Wissenschaften?, in: ders., Spannungsfeld 15-25

-, Kirchliches *Lehramt* und theologische Wissenschaft. Geschichtliche Aspekte, Probleme und Lösungselemente, in: Kern, Theologie 17-62

-, *Theologein*. Eine Grundidee in dreifacher Ausgestaltung, in: ThQ 163 (1983) 241-264
-, Das eine *Ganze* und die Theologie. Fundamentaltheologische Überlegungen zum wissenschaftstheoretischen Status der Grundkurs-Idee Karl Rahners, in: Glaube im Prozeß. Christsein nach dem II. Vatikanum. Fs. K. Rahner. Hg. E. Klinger - K. Wittstadt, Freiburg 1984, 826-852
-, *Fundamentaltheologie*: Aufgaben und Aufbau, Begriff und Namen, in: HFTh IV (1988) 451-514
-, Theologie als *Glaubenswissenschaft*, in: HFTh IV (1988) 179-241
-, Der christliche *Glaube* und die Wissenschaft. Überlegungen zu den Dimensionen eines keineswegs sinnlosen Konflikts, in: ThQ 170 (1990) 1-9
Semmelroth, O., A priori unfehlbare *Sätze*?, in: Rahner, Problem 196-215
Seybold, M., *Unfehlbarkeit* des Papstes - Unfehlbarkeit der Kirche, in: G. Denzler (Hg.), Das Papsttum in der Diskussion, Regensburg 1974, 102-122
Sieben, H.-J., Die *Konzilsidee* des lateinischen Mittelalters (847-1378), Paderborn 1984
-, *Traktate* und Theorien zum Konzil. Vom Beginn des großen Schismas bis zum Vorabend der Reformation (1378-1521), Frankfurt/M. 1983
Simon, J., *Wahrheit* als Freiheit. Zur Entwicklung der Wahrheitsfrage in der neueren Philosophie, Berlin 1978
Simons, E., *Philosophie* der Offenbarung in Auseinandersetzung mit "Hörer des Wortes" von Karl Rahner, Stuttgart 1966
Sobrino, J., Die "*Lehrautorität*" des Volkes Gottes in Lateinamerika, in: Conc 21 (1985) 269-274
Soden, H.v., Was ist *Wahrheit*? Vom geschichtlichen Begriff der Wahrheit [1927], in: ders., Urchristentum und Geschichte. Gesammelte Aufsätze und Vorträge. Hg. H.v. Campenhausen. Bd. 1, Tübingen 1959, 1-24
Sommer, M., *Kommunikation* und Narzißmus. Der Wahrheitsbegriff in der Kontroverse zwischen K. Rahner und H. Küng, in: TThZ 81 (1972) 40-49
Soosten, J.v., Zur theologischen *Rezeption* von Jürgen Habermas' "Theorie des kommunikativen Handelns", in: ZEE 34 (1990) 129-143
Stegmüller, W., *Hauptströmungen* der Gegenwartsphilosophie. Bd. 1, Stuttgart [6]1978
Striewe, H., *Reditio* subjecti in seipsum. Der Einfluß Hegels, Kants und Fichtes auf die Religionsphilosophie Karl Rahners, Diss.phil., Freiburg 1979
Tarski, A., Die semantische *Konzeption* der Wahrheit und die Grundlagen der Semantik [1944], in: Wahrheitstheorien 140-188
Theobald, Ch., Maurice *Blondel* und das Problem der Modernität. Beitrag zu einer epistemologischen Standortbestimmung zeitgenössischer Fundamentaltheologie (FTS 35), Frankfurt/M. 1988
Thils, G., L'*Infaillibilité* de l'Église dans la constitution "Pastor aeternus" du 1er Concile du Vatican, in: Rousseau, Infaillibilité 147-182
-, L'*Infaillibilité Pontificale*. Source - conditions - limites, Gembloux 1969
Thomas von Aquin, Summe gegen die Heiden. Hg. K. Albert - P. Engelhardt, Darmstadt 1974ff
-, Summa Theologiae, Rom 1962
-, Von der Wahrheit. De veritate (Quaestio 1). Hg. A. Zimmermann (Philos. Bibl. 384), Hamburg 1986
Tierney, B., *Origins* of Papal Infallibility, in: Journal of Ecumenical Studies 8 (1971) 841-864 (dt. in: Küng, Fehlbar 121-145)
Toulmin, St., The *Uses* of Argument, Cambridge 1964 (dt. Der Gebrauch von Argumenten, Kronberg 1975)
Track, J., Die *Begründung* theologischer Aussagen. Hinweise zu einem unerledigten Problem der wissenschaftstheoretischen Debatte in der Theologie, in: Zugang zur Theologie. Fundamentaltheologische Beiträge. Fs. W.Joest. Hg. F. Mildenberger - J. Track, Göttingen 1979, 102-129
-, Sprachkritische *Untersuchungen* zum christlichen Reden von Gott, Göttingen 1977
Tugendhat, E., Der *Wahrheitsbegriff* bei Husserl und Heidegger, Berlin 1970

-, Heideggers *Idee* von Wahrheit [1969], in: Wahrheitstheorien 431-448

-, *Vorlesungen* zur Einführung in die sprachanalytische Philosophie, Frankfurt/M. 1976

Verweyen, H., *Einleitung*, in: M. Blondel, Zur Methode der Religionsphilosophie, Einsiedeln 1974, 13-100

-, Die "*Logik* der Tat". Ein Durchblick durch M. Blondels "L'Action" (1893). in: ZThK 108 (1986) 311-320

Vigoulay, R., *Blondel* et le modernisme. Le philosophe de l'action et les sciences religieuses (1896-1913), Paris 1980

Vorgrimler, H., Vom "*sensus fidei*" zum "consensus fidelium", in: Conc 21 (1985) 237-242

Wagner, H., *Glaubenssinn*, Glaubenszustimmung und Glaubenskonsens, in: ThGl 69 (1979) 263-271

Wahrheitstheorien. Eine Auswahl aus den Diskussionen über Wahrheit im 20. Jahrhundert. Hg. G. Skirbekk, Frankfurt/M. 1977

Walter, P., Die *Frage* der Glaubensbegründung aus innerer Erfahrung auf dem I. Vatikanum (TTS 16), Mainz 1980

Weber, M., Die protestantische *Ethik*. 2 Bde., Hamburg ^{3}1973

-, Gesammelte *Aufsätze* zur Wissenschaftslehre [1922], Tübingen ^{3}1968

Wiedenhofer, S., Politische *Theologie*, Stuttgart 1976

Wiplinger, F., *Wahrheit* und Geschichtlichkeit. Eine Untersuchung über die Frage nach dem Wesen der Wahrheit im Denken Martin Heideggers, Freiburg - München 1961

Wittgenstein, L., *Tractatus* logico-philosophicus [1921], in: Werkausgabe. Bd. 1, Frankfurt/M.1984, 7-85

-, Philosophische *Untersuchungen* [1953], in: Werkausgabe, Bd. 1, Frankfurt/M. 1984, 225-580

Wohlmuth, J., *Konsens* als Wahrheit? Versuch einer theologischen Klärung, in: ZKTh 103 (1981) 309-323

-, *Verständigung* in der Kirche. Untersucht an der Sprache des Konzils, Mainz 1983

Zimmermann, A., *Einleitung* zu: Thomas von Aquin, Von der Wahrheit. De veritate (Quaestio I). Hg. A. Zimmermann (Philos. Bibl. 384), Hamburg 1986, IX-XLII.

Personenregister